일본 근세사

이 저서는 2010년도 정부재원(교육과학기술부 학술연구 조성사업비)으로
한국연구재단의 지원을 받아 연구되었음(NRF-2010-812-A0024)

일본 근세사

이계황 지음

혜안

들어가며

일본사의 시대구분은 고대(원시 포함), 중세, 근세, 근대(현대 포함)로 보통 4분법에 입각하고 있다. 이 시대구분의 특징은 중세와 근대 사이에 근세를 배치하고 있다는 점이다. 일반적으로 근세는 막번체제기 혹은 에도 시대라고 칭한다. 우리에게 근세, 막번체제, 에도 시대라는 용어는 익숙지 않다. 즉 역사학의 일반적 시대구분은 고대 · 중세 · 근대이고, 정치체제의 특징 혹은 국가의 수도 명칭을 써서 시대를 구분하는 것을 논리적으로 납득하기란 쉬운 일은 아니다.

근세近世라는 용어는 18세기 이후 일본 국학자들이 상세上世, 중세中世에 대응하는 '근세', 그리고 상고上古, 중고中古, 근고近古에 대응하는 '근세'를 사용함으로써 정착하였다. 이는 근세라는 용어가 역사적 개념에 입각한 것이 아니라, 자신이 살아가고 있는 세상을 칭한 것임을 나타낸다.

'근세'라는 용어를 역사적 개념으로 처음 사용한 사람은 우치다 긴조內田銀藏다. 그는 1903년 기독교 전래부터 메이지 유신明治維新 전까지의 시기를 다룬 『日本近世史』에서 일본 근세의 특징을 다음과 같이 지적하였다. ① 문학의 부흥, ② 상공업 · 도시 · 화폐경제의 발달, ③ 정치적 통일에 의한 국민생활의 성숙과 동시에 근대를 준비하는 시기라고 하였다. 이와 유사한 견해를 표명한 학자는 후쿠다 도쿠조福田德三였다. 독일 유학파 출신인 그는 1907년 『日本經濟史論』에서 일본 근세국가를 '전제적 야경국가'로 규정하고, 이러한 국가에는 영국의 튜더 왕조, 프랑스의 루이 11세, 리셜리외가 활약한 시대, 독일의 프레드릭 대왕 시기부터 1848년 혁명기까지가 해당한다고 하였다. 즉 그는 일본 근세를 유럽의 절대주의 시대로 자리매김하였다.

한편 위와는 다른 시점에서 나이토 고난內藤湖南은 1921년 〈오닌의 난에 대하여)라는 강연에서 "대개 금일今日의 일본을 알기 위해 일본 역사를 연구할 때 고대 일본을 연구할 필요는 거의 없다. 오닌應仁의 난 이후의 역사를 아는 것으로 충분하다. 그 이전의 일은 외국 역사와 동일하다"고 하였다(『日本文化史研究』). 이 언급은 소위 역사의 2분법으로 자주 언급되는데, 당시 일본을 에도 시대의 연장으로 이해하였다는 측면에서 주목된다. 1932년 니시다 나오지로西田直次郎도 『日本文化史序說』에서 유사한 견해를 표명하였다. 그는 문화사학의 관점에서 "근세는 우리가 살고 있는 현대와 생활 형태상 동일한 시대"라고 하였다. 이러한 논의가 제1차 세계대전 이후에, 그리고 만주사변 이후에 문화사 입장에서 나타난다는 점에 유의할 필요가 있다. 이 논의가 함의하는 바는 서구의 영향으로 형성된 일본 근대를 상대화하고자 하는 것이며, 일본의 정체성을 일본 근세 문화에서 찾고자 하는 것으로 생각된다. 따라서 이러한 논의는 이후에도 세계 정세의 변화와 일본의 정체성이 문제될 경우, 형태를 달리하며 재현될 가능성이 있다. 1990년대 초중반에 일어난 시대구분 논의들이 그런 것이라 하겠다.

1930년대 소위 마르크스 주의 역사학이 일본에 도입된다. 주지하듯이 마르크스 주의 역사학의 시대구분은 고대·중세·근대의 3분법을 취하고 있다. 그리고 시대구분의 기준으로 생산양식(생산수단 포함)과 토지소유, 특히 중세와 관련해서는 주종관계를 중시한다. 이 마르크스 주의 역사학이 일본에 도입되면서 일본 근세를 어느 시대에 위치시킬 것인가를 둘러싸고 논의가 일어났다. 마르크스 주의 역사학의 관심은 현실을 어떻게 인식하고, 무엇을 할 것인가(=어떤 성격의 혁명을 이끌 것인가)에 있었다. 따라서 자본주의 발달 과정에서 당시 사회의 역사적 도달점을 정하고, 그에 따라 앞 시기의 역사적 위치를 규정하였다. 이러한 과정에서 당연히 메이지 유신明治維新의 역사적 위치가 문제되었다. 당시 메이지 유신의 역사적 위치에 대해서는 두 가지 견해가 표명되었다. 하나는 메이지 유신=절대주의론, 또 하나는 메이지 유신=부르주아혁명설이다. 후자의 논리에 따르면 일본 근세 혹은 근세의 어느 시기부터를 절대주의로 자리매김해야 할 것이다. 메이지 유신=절대주의론에 입각하면 근세는 자연히 중세 봉건시대로 위치하게 된다. 따라서 전자＝강좌파講座派, 후자＝노농파勞農派의 주요 쟁점은 메이지 유신의 성격과 자본주의의 발달을 둘러싼 논쟁으로 화려하게 전개되었다(일본자본주의발달사 논쟁).

이상에서 추측할 수 있듯이 근세에 대한 논의는 강좌파에게 필연적으로 주어진 과제였다. 이와 관련하여 주목되는 것이 강좌파의 대표 학자 핫토리 시소服部之總의 '초기 절대주의 낙태론'이다(「日本史的世界と世界史的日本」, 『世界』1947.11 / 『服部之總全集10』, 福村出版, 1974). 핫토리는 오다·도요토미 정권을 프랑스의 루이 11세, 영국의 초기 튜더 왕조, 스페인의 카를로스 1세와 필립 2세의 정치 형태에 비정하여, 그들의 집권기를 초기 절대주의 시기로 규정하였다. 그 지표로서는 대내적 농민투쟁, 대외에 대한 약탈적 상업의 진압(후기왜구 진압), 매뉴팩처(공장제 수공업)에 의한 초기 자본제 생산방법을 들고 있다. 그러나 이러한 상황은 조선침략 실패와 후의 도쿠가와 정권의 태반인 봉건제의 강고성, 쇄국 단행 등에 의해 계획적으로 낙태, 유산되어 버렸다고 핫토리는 주장하였다(초기 절대주의 낙태론＝봉건재편론). 그리하여 그는 메이지 유신을 거쳐 형성된 일본을 천황제 절대주의로 자리매김하였던 것이다.

군국주의의 광풍이 몰아치던 1930년대 후반부터 패전 전까지의 일본 사학계는 황국사관皇國史觀이 기승을 떨치고, 위의 마르크스 주의 사학은 탄압을 받아 힘을 발휘하지 못하였다. 황국사관의 요체는 만세일계萬世一系론과 현인신現人神 논리에 의해 구성되지만, 양 논리가 인민에게 강요한 것은 충군애국忠君愛國이었고, 만세일계와 현인신을 체현하는 천황제 국가가 다른 나라들보다 우월한 징표는 일본문화였다. 따라서 황국사관의 역사 서술은 일본문화를 강조하는 선율을 강하게 나타낸다. 1990년대 후반 새로운 교과서를 만드는 모임의 역사 서술도 황국사관의 재판은 아니지만, 일본문화를 강조한다는 측면에서 유사한 보수성과 배타성을 나타내고 있다고 하겠다.

패전 후 역사학계의 급선무는 이 황국사관의 극복이었다. 그 선봉은 마르크스 주의 역사학, 특히 강좌파가 섰다. 그들은 메이지 유신에 의해 형성된 국가를 천황제 절대주의 단계라고 규정하고 동시에 당시 사회에도 봉건유제封建遺制가 남아 있는 상황이라고 평가하였다. 따라서 봉건유제를 불식하고,

다음 단계인 부르주아 혁명을 위한 투쟁을 제안하였다. 한편 마루야마 마사오丸山眞男·오쓰카 히사오大塚久雄는 서양의 근대와 시민사회를 이념화하여 일본이 추구할 모델로 제시하였다. 마르크스 주의 학자들은 마루야마·오쓰카를 서구 추수의 '근대주의'로 비판하였다. 마르크스 주의 역사학과 마루야마·오쓰카, 이 양자는 논리 근거는 달리하지만, 일본이 추구해야 할 모델을 서구에서 구한 단선적 '발전사관'이라는 측면에서 내적 연관성을 갖는다고 볼 수 있다.

이러한 상황 속에서 일본 근세 사학계에 큰 충격을 준 학자가 아라키 모리아키安良城盛昭다. 그는 1953년 「太閤檢地の歷史的前提」(『歷史學硏究』 163·164)를 발표하고, 1954년에는 「太閤檢地の歷史的意義」(『歷史學硏究』 167)를 발표한다. 이 논문들에서 아라키는 다이코太閤 검지 이전의 사회를 가부장적 노예제에 바탕한 장원제 사회로 규정하고(고대사회), 장원제 사회에서 성장해 온 단혼單婚 소가족에 의한 자립 소농민 경영=농노제에 주목하였다. 그는 근세 성립기에 히데요시가 추진하였던 다이코 검지에 대해, 소농민의 자립을 촉진하여 새로운 봉건적 토지소유=보유관계를 창출한 혁명적 토지정책이라고 평가하였다.

아라키의 이 두 논문은 학계에 비상한 충격을 주었다. 우선 시대구분론이다. 아라키가 일본 근세를 농노제에 입각한 중세로 자리매김하였기 때문에, 기존에 중세로 보았던 가마쿠라 막부와 무로마치 막부를 고대로 볼 것인가 하는 시대구분 문제가 대두하였다. 그리하여 이를 둘러싸고 중세사 연구자들의 이의 제기가 활발히 일어났다. 일본 근세사 연구자들은 우선 다이코 검지의 역사적 성격에 대한 논의와 함께, 일본 근세=중세 농노제에 입각한 농촌사 연구를 활발히 전개하였다. 이러한 논의의 기저에는 마르크스 주의 역사학이 자리하고 있었기 때문에, 일본 근세사 연구는 당연히 사회구성체론을 지향하였다. 그리고 마르크스 주의 역사학이 지배적 위치에 있는 한, 인민투쟁사의 입장은 강조될 수밖에 없었다. 따라서 이 시기 인민투쟁사는 농촌사 연구와 관련을 유지하면서 크게 발전하였다. 또한 이 시기 주목해야 할 연구분야로 지방자치와 관련한 지방사 연구가 있다. 이 지방사 연구는 중앙을 상대화하는 논리를 내재하면서 농촌사, 인민투쟁사와 관련하면서 크게 진작되었다.

위의 시대구분 논의가 확실한 형태로 매듭을 짓지 못한 채, 1960년대 일본 근세=막번체제幕藩體制 사회라는 개념·명칭이 정착하였다. 이러한 마르크스주의 사회구성체론과 관련하여 1960년대 후반 세계사의 기본법칙에 입각한 단선적 발전단계론과 경제일원론적 방법에 대한 회의와 반성이 제기되기 시작한다. 그리고 이 시기에 이에나가家永 교과서 소송사건이 발생하고, 미일안보조약이 체결되고 메이지 100년을 맞는다. 이러한 상황 속에서 역사학 연구의 주류는 국가사와 변혁주체론으로 이동한다. 그리하여 1970년대에는 인민투쟁사와 관련한 국가론·국가사가 연구의 주 대상이 되면서 천황·천황제 연구가 활발히 전개되었다. 당시 문부성文部省은 정치상 실권을 상실한 근세 천황에 대해 '군주의 지위에 있었다'는 견해를 피력하였는데, 역사학계는 이에 반대하여 국가의 본질과 국가상대화의 논리를 명확히 하고자 했다.

그리고 이 시기 지역사의 입장에서 세계사와 동아시아사 속에 일본역사를 자리매김하려는 움직임이 활발하였다. 전자는 새로운 세계사상世界史像 추구를 지향하였고, 후자는 냉전체제 모순의 결절점으로서의 동아시아 인식과 그러한 동아시아사 속에 일본의 위치를 명확히 하려는 지향성을 나타낸다. 이러한 경향을 일본 근세사에 한정시켜 보면, 근세 성립기 연구를 통해 막번제 국가의 특질을 명확히 하려 한 병농분리론·석고제론·쇄국제론이, 근세 후기 연구를 통해 막번제 국가의 특질을 논하는 호농 반半프로론·요나오시世直し 상황론이 제기되었다. 국가사의 관점은 자연히 국가권력에 의해 재단된 신분제에 대한 관심을 증폭시켰다. 신분제 연구는 패전 이후 천민=부락민 차별 철폐를 지향하는 입장에서 부락민 연구가 주류를 이루었으나, 1970년대에 이르면 사·농·공·상의 각 신분으로까지 관심이 확대되었다. 즉 무사, 백성, 쵸닌, 직인을 염두에 둔 농촌론(사), 도시론(사), 부락민(사) 등으로까지 신분제 논의가 심화되었다. 그리고 국가론의 입장에서 역체제론役體制論에 입각한 신분편성론, 지연적·직업적 신분공동체가 신분을 결정한다는 신분편성론이 제시되었다. 농민투쟁사 연구는 여전히 활발하였으나, 일본 경제의 비약적 발전으로 인민투쟁사의 관점이 약화되면서 운동사·생활사 쪽으로 관점이 전환되기 시작하였다.

위의 연구 경향은 1980년대까지 기본적으로 활력을 유지하였다. 이러한 상황 속에서 1970년대를 통해 새로운 연구 조류가 형성되기 시작하는데, 그것은 지역론의 발전과 서양 사회사 연구방법론의 유입에 의한 것이었다. 이 새로운 흐름은 지역론의 국가상대화 논리를 포섭하면서, 연구 대상이 되는 지역을 설정할 때 국가의 틀(행정조직)을 배제함으로써 인간활동을 지역관계 속에서 다양하게 보이고자 하였다. 또한 단일국가·단일민족·단일문화론에 대해 비판적 입장을 견지하며, 다양한 사람들의 중층적·복합적인 존재 형태와 관계들을 명확히 하고, 그것을 통해 다양한 사람들의 내면세계를 중시하고자 하였다. 이러한 연구는 마르크스 주의 역사학을 비판하면서 1980~90년대를 통해 다채롭고 참신한 새로운 역사상을 독자들에게 제공하였다.

일본 근세사 연구는 이상과 같은 연구조류를 받아들이면서, 1990년대 중후반을 통해 '지역사회론'이 활성화되었다. 이러한 연구 방향은 당연히 지역의 설정과 관련된다. 하나는 국가의 틀을 넘어선 지역의 설정이고, 또 하나는 국가 내의 소지역을 지역으로 설정한 연구 방향이다. 『アジアのなかの日本史』(전6권, 東京大學出版會, 1992~93)는 국가의 틀을 넘어 지역을 설정한 연구들을 대표한다 하겠다. 그러나 일본 근세사 연구의 주류는 국가 내의 소지역을 설정하여 연구하는 것이었다. 이 연구는 지역을 국가권력과 민중, 나아가 사회집단들이 상충하는 장, 또는 국가와 사회가 길항하는 장, 혹은 지리적·정치적·경제적으로 구분된 공간이 아닌 일정 조건에 의해 형성된 사회적 관계들이 기능하는 장으로 설정하고 있다. 전자의 지역 설정은 국가구조론을 전제한 것이고, 후자는 번이나 혹은 촌을 의식한 것으로 보인다. 즉 지역론의 영향을 받고 있는 1990년대 후반부터 현재까지의 연구들은 기존의 대외관계사, 국가와 관련을 유지하는 사회사, 번 지역사 영역의 연구를 확장하고, 제도 그 자체가 아닌 그 속에서 살아가는 인간과 인간관계, 사회관계 등을 중시하여 국가를 상대화하고자 했던 것이다.

한편, 1990년대 중반을 통해 신분사 연구에 새로운 조류가 형성된다. 이는 1980년대의 사·농·공·상의 신분제론을 넘어서 사회를 구성하는 다양한 사람들이나 집단들의 존재와 그 행태를 구체화하려는 움직임이다. 즉 중층성과 복합성을 가지고 구성된 사회를 연구하는 방법으로서, 소위 '신분적 주연론 身分的周縁論'이다. 이 신분적 주연론은 도시, 농촌, 지역 연구와 결합되어 현재 다채로운 성과를 내고 있는데, 『身分的周縁と近世社會』(전9권, 吉川弘文館, 2006~08)는 이 연구의 결정체라고 할 수 있다. 이 시각에 의한 연구는 현재까지 활발히 이루어지고 있다.

위의 지역사회론과 신분적 주연론은 근세사의 여러 분야에 적용되어 지금까지 구축되어 온 역사상을 변화시키고 있다. 그러나 이 다양하고 방대한 연구 성과들을 어떻게 총합·이해하여 어떠한 논리로 일본 근세의 역사상을 재구축할 것인가 하는 점에 대해서는 아직 해결의 실마리가 보이지 않는다. 돌이켜보면, 1990년대 중반의 역사학 연구방법론의 변화는 1980년대의 서구 사회사 연구 조류에 크게 영향받았다고 할 수 있는데, 기본적으로 포스트모더니즘의 영향과 무관하지 않다. 즉 위의 연구들은 마이너에 대한 관심, 타자, 권력의 상대화와 제 현상의 권력으로의 이해, 방법으로서의 탈구축deconstruction, 담론 discourse 등과 관련되어 있고, 이와 관련하여 인간 삶의 장場, 관계의 중층성과 복합성, 소유(생산도구 포함)와 생산과 생활(개인과 집단 포함)의 존재 형태를 가능한 한 명확히 하고자 하고 있다.

그런데, 1990년대 중후반의 역사인식과 연구방법론의 변화는 국제질서의 변화와도 관련되어 있다. 주지하듯이 패전 후 일본의 경제성장은 기본적으로 냉전체제 속의 미국의 동아시아 전략에 의해 달성·유지되었다. 그 결과 일본은 1980년대 세계 제2의 경제대국으로 자리하게 된다. 그러나 이는 대외적 무역마찰과 그로 인한 엔화의 가치절상을 야기하고, 그로 인해 일본은 거품경제에 빠져든다. 이러한 상황 속에서 1980년대 후반부터 냉전체제가 붕괴하기 시작한다. 냉전체제의 붕괴는 미·소를 중심으로 한 2극체제에서 다극체제로의 전환 가능성을 가지고 있었으나, 결과적으로는 범미국체제를 강화하는 결과를 가져왔다.

패전 후 좋든 싫든 냉전체제 속에 위치하고 있던 역사학에게 냉전체제의 붕괴는 그 기반을 근본부터 뒤흔드는 것이었다. 따라서 마르크스 주의 역사학을 기반으로 한 시대구분과 그를 통한 역사 이해는 재고할 수밖에 없게 되었다. 더불어 거품경제의 붕괴로 말미암은 경제성장의 둔화, 그로 인한 불경기의 장기화는 일본사회의 보수화를 불러왔다. 이러한 상황 속에서 역사학계는 일본인의 삶의 장, 인간관계, 사회관계 등을 강조하게 되었다. 위에서 보았듯이 1990년대 중반의 역사이론은 포스트모더니즘을 장착하여 인권, 억압으로부터의 인간해방, 타자의 이해, 마이너의 존중 등의 가치를 지향하고 있었다. 그런데 위에서 언급했듯이 역사학 연구는 그 속에 보수성을 내재하고 있다. 머리로는 인류의 고원한 보편성을 지향하면서도 가슴으로는 일본의 전통적 특수성을 지향하는 모순을 보이고 있는 것이다. 현재 일본 사회와 역사학은 이 머리와 가슴의 간극을 메우지 못한 채 표류하고 있는 중이다.

한국에는 250 내지 500쪽 정도의 일본 개설서가 이미 10여 종 나와 있다. 이들 개설서는 대개 일본 근세사에 40~100쪽 정도를 할애하고 있고 내용도 대동소이하다. 이 정도의 서술로는 시대의 흐름 정도만 이해할 수 있을 뿐이다. 따라서 현재의 개설서들은 시대사에 대한 심도 있는 이해를 요구하는 일반 독자와 학생들, 특히 대학원생들을 만족시킬 수 없다고 생각된다. 이러한 상황은 일본어를 숙지하지 않은 채 대학원에 진학하여 일본 근세사를 전공하려는 학생들이 본격적으로 일본 근세사 지식을 습득하고자 할 때 그 시기를 늦추게 하는 등 좋지 않은 영향을 끼친다. 그리고 일본역사를 이해할 필요가 있는 타 연구자·전공자들에게도 충분하고 정확한 정보를 제공할 수 없어 일본사 이해에 대한 욕구를 만족시키기에는 역부족이라 하겠다. 특히 현재의 일본사 개설 혹은 연구서의 출판 상황을 보면 여러 면에서 일본과 연구방법을 공유하고 있는 한국사 전공자들과 동아시아사, 또는 비교사 방법을 취하려는 연구자들에게 전혀 도움이 되지 않는다. 필자는 일본사 개설을 이수한 대학 3·4학년생, 대학원 1·2학기의 일본사 전공자, 그리고 타 전공의 석사과정 대학원생들에게 도움이 되기를 희망하며 이 책을 상재한다.

이 책은 일본 근세를 대상으로 한 시대사다. 근세의 시작과 끝에 대해서는 학설에 따라 다양하지만, 필자는 오다 노부나가 정권의 상경을 기점으로 막번체제가 붕괴하는 1868년까지를 서술 대상으로 삼았다. 일본 근세사에 대해 동태적이면서도 구조적인 이해를 돕고자 했기 때문에 서술 대상인 근세의 시기 설정에 특별한 논리·시점을 적용하지는 않았다. 이 책이 위의 목적을 달성하기 위한 시대사를 지향하는 한, 가급적 정설을 채용하여 서술하는 것이 원칙이라 생각한다. 그러나 필자도 일본 근세사를 전공하고 있는지라 약간의 욕심이 곳곳에 배어 있다. 이 점이 독자들을 혼란에 빠뜨릴 수도 있고, 비판의 소지를 제공할 수도 있을 것이다. 그럼에도 불구하고 곳곳에 필자의 의견을 강하게 드러낸 것은 혹여 새로운 역사 시각과 방법, 그리고 일본학계와 다른 학설을 창출하는 데 도움이 되지는 않을까 하는 바람에서다. 그리고 이 책은 군데군데 내용이 겹치는 부분도 있을 터인데, 각각의 부部와 장章을 완결 형태로 서술한데다 정치 과정과 구조도 나누어 서술하였기 때문이다. 굳이 이러한 서술법을 택한 것은 독자제현이 원하는 부분만을 선택해서 읽어도 전체 역사상을 충분히 이해할 수 있도록 하려는 생각에서다. 그러나 이 책은 치명적인 결함을 가지고 있다. 시대사라면 당연히 문화가 강조되어야 하고 현재와 같은 상황이라면 더욱 더 그렇다. 그럼에도 불구하고 본서에서는 문화 분야를 전혀 다루지 못하고 겨우 사상의 일부만을 다루었다. 그것은 필자의 천재비학 탓이기도 하나, 현학에의 상황을 감안하여 너그러이 양해해 주길 바란다. 또한 이 책은 위의 목적을 염두에 둔 개설서와 학술서의 중간 정도에 위치한다. 이 때문에 학술서라면 당연히 있어야 할 주도 모두 생략하였다. 일일이 주를 달 경우 지면이 크게 늘어나고, 그것을 확인하는 과정이 독서의 맥을 끊을 염려가 있기 때문이다. 이상의 결점들은 모두 필자의 천재비학에 기인하지만, 부디 독자제현들께서 필자의 의도를 양지하시어 어여삐 보아주기 바란다.

〈들어가며〉에서는 패전 후를 중심으로 일본 근세사의 연구사를 간략하게 다루었다. 각 시기마다 연구자들이 무엇을 왜 고민하고, 역사 속에서 해답을 얻기 위해 어떻게 노력했는지를 살펴보기 위해서다. 지면도 능력도 시간도 부족하여 완전하지는 않지만, 시기별 연구경향을 이해하는 데는 도움이 될 것이다. 나아가 패전 후 일본 사학계의 전반적 흐름도 어렴풋하게나마 그릴 수 있을 것이다. 그리고 여기에서 언급한 내용들은 〈제6부 학설사〉와 서로 호응하도록 했다. 제6부는 일본 근세사 연구의 주요 14개 테마에 대한 시기별 연구사·학설사로 구성하였다. 〈들어가며〉가 시간 축을 따라 서술한 연구사라면, 제6부는 일본 근세사에서 중요하게 논의된 테마들을 시간의 축을 따라 서술한 연구사다. 이 학설사를 통해 각 테마에 대한 일본 사학계의 연구쟁점, 연구방법, 연구성과 등을 살펴보고, 본문의 서술 내용을 더욱 깊이 있게 이해하고, 더 깊이 있는 단계의 역사적 상상력을 발휘할 수 있을 것이다. 물론 제6부에서 다루는 테마의 선정은 일본 근세사 이해에 필수적이라는 필자 나름의 판단에 따른 것으로, 객관적으로는 자의에 의한 선택이라는 비판을 면하지 못할 것이다. 각 테마에 대한 내용이나 다루는 시기 역시 엄정한 기준에 입각하여 서술하지 못했다. 이러한 약점은 오로지 필자의 천재비학 탓이기는 하나, 현재 한국의 일본사 연구성과를 감안하여 너그러이 보아주기를 바랄 따름이다.

이 책의 〈제1부〉에서는 센고쿠 시대의 개막을 도입부로 놓고, 막번체제 형성기로 오다·도요토미 정권, 도쿠가와 이에야스 정권기를 위치시켰다. 그리고 히데타다·이에미쓰 정권기, 특히 이에미쓰 정권기를 막번체제 확립기로 위치시켜, 막번체제의 확립 과정을 주로 정치사의 흐름 속에서 동태적으로 파악하고자 하였다. 〈제2부〉는 막번체제 확립기에 막번체제의 기본적인 정책과 구조가 제시되었다는 전제 하에, 그러한 정책과 구조가 전국 규모로 어떻게 정착하여 기능하게 되는지를 이에쓰나기, 쓰나요시기, 이에노부기, 요시무네기로 나누어 서술하였다. 막부 주도의 막번체제가 전국 규모로 가장 원활하게 기능하는 시기는 쓰나요시기로, 그러한 의미에서 막번체제의 최전성기를 쓰나요시기로 보았다. 막번체제 최전성기를 거치면서 농업생산력의 향상과 일부 지역에서의 상품생산, 그에 따른 유통의 활성화와 화폐경제의 확대로 경제구조가 변화하는 가운데 시행된 것이 교호 개혁이다. 이 개혁은 막번체제를 관철·강화하면서 일정하게 성공을 거두었다고 평가하였다.

〈제3부〉는 막번체제의 구조와 그 상호관계를 서술하였다. 막번체제 구조를 장군·천황·대외관계·경제구조·도시와 농촌 등의 분야로 나누고 그 각 분야의 구조를 서술하여 막번체제에 대한 다각적이고 총합적인 이미지를 구현하고자 하였다. 다만 2000년대 이후의 연구성과, 즉 지역사회론과 신분적 주연론에 입각한 연구성과들은 반영하지 못했다. 그 연구성과들을 충분히 반영한 시대사가 아직 정립되지 않은 상태라 섣불리 그 성과들을 이 책에 반영할 경우, 일본 근세사 상을 왜곡하거나 혼란스럽게 만들 가능성이 있기 때문이다.

〈제4부〉는 제3부 막번체제의 구조를 염두에 두면서 막번체제의 동요 과정을 서술하였다. 막번제 동요기를 어느 시기로 볼 것인가에 대해서는 논의가 다양하지만 여기에서는 18세기 중반 호레키寶曆기로 설정하였다. 이는 막번체제 초기 이래의 여러 변화에 대해 막부가 교호 개혁을 통해 나름대로 대응하여 막번체제 시스템을 기능하게 했다는 것을 함의한다. 동시에 교호 개혁이 당시 상황의 개선에는 나름대로 효과를 발휘하나, 제 모순에 대한 근본적인 개혁은 아니었다는 의미도 포함되어 있다. 이에 막번체제는 호레키기부터 도시와 농촌, 유통조직 등 막번체제 시스템이 동요하기 시작하였다고 보았다. 구체적으로 농촌과 도시의 변화를 막번체제 구조, 주로 경제구조의 변화와 관련시켜 서술하고, 이 시기의 경제·사회구조가 어떻게 변화하여 막번체제를 동요시키고 있었는지 살펴보았다. 이러한 변화에 대한 막부의 대응도 시간 축을 따라 서술하였는데, 여기에서 주목한 것이 간세이 개혁이다. 간세이 개혁은 당연히 막번체제의 원리를 관철시킬 의도로 출발한 것으로, 막부가 막번체제 원리를 고수하였다는 것은 현실의 변화들을 막번체제 내로 완전히 흡수할 수 없었음을 의미한다. 결국 간세이 개혁은 봉건반동 개혁으로서, 실패로 끝날 수밖에 없었다고 평가하였다. 또한 이 시기에는 막번체제의 한 축을 이루는 쇄국제도 러시아의 남하로 위협을 받기 시작하였고, 장군과 천황의 관계 역시 변화하기 시작하였다고 보았다. 이후 막부는 여러 변화들에 대응하는 정책을 구상·실시하였으나 결국 실패한다.

〈제5부〉에서는 간세이 개혁 실패 이후 한편으로는 막번체제의 근간을 이루는 농촌사회의 변질로 막번체제가 기능부전에 빠지고, 다른 한편으로는 서구세력의 동양 진출로 쇄국제가 위협받게 되어 막번체제가 대내외적 위기에 몰리게 되는 상황과 그에 대처하는 막부와 여러 번들의 개혁을 우선 다루었다. 이어서 그 결과로 막번체제의 근간인 막부와 번의 관계가 동요·붕괴되어 가는 과정을 주로 정치사의 입장에서 서술하였다. 그리고 서양세력과의 접촉과 그것을 둘러싼 막부와 웅번의 움직임 및 대외문제를 둘러싼 정치세력들의 동향과 막부 붕괴 과정을 정치세력들 간의 관계에 주목하면서 동태적으로 서술하고자 하였다.

석고제를 기반으로 한 농촌은 각 지역에서의 상품생산과 그와 관련된 유통구조의 변화, 그에 따른 시장구조의 변화와 농민운동의 성격 변화로 흔들리면서 막번체제의 근간을 흔들고, 막부와 번은 이에 대응하여 소위 덴포 개혁을 실시한다. 그러나 막부는 이미 농민과 지배층의 기본모순을 해결할 능력뿐만 아니라 쇄국제를 지탱할 군사적 능력마저 이미 상실하여 이 개혁에 실패한다. 이에 비해 서남 웅번들은 경제를 번에 집중시키는 개혁을 통해 일정하게 성공을 거둔다. 그러나 이 개혁 과정에서 막부와 번 내부에서도 각각 정치·경제적 대립이 첨예화되고, 서양 세력에 대한 대응책에서도 각각 대립하게 되었다. 이러한 과정의 총결산으로 결국 막번체제가 붕괴한다. 막번체제의 지배의 핵심 축이었던 석고제를 기반으로 한 인민지배, 막부 우위의 정치·군사·경제구조와 유통정책, 대외적 쇄국제의 붕괴로 말미암아 막번체제가 무너졌던 것이다.

목 차

제 1 부

막번체제幕藩體制의 형성과 확립

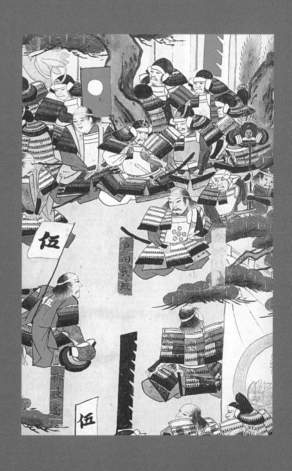

제1장 센고쿠戰國 시대의 개막

제1절 오닌應仁의 난과 센고쿠 시대의 개막

1. 오닌의 난

무로마치 막부室町幕府는 기본적으로 가마쿠라 막부鎌倉幕府 이상으로 정비된 중앙·지방의 통치·행정 제도, 위정자가 직접 지배하는 영지 고료쇼御料所, 장군을 근시하는 호코슈奉公衆 등 직할 경제·군사를 기반으로 한 무가武家 권력이다. 그리고 조정을 중심으로 한 공가公家, 신사神社와 불교의 종교세력(사사社寺 세력)을 통합한 일원적 국가권력이라는 성격을 띤다. 그러나 무로마치 막부의 제 세력 통합 형태는 헤이안기平安期 이래 발달한 권리관계 즉, 소직所職의 구조와 논리에 의존하였기 때문에, 지역 무사세력인 슈고守護는 물론 공가와 사사, 그리고 상인·직인 등의 사회세력들을 완전한 형태로 편성하기에는 한계가 있었다. 또한 공가·사사 세력도 약해지기는 했으나 장원경제를 바탕으로 권력을 유지하고 있었다. 그러한 의미에서 무로마치 막부 시대는 기본적으로 무가·공가·사사 세력이 정립鼎立하여 유지되는 권문체제權門體制 사회였다.

1467년부터 11년간의 전쟁(오닌·분메이文明의 난)으로 무로마치 막부의 전국 통치는 파탄에 이른다. 전쟁의 직접적인 원인은 장군가將軍家의 가독 상속을 둘러싼 막부의 분열이다. 그러나 장군을 보좌해 정무를 총괄하는 간레이가管領家와 지역을 지배하는 슈고가守護家의 가독 싸움에 막부가 개입함으로써 막부의 내부 분열이 촉진된 배후 사정에도 주의해야 한다. 간레이가와 슈고가의 가독 상속 싸움은 이미 3대 장군 요시미쓰義滿, 4대 장군 요시모치義持 시기에도 벌어졌으나, 8대 장군 요시마사義政 시기에 오면 심각한 상태에 이른다. 6대 장군 요시노리義敎 시기에는 막부·장군은 슈고가의 가독 상속 싸움에 같은 의견을 가지고 개입하였다. 그러나 요시마사 시기에는 막부의 내부 분열로 말미암아 막부·장군이 슈고가의 가독 상속에 이견을 보이며 서로 다른 파를 지원하는 경향을 보였다.

시나노信濃의 슈고 오가사와라가小笠原家의 경우, 1446년 모치나가持永는 막부로부터 소료惣領로 인정받은 무네야스宗康에 불복하여 무네야스를 치고, 3간레이 중 하나인 하타케야마가畠山家에 의뢰하여 막부로부터 가독 상속을 인정받는다. 1445년 간레이에 취임한 호소카와 가쓰모토細川勝元는 도카시 야스타카富樫康隆를 가가加賀의 슈고에 임명하고, 그의 대립자 도카시 노리이에富樫乘家를 엣츄越中로 추방한다. 그러나 장군 요시마사는 노리이에를 지지하는 행동을 취한다.

위 사례는 일반 슈고가의 경우이나, 장군·막부가 막부 중추를 담당하는 간레이가의 가독 상속 싸움에 일관성 없이 개입하기는 마찬가지였다. 시바斯波씨의 경우, 1459년 요시마사가 시바 씨의 당주 요시토시義敏의 아들인 마쓰오마루松尾丸를 가독 상속자로 인정하였으나, 곧 요시카도義廉를 가독 상속자로 변경하였다. 그러나 요시토시가 수년에 걸쳐 막부에 공작을 펼치자 이번에는 다시 요시토시를 소료總領로 복귀시킨다. 또한 하타케야마가의 경우, 막부는 요시나리義就를 가독 상속자로 인정하였으나, 1454년 슈고를 대신하여 소령지배를 지휘하는 슈고다이守護代의 지지를 받는 양자 마사나가政長의 가독 상속을 지지하여 1464년 가독 상속을 실현하였다.

이러한 현상은 장군 권력의 사회적 기반의 취약성과 요시마사의 정치적자의성에 기인한 것이지만, 기본적으로는 무로마치 막부 권력이 유력 슈고층의 지지로 지탱된다는 한계, 즉 장군 - 슈고의 연합정권적 성격에 의한 것이었다. 위와 같은 상황의 도래는 국가 공권력으로서의 막부에 불안정을 초래하고, 여기에 장군직 계승문제가 일어날 경우 막부 자체에 분열이 이는 것은 당연하다 하겠다.

1464년 장군 요시마사는 동생 요시미義視를 환속시켜 양자로 삼고, 그를 상속자로 정하였다. 그러나 1465년 아들 요시히사義尙가 태어나자 요시마사·도미코富子(장군의 아내)와 요시미의 관계가 악화한다. 요시미는 전 간레이 호소카와

와細川 씨에 의지하고, 요시히사·도미코는 야마나山名 씨에게 의존하면서 양 세력의 대립은 격화일로로 치달았다. 대립에 대한 조정·타개 노력은 실패하고, 두 세력은 각각 자신들을 지지하는 슈고들을 교토京都로 결집시켰다.

결국 1467년 간레이 교체를 둘러싸고 시바 요시카도파와 호소카와·하타케야마파가 교토에서 시가전을 벌이고, 이로 말미암아 오닌의 난이 발발하였다. 서군(요시히사·도미코·야마나 씨)은 20개 지역國(구니: 고대국가 이래의 지방행정단위)의 군사 약 11만, 이에 대항하여 동군(요시미·호소카와 씨)은 24개 지역의 군사 약 16만 명을 투입하여 교토와 그 주변지역에서 싸움을 벌였다. 전란은 지방으로 퍼져나갔다. 그러나 1473년 호소카와 가쓰모토細川勝元와 야마나 모치토요山名持豊가 사망하고 요시히사의 장군직 취임이 정해지자 전쟁은 막을 내리고, 교토 주변의 싸움도 1473년 이후 병사들의 귀향으로 1477년경 종식된다.

11년간에 걸친 전쟁으로 교토 시가지가 파괴되었을 뿐 아니라, 장군이 거주하는 무로마치테이室町底, 덴류지天龍寺, 쇼코쿠지相國寺 등 유서 깊은 문화재와 공가·무가의 저택, 그리고 사사·공가에 소장되어 있던 귀중한 보물과 기록류 등이 소실되었다. 장군의 권위도 실추되었다. 1473년 요시마사는 장군직을 요시히사에게 물려주고 은거하였지만, 요시히사의 권위는 이제 슈고들에게 더 이상 먹혀들지 않았다. 장군 요시히사의 지배력은 겨우 야마시로山城에만 미쳤을 뿐, 각 지역의 슈고들은 장군의 명령에 따르지 않았다. 장군 권력의 몰락은 장군 권력과 관계를 맺고 있던 장원영주의 몰락을 동반하였다. 장원은 각지의 슈고다이묘守護大名와 재지영주인 고쿠진國人들에게 침식되어 파괴되어 갔고, 이로써 공가·사사 세력의 경제기반은 무너져 버렸다.

한편, 오닌의 난 후 각 지역에서는 하극상下剋上의 풍조가 만연하였다. 슈고 권력을 재지에서 대행하는 슈고다이守護代나 유력 가신들은 슈고다이묘가守護大名家를 멸망시켰다. 이들은 재지에서 강력한 지배권을 형성·행사하며 센고쿠다이묘戰國大名로 발전해 나갔다. 이러한 슈고다이묘의 몰락과 센고쿠다이묘의 탄생으로 센고쿠 시대戰國時代가 막을 열었다.

2. 무로마치 막부의 쇠퇴

오닌의 난 후 막부는 막부 재흥에 나섰다. 요시히사는 막부 권력을 회복시키기 위해 롯카쿠 다카요리六角高賴 공략에 나섰으나 오미近江에서 사망하고 만다. 요시히사의 뒤를 이어 1490년 요시미의 아들 요시즈미義澄가 장군직을 계승하였으나, 이에 불만을 품은 전 간레이 호소카와 마사모토細川政元가 1493년 요시즈미를 실력으로 교토에서 몰아내고 아시카가 마사토모足利政知의 아들 요시타네義稙를 장군으로 세웠다. 이 사건은 당시 장군직이 간레이 급 슈고의 의지에 따라 좌우될 수 있다는 것과, 동시에 간레이가 장군의 명을 받들어 국정을 수행하던 정치 형식마저 붕괴하였음을 보여준다.

추방당한 요시즈미는 처음에는 엣츄越中의 고쿠진 진보 마사나가神保政長에게, 1498년에는 에치젠越前의 아사쿠라朝倉 씨에게, 1499년에는 스오周防의 오우치大內 씨에게 의지하면서 격문檄文을 내려 장군직을 회복하려고 하였다. 전 장군이 지방을 전전하며 슈고다이묘에게 굴복할 정도로 막부는 그 권위와 권력이 실추되었던 것이다.

한편 요시타다義尹(요시타네의 개명)는 1507년 간레이 호소카와 마사모토의 후계 계승 싸움을 틈타 오우치 요시오키大內義興와 함께 입경하여 1508년 장군직에 복귀하였다. 요시오키와 새로운 간레이 호소카와 다카쿠니細川高國가 막정幕政에 임하였으나 막정은 회복되지 못하였고, 1518년 요시오키는 영지로 돌아가버린다. 이 사건 이후 원지遠地의 슈고·고쿠진들은 막부를 지원하지도 의존하지도 않게 되었다. 이후 막부는 전국 규모의 국가 공권력으로서 더 이상 기능하지 못하게 되었으며, 결국 전국은 재지에 기반을 둔 센고쿠다이묘들이 지배하기에 이르렀다.

3. 센고쿠다이묘 영국領國의 전개

1) 기나이畿內 지역

기나이(교토를 중심으로 한 중앙지역)는 무로마치 막부의 중추를 이루는 지역이다. 즉 이 지역의 슈고 혹은 그들과 대치하는 세력이 막부의 간레이 직과 관련하여 수개 구니國를 영국으로 지배하고 있다. 뿐만 아니라 이 지역은 공가의 경제적 중추이기도 하다. 따라서 이 지역은 공가와 사사 세력이 직접 지배하는 지역이기도 하였다. 그리고 기나이 지역은 최고의 생산력을 유지하는 지역이고 상공업의 중심지이기도 하였다. 이 같은 사정으로 이 지역의 농민층은 자립성이 강하고 무가세력에 대한 저항도 강하였다. 이곳 농민들의 지연결합체인 잇키一揆가 강력히 결성·유지된 것도 이 때문이다. 기나이 지역 농민의 잇키 결합은 여러 지역으로 이루어진 슈고 영국과는 다른 차원의 광역적인 지연결합체였다. 생산력의 발전으로 농민층의 자립성이 증가함에 따라 무가세력도 사사 세력도 기나이 지역의 지배에서 우위를 점하지 못하고 있었다. 따라서 기나이 지역에서는 슈고 세력도 안정적으로 존속할 수 없었을 뿐만 아니라 새롭게 대두한 세력 역시 영국을 안정적으로 지배하지 못하였다. 그리하여 기나이 지역에서는 센고쿠다이묘의 영국 지배가 불가능했다. 한편 기나이 지역의 농민들은 잇키 결합의 의지처를 종종 불교의 한 종파인 잇코 종一向宗에서 구하였다(잇코잇키一向一揆).

2) 중간지역

이 지역의 슈고는 대부분 여러 개의 구니를 영위하고 있었다. 통상 이들은 재경在京해 있었기 때문에 실질적인 영국 경영은 슈고다이 이하가 장악하고 있었다. 생산력은 기나이 지역에 비해 떨어지지만 상당히 발전하고 있었고, 이 생산력 발전에 상응하여 상공업도 발전하였다. 그러므로 농민의 잇키 결합 역시 비교적 강했다. 이러한 재지 상황으로 말미암아 무사의 계급적 결합은 기나이 지역에 비해 상대적으로 강할 수밖에 없었다. 한편 슈고 세력을 대치하는 슈고다이 혹은 재지세력은 재지 농민의 잇키 결합 세력을 흡수하거나 진압하지 않고서는 센고쿠다이묘로 성장하기 어려웠다. 대체로 이 지역의 재지 무사 영주들은 한편으로 영주들의 지연적 결합인 고쿠진잇키國人一揆를 형성하면서 다른 한편으로는 그들의 잇키 결합을 넘어서는 주종제에 입각한 지역권력을 지향하였다. 대체로 중간지역에서는 재지 무사층이 농민의 잇키 세력보다 우세하였기 때문에 전형적인 센고쿠다이묘가 형성되어 간다. 그러나 이 지역에서도 농민 잇키 세력의 영향력이 무사 세력을 능가한 경우도 있었으며, 그 때문에 센고쿠다이묘가 아닌 농민 잇키 세력에 의해 영역 지배가 형성되는 곳도 있었다.

3) 후진지역

이 지역의 슈고는 수개 구니를 지배하는 경우와 한 구니를 영위하는 경우가 있다. 수개 구니를 지배하는 경우는 슈고가 영국 내에 거주하지 않았다. 이에 슈고 대신 영국을 관리하던 슈고다이나 혹은 고쿠진들이 일정 지역을 장악하면서 세력을 확대해 나갔고, 결국 슈고로부터 독립하거나 혹은 슈고를 압도하며 센고쿠다이묘로 거듭났다. 한편 한 구니 혹은 2~3개 구니를 지배하면서 영국 내에 거주하는 슈고는 지역을 재편성하면서 스스로를 센고쿠다이묘로 변신시켰다. 후진지역은 생산력이 낮고 그에 상응하는 상공업 발전 역시 미약하였다. 그러므로 농민의 잇키 결합도 약하고, 사사 세력에 의한 재지 지배도 약하였다. 이러한 상황 하에서 슈고가 구래의 재지 무사층을 잇키 결합을 통해 결집시키면서 그들을 주종관계로 전환시켜 일정 지역을 장악하여 센고쿠다이묘 영국을 형성해 간다.

4. 센고쿠다이묘의 영국 경영

1) 지행제知行制와 군사력 편성

센고쿠다이묘의 군사력은 가마쿠라 막부가 소료제總領制라는 동족 결합을 중핵으로 해서 군사력을 편성했던 것과는 달리, 다수의 비혈연 재지영주와 농민 상층을 조직해서 성립하였다. 광범하고 복잡한 가신단을 어떻게 편성하여 다이묘 군사력으로 기능하게 할 것인가, 그리고 그들을 통해 어떻게 효과적으로 인민지배를 실현할 것인가가 센고쿠다이묘의 운명을 좌우하였다. 이때에 가신단의 편성원리로 채용된 것이 관고제貫高制(간다카 제)다. 관고제란 토지의 생산량을 화폐로 환산貫高해서 연공·군역 등의 과세기준으로 삼는 제도다. 이 제도를 실시하려면 토지조사=검지檢地가 필요하였다.

관고제는 그동안 일정 지역에 대한 일원적인 지배를 인정하는 지행知行(지교)제 측면에서 장원제적 소직所職의 인정으로 군역 수취를 어렵게 하거나 소료제적 무사단의 군역을 정량화하기 어려웠던 약점을 지양하고 통일적이고 정량적인 군역 수취를 가능하게 하였다. 관고제는 센고쿠다이묘가 자신의 영국 전체에서 상위 영유권을 확립하는 데도 유효하였다. 영국 전체에 일률적으로 부과하던 단센段錢(임시로 단段 단위로 전지에 부과하는 세금) 등을 관고를 기준으로 부과함으로써 다이묘의 재지 가신給人들에 대한 공적 지배자='공의公儀'의 입장을 확인할 수 있었던 것이다. 또한 토지조사를 통해 가신의 영지를 바꾸거나 분산시키는 방식으로 가신의 재지성=토착성을 약화시킬 수 있었다. 즉 센고쿠다이묘는 관고제와 이를 바탕으로 한 지행제의 실시를 통해 권력을 강화하고, 지행을 통해 가신과 재지 무사들의 기반을 약화시킬 수 있었던 것이다.

관고제에 입각해 편성된 가신단(군단)은 다이묘와의 친소親疎에 따라 후다이譜代(대대로 다이묘가에 종속되어 있던 가신), 구니슈國衆, 도자마外樣로 분류되었다. 구니슈・도자마는 가신이기는 하나 재지영주로서 자립성을 강하게 띠고 있었다. 따라서 센고쿠다이묘는 후다이 층을 중심으로 '가중家中(가츄)'을 형성하여 결속을 강화해 나갔다.

한편 다이묘는 소영주 성격을 강화해 가는 상층 농민들을 새롭게 가신단에 흡수하고자 힘썼다. 직접적으로는 군사력 강화에 도움이 될 뿐만 아니라 촌락 지배자인 상층 농민을 권력에 흡수・편성함으로써 농민투쟁을 억제하는 효과도 있었다. 물론 이들 상층 농민은 다이묘의 직속 가신이 되었다. 이처럼 농촌 소영주층의 가신화는 다이묘 직속 군사력의 강화, 농민 지배의 용이성, 그리고 유력 고쿠진 급 가신(구니슈, 도자마 등)의 견제에 효과적이었던 것이다.

2) 영국 경제의 편성

【농민지배】 　　15세기를 통해 장원제가 해체되어 갔다. 재지 상황을 보면, 지대 및 잉여분의 수취는 슈고・고쿠진・가지시 묘슈加地子名主(재지에 거주하면서 사적으로 일정 지역의 지대加地子를 취하는 상층농민) 등 3자의 실력과 역관계에 의해 규정된

다. 특히 상층 농민들은 일반 농민층의 세금^{年貢} 감면 요구를 수용하면서 촌락공동체를 단위로 한 농민투쟁의 선두에 선다. 상층 농민은 농민투쟁으로 확보된 촌내 잉여분을 지대 수취권으로 집적하여 지주적 성격을 강화하거나 농장적 대경영을 시도하였다. 이에 상층 농민은 촌락공동체의 기능을 장악하고 촌 내에서 소영주로서의 성격을 띠게 된다.

이러한 상황에서 센고쿠다이묘의 과제는 상층 농민이 촌내 잉여분을 확보해 가는 것을 억제하는 한편, 그들을 다이묘 권력의 말단에 편입·재편함으로써 농민 지배 기반을 강화하는 것이었다. 그 방법으로 채용된 것이 토지조사, 즉 검지^{檢地}다. 센고쿠다이묘들은 검지를 통해 지대와 촌내 잉여분^{內德}을 가능한 한 장악하고자 하였다. 이 검지는 후대의 그것과 비교해 보면, 재지영주들이 작성하여 다이묘에게 제출하는 사시다시 검지^{指出檢地}였다는 점, 일률적인 양척 기준이 없었다는 점 등으로 알 수 있듯이 불철저한 점이 있다. 그러나 이 검지를 통해 다량의 은전^{隱田} 등을 파악할 수 있게 되어 토지세^{年貢}·잡세^{公事(구지)}의 부과대상 면적이 확대되었다. 또한 미간지·산림·원야 등도 기본적으로 공의^{公儀} 권력인 다이묘가 장악하게 된다.

한편 다이묘는 상층 농민을 직속 가신단으로 편입·편성함으로써 다이묘ㅡ가신ㅡ백성의 일원적 지역지배를 형성함과 동시에 백성 신분의 일원화도 동시에 추진한다. 즉 백성을 토지에 얽어매놓는 정책을 추진한 것이다.

【상공업 정책】 14~15세기를 통해 농업생산력이 향상되고, 그것을 배경으로 수공업과 상업이 발전하였다. 이러한 상황을 배경으로 일원적 지배를 지향한 센고쿠다이묘는 영내 경제의 재편과 영외, 특히 생산력이 높고 상공업이 발달한 기나이와의 경제적 결합, 그것과 밀접히 관련된 광산 개발 등을 추진하였다.

전대에 철물장이^{鍛冶屋} 같은 수공업자들은 여러 지역을 편력하였는데, 이들이 정주하기 시작한 것은 주로 무로마치 후기에서 센고쿠기다. 센고쿠다이묘가 주로 건설과 무기제조 관련 수공업자 집단을 직접 편성·장악하려 했던 것은 말할 나위도 없다. 당시 다이묘는 스스로를 집단화한 수공업자들을 집단적으로 파악하여 이들에게 생산의 독점권과 영업권을 인정하고 세금과 부역을 면제해 주는 대신 다이묘가 필요로 하는 각종 수공업품을 의무적으로 납입하게 하였다. 그리고 다른 다이묘의 예속인被官이 된다거나 다른 장소로 이주하는 것을 금지하였다. 이렇게 해서 편력하던 수공업자들은 정주하게 되었던 것이다.

센고쿠다이묘는 장원제 하에서 발전해 왔던 사사寺社의 몬젠마치門前市와 장관莊官과 토호 등이 장악해 온 시장을 직접 장악·관리하여 일원적인 영국 시장정책을 추진하고자 하였다. 센고쿠다이묘의 상업 지배는 ① 도시 및 시장의 상업 보호=통제, ② 특권적 어용상인의 편성, ③ 일반 상인에 대한 여러 역諸役의 면제와 영업보장 등으로 볼 수 있다.

①은 본성·지성의 죠카마치城下町, 주요 항과 나루 등의 도시지역으로 상인을 불러들여 상거래의 자유를 보장하는 〈라쿠이치·라쿠자 령樂市·樂座令〉으로 나타난다. 상인들에게는 역의 면제라는 특권을 부여하였는데, 다이묘의 경우 죠카마치를 진흥시키기 위해 성하에 유력 상인을 불러들이고 특정 영업특권을 부여하여 어용상인으로 육성하였다. 즉 그들의 역을 면제시켜줄 뿐만 아니라 영국 내에서 특정 상품의 독점거래를 인정해주기도 하고, 영내의 전마傳馬(덴마)를 상업에 이용하기도 하였다. 그 반대 급부로 이들에게 요구한 것은 주로 군사적 성격이 강한 무기와 병량 등의 조달이었다.

이상과 같은 상업정책과 관련하여 다이묘는 도로·숙역 정책을 시행하였다. 교통로와 숙역의 정비는 영국을 유기적으로 지배하고 영국 경제를 유지하기 위해 필수적인 것이었다. 본성과 지성을 연결하는 교통로의 정비는 군사행동에도 상인의 왕래에도 중요하였다. 다이묘는 교통로와 숙역의 정비·운용을 그 지역의 유력자에게 맡겼고, 이들 유력자가 지역상업의 중심을 담당한 것은 말할 나위 없다. 한편 유통을 통제하여 경제적 이익을 취하기 위해 재지영주들이 설치한 검문소關所(세키쇼)를 철폐하여 물자의 원활한 유통과 상업의 발전을 도모하였다.

이러한 경제정책들은 영국을 일원적으로 지배·장악하려 한 다이묘의 의도를 나타냄과 동시에 구래의 장원제적 혹은 고쿠진 영주층의 할거·폐쇄적인 유통조직을 해체하였다. 그러나 당시까지는 아직 병농 미분리 상태여서 도시와 농촌의 분리와 시장관계의 형성도 미숙하였다. 시장권 역시 당시의 사회적 분업의 전개 수준과 운송·교통 조건으로 말미암아 재향정在鄉町을 중심으로 한 국지시장권局地市場圈이었다. 이러한 국지시장권과 다이묘의 죠카마치를 연결한 것이 어용상인들이었다. 또한 영국 내의 시장권은 당연히 자기 완결성을 결여하고 있었기 때문에 군사적·비자급의 일상적 필요물자를 조달하려면 영외, 특히 중앙시장과의 결합이 필수적이었다. 이 영국과 지방, 영국과 중앙을 결합시키는 것도 어용상인의 중요한 역할이었다. 영국시장과 중앙시장의 결합을 필수불가결한 요소로 하는 센고쿠 시대의 이러한 경제구조야말로 역으로 중앙지대를 지배 하에 넣지 않고서는 전국을 제패할 수 없다는 사실을 암시한다 하겠다.

【영국법領國法】 센고쿠다이묘는 기본적으로 자기 실력으로 영국의 지배권을 형성하여 자신을 '공의公儀'로 자리매김했으나, 슈고 직이나 장군·천황 등과의 관련성을 유지하고자 관위에 오르기도 하였다. 자신의 정치적·군사적 입장을 유리하게 만들기 위해서였다. 즉 자신의 영국에 대한 지배의 권위를 장군과 천황에게서 구하고, 그것을 통해 가신들, 특히 도자마 계열의 가신들에게 자신의 격별성=권위를 확립하고자 했던 것이다. 이와 동시에 센고쿠다이묘의 상호 대립관계에서 대내외적으로 천황·장군의 권위를 이용하여 자신의 영국 지배를 합리화·권위화하고자 하였다. 따라서 센고쿠다이묘의 장군·천황에 대한 접근은 시기가 내려갈수록 빈번해진다.

그러나 그들의 권력은 기본적으로 독자적이고 장군이나 천황 등 상위자에 종속적이었던 것은 아니다. 그들은 영국법을 제정하고 그 법을 영국 내에서 시행하였다. 그리고 자신의 정치적 입장을 '공의公儀'로 칭하였다. 이러한 의미에서는 센고쿠다이묘 영국은 일정 지역을 일원적으로 지배하는 '지역국가'라 할 성격을 갖추고 있었다.

영국법의 성립 과정은 영국의 사정에 의해 규정된다. 즉 다이묘 측과 가신단 측의 역관계나 지역의 특수성 등에 규정되었다고 할 수 있다. 따라서 법전은 다이묘와 가신단의 이해가 합치하는 선에서 탄생한다. 그러나 영국법은 기본적으로 영국의 '국법'으로서의 독자적 성격을 가지며, 종래의 무가법이나 공가법 등의 상위법에 구속받지 않는 자기완결적 성격을 띤다는 점에서 공통성을 지닌다.

영국법의 내용은 가신을 대상으로 하는 '가중법家中法' 성격의 것과 일반 민중 및 영국 전체를 대상으로 하는 '영국법' 성격의 것을 함께 기록하고 있다. '가중법' 성격의 것은 다이묘가 '공'의 입장을 독점하고 가신을 '사'의 입장에 자리매김하여, '사' 상호간의 다툼 등은 다이묘의 '공'으로 조정해서 해결한다는 논리가 관철되어 있다. 영국법 성격의 것은 연공 수납, 산야·경계境界에 관한 것, 용수에 관한 것 등등, 농민과의 토지문제, 채권과 채무, 저당, 거래에 관한 것, 형사상의 문제 등등의 분야들을 규정하고 있다. 전체적으로 영국법은 장원제적 지배영역과 재지영주의 할거적 지배를 극력 해체하여 다이묘 권력을 영국 전역에 가능한 한 균질하게 침투시키고자 했던 다이묘의 의지를 나타내고 있다 하겠다.

제2절 유럽과의 만남

1. 서양인의 동양진출

일본이 문헌상으로 서양 세계에 알려진 것은 마르코 폴로Marco Polo의 『동방견문록東方見聞錄』에 의해서다. 마르코 폴로는 일본을 황금의 나라로 묘사하였는데, 이는 그리스·로마 시대부터 전해 내려오는 동방에 황금의 나라가 있다는 전설을 가탁해 지어낸 것으로 보인다.

십자군전쟁 이후 유럽의 패자가 된 나라는 에스파니아와 포르투갈이었다. 양국은 이베리아 반도에서 이슬람 세력을 몰아내고, 15세기에는 봉건제후 세력을 제압하였다. 양국 모두 발흥하고 있던 도시세력과 협력하여 강력한 왕권을 수립했던 것이다. 이들 국가가 강대해진 요인은 상업 중심지가 지중해에서 대서양으로 이동해 가는 당시, 지리적으로 지중해와 대서양을 연결하는 지점에 위치하고 있었던 점, 르네상스기의 진보한 과학기술(나침판, 지리학,

항해술 등)을 체득하고 있었던 점, 동방무역이 활발해지면서 그것을 담당하는 상업자본이 성장한 점 등등을 들 수 있겠다. 양국은 당시의 경제적 요구에 부응해 동양으로 가는 신항로의 발견에 적극 힘썼다. 그 계기는 잘 알려진 대로 육로를 통한 동방진출을 오스만터키가 막고 있었다는 사실이다.

1492년 콜럼버스Christopher Columbus가 서인도제도(아메리카 대륙)를 발견하고, 16세기에 들어서는 코르테스Hernan Cortez와 피사로Francisco Pizarro González에 의해 멕시코 및 페루가 정복되고 그로 인해 아즈텍·잉카 제국이 멸망했으며 1619년에는 마젤란 함대에 의해 세계일주 항로가 세상에 알려졌다. 이것은 에스파니아가 서쪽으로 항로를 개척한 결과로서, 이를 바탕으로 에스파니아는 멕시코의 금·은을 독점하고 동양의 필리핀 제도를 영유, 마닐라를 근거지로 삼아(1571) 상업활동을 펼치게 된다.

한편, 1486년 바르톨로뮤 디아즈Bartolomeu Dias가 희망봉을, 1498년 바스코다 가마Vasco da Gama가 인도 항로를 발견한다. 이것은 주로 포르투갈이 동쪽으로 항로를 개척한 결과로서, 이를 바탕으로 포르투갈은 인도 고아에 총독부를 두고 동방경영에 힘을 쏟는다. 이어 포르투갈은 실론과 말라카Malacca를 점령하고, 1557년에는 왜구 퇴치에 협력한 공로로 명明으로부터 마카오 거주권을 인정받는다. 이곳을 거점으로 포르투갈은 동양 물자들을 독점, 유럽과의 중계무역을 통해 거부를 창출하였다.

이처럼 포르투갈과 에스파니아가 각각 동서로 진출한 것은 남쪽 아프리카 지역에서 발견된 신천지에 대한 양국의 영유권을 교황이 조정을 한 데 기인한다. 교황은 위 양국에게 1494년 6월 7일 소위 토르데시야스Tordesillas 조약을 맺게 하여, 서아프리카로부터 서쪽으로 약 2220킬로미터를 기점으로 동쪽은 포르투갈, 서쪽은 에스파니아가 영유권·포교권·무역권을 독점하도록 했던 것이다.

서양인의 일본 도래는 위와 같은 세계사의 흐름에 규정받고 있으며, 최초로 일본에 온 서양인은 위에서 추측할 수 있듯이 포르투갈인이었다. 1543년 8월 명의 닝보寧波로 향하던 포르투갈선이 규슈의 다네가시마種子島에 표착하였다. 이들을 체포한 다네가시마 도키타카種子島時堯는 포르투갈인에게서 총포를 입수하고, 그 조종법과 제작법을 가신에게 배우게 하였다. 이것을 계기로 매년 포르투갈선이 규슈에 오게 된다. 한편 에스파니아도 태평양을 항해하여 1584년 히라토平戶에 이른다. 이로써 일본과 서양 제국의 무역 소위 남만무역南蠻貿易이 시작된다.

2. 남만무역의 전개와 기독교 전파

이 시기에는 중국, 즉 명을 중심으로 하는 조공무역체제가 해체되고 남만무역이 활발하게 전개되기 시작하였다. 명과의 무역은 무로마치 초기에는 정치적 성격을 강하게 띠었으나, 15세기 말 16세기 초기에 무역 이익을 중시하여 그 성격이 변화하기 시작한다. 그리고 오닌의 난 후 견명선遺明船 파견을 둘러싸고 호소카와細川 씨와 오우치大內 씨가 심각하게 대립하였다. 양자는 중국의 닝보에서 무력을 수반한 닝보의 난을 일으켰다. 한편 무역의 이익을 추구하는 경향은 밀무역의 성행으로 나타나 명의 해금정책을 무색하게 하였다. 이는 중국에서도 일본에서도 마찬가지였다. 밀무역에 종사하는 집단들은 무장을 한 경우가 일반적이었다. 이들이 소위 16세기의 후기왜구다.

한편 이 시기 동양에 진출한 포르투갈 상선들도 중국과의 무역이 허락되지 않았기 때문에 왜구에 합류하였다. 무력을 수반한 왜구들의 밀무역 중심지는 절강성의 섬들과 복건성이었다. 1555년 왜구는 80여 일 동안 절강·안휘를 휩쓸고, 남경을 공격, 강소성을 공격하여 4,000여 인을 살해하였다. 이에 명 조정은 무로마치 막부와 유력 다이묘들에게 왜구의 진압을 요구하고, 척계광戚繼光에게 지시하여 왜구 토벌에 적극 임하게 하였다. 이로써 왜구 활동은 쇠퇴하게 되고, 1567년 해금령海禁令은 완화되어 명 상선은 복건성에 상세를 내면 남중국해 각지와 교역을 할 수 있게 되었다. 이 과정에서 포르투갈이 왜구 토벌에 협력한 공으로 앞서 언급했듯이 1557년 마카오 거주권을 인정받게 된 것이다. 이로써 포르투갈은 동아시아의 명과 일본을 중심으로 하는 무역의 주도권을 장악하게 된다.

남만무역의 특징은 중계무역이다. 포르투갈은 무역선 파견권을 국왕이 독점하고 있었으며, 고아-마카오-일본-마카오-고아 루트를 계절풍을 이용해 3년에 걸쳐 왕래하였다. 마카오에서는 남동 계절풍을 이용해 6월이나 7월에 20일 정도의 항해로 일본에 도착하고, 10월이나 11월로부터 익년 2월경까지 북서 계절풍을 이용하여 마카오에 간다. 그들은 명의 생사·견직물을 일본에 가져다 팔고, 일본의 은·도검·해산물·칠기 등을 수입해 중국에 가져가 판매하여 거액의 이익을 챙겼다. 일본에는 총포·화약·피혁 등을 가져가 센고쿠다이묘에게 넘기고 이익을 챙겼다. 당시 다이묘들이 포르투갈 상인에게 호의적이었던 최대의 이유는 역시 총포와 화약, 그리고 초석礎石을 구하기 위해서였다. 포르투갈 상인들은 이렇게 해서 얻은 이익으로 동양의 향신료를 획득, 그것을 유럽에 가져가 매매하여 다시 엄청난 이익을 챙겼던 것이다.

남만무역의 또 하나의 특징은 무역과 기독교 포교활동과의 밀접한 관련이다. 무역선 입항지는 선교사의 의사에 따라 결정되었고, 포르투갈과의 무역을 원하는 다이묘들은 영내에서의 기독교 포교와 교회 신축을 인정하지 않으면 안 되었다. 나아가 자신이 기독교로 개종하거나 적극적으로 기독교를 보호하는 경우도 많았다(기리시탄다이묘).

총포의 전래와 그 제조기술의 전파는 이제까지의 전법과 축성법에 커다란 변화를 가져왔다. 기존의 기마騎馬 전법은 집단 보병전법으로 바뀌었으며, 성은 화기의 위력에 견뎌낼 수 있게 견고히 축성되고 전법의 변화에 따라 다수의 병력을 용이하게 이동할 수 있도록 평지에 세워지게 되었다.

서양과의 접촉이 필연적으로 기독교 전파와 관련된다는 것은 위에서 언급하였다. 이는 종교개혁으로 신교 측에 의해 압박을 받던 구교 측이 포교의 신천지를 동양에서 구한 데서 기인한다. 1549년 예수회 선교사단의 프란시스코 사비에르Francisco de Xavier가 가고시마鹿兒島에 도착하였다. 그는 1542년 5월 고아에 도착하여 포교활동을 개시하고, 이어 말라카에서 상당한 성과를 얻었다. 그는 그곳에서 일본인 안지로安次郞를 만나 일본 포교를 결심한다.

사비에르는 가고시마에서 번주 시마즈 다카히사島津貴久의 허가를 받아 1년여 동안 포교활동을 벌였으나 이 지역 승려의 반발을 샀다. 결국 다카히사가 기독교 포교 금지령을 내렸고, 이에 사비에르는 히라토平戸 · 야마구치山口를 거쳐 교토로 향했으나 교토의 정정이 불안하자 다시 야마구치로 내려와 오우치 요시타카大內義興의 보호 아래 활발한 포교활동을 하였다. 그 결과 약 1,000여 명의 신도를 얻었다. 그의 뒤를 이어(사비에르는 1551년 중국으로 가나 1552년 광동에서 병사) 코스모 토레스Cosme de Torres가 야마구치에 와서 포교를 하여 오토모 요시시게大友義鎭, 오무라 스미타다大村純忠, 아리마 하루노부有馬晴信 같은 다이묘들을 신자로 얻었다. 이어서 가스파르 빌레라Gaspar Vilela, 루이스 프로이스Luis Frois 등이 사카이堺, 교토에서 포교활동을 전개하였다. 특히 프로이스는 1560년 장군으로부터 교토 선교권을 인정받고, 1569년에는 오다 노부나가織田信長로부터도 선교권을 인정받았다. 그는 교토에 난반지南蠻寺라는 교회도 지었다. 이즈음 사카이의 고니시 류사小西隆佐 · 유키나가行長 부자, 다카쓰키高槻 성주 다카야마 우콘高山右近도 열렬한 기독교 신자가 되었다.

1579년 내일한 알렉산드로 발리냐노Alessandro Valignano는 선교사 활동을 총괄하여 본격적인 포교활동에 들어간다. 그는 일본에 미야코都(교토) · 분고豊後 · 시모下의 3관구를 설정하고 아리마有馬 · 아즈치安土에 중학 수준의 신학교 세미나리요seminário를, 오이타大分의 후나이府內에 대학 수준의 선교사 양성을 위한 신학교인 코레지오collegio를 설치, 운영하였다. 그리고 위의 분고 지역의 다이묘인 오토모 · 오무라 · 아리마 씨의 권유를 받아 1582년 로마에 사절을 파견하였다. 그들은 나가사키를 출발하여 마카오-말라카-고아를 거쳐 리스본에 도착, 포르투갈과 에스파니아를 거쳐 1585년 로마에 도착하여 그레고리우스 13세를 알현하고 1590년 귀국하였다(덴쇼 견구사절天正遣歐使節).

선교사의 이 같은 포교활동에 힘입어 신자 수는 1570년에는 3만여, 1579년에는 10만여, 1582년에는 15만여 명으로 급속히 팽창하였다. 이처럼 급속한 발전을 이룰 수 있었던 원인으로는 무역과 포교의 밀접한 관련, 구태의연한 불교가 민심을 사로잡지 못했던 점, 선교사들의 헌신적 노력 등을 들 수 있겠다. 노부나가가 사사 세력을 제압하기 위한 정책의 일환으로 기독교에 관용적인 태도를 취한 것도 하나의 원인으로 볼 수 있다.

제2장 오다·도요토미織豐 정권

제1절 오다 노부나가織田信長 정권

1. 오다 노부나가 권력의 형성과 발전

오다 노부나가 권력의 발생지는 오와리尾張 평야지대다. 최선진 지대인 기나이에 버금 가는 높은 생산성을 자랑하는 이 지역은 자립 소농민층이 비교적 발달하였고, 상업도 비교적 발달하여 반경 2~3km의 국지시장권이 점재하고 있었다. 이러한 상황에 대응하여 이 지역에서는 영주제의 실현을 지향하는 재지영주층과 상층농민(토호)·농민층이 대립하고, 토호와 일반 농민층이 대립하는 복잡한 관계가 형성되어 있었다.

오와리 지역은 14세기 말 재지영주 아라오荒尾 씨를 대신하여 시바斯波 씨의 피관被官인들이 들어와 지배한 지역으로, 오다 노부나가의 선조도 당시 이곳으로 들어왔다. 오닌의 난 후 시바 씨가 몰락하자 슈고다이가 오와리의 지배권을 확립하였고, 오다가는 슈고다이의 가로家老 직을 맡고 있었다. 16세기에 재지영주와 농민, 토호와 농민의 대립이 심화해 가는 가운데 재지영주와 토호의 계급적 결합의 움직임이 나타나기 시작하였다. 그 결과 16세기 중반 슈고다이 가로인 오다 가를 중심으로 재지영주와 토호가 결집함으로써 오다 가는 센고쿠다이묘로 성장하였다.

이후 노부나가 정권의 발전 과정은 제1기 오와리와 미노美濃 지역을 통일하기까지의 시기, 제2기 오다 노부나가가 상경한 1568년부터 익년까지의 기나이 지역 진출시기, 제3기 1570년부터 1573년까지의 장군과 반 노부나가 다이묘들과의 갈등시기, 제4기 1573년 말경부터 1575년 말경까지의 혼간지本願寺와의 전투를 중심으로 기존의 동맹 다이묘들과 갈등하는 시기, 제5기 1575년 말경부터 혼노지本能寺의 변(1582)으로 노부나가가 사망하는 시기로 구분해 그 특징을 살펴볼 수 있다.

제1기에서 주목되는 것은 1551년 노부나가가 가독을 상속한 이래 7년여의 내부항쟁을 통해 마침내 1558년 오와리 전尾 지역의 패권을 확립한 점이다. 그리고 1560년 영국의 운명을 걸고 이마가와 요시모토今川義元 군의 상경을 오케하자마桶狹間의 싸움을 통해 저지하였다. 이로써 노부나가의 위명이 교토뿐만 아니라 일본 전국에 알려지게 되었다. 이후 본거지를 기요스淸州에서 고마키야마小牧山로, 다시 기후岐阜로 옮겼으며, "천하포무天下布武"라 쓰인 인장을 사용하여 자신의 천하통일 이상을 명확히 하였다. 이처럼 이 시기는 노부나가가 센고쿠다이묘로서 지역적 패권을 확립한 시기라 할 수 있다.

제2기에 주목할 사건은 무엇보다도 노부나가의 상경上洛이다. 이는 노부나가 권력이 단순히 기나이 지역에 진출한 것뿐만 아니라, 지역권력의 성격을 벗어나 전국全國 권력으로서의 성격을 갖추기 시작했음을 의미한다. 이 시기 천황·장군과 노부나가의 관계를 보면 다음과 같다. 즉 상경 전후의 노부나가는 막부를 재흥시킴으로써 막부 내에 자신의 영향력을 강화함과 동시에 반 노부나가 세력에 대한 중앙권력으로서의 명분을 확보하고, 그들 세력을 괴멸시킴으로써 자신의 지배권을 확대해 갔다. 한편 노부나가가 대동하여 함께 상경하여 장군에 오른 요시아키義昭는 노부나가의 군사력·경제력과 자신의 통치권적 지배권을 이용해서 센고쿠다이묘 같은 실질적이고 현실적인 권력기반을 만들고자 하였다. 그런 의미에서 장군과 노부나가의 관계는 상호 규제·보완 관계였다고 할 수 있다. 한편 천황과 노부나가의 관계도 상호 의존관계였다. 즉 노부나가는 장군과 천황을 통하여 전투의 명분을 확보함과 동시에 기나이 및 그 주변지역에 대한 영향력을 확대하고자 하였고, 장군은 노부나가의 군사력을 통해 장군 권력을 강화하면서 천황을 통해 노부나가를 견제하고자 하였다. 천황은 노부나가와 장군을 통해 경제적인 이익을 확보하고, 동시에 장군 권력과 노부나가 정권의 힘의 균형을 이용하여 자신을 정치화하여 최대한 정치력을 발휘하려 하였다 하겠다.

노부나가·장군·천황 3세력의 관계를 근저에서 규정한 것은 노부나가 군사력의 한계성이었다. 이 점은 노부나가와 다이묘들과의 관계에서도 기본적으로 전제되어 있었다. 이것을 시기적으로 보면 상경 전후기의 노부나가는 장군의 지배권위를 빌려 자신을 다른 다이묘들보다 위에 자리매김하려 하고 있었고, 다이묘들의 상호 대립관계를 이용하여 친親 노부나가 다이묘들과 동맹관계를 유지하여 반 노부나가 다이묘들에게 대응하고 있었다.

무로마치 막부 재흥 이후인 제3기에 노부나가는 현실적인 군사력을 기초로 하여 장군 권력을 제한하여 그 권력을 자신이 행사하는 방향으로 나아갔다. 장군과 노부나가의 관계를 보면, 노부나가가 장군 권력을 '죠죠條條'에 의해 장악하여 장군의 정치적 움직임을 제약하였고 그 반작용으로 노부나가와 장군은 기본적으로 대립하게 된다. 따라서 노부나가는 친조정 정책을 더욱 강화하여 조정의 친장군화 경향을 견제하였다. 그리고 사사 세력에 대해서는 엄정한 국외중립을 요구하였다. 한편 천황이 노부나가의 친조정 정책으로 노부나가에게 장악되어 있었기 때문에, 장군은 천황을 이용한 노부나가 견제에 실패하였다. 이에 이들의 상호 의존·견제 관계가 깨지게 되고 이 시기를 통해 천황의 정치력은 저하되었다.

하지만 위와 같은 역학관계가 형성되면서 반 노부나가 세력의 활동도 또한 활발해진다. 아사쿠라朝倉·아자이淺井 씨의 반란, 농민세력인 잇코잇키一向一揆의 저항 등이 그것이다. 그 속에서 장군이 반 노부나가 세력의 핵심에 자리하게 되고 이에 '장군·노부나가 체제'는 파탄난다. 한편 이 시기를 통하여 장군 요시아키는 전통적인 통치권적 지배권의 권위를 십분 발휘하여 자신의 권력기반 강화에 노력하였으나 실패하였다.

상경 이후의 노부나가와 다이묘들 간의 관계는 기본적으로 이전 시기와 동일하였다. 그러나 노부나가는 자신에게 거역하는 다이묘들에 대해서는 장군·천황에게서 싸움의 명분을 확보하여 군사적 공격을 통해 철저한 타격을 가하였다. 그것은 반 노부나가 세력의 총공세를 촉발시켰다. 특히 다케다 신겐武田信玄이 군사행동을 개시하자, 노부나가는 동맹관계인 다이묘들과 평등에 입각한 군사동맹관계로 전환하는 일면도 보였다. 그러나 이때 노부나가는 장군의 지배권위를 빌리지 않고 오로지 군사적인 역관계를 통해 우위를 관철하였다는 점에 유의하여야 한다. 즉 노부나가의 군사력이 강해짐에 따라 다이묘들과의 관계에서 노부나가 우위를 점하였고, 반 노부나가 세력을 제압해 나감에 따라 노부나가의 실질적인 우위관계가 정착하기 시작한 것이다.

장군 요시아키의 교토 이탈 이후인 제4기에는 노부나가는 친 노부나가 다이묘와 중립적인 다이묘들이 반 노부나가 세력 쪽으로 기우는 것을 방지하고, 나아가 그들을 친 노부나가 세력으로 확보하는 등의 다이묘 대책을 실시한다. 한편 반 노부나가 세력과 대립하는 가운데 전통적인 장군권위가 부정되고, 노부나가와 다이묘들과의 관계는 중앙과 지역을 불문하고 군사력을 기초로 한 상하관계로 전환한다.

이 시기 노부나가의 조정에 대한 공세의 입장도 두드러진다. 그것은 양위와 공가정책에서 확인할 수 있다. 이 시기를 통해 노부나가는 기나이와 그 주변지역의 지배권을 확립하였다. 그리고 공가들의 경제적 이익을 보장함으로써, 그들을 노부나가 권력에 포섭하고 아울러 천황과의 분단을 기도하였다. 한편 노부나가는 공가들에게도 정국에 대한 엄정 중립을 요구하였다. 따라서 이 시기를 통하여 천황은 정치기반이 위축되고, 정치력은 더욱 현저히 저하한다.

한편 노부나가는 자신의 권력을 전국권력으로서 '공의'화를 추진하고 권력의 절대화를 추진한다. 그리고 자신을 신격화해 나간다. 아즈치 성 건설이 이를 상징한다. 한편 천황 권위에 지배되던 사사 세력에게도 지배권을 확대해 갔다. 그것은 아즈치 성에서 행한 법화종에 대한 평결에서 알 수 있다(아즈치 종론安土宗論). 이로써 근세권력의 특질인 세속권력=무가권력이 종교권력을 지배하는 단서가 열렸다.

제5기의 철포가 위력을 발휘한 다케다 씨와의 나가시노長篠 전투에서 거둔 승리는 우에스기上杉 씨와 맺은 동맹관계의 의미를 퇴색시켜 버렸다. 또 모리毛利 씨가 동진함에 따라 노부나가와 모리 씨의 대립도 심화되기 시작하였다. 그 같은 상태를 반영하여 우에스기 씨와의 연락관계는 1575년 6월, 모리 씨와의 그것은 1576년 3월을 끝으로 중단된다. 노부나가는 모리 및 우에스기 씨에 대해 오로지 군사력으로 대처하면서 그들과 대립관계에 있던 다이묘들과의 관계를 강화하였다. 이때 주의해야 할 것은 이들 사이에 상하의 군신관계가 전제되었다는 점이다. 이는 1573년 이후 반 노부나가 세력을 군사적으로 제압하는 과정에서 생긴 힘의 우열관계에 바탕한 것으로, 1578년 4월 관직에서 물러난 이후 다이묘들과의 관계는 천하는 천하의 천하이고, 천하는 무사도에 입각하여 다스려져야 하며, 일본은 노부나가 자신이 지배하는 영역이라는 '천하'관에 근거한 것이었다. 이러한 경향은 1580년 이후 노부나가 자신을 일본 '국가'의 통치자로 자리매김하게 한다.

한편 이 시기에 노부나가는 혼간지의 왕법=불법론의 논리적 근거를 해소하고, 다이묘 정책의 일환으로서 그리고 천황의 정치적 영향력을 감소시킬 의도에서, 일시 직접 관위에 취임하였다. 그러나 혼간지와 모리 씨를 중심으로 한 다이묘들이 강력한 반 노부나가 전선을 형성하였다. 이 사태를 노부나가는 천황에 의지해서 해결하는 것이 아니라, 오직 힘의 논리에만 의지하여 그들을 제압하고자 하였다. 노부나가는 '천하인天下人'으로서 자신의 권위화를 적극 추진하여 천황 권위를 상대화시키고자 하였고, 이에 반해 천황은 정치기반이 더욱 축소되어 정치적 선택 폭과 그 영향력은 전 단계보다 더욱 저하하였다.

이상과 같이 노부나가 정권과 장군·다이묘의 관계는 노부나가 정권의 발전과 함께 변화를 보이고 있으며, 1578년 4월 이후 다이묘들과의 관계는 중세의 그것과 질적 차이를 나타내고 있다. 즉 이 시기 이후 노부나가 권력은 근세권력으로 평가해야 하며, 1580년 이후에는 마침내 '국가화' 과정으로 나아가기 시작하였다고 하겠다. 이와 함께 천황의 정치력은 축소·약화되어 갔는데, 천황은 정치세력이 분열해 있을 때 그 정치력 영향력이 강하다는 것을 추측케 한다.

2. 오다 노부나가 정권의 제 정책

노부나가는 재지농민 세력인 잇코잇키 세력이 대항할 경우 철저히 괴멸시키는 태도를 견지하였다. 그러나 잇코잇키 세력이 군사적 저항을 포기하는 경우에는 그들의 상업발달을 이용하기 위해 보호·통제 정책을 썼다. 그 사례가 1572년 사원을 중심으로 형성된 상업지역인 오미近江의 지나이쵸寺內町 가나모리金森에 내린 라쿠이치·라쿠자 령樂市·樂座令이다.

그 내용을 보면, 〈제1조〉 영업통제와 제 역의 면제, 〈제2조〉 이 지역 일대의 상품들을 독점 거래할 수 있는 권리의 인정, 〈제3조〉 이 지역 상인들이

전 지배자인 롯카쿠六角 씨의 영주·가신에게 세금을 내지 않아도 된다는 것 등이다. 이는 재지세력의 재향정在鄕町 지배를 부정하고, 노부나가가 직접 지배하고자 하는 의도를 잘 보여준다. 그리고 상인들에게 독점적 거래권을 인정한 것은 그들을 노부나가 권력에 직속시켜 필요한 물자의 공급을 의무화한 것이다. 이는 상인의 재편을 의미하며, 가나모리를 기나이 주변지역의 광역시장권과 연계하는 하나의 결절점으로 만들고자 한 것이었다. 이러한 국지시장권의 재편·통합은 노부나가 영국 각지에 퍼져 있는 유력 가신단의 거성에 죠카마치를 건설하는 형태로 추진된다. 이 죠카마치들을 최종적으로 결합하고자 추진한 것이 아즈치 성의 건설이다. 노부나가는 1577년 아즈치 죠카마치에 가나모리에 내렸던 법령과 같은 성격의 13개조 법령=사다메定를 내린다.

노부나가는 〈라쿠이치·라쿠자 령〉에서 볼 수 있듯이 재지 재향정(지나이쵸 등)을 농촌과 분리시켜 농촌 속의 '도시'적 요소를 제거하고자 하였다. 이는 자립적 세계의 중심인 재향정에서 농촌의 자율적인 지연결합체인 '총촌惣村(소손)'을 분리한 다음, 이 소손에 대한 지배력을 강화하려는 방향을 나타낸다. 당시 노부나가의 소손 지배를 위한 문서는 1) 전답 제필지의 소재지, 면적, 연공고, 연공 수취 영주, 연공 부담자를 등재한 장부, 2) 타촌에의 입작入作·출작出作 관계를 기록한 장부, 3) 영주의 연공고를 기록한 장부, 4) 해마다의 작황을 기록한 장부, 5) 호구조사를 통해 촌민의 군역 부담능력을 기록한 장부='이에카즈아라타메家數改' 등을 들 수 있다.

촌村(무라) 단위로 작성된 장부는 노부나가가 재재를 촌단위로 지배하고자 했던 의도를 반영한 것이다. 이것은 또한 촌에 의한 촌민지배와 촌에 대한 영주지배를 의미하여 농촌지배의 중층적 지배구조를 나타낸다. 그리고 행정적인 '촌'을 설정하고 있어 촌 분할村切り(무라키리) 정책의 성격을 엿볼 수 있다. 2)는 이상의 사실들을 나타낸다 하겠다.

1)은 노부나가 정권의 토지조사장=검지장檢地帳으로, 노부나가 정권의 토지정책의 성격을 잘 나타낸다. 문서에는 제1단에 필지 넓이, 제2단에 경지 종류와 그 넓이, 연공용 작물과 그 양, 제3단에 연공을 영유하는 영주의 이름, 하단에는 연공 부담자를 기록하였다. 연공 부담자가 경작자인지 토지의

실질적 소유자인지는 판단이 어려우나, 당시 지주·소작관계가 발달하였던 점을 감안하면 일반 농민과 지주일 가능성이 높다. 이 장부에서 알 수 있는 것은 소영주층의 재지지배를 인정하고 있다는 점이다. 단, 이들의 재지지배는 오다 노부나가의 가신단에 편입되고서야 인정되었다. 즉 1)의 연공 수취자는 3)의 연공고에 따라 군역 봉임을 수행해야 하였다. 이는 영주의 재지지배를 인정하고 있다는 점에서 불완전하기는 하지만 병농분리의 실상을 보여준다.

1)~4)가 모두 주로 재지지배와 관련된 것인 데 비해 5)는 개별영주 위에 선 오다 권력이 국가권력으로서 농민을 지배한 사실을 보여준다. 부역의 노동력 징발은 국가권력에 의해서만 가능하다. 노부나가는 부역의 단위로서 '이에家'를 설정하고, 촌의 이에 수家數와 그 인적 구성원을 파악하여, 그에 따라 축성 인부나 군량미 운반 등의 부역을 부과하였다. 부역을 부과한 주체가 국가권력이기 때문에 재지의 개별영주는 농민에게 부역을 징수할 수 없다. 즉 부역을 징수할 수 있는 자는 노부나가의 명에 따라 임명된 관리들이다('일직' 지배자'一職'支配者). 그러나 재지영주가 노부나가의 관리들에게 청부를 받아 농민에게 부역을 징수하는 경우도 있다. 이것은 상인이나 수공업자를 조직· 재편하여 개별적인 영주지배를 부정하고 국가가 그들을 지배하는 것과 궤를 같이하고 있다. 이 밖에도 무로마치 막부 이래 슈고가 부과해 온 국가적 성격의 세금을 징수하였음은 당연하다.

병농분리의 완성된 형태는 도요토미 기를 거쳐 도쿠가와 기에 완성되는데, 그 단서적 형태는 1576년 오다 노부나가가 에치젠越前 지배의 원칙을 제시한 법령='오키테掟'에서 볼 수 있다. 1578년 아즈치 성하 사무라이마치侍町 화재사 건을 통해서도 그 실상이 확인된다. 오다 가신과 영민은 새로이 사적 주종관계 를 맺을 수 없었고, 영지를 이동할 경우에는 배하 사무라이를 모두 데리고 가게 하였다. 아즈치 성하 화재사건은, 사무라이들이 재지에 처자를 남겨둔 채 단신부임해 온 데 분노하여 그들의 재지 저택을 불태운 것이었음을 보면, 사무라이의 죠카마치 집주를 원칙으로 하였음을 알 수 있다.

이것은 재지의 영주·토호가 농민층 저항으로부터 재지 지배를 유지하기 위해 센고쿠다이묘를 중심으로 계급적으로 결집을 한 것에서부터 시작하여,

영국들의 끊임없는 대립·전쟁으로 상비군단을 형성하고 전쟁을 통해 새로운 영지를 획득하기 위해 외부로 확장되어 가는 중에 본령지의 지배·유지보다는 새로운 영지의 획득에 관심을 집중하게 되고 그에 따라 본령지의 지배 같은 재지 지배에서 유리되어 가는 과정을 나타낸다. 한편 광역지배의 영주, 특히 신 정복지에 부임하는 영주는 그 지역의 사무라이들과 주종관계를 맺어 군사력을 강화하도록 하였다. 이들 사무라이가 영주의 죠카마치에 집주하여 전쟁에 대비하여야 함은 말할 나위도 없다. 이리하여 노부나가와 광역지배 영주, 광역지배 영주와 사무라이의 주종관계가 어은御恩과 봉공의 관계에 의해 중층적으로 성립되고, 이에 의해 중세권력은 근세권력으로 재편되어 갔다.

제2절 도요토미 히데요시豊臣秀吉 정권

1. 도요토미 히데요시 권력의 형성과 전개

오다 노부나가가 혼노지의 변本能寺の變으로 불귀의 객이 되고, 그의 뒤를 이어 권좌를 차지한 사람이 도요토미 히데요시다. 히데요시는 혼노지의 변 직후 야마자키山崎 싸움에서 아케치 미쓰히데明智光秀를 파하고, 이어 1583년 시바타 가쓰이에柴田勝家를 시즈가타케賤ヶ岳 싸움에서 멸망시킴으로써 기나이와 그 주변지역을 중심으로 한 오다 노부나가의 통일권력을 승계할 수 있었다. 히데요시 권력의 성장 과정은 다음 3시기로 나누어 볼 수 있다.

제1기는 1583년부터 1586년까지의 4년간이다. 히데요시는 1583년 시즈가타케 싸움을 승리로 이끈 후 오미近江 지역에 토지조사를 실시하고, 이어서 오사카 성大坂城을 짓기 시작한다. 오사카는 기나이 지역에 강력한 영향력을 행사하고 있던 혼간지가 자리한 곳이다. 혼간지는 농민세력=잇코잇키 세력의 중핵이기도 하였다. 히데요시가 오사카를 자신의 권력 근거지로 삼은 것은, 오사카 지역의 발달한 상공업을 흡수하고, 농민세력의 본거지를 자신의 본거지로 삼아 자신의 권력을 만천하에 시위하기 위해서였던 것으로 보인다. 오사카는 사통팔달의 교통의 요지임과 동시에 해외로의 진출이 자유로운 곳이기도 하다. 오사카 성은 그 규모가 상상을 초월하여 4평방킬로미터의 면적을 하나의 성으로 축조하였다. 성이 완성되기까지 십수년이 걸렸고, 수많은 인민이 동원되고, 복속해 온 다이묘들은 과중하게 할당된 부역을 감내해야 하였다.

한편 노부나가 사후 히데요시에 대항할 세력으로서 도쿠가와 이에야스德川家康가 있었다. 그는 오다 노부카쓰織田信勝와 연합하여 반 히데요시 전선을 형성하고, 히데요시 배후의 모리·우에스기 씨와도 결합되어 있었다. 히데요시는 전력을 기울여 이에야스 정벌에 나서 고마키·나가쿠테小牧·長久手에서 싸웠으나 완전한 승리를 거두지는 못하였다. 이에 1584년 이에야스와 화해하고 그를 자신의 권력 제2인자로 끌어들여 사태를 수습하였다. 이로써 기나이와 그 주변지역에서 다이묘의 상호대립이 해소되었다.

그러나 최후의 농민세력이 히데요시에 반항하고 있었다. 히데요시는 1585년 기이紀伊의 잇코잇키 세력을 진압하였고, 이는 무사세력의 농민세력에 대한 최종 제압을 의미한다. 이후 농민세력의 저항은 사라진다. 노부나가 정권기는 농민세력과의 끊임없는 항쟁 과정이었고 노부나가는 그 농민세력을 거의 제압하였다. 히데요시 정권은 노부나가가 이룩한 권력의 질과 양을 이어받음으로써 비교적 순탄하게 전국통일의 길에 들어설 수 있었다.

기나이 지역을 평정한 히데요시는 전국통일이라는 정복사업에 돌입한다. 1585년 시코쿠四國에 원정군을 파견하여 쵸소가베長宗我部 씨를 복속한다. 이로써 규슈와 간토 이북을 제외한 지역들이 히데요시의 손에 들어가게 된다. 그리고 이 시기, 즉 1585년 히데요시는 간파쿠關白에 오르고 이어 1586년 다죠다이진太政大臣에 취임함과 동시에 도요토미라는 성을 하사받는다. 이리하여 히데요시는 '공의' 권력으로서의 지배 정당성을 확보하기에 이른다.

제2기는 1587년부터 1590년까지의 4년간이다. 이 시기를 통해 히데요시는 규슈의 시마즈島津 씨, 간토의 호죠北條 씨, 그리고 간토 이북의 다이묘들을 복속시켜 전국통일을 완성한다. 우선 1587년 시마즈 씨를 공략한다. 25만 군세를 동원한 시마즈 씨 공격은 용이했으나 재지의 저항은 이후에도 계속되었다. 그것은 재지의 자율성을 부정하고 병농분리체제를 강제하는 히데요시

권력에 대한 저항임과 동시에 통일권력에 속하여 근세권력을 지향한 다이묘 권력에 대한 저항이기도 하였다. 그러나 이러한 재지세력의 반항은 히데요시의 강력한 군사력에 여지없이 무너졌다.

이어 간토 공략에 나섰다. 호죠 씨는 1586년 이래 이에야스와 동맹관계에 있었는데, 히데요시는 이에야스를 통해 호죠 씨에게 신종臣從을 요구했으나 우지마사氏政가 이를 완강히 거부하였다. 이에 1590년 이에야스를 포함한 20여만의 다이묘 군을 지휘하여 호죠 씨를 포위한다. 호죠 씨는 이 막강한 다이묘 군에 3개월여 동안 저항하였으나 마침내 정복되고 만다. 이어 간토 이북지역의 효웅 다테伊達 씨가 신종하여 옴으로써 1590년 전국은 통일된다. 호죠 씨 토벌을 끝내고 히데요시는 그의 마지막 정적이자 협력자인 이에야스를 간토 지역에 전봉하여 이에야스의 군사적 기반을 약화시키고자 하였다. 이에 야스는 가봉에 만족하고 말없이 이 전봉을 받아들여 후일을 기약하였다.

제3기는 1591년부터 1598년 히데요시의 사망까지의 시기다. 이 시기에 히데요시는 전국통일 이후 안으로는 지배체제의 강화를 도모하고 밖으로는 조선과의 전쟁에 나선다. 히데요시가 조선침략의 의도를 드러낸 것은 1585년 시코쿠 공략 때부터고, 이후에도 기회가 있을 때마다 조선침략을 언급하였다. 조선침략을 위한 외교에 구체적으로 나선 것은 규슈 공략이 끝나고나서부터 다. 히데요시는 당시 신종해 온 쓰시마對馬의 소宗 씨에게 조선과 교섭하여 조선이 일본에 입조入朝하게 하라고 명하였다. 이에 소 씨는 조선과 외교절충을 행하였고, 주지하듯이 조선 역시 일본 사정을 정탐하기 위해 일본에 통신사를 파견하였다. 구체적인 조선침략 행동에 나선 것은 1590년 호죠 씨를 정벌하고 난 후다. 이어 1592년 히데요시는 서국西國 다이묘를 중심으로 한 15만의 군세를 몰아 두 번에 걸쳐 조선을 침략하였다.

한편 후사가 없었던 히데요시에게 1593년 히데요리秀賴가 태어나면서 정국은 후계자 문제로 흔들리기 시작한다. 히데요시의 조카이며 당시 간파쿠였던 도요토미 히데쓰구豊臣秀次를 1595년 7월 추방하여 자살하게 함으로써 후계자 문제를 매듭지었다. 그러나 제 지역의 다이묘 영국은 조선침략의 후유증에 시달리고 있었고, 그것에 비례하여 중앙정국도 불안해져 갔다. 히데요시는 죽기 한 달 전 다이묘들에게 히데요리에 대한 충성을 맹서하는 서약을 하게 하고, 13일 전에 이에야스를 비롯한 최대의 도자마다이묘들과 유력 후다이다 이묘로 구성된 5다이로五大老와 5부교五奉行를 제도적으로 장착하여 자신이 죽은 후 히데요리 정권의 안태를 도모하고자 하였다. 히데요시는 1598년 8월 18일 사망한다. 이에 조선을 침략한 일본군은 철수의 길에 오른다.

2. 도요토미 정권의 제 정책

병농분리는 도요토미 정권 하에서 전국에 미치는 기본원칙으로서 천명된다. 히데요시는 1587년 법령에 "급인에게 주어지는 지행지는 당좌(히데요시)의 것이며, 급인은 바로바로 지행지를 바꾸어 가는 것"이라 하였다. 이것은 조상 대대로 이어져 온 영주의 본령지 지배를 부정하고, 영주와 영민 사이의 개별적 주종관계를 부정하는 것이었다. 이렇게 무사들이 본령지를 상실하고, 국가권력이 무사들을 전국 규모로 일원적·통일적으로 편성하는 원리로서 석고石高 지행제와 그와 맞물린 군역의 부과를 실현할 수 있게 된다.

위의 석고제의 전제가 된 것이 이른바 다이코 검지太閤檢地라 일컫는 토지조사 사업이다. 다이코 검지는 1582년 이래 정복지에 실시하였으나, 1589년에 이르러 통일적 형태를 갖추게 된다. 완성된 토지조사장=검지장檢地帳의 형식은 최상단에 토지의 용도(전·답·집터)와 비옥도(상·중·하), 제2단에 면적, 제3단에 쌀을 기준으로 한 기준 생산량=석고石高, 하단에 토지보유자(경작지는 경작자)를 기록하고 있다. 이때 교토의 양척量尺을 일률적으로 적용하였다. 기준 생산량이란 집터 등도 포함하고 있는 것으로 보아 단순한 경작지의 생산량만을 의미하지는 않는다. 즉 석고란 토지의 생산 가능한 기준치(량)를 의미한다. 다이코 검지장과 오다 정권의 검지장을 비교해 보면, 다이코 검지장 에는 영주를 기재하지 않았는데 이는 영주의 재지 지배를 근본적으로 부정하였음을 나타낸다.

다이코 검지에 의해 영주가 장악하지 못했던 대량의 토지는 연공 부과지로 확정되었다. 한편 석고제에 의해 논뿐만 아니라 밭과 집터까지도 연공 부과

대상지가 되었다. 그리고 석고제에 잡히지 않았던 산야, 하천, 해변 등에서 나는 생산물과 재촌 영업에서 얻어지는 이익에 대해서도 세금이 부과되었다 (고모노나리小物成). 이 세금들은 석고 지행제 바깥에 존재하기 때문에 국가권력이 장악하는 경우가 많았다. 결과적으로 연공 대상지가 확대되고, 연공 외의 세금을 부담하는 농민들의 생활은 그만큼 팍팍해졌다고 할 수 있다.

다이코 검지에 의해 석고를 기준으로 한 석고제를 실시하고 석고제에 기초한 지행제를 실시함으로써 1지1영주제一地一領主制의 원칙이 확립된다. 즉 농촌은 이제 농민들이 농업을 통해 생업을 영위하는 지역으로 자리매김되었고, 재지영주는 석고제에 입각한 지행을 받아 재지 지배의 권익을 인정받아 죠카마치에서 무사의 지위를 유지하거나, 아니면 농민으로서 촌내에 남아 자신의 토지를 경작하거나 하여야 하였다. 그리고 농촌지역의 상인・직인들은 죠카마치로 이주해서 자신들의 생업을 유지하든가 아니면 농촌에 남아서 농민신분으로 살아가든가 하여야 하였다. 그렇다고 농촌지역에 상업을 영위하는 사람이 존재하지 않는다는 것은 아니다. 촌에서 상업・상공업을 영위하면서 살아가는 사람들은 신분상 농민으로 위치한다는 의미다. 이로써 기본적으로 신분상 병(사무라이: 지배층)과 농민의 분리=병농분리가 완성되고, 그 결과 농촌과 도시가 지역적으로 분리된다. 그리하여 사・농・공・상의 신분제 기초가 확립된 것이다. 한편 위의 다이코 검지는 장원제도를 부정하였기 때문에 공가들의 재지 지배도 부정되었다. 따라서 공가가 장원에 대한 지배력을 유지하고 있을 경우에는 석고제에 의해 그 수익권만을 인정받았다. 그들의 수익은 그 지역을 일원적으로 지배하는 무가영주가 수취하여 그들에게 제공함으로써 보장되었다.

병농분리체제는 위와 같이 토착성을 상실한 무사의 창출임과 동시에 농민의 무사적 성격을 부정한 농민의 창출이다. 병의 성격을 부정한 농민의 창출이란 결국 농민의 무장해제, 백성신분과 무사신분 간의 사적 주종관계 부정(무사와 영민의 주종관계 부정), 경작 강제, 백성(농민)의 토지 강박이라는 구조를 의미한다. 이러한 의도를 가진 정책들이 1586년에서 1588년까지 공포된다. 1586년의 "백성은 인접 지역・타향으로 이동해서는 안 된다"는 법령, 1587년의

"급인은 바뀌지만 백성은 바뀌지 않는다"는 법령, 1588년의 농민의 무장해제를 지시한 무기몰수령刀狩令(가타나가리 령) 등이 그것이다.

한편 기독교에 관용을 보이던 노부나가 시기에 세미나리오 등의 교육기관이 설립되어 신자들의 교리에 대한 이해가 깊어짐과 동시에 기독교 교세도 확장되어 갔다. 영주들과 불교계는 기독교 교리를 인민들에게 결코 유익한 것이 아니며 오히려 체제를 위협하는 요소라고 인식하기 시작하였다. 이러한 인식이 확산되는 가운데 도요토미는 1587년 6월 규슈 정벌을 마치고 교토로 향하던 중 규슈의 하코사키箱崎에서 바테렌伴天連(기독교) 추방령을 내린다. 영주들이 자신의 지배지를 기독교 교단에 기증하여 기독교 교단이 기증지를 지배하는 상황을 목격한 히데요시는 기독교 제국이 일본을 정복할 생각으로 기독교를 포교하고 있다고 의심하고, 일본 전토의 지배자로서 자신의 지배에서 벗어난 기독교 교단의 지배지가 존재한다는 사실을 인정할 수 없었던 것이다. 또한 이는 히데요시가 이 법령의 머리에서 "일본은 신국神國"이라고 선언한 것으로 미루어 전국통일 이후 일본의 정신적 통합을 이루기 위한 것으로도 보인다.

이러한 가운데 1596년 10월 산 펠리페San Pelipe 호 사건이 발생한다. 마닐라로 향하던 에스파니아의 산 펠리페 호가 폭풍우를 만나 도사土佐의 우라토浦戸 항에 표착한다. 사령관 간데쵸는 히데요시에게 사자를 보내 승무원 보호와 선체 수선 승인을 요청한다. 히데요시는 부교奉行 마시타 나가모리增田長盛를 파견하여 선적화물과 승무원들이 소지한 돈을 압수하였다. 에스파니아가 일본법을 어기고 선교사를 파견하였기 때문이라는 것이다. 한편 조사받던 한 승무원이 세계지도를 펴보이며 에스파니아 지배지의 넓음을 과장하고, 기독교 포교는 에스파니아의 지배지를 확장하려는 전조라고 실토하였다. 이에 자극받은 히데요시는 1596년 11월 26인의 선교사를 처형하였다(26성인 순교사건). 그러나 무역 이익을 확보하기 위해 서양과의 무역은 지속하였다.

3. 조선침략

도요토미 히데요시의 조선침략의 원인을 둘러싸고는 일본이 조선을 중개로 명과의 무역을 부활시키려 하였다는 일명감합무역日明勘合貿易설, 무사 불만 해소설, 히데요시의 공명심에 의한 해외정복설, 영토확장설, 동아시아 질서에 대한 반역설, 국제정세 무지설 등등 구구하다.

이 설들을 검토할 때 주의할 점은 조선침략이 근세 형성기에 발생하였다는 엄연한 사실을 외면하는 경우가 많다는 것이다. 즉 팽창주의적 성격이 근세권 력 형성기에 내재되어 있다는 사실을 간과해서는 안 된다. 센고쿠다이묘들은 군사행동을 통해 자신의 권력을 창출하였다. 즉 끊임없는 전쟁을 통해 영국 내의 영주들을 결속시키면서 자신의 권력을 강화하였다. 외부의 적을 상정함 으로써 내적 결속을 다지고, 전쟁에 승리함으로써 그들의 영지를 확장시켜 줄 수 있었던 것이다. 오다 노부나가 단계에서도 이러한 팽창의 논리는 적용된 다. 즉 천하는 취하는 것이고, 취해진 천하는 천하인天下人인 노부나가가 지배한 다는 것으로, 천하는 확대될 수 있는 대상이었다.

도요토미 권력도 천하인 권력이고, 각 지역의 다이묘 권력의 이익을 대변하 는 전국권력이다. 다이묘 권력은 소령의 유지와 확대에 관심을 가지고 있다. 한편 도요토미의 통일전략은 다이묘들 사이의 사적 전쟁을 부정하는 〈총무사 령惣無事令〉이라는 국가적 지배의 정당성을 바탕으로 한 것으로, 각지의 다이묘 들은 히데요시의 전국지배권을 인정하면 자신들의 지배권을 보장받았다. 히데요시에 의해 완전히 괴멸된 다이묘는 야마나山名 씨와 호죠 씨뿐이다.

이것은 강력한 군사력이 이전과 마찬가지로 각 지역 다이묘들에게 남겨져 있다는 것을 의미한다. 즉 도요토미 정권의 권력구조는 기본적으로 전국을 지배하는 국제國制, 전국을 아우르는 일원적 지배질서, 그리고 여러 도자마다이 묘를 동시에 압도할 정도의 군사력이 불충분한 '전국 규모의 센고쿠다이묘 영국戰國大名領國'의 성격이 강하였다. 특히 여러 지역에 존재하는 강력한 다이묘 군사력은 잠재적으로 도요토미 정권을 위협하는 것이었다. 따라서 적어도 도요토미는 전 일본의 군사 지휘권을 확인할 필요가 있었으며 이제까지 축적된 다이묘들의 군사력을 약화시킬 필요가 있었다. 외부에 적을 만들어 전쟁을 수행해야만 했던 이유가 여기에 있다. 그렇다면 히데요시 권력의 조선침략은 다이묘들의 군사력이 소진될 때까지 수행될 수밖에 없으며, 강력한 국내 지배체제·질서가 형성될 때까지 대외적 긴장관계를 유지할 필요가 있었을 것이다. 그리하여 히데요시에게 이 전쟁은 승패와 관계없이 승리로 장식되어야 했고, 실패로 확인되는 순간 도요토미 정권은 무너질 수밖에 없었다.

히데요시는 규슈를 공격하기 시작한 1586년경부터 자주 대륙침략을 언급하였다. 이 시기의 조선침략 언급은 그때 그때의 정치적·군사전략적 의도에 의한 것으로 구체성은 없었다. 조선침략이 구체화된 것은 전국통일 이후다. 1592년 3월 히데요시는 히젠肥前 나고야名護屋를 조선침략의 전진기지로 삼고, 16만 병력을 9군으로 편성한 조선침략군을 출정시켰다(임진왜란). 조선에 상륙한 일본군은 3로로 나뉘어 한양을 향해 진격하였고, 제1군 고니시 유키나가小西行長는 조선에게 명을 정벌하기 위한 선도 역할을 요구하였으나 거부당하였다. 일본은 5월 초 조선의 수도 한성漢城을 함락하였다. 유키나가는 평양으로 진격하여 평양을 함락하고, 가토 기요마사加藤清正 등은 함경도로 진격하여 조선국경 넘어까지 진군하였다. 한성 함락 소식을 들은 히데요시는 천황을 북경으로 옮기는 등 명 정벌 후 인도를 침략한다는 계획을 발표하였다(삼국할계획三國割計劃). 그러나 고니시·가토·구로다黑田 등이 북진하는 사이 일본 수군이 이순신이 이끄는 조선 수군에게 연전연패한데다 다음 해 정월의 평양전투에서는 일본침략을 조선에서 방어하고자 파병된 명군에게 패배하면서 일본군은 열세로 돌아섰다. 특히 조선 남부지역에서 활발히 활동한 의병과 관군에 의해 병참로가 위험해져서 더 이상의 전투는 어렵게 되었다. 이를 계기로 조선은 수세에서 공세로 돌아선다.

전세가 불리해지자, 일본은 명과 철병교섭을 시작하고 양국은 화의를 위한 조건을 모색하게 된다. 그 결과 함경도에서 포박된 조선왕자의 석방, 부산으로 일본군 후퇴, 요동으로 명군 철수, 명나라 강화사절의 일본 파견 등을 조건으로 한 '강화'가 이루어졌다. 그러나 그 이면에는 조선4도의 일본 할양과 조선의 일본입조라는 조건이 있었다. 명군은 우선 일본군을 조선에서 철병시키기 위해 명 황제의 허가도 없이 교섭사 사용재謝用梓와 서일관徐一貫을 일본에 보냈다. 이에 히데요시는 강화조건 7개 조항을 제시하였다. 그 주된 내용은 명

황제의 딸을 천황의 비로 삼을 것, 감합무역의 부활, 조선영토의 할양, 조선의 일본입조 등이었다. 조선은 유키나가와 심유경沈惟敬의 교섭에 반대하였으나, 명군과 고니시 유키나가는 강화를 진행시키기 위해 유키나가가 히데요시가 항복한다는 간파쿠 항표關白降表를 작성하고, 이 표를 지닌 사절 나이토 뇨안內藤如安을 명에 파견하였다.

이에 명이 일본에 책봉사를 파견하였고, 히데요시는 1596년 9월에 사절을 오사카 성에서 접견하였다. 명 황제가 보낸 국서는 히데요시를 일본국왕으로 책봉한다는 내용으로 히데요시가 제시하였던 강화조건을 충족하기에는 턱없이 부족하였다. 게다가 히데요시가 최소한으로 요구한 조선의 일본입조=고관의 일본파견에 대한 언급도 없었다. 그 결과 일본과 명의 강화는 파탄에 이르렀고, 1597년 조선과의 전쟁이 재개되었다(정유재란). 그러나 이 전쟁은 조선 남부지역에 한정되었고, 명군과 조선군의 저항으로 열세를 면치 못하였다. 특히 이순신이 이끄는 수군이 명량해전에서 승리를 거둠으로써 일본군은 조선 남해안으로 철군할 수밖에 없었다. 그 와중에 1598년 8월 히데요시가 사망하자, 이를 계기로 일본은 군대를 철수하기 시작했고 같은 해 11월 전투는 종결되었다.

이 전쟁으로 일본에 끌려온 포로들에 의해 요업窯業이 발달하고, 금속활자 및 서적이 유입되어 일본의 문화발전에 많은 영향을 끼쳤다.

제3장 도쿠가와 이에야스 정권과 막번체제의 확립

제1절 도쿠가와 이에야스德川家康 정권의 형성

1. 5다이로五大老 · 5부교五奉行 제

1598년 8월 18일 히데요시는 6세의 히데요리秀賴를 후계자로 남겨둔 채

후시미伏見 성에서 사망하였다. 히데요시는 사망 직전에 천하의 정치는 도쿠가와 이에야스, 마에다 도시이에前田利家, 모리 데루모토毛利輝元, 우에스기 가게카쓰上杉景勝, 우키타 히데이에宇喜田秀家 등 '5다이로五大老'의 합의로 처리하고, 히데요시의 직할지와 기타 산용算用은 도쿠가와 이에야스와 마에다 도시이에가 총람할 것을 명하였다. 그리고 나쓰카 마사이에長束正家, 이시다 미쓰나리石田三成, 마시타 나가모리增田長盛, 마에다 겐이前田玄以, 아사노 나가마사淺野長政 등을 '5부교五奉行'로 임명해 히데요리의 보좌를 명하였다(5다이로·5부교제). 이것은 유력 다이묘들을 권력의 중추에 끌어들여 중앙력으로서의 '공의'를 확립하려 한 것이나, 히데요시가 죽자 오히려 5다이로 등 유력 다이묘들의 야망이 '공의'의 명으로 강화되는 결과를 가져왔다.

히데요시 사후 5다이로와 5부교 등은 급히 조선주둔 일본군을 철수시킨다. 당시 조선침략 일본군의 사기는 대단히 저하되어 염전厭戰의 분위기가 고조되어 있었으며, 전선은 조선 남부 해안선에 고착되어 있었다. 이에 고니시 유키나가 등 일본 장수들은 명군과의 강화교섭을 통해 철군하고자 하였다. 히데요시가 사망하자 아이즈會津에 있던 우에스기 가게카쓰를 제외한 다이로들은 히데요시의 사망을 비밀에 부친 채, 재조선 일본장수들에게 사자를 보내 강화와 철병을 지시하였다. 이 지시에 따라 명군과 일본군 사이에 강화교섭이 시도되었으나 조선의 반대로 진전되지 못하였다. 그리고 조선에 히데요시 사망 소식이 전해지자 조선과 명군의 사기가 고조되어 일본군은 고전을 면치 못하였다. 당시 고니시 유키나가는 순천, 시마즈 요시히로島津義弘는 사천, 가토 기요마사加藤淸正는 울산에서 각각 포위당해 있었고, 수군은 이순신과 명의 진린陳璘에 의해 퇴로를 봉쇄당해 버렸다. 일본군은 노량해전에서 이순신이 전사한 후에야 11월 말부터 12월에 걸쳐 철병할 수 있었다.

임진왜란의 최종적 패배는 도요토미 정권이 통일전쟁부터 조선침략까지 '제한없는' 군역에 의해 유지해 왔던 통수권을 해체시켜 버렸다. 당시 다이묘령에는 가신단과 영민의 대립이 내재되어 있었고, 이를 해결하기 위해서는 강력한 중앙권력이 필요하였다. 그러나 히데요시 쪽의 다이묘들마저도 결속은 약하였다. 그리하여 5다이로·5부교 다이묘 간의 권력투쟁과 대립·항쟁이 심화되어 간다.

당시 두각을 나타낸 자는 5부교 계열의 세력을 대표하는 이시다 미쓰나리였다. 그는 히데요리를 수호하라는 히데요시의 유명을 지키는 마에다 도시이에와 결합하여 정권의 주도권을 장악하고자 하였다. 한편 5다이로의 필두에 선 최대의 다이묘는 도쿠가와 이에야스였다. 그는 미쓰나리와 사이가 좋지 않은 가토 기요마사 등을 끌어들여 세력을 강화하고, 정무를 총람하라는 히데요시의 유명을 구실로 정권을 장악하려 하였다.

1599년 1월 5다이로와 5부교의 내부 대립이 일거에 표면화한다. 이에야스를 제외한 4다이로와 5부교는 이에야스 자녀들과 다테 마사무네伊達政宗, 후쿠시마 마사노리福島正則, 하치스가 이에마사蜂須賀家正 등 유력 도자마다이묘들과의 결혼 약속이 히데요시의 유명을 위반한 것이라고 이에야스를 몰아 세웠다. 이 사건은 이에야스와 4다이로·5부교 사이에 히데요시의 유명을 지킨다는 서약서誓書를 교환함으로써 마무리되었다. 이 사건을 계기로 이시다 미쓰나리는 다이로·부교들을 반 이에야스 전선에 끌어들였다. 그러나 이시다 미쓰나리는 마에다 도시이에가 1599년 윤3월 3일 오사카 성에서 사망하면서 최대의 후원자를 잃었다. 그리고 그 날 밤 미쓰나리는 가토 기요마사 등 미쓰나리와 사이가 나빴던 다이묘들의 공격을 받는다. 이에 미쓰나리는 오사카 성에서 탈출하여 후시미에 있던 이에야스에게 보호를 요청하였다. 이에야스는 그의 요청을 받아들였으나, 이는 미쓰나리를 권력의 중추에서 밀어내기 위해서였다. 이에야스는 5부교 중 한 사람이며 미쓰나리와 대립하고 있던 아사노 나가마사를 마에다 도시나가와 더불어 이에야스 암살을 도모했다는 구실을 들어 칩거를 명하고, 마에다 도시나가에게는 이에야스에게 반감이 없다는 것을 서약하게 하였다.

이후 이에야스는 후시미 성에서 천하정치에 영향력을 행사했고, 4다이로들은 8월이 지나면서 자신의 영국으로 돌아가 버렸다. 이에야스는 9월에 오사카 성에 들어가 5다이로의 권한을 단독으로 행사하기에 이른다. 이러한 이에야스의 권력행사는 기본적으로 5다이로·5부교(미쓰나리가 제외되었지만)의 서지誓紙에 의해 지탱되는 대단히 취약한 것이었다. 그리고 이에야스의 독주는

5다이로·5부교제에 기초한 '공의'의 권위를 실추시키기에 충분하였다. 따라서 다이묘들은 당면한 제 모순을 조정할 수 있는 새로운 '공의'를 재건할 필요가 있었다.

2. 건곤일척의 세키가하라 싸움關ヶ原合戰

미쓰나리는 이에야스가 오사카에 있는 한 권력회복을 노릴 수 없었다. 한편 이에야스도 오사카에서 정무를 총람하는 지위에 있는 한 '공의'의 지위를 실력으로 탈취할 수 있는 행동의 자유를 얻을 수 없었다. 군사행동의 명분을 얻을 수 없었던 것이다. 한편 1599년 아이즈로 돌아간 우에스기 가게카쓰는 영국 내의 성 수축과 도로 보수 등 영국 정비에 노력하였다. 그런데 우에스기 가게카쓰의 가로家老였던 후지타 노부키치藤田信吉와 우에스기 씨와 대립하고 있던 다이묘 호리 히데하루堀秀治가 가게카쓰의 영국 경영을 이에야스에 대해 모반을 준비하는 것이라고 이에야스에게 보고하였다. 이에 이에야스는 1600년 4월 가게카쓰에게 이를 해명하기 위한 상경上洛을 명하였으나 가게카쓰는 이 명령에 불복하고 군비를 강화하였다. 이에야스는 6월 다이묘들에게 아이즈 정토령을 내리고 자신 역시 간토로 내려갔다.

이를 호기로 여긴 미쓰나리는 오타니 요시쓰구大谷吉繼·안코쿠지 에케이安國寺惠瓊, 나쓰카 마사이에 등과 연합하고, 다이로인 모리 데루모토를 오사카로 불러들인다. 나아가 다이로 우키타 히데이에와 시마즈 요시히로·고바야카와 히데아키小早川秀秋 등 유력 다이묘들을 결속시켰다. 마침내 미쓰나리는 7월 이에야스 탄핵장을 공포하고 후시미 성을 공격하였다. 이로 말미암아 이에야스와 반 이에야스 세력 사이에 건곤일척의 세키가하라 싸움이 시작된다. 반 이에야스 세력인 서군은 후시미 성을 공략하여 긴키 지역을 세력 하에 넣고, 미노美濃와 오와리尾張 지역으로 진출하고자 하였다.

이에 대해 이에야스 세력인 동군은 후쿠시마·아사노·구로다·가토·야마우치 등의 다이묘들을 선발하여 미노와 오와리 지역에 이르러 기후岐阜 성을 공략하였다. 이에야스는 9월 기후 성에 입성하고, 다음날 아카사카赤坂에서 군의를 열어 오사카 진군을 결정하였다. 서군은 동군의 오사카 발진을 저지하기 위해 세키가하라에 군세를 집결시켰다. 이리하여 동군 약 10만과 서군 약 8만이 세키가하라에서 약 6시간에 걸친 전투를 벌이게 된다. 결국 고바야카와 히데아키의 배반으로 동군이 승리하고, 이시다 미쓰나리·고니시 유키나가 등은 체포되어 교토 로쿠죠六條 가와라河原에서 처형된다. 그리고 모리 데루모토·시마즈 이에히사 등도 군세를 이끌고 영국으로 돌아간다. 각지에서 벌어진 동군과 서군의 싸움도 세키가하라 전투 소식이 전해지자 곧 종식된다.

세키가하라 전투 후부터 다음 해에 걸쳐 이에야스는 서군 소속의 다이묘령을 대대적으로 개역改易·전봉轉封한다. 87명의 다이묘를 개역하여 414만 석을 몰수하고 3명의 다이묘를 감봉하여 207만 석을 몰수, 합계 622만여 석의 영지를 몰수하였다. 이것의 약 1/4은 도쿠가와령으로 삼고 약 3/4은 동군에 가담한 다이묘들에게 증봉하였다. 이 과정에서 이에야스는 동군 다이묘들을 대거 도호쿠東北·호쿠리쿠北陸·츄고쿠中國·시코쿠四國·규슈九州 등의 주변부로 이봉하였다. 동군 다이묘의 구령은 대부분 직할령藏入地, 도쿠가와 이치몬一門·후다이다이묘령으로 배분하였다. 이로써 근세 다이묘 배치의 근간이 만들어지고, 도쿠가와 씨의 소령은 700만여 석에 이르게 된다.

당시 이에야스는 교토와 오사카를 왕래하며 다이묘들과 더불어 히데요리에게 참근하면서 도요토미 정권의 집권執權으로서 권력을 행사하였다. 그러나 전후처리를 통해 도요토미 씨를 정점으로 하는 봉건질서는 사실상 도쿠가와 씨를 정점으로 하는 그것으로 변해 간다. 그렇다고 이 시기에 도쿠가와 이에야스가 전국지배를 지속적으로 유지할 수 있게 되었다고는 할 수 없다. 당시 이에야스가 실권을 행사할 수 있었던 것은 "천하의 산용을 보라"는 히데요시의 유훈을 수행한다는 명분에 입각한 것이었다. 세키가하라 전투에의 다이묘 병력 동원 역시 "이에야스內府, 세상世間의 후견으로서 이것(다이묘 병력 동원) 또한 봉공"이라는 표현에서 알 수 있듯이, 히데요시의 유명을 받은 '후견' 입장이라는 명분을 취하고 있다. 히데요시가 구축해 놓은 군역 동원체제로서의 지배체제를 그대로 이어받고 있었던 셈이다.

그러나 지배체제의 유지방법은 달랐다. 미쓰나리의 경우, 히데요시의 후광을 바탕으로 정국을 주도하였고 따라서 히데요시 정권 하에서는 다이묘 상호간의 대립은 존재하더라도 표면화되지는 않았다. 그러나 위에서 보았듯이 히데요시 사망 후 미쓰나리와 히데요시 계열 다이묘들의 대립은 첨예화한다. 이러한 상황에서 이에야스의 리더십이 발휘되었다. 이는 당시 이에야스가 의존하고 있던 세력이 도자마다이묘들임을 나타내는데, 모리 씨나 시마즈 씨와 이에야스의 화해를 후쿠시마 마사노리나 구로다 나가마사 등이 보증인으로 개재되어 있었다는 사실을 통해 알 수 있다. 동시에 이들의 개입 없이는 이에야스가 세키가하라 전투의 전후처리를 해낼 수 없었다는 것을 나타낸다 하겠다. 이러한 사실들은 다이묘들이 지배체제 유지방법의 변경을 요구하고 있었던 것을 보여준다.

　　이 같은 상황은 각 다이묘들의 영국 내부에도 존재하였다. 영국에는 미쓰나리와 결합하여 히데요시의 정책을 번에서 추진해 온 가신들과 그것에 불만을 가진 가신들 사이의 대립이 내재되어 있었다. 따라서 히데요시의 사망과 함께 가신 상호간의 대립도 표면화하는데, 때로는 다이묘를 포함한 무력 대립 상황을 발생시키기도 하였다. 이럴 경우 이에야스는 조정을 구실 삼아 사신을 파견하여 다이묘 영국 내의 친 미쓰나리 세력을 제거하면서 자신의 입지를 강화하였다. 이것은 때로 다이묘의 입지를 강화하는 데도 도움이 되었다.

　　위의 사실들을 염두에 둔 세키가하라 전투의 역사적 의의를 정리해 보면 다음과 같다. 첫째, 도요토미 정권 내부의 반대파를 타도하고, 둘째, 천하정권이 도요토미 씨에서 도쿠가와 씨의 수중으로 넘어갔다는 점이다. 그러나 이 전투가 하룻만에 끝난 것은 다이묘들이 당면한 모순들을 지양할 '공의' 재건을 요구하였기 때문이다. 도요토미 정권은 대외적 전쟁체제를 유지함으로써 그 모순들을 지양하고자 했으나 도쿠가와 이에야스 정권은 영주들의 '공의' 재건 요구에 부응하면서 대내적인 전쟁체제를 유지함으로써 모순들을 지양하고자 했다. 즉 '상재전장常在戰場'적인 도쿠가와 막번권력의 구조를 창출한 것이다. 이것이 세키가하라 전투의 세 번째 역사적 의의다. 그리고 전토의 약 반인 887만여 석을 개역·전봉시켜 병농분리를 일거에 촉진하였다. 이로써 막번체제의 사회·경제적 토대가 한층 강화될 수 있었다. 이것이 세키가하라 전투의 네 번째 역사적 의의라 하겠다.

3. 에도江戶 막부의 성립과 다이묘들

세키가하라 전투의 전후처리를 통하여 이에야스는 700만여 석에 이르는 도쿠가와 영국을 형성하여 전국을 압도하는 지위를 획득하고, 다이묘들에 대한 사실상의 통수권을 장악하였다. 그러나 이에야스는 그의 권력을 다이묘들은 물론이려니와 공가·사사 등등 세력들에게도 새로운 '공의'로서 인정받아야만 하였다. 즉 이에야스는 히데요리의 '후견' 혹은 도요토미 정권의 집정으로서의 지위에서 벗어나 전국지배의 정통성과 정당성을 획득할 필요가 있었다. 이에 이에야스는 1603년 장군=정이대장군征夷大將軍에 오른다.

이에야스가 나이다이진內大臣이라는 고위 공가 관직을 갖고서도 간파쿠가 되지 않고 정이대장군에 오른 것은 무가의 동량으로서 다이묘에 대한 배타적 통수권을 행사하는 무가정치의 전통을 따른 것이라 하겠다. 이것은 간파쿠·다이코의 히데요시—히데요리 정권을 상대화하고자 하는 정치적 의도에 의한 것으로 볼 수 있다. 즉 간파쿠·다이코 관직이 히데요시 정권의 국가지배를 정당화한 것이었기 때문에, 이에야스로서는 간파쿠 직에 오를 경우 히데요시의 권위에 의존하여 전국지배를 행하는 것처럼 보일 가능성이 있었다. 간파쿠 직은 히데요리 정권의 집권이라는 성격을 탈피하는 데 장애가 될 수 있었던 것이다.

한편 세키가하라 전투에서 승패가 가려지자, 조정은 히데요시가 사직한 후 공석이던 간파쿠에 구죠 가네타카九條兼孝를 임명하고, 1602년 2월 이에야스를 겐지쵸샤源氏長者에 보임한다는 내지를 전하였다. 이에야스는 일단 사퇴하는 신중한 태도를 보였다. 한편 이에야스는 1602년 5월 교토의 니죠 성二條城, 6월에는 후시미 성伏見城을 수축하였는데 이 성들은 공가와 도요토미 씨에 대해 자신의 권력을 시위하는 거점으로서 자신이 전국을 지배하는 '천하인'임을 현시하는 방법이기도 하였다. 이와 더불어 유라吉良 씨의 가계를 빌려 자신이 니타新田 씨의 자손이라고 선전한 이에야스는 정이대장군직에 오를 수 있는 조건을 확보하였다. 그리하여 1603년 정이대장군=장군에 올라 에도 막부를 연다.

이에야스가 장군에 오른 후 오사카 성은 한 다이묘인 도요토미 씨의 거성에 불과하게 되었다. 천하정치는 이에야스가 기거하는 후시미 성에서 행해졌다. 그러나 도요토미 씨에 대한 이에야스의 대책은 신중하였다. 다이묘들의 옛 주인이자 공가·사사 혹은 가미가타上方(교토와 그 주변지역) 제 도시의 호상과 밀접한 관계를 맺고 있고 서국에 대한 정치적·군사적·경제적 요충으로서 오사카에 거주하고 있는 도요토미 씨, 더욱이 봉건적 주종관계의 확립이야말로 막번 영주층의 목표였던 시기에 그 스스스를 도요토미 씨를 부정하는 자로 자리매김하고 싶지 않았던 것이다. 1603년 7월 히데요시의 유명에 따라 히데타다의 딸 센히메千姬를 히데요리에게 시집보내 도요토미 씨의 의심을 덜고 다이묘들에게 도요토미·도쿠가와가 일체임을 현시한다. 이는 당시의 정치상황에서 가미가타 세력과 오사카 측에 대한 정책이 중심과제였음을 나타낸다. 다이묘들에게 본성 에도에의 참근參勤을 강제하지 못했던 것도 당시 막부와 다이묘들 간의 역관계를 잘 보여준다 하겠다.

그러나 에도 성 건설에서 다이묘들에게 부역을 부과하는 등, 다이묘들의 에도 참근은 기정사실화되어 간다. 다이묘의 에도 참근은 1599년 마에다 도시나가가 세키가하라 전투의 인질로 에도에 보낸 어머니를 만나기 위해 에도에 갔을 때, 히데타다秀忠가 그에게 신례를 강요한 데서 시작한다. 한편 히데타다가 1605년 장군직을 계승하자 구로다·마쓰우라松浦·호소카와細川 등 도자마다이묘들이 에도에 참근한다. 그리고 히데타다는 다이묘들에게 에도에 토지를 주어 번저를 짓게 하고, 여기에 다이묘의 어머니나 처자를 거주하게 하였다(증인제). 이것은 당시 다이묘들이 막부에 강제로 충성을 보이는 방법이었으며, 장군이 다이묘들 위에 존재하는 군주라는 점을 현시하는 방법이었다.

다이묘들과 장군의 역관계를 상징적으로 보여주는 것은 1605년 장군직 계승과 관련한 히데타다의 상경이다. 이때 막부는 간토·도호쿠의 다이묘 40여 명을 동원하여 10여만의 군세로 교토로 나아간다. 가미가타·도요토미씨·서국 다이묘에 대한 일대 군사시위였다. 이어 1606년 막부는 주로 서국 다이묘를 대상으로 '1난 후御―亂後의 대국역大國役'을 명하여 에도 성을 크게 확장하였다. 이후 다이묘들에게 부과된 건설 관련 부역普請役(후신야쿠)은 가혹한 것이었다. 이로써 히데타다는 동국과 서국을 불문한 군사상의 통수권이 자신에게 있음을 만천하에 현시하였다.

그러나 이 같은 정책의 시행이 히데타다 개인의 역량에 의한 것은 아니었다. 이에야스의 장군직 사퇴는 장군직의 세습을 통해 전국지배가 도쿠가와가德川家에 있음을 나타내고, 공가 관직의 규범으로부터 자유로운 입장에서 전국지배를 관철하기 위해서였다. 히데타다에게는 장군으로서의 역량을 체득할 시간적 여유를 주고, 나아가 장군직 계승을 둘러싼 분란을 미연에 방지하려는 것이었다. 이는 역으로 당시에는 지배의 정당성을 장군직이나 어떤 직위 등에 의해 확보하는 것이 아니라 개인의 역량에 의해 '천하는 취하는 것'이라는 인식이 지배적이었음을 나타낸다. 또한 봉건적 주종관계도 제도에 입각한 장군과 다이묘들의 군신관계로 인식하기보다는 사적관계로 인식하고 있었음을 나타낸다. 그러한 의미에서 당시 막부(장군)에 의한 전국지배는 취약한 것이었다. 따라서 이에야스는 장군직을 사퇴할 때 정치적 영향력이 강했던 측근들을 슨푸駿府의 자신에게 봉임하게 하였는데, 이는 에도 막부를 중심으로 한 장군 히데타다 세력을 구축하기 위한 조처였다. 따라서 이에야스는 장군직 사퇴 후에도 여전히 오고쇼大御所로서 정치실권을 장악하고 있었다(오고쇼 정치).

4. 오사카의 싸움

막부 성립 직후 이에야스는 7개조의 법령 사다메가키定書를 내린다. 그것은 1) 장군직할령을 지배·관리하는 다이칸代官 및 영주의 부정非分에 대해 농민은 도망逃散과 직소로 대항할 수 있다, 2) 연공률은 근향近鄕과 비교하여 정한다 등을 주요 내용으로 한다. 이것은 당시 다이칸·영주의 부정과 연공률을 둘러싼 농민의 저항이 강했음을 보여준다. 때문에 막부는 다이칸·영주의 영민에 대한 자의적 지배를 배제하고, 막번권력이 직접 지역을 지배하는 체제를 구축하고자 하였다. 위의 7개조는 그러한 막부의 농정기조를 잘 나타내고 있다.

막부 재정의 근간을 이루는 직할령 지배는 이나 다다쓰구伊奈忠次·오쿠보 나가야스大久保長安 등의 다이칸가시라代官頭가 지배 하에 있는 다이칸·데다이手代(다이칸의 수하)를 지휘하여 행해졌다. 그러나 막부의 재정이 확립하는 것은 1609년 마쓰다이라 마사쓰나松平正綱를 간죠가시라勘定頭로 임명하여 가미가타를 시작으로 제 지역 다이칸쇼代官所의 연공 수입을 에도에 납입케 하고, 1612년 슨푸에서 세키가하라 전투 이래 산용을 행한 후부터다.

당시 막부 직할령은 도요토미 정권과 마찬가지로 230만여 석이었다. 따라서 도요토미 정권처럼 전국지배를 위해 주요한 도시·광산을 직할지로 장악하고 무역과 화폐주조의 이익을 장악할 필요가 있었다. 교토·후시미·사카이·오자키·오쓰·나라 등 가미가타 도시들의 직할은 공가·사사 세력이나 도요토미 세력에 대한 전략상의 필요뿐만 아니라, 그곳에 집적된 선진 수공업과 상업자본을 지배하여 재정을 윤택하게 하고 더불어 철포를 필두로 한 발달된 수공업 생산물을 장악하고, 이 도시들에 의존하고 있던 다이묘들의 종속을 강화하기 위해서도 필요하였다. 그리고 나가사키의 직할은 해외무역을 장악하기 위해서도, 해외무역에 의존하는 가미가타 도시들과 다이묘들의 종속을 강화하기 위해서도 중요하였다.

이들 직할 도시들에 다이묘의 영국경제를 의존시키고, 거대한 소비도시가 된 에도의 경제를 가미가타 도시들과 다이묘들의 영국경제와 결합시키는 유통수단으로서 전국에 통용되는 화폐를 주조할 필요가 있었다. 게다가 화폐의 주조는 거액의 임시 영업세運上金銀를 부과하여 막부 재정에 크게 보탬이 되었다. 이에야스는 1601년 후시미에 긴자銀座를 설치하여 정은丁銀·소옥은小玉銀을 주조하게 하였다. 그리고 에도에 설치되어 있던 긴자金座를 중심으로 에도·사도佐渡·슨푸에서 오반大判 (10량)·고반小判 (1량)·이치분반一分判 (1/4

량)의 금화를 주조하게 하였다. 그리하여 칭량화폐로서의 금·은과 표기화폐인 금화를 병용하여 유통시키는 화폐제도를 실시하였다. 한편 1606년 전화錢貨인 게이쵸 통보慶長通寶를 주조하여 명 화폐인 영락전永樂錢의 통용을 금지시켰으나 큰 효과를 보지는 못하였다. 그리하여 악전을 기피하는 행위撰錢를 금지시키고, 영락전 1관문貫文=사주私鑄의 악전惡錢 4관문=은 50몬메=금 1량의 비가比價로 통용하도록 통제하였다(화폐공정비가령撰錢令).

이에야스는 화폐주조와 해외무역, 그리고 군자금 확보를 위해 광산을 중시하였다. 도요토미 씨가 직할했던 이와미石見의 오모리大森, 다지마但馬의 이쿠노生野 등의 금·은 광산을 지배 하에 두었을 뿐만 아니라, 사도의 금·은 광산, 가이甲斐의 구로카와黑川 금 광산을 직할령으로 하였다. 이즈의 도비土肥와 오히토大仁 등의 금·은 광산도 개발하였다. 이들 광산에는 오쿠보 나가야스 등의 부교를 파견하여 관리를 맡겼다. 그리고 고슈류甲州流의 토목기술과 멕시코에서 전래된 아말감 야금기술을 도입하여 금·은의 생산량은 급증하였다. 특히 은 생산은 세계 최대로, 수출량만도 20만 킬로그램에 이르렀던 것으로 추정된다.

에도 막부 성립 후의 도요토미 씨 소령은 셋쓰攝津·가와치河內·이즈미泉 등 70만 석 정도였는데, 이는 사실상 도요토미 씨가 한 다이묘로 전락하였음을 나타낸다. 그러나 히데요리는 세키가하라 전투 이후에도 매년 오사카 성에서 공가에게 연시年始의 예禮를 받았다. 그리고 구 도요토미계 다이묘들은 히데요리에게 예를 올린 다음 후시미 성의 이에야스를 알현하였다. 관위도 히데요리가 이에야스와 히데타다보다 낮다고는 하나, 1603년 4월 나이다이진內大臣, 1605년 우다이진右大臣에 올랐다. 위와 같은 다이묘들을 배경으로 도요토미 씨는 장군에 대한 신례臣禮를 거부하였으나, 1611년 히데요리가 니죠 성에서 이에야스에게 알현함으로써 마침내 막부에 신종하는 한 다이묘가 되었다. 그러나 히데요리의 이에야스 알현은 도요토미 씨가 당시 상황을 주체적으로 파악해서 이루어진 것은 아니었다. 당시 히데요리의 장래와 도요토미 가의 보전을 걱정하던 다이묘들, 즉 히데요시에게 은혜를 입었던 다이묘들의 주선으로 이루어진 것이었다.

그런데 이들 아사노 나가마사, 가토 기요마사, 마에다 도시나가 등이 사망하면서 히데요리를 보좌하고 가신단을 통솔할 만한 인재가 없어 도요토미 씨의 고립은 한층 더 심화된다. 이에 히데요리 측은 낭인무사를 모집하고, 무기·병량을 축적하여 도쿠가와 씨와의 무력대결을 준비하기에 이른다. 한편 이에야스는 도요토미 씨의 재력을 탕진시키기 위해 사사 조영을 권장하였다. 1602년 대지진으로 붕괴된 호코지方廣寺의 대불전 재흥도 그 일환이었다.

호코지 재흥에는 이에야스도 그 통할자로서 협조하고 있었다. 호코지는 1614년 약 5년간의 공사 끝에 완성을 보아 이에야스가 그 공양·개안식을 허락하였다. 그러나 개안식 직전 이에야스는 종명鐘銘의 '국태안강國家安康'이 가家와 강康을 갈라놓은 것으로 자신을 저주하였으며, '군신풍락 자손은창君臣豊樂 子孫殷昌'라는 구절을 히데요리를 군주로 하여 자손의 은창을 즐긴다라고 읽어 도쿠가와 씨를 저주하였다는 구실로 개안식을 중지시켰다.

이에야스는 슨푸에 온 가타기리 가쓰모토片桐且元를 만나 히데요리 혹은 히데요리의 어머니 요도키미淀君의 에도 재부나 히데요리의 이봉을 제안한다. 그러나 오사카 진영은 오노 하루나가大野治長 등 강경파가 장악하고 있었기 때문에 양자의 무력대결은 피할 수 없게 된다. 히데요리는 히데요시에게 은혜를 입었던 다이묘들에게 구원을 요청하였으나 거절당한다. 마침내 1614년 11월 소위 오사카 겨울싸움이 시작되었다. 양측은 오사카 성 내·외 해자를 메우는 조건으로 일단 강화하였다. 그러나 히데요리 측은 오사카 성 성벽을 수리하고, 메워진 해자를 다시 파고, 낭인을 모집하고, 병량을 축적하기 시작하였다. 이에 이에야스는 히데요리에게 사자를 보내 히데요리가 오사카 성을 떠나 야마토大和나 이세伊勢로 거성을 옮기거나 오사카 성에 모인 낭인을 내보내거나 할 것을 요구하였다. 이 요구가 받아들여지지 않자 1615년 5월 소위 오사카 여름싸움이 시작되고, 싸움은 이틀 만에 히데요리 측의 패배로 끝났다. 이로 인해 도요토미 씨는 멸망한다.

전 다이묘를 동원한 오사카 싸움을 통해 이에야스는 막번권력을 확립하였다. 그리고 오사카 싸움으로 기나이와 서국을 연결하는 정치·경제·군사 요충지인 오사카를 장악할 수 있게 된다. 1619년 막부는 오사카를 직할화하고 오사카 성을 수축하여, 그것을 가미가타 지배의 거점이자 서국에 대한 지배와 감시의 거점으로 삼았다.

이에야스는 이 전쟁에서 히데요리를 죽음으로까지 몰아가고 싶어하지는 않았다. 히데요리 위에 군림하는 도쿠가와 권력을 구축하고 싶어했기 때문일 것이다. 어떻든 이에야스는 이 전쟁을 통해 막부의 군사동원령으로 다이묘들의 군사를 동원할 수 있었고, 이로써 전 일본의 군사통수권이 막부에 있음을 천하에 현시할 수 있었다. 이러한 성과를 기반으로 이에야스는 1615년 7월 무가제법도武家諸法度와 천황 및 공가제법도禁中並公家諸法度를 제정하여 막번제 국가의 근간을 제도화한다. 이에야스는 막번체제의 기초를 다진 후 1616년 4월 슨푸 성에서 75세의 일기로 생애를 마친다.

제2절 막번체제의 확립

1. 정치제도의 확립

간토 이봉 후 이에야스령의 정치제도는 오와리 시절과 질적인 차이를 보이지는 않는다. 그러나 다이묘 권력의 진화에 따라 나름대로 분화가 이루어져 간다. 재지영주 시기의 소규모 가정家政 조직이 영국의 확대와 더불어 직장이 분화해 간 것인데, 즉 군사적인 면을 중심으로 하는 직제, 직할지 지배를 주요 임무로 하는 지방직제, 다이묘의 사적 가계를 관리하는 가정직제 등 3부문으로의 분화가 그것이다. 정치조직의 분화에 따라 직무의 분할 역시 필요했으나, 다이묘 가정상의 지출과 군사·행정상의 지출이 완전히 분리되지 않았다는 점이 당시 정치제도의 특징이다. 따라서 행정기구의 기능적 확립은 아직 이루어져 있지 않았다. 당시 도시요리年寄, 부교슈奉行衆, 간죠슈勘定衆, 다이칸가시라代官頭 등의 직명은 보이지만, 이들 사이의 직장 차이를 명확히 하기는 어렵다. 부교슈가 민정 전반을 맡고 있다든지, 다이칸가시라가 재정·경리 임무를 맡았던 사실들이 위의 특징을 말해준다. 그리고 이들의 직장 역시 고정된 것이 아니어서, 도시요리·다이칸가시라 등을 겸하고 있었으며, 농촌과 도시를 구별해서 지배하였던 것도 아니다.

즉 막부 성립 이전까지의 도쿠가와 씨 행정기구의 중심은 부교슈에 있었으며, 이는 그들이 가신단의 군사조직보다 상위에 위치한다는 전제에 기인한다. 반면, 후다이다이묘 특히 도쿠가와 권력의 발상지인 미카와三河 후다이층이 부교직을 차지하였다는 점에서 도쿠가와 가신단 내에는 서열이 형성되어 있었음을 알 수 있다. 상층 후다이는 대개 1만 석 전후부터 12만 석 정도의 지행고를 유지하였으며, 하층 후다이는 1만 석 이하의 지행고를 유지하고 있었다.

1603년 에도 막부가 설치되어 도쿠가와 씨의 전국정권으로서의 지위가 명확해지자 정치조직도 그것에 대응하여 정비가 필요하였다. 그러나 당시의 정치국면은 정치제도를 정비할 만큼 막부의 권력기반이 강하지 못하였다. 이에 이에야스는 1606년 장군직을 히데타다에게 물려주고 슨푸에 은거하면서 정국의 실권을 장악하고(오고쇼大御所 정치), 막부의 권력기반을 강화하기 위한 새로운 '정부'를 구성하였다. 혼다 마사즈미本多正純를 필두로 한 나루세 마사나리成瀨正成, 안도 나오쓰구安藤直次, 안도 시게노부安藤重信, 아오야마 나리시게青山成重, 다케코시 마사노부竹腰正信 등의 유력 후다이층에게 슨푸 '정부'의 제 역직을 맡기고, 혼다 마사노부正信에게 장군의 보좌를 맡겼다. 이 같은 정치상황을 반영하여 공문서도 장군 히데타다와 오고쇼 이에야스의 이름으로 각각 발행된다. 당시 히데타다가 발행한 공문서들은 대부분 이에야스가 발행한 공문서를 뒷받침하기 위한 것이었다.

혼다 마사즈미·마사노부 부자가 각각 슨푸·에도에서 요직을 맡고 있었기 때문에 이들의 권세는 부교슈 권력을 훨씬 능가하였다. 이것은 종래 막정의 중추를 점하고 있던 부교슈의 후퇴를 암시하였고, 이에 마사노부 부자에 대한 무공파武功派 후다이층의 반감이 증대하였다. 따라서 막부 내에서의 혼다 마사노부의 지위가 미묘해져 소외되어 갔다. 물론 이러한 현상은 장군 히데타다를 중심으로 막각의 원형이 형성되어 가고 있음을 의미하기도 한다. 당시 막각의 최고 실력자는 히데타다의 장군계사를 성사시킨 오쿠보 다다치카忠隣였다. 그는 사카이 다다요酒井忠世·사카이 다다토시酒井忠利·도이 도시카쓰土井利勝와 더불어 도시요리(후의 로쥬老中)로, 안도 시게노부安藤重信·미즈노 다다모토

水野忠元・이노우에 마사나리井上正就를 로쥬(후의 와카도시요리若年寄)로 하여 막정 운영에 임하였다. 이렇듯 에도 막각 중추부는 후다이다이묘 세력을 중심으로 구성되었다.

슨푸 정부는 다양한 인물들로 구성되었다. 위에서 언급한 후다이다이묘들에 덴카이天海・스덴崇傳・하야시 라잔林羅山 등의 승려와 학자, 오쿠보 나가야스 등의 다이칸가시라, 고토 쇼자부로後藤庄三郎, 챠야 시로지로茶屋四郎次郎, 하세가와 후지히로長谷川藤廣, 가메야 에이닌龜屋榮仁 등의 대표적 호상들, 미우라 안진三浦按針 같은 외국인 등이 정부에 참여하고 있었다. 이들은 대부분 출신보다는 개인적 역량을 인정받아 임용되었고, 이를 출두인 정치出頭人政治라 한다.

이에야스가 에도 막부의 필두로서 마사노부를 지목한 것은 슨푸의 지령을 에도 막부에서 충실히 이행할 수 있도록 하기 위해서였다. 이에야스의 이 같은 의도는 초기에는 잘 관철되었다. 그러나 마사노부・마사즈미 부자의 권세가 강해지면서 에도 막부의 지위를 강화하려는 후다이다이묘들의 반감이 강해지면서 이들의 대립이 표면화하기에 이른다. 혼다 부자와 에도 후다이 세력 사이의 대립이 정쟁으로까지 발전하게 된 계기는, 후술하는 1612년의 혼다 마사즈미의 가신이었던 오카모토 다이하치岡本大八가 아리마 하루노부有馬晴信에게 뇌물을 받은 수뢰사건岡本大八事件과 1613년의 오쿠보 나가야스의 부정사건이다.

1616년 4월 이에야스의 사망은 센고쿠 시대의 폐막을 상징하는 것이며, 막정의 정치조직과 막정 운영에 새로운 전기가 되었다. 이어서 6월에 혼다 마사노부도 79세로 세상을 떠났다. 이로써 슨푸 정부는 와해되어 에도 막부에 흡수된다. 이에 앞서 1607년 오와리가 도쿠가와 요시나오義直에게 주어지자, 요시나오의 가로였던 나루세 마사나리・다케코시 마사노부 등이 슨푸 정부에서 전출되고, 1609년 도쿠가와 요시노부賴宜가 슨엔駿遠으로 전봉되자 안도 나오쓰구安藤直次를 그 보좌로 임명하여 슨푸 정부에서 방출되었다. 이렇듯 슨푸 정부에 가담하였던 후다이다이묘들은 이에야스 생전부터 도쿠가와 일문一門의 강화라는 역할이 주어졌으나 이에야스 사후 막부의 중추부에서 거의 소외되었다. 혼다 마사즈미도 예외는 아니어서 결국 막각에서 추방되었다.

혼다 부자의 사망과 실각은 센고쿠 시대의 출두인 정치가 마감되고 막번 관료제의 형성을 크게 촉진하는 계기가 되었다. 이는 가격家格과 직제에 구속됨이 없이 주군의 총애를 받아 자신의 능력과 기량을 충분히 발휘하던 시대가 막을 내리고, 엄격한 문벌과 계층질서가 관철되는 방대한 제도 속에서 맡겨진 임무를 수행하는 시대가 도래하였음을 의미한다.

한편 오사카 여름싸움이 끝난 직후 1615년 9월 사카이 다다요, 도이 도시카쓰, 아오야마 다다토시靑山忠俊 등이 세자 이에미쓰家光의 보좌로 임명되었다. 이는 장군 세습체제를 강화하고자 한 것이며, 동시에 차세대를 짊어질 이에미쓰의 새로운 측근이 형성되어 감을 의미한다. 이들 외에도 이에미쓰가 태어난 1604년 9세의 나이로 이에미쓰의 근시로 임명된 마쓰다이라 노부쓰나松平信綱, 1610년 이에미쓰의 고쇼小姓가 된 아베 다다아키阿部忠秋, 1615년 33세로 이에미쓰 보좌역으로 임명된 사카이 다다카쓰酒井忠勝(다다쓰구忠次의 孫)와 13세로 고쇼小姓가 된 홋타 마사모리堀田正盛 등이 이에미쓰의 새로운 측근을 형성하였다. 이 새로운 측근은 이에야스의 측근과 달리 후다이 이력을 가지고 막부 직제를 거쳐 장래 막정 운영의 중추를 담당하게 될 봉건관료 다이묘 예비군이었다.

이에야스 사망 후 히데타다는 일련의 령을 내려 막부권력을 강화하였다. 히데타다는 1615년 6월 일국일성령一國一城令을 내려 다이묘 거성 이외의 지성枝城을 파괴하게 하고, 다이묘들의 군비를 제약함과 더불어 가신단을 본성本城의 죠카마치 안에 거주하도록 하였다. 이 법령은 주로 서국 다이묘를 대상으로 한 것이었는데, 다이묘의 군사력을 제한하고 동시에 다이묘 가신들의 성을 제거함으로써 가신들의 힘을 약화시켜 다이묘의 권력 강화에도 도움이 되었다. 그리고 1615년 7월 1595년의 히데요시 오키테掟를 계승하여 1611년 다이묘들을 대상으로 서약을 하게 한 3개조를 근간으로 스덴崇傳이 기초한 무가제법도를 공포한다. 그 내용을 보면, 문무궁마文武弓馬의 도에 전념할 것, 음주와 호색행위를 삼갈 것, 법도 위반자를 숨겨두지 말 것, 반역·살인자는 추방할 것, 거성 수리는 신고할 것, 참근 작법과 복식 등 다이묘들을 규제하는 기본들을 명문화하였다. 그리고 천황 및 공가제법도, 제종제본산제법도諸宗諸本山諸法度를 발포하여 천황을 정치·권력에서 분리시키고, 천황·공가·사사에 대한 법규제를 명시하였다. 위와 같은 법령은 막부 스스로 국가 공권력임을 자각하였음을 나타낸다 하겠다.

이에미쓰 측근들은 1623년 7월 히데타다가 장군직을 이에미쓰에게 물려주자 신 장군 밑에서 막각을 구성하고 막정 조직화에 노력한다. 1623년 마쓰다이라 노부아키, 아베 다다아키, 나이토 다다시게內藤忠重 등이 고쇼구미가시라小姓組頭로 임명되었다. 당시 로쥬가 되기 위해서는 고쇼구미반가시라小姓組番頭를 거쳐야 하였다. 그리고 와카도시요리若年寄(당시까지는 아직 이 같은 용어는 존재하지 않고 로쥬로 불렸다)는 반가시라를 겸임하고 있었다. 하타모토로 구성된 고쇼구미반가시라를 와카도시요리가 겸임하였던 것은 로쥬·와카도시요리·부교 등의 군사직제와 행정직제가 아직 구분되지 않았기 때문이다.

한편 장군직을 이에미쓰에게 물려준 히데타다는 이에야스와 마찬가지로 오고쇼 정치를 폈다. 히데타다의 오고쇼 정치는 이에야스의 그것과는 달리 자유로운 입장에서 다이묘 통제를 강화하고 신 장군 아래 새로운 관료층을 정비하기 위한 과도적인 성격을 띤다. 이에 히데타다는 사카이 다다유키酒井忠行를 이에미쓰 막각의 주자奏者로 명하여 이에미쓰와의 연락을 도모하였다. 그리고 1624년 니시노마루西の丸로 거소를 옮긴 히데타다는 도이 도시카쓰·이노우에 마사나리井上正就·나가이 나오마사永井尚政 등을 니시노마루 로쥬로 명했으나, 사카이 다다요와 사카이 다다토시는 이에미쓰의 혼마루 로쥬에 그대로 두었다. 양 사카이 씨는 미카와 시기 이래 후다이다이묘의 명문으로, 이들을 혼마루의 로쥬에 그대로 두었다는 것은 후다이다이묘를 중심으로 장군 권력을 강화하고자 한 때문으로 보인다. 이어 이나바 마사카쓰稻葉正勝·아베 마사쓰구阿部正次·사카이 다다카쓰酒井忠勝·나이토 다다시게 등이 혼마루 로쥬에 취임한다. 이리하여 후다이다이묘와 이에미쓰의 측근을 중심으로 막각이 구성되기에 이른다.

1632년 히데타다의 사망으로 이원二元 정치는 해소된다. 그리고 히데타다의 유명에 의해 혼마루 로쥬로 옮긴 도이 도시카쓰를 제외한 니시노마루 로쥬는 해산된다. 그리하여 이에미쓰에 의한 정치가 본격적으로 실시된다. 이에미쓰는 우선 마쓰다이라 노부쓰나를 로쥬 격에 취임시키고, 감찰기관인 소메쓰케總

日付를 설립하여 정치 중추기구의 정비에 나섰다. 이어 1633년 혼마루 로쥬를 중심으로 '로쿠닌슈六人衆'를 설치하여 측근인 노부쓰나, 다다아키, 홋타 마사모리, 미우라 마사쓰구三浦正次, 오타 스케무네太田資宗, 아베 시게쓰구阿部重次 등 6인을 임명하였다. 와카도시요리 제도의 설치다. 이는 막부의 직속 가신단인 하타모토에 대한 통제와 조직을 강화하여 군제 기구와 군사番方 조직의 정비에 착수한 것으로 볼 수 있다. 그러한 의미에서 당시 로쥬가 고쇼구미반가시라를 겸임하였던 사실은 중요하다.

이어 이에미쓰는 아베 다다아키와 홋타 마사모리를 로쥬 격으로 임명하여 노부쓰나와 더불어 후다이다이묘의 대표격이었던 로쥬 사카이 다다요 · 다다카쓰와 도이 도시카쓰와 함께 평결에 가담시켰다. 이는 이에미쓰 측근이 정치 중추부에 진출한 것을 의미한다. 이렇게 되자 로쥬와 와카도시요리의 직무 분장이 문제가 된다. 그리하여 1634년 3월 〈로쥬 직무정칙〉 10개 조 및 〈와카도시요리 직무정칙〉 7개 조를 제정한다. 이에 따르면, 로쥬의 직무는 주로 조정朝廷 · 다이묘 · 사사 · 외국관계 등 장군의 전국 지배권과 관련된 기능을 담당하고, 와카도시요리는 직속 가신단인 하타모토의 통제─장군의 영주적 측면의 기능을 담당하였다. 이리하여 로쥬=다이묘 지배, 와카도시요리 =하타모토 지배라는 막정의 기본원리가 확립된다.

1635년 6월 이에미쓰는 원로인 이이 나오타카井伊直孝, 로쥬인 도이 도시카쓰 · 사카이 다다카쓰, 와카도시요리 겸 로쥬 격인 마쓰다이라 노부쓰나와 아베 다다아키 등에게 무가제법도의 개정 · 정비를 명하고, 다이묘의 참근교대를 제도화한다. 그리고 500석 이상을 선적할 수 있는 배의 건조를 금지시키고大船製造禁止令, 번정에 대한 구속을 강화하는 등 다이묘 통제를 강화하였다. 10월에는 와카도시요리 겸 로쥬 격이었던 노부쓰나 · 다다아키 · 홋타 마사모리 등을 와카도시요리 직(고쇼구미반가시라의 직도 해직)에서 해임하고 로쥬로 승격시켰다. 이로써 이에미쓰 측근은 명실공히 막각의 중추부를 장악한다.

이러한 상황 하에서 이에미쓰는 1635년 11월 새로이 직무정칙職務定則을 제정하여 막부의 정치 중추기구를 체계적으로 정비하였다. 이는 전년의 로쥬 직무정칙에서 로쥬가 관장하게 한 직장의 일부를 분리하여 사사 부교寺社奉行,

간죠부교勘定奉行, 루스이留守居 등에게 관장케 한 것이다. 그리고 제 직을 장군이 직접 통괄하는 형식을 취하였다.

직무정칙을 보면, 제1조에 '구니모치國持(한 구니 이상을 영지로 지배하는 20가의 다이묘)·다이묘의 어용 및 소송大名御用幷訴訟之事'을 도이 도시카쓰·사카이 다다키쓰·마쓰다이라 노부쓰나·아베 다다아키·홋타 마사모리 등의 5명(당시의 로쥬=도시요리 슈年寄衆)이 한 달씩 교대로 처리할 것을 정하고 있다. 제2조에는 '하타모토·호코닌奉公人들의 어용 및 소송旗本·諸奉公人御用幷訴訟之事'을 도이 도시카쓰土井利勝·사카이 다다나오酒井忠直·미우라 마사쓰구三浦正次·오타 스케무네太田資宗·아베 시게쓰구阿部重次 등의 5명(당시의 와카도시요리)이 월번月番으로 처리할 것을 규정하고 있다. 이어서 재정 출납과 관련한 긴긴오사메카타金銀納方를 사카이 다다요酒井忠世·마쓰다이라 시게노리松平重測·마키노 노부나리牧野信成·마쓰다이라 가쓰히데松平勝秀·미우라 마사토모三浦正友의 5명이 관장할 것과 '증인의 어용 및 소송證人御用幷訴訟之事'은 사카이 다다요·마쓰다이라 시게노리·마키노 노부나리·마쓰다이라 가쓰히데·미우라 마사토모·마쓰다이라 이에노부松平家信의 6명(당시의 루스이留守居)이 관장할 것을 규정하고 있다. 즉 루스이는 에도 성내의 어용금御用金(金藏) 및 다이묘들의 인질을 관할하고 있었다.

'사사의 어용 및 원국 소송寺社御用幷遠國訴訟之事'은 안도 시게나가安藤重長·마쓰다이라 가쓰타카松平勝隆·호리 도시시게堀利重 등 3명의 주자번奏者番이 겸하여 월번으로 근무하도록 정하고 있는바, 이때 창설된 사사 부교의 직장을 규정한 것이다. 사사 부교는 사사의 소송뿐만 아니라 지방遠國의 소송에도 관여하도록 하였다. 그리고 '마치의 어용 및 소송町方御用幷訴訟之事'은 가가쓰메 다다스미加加爪忠澄·호리 나오유키堀直之가 월번으로 처리할 것을 정하고 있다. 이는 에도마치부교의 직장을 규정한 것이다. 그리고 '간토의 다이칸 및 백성 등 어용의 일關東中御代官幷百姓等御用之事'을 마쓰다이라 마사쓰나松平正綱·이타미 야스카쓰伊丹康勝·이나 다다하루伊奈忠治·오카와치 히사쓰나大河內久綱·소네 요시쓰구曾根吉次 등의 5명이 월번으로 근무할 것을 규정하고 있다. 이는 간죠부교의 역직을 규정한 것이다.

이 규정에 의하면 당시의 간죠부교는 간토의 다이칸 및 공사령의 백성의 어용·소송을 담당한다. 이는 막령을 1638년 미카와三河이서 지역과 이동 지역을 나누어 지배하게 한 것을 통해서도 알 수 있다. 전국의 막령에서 거두어들이는 연공의 출납(막부 재정)을 총괄하면서 간토 지역 공사령의 농민소송을 재결하게 한 것은 1642년 간죠가시라를 설치한 때부터다. 따라서 당시의 간죠가시라는 막부의 재정관리를 주로 하면서 간토의 막령지배를 임무로 하고 있었음을 수 있다. 그 후 1668년 하코네箱根·우스이碓氷 및 시라카와白河의 3검문소 안 지역의 소송에 간죠부교가 이서하고, 그 외의 원국 소송도 막부와 관련된 소송일 경우는 간죠부교가 이서하여 사사 부교에 통달하도록 정하였다. 이로써 간죠부교의 직장에 조세징수권만이 아니라 전국 막령의 재판권을 포함하게 되었다. 이 밖에도 직무정칙에는 직인職人들을 관할하고 제 공사를 관장하는 사쿠지부교作事奉行, 막부 관리들을 감찰하고 민정을 시찰하는 오메쓰케大目付의 직무를 규정하고 있다.

그러나 장군의 제직 직할을 원칙으로 하는 직무정칙 체제는 이에미쓰의 지병 때문에 기능하지 못하였다. 그리고 마쓰다이라 노부쓰나에 이어 홋타 마사모리가 병으로 로쥬직을 이탈하면서 장군 측근에 의한 막정 운영은 차질을 빚게 되고, 이에 1638년 다시 체제개편을 단행하게 된다. 이때 오반大番 및 요리아이寄合의 지배가 로쥬 관할로 넘어가고, 나아가 오반가시라大番頭, 루스이, 사사 부교, 소자반奏者番, 마치부교, 오메쓰케, 사쿠지부교, 야리부교槍奉行, 간죠가시라(간죠부교), 후시미부교, 오사카마치부교, 슨푸마치부교, 사카이堺부교, 뎃포야쿠鐵砲役, 유미야쿠弓役 등의 제 직장도 로쥬의 관할로 넘어간다. 이리하여 독립적으로 존재하던 군사에 관한 직장들이 로쥬 지배 하에 편입되고, 그 결과 로쥬가 막정을 통할하는 로쥬제가 성립한다.

한편 최고재판소로서의 효죠쇼評定所에 대한 규정은 1638년 처음으로 성문화되어 제도적 확립을 보게 된다. 효죠쇼 구성의 중심은 사사·마치·간죠부교이며, 오메쓰케·메쓰케가 심리에 가담한다. 사안에 따라서는 쇼시다이所司代나 엔고쿠遠國부교가 열참하는 경우도 있다. 당시는 로쥬가 효죠쇼에 출석하여 효죠쇼 수좌로서 재판에 관여했으나, 1668년부터는 로쥬는 정례 회합일式日에만 참석하여 방청하도록 하였다. 따라서 효죠쇼는 사사·마치·간죠의 3부교가 중심이 되어 심리를 행하게 되었다. 효죠쇼는 민사재판의 경우 원고·피고가 지배자를 달리하는 사건만을 다루었다. 즉 사사 및 사사령, 간토 8주 이외의 사령에서의 출소는 월번의 사사 부교가 소장을 접수하여 효죠쇼로 보낸다. 에도 내의 소송은 마치부교가, 간토 8주의 막부령·사령 및 간토 8주 외의 막령에서의 출소는 간죠부교가 소장을 접수하여 효죠쇼로 보낸다. 형사재판의 경우에는 중요하거나 복잡한 사건, 상급무사가 관련된 사건만을 다룬다. 효죠쇼는 최고재판의 기능뿐만 아니라 입법기관 및 자문기관의 성격도 가지고 있어 3부교와 오메쓰케·메쓰케, 그리고 로쥬 등 효죠쇼 참여자의 합의제를 원칙으로 하였다. 따라서 다이묘들의 로쥬에의 질의들에 대한 당부의 평결, 로쥬의 하문에 대한 답변 및 자문, 그리고 민·형법의 제정·개폐·해석, 민·형사 재판의 수속 등이 효죠쇼 회의에서 이루어졌다.

1651년 4월 3대 장군 이에미쓰가 병사하고 이에쓰나가 11세로 장군에 올랐다. 유약한 장군을 맞아 정국은 일시 공백의 위기에 처한다. 이러한 정치불안은 후술하는 마쓰다이라 사다마사松平定政의 영지반상사건領地反上事件, 유이 쇼세쓰由井正雪의 게이안 사건慶安事件, 벳키 쇼자에몬別次庄左衛門의 쇼오承應 사건 등으로 나타났다.

이러한 위기를 극복해 나가면서 막정은 무단주의에서 문치주의로 전환해 가고, 이에 증인제 폐지, 말기양자 금지에 대해 완화책을 취하게 된다. 이러한 막정 전반의 동향은 막부 직제상의 군사적 성격을 약화시키면서, 봉건관료제로의 진전으로 나타난다. 즉 비군사적 직제의 증가에 수반하여 행정기능이 군사기능보다 우위를 차지하게 된다. 이것은 로쥬에 집중되어 있는 행정기능이 하부로 분산됨과 더불어 각 역직의 직무 내용과 권한이 명확해지고, 상사와 하사의 계층적인 행정계통이 질서를 잡아가는 과정이기도 하다. 이리하여 마침내 1662년 2월 로쥬와 와카도시요리의 지배역직이 다시 정해지게 된다.

이에 따라 행정직제는 물론 군사직제도 모두 로쥬와 와카도시요리의 지배 하에 놓이게 된다. 즉 막부의 제 직은 로쥬와 와카도시요리에 의해 이원화된다. 역직의 분화와 비군사 직제의 증가에 따른 사무량의 증가가 로쥬에 집중되었던 막정 통할권을 이원화시키는 요인으로 작용하였다고 보인다. 로쥬의 직무는 조정·다이묘·대외관계 등 장군의 전국지배를 구성하는 기능을 담당하고, 와카도시요리는 장군의 영주적 측면의 기능을 담당하고 있었다. 그리고 1638년 이래 로쥬의 관할 하에 있던 사사 부교가 1663년 장군 직속 하에 들어가게 된다. 와카도시요리가 고쇼오반가시라를 겸하고 로쥬가 반가시라番頭를 필수적으로 꼭 경유해야 했던 군사직제의 우위성에 기인한 직제의 미분화도 부정되었다. 그리하여 군사직제를 담당하는 자가 비군사적인 직제를 겸하는 경향이 감소하게 된다. 이러한 현상은 직제의 분화와 크게 관련되어 있다 하겠다.

한편 이에미쓰 치세에는 그의 측근이 로쥬 등의 막정 중추부에 올랐다. 이들은 막정 조직이 정비되어 감에 따라 후다이다이묘 중에서도 막정의 중추를 담당하는 문벌 후다이층을 이루어 막부의 고위직을 독점해 간다. 이후에도 이들 특정 다이묘가들은 혼인관계를 이용하여 막부의 중요 역직을 독점하였다. 이러한 문벌 후다이다이묘층의 형성은 막정을 중심으로 하는 행정중심의 근세관료제를 순화시키기도 했지만, 관료제의 고정·수구화 경향을 초래하기도 하였다. 이상의 막부 관료제는 1634년을 기점으로 본격화되기 시작하여 1638년의 개편을 거쳐 1662·63년에 확립되었다고 할 수 있다.

막번 관료제의 직에 나아가는 자의 신분은 무사였기 때문에, 무사신분이 아닌 자가 막부 직에 나아가려면 우선 무사신분을 획득해야 했다. 그렇다고 무사신분이라고 모두 자신이 원하는 역직에 나아갈 수 있었던 것은 아니다. 막부의 직은 후다이다이묘, 하타모토, 고케닌御家人이 독점하고 있었다. 그리고 이들이 나아가는 직도 구별되어 계층성을 보인다. 즉 사사 부교는 후다이다이묘가, 간죠부교·마치부교, 교토·오사카 등등의 엔고쿠遠國부교는 하타모토층이 차지하였다. 이러한 격식과 직의 관계—계층성은 초임직을 보면 더욱 명확히 알 수 있다. 막부나 번의 제 직에의 초임은 이에의 지행 혹은 봉록과 가격家格에 의해 결정된다. 막부의 경우 로쥬가 될 수 있는 후다이다이묘의 초임직은 주자번奏者番이며, 간죠쇼勘定所의 이료吏寮는 오메미에御目見 이상의 경우에는 간죠, 오메미에 이하는 간죠를 보좌하는 시하이支配간죠에 등용되었다. 이러한 계층적 등용원리=계층적 규정성은 연공서열에 따른 폐해를 방지하고 관료제 기구의 노화를 방지하는 역할을 하였다고 볼 수 있다.

막부 관료체제에서 각 직제의 장에는 선임과 격식의 차는 있지만 복수의 사람이 임명되었다. 이들은 상호 합의로 정책과 재판을 행하였다(합의제). 직무 수행자의 자의를 배제하기 위한 장치로, 장군 혹은 다이묘 의지의 관철을 용이하게 해주었다. 그러나 사안에 대한 책임소재를 모호하게 만들 가능성이 있었다. 복수의 사람이 동일한 직의 장에 임명되기 때문에 막부는 이들이 달마다 교대하여 돌아가면서 직을 주관하도록 하였다(월번제月番制). 이로써 책임 소재를 명확히 하고 합의제로 인한 행정상의 지연을 배제하고자 했던 것이다.

이러한 관료체제에서의 승진은 승진한 자의 직과 그것에 동반한 지행과 봉록이 가독을 계승한 자의 초임직이나 봉록·지행을 규정하였다. 즉 어떤 사람이 승진해서 그 가독이 자손에게 상속된 경우, 아비의 초임직이 상속자의 초임직이 되는 것이 아니라 아비의 최종직에 대응해서 상속자의 초임직이 결정되었던 것이다. 따라서 비록 제한적이기는 하나 무사는 계층 상승이 가능하였다. 이러한 직의 승진에 동반하는 지행과 봉록의 증가가 막부 이료층을 자극하여 막부의 관료제 조직을 활성화시켰던 것이다.

그런데 이 같은 제도는 치명적인 약점을 안고 있다. 즉 아비의 승진에 수반되는 지행·봉록의 상속은 막부 재정의 비대화를 불러 최종적으로는 파탄에 이르게 할 수 있다. 이에 막부는 1641년 아비 사거 시의 가록을 상속자가 그대로 상속하는 세록제世祿制를 채택하고, 1665년 직에 종사하는 기간만 역료를 지급하는 역료제役料制를 도입하기 시작하였다. 이 제도는 무사의 직무수행이 주군으로부터의 어은(지행·봉록)에 대한 봉공이라는 원칙에 어긋나는 것으로, 1682년 역료를 지행에 더하는 형식으로 변경되었다. 이로써 무사의 직무수행은 주군의 어은에 대한 봉공이라는 원칙으로 회귀하였다. 그러나 이 제도는 위에서 언급한 모순 때문에 1698년부터 1692년에 걸쳐 다시 역료제로 되돌아간다. 이때 도입된 역료제는 1665·66년에 도입된 그것과는 달리 간죠부교·간죠킨미야쿠勘定吟味役·난도가시라納戶頭 등 행정직을 중심으로 제한된 몇 개의 직에 기준 고를 정하고, 그에 이르지 못하는 자에게 부족분을 역료로 지급하는 형식을 취하고 있다. 이 제도는 이후 요시무네吉宗에 의해 다시다카 제足高制로 계승된다.

한편 막부의 요직을 담당하는 로쥬는 종4위하·지쥬侍從의 관위를 받았다. 또한 1만 석 미만의 하타모토가 임명되는 마치부교·간죠부교·엔고쿠부교 등도 종5위하·쇼다이유諸大夫의 관위를 받았다. 이는 로쥬가 대개 5만 석 전후의 후다이다이묘임에도 불구하고 10만 석 이상의 구니모치다이묘國持大名= 유력 도자마다이묘의 격식으로 대우받았음을 의미한다. 이것은 유력 도자마 다이묘를 상대화함과 동시에 막부 제 직을 권위화하기 위한 것으로 풀이된다. 마치부교 등에게 종5위하의 관위를 수여한 것도 같은 맥락에서 이해할 수 있다. 무가의 관위가 국가 공권력의 주요 구성원임을 상징한다는 점을 감안하면, 막부의 주요 역직에 종사하는 자에게 관위를 수여한 것은 막각 구성원이 국가 공권력을 수행하는 일원임을 나타내는 상징이기도 하다. 관위제를 통한 이러한 상징은 제 의례의 장에서 신분적 서열을 나타내는 좌석 순위座次로 현현되어 무가국가의 질서를 가시적으로 나타내게 된다.

2. 군사제도

1) 장군 직할군의 형성과 그 구성

장군의 군사력은 각 반가시라番頭의 통솔 하에 있던 오반大番, 쇼인반書院番, 고쇼구미반小姓組番, 고유미小弓, 사키테구미先手組, 햐쿠닌구미百人組 등으로 구성된다. 이 중 3반三番으로 불리는 오반·쇼인반·고쇼구미반이 장군 직할군의 중핵을 이루고 있다. 이에야스가 에도에 입부할 당시(1590년)까지 도쿠가와 씨의 직할 군단은 오반 6조가 중심이었다. 입부 후 이에야스는 하급 가신단의 지행지를 에도 주위에 배치하여 오반슈大番衆의 에도 재번체제를 확립하였다. 그 후 1607년에 3조를 증설하여 9조로, 1616년에 10조로, 1632년 11조로, 1634년에 12조로 확장하였다. 쇼인반과 고쇼구미반은 1605~06년 장군 히데타다의 호위군으로 각 4조로 편성되었던 군대다. 그 후 쇼인반은 1623년 2조, 1632년 2조, 1633년 2조가 증설되어 10조가 되었다. 고쇼구미반도 1622년

2조, 1633년 2조, 1641년 2조가 각각 증설되어 10조가 되었다.

그러나 히데타다가 사망한 직후의 1632년 쇼인반은 니시노마루 오고쇼 하에 6조, 혼마루의 이에미쓰 하에 4조, 계 10조였다. 고쇼구미반도 1632년에 니시노마루와 혼마루에 각각 6조(계 12조)였다. 이를 1632년 4월에 쇼인반과 고쇼구미반을 각각 8조로 편성하였다가, 1633년 7월 쇼인반은 2조를 증설하여 10조로 재편하였다. 그 후 오반의 조수組數는 변화가 없지만, 쇼인반과 고쇼구미 반의 조수는 때에 따라 증감한다.

한편 1633년 2월 오반·쇼인반·고쇼구미반의 반시番士 가운데 지행 1,000석 미만의 자에게 일률적으로 200석을 가증하고, 기리마이토리切米取의 반시에게 는 기리마이를 지행으로 환산, 그것에 더하여 200석을 가증하였다. 그리고 무고의 반시에게도 200석의 지행을 주었다. 이러한 가증은 당시 하타모토층의 궁핍을 구제하기 위해서였으나, 장군 교체를 맞아 주인과 가신의 주종관계를 재확인하는 행위이기도 하였다. 이로써 이에미쓰기에 장군 직할군의 군사력 은 강화되었다. 특히 300석 전후의 지행을 받는 오반과 고쇼구미반 군사력이 크게 강화되었다(쇼인반의 평균 지행은 1,230석).

장군 직할 군사력 증가는 위와 같은 지행의 가증에 의해서만 이루어진 것은 아니다. 오반 각 조 인원은 1631년에 34~50인이었으나, 그 후 정원을 50인 정도로 증가시켰다. 쇼인반과 고쇼구미반의 조 정원은 1632년 평균 23~24인이었으나, 50인으로 증가시켰다. 이렇게 보면 조원 수의 증가는 오반에 비해 쇼인반·고쇼구미반이 두드러짐을 알 수 있다. 그리고 이 시기 쇼인반과 고쇼구미반 수의 증감을 감안하더라도 반시의 배증에 의해 장군 직할군 군사력이 크게 강화되었다고 할 수 있다.

이렇듯 장군 직할군의 군사력은 이에미쓰기에 오반은 지행 증가에 의해, 쇼인반은 조원組員 증원에 의해, 고쇼구미반은 지행과 조원의 증원에 의해 강화되었다. 군제 기구의 정비 역시 이에미쓰의 간에이寬永 연간을 획기로 하고 있다. 즉 군제 기구의 완비는 막부 정치조직 전체의 체제적 완성과 관련되어 있는 것이다. 한편 이 시기 야쿠카타役方(행정직)와 반카타番方(군사직)가 분화되면서 반카타가 전문화된다. 이는 야쿠카타가 분화·전문화되면서 나타난 현상으로 보는 것이 타당할 것이다. 그리고 이제까지는 쇼인반가시라로서 고쇼구미반가시라를 겸하거나 히데타다의 도시요리나 이에미쓰의 도시요리에 있으면서 쇼인반가시라 혹은 고쇼구미반가시라를 겸하고 있었다. 그러던 것이 1632년 4월의 개편으로 쇼인반가시라와 고쇼구미반가시라의 겸임, 도시요리의 쇼인반가시라 겸임이 금지되었다. 한편 고쇼구미반가시라였던 마쓰다이라 노부쓰나·아베 다다아키·홋타 마사모리 등이 로쿠닌슈六人衆 혹은 도시요리가 된 이후에도 고쇼구미반가시라를 겸하고 있었다. 이것도 1638년 금지되어 오반·쇼인반·고쇼구미반의 3반三番은 순수한 반카타 조직이 된다. 이 밖에도 고쥬닌구미五十人組·뎃포햐쿠닌구미鐵砲百人組, 햐쿠닌구미百人組도 이 시기에 순수한 반카타가 된다.

이렇듯 히데타다 사망 직후 장군 직할군이 형성되었고, 그 후 1641년 고쇼구미반이 2조 증가하여 10조로 되고, 1643년 신반新番 4조가 신설된다. 그리고 이에쓰나의 장군 취임과 관련하여 1650년에는 니시노마루에 쇼인반 4조, 고쇼구미반 4조가 증설된다. 이리하여 오반의 경우, 각 조에 반가시라 1인, 구미가시라組頭 4인, 반시番士 50인, 요리키與力 10기, 도신同心 20인으로 구성된 12조 약 6,000명의 군단을 형성하게 된다. 쇼인반은 각 조에 반가시라·구미가시라 각 1인, 반시 50, 요리키 10기, 도신 20인으로 구성된 10조 약 5,000명의 군단을 이룬다. 고쇼구미반도 구성은 마찬가지다. 신반은 반가시라 1인, 구미가시라 1인, 반시 20인으로 구성된다. 그러나 고쇼구미반에는 요리키와 도신이 부가되지 않았다. 오반·쇼인반과 달리 정번定番을 하지 않았기 때문이다. 이렇게 하여 위의 3반의 군사력에 제 군세를 합쳐 장군의 직할군은 그 규모가 약 2만에 이르렀다. 이는 에도 시대의 최대 번인 가가 번加賀藩 100만 석의 전 군사력에 필적하는 것이었다.

오반 12조 중 두 조는 오사카 서쪽에, 두 조는 교토 니죠 성二條城에 주둔하여 1년마다 교대하였다. 나머지 여덟 조는 에도 성의 니노마루·니시노마루의 수위守衛와 비상시 에도 시중의 경비에 임하였다. 쇼인반은 에도 성 안의 도라노마虎の間와 현관 앞 여러 문의 수위와 장군 출행 시 전후의 경비를 맡았으며, 그 한 조가 1639년 이후 오반이 맡고 있던 슨푸 성駿府城 수위를 1년마다

교대로 맡았다. 고쇼구미반은 에도 성의 혼마루 고요노마紅葉の間에 주둔하며 장군 출행 시 전후 경비를 맡았다.

2) 군역

군역은 무사의 주군에 대한 기본적인 봉공으로서 농·공·상인에 대한 지배신분임을 나타내는 표상이다. 대체로 근세 초창기에 급인의 군역은 정납고定納高를 기준으로 부과되었으나, 군역량이 꼭 정납고에 비례하는 것은 아니었다. 군역의 부과가 다이묘와 급인의 역관계에 규정되었기 때문이다. 도쿠가와 씨의 간토 입부를 경계로 하여 지행고는 관고제에서 석고제로 변경 표시된다. 이는 중세적 군역체계의 개변을 의미한다. 석고제를 바탕으로 하는 대규모의 지행 실시로 도쿠가와 씨의 군사력 구성은 오반슈大番衆를 중핵으로 에도 주변에 배치된 직속 상비군과 후다이다이묘 성을 단위로 하는 병력으로 명확히 구분된다. 이 당시 군역 부과는 석고제를 바탕으로 하되 농민의 진부역陣夫役 비중이 대단히 높다는 점을 특징으로 한다. 이는 아직까지도 급인이 재지에 거주하며 자신에게 부과된 군역 외에도 병량미와 말사료 등을 자변하여야 했기 때문이다. 이것이 때로는 재지급인과 나누시名主 백성 간의 대립 요인이 되었기 때문에, 이에야스는 급인의 백성 사역을 제한하고, 나누시 백성의 급인 탄핵권을 인정하여 급인의 자의적인 재지지배를 배제함으로써 영주의 자의적 지배로 전환하고자 하였다.

게이쵸기慶長期의 군역 부과도 석고제를 바탕으로 하였으나 때에 따라서 그 양은 달랐다. 즉 세키가하라 전투 때에는 100석에 3인, 오사카 싸움 때에는 500석에 철포 하나, 창 셋이었다. 군역에 대한 이러한 기준 없는 부과가 지행고에 따라 부과되기 시작한 것은 1603년 히데타다가 장군에 오른 후의 일이다. 지행고 500석 이상 5,000석까지의 막신의 군역량을 지행고에 따라 정하였던 것이다. 그러나 이때의 군역령은 인수人數 이하 무엇이든지 마음대로 동원하도록 명한 점에서 군역의 최소한을 규정한 것임을 알 수 있다. 그 후 1614년 오사카 겨울싸움에 대비하여 군역 규정을 제정하였는데, 100석에 창 다섯을 열로 배가하였다. 이어 오사카 여름싸움이 개시된 1615년 4월 다시 군역 규정을 내려 1614년 군역령에 1만 석의 규정을 첨가하고 창의 비중을 낮췄다. 1만 석에 창 100자루였던 것을 50자루로 내리는 대신 철포를 20정으로 하였는데 이는 철포를 증가시켜 군사력을 강화하기 위해서였다.

한편 규정 없이 동원되던 농민 진부역陣夫役의 인수人數도 1615년 정해졌다. 지행 100석에서 만 석까지의 인수는 100석에 12인을 기준으로, 지행 100석이 증가할수록 3명씩 균등하게 늘려 1만 석은 300인으로 규정하였다. 지행고의 측면에서 보면 진부역 인수의 부과는 지행지가 적을수록 과중하다 하겠다. 이후 1623년 히데타다·이에미쓰 상경 시, 그리고 1633년에 진부역 인수에 대한 규정이 내려진다. 1623년령에는 부지인수가 100석과 200석, 그리고 1,000석에서 1,400석까지가 동수로 불균등하며, 대체로 석고에 응하고는 있으나 비율이 불균등하였다. 이러한 불균등을 다소 보완한 것이 1633년의 부역령이다. 1623년령이 3만 석까지를 규정하였던 데 비하여 1633년령은 10만 석까지를 규정하고 있다. 위에서 알 수 있듯이 대체로 농민의 진부역 동원 인수는 시대가 내려갈수록 적어진다. 그리고 1623년 이후 3,000석 이상의 진부역 인수는 불변이고, 시대가 내려갈수록 지행고가 적을수록 진부역의 인수 비율은 높아진다. 이는 당시 날로 궁핍해져 가는 하급 가신단을 구제할 목적에서였던 것으로 보인다.

한편 1633년 2월 16일 위의 진부역 인수에 관한 법령과 함께 군역 인수에 관한 법령도 내려진다. 이 군역령은 1615년 군역령이 1,000석에서 1만 석까지 7단계로 나누던 것을 1,000석에서 10만 석까지 28단계로 나누고 있다. 이 법령은 1,000석 이상의 하타모토와 후다이다이묘, 특히 후다이다이묘를 대상으로 한 것으로 보인다. 따라서 2월 19일 1,000석 이하의 하타모토를 대상으로 한 군역령이 내려지는 것이다.

위의 진부역과 군역 인수에 관한 법령이 이 시기에 나온 배경에는, 히데타다의 사망으로 본격적인 이에미쓰의 친정 시기가 도래한 점, 장군계승을 둘러싸고 대립하던 다다나가忠長의 개역과 자살로 긴장 상태였다는 점, 그리고 다음 해의 상경에 대한 대비 등이 존재하였다. 위의 두 군역령은 1615년과 비교해 5,000석 이하의 철포 수가 감소하고, 반대로 1만 석 이상은 계단적으로 증가한다. 그리고 철포 이외의 창, 활, 깃발, 기마 수는 모두 1615년 군역령보다 경감되었다. 전체적으로 1615년의 군역령에 비해 1633년의 군역령은 군역량이 경감되고 형태도 정비되었다고 할 수 있다. 한편 200석 이상 900석 이하의 하타모토는 주로 3반시三番士로 근무하고 있었던 것을 보건대, 위의 200석 이상 900석 이하의 하타모토에 내려진 군역령은 이들 3반시를 대상으로 한 것이라 판단할 수 있다.

철포는 600석 이상에 각 1정으로 정해져 있다. 이것은 그들이 구미가시라급組頭級에 해당하는 자들의 무기 소지, 즉 중요 무기의 상위자 독점을 나타내고 있다 하겠다. 한편 이 군역령은 1633년 2월에 1,000석 이하의 하타모토에게 일률적으로 200석을 가증한 것을 전제로 하고 있다. 즉 이 군역령은 하타모토의 지행고 확정과 더불어 지행고에 대응하는 군역의 균등화라는 목적을 가지고 있다 하겠다.

그 후 10만 석 이하의 군역은 1649년 10월 다시 개정하였다. 이는 1633년 군역령을 통합한 것으로 200석부터 10만 석까지를 37단계로 나누어 군역의 양을 규정하고 있다. 1633년령이 3,000석 이상에 대한 규정에 인수를 규정하고 있지 않아 그 이상의 지행고를 유지하고 있던 하타모토 및 후다이다이묘의 군역이 감소했는지는 알 수 없으나, 3,000석 이하의 경우는 1633년령보다 감소를 나타내고 있다. 이것은 이에미쓰 말기 이래 전란이 종식되고 장군의 상경도 중단되었기 때문에 군역의 중요성이 감소하고, 막신 특히 하급 하타모토의 궁핍이 더욱 심각해졌기 때문으로 보인다.

이로써 근세 막부의 군역은 기본적으로 확정된다. 이 군역령(1649년령)에 의하면 당시 하타모토의 총 지행고가 약 260만 석이기 때문에 이로부터 구성되는 병력은 67,600명이 된다. 그리고 총 고케닌 수가 17,000여 명이므로 막부 직할군은 84,600여 명으로 추산된다. 10만 석 다이묘의 군역 인수가 2,155명이므로 10만 석의 번 40개가 연합해도 막부의 군사력을 능가할 수 없다. 또한 막부의 군사력은 이 막부 직할군 외에도 후다이다이묘의 군사력까지 더해야 하므로 장군의 군사력이 얼마나 강대했는지는 상상 가능하다.

3. 막부와 번의 관계

1) 막부와 번

막부란 원래 중국에서 출정중인 장군의 군영을 의미하는 말로 사용되었다. 일본에서는 막부란 고노에부近衛府를 지칭하였으나, 뜻이 바뀌어 고노에 장군近衛大將의 거관을 의미하였다. 1190년 미나모토노 요리토모源賴朝가 우코노에 장군右近衛大將에 임명되었다가 사퇴했음에도 그의 거관은 막부로 불렸다. 요리토모는 그 2년 뒤 정이대장군征夷大將軍에 임명되었는데 이때도 그의 거관을 막부라 칭하였다. 이후 무가정권의 수장은 정이대장군에 임명되었는데, 가마쿠라 막부시대에는 정이대장군 임명과 무가정권의 수장='장군'이 꼭 일치하지는 않았다. '장군'은 원복한 후에 정이대장군에 임명되었기 때문이다. 대체로 정이대장군=장군=무가정권의 수장이라는 공식이 성립한 것은 무로마치 시대부터다. 그런데 정이대장군의 직책만으로 무가의 수장이 전국을 통치하는 것은 아니다. 무가정권의 수장은 정이대장군직 외에도 겐지쵸샤·쥰나·죠가쿠료인벳도源氏長者·淳和·獎學兩院別堂 직을 겸하고 있다. 이는 무로마치 막부의 3대 장군 아시카가 요시미쓰足利義滿 이후 정착되어 에도 시대에도 계승된다. 그리하여 정이대장군의 직을 유지하면서 무가의 수장으로서 전국을 통치하는 자를 장군, 그에 의해 구성되는 지배기구·정권을 막부라 칭하게 된다.

한편 번藩이란 말이 공식적으로 채용된 것은 1868년부터다. 즉 메이지 유신 정부는 구 다이묘령의 공식 명칭을 번으로 하고 구 다이묘령을 행정단위로 하였다. 따라서 번이 공식적인 행정단위의 명칭으로 쓰인 것은 1868년부터 1871년 폐번치현廢藩置縣이 이루어질 때까지로 매우 짧다. 1702년 아라이 하쿠세키新井白石의 『한칸푸藩翰譜』에서 쓰인 번藩은 빠른 사용 용례에 속한다. 아마도 황제로부터 영지를 받은 제후를 번왕 혹은 번진이라고 부른 것에 영향받아 다이묘령을 번이라 칭했을 것이다. 이후 근세 후기가 되면 다이묘 스스로도 자신의 영지를 번이라 칭하고, 가신들 역시 자신들을 번사藩士로 자칭하는 등, 번이란 용어가 일반적으로 사용되기에 이른다. 이는 개역·전봉 등이 드물어져 다이묘의 영주로서의 연속성과 소령 범위의 고정화, 그로 인한 정치적·지역적 결속력의 강화에 대응한 것으로 볼 수 있다. 근세기 다이묘령의 공식 명칭은 '료領', '료분領分' 등이었으며, '구니國'가 사용되기도 하였다.

　장군이 무가의 동량으로 인식되었던 데서도 알 수 있듯이, 장군과 다이묘의 관계는 군사적 주종관계를 기본으로 한다. 즉 장군은 다이묘에게 영지에 대한 지배권을 인정하는 어은御恩을 베풀고, 다이묘는 주군인 장군에게 지배를 인정받은 자신의 영지를 지배하면서 영지에 가신단을 양성하여 장군에게 군사 봉임=봉공奉公을 해야 한다. 장군은 일본 전토에 대한 통치 권능을 가지고 있다. 그리고 장군과 그 정치조직인 막부는 공적 지배를 맡는 국가기관으로서 법률 제정, 민·형사 재판, 치안 및 경찰과 민정 일반에 대한 통치행위를 행한다. 그런데 다이묘도 자신의 영지에서 가신단을 행정관료조직에 편입시켜 번내의 제반 통치행위를 하였다. 이렇게 보면 근세일본은 장군이 직접 지배하는 지역인 직할령直轄領과 다이묘가 지배하는 번령藩領이 존재한다. 즉 통치영역을 달리하는 이중구조를 가지고 있다고 할 수 있다. 그러나 장군의 통치는 언제라도 번 통치권에 우선하여, 통치의 중층적 구조를 보여준다. 이는 통치행위의 상하 중층성과 함께 지역적 분립성(='독립'성)의 의미를 함의한다. 이러한 통치행위의 중층성과 분립성 관계의 실제 행태는 대단히 복잡하고 다양한 양상을 나타내며, 시대 추이에 따라 변화한다.

　도쿠가와 막부의 다이묘 지배는 기본적으로 법령='法度'에 의해 행해진다. 그러나 막부 초창기에는 장군(막부)이 자의적으로 법령을 정해 다이묘들에게 일방적으로 하달하는 형식은 아니었다. 이에야스가 다이묘들에게 법령으로서의 '법도'를 처음 내린 것은 1611년 고요제이後陽成 천황의 양위와 고미즈노後水尾 천황의 즉위로 상경했던 때의 일이다. 그는 고요제이 천황이 양위한 다음날(3월 18일) 니죠 성에서 히데요리의 알현을 받고, 고미즈노 천황이 즉위한 4월 12일 3개조 조서를 상경한 서국과 북국의 도자마다이묘 22인에게 제시하고, 그들로부터 서지誓紙를 받았다. 또한 1612년 정월 5일 동국 다이묘 11인, 그리고 간토·고신에쓰甲信越의 후다이·도자마 다이묘들이 히데타다에게 서지를 제출하였다. 즉 당시 장군과 다이묘 간에는 상하관계는 인정되었지만, 명령으로서가 아닌 서약이라는 형식을 통해 쌍방적 관계로서 법령이 발동된 것이다. 이는 이에야스가 다이묘들에 대해 우위를 점하기는 하되 아직까지 절대적인 우위성은 확립하지 못하였음을 보여준다. 그것은 위의 3개조 제1조 "우다이쇼가右大將家(源賴朝家) 이후 대대의 공방公方 법식과 같이 이것(3개조)을 앙봉仰奉할 것, 손익을 생각하여 에도에서 내리는 명령御目錄에 대하여 (다이묘들은) 그 뜻을 잘 지켜야 할 것"이라는 문장에서도 알 수 있다.

이러한 쌍방적 관계는 다이묘에 대한 장군의 우위성이 확보되자 무너진다. 즉 1615년 오사카 여름싸움이 끝난 후 내려진 무가제법도는 히데타다의 주인朱印이 날인되어 제정 주체는 명시되어 있으나 받는 곳宛所은 없다. 이것은 장군이 일방적으로 법령을 제정하여 불특정 다수의 다이묘에게 하달하는 형식이다. 이러한 경향은 더욱 진전되어 이후 고나이쇼御內書나 주인장朱印狀보다 더 가벼운 로쥬호쇼老中奉書 형식으로 로쥬로부터 다이묘에게 법령이 전달되었다. 그러나 이때의 로쥬호쇼는 언제나 받는 곳宛先이 존재한다. 이는 불특정 다수를 대상으로 하는 전국 규모의 법령은 로쥬호쇼로는 발동할 수 없었음을 말한다. 그럼에도 불구하고 그것은 장군과 다이묘의 쌍방적·직접적 관계를 부정하는 것이며, 장군의 권위화를 표현하고 있다 하겠다.

1630년대 이에미쓰 치세가 되면 마침내 불특정 다수의 다이묘에게 로쥬호쇼로 막부(장군)의 법령(명령)이 하달된다. 즉 막부는 로쥬호쇼로 막부 명령을 에도의 다이묘 루스이에게 전달하였다. 다이묘가 막부의 명령을 전달받으면, 그 청서請書를 막부에 올리고, 다이묘령에 막부 명령을 관철시켰던 것이다. 그러나 막부는 아직 명령을 다이묘령 내에 직접 전달하지는 못하였다. 그것이 가능해지는 것은 1650대 이후다. 즉 불특정 다수에게 동시에 법령이 전달되는 '무명無名의 법도'가 기능하기 시작한 것이다. 이때가 되면, 다이묘 역할은 막부의 정책(법령)을 전달하여 그 실현을 돕는 하나의 행정기구로 전락한다. 그러나 막부 법령의 전달과 시행은 어디까지나 다이묘 영내의 지배기구를 전제로 한다. 즉 막부는 다이묘령에 대한 독자적인 지배기구를 가지고 있지 않다는 점에 막번제 정치기구의 특질이 존재하는 것이다.

2) 어은과 봉공

근세 다이묘 배치의 원형이 형성된 것은 1600년 세키가하라 전투의 전후처리와 전국적인 소령 재편성이다. 당시 히데요리 측에 가담했던 많은 다이묘들은 개역·전봉 혹은 소령 몰수를 당하였다. 당시 몰수된 석고는 전국 총 석고의 3분의 1에 해당하는 632만 석에 이른다. 몰수된 소령은 주로 이에야스 측에 가담한 도요토미계 다이묘들에게 분배되었다. 이때의 개역·전봉(가증 포함)이 이에야스의 일방적 결정에 의한 것은 아니었다. 시나노쿠니信濃國 이나伊那의 10만 석 성주였던 교고쿠 다카토모京極高知는 이에야스에게서 오미노쿠니近江國와 에치젠노쿠니越前國의 일부를 소령으로 삼을지, 아니면 단고노쿠니丹後國 한 구니를 소령으로 삼을지를 결정하라는 요구를 받는다. 이에 다카토모는 석고 양은 적으나 단고노쿠니 한 구니를 희망하여 123,000석의 구니모치다이묘가 되었다. 즉 다이묘 소령 지행이 군주의 일방적 결정(어은)에 의한 것이 아니라 쌍무적·상호교섭적 성격을 띠고 있었다. 그러나 소령 지행이 주군과 신하의 쌍무적 관계라 하더라도 다이묘 소령 배치는 전국지배의 관점에서 전략적으로 이루어졌다. 그러한 의미에서 세키가하라 전투 후의 소령 배치로 근세 막번체제의 지정학적 구조의 원형이 형성되었다 하겠다.

이렇게 형성된 소령의 석고량과 지역은 사정에 따른 개역이나 전봉(증·감봉 포함)이 없는 한 원칙적으로 세습·상속되었다. 그러나 무가국가의 주종제하에서 영지의 지행은 일대로 한정하는 것이 원칙이다. 따라서 장군 교체 때마다 다이묘에 대한 영지 지행이 이루어지게 된다. 다이묘의 세습·상속 시에는 다이묘 가의 가독·상속을 막부가 허락하는 형식을 취하고, 가독상속으로 영지의 보유·지배권도 인정되었다.

이러한 영지 급부에 대한 반대급부는 말할 나위도 없이 다이묘들의 장군에 대한 군사적 봉임이다. 즉 다이묘는 장군에게서 지행된 영지의 석고를 기초로 자신의 가신단을 편성하여 일정량의 군역을 장군에게 제공해야 하였다. 이 밖에도 다이묘는 준군역에 해당하는 다음과 같은 역들을 감당해야 했다.

첫째, 장군 출행의 공봉供奉이다. 이것에는 장군이 에도에서 교토에 상락할 때에 수행하는 것, 장군이 닛코日光 도쇼구東照宮에 참배할 때의 봉공 등이 있다. 이러한 공봉은 장군 경호와 진군의 의미를 가지고 있어 군사적 성격을 띤다 하겠다.

둘째, 다이묘 개역 시 그 성의 접수에 주변의 다이묘군大名軍이 동원되었다. 이때 주변의 다이묘들은 군역을 기준으로 가신단을 편성하고 출동하여, 접수한 성의 재번在藩을 명받아 신 번주가 입부할 때까지 군사적인 관리를 행하였다.

셋째, 에도 성 제 문의 번위番衛와 소방 업무, 장군가의 보리소菩提所인 조죠지增上寺・간에이지寬永寺 등의 소방 업무 등을 담당하였다.

넷째, 막령이나 개역 다이묘령에 의한 검지 실시인데, 엔포기로부터 겐로쿠기에 걸쳐 자주 다이묘의 과역으로 명해졌다.

다섯째, 성곽 건설(개・보수 포함) 부역, 하천 보・개수 부역, 사사 건설(개・보수 포함) 부역 등이 있다. 무사로서의 성곽 건설, 개・보수는 본래 전진戰陣의 과역으로 군역의 한 형태다. 이에야스는 1603년 에도 대개조에 착수하여 에도 시가의 확장에 마에다 도시나가前田利長, 다테 마사무네伊達政宗 등 65다이묘에게 대대적인 부역을 명하였다. 그리고 1604년 에도 성 대개축에는 이케다 도시타카池田利隆, 가토 기요마사加藤淸正 등등 도자마다이묘들을 동원하였다. 또한 1607년에 주로 동국 다이묘들에게 천수대天守臺 건설 부역을 명하였다. 이후에도 성곽 부역 명령은 이어지나 대규모 성곽 부역은 간에이 연간의 에도 성 대증축으로 마무리되었으며, 이후에는 주로 성곽 보수가 명해진다.

부역 부과량은 다이묘 석고량에 대응하여 부과되었다. 다이묘들은 막부로부터 일정량의 부역 부과를 명받았지만, 장군가에 대한 충근을 보이기 위해 규정된 인수・수량 이상을 제공하는 것이 상례였다.

겐로쿠・교호기 이후가 되면 위의 성곽 부역은 줄어드나, 하천 관리, 제방 구축, 하천 도로 건설, 홍수대책 등 대하천 부역이 주로 명해졌다. 이것들은 본래 막부가 해야 할 광역적 행정사항이지만 다이묘들에게 오테쓰다이후신御手傳普請이라 칭하여 부과되었다. 이는 이 시기부터 본격화되는 대하천 유역의 신전 개발과 관련되어 있다. 이러한 부역은 막부가 부역에 필요한 제 물자를 제공하고 작업을 직접 지휘하였다. 막부는 다이묘에게 인력이나, 인력을 금전으로 계산해 비용을 부담시키는데, 다이묘에게 부과하는 양(인력 혹은 비용)은 물론 석고에 비례한다.

여섯째, 기타 전국 각지의 검문소 관리關所番, 막부 범죄인 관리, 번내 막부령 관리, 칙사 접대역, 조선통신사 체송역遞送役 등 비군사적 성격의 역무도 다이묘에게 명해졌다.

3) 다이묘 통제

세키가하라 전투로 도쿠가와 씨는 패권 획득을 위한 실질적 기초를 다지게 되었다. 이 전투 후에 해결해야만 했던 것은 다이묘들의 물질적 기초인 소령의 몰수·삭감·거치·가봉 및 전봉에 의해 도요토미 영국체제를 파괴하는 것이었다. 당시 제봉 다이묘 수는 87가, 그 총석고량은 약 415만 석, 감봉 다이묘 수는 3가, 그 총석고량은 약 208만 석이다. 제봉 다이묘의 지역 분포는 중부·긴키 지방이 전체의 약 59%를 차지한다. 반대로 가봉 및 가봉하여 전봉한 다이묘 수는 23가이며, 지역 분포는 역시 중부·긴키, 특히 이에야스의 구령인 도카이東海·한토坂東 지역이 반을 점한다. 이는 제봉과 가·전봉이 교대된 것을 나타낸다. 따라서 이 단계에서 다이묘 배치의 기본 목표는 도요토미 정권의 권력기반이었던 긴키 및 도쿠가와 씨의 구령인 도카이·한토 지역을 중심으로 막번 영국체제를 구축하는 것이었다 할 수 있다.

몰수한 방대한 영토에 이에야스는 자신의 가신들을 가봉하거나 신규 지행을 통해 새로운 후다이다이묘를 창출하였다. 당시 28가가 새로이 독립하여 후다이다이묘가 된다. 이리하여 1600년까지 1만 석 이상의 도쿠가와 일문·후다이 다이묘의 수는 68가가 된다. 특히 주목되는 것은 신 영국 히타치의 미토에 도쿠가와 이에야스의 5남인 다케다 노부키치武田信吉가 봉해져 '고산케御三家'의 한 원형이 만들어졌다는 점이다. 이들 도쿠가와 일문·후다이다이묘들은 주로 도카이·한토 지역, 오와리, 미노, 이세, 에치젠, 오미, 무쓰陸奧에 배치되었다. 특히 오와리·에치젠에 이에야스의 4자 마쓰다이라 다다요시松平忠吉와 차남 유키 히데야스結城秀康가 배치되어 '고산케'의 하나인 오와리 번과 에치젠 마쓰다이라가의 원형이 형성되었다. 오와리는 도카이·긴키를, 에치젠은 호쿠리쿠北陸·긴키를 잇는 요충지다. 오미에는 이이 나오마사井伊直政, 이세에는 혼다 다다카쓰本多忠勝 등 유력 후다이를 배치하여 도요토미 씨와 도요토미계 다이묘를 견제하였다.

이러한 다이묘들의 배치에도 불구하고, 그것은 아직 불완전한 것이었다. 세키가하라 전투에서 이에야스 측에 가담한 도요토미계 다이묘들에게 영지의 거치 혹은 가봉을 해야만 했던 것이다. 이후 1603년 이에야스는 아홉째 아들 요시나오義直를 가이甲斐의 고후甲府에, 열째 아들 요리노부賴宣를 히타치常陸의 미토水戶에 각각 봉하고, 1606년 열한째 아들 요리후사賴房를 히타치의 시모쓰마下妻에 봉하였다. 그러나 1607년 요시나오를 마쓰다이라 다다요시松平忠吉와 바꾸어 오와리의 기요스淸洲에, 1609년 요리후사를 요리노부와와 바꾸어 미토에 각각 봉하였다. 그리고 1619년에 요리노부를 기이紀伊 와카야마和歌山에 입부시켰다. 이리하여 막부 번병의 대표인 고산케가 성립된다. 또한 1619년 에치고 마쓰다이라가가 성립된다. 에치젠과 에치고의 마쓰다이라가의 성립으로 최대의 도자마다이묘인 마에다 씨를 동서에서 압박하는 형세를 취하게 된다. 그리고 오사카 싸움 후 23가의 후다이다이묘를 다시 세우고, 오사카 주변지역에 후다이다이묘를 집중 배치시켰다.

또한 1603년 이후 끊임없이 다이묘의 개역과 전봉이 이루어졌다. 이에야스가 사망하기까지 도자마다이묘의 전봉은 12가에 이른다. 그 중 도도 다카토라藤堂高虎가 이요伊予의 이마바리今治에서 이세伊勢의 쓰津에 2만 석 가증 전봉되고, 간토의 사토미 다다요시里見忠義가 12만 석에서 3만 석으로 감봉되어 호키伯耆 구라요시倉吉에 전봉된 것은 다이묘 배치와 관련하여 주목된다. 이러한 도자마다이묘의 전봉은 다이묘 영지를 기반으로 한 세력의 강화를 약화시키고 통일권력에 대한 복속을 강화시키려는 정책적 의도를 나타낸다. 한편 1619년 도자마 대다이묘 후쿠시마 마사노리福島正則를 개역하여 아키安藝·빈고備後·빗츄備中 지역에 후다이다이묘를 진출시켰다. 이에미쓰 치세가 되면 고산케의 지위가 확립되고, 도쿠가와 일문의 다이묘를 증가시켜 이들을 도자마다이묘가 할거하는 츄고쿠·시코쿠 지역에 집중 배치시킨다. 이러한 도쿠가와 일문과 후다이다이묘의 창출과 전봉, 그에 따른 다이묘 배치는 막부의 전국지배 신장을 나타내고 있다. 이후 이에쓰나 치세가 되면 도자마다이묘의 개역·전봉은 현저히 감소한다.

1601년부터 1651년까지의 50년간 개역된 도자마다이묘는 82가, 도쿠가와 가문·후다이다이묘는 49가, 그 총석고는 1,214만 석여에 이른다. 막부는 이것을 막령에 편입시키거나 후다이다이묘층에게 지행하여 막부의 전국지배를 강화하였다. 이렇게 해서 막번제 다이묘 배치는 기본적으로 완성된다. 즉 간토를 중심으로 막부직할령을 집중 배치하고, 그 주위에 후다이다이묘를 집중 배치하였다. 그 외곽에는 도자마다이묘를 배치·감시하였으나, 전략적·경제적으로 중요한 지역에는 유력 후다이다이묘를 배치하여 도자마다이묘를 압박했다.

다이묘 개역의 주된 이유는 우선 군사적인 것이다. 위에서 본 세키가하라 전투 후에 88가의 개역은 그것을 대표한다. 그리고 오사카 싸움 후의 다이묘 개역도 마찬가지다. 이후 군사적 이유에 의한 개역은 사실상 없다고 할 수 있다. 둘째로 다이묘가의 단절을 들 수 있다. 다이묘가의 상속은 실자가 있을 경우 원만히 행해질 수 있으나, 실자가 없을 경우 양자를 맞이하기 어려웠다. 그리고 다이묘가 병에 걸려 있어 급히 양자(말기양자)를 얻고자 하는 경우 막부가 그것을 엄격히 금지하였기 때문에 다이묘가는 단절, 개역되기에 이른다. 셋째로 막부법을 위반하거나 무가제법도를 위반한 경우다. 1619년 아키安藝 49만 석의 다이묘 후쿠시마 마사노리, 1632년 히고肥後 52만 석의 다이묘 가토 다다히로加藤忠廣의 개역 등이 대표적이다. 이런 종류의 다이묘 개역은 막부의 정략성이 강하다.

4) 무가제법도

오사카 싸움 후인 1615년 마침내 일국일성령一國一城令이 내려져 다이묘의 거성을 제외한 모든 지성이 파괴되기에 이른다. 이는 다이묘 영국의 센고쿠 시대 이래의 군사전략체제의 붕괴를 의미한다. 이어 무가제법도와 천황 및 공가제법도가 공포된다. 무가국가의 기본법인 무가제법도는 장군 교대 시 언제나 환기되어 주종관계를 확인하는 법제적 장치로, 내용은 시기에 따라 조금씩 변화한다. 구체적으로 그 내용을 보면, 다이묘 혹은 다이묘가는 문무의도, 특히 궁마지도를 부지런히 닦고弓馬者是武家之要樞也(제1조 주석), 품행을 바로 할 것이며(제2조), 공의 신분에 어울리는 격식을 갖추어 행동할 것을 요구하고 있다. 그리고 결혼을 맺어 당을 형성하는 것은 간모의 근본이다以緣成黨, 是姦謀之本也(제8조 주석)라고 한 데서 알 수 있듯이, 다이묘가의 사적 결혼은 엄히 통제하였다. 다이묘의 영국 지배 혹은 경영은 막부법도의 엄격한 준수를 요구하고 있다. 법도를 "법은 예절의 근본法是禮節之本也"(제3조 주석)으로 자리매김하고, 법과 이理의 관계를 "법으로 이를 파하나, 이로 법을 파하지 못한다以法破理, 以理不破法"(제3조 주석)고 규정하고 있다. 즉 장군의 법을 예절의 근본으로 삼아 보편적 이치보다 상위에 두고 있다. 이를 제1조와 관련해 보면, 번의 무사를 대표하는 다이묘는 무도인 궁마지도弓馬之道를 닦아 전란에 대비하고, 장군의 법령을 지켜 예절과 질서를 바로해야 하는 존재다. 즉 다이묘는 공의로서 제1조와 제3조를 바탕으로 제4조 이하를 준수·이행·감독해야 하는 존재인 것이다.

그 후 1629년 히데타다의 손으로 제5조와 제9조가 삭제되어 공포되고, 1635년 이에미쓰는 19개 조의 무가제법도를 공포하기에 이른다. 1635년의 법도는 1629년의 그것과 사뭇 다르다. 즉 다이묘의 에도 참근교대 의무를 부과하고, 성곽 신축의 금지, 성곽 보수의 신고, 도로 교통의 보장, 사적 검문의 금지, 500석 이상의 대선 건조 금지, 사사령의 고정 등의 규정을 첨가하였다. 주목되는 점은 장군의 근습·말단부대의 지휘자인 모노가시라物頭를 법도의 대상에 넣었다는 점이다. 이는 모노가시라에 의해 구성되는 행정·재판·형벌의 집행기관을 다이묘 영주의 상위기관으로 두고 거기에 복종할 것을 규정한 것이다. 이러한 조항들은 제1·2조를 기본방침으로 한 번 시정에 대한 간섭을 나타내는데, 당시 장군권력의 확립 및 집권기구의 정비와 관련되어 있음은 말할 나위도 없다. 이로써 근세의 다이묘 통제법전으로서 무가제법도의 전형이 확립된다. 그 후 1663년 크리스트교 신앙 금지, 불효자 처벌 조항이 첨가되고, 1683년 내용을 정리하여 15개 조로 하여 양자제를 정하고 순사를 금지시켰다.

5) 참근교대參勤交代

다이묘의 참근교대제는 1615년의 무가제법도에서 처음 규정하였으나, 다이묘의 참근은 그 이전부터 실시되고 있었다. 센고쿠다이묘들은 가신단을 통제하기 위한 일환으로 본성 근임의 법제를 정해 지배를 강화하고 영내만의 참근교대를 강제하였다. 오다 노부나가도 다이묘들을 기후 성, 아즈치 성에 참근시켰다. 히데요시는 오사카 성, 쥬라쿠다이, 후시미 성 주위에 다이묘들의 저택을 마련하여 영국을 왕래하게 하고, 다이묘들의 참근 비용을 보전하기 위한 와이료賄料를 지급하였다. 이리하여 히데요시는 다이묘 처자의 재경, 가신과 그 처자의 성하 집주를 전국 규모로 강제하였다. 이러한 경향은 이에야스에게도 계승되었다. 위에서 보았듯이 가가 번주 마에다 도시이에는 1600년 이에야스와의 불화를 해소하기 위해 자신의 어머니를 인질로 에도에 보냈다. 일종의 증인제인데, 이것이 발전하여 참근교대제가 된다. 1603년 이에야스는 에도에 참근하는 도자마다이묘에게 저택을 제공하고, 도검·서화·병량미 등을 내려 포상하였다. 마침내 1609년 도요토미계 다이묘들에게 에도 참근을 강요하기에 이른다. 1611년 히데요리가 니죠 성에서 이에야스에게 신례를 행하자 도요토미계 다이묘들의 오사카·슨푸·에도 성에의 참근이 에도 성으로 통일된다. 이를 1615년 무가제법도에 성문화하였다. 다이묘의 참근 조항은 1629년에 삭제되나 1635년의 무가제법도에 다시 첨가되어 확정된다. 이로써 근세기 다이묘의 참근교대제의 기본이 완성된다.

1615년의 무가제법도에 의한 다이묘 참근은 격년제로, 다이묘는 1년간은 에도, 1년간은 영국에 거주하였다고 한다. 1634년 막부는 후다이다이묘에게 처자를 모두 에도에 재주케 하라고 명하였다. 이를 바탕으로 1635년 무가제법도를 공포하여 다이묘는 매년 4월에 교대하게 하였다. 그 후 1642년 종래 영국에 재부하고 있던 후다이다이묘에게 6월 또는 8월, 간토의 후다이다이묘에게는 2월과 8월의 반년 교대의 참근을 명하였다. 이로써 후다이, 도자마를 불문한 전 다이묘의 에도 참근교대제가 확립된다. 그러나 쓰시마의 소宗 씨는 3년 1근, 마쓰마에 번松前藩의 마쓰마에 씨는 5년 1근, 미토 번과 막부의 로쥬·와카도시요리·지샤부교 등을 맡은 다이묘들은 참근교대를 면제하고

에도에 체재하게 하는定府 등의 예외가 존재한다.

참근교대를 위한 다이묘의 에도와 영국의 왕래는 일정의 행군 형식을 취한다. 이에 대해서는 1615년 무가제법도에 백만 석 이하 20만 석 이상(의 번)은 20기를 초과하지 못하고, 10만 석 이하(의 번)는 그에 상응하여 할 것百萬石以下二十萬石以上不過二十騎, 十萬石以下可爲其相應이라고 규정되어 있다. 그러나 위의 규정은 잘 지켜지지 않았다. 그 같은 현실을 반영하여 1635년 무가제법도에는 "종자의 인원이 근래 심다하고, 번의 비용과 인민의 노고도 그러하다. 향후 그(번의 사정)에 상응하여 줄일 것從者之員數近來甚多, 且國郡之費, 且人民之勞也, 向後以其相應, 可減少之"이라고 규정하고 있다. 이후의 무가제법도에는 표현은 달리하지만 동일한 내용이 기재되어 있다. 즉 다이묘들은 재정 부담에도 불구하고 번의 위세와 장군에 대한 충성심을 나타내기 위해 규정 이상의 인원을 동원하여 참근에 임하였던 것이다. 이에 막부는 법령에 항상 규정을 지킬 것을 기재하였는데, 주로 가도 숙역의 혼잡을 피하기 위해서였다. 따라서 막부는 규정 이상의 참근 규모를 묵인하고 있었다고 보인다. 보통 참근을 위한 다이묘 행렬의 규모는 가가 번(102만 석) 마에다 씨의 경우 2,500명 이상, 사쓰마 번薩摩藩(73만 석) 시마즈 씨의 경우 1,200명 이상이었다. 지행고 만 석 정도의 참근을 위한 다이묘 행렬 규모는 150~300인 정도였다.

6) 번정藩政의 확립

막부제도의 확립과 더불어 번권력도 확립되어 간다. 번이라 해도 영지고는 102만 석에서 1만 석까지 다양하였다. 번은 다이묘의 출신, 번 영지의 지역적·역사적 특성 및 조건에 의해 성립 과정도 체제도 다양하다.

도자마다이묘는 센고쿠 시대 혹은 도요토미·오다 정권기에 형성된 내력을 가지고 있다. 이들의 영국은 대부분 오슈奧州·쵸보長防 등의 외곽 주변지대에 위치한다. 이들 지역은 대부분 소농자립과 병농분리가 미성숙·불충분한 지역이다. 도자마다이묘들은 번권력을 집중·강화하기 위해 거성을 신축하고, 가신단을 성곽 내외에 집주시키고, 반구미番組를 편성하여 상시 근번체제를 조직, 직속 상비병력을 증강하였다. 그러나 아직 가신단이나 농촌내 재지영주

가신의 지카타地方 지행이 강하게 남아 있었고, 한편으로는 일문一門·문벌 후다이층 등의 개별 영주권이 강하여 번권력의 집중을 방해하고 있었다. 이러한 상황에서 도자마다이묘들은 자신이 신임하는 가제적家制的인 재지영주나 근시하는 출두인의 대립과 분쟁을 이용하여 번권력을 확립해 갔고, 가신들을 새로운 신분제도로 편성하였다.

번은 무거운 군역을 가신단에게 부과하여 개역의 위험에서 벗어나고자 하였다. 하지만 한편으로 과도한 군역으로 가신이 파산하는 것을 막기 위해 상사上士·중사中士에 대한 지행지를 분산하거나 촌을 분할하여 여러 사무라이에게 지행으로 지급相給(아이큐)하는 등의 방법으로 군역의 공평성을 꾀하였다. 그리고 이를 통해 지역 상호간의 결합을 약화시키고 자의적인 농민지배를 제약할 수 있었다. 번은 군사력 증강을 지탱하는 지역지배를 강화하고, 부역체제를 정비·확립한다. 급지의 농민 부역을 정량화·미납화 혹은 화폐납화하고, 번이 필요로 하는 진부역·건설과 관련한 부역노동·가도 정비와 관련한 부역노동 등에 대해서는 직할지와 가신에의 지행지를 불문하고 징집하는 체제를 창출하였다.

이를 시행하기 위해 인구조사人別改め를 실시하고, 가부장제적 농민을 제세금 부담자=역옥役屋으로 장악하고, 토호·유력 농민에게 특권을 주어 부역 징집을 담당하게 하였다. 이상의 모든 것을 실행하려면 막대한 재정이 필요하다. 따라서 번은 직할지를 확대하고 신전 개발과 총검지總檢地를 실시하여 석고량 증대를 꾀하고, 연공미의 유리한 환금과 화폐 수입 확보를 위해 특산물 전매와 광산·산림 개발을 꾀하였다. 번으로서는 지역적 후진성과 대막관계에서의 불리함을 극복해야 했기에 화폐 수입이 특히 중요하였다. 이로 인해 행정조직과 관료제를 통한 번주의 독재화가 진행될 수 있었다.

한마디로 말하면, 번체제는 막부의 내향전쟁內向戰爭 체제의 군역에 응할 수 있는 독자의 영주권력을 봉건 소농지배 위에 세운 것이었다. 번권력의 확립이 가능했던 것은 막번관계의 중핵 요소인 영지=군역관계가 균등화·경 감화되었기 때문이다. 즉 전쟁 가능성이 줄어들자 막부에 대한 군역은 참근만 남게 되고, 종국에는 참근교대제로 정착한다. 이는 다이묘=번주를 에도에 머물게 함으로써 번권력이 항상 막부의 통제 하에 놓이게 되었음도 의미한다.

1637년 10월 규슈 에치젠·에치고의 시마바라·아마쿠사 주민 2만여 명이 참가한 시마바라·아마쿠사島原·天草의 난一揆과 간에이 연간의 계속된 흉작으로 막부와 번의 내부 모순이 심화되어 막정개혁이 절실히 요구되었다. 그것은 기본적으로 소농민 보호정책으로 나타난다.

이 시기 막부는 지배의 기본단위인 소농민의 보호를 기본 방향으로 한 여러 개혁을 시행하였다. 권농의 시행뿐만 아니라 봉건적 소농민의 보호를 위한 구제장치도 마련하였다. 다이칸의 자의적인 지배와 상업·고리대 행위의 금지, 신전 개발과 연공미 판매의 규제, 다이칸쇼마다 밭에 과해지는 세금인 고모노나리小物成와 제 역을 기록하는 도리카고쵸取箇鄕帳를 만들고, 간죠가시라가 직접 지방을 통일적으로 장악하게 하였던 것이다. 아울러 하타모토와 다이묘의 영지 경영을 위해, 에도 거주 경비와 군역 부담을 줄여 영지 농정에 전념케 하였다. 그리고 후다이다이묘에게도 참근교대제를 실시하여 군역의 균등화를 꾀하였다.

또한 각 번도 당면한 모순을 극복하기 위한 개혁을 실시하였다. 번의 첫 번째 과제는 영주간의 전쟁을 전제로 성립한 체제를 농민지배를 기축으로 한 체제로 전환하는 것이었다. 이것을 기조로 하여 번마다 다양한 형태로 개혁이 이루어졌다. 이 과정에서 보이는 일관된 몇 가지 요소 중 하나로 연공·제역 수취체제의 안정 도모를 들 수 있다. 세를 공납할 수 있는 소농경영을 유지·안정시키고, 생산물지대 원칙을 관철시키려 하였던 것이다. 두 번째로 지방 지행을 폐지·형식화하여 가신의 영주로서의 독립성을 부정하고 번권력이 직접 농민을 장악하고자 하였다. 세 번째로 가신의 재정을 부정 또는 포섭하여 번재정을 확립시켰다. 연공미와 특산물을 번에 집중시켜 가능한 한 많은 양의 특산물을 중앙시장으로 반출, 환금하여, 번과 에도에서의 화폐 수요를 확보하려 하였다. 이 시기에 나타나는 번개혁은 연공 수입원인 소농민의 안정을 꾀하기 위해 영주의 자의적인 지배를 배제하고 번의 직접지배를 실현하는 형태로 나타났다. 이러한 정책들은 기본적으로 막부의 정책과 궤를 같이하였다.

제 2 부

막번체제의 전개

제1장 이에쓰나家綱 · 쓰나요시綱吉 · 이에노부家宣기

제1절 이에쓰나기

1651년 4월 20일 3대 장군 이에미쓰가 48세로 사망하였다. 이에미쓰 뒤를 이어 4대 장군이 된 이에쓰나는 당시 11세 소년이었다. 이에미쓰의 유명에 따라 이에미쓰의 동생 호시나 마사유키保科正之가 이에쓰나의 보좌역에 올랐다. 호시나 마사유키를 필두로 다이로大老 이이 나오타카井伊直孝, 사카이 다다카쓰酒井忠勝, 로쥬老中 아베 다다아키阿部忠秋, 마쓰다이라 노부쓰나松平信綱 등 이에미쓰 이래 중신들이 합의 하에 정무를 처리하고 있었으나, 이에미쓰의 급작스런 죽음은 정국을 흔들어 놓았다.

우선 1651년 7월 미카와三河 가리야刈屋 번주 마쓰다이라 사다마사松平定政가 하타모토의 궁핍에 대한 막부의 무대책을 비판하기 위해 출가하여 에도 시중을 떠돌며 탁발하는 사태가 발생하였다. 그는 하타모토 구제를 위해 2만 석의 지행지와 저택 · 무기 등을 반상한다는 청원서를 막부에 제출하였다. 결국 사다마사는 정신이상으로 처리되고, 소령은 그의 형인 마쓰다이라 사다유키松平定行에게 맡겨진다.

미쓰다이라 사다마사 사건이 발생하고 나서 반달 후, 소위 게이안慶安 사건=유이쇼세쓰由井正雪의 난이 발생한다. 사건은 7월 23일 밀고에 의해 미수로 끝났지만, 본래 계획은 에도, 슨푸, 오사카에서 동시에 난을 일으키는 것이었다. 따라서 이 사건에 관련되어 처벌된 자들이 많았음은 물론이거니와 막부 당국자들이 받은 충격은 컸다. 그런데 이 사건의 여파가 가라앉기도 전인 1652년 3월 사도잇키佐度一揆가 발생한다. 그 수는 농민을 포함해 70인에 이르렀다. 이로부터 반년 후 에도에서 로닌 벳키 쇼자에몬別次庄衛間이 주도한 쇼오承應 사건이 발각되었다.

유이 쇼세쓰의 난이 발생한 배경에는 막정에 대한 불신이 있었다. 막부는 이 사건을 계기로 로닌에 대한 강경책에서 완화책으로 전환하게 된다. 그리하여 1651년 12월 막부는 50세 이하의 다이묘・하타모토에게 말기 양자를 허용하는 법령을 내린다. 즉 후사의 단절 때문에 다이묘・하타모토가 개역되어 로닌이 발생하는 원인을 제거하고자 했던 것이다. 쇼오 사건이 발생한 후에는 막부는 로닌에 대한 통제를 강화하기 위해 에도의 로닌을 모두 조사하여(로닌아라타메浪人改め) 등록하게 하였다.

또한 당시 풍속 통제에 반항하는 '가부키모노かぶき者'들이 다수 존재하고 있었다. 가부키모노란 상도常道에서 벗어난 언동과 행동, 모습을 하는 무뢰한들로, 단체를 만들어 상호간 대립하고 있었기 때문에 시중 치안을 위협하고 있었다. 그러므로 막부는 당연히 이들에 대한 감시를 더욱더 강화해 가고 있었다. 방화・도둑 검거火附盜賊改를 맡고 있던 나카야마 가게유中山勘解由가 1686년 가부키모노 2백 수십여 인을 검거하여 엄중히 처벌하고 나서야 이들 가부키모노들의 대립・대항이 수그러들었다.

1663년 개정된 무가제법도에 '불효' 금지조항을 첨가하고, 같은 해에 공포한 제사법도諸士法度에 '가업家業'에의 전념을 명기한 것처럼, 이에쓰나 시기에 완성된 주종질서 체계는 주인의 이에家를 중심에 두고, 그 이에에 대한 가신의 봉공을 기본 이념으로 하는 것이었다. 무사의 발생 이래 주군과 가신의 관계는 개인적인 은혜(어은)와 봉공을 기본 축으로 했는데, 이 시기에 이르면 가신의 봉공대상은 주인 개인에서 주인의 '이에'로 변경되어 하극상의 가능성도 거의 소멸되었다. 이 무가제법도의 발포에 즈음해서 내려진 '순사殉死' 금지 역시 이러한 동향과 궤를 같이한다. 이에미쓰 무렵까지는 무사세계의 미풍이었던 주군의 죽음을 따르는 순사도 평화로운 시대가 도래함에 따라 부정되어 무가사상은 크게 전환되어 간 것이다.

장군이 다이묘에게 내리는 영지완행장領知宛行狀(료치아테오코나이죠 혹은 료치아데가이죠)도 이에쓰나 시기에 통일되었다. 1664년에는 고산케 등 몇몇 다이묘를 제외한 219명의 다이묘에게 일시에 영지판물領知判物(료치한모쓰)이나 주인장朱印狀이 발행되었다. 관문인지寬文印知라 불리는 이 절차를 통해 장군이 통일적인 국토 지배체계의 통괄자임을 명시하였던 것이다. 또 다음해인 1665년 공가公家나 몬제키門跡 및 주요 사사寺社에게도 판물判物・주인장朱印狀을 발급한다. 이들 역시 마찬가지로 장군을 정점으로 하는 국가 지배체계의 일부임을 명확히 한 것이다. 즉 공가는 천황을 섬겨 조정의례朝儀를 행하고, 각각의 가업에 힘쓸 것, 사원・신사는 제의祭儀나 기도를 통해 국가안전을 기원할 것이 임무로 규정되었다. 이처럼 이에쓰나 시기는 다이묘뿐만 아니라 공가와 사사까지를 포함한 국가적 통치기구의 완성기였다.

에도는 간에이기 이후 인구가 급증하였는데, 그로 말미암아 여러 가지 도시문제가 발생하였다. 막부가 에도의 도시문제에 착수하게 된 것은 1657년 정월 18일 메이레키明曆 대화재가 발생하고 나서다. 오후에 혼고 마루야마本郷丸山 혼묘지本妙寺에서 발생한 화재는 3일 동안 계속되었다. 이 화재로 에도 성 혼마루・니시노마루, 천수각이 불탔고, 다이묘 저택 160채(불타지 않은 다이묘 저택은 54채), 하타모토 저택 600채 이상, 마치町 400쵸, 단독 저택 830채가 불타버렸다. 다리는 잇코쿠바시一石橋와 아사쿠사바시淺草橋만 남았다. 화재로 사망한 자는 당시 에도 인구의 약 1/4에 해당하는 10만 이상이었으며, 상인만도 37,000여 명에 달하였다. 막부는 피해를 입은 다이묘에게 번으로 돌아가도록 하고, 당년의 참근을 면제하였다. 그리고 피해를 입은 10만 석 이상의 다이묘에게 대부금拜借金을 허락하고, 피해를 당한 하타모토・고케닌에 대해서는 하사금을 내렸다. 또한 쵸닌들에게도 은 1만 관을 분배하였다. 이 밖에도 막부는 오사카에서 금 7만 냥과 은 5만 관 이상, 슨푸에서 은 1만 관을 들여와 에도 복구에 투입하였다. 다이묘들에게는 쌀, 금, 건축자재 등을 헌상하게 하였다. 당시 막부가 에도 복구에 투입한 금・은을 돈으로 환산하면 약 120만 량에 이른다.

막부의 에도 부흥계획은 방제와 인구 급증에 대응하는 방침에 따라 이루어졌다. 고산케, 고후甲府, 다테바야시 번저館林藩邸를 성 밖으로 옮기고, 곽내 및 바깥 해자 안의 수많은 사원을 아사쿠사, 시타야下谷 등의 외연부로 이전하였다.

상업지역의 도로 폭도 넓혔다. 그리고 간다긴쵸神田銀町 · 니혼바시 욧가이치쵸日本橋四日市町와 이이다카와假田川를 따라 방화를 위한 제방을 만들고 나무를 심었다. 또한 1658년 하타모토 4인에게 죠비케시 역定火消役을 명하고, 요리키餘力 6기騎, 도신同心 30인씩을 배속하여 화재에 대비하는 소방조직도 만들었다.

이에쓰나 초기의 막정은 이이 나오타카, 호시나 마사유키, 사카이 다다카쓰, 사카이 다다키요酒井忠淸 등 4인의 다이로와 다다아키 · 노부쓰나에 의한 집단지도체제를 유지하고 있었다. 이에쓰나가 정치의 전면에 등장하는 것은 1663년 무가제법도를 공포하고 1664년 다이묘들에게 영지완행장을 발급하고 나서부터다. 이후 막부는 지배기구를 정비하고, 농정문제, 유통 · 상업에 대해 적극적인 정책을 실시한다.

우선 1659년 다이묘 · 하타모토의 차남 이하의 유능한 자(192명)들을 막신단 강화를 위해 막부 직속군단에 편입하였다. 이는 막부 군사력의 중심인 반카타番方가 가독과 가격에 의해 세습되면서 발생하는 폐해를 방지하기 위해서였다. 1662년에는 1649년 이래 공석이었던 와카도시요리에 구제 히로유키久世廣之 · 쓰치야 가즈나오土屋數直를 임명하고, 로쥬와 와카도시요리의 직장을 명확히 하였다. 이로써 막신단 지배의 기초를 강화하였다. 그리고 막부 역직을 담당하는 하타모토에게 역료役料를 지불한다. 1665년 오반가시라에 2,000표俵, 쇼인반과 고쇼구미반가시라에 1,000표 등 주로 반카타를 담당하는 하타모토의 가계 곤궁을 구제하기 위해 114,000표를 지불한다. 1666년에는 루스이留守居에 2,000표, 오메쓰케 · 마치부교에 1,000표 등등 74,000표를 야쿠카타役方 담당자들에게 지불한다. 그리하여 하타모토는 지행지와 역료의 수입으로 생활하게 된다.

농정의 기반도 간에이기에 확립된다. 이에쓰나기의 농정은 기본적으로 간에이기의 그것을 계승하면서 간죠부교쇼 기구를 정비하여 농민을 확실하게 파악하려는 것이었다. 간분 연간을 통해 간토 지역, 엔포 연간 기나이와 그 주변 지역의 막령을 중심으로 대대적인 검지를 실시하였다. 그리고 1649년 게이안 오후레가키慶安御觸書를 공포, 농민의 일상생활과 농업경영, 그리고 마음가짐까지도 상세하게 규정하였다. 한편 막부는 당시 각지에서 발생하고 있던 농민 잇키一揆에 대처해야 하였다. 이에 1652년 다이칸에 대해 연공미의 산출 ·

납입, 쇼야와 백성의 분규, 부역 등등 농정 전반에 대한 명령을 내렸다. 즉 연공 납입기를 정하고, 쇼야와 백성의 분규가 있을 때에는 쇼야와 백성의 의견을 모두 들어 합리적으로 처리할 것을 명하였다. 다이칸의 복무규정도 명확히 하였다. 특히 자의에 의한 과대한 연공 징수를 금지하였다. 이 밖에도 치산치수에 관한 법령, 연초재배 금지, 분지分地 제한, 고닌구미五人組 강화에 관한 수많은 농정법령을 발포하였다.

이에쓰나 시기는 전국을 시야에 넣은 유통경제정책을 시행한 시기이기도 하다. 동전 주조와 도량형 통일 등은 그것을 나타낸다. 화폐의 원료인 금·은의 생산은 16세기 후반 조선에서 회취법灰吹法이라는 새로운 은 제련법이 전래·보급되면서 비약적으로 증대하였다. 센고쿠다이묘들은 광산소유권을 둘러싸고 다투었고, 광산 기술자들을 동원해 금·은을 생산하여 무기 구입과 병량미 조달, 논공행상, 증답贈答 등의 용도로 사용하였다. 도시에는 긴·긴야金·銀屋라 불리는 환전업자가 등장하여 금·은 유통사업을 시작하였다. 각지의 다이묘들도 유능한 환전업자를 지정해 화폐를 주조하였다. 히데요시는 주요 금·은 광산을 직할령으로 하고, 조금彫金을 가업으로 하는 고토 시로베後藤四郎兵衛에게 증답용으로 쓸 무게 10냥(약 165그램)의 이른바 '덴쇼 오반天正大判'을 제조하도록 지시하였다. 하지만 도요토미 정권은 민중이 사용하는 통일적인 화폐는 주조하지 않았다.

이에야스는 1601년 교토 후시미에 은화주조를 담당하는 긴자銀座를 설치하여 다이코쿠 조제大黑常是(일명 유센 사쿠베湯浅作兵衛)에게 덩어리 형태의 정은丁銀과 콩알 모양의 두판은豆板銀(=小玉銀)을 주조하도록 명하였다. 그리고 에도 긴자金座의 고토 쇼사부로코지後藤庄三郎光次에게 고반小判·이치분반一分判 등 금화 주조를 지시하였다. 고지光次는 양兩과 분分 단위의 액수를 표면에 새긴 금화를 대량 주조하였다(계수화폐計數貨幣). 오반大判은 교토의 고토 시로베가 제작하였다. 1608년 긴자銀座를 교토로 이전하고, 슨푸와 에도에도 긴자를 설치하였다. 은은 몬메匁(0.75g)라는 중량단위로 가치를 재는 칭량秤量 화폐로, 품위品位는 80% 정도였다. 정은은 1장당 30~50몬메의 타원형이며, 두판은은 무게와 형태가 일정치 않았다. 도쿠가와 정권은 센고쿠 시대 때부터 최대 수출품이었던 은의 대량유출을 막기 위해 고품위의 회취은 대신 정은을 수출하도록 지시하고, 이를 감시하기 위해 1616년 나가사키에 긴자를 설치하였다.

한편 일본에서는 중세 이래 중국에서 수입한 동전과 이를 위조한 동전이 유통되고 있었으며, 다이묘 중에는 독자적으로 영지 내에서 통용할 동전을 발행하는 경우도 있었다. 막부는 간토에서 영락통보永樂通寶를 우선시하는 관행을 금지시키고, 비교적 양질의 동전을 경전京錢이라는 범주로 묶어 이를 표준화폐로 삼아 금·은화와의 공정비가(금 1냥兩=은 50몬메匁=동전 4관문貫文)를 정하였다. 하지만 동전 유통은 여전히 불안정했으며, 계속 해외로 유출되었다. 1636년 막부는 간에이 통보寬永通寶를 대량으로 주조하기 시작하였다. 우선 에도와 오미 지역의 사카모토坂本, 이어 교토, 오사카에 막부 관할 하의 제니자錢座를 설치하였다. 뿐만 아니라 같은 해 2월에는 여덟 다이묘를 지정해 동전 주조를 지시하였다. 동전의 재료인 동銅을 1637년부터 1645년까지 국외로 수출하는 것을 금지했으며, 1643년에는 사사로이 동전을 주조하는 행위를 금지하였다. 그 결과 막부는 화폐발행권을 장악할 수 있었다. 하지만 간에이 통보가 전국으로 보급된 것은 교토 호코지方廣寺 대불을 녹여 만든 동전 뒷면에 문文자를 새겨넣은 이른바 '문전文錢'을 대량으로 주조한 간분기부터다.

이렇게 성립된 근세의 화폐제도는 흔히 삼화제三貨制라 부르는데, 금·은·동의 서로 다른 세 가지 금속화폐가 지역과 계층, 용도를 달리하며 유통되었다. 이 밖에 영지 내에 금·은 광산을 소유한 다이묘의 경우 영국領國 화폐라 칭하여 영지 내에서 독자적인 금·은화를 통용시킨 곳도 있었으나, 이것 역시 17세기 후반에는 사라지게 된다. 한편 에도를 중심으로 동일본 지역에서는 금본위제가 자리 잡은 반면, 교토·오사카를 중심으로 한 서일본 지역에선 은본위제가 통용되었다. 이처럼 동서지역에서 사용하는 기축통화의 차이로 말미암아 환전거래가 성행했으며 금융거래도 확대되었다. 대체로 금·은화는 고액결제에 사용된 반면, 동전은 동·서의 지역구분 없이 소액결제에 주로 사용되었다. 하지만 상품에 따라서는 지역과 관련 없이 기준화폐의 종류를 결정한 경우도 있었다.

1695년부터 시작된 겐로쿠 개주元祿改鑄 후, 삼화의 공정비가를 금 1냥=은

60몬메=동전 4관문으로 정했지만, 환전상들 사이에 통용되는 교환시세가 따로 존재하였기 때문에 시세는 매번 변동하였다. 환전상들은 화폐의 계량, 진위의 판정, 공용거래를 위한 포봉包封(에도 시대에 막부에의 상납이나 공용거래를 위해 소정 형식의 종이를 사용하여 포장·봉인한 금·은화) 등의 유통업무를 담당해 근세 화폐제도를 지지한 장본인이라 할 수 있다.

제4대 장군인 이에쓰나 치세인 간분기에 이르면 전국시장의 성립과 함께 도량형도 정비된다. 길이단위인 척尺은, 고대 이래 건축용으로 사용해 온 곡척曲尺이 근세에도 지역의 편차 없이 변함없이 사용되었고, 철제로 만들어 정확성이 더욱 높아졌다. 하지만 옷감이나 재봉에는 오복척吳服尺(1척이 곡척의 1척2촌에 해당)이나 경척京尺(1자가 약 37.9cm)을 사용하였다. 17세기 전반 막부는 옷감의 길이나 폭을 잴 때도 척을 사용하게 했지만, 이는 강제적인 것이 아니어서 용도에 따라 다른 척이 사용되기도 하였다.

이에 비해 부피를 재는 되枡(마스)는 지역마다 조금씩 크기가 달랐다. 하지만 중세 말부터 교토와 나라 등지에서 사용된 이른바 '경승京枡(교마스)'이 널리 사용되기 시작하였다. 막부는 에도의 다루야 도자에몬樽屋藤左衞門, 교토의 후쿠이 사쿠자에몬福井作左衞門을 마스자枡座로 지정하여 되의 제작과 판매에 특권을 부여하였다. 하지만 양자의 되는 용량이나 크기에서 다소 차이가 있었다. 이에 막부는 1669년 경승을 기준 되로 삼아 이를 전국에 보급하려 하였다. 그러나 되는 연공 수납 시 척도로 쓰였기 때문에 영지 내에서 독자적으로 정한 되를 사용하는 다이묘도 적지 않았다. 하지만 17세기 후반에 이르면 동서로 이분된 막부 공인의 마스자의 되가 전국에 걸쳐 보급·사용되었다.

저울은 크게 천칭天秤과 대저울竿秤로 구분할 수 있다. 천칭은 주로 환전상에서 저울추인 분동分銅과 함께 사용하였다. 히데요시 이래 무게를 달기 위한 분동의 제작은 오반大判 제작과 함께 조금사彫金師 고토 시로베 집안의 가업으로 인정되었다. 막부는 1665년 고토 가의 직인極印이 없는 분동의 사용을 금지하여 다른 분동의 사용을 배제하는 한편, 이후에도 정밀도를 유지하기 위해 분동 조사를 실시하였다.

한편 저울추錘를 단 대저울은 하카리자秤座라 불린 조직을 통해 제작·판매되었다. 이미 16세기 말부터 교토에서는 진젠시로神善四郎의 저울추가, 도쿠가와 영국 내에서는 이에야스에게 특권을 인정받은 슈주이守隨의 저울추가 유통되고 있었다. 그러던 것을 막부가 1653년 동서로 나누어 에도 하카리자인 슈주이 가에게 동쪽 33개 구니, 교토 하카리자인 진가神家에게 서쪽 33개 구니에 대한 관할권을 부여하였다. 지배 구니가 최종 확정된 것은 1668년 이후지만, 양 가문은 각각의 지역에서 저울추의 제조와 판매, 수리 등을 도맡았다. 또한 위조품을 가려내고 정밀도를 유지하기 위해 시중에서 사용하는 대저울을 조사하기도 하였다. 이처럼 저울에 대한 통제는 점차 전국으로 확대되어 갔다.

이 시기의 종교정책도 주목된다. 기독교 금령이 자주 내려지고, 기독교 신자를 고발하는 자에 대한 상금도 올렸다. 이와 더불어 종문인별장宗門人別帳(슈몬닌베쓰쵸)도 전국적으로 작성되어 사청제寺請制(데라우케 제)도 완성된다. 사청제란 기독교 금지와 관련하여 모든 인민들이 불교에 소속되어 있음을 보증하기 위해 실시한 제도다. 그리고 잇코 종一向宗의 일파인 불수불시파不受不施派를 굴복시켜 사령寺領을 지행하였다. 이에 굴복한 불수불시파 승려를 원도로 추방하였다. 뿐만 아니라 제국사가법諸國社家掟, 제국사원법諸國寺院掟, 제국사원하지장諸國寺院下知狀 등을 내려 종교통제를 강화하였다.

제2절 쓰나요시기

1680년 이에쓰나가 병으로 사망하자, 뒤를 이어 동생인 다테바야시 번의 번주 쓰나요시(당시 38세)가 장군에 올랐다. 막부 개창 이래 최초의 방계에 의한 장군직 계승이었다. 쓰나요시가 장군직에 오른 지 5개월 후인 1680년 12월 다이로 사카이 다다키요酒井忠淸가 파면되고, 다음 달 로쥬 도이 도시후사土井利房도 면직되었다. 이것은 다다키요를 정점으로 한 문벌 후다이층의 다이로·로쥬 합의제로 추진되던 막정을 부정하고 장군 친정체제로의 전환을 의미하는 것이었다. 장군 친정체제는 다이묘에 대한 처벌로 나타났다. 1681년 도토미노쿠니 가케쓰카掛塚 번주 가가쓰메 나오키요加加瓜直淸, 에치고越後 다카다

^{高田} 26만 석 다이묘 마쓰다이라 미쓰나가^{松平光長}의 후계를 둘러싼 어가소동^{御家騷}^動(오이에 소동)과 번정을 둘러싼 가중소동^{家衆騷動}(가슈 소동)을 직재^{直裁}하여 과단성과 엄격성을 천하에 나타냈다. 이 밖에도 쓰나요시에 의해 처벌된 다이묘는 20여 가로 그 석고의 총액은 140만 석을 넘는다. 하타모토도 100여 가가 처벌된다.

이 장군 친정체제의 중심에 홋타 마사토시^{堀田正俊}가 있었다. 1680년 8월 5일 쓰나요시는 마사토시에게 농정에 관한 사항을 총괄하도록 지시하였다. 이는 종래의 월번^{月番} 합의제 정치형태를 전담 로쥬제로 전환하는 것을 의미한다. 그리하여 쓰나요시는 마사토시로 하여금 막부 재정과 막령의 민정을 담당하는 간죠부교와 교토 지배, 야마시로노쿠니의 민정, 5기나이ㆍ오미ㆍ단바ㆍ하리마^{播磨}의 사사 지배와 공사소송을 담당하는 교토마치부교를 보좌역으로 하여 막령지배와 막부 재정을 장악하게 하였다. 그리고 마사토시는 7개 조에 이르는 다이칸 복무규정을 포달한다. 이는 막부 재정의 궁핍과 관련하여 연공수납의 직접 책임자인 다이칸에 대한 통제를 강화한 것이라 할 수 있다. 이후 막부는 다이칸의 부정을 적발하여 다수의 다이칸을 처벌하고, 새로이 다이칸을 등용하였다. 이로써 막부 초기 이래 세습되어 오던 연공 청부 성격의 다이칸직은 막부 지방행정관으로서의 성격이 강화되었다. 한편 다이칸 부정을 백성들에게 소장으로 직접 고발하게 하였다. 다이칸 부정에 대한 막부의 적발과 백성의 고발에 의해 쓰나요시 치세 29년간 34인, 특히 1681년부터 1689년 사이에 26명의 다이칸이 처벌되었다. 다이칸의 반이 이 시기에 처벌된 셈이다. 이러한 과정에서 1687년 막부는 다시 간죠구미가시라와 다이칸의 복무를 규정하는 22개조 법령을 공포한다. 이 법령에는 연공 미진분이 발생하면, 다이칸이 그것을 변제하도록 규정하고 있다.

1683년 쓰나요시는 무가제법도를 개정하였다. 이 개정에서 지금까지의 무가제법도 제1조 "오로지 문무궁마^{文武弓馬}의 도에 힘써야 한다"는 내용을 "문무충효^{文武忠孝}를 고무하고 예의를 바로 하여야 한다"라는 유교적이고 도덕적인 색채가 강한 내용으로 바꾸었다. 이 개정은 이에미쓰ㆍ이에쓰나 시기에 하타모토를 대상으로 한 제사법도^{諸士法度}를 폐지하고, 그것을 무가제법도로 일원화하여 기존 제사법도의 서두에 있던 "충효를 고무하고 예법을 바로 하며"라는 조항을 무가제법도에 도입한 것이다. 이러한 점들이 상징하는 바는 이 개정이 하타모토를 다이묘와 동등하게 만든 것이 아니라, 하타모토에게 적용하던 규범을 다이묘에게도 요구한 것이다. 적어도 이념상으로는 다이묘를 하타모토와 동등한 도쿠가와 가문의 일원家中으로 삼음으로써 장군의 지위를 강화하고자 한 것이다. 또한 '궁마의 도'를 없애고 '충효'와 '예의'를 강조한 것은 막부 초기 이래의 무위武威에 의한 지배, 즉 무단정치에서 문치文治정치로의 전환을 명확히 한 것이었다.

1684년 상을 당해 입는 복상과 장사를 지낸 후 부정不淨(게가레穢れ)을 피하는 기간을 정한 복기령服忌令이 내려졌다. 복기령은 무사만을 대상으로 한 것이 아니라 다이묘와 다이칸을 통해 각 촌에까지 하달되고 개정되면서 반복해서 내려졌다. 때문에 복기령은 사회에 널리 침투되어 갔다. 이 법령은 복기服忌의 기간만이 아니라, 출산과 식사의 부정不淨 등에 대해서도 규정하고 있어서, 죽음과 피를 부정한 것으로 간주하고 기피하는 사고가 강하게 나타나 있다.

한편 서민을 대상으로 한 검약령儉約令도 내려진다. 무사를 대상으로 검약·질소한 생활을 명한 적은 전에도 있었으나, 서민을 대상으로 검약령이 내려진 것은 처음이었다. 그 내용은 각종 가정의례, 제례, 장례 등에 관한 검약이다. 예컨대 1683년에는 백성과 상인의 의복을 생명주絹·굵은 명주紬·무명·마포로 제한하고, 하녀들의 의복은 마포·무명으로 한정하였다. 겐로쿠기에 들어오면 증답贈答에 사용하는 받침대와 상자를 노송나무檜와 삼杉나무로 제작하는 것을 제한하고, 그 후 다시 백성과 상인에게 의류를 제한하는 명을 내려 집안행사와 혼례 등을 간소히 할 것을 명하였다.

쓰나요시의 정치는 보통 '덴나天和의 치'라고도 한다. 쓰나요시 초기의 정치 시행에서 보이는 특징은 쓰나요시 스스로 정치에 적극 개입하여 관계자에게 직접 지시를 내렸다는 점과 준켄시巡見使나 메쓰케目付를 파견하여 번정을 엄격히 감시하였다는 점이다.

쓰나요시 치세 초기의 중심인물은 홋타 마사토시인데 그는 1684년 8월 와카도시요리 이나바 마사야스稻葉正休에게 살해된다. 사건현장에서 이나바도

살해되었기 때문에 사건의 원인은 알 수 없다. 마사토시가 살해당한 후 다이로
는 임명되지 않고, 이후 측용인側用人 정치가 행해진다. 측용인은 장군을 근시하
면서 장군의 거실과 로쥬·와카도시요리의 집무소인 고요베야御用部屋와 연락
을 취하고, 로쥬 퇴청 후에는 로쥬를 대신하여 전중殿中의 일을 처리하였다.
측용인은 고쇼구미반가시라, 쇼인반가시라를 거친 자가 많았으며, 하타모토
가 오를 수 있는 최고 직이었다. 1681년 12월 다테바야시 번주 시절의 가로였던
마키노 나리사다牧野成貞(당시 13,000석의 다이묘)가 측용인에 임명되어 종4위에 오른
다. 나리사다는 측용인에 오른 후 영지가 더욱 가증되어 시모사노쿠니下總國
세키야도關宿 번 73,000석을 영유하게 된다. 이때부터 측용인은 로쥬에 준하는
대우를 받고, 장군과 로쥬의 중간에 서서 장군의 명령을 로쥬에게 전하고
로쥬의 상신을 장군에 전달하는 역직을 수행하게 된다. 나리사다는 1695년
측용인 직에서 물러나고, 이후 측용인으로서 권력을 휘두른 자가 야나기사와
요시야스柳澤吉保다. 그는 1694년 효죠쇼評定所에 출석하여 로쥬에 준하는 대우를
받고, 1698년 로쥬의 상석에 위치하여 다이로 대우를 받았다.

한편 전 장군 이에쓰나 시기에 발생한 메이레키 대화재로 말미암아 막대한
재정이 소비되었다. 에도 성 혼마루의 재건에 100만 량 정도가 소비되었으며,
다이묘·하타모토·쵸민에게 내린 은사금과 대여금도 막대하였다. 이때 쓰인
자금은 오사카·슨푸에 저장되어 있던 금·은이었고, 따라서 에도 성에 있던
저장금은 아직 건재하였다. 막부는 1677~78년 이 저장금으로 400만 량의
화폐를 주조하였다. 그러나 1658년과 1686년의 대화재 등으로 지출이 증가하
고, 다이묘·하타모토에 대한 대여금도 증가하였다. 이로 말미암아 화폐경제
가 현저히 발전한 쓰나요시기에 막부 재정이 흔들리기 시작하였다. 쓰나요시
기의 재정난은 쓰나요시의 사치와 불사佛寺 조영에도 기인하지만, 궁핍한
하타모토를 구제하고자 빌려준 대부금을 탕감해준 것, 1699년 궁핍한 하타모
토를 구제한다는 명목 하에 금·은을 분배한 것 등에도 기인한다.

이러한 상황 속에서 쓰나요시는 1697년 7월 500표 이상의 하타모토에
대한 급미藏米 지행을 지카타地方 지행으로 바꾸었다. 소위 지카타나오시 령地方直
し令이다. 이미 번마저도 지카타 지행을 폐지한 상태였음에도 막부가 지카타

지행을 시행한 것은 각지에서 연공미를 에도로 운반하여 그것을 하타모토에게 분배하는 데 소용되는 경비를 절감하는 효과가 있었기 때문이다. 그리고 지카타 지행을 계기로 간토 지역에 대한 총검지를 실시한 막부는 생산력이 높거나 상품생산이 발전한 지역을 막령에 편입하고, 그렇지 못한 지역을 하타모토에게 지행하였다. 이리하여 막부 재정을 강화함과 동시에 하타모토가 지행지에서 연공수납을 강화하거나 어용금을 부과하거나 하여 하타모토의 궁핍을 해결하고자 했던 것이다. 하타모토는 지행지의 연공 선납을 통해 긴급한 재정을 확보할 수 있었던 것이다. 그러나 지행지에 대한 재판권 등이 제한되어 있어서 하타모토의 재지지배는 약화된다.

한편 막부는 재정 재건정책의 일환으로 화폐를 개주하였다. 이것은 화폐 개주를 통해 이익을 얻으려는 긴자金座·긴자銀座의 제안을 간죠긴미야쿠勘定吟味役 하기와라 시게히데萩原重秀가 받아들여 실시된다. 1695년 8월부터 행해진 개주로 발생한 이익금은 500만 량 이상이라 한다. 이로써 당시 번에서 유통되던 영국 화폐는 소멸하게 된다. 그리고 막부 수입의 증가를 위해 각종 영업세를 헌상하게 하였는데, 1697년에 주가酒價를 5할 인상하고 그 인상금액을 헌상하게 하였다. 또한 나가사키에서 행해지는 국제무역 이익의 일부를 막부가 수납하여 연 7만 량 정도의 이익을 얻었다.

이처럼 상품경제의 발전을 전제로 한 화폐 개주, 영업세 부과, 무역정책, 광산개발을 통한 수익증가를 꾀하는 정책들을 실시했으나, 쓰나요시의 사치스런 생활과 계속된 재해로 막부 재정의 재건은 쉽지 않았다. 더욱이 1699~1700년의 흉작으로 미가가 급등하고, 1703년 간토 대지진과 그로 인한 화재로 말미암아 막부 재정은 파탄지경에 이르렀다. 이에 막부는 1706년 다시 화폐를 개주寶永銀하였다. 그러나 1707년 후지 산 분화, 1708년의 교토의 화재 등으로 인한 재건비로 거액이 소비되었다. 결과적으로 겐로쿠·호에이寶永기의 화폐 개주는 통화신용을 실추시켜 경제혼란을 초래하고, 재정정책의 시행 과정에서 특정 상인과 결탁하는 등 갖가지 부정을 초래하였다.

쓰나요시는 충효를 강조하는 고찰高札을 세우게 하는 등 유교에 의한 민중교화에 힘썼다. 학문을 좋아한 쓰나요시는 하야시 노부아쓰林信篤나 히토미 도모토人見友元에게 매월 3회 경서를 토론하게 하였고, 자신이 직접 『역경』, 『맹자』, 『중용』, 『시경』, 『서경』 등을 강석하고, 그것을 유자들에게 청취하게 하였다. 이러한 쓰나요시의 학문에의 열의는 성당聖堂 건설과 학문진흥으로 이어졌다. 오와리 번주 도쿠가와 요시나오義直가 하야시 라잔을 위해 우에노上野 시노부가 오카忍ヶ岡에 세운 공자묘를 1690년 아이오이바시相生橋의 간다神田로 옮기고, 축전祝田 1,000석을 기부한다. 그리고 성당에 부속한 학문소=쇼헤이자카가쿠몬쇼昌平坂學問所를 건립한 이래, 학문소는 막부의 비호를 받았다.

쓰나요시의 학문장려는 유학 이외에도 미쳐 1684년 야스이 산테쓰安井算哲를 덴몬카타天文方에 채용하고, 신도의 요시다 고레타리吉田惟足를 신토카타神道方에 채용한다. 그리고 『겐지모노가타리 고게쓰쇼源氏物語湖月抄』, 『마쿠라노소시 슌쇼쇼枕草子春曙抄』, 『만요슈스이쇼萬葉拾穗抄』 등의 저술로 유명한 기타무라 기긴北村季吟과 그의 아들 고슌湖春을 가가쿠카타歌學方에 임명하였다. 회화 분야에서도 스미요시 구케이住吉具慶를 채용하여 도사파土佐派 화풍을 열었다.

쓰나요시의 유교에 대한 경사와 더불어 불교에 대한 심취도 정도를 넘는 것이었다. 수많은 사원을 건립하여 재정을 탕진하였는데, 1681년 2월 고코쿠지護國寺, 1688년 고지인護持院 건설은 그 대표적인 사례라 하겠다. 그 밖에도 닛코 도쇼구日光東照宮와 조쇼지增上寺 등 수많은 사찰과 신사를 건설하거나 개수하였다.

또한 쓰나요시는 1685년 생물애호령生類憐令을 내린다. 1682년에 병자와 병든 말을 버리지 말라는 고찰高札을 세우게 하고, 1687년에는 그 유명한 개에 대한 보호령을 내렸다. 이후 생물애호령이 빈번하게 내려지고, 심지어는 매매를 위해 어류, 조류, 거북이 등을 키우는 것도 금지하였다. 장군의 매사냥도 폐지하고, 사냥과 관계되는 역직도 폐지하였다. 생물애호령을 내리게 된 계기는 1683년 후계자 도쿠마루德松가 5세로 요절하여 필사적으로 후계자를 생산하고자 하던 차에, 승려 류코隆光가 후계가 없는 것은 전생에 살생을 많이 했기 때문이니 후손을 얻으려면 살아 있는 생명을 사랑하여 살생하지 않아야 한다, 특히 쓰나요시가 개띠 생이기 때문에 개를 살생해서는 안 된다고 한 진언 때문이라고 한다.

이 금령을 어겼다가 처벌받는 자도 속출하였다. 개를 죽여 하치죠지마八丈島로 유배되기도 하고, 장군 기복일忌服日에 활로 제비를 잡아 사죄에 처해진 무사가 있는가 하면, 병든 말을 버린 배신陪臣 14인과 농민 25명이 고즈시마神津島에 유배되기도 하였다. 생물애호령은 쓰나요시가 사망할 때까지 20여 년 동안 지속되었다.

생물애호령으로 에도 시중에는 떠돌이 개로 넘쳐났으며, 그로 인한 폐해도 막심했다. 막부는 개집을 만들어 개들을 수용하고, 그에 소용되는 경비를 조달하기 위해 쵸닌들에게 세금(小間 一間에 쇼三分)을 부과하고, 간토 지역에서는 개 수용과 관련한 세금犬扶持으로 고高 100석에 1석씩, 혹은 콩・짚・거적 등을 내게 하였다.

한편 1692년 일본인의 울릉도 도해로 조선과의 사이에 외교갈등이 발생하였다. 일본에 울릉도에 대한 정보가 전해진 것은 11세기경 고려인이 일본에 표류하면서부터며, 일본인이 울릉도의 실체를 확인한 것은 쓰시마・북규슈 지역을 중심으로 왜구활동이 활발하였던 14세기 즈음이었다고 여겨진다. 이후 쓰시마는 1407년 울릉도를 자신의 지배지로 삼으려는 계획을 꾸민다. 조선은 15세기 이래 울릉도에 대해 공도空島 정책을 실시하나, 영토권을 포기한 적은 없다.

일본인들이 본격적으로 울릉도에 도항하는 시기는 막번체제의 형성기로 보인다. 쓰시마는 1614년 조선에 울릉도의 위치를 묻고, 울릉도를 영토화하려 획책하였으나 울릉도가 조선령이라는 사실을 확인하고 그 획책을 중지하였다.

한편 돗토리鳥取 번의 무라카와村川・오야大谷 가는 울릉도를 소위 다케시마竹島로 명명하고 돗토리 번과 막부에 의뢰하여 1625년 울릉도 도해를 요청하였다. 막부는 이들에게 1회에 한한 울릉도 도해를 허락한다. 무라카와・오야 가는 이를 근거로 매년 울릉도에 도해하여 전복 등 해산물을 채취해 이익을 취하였다. 돗토리 번도 경제적 이익을 위해 양가의 울릉도 도해에 협조하였다.

이러한 상황이 문제된 것은 1692년 위 일본인이 울릉도에서 조선인을 조우한 때부터다. 1692년 무라카와・오야 가는 조선인의 조우를 돗토리 번에 알리고, 그 대책을 청한다. 그리고 1693년 다시 울릉도에서 조선인과 조우하자, 일본의 울릉도 도해선은 조선인 안용복·박어순 2인을 잡아 일본으로 돌아간다. 이로 인해 조선과 일본 사이에 울릉도 영유권을 둘러싼 교섭이 시작된다.

우선 돗토리 번은 막부에 조선인의 울릉도 도항을 금지시켜 줄 것과 조선인에 대한 조치를 취해줄 것을 요청한다. 이에 막부는 울릉도가 돗토리 번 지배지에 해당하는지 등을 묻는다. 돗토리 번은 울릉도에 일본인이 거주하지 않는다는 점, 도해에 대한 주인장은 없고 로쥬 봉서의 사본만이 있다는 점 등을 보고한다. 한편 1693년의 5월 13일의 시점에서 막부는 울릉도가 돗토리 번의 지배지가 아니라는 사실을 확인한다.

그럼에도 불구하고, 막부는 쓰시마에 조선인의 울릉도 도항을 금지하도록 조치할 것을 명한다. 막부가 울릉도에 대한 돗토리 번의 답변서를 받고서도 쓰시마에 이 같은 명령을 내린 것은 울릉도를 이번 기회에 일본령으로 편입하려는 의도를 나타낸 것이라 하겠다.

쓰시마 번은 위의 명령에 따라 안용복과 박어순을 조사하고, 조선에는 일본령인 다케시마에의 도항을 금지해줄 것을 요구하는 서계를 보낸다. 이에 대해 조선은 다케시마가 울릉도임을 알면서도 다케시마와 울릉도를 별개의 섬인 것처럼 꾸며, 울릉도가 조선령임을 명기한 회답을 보냈다. 그러자 쓰시마는 울릉도라는 말을 삭제해 달라고 조선에 요구하였다. 조선이 일부러 울릉도를 언급한 것은 울릉도가 조선령임을 명확히 함과 동시에 울릉도를 둘러싼 영유권 분쟁을 피하려 했기 때문이다.

울릉도=다케시마임을 알고 있던 쓰시마로서는 울릉도를 조선령으로 인정할 경우 일본인의 울릉도 도해가 불가능해질 뿐만 아니라, 다케시마(울릉도)를 일본령으로 하려는 막부의 명령을 실행할 수가 없게 되므로 다케시마가 일본령이라는 사실을 조선이 인정하게 하고자 했던 것이다. 따라서 양국에게는 상호 타협의 여지가 없었다. 한편 조선은 '1도2명론一島二名論'을 주장하고, 쓰시마는 시세에 따른 '경계변화론境界變化論'을 폈다. 상황이 울릉도 도해문제가 아닌 양국의 영토문제로 확대되자, 쓰시마는 그간의 조선과의 교섭과 문제점을 막부에 보고하고 막부의 명령을 청하였다.

막부는 이미 다케시마가 돗토리 번에 속하지 않는다는 것을 알고 있었기 때문에, 1696년 정월 9일 쓰시마에 일본인의 울릉도 도해를 금지한다는 사실을 돗토리 번과 쓰시마 번에 전달한다. 그리고 1696년 정월 28일 정식으로 돗토리 번에 울릉도 도해금지령을 내린다. 막부는 울릉도가 조선령이라는 근거로서 돗토리 번에 속한다는 근거가 없다는 점, 울릉도까지의 거리가 조선에서 가깝다는 점, 울릉도가 원래 조선령이라는 점, 울릉도에 일본인이 거주하고 있지 않다는 점 등을 들었다. 이로써 조선과 일본 간에 발생한 도해와 영토 문제는 일단락되었다.

한편 쓰시마는 서계의 변경을 집요하게 요구하였는데, 이는 울릉도에 조선인이 다시 오지 못하도록 조선에 주지시키라고 한 막부의 명령에 기인한다. 쓰시마가 막부의 명령을 수행하지 못한다면, 존립의 근거를 잃게 된다. 따라서 쓰시마로서는 수단과 방법을 가리지 않고 다케시마=울릉도가 일본령임을 주장·관철시켜야 했고, 이에 반하는 어떤 의견도 받아들일 수 없었던 것이다.

제3절 이에노부기

1709년 1월 쓰나요시가 사망하고 쓰나요시의 형 쓰나시게綱重의 아들 이에노부가 6대 장군에 오른다. 이에노부가 장군에 오르면서 정치 전면에 등장한 인물이 이에노부의 시강侍講이었던 아라이 하쿠세키新井白石였다. 하쿠세키의 정치는 쓰나요시 정치에 대한 비판에서 출발한다. 즉 측용인이었던 야나기사와 요시야스, 간죠부교 하기와라 시게히데의 정치를 비판·수정한다는 입장을 취하였다. 하쿠세키는 쓰나요시 전반기의 정치를 담당한 다이로 홋타 마사토시에게 발탁된 적이 있는바, 그의 정치는 홋타와 흡사하다. 하쿠세키는 1709년 정월 우선 만인의 지탄을 받고 있던 생물애호령을 폐지하고, 생물애호령을 어겨 처벌된 8,800여 명을 사면하였다.

하쿠세키의 정치를 요약하면, 1) 통화정책, 2) 농정정책, 3) 무역제도 개선, 4) 조선통신사 대우개선과 무가제법도 개정 등으로 나누어 볼 수 있다. 우선 통화정책에 대해 보도록 한다. 하쿠세키는 1712년 겐로쿠기의 화폐 개주를 담당한 간죠부교 하기와라 시게히데를 실각시키고, 화폐의 신용을 회복하기 위해 양화를 개주하고자 하였으나, 환전상들의 반대로 바로 시행에 옮기지는 못하였다. 화폐 개주는 1714년에 이루어지는데, 이에 따라 화폐는 품위와 양목에서 게이쵸慶長기의 금·은과 같아진다. 겐로쿠의 개주는 보유하고 있는 금·은이 절대적으로 부족한 상황에서 경제실정에 맞추어 화폐량을 증가시킨 것이었다. 하쿠세키는 이러한 경제사정을 무시하고 신구화폐의 교환비율을 1:2로 정하였다. 때문에 개인 소유 화폐는 명목상 반감되고 화폐량도 반감되었다. 그 결과 극심한 디플레이션이 발생하여 경제가 크게 위축되면서 불만이 커져 결국 하쿠세키는 실각하였다.

하쿠세키의 농정정책은 막부 재정이 오로지 연공에만 의존해야 하는 상황에서 시행되었는데, 따라서 정책의 중심은 연공증징으로 이어질 수밖에 없었다. 당시의 연공률은 3할에도 채 이르지 못하였는데, 하쿠세키는 이렇게 연공률이 낮아진 것은 다이칸의 부패 때문이라고 생각하였다. 이에 하쿠세키는 1682년 설치되어 1699년에 폐지된 간죠긴미야쿠勘定吟味役를 부활시켜 다이칸의 부정을 적발하는 데 부심하였다. 그 결과인지는 알 수 없으나 1713년의 연공은 43만여 석이 증가하였다.

하쿠세키는 1715년 정월 나가사키에서 이루어지는 해외무역을 중국선의 경우에는 선수船數로 30척, 금액으로는 은 6,000관, 네덜란드선은 선수로 2척, 금액으로는 은 3,000관으로 변경하였다. 이는 하쿠세키의 독창적인 작품이 아니라 1685년에 내려진 정고사법定高仕法(사다메다카시호)을 수정한 것이었다. 정고 사법은 나가사카에서 행해지는 무역량을 중국선은 은 6,000관, 네덜란드선은 은 3,000관으로 제한하고 있었다. 이것에 선수 제한을 첨가한 것이 하쿠세키의 쇼토쿠신레이正德新例다. 이 법령이 공포되고 약 1년 후에 하쿠세키는 실각하고, 법령은 요시무네吉宗에 계승되어 정착하였다.

이러한 무역 제한정책의 배경에도 역시 재정문제가 도사리고 있었다. 당시 무역은 생사·견직물·약종·설탕 등 고급 소비재를 수입하고 금·은을 지불하는 것이 보통이었다. 때문에 다량의 금·은이 일본에서 유출되었다. 하쿠세키는 막부 초기부터 유출된 금이 7,192,800량, 은이 1,122,687관이라고 추정하고, 이러한 추세라면 금은 100년이 지나기도 전에 반감하고 은은 일본 국내에서 완전히 고갈될 것으로 추정하였다. 결국 무역량을 제한하고 무역품을 국산화하는 방법밖에 없었는데, 이러한 정책들은 고스란히 요시무네에게 계승되었다.

조선사절에 대한 접대비용은 실로 막대하였다. 사절단이 400명을 넘는 대규모였기 때문이기도 하지만, 막부가 장군의 위신을 나타낼 좋은 기회로 보고 접대에 막대한 비용을 썼기 때문이다. 당시 조선사절의 접대비용은 100만 량을 넘었다고 한다. 막부의 1년 수입이 약 76~77만 량임을 감안하면 얼마나 막대하였는지 미루어 알 수 있다. 하쿠세키는 종래 조선사절 행로 각 지역에서 행해지던 조선사절 향응을 교토, 오사카, 슨푸, 에도에서만 행하도록 하였다. 그리고 장군의 정식 외교칭호를 다이쿤大君에서 국왕國王으로 바꾸었다.

제2장 요시무네吉宗 정권과 교호享保 개혁

제1절 요시무네 정권

1712년 10월 이에노부가 사망하고, 그의 아들 이에쓰구가 4세의 어린 나이로 7대 장군에 오른다. 이에쓰구는 어린데다 태어나면서부터 병약하여 이에노부가 오와리 가의 요시미쓰吉通를 차대 장군으로 삼으려 했으나, 혈통을 중시한 하쿠세키의 주장으로 이에쓰구가 장군에 오르게 되었다고 전한다. 그러나 1716년 4월 이에쓰구가 병으로 사망하면서 도쿠가와 종가에 의한 장군직 계승은 불가능하게 되었다. 그리하여 장군직을 둘러싸고 오와리 가의 쓰구토모繼友, 미토 가의 쓰나에다綱條, 기이 가의 요시무네가 경쟁하는 형국이 되었다. 그러한 상황에서 이에노부의 정실 덴에이인天英院의 강력한 추천을 받은 요시무네가 8대 장군직에 오른다. 요시무네는 후다이 문벌층의 강력한 지원도 받았다. 이에쓰나 시기까지는 후다이 문벌층이 막정의 실질을 장악하고 있었으나, 이후 쓰나요시 시기에 장군 친정이 이루어지면서 후다이층의 지위가 낮아지고 다테바야시館林 번 가신들을 중용하는 측용인 정치가 행해졌다. 이에노부도 고후甲府 번주 시절의 시강 하쿠세키와 측용인 마나베 아키후사間部詮房를 중용하여 막정의 실권은 이들이 좌지우지하였다. 이 때문에 불만이 팽배해 있던 후다이 문벌층은 요시무네를 지원하여 자신들의 막정 장악 희망을 걸었던 것이다.

무네요시는 장군에 오르자 전대의 변칙적인 정치를 청산하여 후다이 문벌층을 중시하고, 로쥬의 정치적 지위를 부활시켰다. 로쥬는 후다이 가신의 필두격으로 후다이 다이묘가 취임할 수 있는 최고 관직인데 전대에는 측용인의 권세에 눌려 있었다. 요시무네는 전대의 측용인직을 폐지함과 동시에 로쥬가 직접 진언할 수 있는 제도를 부활시켰다. 요시무네가 기이 번에서 데려온 측근이 없었던 것은 아니지만, 가장 높은 지위에 취임했던 자도 석고 1만석, 종5위하 쇼다이유諸大夫, 역직은 와카도시요리보다 아래에 머물렀다.

이와 같이 요시무네는 후다이 가신을 우대하는 신분제=가격제를 중시하는 자세를 강하게 내세웠지만, 그것은 현실적 의의를 가지는 통치기구 이외의 부분에서 이루어졌다. 장군과 관료제 기구의 정점에 서 있는 로쥬와의 관계는 어디까지나 형식적이었고, 실제로는 장군의 측근이 중요한 역할을 하였다. 중요한 정책이나 법령의 입안·심의·결정은 형식적으로는 장군−로쥬 계열로 행해졌지만, 그 이전에 장군−고요토리쓰기御用取次 계열에서 실질적으로 결정되었기 때문이다. 이렇게 보면 요시무네 정권의 형태는 본질적으로 이전의 측용인정치와 그다지 다르지 않다고도 할 수 있다 하겠다. 다르다면 측근관료의 권력이 정치무대 뒤에 모습을 감추고 있었다는 점이다.

사실 요시무네는 장군에 오르면서 기이 번 가신들을 약 25%밖에 데려오지 않았고, 그들에 대한 대우 역시 기이 번 시기와 거의 같았다. 그러나 1718년 단계에서 5명 중 3명을 제외한 고소바슈御側衆, 고쇼小姓, 고난도슈小納戸衆(장군과 관련된 장비·물품을 취급·정리하는 사람들), 고요토리쓰기 등 장군 주변의 중요한 직책은 거의 기이에서 데려온 사람들이 차지하고 있었다. 이 중에서 주목되는 직책은 장군의 명령을 전달하는 고요토리쓰기다. 고요토리쓰기의 역직은 이전의 측용인 이상 가는 권한을 가지고 있었다. 즉 요시무네기의 정치는 이들 고요토리쓰기에게 장악되어 있었다고 말할 수 있다.

한편 막번체제를 지탱해 온 생산력은 겐로쿠기를 정점으로 정체되어 있었다. 요시무네 정권의 역할은 이러한 정체된 사회를 새로운 단계의 사회로 진입시키는 것이었다. 그것도 봉건권력 스스로 자신을 변화시키면서 제도들을 개혁하는 것이었다. 정치제도의 개혁부터 살펴보자. 우선 갓테가카리로쥬勝手掛老中의 성립이다. 앞에서 본 로쥬제는 월번제와 중요사항에 대한 합의제에 입각해 있었기 때문에, 유능한 인재가 있더라도 신분제에 막혀 능력을 발휘할 수 없는 구조였다. 이러한 난점을 타파하기 위해 1680년 쓰나요시는 홋타 마사토시를 갓테가카리로쥬에 임명하여 민정 및 재정을 전담하게 했었다. 이 갓테가카리로쥬는 그 후 측용인 정치에 의해 소멸되지만, 1722년 요시무네가 그것을 부활시켜 미즈노 다다유키水野忠之를 그 자리에 앉힘으로써 당시 막부의 최대 관심사였던 재정재건을 기도하였다.

한편 경제적인 문제로 인한 소송은 시간이 지날수록 폭주하는 경향이 있었다. 특히 겐로쿠기에 들어서는 심각한 상태에 이르러 마침내 간죠쇼 업무를 압박하게 된다. 이에 막부는 경제관련 소송을 제한했으나 그럼에도 불구하고 1718년의 경제관련 소송건수는 33,037건으로 전체 소송건수의 92%에 이르렀다. 관청에서 처리할 수 있는 능력의 3배 이상이었다. 이것은 에도마치부교쇼의 사례지만 간죠쇼도 마찬가지였다.

이 같은 상황에 대처하기 위해 1719년 요시무네는 금전의 대차관계는 당사자끼리 해결하게 하는 상대제령相對濟令을 내린다. 이 법령은 이미 1661년, 1685년, 1702년에도 내려진 바 있었다. 하타모토·고케닌은 이 법령을 악용하여 상인에게 빌린 대금을 변제하지 않는 경우가 있어서 상인이 도산하는 경우도 있었다. 결과적으로 이 법령들은 하타모토·고케닌의 경제적 궁핍을 구제하는 기능을 하였다고 하겠다. 그러나 법령의 주된 의도는 부교쇼의 경제관련 소송을 행정에서 제외시켜 행정의 원활화를 기하려 한 것으로 보인다. 또한 농민의 소송도 제한하고자 에도에 출소하는 경우에는 다이칸의 허가를 얻도록 하였다.

1721년에는 구지카타캇테카타지무분베쓰노타쓰公事方勝手方事務分別の達를 내려 간죠쇼 업무를 이원화하였다. 즉 구지카타는 소송·제원諸願 또는 문의 사항을, 갓테카타는 연공수납 및 하천용수 등의 부역, 막부의 금은미전金銀米錢의 출납, 하타모토의 지행지知行割, 다이칸의 임지할당 등에 대한 업무를 각각 담당하도록 하였다. 나아가 1723년에는 간죠부교를 2명씩 2조를 임명하여 1년 교대로 임무에 임하게 하였다. 이로써 갓테카타의 관리들은 구지카타 업무에서 완전히 자유로워져 재정 관련 사무에만 전념할 수 있는 제도가 성립된다.

한편 인재등용정책에 수반하여 새롭게 등장한 제도가 1723년 6월부터 실시된 다시다카 제足高制다. 가격제와 관료제의 상관구조에서는 가격, 가록과 관직 사이에 상당관계가 존재하였다. 인재등용정책은 그 대응관계를 부정하여, 가격, 가록과 관직 사이에 격차를 생기게 하였다. 다시다카 제는 그 격차를 메울 것을 목적으로 한 제도였다. 낮은 가록의 사람이 높은 가록과 상당관계에 있는 관직에 발탁되면, 그 차액을 다시다카로 지급하는 것이다. 이로써 녹은 봉건적 특권으로서의 성격이 옅어지고 관직 의무 이행에 대한 봉급이라는 성격을 갖게 되었다.

측근 관료의 고요토리쓰기 중용, 후술하는 각 부교직에의 인재등용과 더불어 요시무네의 장군권력을 지지한 제도로서 메야스바코目安箱를 들 수 있다. 이것은 민중이 불법을 소관 관청을 넘어 최고 권력자인 장군, 다이묘에게 직접 호소하는 제도다. 이 같은 직송直訟은 준켄시巡見使에 호소하는 것을 제외하면 일반적으로는 강력히 금지되어 있었다. 메야스바코 설치는 직소의 길을 제도적으로 보장하여 서민의 소원과 진언을 수리하는 형태로, 관료기구 위에 군림하는 장군의 전제성을 강화하는 것이었다.

제2절 교호 개혁

요시무네 정권기는 4시기로 나누어 볼 수 있다. 요시무네가 장군에 오른

후 1722년 5월까지를 제1기라 하면, 1722년 7월부터 1730년 7월 미즈노 다다유키가 사임할 때까지는 제2기라 할 수 있다. 그리고 1730년 7월부터 로쥬 마쓰다이라 노리사토松平乘邑가 갓테가카리로쥬로 임명되는 1737년까지를 제3기, 이후 노리사토가 정무를 담당하는 제4기로 볼 수 있다. 요시무네의 개혁정치는 주로 제2기 이후 본격적으로 실시된다. 그 내용은 다음과 같다.

【농정정책】　막부 재정의 기본은 역시 연공이다. 연공에 관한 한 다이칸의 존재는 절대적이다. 즉 이들의 업무수행 여하에 따라 농촌의 안정과 막부재원의 확립을 도모할 수 있는 것이다. 다이칸은 실질적으로 농촌을 지배하고 있었기 때문에 이들의 부정행위 적발은 기회 있을 때마다 강조되었다. 요시무네도 역시 지방지배 관리의 강기숙정綱紀肅正을 강조하여, 1719년 6월 다이칸 근무 상태를 총점검하고 부정을 저지른 다수의 다이칸을 처벌하였다. 9월에는 간죠부교에게 다이칸 임명에 신중을 기할 것을 명하였다. 한편 다이칸쇼의 경비를 염출하기 위해서 구치마이를 부과하고 있었는데, 이것이 다이칸의 과다 경비지출과 부정의 원인이 되고 있었다. 이에 무네요시는 구치마이를 취하고 다이칸쇼의 경비를 지불하는 것 모두를 막부가 행하는 형식으로 다이칸의 강기숙정을 도모하였다.

막부는 막부 재정을 관리하는 간죠쇼를 정비하고 그 제도에 기초하여 연공의 증징을 도모하고자 하였다. 간죠쇼를 강화하기 위해 교호기에 근무 관리가 급격히 증가하여, 에도 시대 전체를 통해 양적으로 가장 충실한 시대를 맞이한다. 내부 직제도 위에서 본 것처럼 크게 정비하였다. 이때 확립된 장군-갓테가카리로쥬-간죠쇼는 이후 부분적인 수정과 개폐는 있었지만, 그 골격은 기본적으로 막말까지 유지된다.

이리하여 갓테가카리로쥬-간죠부교, 간죠쇼 관리들-다이칸이라는 장군 권력의 충실한 집행자로서의 농정기구가 확립된다. 이 새로운 농정기구에 의해 농정개혁이 진행되었다. 이는 실체에 대응하는 징조법 정비와 증징정책의 방향을 가지고 있다. 전자를 대표하는 것은 아리게케미 제有毛檢見制의 실시다. 아리게케미란 석고 산정의 기준인 석성石盛(고쿠모리)을 무시하고 당년의 수확량을 기준으로 연공을 정하는 징조법으로, 농업생산력의 증가를 감안한 것이었다.

증징정책은 연공률의 인상과 신전 개발의 추진으로 나타난다. 연공률 인상과 관련해서 주의해야 할 점은 이 시기에 아리게케미 제와 병행하여 정면제定免制의 징조법을 실시한 점이다. 정면제란 과거 몇년간의 평균 연공고를 참고하여 일정한 면免을 결정하고, 일정 기간(3~7년 정도)은 3할 이상의 손모가 없는 한 풍흉에 관계없이 그 정면定免에 의해 연공을 수취하는 제도다. 촌이 정면제의 적용을 희망하거나 영주가 권하는 것을 승낙할 경우에는 아리게케미 제에 대신해 정면제를 실시하였다. 이와 같이 정면제는 직접 증징을 목적으로 한 제도는 아니지만, 정면기간이 만료되어 새롭게 정면을 정할 때 조율을 올리는 경우가 많아 증징의 효과를 가져왔다.

신전 개발은 쵸닌의 자본을 도입하여 행해진 쵸닌 청부 신전 개발이 주목된다. 근세의 신전 개발 역사를 보면 센고쿠기로부터 게이안~간분기까지가 신전 개발 추진의 시대고, 이후 교호기 이전(1716년)까지는 신전 개발이 억제된다. 센고쿠~막번제 초기의 대개발 주체는 개개 영주 및 토호였다. 간분기 이후의 신전 개발 억제는 전대의 급격한 경지개발로 말미암아 발생하는 풍수해 등으로 국토가 황폐화되는 것을 반성하여 나온 조치였다. 이상의 사실을 고려하면 교호기는 신전 개발의 제3의 획기라 할 수 있다.

쵸닌 청부 신전 개발은 당연히 쵸닌에게 자본투자에 상응하는 이윤을 소작료 형태로 회수하는 것을 허용한 것으로, 지주제 형성을 공인하는 것이었다. 이것은 쓰나요시 정권 하에서의 토지를 저당 잡힌 후 변재하지 못해 토지가 저당자에게 넘어가는 저당지 환수 무효質地流れ를 공인하는 정책의 연장선상에 위치하는 시책이었다(당시 토지를 저당잡히면, 30년 혹은 그 이상의 세월이 흘러도 저당잡힌 자가 저당금을 지불하면 그 토지를 환수할 수 있었다).

이상과 같은 노력이 열매를 맺어, 교호 연간에 연공 수납량이 크게 증대하였다. 요시무네 정권 후반기의 겐분元文 연간에 들어서서 마쓰다이라 노리사토松平乘邑를 갓테가카리로쥬, 간오 하루히데神尾春央를 간죠부교에 발탁하면서, 연공 증징정책은 한층 진전하였다. 노리사토는 1745년까지, 하루히데는 1753년까지 그 직을 맡았다.

【긴축재정정책】 요시무네는 막부 재정을 재건하기 위해 지출 억제정책을
전개하였다. 겐로쿠, 쇼토쿠기의 화려함을 억제하고 복잡하고 화려해진 의례
를 간소화하고자 하였다. 7대 장군 이에쓰구의 장례식은 이전의 장군 장의에
비해 질소하게 거행되었다. 그 뒤의 장례식도 현저히 소박하게 치러진다.
요시무네 장군 취임 후 이에미쓰 영조靈廟 화재사건이 발생했지만, 요시무네는
그것을 재건하지 않고 이에쓰나의 묘에 합사하였다.

　요시무네는 검약을 일반 시민에게도 강요하였다. 의복, 도구, 서적, 과자,
완구 등의 상품을 증산하거나 신제품 제조도 금지하였다. 그리고 이 같은
정책을 실현하기 위해 각 업자에게 상호 감독을 위한 동업조합仲間(나카마)을
결성하게 하였다. 이때까지의 동업조합이라 하면 전쟁시대의 군사적 부문이
나, 옛옷점古着屋, 고도구점古道具屋, 전당포 등 도난이 심해 감시를 필요로 하는
직종, 공공성이 강한 도매점, 쇼토쿠기 이후의 통화정책으로 인한 환전상兩替商
등에서 결성되었다. 새로이 동업조합의 결성을 명받은 업종은 1722년 단계에
서 96종이었다. 조합이 결성되면서 이때까지 마치부교-마치도시요리町年寄-
쵸나누시町名主-쵸닌이라는 지역적으로 편성된 권력체계를 통해 행해지던
국가적 지배는 막부-동업조합-상인·직인이라는 직업적·신분적 권력편
성을 통해 행해지게 되었다. 막번제 국가가 동업자 조직의 형성을 장려 내지
용인하고, 그 조직의 구성원에 대한 통제력을 이용하는 형태로 국가지배를
추진해 가려 한 것이 이 시기의 특징이라 하겠다.

【통화정책】　　쓰나요시 정권기 이래 막부의 정책기조는 통화정책이었다.
쓰나요시 정권의 통화정책은 인플레이션과 막부정치에 대한 불신을 낳았기
때문에 이를 바로잡고자 하쿠세키가 다시 화폐주조를 실시하지만, 정책이
실효를 맺기도 전에 퇴진하고 말았다. 요시무네는 이 같은 통화혼란이 최고조
에 달한 시기에 장군직에 올랐다. 그리하여 그는 1718년 통화정리에 착수하였
다. 소위 신금·은(쇼토쿠 금·은) 통용령이 그것이다. 그 내용은 이후 모든

물가는 신금·은으로 표시하여 거래하고, 이때까지 통용되던 통화들을 5년 내에 신금·은으로 바꾼다는 것이었다.

이것은 겐로쿠 이래 계속 확장되어 온 경제에 불황을 가져왔다. 모든 통화의 신금·은으로의 전환이 현격한 통화수축을 가져왔기 때문이다. 화폐 총량의 감소로 화폐와 상품의 유통속도가 줄어들 수밖에 없었던 것이다. 경제불황을 가져온 교호기의 통화정책은 1736년 경기회복을 목적으로 크게 전환하게 된다. 막부는 양질인 소량의 쇼토쿠금·은을 다소 질은 떨어지지만 대량의 문자금·은으로 주조하고, 이와 더불어 다량의 동전과 철전을 주조하여 사용하게 하였다. 화폐 질의 저하라는 점에서 쓰나요시 정권 하의 통화정책과 비슷하지만 목적은 완전히 달랐다. 쓰나요시 때의 그것은 악화를 만들어 막부 재정을 충당하는 부의 흡수가 목적이었으나, 1736년의 그것은 화폐수요의 증대에 대응하여 통화량을 증대시키고, 그리하여 부의 유통을 활발하게 하는 것이 목적이었다. 동전·철전의 주조도 같은 목적에서 나온 것이다. 이 정책은 크게 성공을 거두어, 당시의 상품가격 총액과 유통속도에 맞는 적정한 화폐 총량이 확보되었다.

【물가정책】 전대에 맹아 형태로 나타나 교호기에 사회문제로 등장한 것이 물가문제다. 쌀값은 하락하는데 일반 상품 가격이 오르는 현상이 나타나 영주와 농민, 도시민에게 치명적인 타격을 가한 것이다. 미가 하락은 1723년경부터 시작되었다. 1731년의 쌀값은 최고 때의 1/4 가까이 떨어졌다. 쌀 가격 폭락의 직접적인 원인은 오사카 시장에 쌀이 과잉공급되었기 때문이다. 쌀의 과잉공급은 긴축정책의 영향이다. 긴축정책이 경제불황을 초래하고, 도시사회의 자금부족이 상대적으로 쌀의 과잉공급이라는 현상을 낳은 것이다. 그리고 일반상품이 높은 가격을 지속한 배경에는 17세기 후반 이래 현저해진 경제사회의 발전으로 인한 사람들의 다양한 상품에 대한 욕구가 있었다.

이러한 '미가저 제물가고米價低諸色高'의 현상은 미납 연공제를 축으로 하는 막번제 사회의 경제를 근본부터 뒤흔들었다. 특히, 연공미를 환금, 화폐로 물자들을 조달하는 무가에게 이 사태는 간과할 수 없는 중대 문제였다. 이

문제의 해결에 노력한 중심 인물이 에도마치부교였던 오오카 다다스케大岡忠相
다. 마치부교 관리들은 1723년 10월 일상 생활필수품을 취급하는 도매, 중매,
소매 상인까지 동업조합나카마을 결성하게 하여, 달마다 교대로 업무를 담당하
게 하고, 상품가격을 보고하게 하였다. 가격이 올랐을 때는 조합이 조사하여
그 이유를 부교쇼에 제출하게 하고, 그 의견서를 로쥬에게 제출하였다. 그리하
여 1724년 5월 포布, 면, 쌀, 차, 간장, 장작, 술, 종이 등 22개 품목의 일상
생활필수품을 취급하는 도매상에게 조합의 결성을 명한다. 그러나 이번의
조합 결성은 진행이 순조롭지 않았다. 1726년까지 22개 품목 중 15개 품목의
상품을 취급하는 도매업의 등록이 이루어지나 조합의 결성에는 이르지 못하였
다. 그리하여 동업조합을 통한 물가문제의 해결에는 실패하였다.

【도시정책】 '화재와 싸움은 에도의 꽃'이라 일컬어질 정도로 에도에서는
화재가 지주 발생하였다. 목조가옥의 밀집, 겨울의 건조한 강풍이 화재발생의
조건이었다. 화재대책은 도시행정의 최대과제였다. 화재 때 사람들이 피난할
지역火除地(히요케치)의 조성은 메이레키 대화재 후 시작되었으나, 그것에 박차를
가한 것은 교호기였다. 화재 피난지히요케치의 조성은 화재가 있었던 땅에는
건물의 재건을 허용하지 않고 화재 피난지로 삼는 경우와, 쵸의 일정 지역을
공용지御用地로 만들어 화재 피난지로 하는 경우가 있었다. 전자의 예로는
간다의 고지인 자리護持院跡, 유시마湯島, 혼고本鄕, 고이시카와小石川 일대, 우시코미
牛込 고몬노우치御門內 등이 유명하다. 후자 타입의 화재 피난지는 거의 강제로
설치되었다. 이러한 화재 피난지는 최성기에 90개 소에 이르렀다. 화재 피난지
에는 마장馬場이나 산책로遊步道 등이 설치된 곳도 있어서 오늘날의 공원 역할을
하기도 하였다.

　보호자가 없는 병자를 위한 요양복지시설의 정비는 메야스바코의 의견서를
받아들여 시작하였다. 제안자는 에도 고이시카와의 의사 오가와 쇼센小川笙船이
며, 의견서의 골자는 돌볼 사람이 없는 곤궁자나 병자를 위해 세야쿠인施藥院을
만들어달라는 것이었다. 당시에는 각지에서 영락한 사람들이 생업을 구해
에도로 몰려들어 비좁기 짝이 없는 연립주택인 우라나가야裏長屋에 거주하고

있었다. 이 지역은 위생상태가 나쁠 수밖에 없었고, 따라서 이들을 보호할 시설이 필요하였다. 요시무네는 즉시 쇼센의 의견서를 받아들여, 마치부교 오오카 다다스케에게 검토를 명하였다. 그 결과 완성된 것이 고이시카와 양생소小石川養生所다. 빈궁한 병자, 간병인이 없는 자, 가족이 있어도 사정에 의해 간병을 받을 수 없는 자 등이 이 양생소에서 생활비와 의류, 이불 등을 지급받아 양생할 수 있게 되었다. 양생소는 통원치료자에게도 열린 시설이었다. 내과의, 외과의, 안과의를 합해 십여 명의 의사가 있었던 이 양생소는 당시 일본의 유일한 종합병원이었다.

【법전의 정비】 요시무네 정권은 법의 정비에도 크게 힘을 기울였다. 요시무네 정권은 공의 력이 당초부터 추구해 온 재지의 자율적 권력을 부정하고 국가로의 권력집중을 최종적으로 완성시켰다. 그런 국가는 관료제가 발달하고, 관료제 기구의 행정을 지도하는 준칙으로 법(입법, 선례, 판례)을 중요시하며, 각종 법령집을 만들거나 법전을 편찬하게 된다.

법령집으로서 저명한 것은 요시무네가 효죠쇼에 명해 만든 『간포후레가키슈세이寬保御觸書集成』다. 이후 『오후레가키슈세이』는 여러 차례 만들어졌고, 법전의 편찬으로 저명한 것은 『구지카타오사다메가키公事方御定書』다. 이것은 로쥬, 사사 부교, 마치부교, 간죠부교를 편찬자로 하여, 장군 요시무네의 적극적인 관여 아래 1742년 완성되었다. 내용은 상하 2권으로 나뉘어 상권에는 81조의 중요 선행 법령을 게재하고, 하권은 재판 수속에 관한 선례와 추급 103조 소위 『오사다메가키햣카죠御定書百個條』라는 이름으로 유명한 형사법규를 중심으로 한 법전이다.

그러나 이것은 법전이라고는 해도 일반인에게는 공표되지 않은 비밀법전으로서 막부의 재판·형정에 지침이 되었을 뿐이다. 이후 그 사본들이 유포되어 번의 형정에 큰 영향을 미쳤다. 그런데 모든 관리에게 『오사다메가키』의 규정들은 어디까지나 참고자료일 뿐이었고, 담당 관리들이 『오사다메가키』에 없는 별도의 기준으로 사건을 해결할 필요가 있다고 생각한다면 아무래도 무방하였다. 무한하게 다양한 사실을 한정된 규칙으로 재단하는 것은 무리라는 관념이 재판·형정의 처리과정에 정착되어 있었기 때문이다. 그러한 현상은 요시무네 정권이 목표로 했던 기구와 객관적 규칙에 의한 지배가 결코 '법의 지배'를 의미하는 것은 아니었음을 단적으로 나타낸다. 결과적으로 관리들이 시세에 영합하는 태도에 의해 『오사다메가키』의 규정에 따르는 경우가 많았지만, 원리적으로 국가는 법에 구속되는 것은 아니라 거꾸로 국가에 의해 법이 자재로 변동하는 것이었다.

교호 개혁은 상품경제의 발전에 따른 지배계급의 궁핍을 해결할 목적으로 실시한 것이었다. 즉 근본적으로 농민을 토지에 안착시키고, 농민에 대한 최대한의 수취체계를 확립하여 잉여물을 막부가 흡수할 수 있는 유통정책을 편 것이다. 이 개혁은 일시적으로 성공을 거두어 동요하기 시작하던 막번체제를 안정시킬 수 있었고, 이후 막정개혁의 모범으로 평가받게 된다.

제3장 사상

제1절 유학儒學

센고쿠기에서 막번제 초기까지는 지배의 정당성을 적극적으로 주장할 필요가 없었다. 이 시기는 무력이 모든 것을 말하는 시기였기 때문이다. 그리고 막번제 초기까지 체계적인 지배이데올로기는 명확한 형태로는 존재하지 않았다. 그렇다고는 하나 불확실한 현실을 반영하면서 자신의 행위를 정당화하는 사상으로서 천도天道 사상이 주목을 받았다. 센고쿠다이묘들은 불확실한 현실 속에서 자신의 행위는 하늘이 결정한 것이고, 그 결과 역시 하늘이 정한 것이라고 받아들이는 운명론적 의식을 가지고 있었다. 반면 결과가 좋으면 자신은 도의에 맞는 행위를 한 것이라고 선전하였다. 행위의 결과는 인과응보에 의한 것이라는 사고였다. 막번제 초기까지 하늘을 사회현상을 주재하는 초월적 존재로 보고, 하늘은 인간의 도덕적 행위에 인과응보를 과한다고 인식하고 있었던 것이다.

주자학이 이러한 천도사상과 결합하면서 천도를 이理로 이해하기 시작하였다. 후지와라 세이카藤原惺窩는 "천도란 이理다. 이는 천에 있고, 아직 사물에 깃들지賦 않음을 천도라 한다. 이는 사람 마음에 갖추어져 있고, 아직 사물事에 응하지 않음을 성性이라 한다. 성도 또한 이다. 모름지기 인의예지仁義禮智의 성性은 저 원형이정元亨利貞의 천도와 이름은 달리하나 그 실은 하나다. 무릇 사람이 이를 따르면 천도 속에 있어서 천天과 사람人은 하나와 같다"라고 하였다.

이렇듯 천도=이로 파악함으로써 천도를 내면화함과 동시에 자연과 결합시켜 보편화·절대화하였다. 그런데 위의 이는 모든 사물에 깃든다는 의미에서는 평등성을 나타내나, 사물의 차별성에 의해 신분의 상하를 결정하는 요소로 파악된다. 이리하여 원리적 평등성과 현실적 차별성을 인정하는 사고에 입각하여 천도를 상하 신분에 의해 편성되어 고정화된 체제의 원리로 전화시킬 수 있었다. 그리고 오륜五倫과 오상五常은 신분의 도덕으로 위치시켰다. 주자학이 막번제 사회 성립기에 부상한 것은 이러한 논리 때문일 것이다. 그러나 이것은 주자학이 막번제 국가의 체제교학이 되었다는 것을 의미하지는 않는다. 막부가 주자학을 막부의 교학教學으로 특별하게 대우하게 된 것은 쓰나요시 시기다.

하야시 라잔林羅山은 격물치지格物致知로부터 치국평천하治國平天下에 이르는 주자학의 인식과 실천을 기술하고, 이에 입각한 도덕규범을 절대적인 선善으로 인식하였다. 그럼에도 불구하고 그는 학문과 처세를 분리하는 현실적인 태도를 보였다. 라잔은 주자학에 입각한 도리의 세계, 손익통의損益通義의 세계, 종속從俗의 세계라는 3중의 정신구조를 가지고 있다고 하였다. 유학자이면서도 이에야스의 명에 따라 삭발하여 법인法印에 서임하는 라잔의 모습은 유학적 도리를 접어두고 세속의 권위나 습속에 따르는 모습이다. 라잔이 이처럼 이념세계와 현실세계를 구분하는 한, 주자학 사상을 주체적으로 수용하고 있다고는 할 수 없다. 오히려 그는 양 세계를 구분함으로써 주자학을 객관적으로 서술할 수 있었다고 해야 할 것이다. 이러한 입장에서 라잔은 도덕의 정치에 대한 예속, 이법권천理法權天(이는 법을 거스르지 못하고, 법은 권을 거스르지 못하고, 권은 천을 거스르지 못한다는) 의식에 반대하고 정치와 도덕의 원리적 통일성 내지 도덕의 정치에 대한 우위를 내내 주장하고 있다. 그러나 그에게 있어서 그것은 어디까지나 이상세계를 의미할 뿐, 현실적·사회적 근거는 없었다. 오히려 현실사회에 대한 해석은 탕무방벌론湯武放伐論에서 보이듯이 정치적 결과에서 선인 것은 도덕적으로도 선이라는 현실긍정론으로 나타난다. 이러한 논리가 막번제를 지지하는 이데올로기로 작용한 것은 말할 나위가 없다.

주지하듯이 주자학의 성립은 12세기의 중국 문화·사회를 바탕으로 하고 있다. 중국의 이 12세기 문화와 사회는 병농분리를 바탕으로 성립한 일본근세의 문화와 사회와 다르다. 지배계층으로서의 중국 사대부와 일본 무사층은 그 성립의 전제와 기반을 달리한다는 점을 염두에 두면, 주자학은 무사층에게 원래의 형태대로 받아들여질 수는 없었다. 예를 들어 격물·치지·성의誠意·정심正心·수신修身이라는 학문적 수양을 쌓아 제가齊家는 물론이고 과거를 통과하여 관리가 되어 치국·평천하를 지향한 중국과는 달리, 일본에는 과거제가 존재하지 않았다. 즉 학문을 통해 정치에 참가할 길이 없었던 일본에서는 주자학이 원형 그대로 받아들여질 수 없었던 것이다. 주자학이 근세 들어 무사계층에 확산된 것은 사실이지만, 그것은 체제교학으로서가 아닌 교양의 차원이었다. 따라서 지배계층의 주자학에 대한 이해는 표면적인 것이었다.

주자학을 학문으로 연구한 사람들은 소수이며, 그들의 사회적 명망도를 별도로 하면 신분상의 지위는 지배와 피지배층의 중간에 위치하였다. 이들 중 일부는 지배층에 고용되어 자신의 학문적 소견을 정치에 반영하고자 노력하였으나 이는 여전히 예외적인 경우였다고 할 수 있다. 이들이 주자학적 소견을 가지고 근세사회를 설명하고자 할 때 봉착하는 문제는 위에서 말했듯이 중국사회와의 상이점이었다. 따라서 일본 주자학자들이 일본근세를 정합적으로 설명하기 위해서는 주자학을 변용하거나 수정하여야 하였다. 이는 일본근세 유학사가 유학의 일본화 과정임을 의미한다. 그 과정을 몇몇 유학자를 통해 살펴보자.

나카에 도쥬中江藤樹는 주자학을 장기간에 걸쳐 공부하였으나 성과를 이루지 못하고, 양명학을 읽고 성과를 이루었다고 서술하였다. 이는 그가 살아가기 위한 도를 유학에서 구하는 실천적인 태도를 보여준 것이다. 도쥬의 실천적 태도는 라잔의 현실타협적인 태도, 백과사전적인 지식 섭취를 비판한 것에서도 알 수 있다. 도쥬는 유학의 실천궁행實踐躬行의 의욕이 강했고, 이 같은 태도가 당시 사람들과의 낙차를 가져왔다고 생각된다. 그럼에도 불구하고 그는 유학을 생生의 윤리로 받아들이고, 그리하여 양명학陽明學으로 경사하였다. 그리고 그는 태을신太乙神, 태허황상제太虛皇上帝 신앙을 도입하여 유교적 이상과 현실의 모순을 타개하려 시도하였다. 또한 교조적인 예법 실시를 비판하고 시時·처處·위位에 상응한 예의작법을 행하는 것이 중요하다고 설하였다. 나카에 도쥬에게 보이는 이 일련의 경향은 유학을 일본에 적용하면서 나타나는 모순을 해결하고자 하는 노력을 나타냄과 동시에 유교의 변용·수정 과정을 보여준다 하겠다.

나카에 도쥬의 문인인 구마자와 반잔熊澤蕃山은 나카에의 '시·처·위'론을 계승함과 동시에 '도·법' 구별론을 전개한다. 그에 따르면, 도란 삼강오상三綱五常이며, 사람이 태어나기 전에도 천지에서 행해지고, 천지가 나뉘기 전에는 태허太虛에서 행해지는 것이고, 법이란 성인이 시·처·위에 대응하여 제작한 것이다. 즉 법은 도를 어떻게 구체화할 것인가 하는 방법에 관련되지만, 법은 일정 상황에 적합할 뿐 보편성을 가지지 못한다고 인식하고 있다. 이는 당시 일본의 시·처·위에 대응하는 법을 구하는 것이 학문의 임무라고 보는 그의 태도를 보여준다. 그는 그러한 사상을 무사의 존재형태와 결합시키고자 하였다. 즉 무사는 인민을 사랑하는 것을 천직으로 하여야 하며, 그렇게 되면 이상적 사회가 건설된다고 보았다. 이상사회를 건설할 구체적 방법으로는 무사의 토착을 들었다. 즉 옛날 일본도 병농일치였기 때문에 대개 세금은 (생산량의) 1/10로, 무사가 토착한 세상은 농민에 대한 가혹한 수탈도 없으며, 세록제도 폐지할 수 있고, 로닌이 유랑하는 일도 없을 것이라 하였다. 이는 당시 사회의 모순을 반영한 것이라고 볼 수 있다. 그러나 그가 제시한 이상적인 과거는 존재한 적이 없고, 이상적 세계를 건설할 방법상의 현실성도 전혀 없다.

야마자키 안사이山崎闇齋는 일체의 주자학 변용을 배척하고 주자학의 정통적 계승을 주장하였다. 그러나 그는 대학大學의 친민親民과 지선至善이 함의하는 사회적 행위 부분을 약화시키고, 그 대신 개인적인 수신의 의미를 강조하였다. 보통 격물格物・치지致知・성의誠意・정심正心・수신修身은 명명덕明明德의 구체화 고, 제가齊家・치국治國・평천하平天下가 사회적 행동을 포함하는 친민과 지선의 구체화라고 설명하고 있으나, 수신의 의미만을 강조하여 수신으로 명명덕의 이상 상태에 이를 수 있다고 하였다. 이는 주자학의 격물치지의 궁리를 경시한 것이다. 이러한 궁리의 무시는 주자학이 가지는 합리성을 잃게 한다. 궁리를 무시하는 대신 안사이가 강조한 것은 지경持敬이었다. 이는 역경의 "군자경이직 내君子敬以直內, 의이외방義以外方"의 해석과 관계된다. 여기에서 보통 경은 자신의 마음에 관한 것, 의는 자신의 행위의 모습을 나타내고 있으나, 안사이는 경은 내內로서 심신을 말하고 의는 외外로서 신身의 바깥이라고 하였다. 이러한 해석에 의해 '의이외방'을 '의로 외를 방方한다'고 해석하였다. 즉 의를 가지고 사회를 시정한다는 것이다. 이는 개인의 도덕적 수양이 완성되면 자연히 덕이 사방에 미쳐 이상사회가 이룩된다는 주자학과는 역방향을 취한 것이다.

궁리를 무시하는 경향으로 인하여 안사이의 사상은 종교성(=비합리성)에 경사하게 된다. 안사이는 탕무방벌湯武放伐을 비난하였다. 군신관계는 어떤 경우에도 지켜져야 하며, 군주에게는 절대 공순하여야 한다는 것이다. 군주에 대한 몰비판은 존황론尊皇論을 나타내는 것으로, 막부에 대한 무조건적 충성을 강조한 것으로 해석된다. 그러나 천황에 대한 무조건적인 숭배는 안사이의 종교 경사 경향과 결합하여 수가신도垂加神道의 교설을 포섭하게 된다.

야마가 소코山鹿素行는 학자들이 후대의 서적을 통해 학문을 연구하는 것을 배척하고, 직접 공자의 서를 통해 연구할 것을 주장하였다(고학古學). 소코는 인간 생득의 본연지성은 없고, 성인의 도는 오직 일용사물에 있을 뿐이라고 하였다. 즉 이의 자각이 아니라 일용사물에 통하는 것이 중요하며, 학문은 일용사물의 이치를 궁구하는 것이라 하여, 격물을 강조하였다. 소코가 강조하 는 격물치지는 성인의 도를 전제로 궁극적으로는 일용사물의 실제성과 실용성 에 중점을 둔 것으로 보인다. 그리고 그는 『중조사실中朝事實』에서 성인의 가르침

이 이미 일본 고대에 실현되었다고 하였다. 이러한 일본중심주의는 화이변태華
夷變態의 모습을 보여주고 있다 하겠다.

이토 진사이伊藤仁齋는 논어와 맹자의 주석(『논어고의論語古義』, 『맹자고의孟子古義』, 『어맹
자의語孟子義』)을 통해 고의古義를 명확히 한다는 입장을 취하였다. 이 때문에
대학大學과 중용中庸이 가지는 의미는 폄하되었다. 진사이에 의하면, 성인이
말하는 바의 도道란 모두 인도人道를 말하는 것으로 인간이 행해야 할 도덕을
말한다고 하였다. 천도天道는 자연계의 이법으로 인도와 구별하였다. 또한
사람 밖에 도 없고, 도 밖에 사람 없다고 하여 도를 떠나서는 인간은 살아갈
수 없다고 하였다. 그리고 도란 알기 쉽고, 행하기 쉬운 것이며, 만세불역萬世不易
의 것이라 하였다. 그러하므로 도덕적 수양을 행하여 자신의 내에 있는 성性=이
理를 궁리하면 누구나 도덕의 원리를 체득하여 실천할 수 있다고 하였다.
인간은 오륜五倫에 입각한 관계 속에서 생활하는 존재로 보고, 인간이 살아가는
규준으로서의 도덕을 강조하였다. 그러한 의미에서 진사이는 현실적으로
자신이 속한 집단 내에서의 사회적 역할을 강조하고 있다. 따라서 사회의
내용에 따라 도덕을 구성하는 구체적 내용은 달라지리라 예상된다. 즉 일본의
인정仁情(나사케), 자비 등이 실천의 조목이 된다 하겠다. 이 도덕세계=인도의
대본은 인仁이며, 인은 중선衆善의 총요總要다. 이러한 진사이의 사상은 천도와
인도의 분리라는 면에서 주자학의 논리 전개와는 크게 다르다 하겠다.

오규 소라이荻生徂徠는 당시의 독서법, 즉 한문고전을 일본식으로 읽는 것讀み下
し(요미쿠다시)에 반대하고 중국식 읽기를 주장하였다. 한문을 일본어로 읽어
해석하면, 중국 고전의 본래 의미가 부정확해지기 때문이라는 것이다. 또한
중국고전의 의미를 구어체로 해석하여야 한다고 하였다. 소라이의 학문방법
은 소위 고문사학古文辭學인데, 이 고문사학은 명明 중후기에 주장된 시문에
대한 의고설擬古說로서 이몽양李夢陽·하경명何景明·이반룡李攀龍·왕세정王世貞에
의해 주창된 문학론이다. 이들은 문文은 선진·한, 시詩는 한·위·성당의
것을 이상으로 하고 있으며, 『좌전左傳』, 『사기史記』 등의 고문의 법과 사史,
이백, 두보 등 성당의 시의 격조를 중시하였기 때문에 격조설格調說이라 불렸다.
소라이는 이범룡과 왕세정의 문장이 『사기』 등 중국고전에 기초한 것임을

깨닫고, 이들의 문장을 이해하기 위해 다시 중국고전을 읽고서 마침내 고문사학에 매료된다. 그가 고문사학을 통해 발견한 것은 우선 이범룡과 왕세정이 원전(중국고전)의 구句를 자신이 표현하고자 하는 사실 혹은 사태를 표현하는 데 전용함으로써 원전의 구가 구체성을 띠게 된다는 사실이었다. 이범룡과 왕세정이 원전의 구를 구체화하기 위해 고문사학의 방법을 사용한 것은 아니나, 소라이는 그들의 문장을 이해하기 위해 그들이 인용한 원전을 다시 읽는 과정에서 원전의 문맥이 확연하고 구체적으로 드러났던 것이다.

이러한 고문사학을 통해 소라이는 주석과 의론의 무용無用을 주장하였다. 이 주장의 근저에는 고어古語와 금언今言이 일치하지 않는다는 인식이 존재한다. 그리하여 소라이는 역사변화와 언어와의 관계에 주목하였다. 그는 "세상은 언어를 실어 변하고, 언어는 도道를 실어 변한다. 도가 명확하지 않음은 바로 이 때문이다. 백세 후에 살면서 백세 전의 (도를) 전하는 것은 월상越裳씨가 아홉 번의 중역重譯을 통해서 조공한 것과 같다. 중역에 따라 발생하는 의미의 차이는 말할 나위 없다"(〈학칙學則〉)고 하였다. 이러한 언어에 대한 인식으로 소라이는 역사에 관심을 가지게 된다.

한편 소라이는 문장을 '서사지문敍事之文'과 '의론지문議論之文'으로 분류하고, "육경六經의 문은 모두 서사敍事다"(『훤원수필蘐園隨筆』)라고 하였다. 그리고 문장은 사실의 전달=달의達意와 사실 전달을 위한 수사修辭를 요소로 하고 달의와 수사는 언어를 매개로 하여 이루어진다 하였다. 즉 소라이는 사事를 기록한 것辭=육경=서사로 생각하였다. 그리고 위의 예악과 시서의 '사事'와 '사辭'를 총괄해서 '물物'이라 하였다. 마침내 소라이는 "육경六經은 물物이고, 도道=예악향정禮樂刑政이 육경에 자세히 있다"(〈학칙〉)라고 하였다. 위의 "세상은 언어를 실어 변하고, 언어는 도道를 실어 변한다"라는 관점과 함께 결합해서 보면, 사事=사辭=물=역사=도의 변화는 언어의 변화로 말미암은 것이 된다. 그렇다면 소라이가 말하는 도는 원리적인 이理를 거부하며, 송학적인 주기론主氣論에 입각한 우주론을 전개하는 것도 아니다. 그가 고문사학을 통해 접근한 것은 사=물, 즉 실체다. 그것도 현재의 실체가 아닌 고대의 실체였다. 즉 소라이에게 도란 추상성을 가진 불변의 원리가 아니라 특정 시공간의 구체적 정치제도다.

이러한 인식을 바탕으로 소라이는 "공자의 도는 선왕의 도다. 선왕의 도는 천하를 편안하게 하는 도다"(〈변도辨道〉)라고 잘라 말하였다. 즉 소라이가 도에서 발견한 것은 정치다. 그것도 덕정德政 혹은 인정仁政으로 대표되는 도덕의 연장으로서의 정치修身齊家治國平天下가 아니라 제도로서의 정치治國平天下였다. 이것은 천지의 도와 성인의 도를 구분한 것으로서, 자연과 인간을 일원적으로 설명하는 주자학의 우주관·세계관에서 인간을 독립시켜, 도=제도를 만든 성인 작위성을 강조한 것이다. 결과적으로 자연과 인간을 대치시킴으로써, 인간 개성을 실체로서 인정하는 것이라 할 수 있다. 이 주장은 인간의 본연지성本然之性을 부정하고 기질지성氣質之性만을 인정하는 것이다. 단 소라이의 학문이 도=정치(제도)를 강조함으로써 정치=공公을 우위에 두고 있기 때문에 사私=기질지성은 제한된 범위에서만 인정된다.

진사이가 이理를 도道와 구별하여 이에 대해 불가지론不可知論을 전개하고, 도를 인간의 절대적 도덕으로 위치시켰지만, 소라이는 유학의 도를 선왕지도先王之道=예악형정이라 인식하여 도를 지고무상의 정치제도로 자리매김하였다. 이때 성인은 지고무상의 정치제도를 창시한 절대자로 위치하게 되어 성인에게 종교성이 부여된다. 성인에 대한 종교성 부여와 함께 도=정치제도의 인식으로 '도덕의 정치화'가 가능해진다. 또한 정치=공으로의 이해는 사의 자립을 가져와 문예를 사적 영역에 위치시켜 문학은 도덕으로로부터 자립하게 된다.

그렇다면, 사회가 혼란스러운 책임은 제도를 운용하는 통치자에게 전가된다. 소라이의 『세이단政談』에 소개된 내용은 그것을 잘 나타내고 있다. 즉 어느 농민이 생활이 궁핍해져 전답과 집을 버리고, 처와 이혼한 후 삭발하여 중이 되었다(도뉴道入). 그는 자신의 어미와 함께 유랑길에 올랐으나 도중에 어미가 병에 걸려 함께 여행할 수 없게 되자 어미를 방치해 둔 채 에도로 갔다. 그 어미는 근처 사람들의 도움으로 고향으로 돌아갔다. 도뉴는 어미 유기 죄로 체포되었는데 그 처리를 두고 유자들 사이에 의론이 분분하였다. 소라이는 이 문제에 대해 "세간에 기근이 들어 그런 일이 일어나는 것은 다른 곳에서도 얼마든지 있을 수 있다. 부모 유기라 할 수 없다. … 그런 일이 일어나는 것은 첫째 다이칸·부교의 죄이며, 그 위로는 가로家老의 죄이며,

그 위에도 죄인이 있다"고 하였다. 한편, 정치는 제도를 운용하고 천하를 편안하게 하는 것이기 때문에, 개인적 이익보다는 정치를 우선하게 된다. 소라이는 "군자라 하여도 어찌 사私가 없겠는가? 다만 천하국가를 다스림에 공公을 귀히 하는 것은 개인 위의 도이기 때문이다"(〈변명辨名〉)라고 하였다.

제2절 국학國學

국학이란 불교·유교가 일본에 전래되기 이전의 일본고전을 대상으로 문헌학적 방법을 통해 고금을 관통하는 일본인의 근본 도(고도古道, 신도神道)를 밝히려는 목적을 가진 일련의 학문을 말한다. 따라서 연구대상 문헌은 주로 『만요슈萬葉集』, 『니혼쇼키日本書紀』, 『고지키古事記』, 『겐지모노가타리源氏物語』, 『고킨와카슈古今和歌集』 등이고, 겐로쿠기에 이르러 학문의 한 유형으로 그 모습을 나타낸다.

게이츄契沖는 이러한 국학의 기초를 닦은 인물로, 원래 불문에 들어 불교를 공부하였다가 불교에 실망하고 한적과 일본고전에 매진하여 고전연구에 성과를 나타냈다. 도쿠가와 미쓰쿠니德川光圀의 위촉을 받아 『만요슈』의 주석서 『만요다이쇼키萬葉代匠記』를 저술하고 이를 통해 고전과 고어를 연구하여 그 자신의 문헌학적 방법을 확립한다. 즉 그는 당시 유행하던 이토 진사이의 고학과 고의학古義學처럼 고대언어에 의해 고전, 『만요슈』를 연구해야 한다고 주장하고, 그 같은 연구를 통해 고전에 대한 후세의 도덕적 규범과 판단을 제거하여 고전의 원래 의미를 명확히 하고자 했다. 그러나 그는 주로 고전·고어의 해명에 전력을 다하고 고도를 특별히 강조하지는 않았다.

가다노 아즈마마로荷田春満는 후시미의 이나리 신사稻荷神社 신직神職 가문에서 태어나 가학家學인 신도와 와카和歌를 배워, 에도에서 신도와 와카를 가르쳤다. 그도 『만요슈』 등의 고전을 연구하여 위명을 날렸으며, "고어를 통하지 않으면 고의古義는 불통이며, 고의가 불명이면 고학은 회복 불가不復"라 하여 문헌학적 방법을 주장하였다. 그러나 중세풍의 비전을 수반한 신도와 와카를 부정하지 않아서 그의 학문세계는 중세와 근세의 그것이 혼재해 있다 하겠다.

가모노 마부치賀茂眞淵는 아즈마마로의 영향을 받아 만년에는 아즈마마로에게 사사하였다. 아즈마마로 사후에는 그를 이어 에도에서 『겐지모노가타리』, 『만요슈』를 강의하기도 하였다. 마부치의 학문은 고어·와카·모노가타리가 신황神皇의 도道=고도古道의 논리를 내재하고 있다고 보고, 『만요슈』에서 타문학으로 연구를 넓혀 가는 방향성을 갖는다. 그의 『만요슈』 연구는 게이츄를 능가한다고는 볼 수 없으나, 작품비평과 본문의 교주校註는 게이츄·아즈마마로를 능가하였다. 그는 고도를 유교적 도리가 아닌 천지자연의 도라고 하면서, 『만요슈』를 읽으면 그것을 이해할 수 있다고 하였다. 그에 따르면, 고대의 질박하고 웅혼한 풍미를 상실한 것은 중국의 사상과 문화가 도입되어 유행하였기 때문이다. 따라서 그는 한의漢意 배척을 통해 문화적 자기동일성의 기반으로 일본고대를 추구하였다. 그러나 그가 추구한 고대는 자연 그대로라는 노자老子적 성격을 띠고 있다. 마부치는 많은 제자들을 배출하여 국학의 기틀을 마련하였는데 그의 제자들 가운데에는 고도보다 고전 연구에 전념할 것을 주장하는 인물도 나온다.

위의 국학 연구를 바탕으로 고도를 촘촘한 논리로 구성한 학자가 모토오리 노리나가本居宣長다. 그는 상인집안의 아들로 태어나 상경하여 의술을 익히고, 게이츄에 관심을 갖고 있던 주자학자 호리 가게야마堀景山를 통해 국학에 입문하게 된다. 이후 그는 와카와 모노가타리를 중심으로 '모노노아와레物の哀れ'라는 문학론을 세운다. 35세 이후에는 35년에 걸쳐 『고지키』 주석에 전념하여 1798년 『고지키덴古事記傳』을 완성한다. 그는 국학을 고도古道학·유직有職학·역사학·가문학歌文學으로 나누고, 유직·역사·가문학은 고도학에 도달하기 위한 것이라며 고어→고의→고도의 순서로 연구를 진행하였다.

노리나가는 중국유학을 배워 규범에 대해 설하고 있지만, 그것은 한의漢意로서 일본인의 심정과는 구별된다고 하면서, 일본인의 심층에는 일본인 고유의 정情(나사케)의 세계가 있다고 하였다. 그리고 유교에 오염되기 전의 이 정의 세계=야마토코코로大和心=고대인의 심정은 고대인이 남긴 문헌을 통해 알 수 있다고 하였다. 고전(『겐지모노가타리』)의 문헌학적 연구를 통해 얻어진 고대인의 심성이 '모노노아와레'다. '모노노아와레'란 고대의 일본인이 사물에 접하고 그 감흥을 받아 움직이는 것을 의미하는 것으로 덧없고, 부질없고, 어리석고, 연약한 성격을 띠는데, 그러한 '모노노아와레'를 잘 표현한 것이 바로 와카·모노가타리라고 보았다.

'모노노아와레' 정신을 잘 표현한 고전으로『고지키』에 주목한 노리나가는 이 고전을 이해하고 그것을 통해 '야마토코코로'를 복원시키는 것을 궁극의 학문목표로 삼았다. 그런데『고지키』를 이해하려면 고대인의 말을 이해해야 했으므로 노리나가는『고지키』외에도 와카, 축사, 선명宣命 같은 고대문헌을 대상으로 하여 언어학 연구를 수행하였다. 노리나가는『고지키』기사가 모두 사실을 기록한 것이라는 신념을 가지고 있었다. 따라서 그는『고지키』가 전하는 아마테라스오미카미天照大御神의 도道로 천황이 천하를 '통치한 도'가 실재한 이상사회가 존재하였다고 보았다. 이는 막번체제에서의 천황의 지위와 위치를 변화시킬 수 있는 논리다.

사실 이러한 노리나가의 논리는 오규 소라이의 논리를 부정적으로 매개하여 성립하였다. 주자학적 이와 기, 그리고 사물의 생성과 관계를 나타내는 오행을 부정하면서 국학을 논리화시켰기 때문이다. 따라서 노부나가는 주자학적 논리, 특히 소라이의 논리구조를 사용하는데, 소라이의 경우 이理를 불가지론으로 설명하고 성인을 절대화하여 종교화하였다. 그리고 도를 성인이 작위한 제도로 환원하였다. 노리나가는 소라이가 말하는 이理에 아마테라스오미카미를, 성인에는 고대 천황을 위치시켰다. 그리고 사물의 생성과 상호 관계를 아마테라스오미카미의 절대 인격화를 통해 설명하였다. 이것은 소라이의 성인의 작위를 아마테라스의 작위로 설정하여 사물의 생성과 관계를 불가지론으로 해결하는 구조다. 이 이해 불가한 작위를 이해시켜주는 것이 위에서 말한 와카,『고지키』,『겐지모노가타리』등의 고전이며, 그 이해방법이 소라이에게서 배운 고문사학=문헌학이었다. 소라이가 '도덕의 정치화'를 지향하였다면, 노리나가는 일본고대를 이상화함으로써 '종교의 정치화'를 지향한 것이다. 나아가 신의 정신을 발현하는 '마코코로', 그것을 표현한 일본인의 '야마토코코로'='모노노아와레'가 위치한다.

노리나가의 '황국론'은 현실의 도쿠가와 권력을 부정하고 천황의 치세를 회복해야 한다는 주장으로까지 나아가지는 않았다. 오히려 신하들은 좋건 나쁘건 그때 그때의 지배자에 따르는 것, 그것이 고도古道였다. 고대의 이상성은 천황이 통치하였다는 것 그 자체보다 통치에 사람들이 순종했다는 점이었다. 이러한 노리나가의 황국론은 현실의 도쿠가와 권력의 지배와 모순되지 않았다. 그것은 규범적인 것을 배척하고 인간의 자연적 심정만을 강조한 국학의 필연적 귀결이었다. 그리고 이상적인 고대 천황제와 현실의 도쿠가와 권력을 모순 없이 연결하는 논리로서 천황이 도쿠가와 가의 장군에게 정치를 위임하였다는 '대정위임론'이 자리하였다.

제 3 부

막번체제의 구조

제1장 장군과 천황天皇

제1절 장군 권력과 천황

1. '천하인天下人 권력'의 형성과 조정

일본 고·중세 국가는 어떠한 성격과 구조를 가지고 있을까? 일본에서 국가라는 말은 고대의 헌법 17개조憲法17箇條의 제4조, 백성에 예가 있으면 국가는 스스로 다스려진다百姓有禮, 國家自治에서도 사용되었다. 이 경우 국가는 왜왕倭王이 다스리는 영역을 의미한다. 그리고 국가를 해명할 때 시사를 주고 있는 것은 역시 율령이다. 일본 율령 명례율名例律의 팔학八虐 중 제1조에는 '謀反, 謂謀危國家'라는 조항이 있다. 이것은 당률唐律의 십악十惡 중 제1조 '謀反, 謂謀危社稷'에서 사직을 국가로 대치시킨 것이다. 그리고 명례율 팔학 중 제2조에 '謀大逆, 謂謀毀山陵及宮闕', 제3조에 '謀叛, 謂謀背國從僞'라는 규정이 있다.

위의 '모반謀反' 조항은 군주(천황) 신체에 대한 범죄행위를 규정한 것으로, 위의 당률에서 추측할 수 있듯이 군주=국가임을 나타내고 있다. '모대역謀大逆' 조항은 군주의 조상과 거소에 대한 범죄행위를 규정한 것으로, 군주의 계보와 거소를 국가의 구성요소로 관념화한 것으로 이해된다(당률에서 규정하고 있는 종묘가 빠진 것은 일본에는 중국과 같은 제례와 종묘가 존재하지 않았기 때문으로 보인다). 그리고 이 조항은 과거로부터 현재의 군주까지를 포함하는 국가 이데올로기의 권위를 시간(계보-산릉)과 공간(궁궐)을 확보하여 표현하고 있다고 볼 수 있다. '모반謀叛' 조항은 군주(=국가)에 의해 다스려지는 영역日本을 국國으로 표현하고 있다. 즉 고대국가는 군주, 군주의 계보와 공간, 그리고 지배영역을 구성요소로 하고 있으며, 그 중핵에는 군주가 존재하여 국가=군주로 표현되고 있음을 알 수 있다.

이러한 관념은 중세까지도 지속된다. 즉 『츄유키中右記』의 "… 背國家從淸平者, 尤可有咎也"에서 알 수 있듯이 천황을 지칭하는 언어로 국가가 사용되고 있다. 그러나 위의 국가(=군주)와 '국國'이 항상 구별되어 사용되지는 않았다. 오히려 『니혼쇼키日本書紀』 등에서는 '국'이 국가를 지칭하는 경우가 많다. 그리고 '국'이 천황의 위位를 지칭하는 경우도 쉽게 발견된다. 즉 천황(군주)과 국가, 그리고 '국'은 중세까지 상호 혼용되고 있다. 이를 통해 율령의 국가 편성 원리가 그대로 중세에도 적용되었음을 알 수 있다.

그러나 센고쿠기에 오면 국가는 센고쿠다이묘가 자신의 영국을 가리키는 언어로 사용된다. 즉 천황이 지배하던 국가는 이제는 다이묘가 지배하는 영역=국가를 의미하게 된다. 주지하듯이 1467년 오닌應仁의 난 후, 일본은 무로마치 막부가 전국정권으로서의 기능을 상실하여 지방세력이 전국에 할거하는 센고쿠 시대로 돌입한다. 이후 각 지역에서는 영국 내부의 하극상과 타 다이묘와의 끊임없는 상호쟁패를 겪으면서 센고쿠다이묘 영국이 형성되어 간다.

센고쿠 시대를 통하여 장군의 전국지배가 약화되어 공가公家를 포함한 조정의 경제기반이 재지세력에 침해당해 재정이 현저히 악화되었다. 하지만 센고쿠 말기가 되면 다이묘들이 영국지배의 정당성을 확보하기 위해 조정에 접근하고, 종종 센고쿠다이묘들이 관위를 획득하기 위해 일정한 금전 또는 곡물을 조정에 헌상하였다. 이런 점을 고려하면 센고쿠 말기에 오면서 조정 및 공가의 재정은 호전되었다고 할 수 있다. 그렇지만 그것은 부정기적이고 일시적인 것이어서 조정 및 공가의 재정을 근본적으로 해결할 수는 없었다.

한편 무로마치 막부의 쇠퇴로 말미암아 천황이 잠재적으로 갖고 있던 국가통치권이 발동될 수 있게 된다. 16세기 중반 이후 센고쿠다이묘들이 상호 대립하는 과정에서 천황은 이들의 힘의 균형 위에서 정치적 영향력을 증대시키면서 자신을 현실적인 정치적 존재로 부상시키고 있다. 이러한 경향은 센고쿠 말기로 갈수록 심화된다. 센고쿠다이묘가 전국통일의 야망을 달성하기 위해 가장 먼저 해야 했던 일은 중앙정국의 장악이었다. 이마가와 요시모토今川義元가 1560년 3만의 군세를 몰아 교토로 진군하려 했던 것은 그것을 상징한다. 오다 노부나가織田信長가 이를 극력 저지하고자 한 군사행동(오케하자마桶狹間의 싸움)이나, 1568년 전 장군 요시테루義輝의 동생 요시아키義秋를 대동하여 교토에 입성한 것은 모두 동일선상에서 이해할 수 있다.

노부나가는 교토 행上洛의 명분을 장군의 명령에서 구했다. 국가의 통치권적 지배권과 천황에 대한 봉임권이 최종적으로 장군에게 있다는 점을 인정한 것이라 할 수 있다. 그러나 교토행 당시 노부나가가 장군과 주종관계를 맺었다거나 천황에 접근한 흔적은 없다. 장군 요시아키義昭(요시아키義秋의 개명)가 노부나가를 막부권력에 예속시키기 위해 관위를 제안했지만 노부나가는 그것을 거절하였기 때문이다. 그러나 막부권력을 강화하고자 하는 장군과 기나이畿內 지역에 대한 지배를 강화하려 한 노부나가의 갈등은 심화된다. 이 과정에서 노부나가는 장군이 천황 봉임에 소홀하였다는 점을 들어 장군을 비판하였다. 그리고는 장군 요시아키를 1573년 7월 교토에서 추방하고, 바로 연호를 덴쇼天正로 개원하였다. 겐키元龜라는 연호가 요시아키의 교토 입성 후 새로운 장군의 치세를 상징하여 개원한 것이었음을 감안하면, 노부나가가 개원에 적극적이었던 것은 말할 나위도 없다. 노부나가는 1575년 5월 가이甲斐의 다케다武田 씨와의 싸움에서 승리를 거두고 11월에 관위에 오른다.

그런데 장군 요시아키를 교토에서 추방하고 난 후 관위에 오르기까지 2년여의 공백이 있다. 그리고 노부나가가 장군에 대한 비판의 근거로 든 것을 보면, 장군의 천황 봉임 소홀뿐만 아니라, 장군의 자의적 정치에 의한 불공정성과 도리와 세론의 무시 등이 있다. 이러한 논리를 전개하는 과정에서 노부나가는 '천하'는 천하의 천하고, '천하'는 무사계급이 지배한다고 인식하고, '천하'의 지배원리를 '무사도'에서 구하고 있다. 이는 노부나가의 권력이 무로마치 막부의 권력과 질적으로 다른 권력임을 나타낸다.

당시 오다 노부나가는 군사력을 바탕으로 다이묘의 국가를 정복 혹은 포섭하여 자신의 지배영역을 확대하고 그것을 (지배해야 할 영역을 함의하는) '천하'로 칭하였다. 그리고 그 자신을 '천하'를 지배하는 자=천하인天下人으로 자리매김하였다. 이것은 노부나가 권력이 센고쿠다이묘 권력의 성격을 극복·

지양하고, 전국 규모로 권력화Power Making='천하인 권력'화하는 모습을 나타낸다. 이 권력은 기본적으로는 중세권력과는 이질적인 근세권력=장군권력 Shogunate Power이라는 속성을 띤다 하겠다.

노부나가는 1575년 8월 에치젠越前의 잇코잇키를 멸했으나 그의 군사력도 한계를 보이고 있었다. 이러한 상황에서 천황이 노부나가와 혼간지의 화해를 주선하고 나선다. 노부나가는 1575년 10월 이 주선에 응하고 그 1개월 후에 종3위 곤다이나곤카네우타이쇼權大納言兼右大將에 오른다. 이후 그는 해마다 승진하여 1578년 정월에는 정2위 사다이진카네우타이쇼左大臣兼右大將에 오른다. 관위에 관심을 보이지 않던 노부나가가 이 시기에 관위에 오른 이유는 무엇일까? 당시 혼간지 세력은 왕법=불법의 논리로 무장하고 있었다. 그리고 센고쿠다이묘들은 이 논리에 동조하여 잠재적으로 반 노부나가 세력을 형성할 수 있는 가능성이 있었다. 때문에 노부나가로서는 조정을 장악하여 혼간지의 왕법=불법 논리를 불식시킴과 동시에 센고쿠다이묘가 반노부나가 세력에 가담할 명분을 차단하고, 또 위와 같은 상황을 이용하여 정치화하려는 천황의 움직임도 제어·차단할 필요가 있었을 것이다. 노부나가의 관위 취임은 바로 이러한 배경 하에서 이루어진 것이다.

한편 1576년 모리 씨를 중심으로 장군 요시아키, 우에스기 씨, 혼간지 세력 등이 결합하여 반 노부나가 전선을 형성한다. 이것은 당시 다이묘 권력이 노부나가 권력과 마찬가지로 명분에 좌우되지 않음을 단적으로 보여준다. 이러한 상황에서 노부나가가 천황을 이용하여 현상을 돌파하려 했다든가 조정 일에 간섭했다든가 하는 흔적은 찾아볼 수 없다. 노부나가가 관위에 있던 시기에는 단 한번도 '천하'라는 용어를 문서에 쓰지 않았다. 이것은 자신이 관위에 올라 있으면서 '천하'라는 용어를 사용할 경우 '천하'가 천황의 '천하'로 받아들여져 천황이 정치화될 수도 있었기 때문으로 판단된다. 우에스기 겐신上杉謙信이 사망한 1개월 후인 1578년 4월 노부나가의 사관辭官 역시 동일한 논리로 설명할 수 있다. 우에스기 겐신의 사망과 그로 인한 내분은 북동쪽으로부터의 군사적 위협이 소멸하고 반 노부나가 전선이 붕괴한 것을 의미한다. 아키의 모리 씨와 혼간지 세력이 노부나가에 대항하고 있었으나,

제압은 시간문제였다. 그러한 상황 속에서 천황이 정치화할 가능성은 희박했다.

노부나가는 관위에 취임한 후 가독家督을 노부타다信忠에게 물려주고 아즈치安土 성 건설에 착수하였다. 가독상속과 아즈치 성 건설은 한 세트로서 가독상속은 다이묘로서의 오다 가織田家=노부타다를 자리매김한 것이고, 아즈치 성은 다이묘 권력 위에 군림하는 '천하인'으로서의 노부나가를 상징한다. '천하인'을 정점으로 하는 '천하인 권력'은 그 내부에 다이묘 권력을 포함하고 있음은 물론이려니와 천황·조정의 권력기반을 이루는 사사 세력까지 지배대상으로 하고 있었다. 노부나가는 아즈치 종론을 통해 종교를 세속권력 아래에 자리매김하여 종교도 세속권력에 규제받는다는 것을 만천하에 선언한 것이다.

그러나 혼간지와 모리 씨의 반항이 의외로 강했다. 1578년 10월 아라키 무라시게荒木村重의 반역은 노부나가에게 심리적·전략적으로 커다란 타격을 주었다. 노부나가는 이미 사관한 상태여서 조정은 비교적 자유로운 입장에 있었는데, 정치화를 지향하던 천황은 혼간지와의 화해를 주선하였다. 그러나 노부나가는 반 노부나가 세력에 대한 군사적 우위를 확보한 다음, 혼간지의 항복을 전제로 천황의 화해 주선을 승인하는 형식을 취한다. 이것은 이전의 화해 과정에서 중재자로서의 천황의 지위·권위를 인정했던 것과는 질적인 차이를 보여준다. 이 혼간지와의 화해 주선 과정에서 주목되는 것은 천황의 정치에 대한 영향력이 현저히 저하되었다는 점이다. 1580년 윤3월 혼간지와의 화해를 기점으로 천황의 정치화는 '천하인 권력'에 의해 봉쇄되어 권력에 대한 천황의 정치적 영향력은 완전히 상실되었다고 해도 지나친 말은 아니다.

한편 노부나가는 사관 이후 자신과 다이묘들과의 관계를 군신관계로 전환시키고, 1580년 이후에는 자신을 국가의 통치자로 자리매김하였다. 이는 1580년 8월 사쓰마薩摩의 시마즈 요시히사島津義久에 보낸 소위 노부나가의 총무사령惣無事令이라고 할 서장을 통해 알 수 있다. 이후 노부나가는 우에스기·모리 씨와의 대치국면에서도 1582년 3월 다케다 씨를 공략하여 통일의 지반을 다졌다. 이에 천황은 노부나가에게 관직을 권유하기에 이른다(최근 노부나가가 천황에게 관직을 요구하였다는 설이 제기되어 있다). 이에 명확한 답변을 하지 않은 채, 노부나가는 1582년 6월 혼노지本能寺의 변으로 파란만장한 생을 마감하였다. 아마도 위의 사실들로 미루어 이 시기에 노부나가는 어떠한 형태로든 자신의 권력='천하인 권력'을 국가화State Building하고자 했을 것이다.

2. '천하인 권력'의 국가화 과정과 조정

혼노지의 변 후 정권을 잡은 것은 도요토미 히데요시豊臣秀吉다. 당시 그의 최대 정적은 도쿠가와 이에야스였다. 양자 사이에 상하관계가 형성된 것은 고마키・나가쿠테小牧・長久手 싸움의 화해가 이루어진 1584년 이후의 일이다. 고마키・나가쿠테 싸움 화해교섭이 진행되던 1584년 11월 히데요시는 종3위 곤다이나곤權大納言에 올랐고, 이어 1585년 종2위 다이나곤大納言, 그해 7월 간파쿠 關白에 취임하여 종1위에 올랐다.

1585년 히데요시의 간파쿠 취임은 그와 더불어 다수의 근신들이 관위에 올랐다는 것, 그리고 이 시기 근신의 관위 취임이 천황을 알현하기 위한 것이라는 점 등을 아울러 고려할 때 이 시기는 근세 관위제의 시발점이라 할 수 있겠다. 한편 히데요시는 1586년 이에야스와 도요토미 히데나가豊臣秀長를 종3위로 승진시키고(두 사람 모두 동년 정3위에 승진), 주요 근신과 유력 도자마다이묘들을 종4위에 서임시켜 관위제에 입각한 상하질서를 창출하고 있다.

당시(1584년) 히데요시의 지배범위는 노부나가의 그것을 능가할 정도는 아니었다. 위의 고마키・나가쿠테 싸움(1584년 4월)은 반 히데요시 세력을 굴복시킬 수 없었던 히데요시 군사력의 한계를 잘 드러낸다. 이러한 상황을 감안하면, 히데요시가 관위에 오른 것은 주종제에 입각한 전국 규모의 상하질 서를 창출하지 못한 한계를 돌파할 방법으로서 관위제를 적극 이용하려 했던 것임을 알 수 있다. 즉 히데요시는 관위취임을 통해 현실적인 군사력의 한계를 극복하고, 자신의 권력을 국가 공권력으로 자리매김하고, 유력 도자마 다이묘들과 유력 후다이다이묘들을 관위에 취임시켜, 그들을 국가 공권력의 주요 구성원으로 자리매김했던 것이다. 특히 이 과정에서 자신의 유력 후다이 들을 고위에 서임시키고, 유력 도자마다이묘들을 그들과 평행하게 고위에

서임시킴으로써, 유력 도자마다이묘들의 권력을 상대화시켰다. 그리고 무가의 고위 관위서임을 통해 공가의 권위도 상대화시켰다.

이와 같이 히데요시가 자신의 권력을 관위제를 통해 국가 공권력화 하고자 했던 것은 당시 도쿠가와 이에야스 등 도자마 대다이묘들의 존재가 정치·군사 상 중요 요인이 되었지만, 노부나가 권력의 질을 이어받은 '천하인 권력'의 자기운동의 결과이기도 했다. 한편 히데요시는 자신의 권력이 질·양적으로 발전·팽창해 가는 중에도 관위제를 유지·강화해 간다. 이는 천황의 정치적 영향력과 기능이 이미 미미한 상태였기 때문에 가능했을 것이다.

일본 영토와 인민에 대한 지배권은 실질적으로나 이념적으로나 '천하인'(= 군주)의 '천하인 권력'=무가권력에 속한다. 그러나 이러한 '천하관'에는 과거로 부터 현 군주(혹은 미래를 포함한)에 이르는 시간적 계승성에 대한 국가 정통화 이데올로기성이 결여되어 있다. 따라서 히데요시의 '천하인 권력'은 관위제를 활성화하여 천황이 체현하고 있는 국가의 시간적 계보성을 확보하고 자 하였던 것이다. 그리하여 히데요시는 근세권력의 주체로서의 군주(천하인) 에서 '천하인'이면서 '무가국가'의 군주로서 자신을 자리매김하고, '무가국가' 를 일본 역사상 정통한 '국가'로 자리매김할 수 있었다. 이렇게 하여 천황의 지배영역이었던―물론 이념적·형식적인 것이었지만―'국國'은 '무가국가' 군 주='천하인'의 명실상부한 지배 객체가 된다.

이처럼 히데요시의 '국가' 구상에는 천황이 필수불가결한 요소로 자리하고 있다. 즉 히데요시가 '천하인 권력'을 국가화하는 과정에서 천황을 무가권력에 의해 '국가'의 역사적 정통성을 담보하는 존재로 위치시켰지만, 히데요시 정권으로서는 천황의 정치화를 막을 근본적인 방법·대책은 없었다. 제 신분 의 천황에 대한 접근을 차단하고 공가를 회유·통제하는 것만이 그가 취할 수 있는 유일한 방법이었다.

3. 막번체제의 형성과 조정

히데요시가 사망한 후 정권의 수좌에 오른 도쿠가와 이에야스德川家康는

1600년 세키가하라 전투까지 히데요시가 구축한 정치체제, 즉 5다이로·5부교제에 기본적으로 구속받고 있었다. 당시 이에야스는 5다이로제에 대한 이시다 미쓰나리石田三成·오타니 요시쓰구大谷吉繼의 반역으로 세키가하라 전투가 발발하였다고 설명하고 있다. 또한 반 이에야스파의 실세인 시마즈 데루모토島津輝元의 공격에도 히데요시가 정한 법인 오키메置目를 명분으로 내세우고 있다. 따라서 이 시기 도요토미 히데요리豊臣秀賴는 국가 공권력의 대표자·계승자로, 이에야스는 도요토미가 인정한 한시적인 국가 공권력의 실행자·행사자로 위치한다.

이에야스가 위의 국가체제·정치구조를 깨고 '국가' 공권력의 대표자로 부상한 것은 조선과의 화해·통교 교섭을 통해서다. 즉 조선과의 강화교섭에서 그는 자신을 '국가'의 외교권자로 자리매김하고, 조선을 통한 명과의 외교교섭을 통해 스스로 일본의 사실상의 군주=주권자로 인정받고자 하였다. 이에야스가 대조선·명 외교에 적극적이었던 이유의 일단이 여기에 기인한다.

이에야스는 1603년 정이대장군에 오름으로써 히데요시가 구축한 국가체제의 구속에서 벗어나려 하였다. 그러나 히데요시가 구축한 국가체제가 천황을 필수불가결한 요소로 하였듯이, 이에야스의 장군직 취임 역시 천황을 필수불가결한 요소로 한 또 하나의 국가체제 창출이었다. 그리고 이에야스 장군직 취임도 히데요시가 지향했던 권력의 국가화 논리와 동일하다. 이에야스가 정이대장군에 취임한 것은 무문의 동량으로서 전국을 통치한다는 무가정권의 계승성을 선명히 한 것이며, 현실적인 측면에서는 히데요시가 구축한 국가체제를 상대화하고자 하는 의도에 의한 것이라 할 수 있다.

한편 이에야스는 천황·조정으로부터 자유로운 입장을 확보할 필요가 있었다. 이에 1606년 무가의 관위서임은 이에야스의 추천이 있을 경우에만 행할 것을 조정에 요구하였다. 1609년에는 공가의 궁녀간음사건 처리를 둘러싸고 엄벌을 주장하는 고요제이 천황과 관대한 처벌을 주장하는 이에야스 간의 대립이 일시에 표면화된다. 이 궁녀간음사건의 조사·처리는 원래라면 공가의 자율에 맡겨져야 할 것이었으나, 이에야스는 교토쇼시다이京都所司代 이타쿠라 가쓰시게板倉勝重로 하여금 사건의 전말을 조사하게 했을 뿐 아니라 사건 처리방침까지 지시하였다. 궁정과 공가사회에까지 무가가 검찰권을 행사했다는 점에서 이는 막번제 사회에서 공가사회의 존재 형태를 규정짓는 상징적 사건이었다. 이에 대해 고요제이 천황은 세 번에 걸쳐 양위를 언급함으로써 궁녀간음사건을 자신의 의지에 따라 처리하려고 하였다. 그러나 이에야스의 태도는 강경하였고, 양위에 대해서는 천황의 의향에 따른다고 답변하였다. 결국 사건은 이에야스 의지대로 처리되고, 고요제이 천황은 양위한다. 이후 이에야스는 공가사회의 의례와 행위에 공공연히 간섭하고 나섰다. 공가에 대해서는 각 가의 가도家道를 연마하여 예의범절行儀作法을 바로할 것이며 공가 관위는 그 사람에게 합당하게 할 것 등을 요구하였다. 게다가 궁녀간음사건으로 유죄에 처해진 공가 2인의 죄를 사하라고 요구하였다. 천황·조정은 여기에 어떤 대응도 할 수 없었다. 결국 1611년 3월 고미즈노後水尾 천황이 황위에 올랐다.

이상에서 보듯이 1611년을 경계로 천황·조정은 공가세계의 자율적 정치행위까지 막부에게 완전히 봉쇄되어 막부의 지시·의지에 따라 정치행위를 행하는 존재로 전락된다. 이후 막부의 대 조정·천황정책은 무가국가 속에서 공가들의 역할을 법제화하는 방향으로 나아간다. 근세적인 셋칸攝關, 부케덴소武家傳奏, 짓킨슈昵近衆 제도가 그것인데, 이하에서 살펴보도록 하겠다.

위 궁녀간음사건 처리 과정의 연장선 상에서 막부는 조정에서 천황의 독주를 막기 위해 1611년 10월 5셋칸가五攝關家에 지배지역의 수익권을 보장하는 지행장 한모쓰判物를 내리고, 부케덴소에게 셋케攝家가 조정 여론의 형성에 적극 개입할 것과 그 의견을 천황에 개진할 것을 명하였다. 이는 이에야스에 의해 조정 내에서의 셋케의 역할이 명확해지고 아울러 셋케의 천황에의 의견 구신具申─단적으로 말해 천황의 의사결정에 대한 간섭이지만─이 보증을 받았음을 의미한다. 더욱이 이에야스는 덴소에게 보낸 3개조에서도 천황이 셋케에게 의견을 구신하도록 명할 것을 요구하였다. 셋케가 천황에게 의견을 구신할 권한을 천황에게서도 보증을 받게 하기 위한 것이었다.

이와 같이 이에야스는 고요제이 천황의 양위를 둘러싼 천황과의 교섭에서 자신의 의지를 조정에 관철시켰을 뿐 아니라, 천황의 의지를 통제할 조정

내의 핵심으로서 근세적 셋칸가를 창출해 냈다. 이것은 1613년 공가중제법도公家衆諸法度의 공포로 법제화된다. 셋케와 더불어 덴소의 공가 지배가 규정되어 있는 이 법도는 천황의 의향이나 다죠칸太政官이라는 조정기구를 초월하여 '천하인' 이에야스의 의지에 의해 공포되고, 덴소가 공가를 지배하는 근거가 무가에 의해 보증되고 있음을 선언한 것이었다. 그러한 의미에서 덴소는 무가에 기생하는 성격을 강하게 띠지 않을 수 없게 되었다.

부케덴소의 성격이 변화하기 시작한 것은 1605년 6월경이다. 즉 동년 6월 15일 교토쇼시다이 이타쿠라 가쓰시게는 교토의 치안을 어지럽히는 무리를 탐색하기 위해 덴소인 히로하시 가네카쓰廣橋兼勝와 가쥬지 미쓰토요勸修寺光豊에게 공가중公家衆에 소속된 자들을 조사하도록 요구하고, 이에 덴소는 공가중에게 그 탐색을 명함과 동시에 청서請書를 제출하게 하였다. 이 사건은 교토쇼시다이, 달리 말하면 막부의 지배가 덴소를 통해 직접 공가중에 미쳤다는 것을 의미하고, 덴소가 막부에 의한 공가 지배기구의 일부로 자리매김되었음을 나타낸다. 이후 막부의 의지는 천황을 매개로 하지 않고 덴소에서 직접 공가중에 전달된다.

한편 이 즈음 짓킨슈昵近衆 제도가 정착하는데, 짓킨슈에 대한 최초의 기록은 『오유도노우에노닛키御湯殿上日記』1605년 3월 25일조 장군선하의 예로 참내했을 때다. 짓킨슈는 장군 참내를 호종하는 존재로, 무가에 대한 기생적 성격을 강하게 띤 공가집단이며, 따라서 제례의 세계에서 다른 공가와는 구별된다. 이 짓킨슈의 창출은 막부에 의한 공가중 분단책이었다고 할 수 있다.

이상과 같이 막부는 근세국가의 구조에 맞게 공가세계를 재편하여 제도화하였다. 이는 조정에 대한 강경책으로 나타났는데 1629년 7월의 시에紫依 사건이 그 상징적인 사건이었다. 이 사건으로 수많은 천황의 선지가 무효화되었고 11월에는 고미즈노 천황이 메이쇼明正 천황(히데타다의 외손녀)에게 양위하기에 이른다. 이후 3대 장군 이에미쓰家光기에 막번제는 제도적 완성을 이룩하고, 4대 장군 이에쓰나家綱기 초기까지는 체제적 안정성을 확립한다. 이에 따라 막부의 대 조정 강경책은 융화책으로 돌아서고, 조·막관계도 안정기에 들어간다. 이는 사실상 조정을 통제하는 막부의 여러 제도가 기능하게 되어 조정이

운신할 여지가 없어졌기 때문으로 이해하는 것이 사실에 가깝다 하겠다.

한편 이 시기를 통해 막부는 천황과 공가의 경제적 기반을 안정시켜 불만의 소지를 제거하였다. 황실령은 이에야스 시기에 1만 석, 히데타다가 황녀 탄생을 축하하여 1623년 1만 석을 헌상하여 2만 석이 되었다. 이후 1705년 쓰나요시가 1만 석을 다시 헌상하여 황실령은 3만 석으로 증가한다. 그리고 1634년 이에미쓰가 센토인仙洞院에 7천 석을 헌상하여 종래 3천 석이었던 센토고료仙洞御料는 1만 석에 이르렀다. 공가령·사사령도 대개 이에미쓰 치세 때 고정되는데, 1665년 막부로부터 일제히 급여·안도의 문서가 발급됨으로써 공가사회의 경제적 기반은 고정·안정화된다.

제2절 천황의 기능

1. 막번체제와 천황

이 모든 것의 총결산이 1615년 7월 제정된 천황 및 공가제법도禁中並公家諸法度다. 그 내용을 보면 다음과 같다. 제1조 천자(천황)는 무엇보다도 학문을 해야 한다는 규정으로부터 시작하여, 제2조 친왕의 좌위座位를 3공太政·左·右大臣의 밑으로 할 것, 제3조 세이와케清華家(셋케가 다음의 가격)의 다이진大臣 사표 후의 좌위는 친왕들의 차좌次座로 할 것, 제4조 3공·셋칸은 능력 있는 자로 임명할 것, 제5조 3공·셋칸의 임면에 관한 조항, 제6조 여연女緣의 양자 금지, 제7조 무가관위는 공가 당관當官의 밖에 둘 것, 제8조 개원 기준에 관한 규정, 제9조 천황 이하 공가들의 예복에 관한 규정, 제10조 공가의 승진에 관한 규정, 제11조 간파쿠·덴소 등의 명령에 위배하는 공가의 유형, 제12조 죄의 경중은 명례율을 지킬 것, 제13조 셋케몬제키攝家門跡의 좌위는 친왕 몬제키親王門跡의 차좌로 할 것, 제14·15조 승정僧正·몬제키門跡·인케院家 등의 서임에 관한 규정, 제16조 시에 칙허紫衣勅許에 대한 제한 규정, 제17조 쇼닌上人 호의 제한과 경망競望 금지 등으로 이루어져 있다.

위의 내용 중 무가국가의 편성원리와 관련하여 특히 주목되는 것이 제1조와

제7조다.

제1조는 근세국가에서 천황의 임무를 규정한 것으로, "天子諸藝能之事, 第一御學問也, 不學則不明古道, 而能政致太平者未之有也貞觀政要明文也, 寬平遺誠, 雖不窮經史, 可誦習群書治要云云, 和歌自光孝天皇未絶, 雖爲綺語, 我國習俗也, 不可棄置云云, 所載禁秘抄, 御習學專要候事"라 규정되어 있다. 여기에서 말하는 학문의 내용이 무엇인지는 분명하지 않지만 '天子諸藝能之事'라는 표현으로 미루어 예능(학문・예술・기예 등등의 문화)의 범주를 지칭한 것이다. '不學則不明古道'에서의 '고도'는 문맥상 예능을 지칭하며, 『긴피쇼^{禁秘抄}』에 "諸藝能之事, 第一御學問也"라고 한 데서 알 수 있듯이 고전과 선례를 지칭하므로, 치술^{治術}과는 무관하다는 것을 알 수 있다.

그리고 "而能政致太平未之有也"(『정관정요^{貞觀政要}』의 명문^{明文})라고 하는 부분에서는 마쓰리코토^政—예능・고도를 잘 배워 그것을 바탕으로 한 천황의 마쓰리코토^{政事}—를 잘 수행하는 것이 (국가를) 태평하게 한다고 규정하고 있다. 이어 『간페이이카이^{寬平遺戒}』와 『군쇼치요^{群書治要}』, 『긴피쇼』 등의 독서를 규정하고, 일본'국'='아국'의 습속으로서 와카를 들면서 이를 방치하지 말 것을 요구하고 있다. 즉 '국'에 있어서 천황을 제 예능의 체현자, 문화의 상징자로 자리매김하였던 것이다.

제7조에서는 "武家之官位者, 可爲公家當官之外事"라 규정하고 있다. 이는 막부의 무가관위에 대한 추거권 독점을 기도한 것이었다. 당시 율령적 관위제로는 국가 구성원인 무가를 전부 수용할 수가 없었고, 동일한 관위제 질서에 공가와 무가가 혼재되어 있는 것은 '천하인 권력'에 의한 무가국가의 편성에 부적합하였을 것이다. 위의 제7조는 무가가 관위를 매개로 해서 천황 및 조정기구와 결합할 가능성을 단절시키겠다는 의도를 드러낸 것이다. 그리고 천황과 조정기구의 정치화를 원천 봉쇄하고 아울러 관위제를 무가국가의 상하질서 편성원리로 채용하고자 선언한 것이다. 그러나 천황을 관위임명의 주체로 인정하였다는 점은 천황을 무가국가 질서의 승인자로 자리매김하였음을 보여준 것이기도 하다.

이상에서 보면 천황은 무가국가=근세국가에서 제 예능의 체현자, 일본문화의 상징자, 국가질서의 승인자로 자리매김하고 있음을 알 수 있다. 더불어

제8조에서는 "開元, 漢朝年號之內, 以吉例可相定, 但重而於習禮相熟者, 可爲本朝先規之作法事"라고 하여 막부가 개원의 기준을 제시하였다. 연호가 일정 공간=일본을 전제로 그 공간의 시간을 규정하고 있다는 점에서 천황이 개원의 주체, 그리고 역曆 제정의 주체가 되는 것은 당연하다 하겠다.

이와 관련하여 무가국가의 장군이 고·중세와 마찬가지로 군주=장군=무가국가인가가 문제가 된다. 무가국가는 장군의 막부와 다이묘의 번으로 구성된다(막번제). 문제의 초점은 군주인 장군의 의지로 다이묘, 특히 도자마다이묘의 영민을 일원적으로 지배할 수 없었다는 사실이다. 이는 무가국가의 공권력이 장군과 다이묘에 의해 영역적으로 분할되어 있다는 것을 의미한다(그러나 다이묘의 정치적 의지와 번의 존립이 장군의 정치적 의지와 막부에 규정된다는 사실을 간과해서는 안 된다). 따라서 무사계급의 총체로서의 무가국가는 군주인 장군에 의해 대표되지만, 장군에게나 다이묘에게나 일체성이 유지되지 않는다. 즉 고·중세의 국가=군주의 관념이 무가국가의 성립과 더불어 국가와 군주는 개념상 논리적으로 분리될 가능성이 존재한다. 근세 성립기에는 군주가 국가에 우선하여 카리스마적 지배 현상을 보이지만, 안정기에 접어들면 국가가 군주에 우선하는 경향을 나타낸다는 것은 쉽게 추측 가능하다.

한편 검지정책으로 사·농·공·상의 신분이 확정되어 제 신분의 무가국가에 대한 봉임 구조도 명확해진다. 즉 무사는 막부와 번의 관료제 시스템을 매개로, 제 신분의 인민은 각자 속한 공동체를 매개로 야쿠役 체제에 의해 공의公儀(막부/장군과 번/다이묘)에 봉임한다는 논리와 구조가 성립한다. 이 논리의 연장선상에서 보면 장군도 추상적 국가의 야쿠닌役人에 위치된다.

그렇다고 천황이 무가국가에서 벗어난 초월적 존재였다고 판단해서는 안 된다. 오히려 천황은 무가국가의 군주인 장군에 의해 무가국가의 체제 내에 자리매김되었다. 신분 서열상 천황이 장군보다 상위에 존재하지만, 천황은 무가국가의 체제에 규정되는 존재이며 무가국가의 군주인 장군(천하인)의 지휘를 받아야 하는 존재이니, 즉 무가국가 구성의 한 요소인 것이다. 그러한 의미에서 천황은 장군이 군주인 무가국가를 위해 천황가를 유지하여야 하며, 법제화된 천황의 역직役職을 충실히 수행해야 하는 존재였다.

2. 이에모토家元 제와 조정의례朝儀의 재흥

이에모토라는 단어는 『넨카이닛키年會日記』에 의하면 1689년에 처음 나온다고 한다. 당시 이에모토는 '권리를 갖고 있는 자'라는 의미로 사용되었다. 근세 예능세계에서 '특수한 권위를 보지하는 가문'이라는 의미의 이에모토가 처음 쓰인 것은 1757년에 저술된 『에도쵸분슈江都著聞集』에서다. 이에모토라는 말이 비록 18세기 들어 사용되었다고는 하지만, 위에서 보았듯이 특정 가문에 특정 예능에 대한 권위를 부여한 것은 근세 초창기부터다. 1595년 히데요시가 내린 법령에는 "제 공가, 제 몬제키는 이에家의 도를 수행하여 공의公儀에의 봉공奉公에 전념할 것"이라 하고 있다. 이 같은 무가의 태도는 이에야스에도 계승되어 1613년에 내려진 공가중법도公家衆法度의 제1조에 "공가중公家衆(구게슈)은 각 이에家家의 학문을 주야로 (힘써) 방심함이 없도록 할 것"이라 명하고 있다. 이는 근세 초기 이전에 제 예능이 공가의 가도家道로 형성되어 있었고, 이 시기에는 이미 '천하인 권력'에 의해 공가의 가도가 승인되었음을 나타내고 있다.

이러한 공가정책은 성공적이어서 근세 초기에 쓰여졌다고 전하는 『쇼케카교諸家家業』에 능서能書에는 시미즈타니清水谷가와 지묘인持明院가, 가구라神樂는 아야노코지綾小路가와 요시쓰지四汁가와 니와타庭田가, 게마리蹴鞠는 아스가이飛鳥井가와 난바難波가, 장속裝束에는 다카쿠라高倉가와 야마시나山科가, 온묘도陰陽道에는 쓰치미카도土御門가, 와카和歌에는 니죠二條가와 레이제이冷泉가와 아스가이飛鳥井가와 산죠니시三條西가, 명경明經에는 후나바시船橋가 등을 적고 있다. 이러한 이에모토 제는 더욱 발전하여 『쇼루이이에모토칸諸流家元鑑』에 보면 28개 분야의 제 예능 이에모토가 모두 1가 혹은 복수의 공가에 독점되어 있다.

이렇듯 공가가 제 예능의 이에모토를 독점한 것은 근세기 신분제를 사회편성 원리로 한 때문이기도 하지만, 천황 및 공가제법도의 천황 규정과 관련되어 있다. 즉 위에서 보았듯이 천황은 무가국가에서 제 예능의 체현자로 자리매김 되어 있어, 조정을 구성하는 공가는 당연히 일본'국'의 제 예능=문화를 구현하는 존재로 자리매김된다. 따라서 공가들은 공가제법도에 규정된 '가도家道'를 성실히 수행하여 무가국가에 봉임해야 했던 것이다.

조정의례朝儀의 재흥은 당연히 무가국가의 정치와 밀접한 관련을 유지하면서 전개되는 것이므로 당시의 정치상황을 염두에 두고 설명하지 않으면 안 된다. 보통 조의의 재흥은 3시기로 나누어 설명한다. 제1기는 고미즈노 천황 대부터 고사이後西 천황 대까지로 천황 스스로 조의에 대한 연구를 행하고 조의의 재흥을 시작하는 시기, 제2기는 레이겐靈元 천황 대부터 히가시야마東山 천황 대까지로 천황 스스로 조의를 연구하는 것은 물론 조의의 재흥을 적극 행하였던 시기, 제3기는 나카미카도中御門 천황 대부터 사쿠라마치櫻町 천황 대까지로 조정과 막부의 관계가 변화함에 따라 조의도 변화하는 시기다.

제1기에 재흥된 조의는 1614년의 도카노세치에踏歌節會(천황의 시신덴紫宸殿 출석 하에 장수를 축하하고 만민의 풍년을 기원하는 연시의 군집가무踏歌를 보는 의식. 정월 14·15일에 남자의 가무, 16일에 여자의 가무가 있다), 1623년의 고시치니치호後七日法(정월 8~14일에 걸쳐 궁중의 신곤인眞言院에서 천황의 안녕과 오곡의 풍요를 기원하는 의식), 1628년의 지모쿠除目(제사諸司의 사칸主典 이상의 관직자를 임명하는 의식)와 아가타메시지모쿠縣召除目(고쿠시國司 등의 지방관을 임명하는 의식), 그리고 덴죠엔즈이殿上淵醉(정월이나 오절 행사 후 세이료덴清凉殿에서 천황 임석 하에 덴죠비토殿上人가 행하는 주연), 1645년의 닛코日光에의 예폐사例幣使(레이헤이시), 그리고 이세진구伊勢神宮에의 예폐사 등이다.

제2기에 재흥된 조의는 1683년의 입태자立太子의 의儀, 1675년의 이와시미즈하치만구石清水八幡宮 방생회, 1694년의 가모마쓰리賀茂祭(3대 칙제勅祭의 하나로 아오이마쓰리葵祭, 미아레마쓰리御阿禮祭라고도 하며 왕성王城 진호신사인 가모샤賀茂社의 마쓰리), 1687년의 다이죠사이大嘗祭(나카미카도中御門 천황 대에 중단) 등이다. 제3기에는 1738년 다이죠사이가 다시 재흥되고, 1740년 신죠사이新嘗祭(니이나메사이) 등이 재흥된다.

위의 재흥된 조의들 가운데 중요한 것은 닛코와 이세진구에의 예폐사, 그리고 다이죠사이와 니이나메사이이다. 1616년 이에야스가 슨푸 성에서 사망하자 그의 유언에 따라 스루가駿河 구노 산久能山에 그를 장사지내고, 1주기를 맞아 닛코 산日光山에 개장開葬하였다. 이때 막부는 조정에 요청하여 도쇼다이곤 겐東照大權現이라는 신호神號의 선명과 정1위의 신개神階를 받았다. 이후 특히 이에미쓰 시대에 건물들을 세워 위엄을 장식하였는데, 1645년 조정으로부터 도쇼구東照宮라는 궁호宮號가 내려졌고, 1646년부터는 닛코 예폐사가 파견되었다.

한편 이세진구에의 예폐사는 도쇼구에의 예폐사 파견과 관련하여 1647년에 재흥되었다. 이세진구는 천황의 조상신인 아마테라스오미카미를 받드는 신사로, 국가적·역사적 상징성이 자못 컸다. 동 시기에 닛코 예폐사와 더불어 이세 예폐사가 재흥된 것은 아마도 무가국가의 완성과 관련 있을 것이다. 즉 에도 막부의 창설자인 이에야스는 도쇼다이곤겐이라는 이름으로 무가국가와 권력의 수호신으로, 통시적인 일본'국'=나라의 수호신으로는 아마테라스오미카미가 자리매김되었을 것이다. 결국 천황은 무가국가의 정통성을 종교적 차원에서 인증하는 존재로 자리하고, 막부와 천황은 일본'국'=나라의 신으로서 아마테라스오미카미를 받든 것이다.

신죠사이는 매년 11월에 행해지는 것으로 곡물을 신에게 바치는 일종의 추수감사제다. 다이죠사이는 천황이 즉위한 후 첫 번째 11월(즉위가 8월 이후인 경우는 다음 해 11월)에 행해지는 일종의 시대始代를 고하는 즉위의례임과 동시에 신죠사이다. 양자 모두 나라='국' 제례라는 성격을 띤다는 점에서 주목된다. 즉 나라='국' 신에 대한 제사권이 천황에 있음을 상징한다.

이상을 통해 알 수 있듯이 천황은 무가국가의 종교성을 체현하는 존재로 자리매김되어 있다. 조의의 재흥은 그 주체가 조정=천황임에 틀림없지만, 그것을 승인하는 것도 또 그것을 시행하는 것도 막부라는 사실을 간과해서는 안 된다. 그렇다면 조의의 재흥에 대한 연구는 조정과 막부의 정치적 대항관계 또는 장군과 천황 개개인의 노력과 특성이라는 시각에서가 아니라, 각각의 조의 재흥이 무가국가의 구조에서 또는 그 전개 과정 및 변화 과정에서 어떠한 역사적 의의를 갖고 있는가를 살펴보는 연구시각이 필요하리라 생각된다.

제2장 대외관계의 형성과 그 구조

제1절 외교관계의 회복

1. 조선

히데요시 사후 정권을 장악한 것은 5다이로 중 한 명인 도쿠가와 이에야스德川家康다. 이에야스의 정권 장악은 히데요시에 의해 파탄지경에 이른 국제관계의 회복에서부터 시작된다. 이에야스는 1599년 4월 빠따니(말레이시아 반도 동안)의 사절선이 가져온 국왕의 서간에 답신을 보내 히데요시가 사망했고 자신이 히데요리를 보좌하고 있음을 알리고 상선의 왕래를 요구하였다. 1600년에는 조선과의 강화를 쓰시마에 지시하고, 강화를 논의하기 위해 우에스기 가게카 쓰上杉景勝에게 상락을 요구하였다. 한편 1601년 사쓰마의 시마즈 씨에게 임진왜란 때 인질로 잡혀온 명의 장수 모국과茅國科의 송환과 명에 강화를 요청할 것을 명하였다. 또한 1600년 네덜란드의 범선 데 리후데De Liefde 호가 분고豊後 우스키臼杵 만의 사시우佐志生에 표착하자, 1601년 4월 데 리후데 호의 항해장 아담스를 오사카에서 면담하였다. 이후 안남, 필리핀, 캄보디아, 베트남占城, 샴(타이) 등의 나라에 서간을 보내 교역을 요구한다.

조선과 일본의 강화교섭은 1600년 명군이 조선에서 철병할 즈음부터 본격화 된다. 주지하듯이 일본의 교섭주역은 조선과의 무역에 크게 의존하고 있던 쓰시마였다. 조선은 쓰시마를 통해 일본사정을 살피며 일본과의 강화시기를 저울질하고 있었다. 마침내 1604년 조선은 적정을 탐색하기 위해 쓰시마에 정탐사를 파견하고 기미羈縻 관계를 전제로 한 쓰시마의 조선교역을 승인하였 다. 한편 이에야스는 정탐사를 교토로 불러 1605년 알현하고, 혼다 마사즈미本多 正純와 세이쇼 죠타이西笑承兌에게 조선사절과 강화를 합의하도록 명하였다. 한편 이에야스는 쓰시마의 공로를 인정하여 쓰시마 번에 조선과의 외교·무역 관계를 독점할 권한을 주었다. 이어 장군직을 히데타다에게 물려준 이에야스 는 1606년 쓰시마에 조선이 일본에 사절을 파견해줄 것을 요청하도록 하였다.

조선은 일본의 이 요청에 대해 이에야스의 국서와 범릉적犯陵賊의 인도를 요구하였다. 이에 쓰시마는 위조된 이에야스 국서와 범릉적을 조선에 보냈고 조선은 1607년 회답겸쇄환사回答兼刷還使를 일본에 파견하였다. 이로써 일본과 조선의 국교는 정상화되었다. 한편 조선은 1609년 기유약조己酉約條를 맺어 무역을 재개하는데, 이 약조는 이전의 관례에 따르되 조선과 쓰시마의 관계가 상하의 기미관계에 입각한다는 점, 통교자는 일본국왕(장군), 쓰시마 도주(특송선), 쓰시마 수도서인受圖書人으로 하고 있다는 점에 특징이 있다. 즉 일본과 쓰시마를 구별하고 있는 것이다. 그리고 부산포에 왜관倭館을 설치하여 일본과 조선의 외교와 무역을 총괄하도록 하여, 이후 조선에 파견하는 일본사절은 한양에 올라올 수 없었다.

이상과 같은 조선과 일본의 국교 재개를 둘러싼 교섭은 단시일 내에 이루어 졌다는 점에서 특징적이다. 이는 1598년 명과 일본 사이의 강화교섭과 관련된 정응태 무주사건丁應泰誣奏事件과 명군의 유철留撤 논의와 관련되어 있다. 정응태 무주사건은 정응태가 조선이 일본과 밀약을 맺어 명을 침략하려 했다고 명 조정에 상주하여 일어난 사건으로, 조선외교권을 장악하려는 명의 의도가 담겨 있었다. 한편 명군의 조선 유병은 병량미 부담과 함께 조선외교권을 크게 제약하고 있었다. 이 때문에 조선은 가능한 한 빨리 명군을 철수시켜야 했고, 일본과의 강화교섭을 통해 외교권이 조선에 있음을 나타내야 했다. 조선이 일본과의 국교 재개에 신속히 움직인 것은 이 때문으로, 동아시아, 특히 명과의 관계가 조·일 외교를 규정하고 있었다고 하겠다.

이에 대해 이에야스는 조선과의 국교 재개 교섭을 통해 자신이 일본의 정통한 지배자임을 나타내고, 또 조선의 회답겸쇄환사를 이용해 히데타다秀忠가 일본의 통치권자임을 천하에 나타내고자 했다. 1605년 히데타다에게 장군직을 물려주기는 했지만 여전히 오고쇼大御所로서 모든 외교관계를 장악하고 있던 이에야스가 굳이 조선사절을 히데타다에게 응접하게 하고 외교문서에 히데타다의 이름을 사용하게 한 것은 이 때문이다.

쓰시마는 임진왜란으로 인해 조선으로부터 하사받던 쌀과 콩 등 생존에 관계되는 물품의 반입이 두절되고 무역도 단절되어 매우 어려운 처지에 놓여 있었다. 이에 쓰시마는 전쟁이 끝나고 1년도 지나지 않은 1599년 6월, 조선에 사자를 보내 피로인被虜人을 송환하였다. 그리고 1600년 이에야스가 화호의 의지를 갖고 있다고 전하고, 조선에서 사신을 파견해줄 것을 요청하였다. 이후 쓰시마는 10여 차례에 걸쳐 피로인을 송환하며 강화를 요청하고, 아울러 조선이 일본과 강화하지 않으면 일본이 조선을 재침할 위험이 있다고 강조하기도 하였다.

그런데 당시 조·일 외교교섭에서는 '국왕'의 호칭이 문제가 되었다. 조선의 경우 국서에서 일본의 최고 통치자를 국왕으로 호칭할 것을 주장하고, 일본은 일본국 미나모토노 히데타다日本國源秀忠를 주장하였다. 조선은 회답겸쇄환사를 보내는 전제조건으로 이에야스의 국서를 요구하고 국왕호의 사용을 주장하였는데, 히데요리가 건재한 가운데 이에야스가 과연 일본의 최고 통치자인지를 확인하기 위해서였다. 이에 회답겸쇄환사의 회답국서에는 무로마치기의 예를 따라 일본국미나모토노히데타다日本國源秀忠로 적혀 있었다. 한편 조선은 국서에 명나라의 연호를 쓸 것을 주장했으나, 일본은 "龍集丁未夏五月日"이라고만 적었다. '용집龍集'이란 말을 쓴 것은 일본연호를 사용할 경우 조선이 반발할 것을 고려한 조치였다.

앞에서 조선이 회답겸쇄환사를 파견하기 전의 쓰시마와의 교섭에서 이에야스의 국서를 보내줄 것과 국왕 칭호의 사용을 종용하였다고 지적하였다. 전자는 임진왜란에 대한 일본의 패배를 인정케 하는 것이고, 후자는 이에야스가 일본의 최고 통치자임을 확인하려는 의도에서였다. 그런데 당시의 정치상황에서는 이에야스가 공개적으로 조선에 먼저 정식 국서를 보낸다는 것은 불가능하였다. 따라서 이에야스로서는 조선과의 강화가 갖는 정치적 의도를 고려하여 비공식적으로 국서 형식과는 다른 형태의 국서를 보냈을 것이다. 쓰시마는 이러한 상황을 염두에 두고 이에야스의 국서를 개작하였다. 즉 조선에는 이에야스가 먼저 국서를 보낸 것처럼 꾸미고, 막부 측에는 조선이 먼저 국서를 보낸 것처럼 꾸미고 조선의 요청에 따라 국왕호와 명의 연호인 만력萬曆을 사용한 개작한 국서를 조선에 전했던 것이다.

쓰시마의 이러한 국서 개작은 1624년의 제3차 회답겸쇄환사 때까지 이어졌다. 이러한 개작이 밝혀진 것은 1631년 쓰시마 번주 소 요시나리宗義成와 그의 가신으로서 조선과의 교섭에 깊이 관여하고 있던 야나가와 시게오키柳川調興가 대립하면서였다. 막부는 야나가와 시게오키를 처벌하고, 쓰시마 번주의 손을 들어주었다. 이 사건을 계기로 쓰시마 번의 조선교섭을 감시하기 위해 이즈하라嚴原의 이테이안以酊庵에 교토5산의 승려를 파견하고 조선과의 왕복문서를 관리하게 하였다. 이로써 막부는 쓰시마를 통한 대조선 외교를 통제할 수 있게 된다.

위의 국서 개작사건이 일단락된 후 3대 장군 이에미쓰家光는 조선에 통신사의 파견을 요청하였다. 아울러 마상재馬上才와 통신사의 닛코 도쇼구에의 참배도 요구하였다. 한편 문제가 된 국왕호의 경우, 일본의 최고 통치자인 장군의 대외적 호칭을 다이쿤大君으로 정하였다. 다이쿤이라는 호칭은 1635년 이후 1811년까지 8회에 걸쳐 조선국왕에게 보낸 국서에 사용되었다. 그러나 1711년 의 통신사에서는 일본 측의 요구에 따라 일본국왕이라는 칭호를 썼다. 이로써 조선과 일본의 국가차원의 외교는 통신사라는 명칭이 상징하듯이 통신=교린 의 관계로 정착된다(일본의 소위 '다이쿤 외교'). 이 다이쿤 호칭은 1644년 류큐의 중산왕에게 보낸 로쥬 서한, 1714년 로쥬에게 보낸 중산왕의 서간에서 도 사용되며, 막부 말기 서양과의 화친조약 교섭에서도 자칭·타칭으로 사용 된다.

이상에서 알 수 있듯이, 조선과 일본의 국교재개는 양국이 처한 국내 상황을 극복하는 과정에서 신속하게 이루어졌다. 물론 당시 조선의 대일외교는 전후 처리와 함께 명의 대조선 정책과도 깊이 관련되어 있었고, 일본의 대조선 외교는 이에야스 권력의 확집 과정과 밀접히 관련되어 있었다. 이렇게 하여 성립된 조·일 외교는 기존의 교린외교와는 형태를 달리하는 것이었다. 즉 조선에서는 쓰시마 기미관계—형식적이기는 하지만—를 전제로 한 일본 장군 과의 외교, 일본사절의 상경을 인정하지 않는 '왜관외교'였다. 한편 일본의 막부도 권력의 확집과 정권의 안정을 위해 쓰시마의 조선 기미관계와 '왜관외 교'를 인정하고, 쓰시마를 조선외교의 창구로 확정하였다.

2. 명

　1599년 쓰시마는 명군을 교섭 대상으로 삼아 강화교섭을 행하고자 하였다. 쓰시마의 이 같은 태도에 대해 조선은 침묵으로 일관하였다. 위에서 언급했듯이 조선과 쓰시마 사이에 강화교섭이 시작된 것은 1600년 4월부터이며, 일본이 조선에게 명과의 교섭을 중개해줄 것을 요구한 것은 1607년 제1회 회답겸쇄환사 파견 때다(진공가도進貢假道). 이러한 일본의 입장은 1604년 정탐사로 유정惟政을 일본에 파견하였을 때도 제기되었었다. 이에 대해 조선은 일본이 명에 진공할 의도가 있다면 스스로 명에 주청하여 구로(복건 루트)로 할 것이고 일본과 명의 강화는 조선이 관여할 문제가 아니라고 답하였다.

　한편 위에서도 언급했듯이, 1600년 이에야스는 임진왜란 때 인질로 잡혀와 히젠肥前 가라쓰唐津에 억류되어 있던 모국과를 시마즈 씨를 통해 송환하고, 사자로 도리하라 기에몬鳥原喜右衛門을 파견하여 감합무역을 요청하였다. 이에 명 조정은 허가한 상선(사절)은 아니라도 매년 2척隻의 상선을 일본에 파견하겠다고 약속하였다. 그러나 명이 파견한 상선은 가고시마 야마카와山川에 거점을 둔 사카이의 상인 이타미야 스케시로伊丹屋助四郎의 습격을 받는 바람에 명·일 간의 교통재개는 무산되었다. 그런데 이 시기에 명이 중앙정부 차원은 아니지만 복건성 차원에서 상선의 일본 파견을 결행한 것은 임진왜란 이후의 일본 정세를 파악하기 위해서였을 것이다. 1606년에는 류큐 왕 쇼네이尚寧의 책봉사가 류큐에 도착하자, 사쓰마의 시마즈 요시히사島津義久는 쇼네이에게 류큐에서 명선과 일본선이 상호 무역할 수 있도록 하는 교섭을 의뢰하고, 스스로 책봉사에 서간을 보내 명선의 사쓰마 내항을 요청하였다. 여기에 명이 어떻게 대응했는지는 보이지 않는다.

　한편 1609년 3월 사쓰마는 류큐를 침략하여 지배 하에 넣는다. 1610년 혼다 마사즈미가 복건도총독군무도찰원어사福建道總督軍務都察院御使에 서간을 보내 수교와 감합무역, 동남아 각지에 도항하는 주인선이 중국에 표착할 경우 보호해줄 것을 요청하였다. 하지만 이러한 요구에 명은 일체 불응하였다. 명의 입장에서 말한다면, 일본을 당시의 동아시아 국제질서에서 추방해 버렸다고 할 것이다. 그리하여 중국과 일본의 국가(중앙과 지방을 포함) 차원에서의 외교관계는 단절되었다.

한편 중국선의 일본무역은 1610년대에는 대개 30척 이상이었다가 이토왓푸 糸割符 제가 적용된 1632년에 4척으로 감소하지만, 1639년에는 93척, 1641년에 97척으로 증가한다. 뒤에서 보듯이 1615년경부터 네덜란드선의 일본 내항과 무역이 증가하는데, 무역품은 대부분 포르투갈과 중국선의 약탈품이다. 이러한 네덜란드선의 증가는 포르투갈선에 의한 무역의 감소를 의미한다. 한편 일본의 중국인 사회의 두령 이단李旦은 1614년부터 25년까지 18척, 그의 동생 화우華宇는 5척의 주인선을 타이완, 베트남의 통킹東京과 교지交趾, 필리핀 등지로 파견하였다. 이단의 사후 동중국해 무역을 장악한 것은 정지용鄭芝龍으로, 1627년부터 중국 연안을 침략하였다. 명은 네덜란드에게 정지용의 추포를 명하는 대신 중국인의 바타비아·타이완에의 도항을 허가한다고 하였다. 그러나 네덜란드는 지용에게 패하였고, 지용이 중국연안에 대공세를 펼치자 명은 지용을 아모이 총독에 임명하였다. 1635년경 지용은 동중국해에서 제해권을 장악하고, 이에 따라 위에서 보았듯이 중국선의 일본무역이 증가하게 된 것이다.

일본은 무역의 이익을 확보하기 위해 지속적으로 대명외교에 적극성을 보였다. 류큐침략 후에는 명에 감합무역을 요구하였는데 무역 이익의 확보만이 아니라 앞으로 혹시나 있을지도 모를 일본에 대한 명의 공세를 약화시키려는 의도가 들어 있었다고 판단된다. 이러한 일본과는 달리 명은 임진왜란후 일본과의 외교에 대단히 소극적이었다. 일본이 명을 적대적인 대상으로 보고 나아가 사쓰마의 류큐 침략을 명에 대한 도전으로 판단했기 때문일 것이다. 그러나 더 근본적 이유는 여진의 발호로 말미암아 동중국해를 중심으로 한 무역과 대일외교에 신경을 쓸 여유가 없었기 때문이다. 다른 한편, 사쓰마가 류큐를 침략했음에도 명이 일본에 어떤 외교조치도 취하지 못하였다는 것은 명을 중심으로 하는 동아시아질서가 이미 붕괴되었다는 것을 의미한다고 보아야 할 것이다.

3. 류큐

　15~16세기에 걸쳐 전성기를 구가한 류큐琉球 왕국은 15세기 초기 첫 번째 쇼 씨尚氏에 의해 삼산三山의 항쟁 상태가 종식되었다. 쇼 씨는 명에 조공하여 류큐국중산왕琉球國中山王으로 책봉을 받았다. 이 세기의 70년대에 성립된 두 번째 쇼 씨 왕조도 첫 번째 쇼 씨 왕조인 류큐국중산왕을 계승하고, 대내적으로는 지역호족인 아지按司를 슈리首里에 집주시켜 항쟁의 근원을 단절하고, 신녀神女와 관료 조직을 정비하였다. 또한 불교를 장려하고, 사원과 도로를 조영하는 등 정권의 기반을 다졌다.

　류큐 왕국은 명의 해금정책 속에서도 2년1공二年一貢을 허락받고 아울러 동중국해의 지리적 위치에 따른 이점에 힘입어 동남아시아와 조선·일본을 잇는 중계무역의 거점으로서 번영하였다. 특히 샴·말라카·파타니 등의 왕조와 제 지역의 항구도시와의 교역은 주목된다. 이 항구도시들은 말라카에서 서쪽으로 인도·아랍·아프리카 연안을 지나 유럽으로까지 연결되어 있었다. 이러한 중계무역을 통해 류큐 왕국은 유럽 제국에도 비교적 잘 알려져, 대항해시대의 유럽지도에는 일본의 존재는 애매한 데 반해 류큐는 크고 위치도 정확하게 묘사되어 있다. 이 시대 유럽에서는 일본보다 류큐가 더 친숙한 존재였던 것이다.

　이러한 류큐 왕국의 일본과의 관계가 전환된 계기는 임진왜란이다. 히데요시는 류큐에 1588년 8월 류큐와 교역관계를 유지하고 있던 시마즈 씨를 통해 복속·입공을 요구하는 서간을 보냈다. 그리고 시마즈 씨는 임진왜란을 앞둔 1591년 10월, 류큐에 조선침략의 군역으로 7,000인분의 병량미 10개월분과 나고야 성 공사에 쓸 금·은·식량 등을 요구하였다. 이 시기에 히데요시는 필리핀의 에스파니아 정청(1591), 타이완(1592) 등에도 입공을 요구하였다. 히데요시를 이은 이에야스는 위에서 보았듯이 1600년 명과의 관계회복을 기도했으나 실패한다.

　류큐와 막부의 공식적 접촉은 1602년 류큐선이 오슈奥州에 표착하면서 시작된다. 막부는 1603년 다테伊達 씨와 시마즈 씨에게 표착민을 정중히 송환할 것을 명하였다. 이는 류큐로부터의 사절파견을 기대한 명령이었으나, 1603년 류큐는 사쓰마에만 사절을 파견하고 막부에는 파견하지 않았다. 이를 계기로 막부에의 사절 파견 지연, 조선침략 군역 부담의 거부, 가메이 일건龜井一件에 대한 감사의 결여, 사쓰마 가독상속에 대한 축의의 지연 등을 이유로 들어 사쓰마에서는 류큐에 대한 침략을 논의하기에 이른다. 사쓰마의 류큐 침략계획이 1606년 6월 막부에 전달되고, 이에야스는 6월 17일 침략을 허가한다. 그러나 사쓰마 번 내부의 대립과 1606년 6월 명 책봉사의 류큐 방문, 막부의 류큐에 대한 대명외교 의뢰 등으로 바로 실행에 옮겨지지는 않았다.

한편 류큐가 막부에 사절단을 파견하지 않자, 사쓰마는 1608년 류큐 침략계획을 다시 세우고, 막부는 1608년 8월 19일 시마즈 씨에게 출동 준비령을 내린다. 사쓰마는 1609년 2월 류큐에 최후통첩을 발하고 3월에 군사행동에 나선다. 3,000의 군세로 4월 4일 슈리 성에서 쇼네이 왕의 항복을 받은 사쓰마는 쇼네이 왕과 그의 중신들을 가고시마로 연행하고 에도 방문을 강제하였다. 류큐 왕의 이 에도 행렬은 1607년 조선의 회답겸쇄환사 행렬에 준하는 것이었다(이는 입공사入貢使로 자리매김된다). 한편 명과의 교섭을 추진하고 있던 막부는 류큐인 모봉의毛鳳儀를 명에 파견하여 진상을 설명하고, 류큐의 삼사관三司官 사명친방謝明親方 정회鄭廻는 나가사키의 중국인을 통해 명에 밀서를 보냈다.

이 소식을 접한 명은 사쓰마의 류큐 침략을 명 침략의 일환으로 판단하고, 류큐와 일정 거리를 유지하면서 2년1공을 10년1공으로 바꿨다(1612년, 1622년 5년1공, 1633년 2년1공으로 전환). 이러한 상황 속에서 1610년 막부는 복건성에 위에서 언급하였던 서간을 보낸다. 사쓰마는 쇼네이의 이름으로 명에 (1) 일본상선의 명에의 도항 인정, (2) 명의 상선을 류큐에 파견하여 일본상선과의 교역 허가, (3) 일본과 명이 직접 해마다 사신을 파견하여 교역하는 세 가지 중 하나를 택할 것을 요구하고, 거절할 경우 일본 규슈 아홉 지역九國의 군대가 명을 침공할 것이라고 경고하였다. 그러나 이 서한이 명에 전해졌다는 근거는 없다. 막부 외교의 최측근인 스덴崇傳은 『이코쿠닛키異國日記』에 류큐가 명에 이 문서의 전달을 거절하였다고 기록하였는데, 이는 막부도 명에 보내는 사쓰마 서한을 류큐가 명에 전달하지 않았다는 사실을 용인하였음을 반증한다.

　류큐에 대한 처분은 1609년 사쓰마에 위임되었다. 사쓰마는 우선 아마미시마(오시마大島 5도)를 사쓰마 령으로 편입하고, 류큐 전 지역에 걸쳐 검지檢地를 실시하여 아마미시마를 포함하여 석고 113,041석을 확정하였다(류큐 본도 석고 89,086석). 사쓰마는 류큐 국의 상위 관료들에게 영지를 주고, 사쓰마에 대한 진공물과 그 양도 확정하였다. 이는 류큐가 사쓰마의 속지임을 나타낸다. 막부도 사쓰마의 류큐 지배를 인정하여 사쓰마 영지석고(605,000석)와는 별도로 류큐 123,700석寬永檢地量을 지행하는데(1634년), 이것은 류큐가 일본의 일부임을 나타낸다.

　사쓰마는 삼사관을 통해 왕가와 정사를 감시하고, 국왕과 그 외 중신들의 이반을 방지하고자 인질을 가고시마로 보내게 하였다. 1611년 9월에는 15개조 시정명령을 내려 류큐 정치를 장악하였는데, 그 명령 중에는 다음과 같은 교역과 통상에 대한 통제조항이 들어 있다. 즉 시마즈 씨가 명하는 물건 외에는 중국에 주문하지 말 것, 시마즈 씨의 인판印判을 휴대하지 않은 상선은 허용하지 말 것, 타국에 사쓰마의 허가 없이 상선을 파견하지 말 것 등이다. 이에 류큐는 사쓰마의 허락 없이는 중국에 상선을 파견할 수 없었고 중국과의 외교관계 역시 시쓰마의 지휘를 받아야 하였다.

　1620년 쇼네이 왕이 사망하고 1622년 쇼호尙豊는 명에 책봉을 청하는 사절을 파견하고 2년1공의 회복을 꾀하였다. 명은 5년1공을 허락하고, 쇼호 책봉은 1633년에 승인한다. 쇼호는 책봉에 감사하는 사은사謝恩使를 1633년 책봉사와 함께 명에 파견하였는데 2년1공을 청하여 허락을 받았다. 한편 1634년 2월 명으로부터 책봉을 받은 사실을 시마즈 미쓰히사에게 보고하고 감사를 표하는데 이후 류큐에서 사쓰마에 보내는 연두사年頭使가 항례화되었다. 한편 1634년 시마즈 이에히사家久는 이에미쓰의 교토 행에 맞추어 쇼호의 국왕책봉에 감사하는 사은사를 교토로 불러 이에미쓰를 알현하게 하였는데 이후 국왕 교체 시 류큐에서 막부로 보내는 사은사가 항례화되었다. 더불어 1653년 이에쓰나의 장군계승을 축하하는 경하사慶賀使가 파견되어 이후 경하사도 항례화되었다. 이리하여 류큐는 명과의 책봉・조공관계, 일본에의 귀속이 확정된다(명・일본과의 양속관계).

이상의 과정에서 주목되는 것은 1) 막부가 사쓰마의 류큐에 대한 외교 및 통상 활동을 완전히 장악하지 못하였다, 2) 사쓰마의 류큐 지배를 인정하였다, 3) 일본(사쓰마와 막부) 측의 류큐 정책에 대해 명이 무력하였다, 4) 명이 류큐의 양속관계를 인정하였다는 점 등이다.

1)은 1610년대 전국지배에 대한 막부의 우위성은 인정되지만, 친히데요리계 다이묘가 아직 건재하다는 상황, 유서 깊은 도자마다이묘로서의 사쓰마의 지위, 동중국해를 무대로 한 해상세력의 교역활동 등과 관련이 있다고 생각된다. 2)는 1)의 상황과 관련하여 막부가 류큐를 직접지배할 경우 발생할 수 있는 외교분쟁을 피하려는 의도를 나타낸다. 즉 막부가 류큐를 직접 지배할 경우, 명은 막부가 명을 침략한 것으로 보고 전쟁을 일으킬 수도 있다. 그럴 경우 전쟁에서 승리한다면 막부의 '무위'는 더욱 고양되겠으나, 만에 하나 적절하고 신속한 대응을 하지 못한다면 막부는 존립 자체가 위험해질 수 있을 뿐만 아니라 막부의 '무위'가 심각하게 손상될 수도 있었던 것이다.

3)은 당시의 국제정세와 관련되어 있다. 명은 해금정책을 실시하여 자국 인민의 해외도항을 금지하였으나, 동중국해를 무대로 한 교역활동은 활발하였다. 그러나 임진왜란 이후 명은 급격히 쇠퇴하였고, 1616년 후금의 건국은 이를 상징한다. 명은 북변의 후금 건국과 남변의 일본·류큐 문제에 대처할 여력이 없었다. 4) 명이 류큐 양속을 인정한 것은 현실적으로는 북변에 전력 대처하기 위한 방편이었다고는 하나, 화이사상을 바탕으로 하는 천하사상, 책봉체제와 조공무역체제를 명 스스로가 무너뜨리는 것이었다. 한편 위의 막부의 대외 정책들과 태도는 막번체제의 안정화를 지향하고는 있으나, 동아시아 질서의 창출이라는 일관된 방향성과 목적을 가지고 추진되었다기보다는 국제정세에 편승한 것이었다고 볼 수 있다.

4. 마쓰마에松前 번과 에조치蝦夷地

현재의 홋카이도의 대부분은 에도 시대에는 에조치라고 불렸고, 국가와

같은 조직이나 제도가 없는 지역이었다. 주로 아이누어를 사용하는 사람들이 에조치, 사할린 남부, 치시마千島 열도에 거주하면서 구마오쿠리熊送り(아이누인들은 우주에 인간의 대지, 천상의 신들의 대지, 지하의 음습의 대지가 존재하며, 천상의 신이 곰의 모습으로 인간의 대지로 내려와 인간에게 모피와 고기, 담낭을 선물하고, 인간은 곰을 하늘로 돌려보내는 의식을 성대하게 벌여야 한다고 생각하였다. 곰을 천상으로 돌려보내는 의식이 구마오쿠리고, 이 의식을 특히 오이만테라 한다)로 대표되는 독자적인 신앙세계를 가지고 있었다. 아이누인들은 거주 분포에 대응하듯이 남쪽은 일본에, 북쪽은 사할린에서 중국으로, 동쪽은 치시마에서 러시아로 교역활동을 전개하였다.

소야ソウヤ 등 북부에 사는 아이누인들은 사할린에서 대륙으로 들어가 아무르 강 중앙유역에 거주하는 사람들과 산탄山丹 무역을 하기도 하였다. 청나라의 변민정책이 전개되는 가운데, 청나라 관청에 공납하면서 아무르 강과 소야를 잇는 교역에 종사하는 사할린의 아이누도 나타났다. 한편 치시마는 예로부터 해달의 산지로 알려져 있고, 양질의 독수리가 잡혔다. 일본과의 교역에 충당하기 위해 에조치의 아이누가 치시마에 가서 수렵·교역 활동을 전개하였다. 18세기 후반 이후에는 러시아의 동방진출과 함께 러시아산 직물이 교역품에 추가되었다. 남쪽에 위치한 일본과의 긴밀한 관계를 상징하는 것은 도산미나토十三湊(青森市 市浦村)다. 쓰가루津輕 안도安藤 씨의 거점이었던 이 항구도시에서 중국산과 일본산 도자기가 다량 출토되었다. 이것은 중세 단계에 대륙까지 확대되어 전개된 교역의 흔적을 분명하게 드러낸다.

도산미나토가 무역항구로 번성했을 무렵, 혼슈에서 쓰가루 해협을 건너 와타리지마渡島 반도에 정착하는 사람도 증가하였다. 이윽고 여러 토호적인 무장집단이 성장하고, 다테館라는 구축물을 만들고 세력을 다퉜다. 그 중에서 가키자키蠣崎 씨가 패권을 잡았다.

1590년 히데요시는 알현하려는 가키자키 요시히로慶廣를 '에조의 도주秋の島主'로 맞이하였고, 임진왜란에 가키자키 씨도 참진하였다. 에조치가 북고려=오랑캐와 이어져 있다고 생각하였던 히데요시는 1593년 요시히로의 재 알현을 기뻐하면서 주인장朱印狀을 발급하였다. 주인장의 내용은 왕래하는 선박에 조세를 징수할 권리를 보장한다는 것이었다.

1599년 요시히로는 이에야스를 알현하고, 마쓰마에松前 씨로 성을 바꾸었다. 그리고 다음 해(1600) 후쿠야마福山에 다테館를 건설하기 시작하여 1606년에 완성하였다. 다시 1604년 이에야스를 알현하여 에조치 교역의 독점권을 인정받았다(흑인장黑印狀). 이로써 마쓰마에 씨는 막번권력의 최북단 다이묘로서 막부권력 안에 자리매김하게 된다. 1633년 3대 장군 도쿠가와 이에미쓰 때 준켄시巡見使가 파견되어 와타리지마 반도 남서단을 중심으로 한 일본인 거류지역=가즈토和人 지역의 범위가 확정되는데, 이를 계기로 자유왕래를 하고 있던 아이누는 이 지역을 자유로이 출입하는 것을 금지당했다. 한편 마쓰마에 씨는 무고無高였기 때문에, 1634년 2대 번주 긴히로公廣가 1만 석 규모로 장군 이에미쓰의 상락에 참여하여 하타모토로 대우를 받는다. 다만 마쓰마에 씨는 다이묘처럼 참근교대를 해야 하였다(고타이요리아이交替寄合). 막부로부터 석고 1만 석의 지행을 받는 것은 1719년의 일로 이때에야 마쓰마에 씨는 정식 다이묘로 인정받게 되었다.

마쓰마에 번은 가즈토 지역에 거점을 두었기 때문에 마쓰마에 번의 관리가 에조치에 상주하는 일은 없었다. 샤쿠샤인 전투나 구나시리 메나시 전투같이 왜인과 아이누 사이에 사건이 일어났을 때는 마쓰마에 번이 군사적 개입을 했지만, '오랑캐의 일은 오랑캐 나름'이라는 원칙에 따라 불개입의 입장을 취하였다.

17세기 초기까지 일본인과 아이누인 사이에 거주지의 구별은 없었고, 아이누인은 마쓰마에 씨와 마쓰마에 성하에서 '와이마무' 무역을 하였다. 즉 마쓰마에 씨와의 알현을 통한 무역 즉 조공무역이었다. 그런데 위에서 보았듯이 1633년에 일본인 거류지가 동쪽은 시리우치知內, 서쪽은 가미노쿠니上ノ國로 확정된다. 이에 따라 아이누인들의 성하 무역은 폐지되고, 에조치에 설정된 '아키나이바商場'에서 무역이 이루어졌다. 이 무역권은 마쓰마에 번의 상급 가신단에게 분배되었고, 이를 매개로 번주와 가신단 사이에는 봉건적 주종관계가 성립되었다. 소위 아키나이바 지행제商場知行制의 실시다. 한편 번주는 매 사냥 장소인 다카바쇼鷹場所의 대부분과 금산金山을 소유하였다.

성하무역 폐지는 아이누에게 지대한 타격을 주었다. 아키나이바 무역은 특정 아키나이바와 지행주(마쓰마에 가신)로 고정되어 있었고, 일본인과 아이누인은 에조치와 일본인 거류지를 자유롭게 왕래할 수 없었기 때문에 자연히 아이누는 수동적인 입장에 놓이게 되었다. 게다가 아키나이바가 아이누인의 집락이 많은 곳, 즉 아이누인의 생활과 생산의 장인 하천유역의 어렵장漁獵場・어렵권漁獵圈(이오루)에 설정되어 있었기 때문에 아이누의 생활기반을 파괴하였다. 특히 이 시기 하천유역에서 사금砂金장이 개발되고 다카바쇼가 설정되어 아이누의 생활을 압박하였다. 아이누의 수장이 마쓰마에 번 성하로 물건을 가져와 무역을 하는 소위 와이마무 무역이 완전히 폐지된 것은 아니었으나, 이 무역은 번주에 대한 오메미에(알현) 의례의 일부로 변질되어 갔다. 마쓰마에 번주 알현식에서, 아이누의 수장은 마당에서 번주에게 예를 올리는 소위 도게자土下座의 예를 취해야 했다.

상황이 이렇게 되자 1643년 서 에조치의 세타나이瀨田內를 거점으로 시마코마키島小牧가 수장 헤나와케를 지도자로 하여 봉기를 일으켰고 이후에도 소규모 분쟁이 발생하였다. 일본인과 아이누인 사이의 이 같은 갈등은 1669년 샤크샤인의 난으로 나타났다. 이 난은 아키나이바 청부제에 의한 무역에서 일본인의 부정한 행위로 인하여 발생한 아이누인의 저항이었다. 마쓰마에 번은 샤크샤인의 난을 막부와 다른 번의 원조를 받아 진압할 수 있었다. 이 난 후에는 아이누가 무역차 마쓰마에에 오는 것도, 일본인이 아이누 거주지에 가는 것도 금지되었으며, 다른 지역에서 내항하던 상선의 출입도 마쓰마에로 한정되었다. 그리고 난을 계기로 하여 아쓰케이 이동以東을 제외한 전 에조치는 마쓰마에 번에 속하게 되었다.

이상에서 알 수 있듯이, 아이누와 일본의 관계는 기본적으로 일본인의 에조치 진출과 강력한 막번체제의 형성과 더불어 에조치가 막번체제로 편입되는 과정에서 형성된다. 그리하여 아이누 추장은 마쓰마에에 복속하는 형태로 마쓰마에 번주에게 알현의 예로 도게자를 취하고 일종의 조공무역인 와이마무 무역을 행하였다. 이러한 상견례 형식은 일본인과 아이누의 차별・멸시의식과 일본인의 아이누에 대한 우월과 아이누에 대한 지배를 표현하고 있다 하겠다.

5. 서양과의 무역관계와 기독교 금령

포르투갈과 일본의 무역(캐피탄몰Capitan Mall 무역)이 개시된 것은 1571년이다. 이후 포르투갈선=캐피탄몰선은 마카오-나가사카를 연결하는 중계무역에 박차를 가하였다. 이에 나가사키는 인구 1,500여 명에서 1600년경에는 5,000여 명, 1630년경에는 인구 4만이 넘는 국제무역도시로 발전하였다. 나가사키의 이러한 급속한 발전은 나가사키가 주인선의 발착지였던 것에 기인한다.

이에야스는 서국의 다이묘와 민간인이 장악하고 있던 동중국해를 둘러싼 동남아무역을 장악하고자 1604년 주인선 무역을 실시하였다. 이는 일본에서 도항하는 상선의 안전과 무역을 보장하기 위해 설정한 것으로, 이에야스의 주인장을 휴대한 자는 보호하고 휴대하지 않은 자의 무역은 불허한다는 것이다. 이 주인선 무역에 다이묘(특히 서국 다이묘), 상인(특히 호상), 외국인 등 100명 이상이 참가하였으며, 무역 대상지도 타이완, 베트남 북부와 남부, 캄보디아, 필리핀 등으로 다양하였다. 1604년부터 주인선 무역이 금지되는 1635년까지 주인장은 356건이 발급되었다. 그리고 1631년부터는 로쥬가 발급하는 로쥬호쇼老中奉書를 휴대해야 해외무역을 할 수 있었다(봉서선무역奉書船貿易).

한편 이에야스는 1604년 당시 최대의 무역품이었던 생사를 대상으로 이토왓푸糸割符 제를 실시한다. 이것은 중국인, 포르투갈인의 생사무역 독점과 그에 수반하는 거액의 이익을 규제하기 위한 것이었다. 이 시기의 생사무역은 은으로 결재하였기 때문에 거액의 은이 해외로 유출되고 있었다. 이에 막부는 교토, 사카이, 나가사키의 거상들에게 조합을 결성하게 하고(1631년 이후는 오사카, 에도 상인 추가), 이들로 하여금 생사가격을 흥정하게 함과 동시에 생사를 독점하여 일괄구매하게 하였다. 막부는 이 제도를 통해 막부에 필요한 생사=장군사將軍糸를 싼 가격에 구입할 수 있었다. 이 제도의 시행과 더불어 1608년 막부는 대외무역을 감독하기 위해 나가사키부교를 파견하였다.

에스파니아는 1520~30년대에 아즈텍 제국과 잉카 제국을 멸망시키고, 1540년대에는 남미의 볼리비아와 멕시코를 점령하고 은광산의 개발을 추진하여 다량의 은을 유럽에 공급하였다. 1571년에는 태평양을 건너 필리핀 마닐라에 요새를 건설하고, 1580년 포르투갈을 병합하여 대외활동에서 포르투갈과 협조체제를 구축한다. 한편 1600년 로마교황 클레멘트 8세가 에스파니아계 선교회(프란시스코회, 도미니크회, 아우구스티누스회 등)에도 일본 포교권을 부여함으로써 에스파니아계 선교회의 일본 포교가 시작되고, 포르투갈계 예수회와 포교를 둘러싸고 대립하게 된다.

이에야스는 에스파니아-멕시코-필리핀을 연결하는 무역관계를 설정하고자 하였다. 그리고 에스파니아선을 간토 지역에 기항시켜, 에도 근변에 외국무역의 거점을 세우려 하였다. 1602년 도사土佐 기요미즈清水에 표착한 에스파니아선의 보호와 송환을 계기로 에스파니아선에 주인장 8통을 교부, 필리핀 제도 장관에게 일본에 도착하는 에스파니아선의 안전을 보장한다는 서간을 보냈다. 1609년 아카풀코로 향하던 에스파니아선이 폭풍우를 만나 표착하자 이에야스는 1610년 이들을 아카풀코로 송환하고, 에스파니아 국왕에게 서한을 보내고, 멕시코와의 교역을 위해 프란시스코회 선교사 무뇨스Alozo Muños 교토 상인 다나카 가쓰스케田中勝介를 파견하였다. 그러나 당시 에스파니아는 일본을 포교의 대상지로만 보았고, 무역은 멕시코 은을 이용한 대중국무역, 아카풀코-마닐라 간의 갈레온Galleon 무역에만 관심을 가지고 있었다.

한편 영국은 1600년 동인도회사를 설립하여 동방무역을 시작하지만 실적은 대단히 부진하였다. 1613년 영국선이 일본에 처음 도착하였고, 당시 사령관 존 세리스John Saris는 이에야스와 히데타다를 알현하고 국서를 교환하였다. 그리고 이에야스가 발급한 일본도항허가 주인장을 근거로 히라토平戸에 상관을 열었다. 그러나 영국 모직물이 교역상품으로서 인기가 없었고, 중국의 생사와 견직물 무역은 이미 포르투갈과 사쓰마, 류큐, 중국인 등이 장악하고 있어서 영국의 일본무역은 지지부진하였다. 결국 1623년 일본시장을 포기하고 히라토를 떠났다.

한편 에스파니아의 지배 하에 있다가 1568년 반란을 일으켜 1581년 독립을 선언한 네덜란드는 동방으로 무역선을 파견하였다. 이러한 무역선 중 하나인 데 리후데 호가 1600년 4월 일본 분고에 표착한다. 한편 네덜란드는 1602년 동인도회사를 설립하고, 이 회사에 희망봉에서 마젤란 해협에 이르는 해역에서의 무역독점권, 조약체결권, 전쟁수행권 등 여러 권리를 부여하였다. 이 네덜란드선은 이미 진출해 원주민과 대립관계를 이루고 있던 포르투갈을 구축하면서 동남아시아로 진출한다(원주민과의 협조체제 구축). 다른 한편으로는 무장선으로 네덜란드와 적대관계였던 포르투갈·에스파니아의 동남아 거점을 공격하고, 해상에서 양국의 무역선을 나포하였다.

이에야스는 1605년 이러한 네덜란드에 내선來船 무역을 요청한다(빠따니 상관에의 내항, 무역요청 주인장 발급). 그러나 이 단계에서는 아직 일본에로의 진출 거점을 확보하지 못하였던 네덜란드는 1608년 영·불의 중재로 에스파니아와 휴전조약을 체결하고 나서야 일본에 진출하게 된다. 1609년 무역선을 히라토에 파견하여 이에야스에게 네덜란드 총독 마우리츠Maurits van Nassau의 국서를 올리고, 무역협정의 체결을 요구한다. 이에야스는 7월 25일 마우리츠에게 답서와 주인장을 교부하고, 상관 설치 장소 선정의 자유를 알린다. 이에 네덜란드는 9월 히라토에 상관을 개설한다. 당시의 히라토 상관은 에스파니아에 대한 군수보급과 원정함대 기항지로서의 성격을 가지고 있었다. 즉 네덜란드는 1612년 이에야스의 반서에 대한 답서를 이에야스에게 전하고, 식량과 무기, 일본인 병사의 고용, 선박의 수리·건조 등을 요구하였다.

1620년 난영蘭英방어동맹이 체결되자, 마카오의 포르투갈은 나가사키 도항 선박을 보호하기 위해 마닐라의 에스파니아에 군사지원을 요청하고, 1621년 막부에 네덜란드의 포르투갈선 나포를 방지해줄 것을 요구하였다. 이에 막부는 양국에 무기의 수출, 일본인의 해외송출, 일본 근해에서의 해적행위 금지를 명하였다. 한편 네덜란드는 1623년 일본으로부터 식료품과 건축자재 등을 운반하여 타이완 펭호도에 요새를 건설하였다. 그러자 명은 네덜란드에게 펭호도에서 철수하여 요새를 타이완으로 옮기게 하고, 중국연안과 중국선의 타이완 도해를 통한 무역을 허가하였다(타이완 상관의 설립, 세란티아 성). 이에 대해 에스파니아는 타이완 북안 기륭과 염수에 요새를 건설한다.

네덜란드는 중국선과의 무역을 인정받기는 하였지만 무역규제 때문에 무역량이 생각처럼 증가하지는 않았다. 이에 1633년 해적세력과 결탁하여 복건 연안을 공격, 무력을 배경으로 복건성 관헌에게 무역규제의 완화를 요구하였다. 그 결과 1634년 이후 타이완에 내항하는 중국선이 증가하였다. 당시 타이완은 일본 주인선과 중국선의 무역지로서, 일본의 주인선과 네덜란드 무역선은 경합관계에 놓여 있었다. 네덜란드는 일본 주인선을 무력으로 위협하여 주인선에 세금을 부과하려 하였고(1625년 타이완 사건), 일본은 그에 대한 보복조치로 1628년 7월 히라토 상관을 폐쇄하고 상관원과 네덜란드 상선을 억류하였다.

이 사건은 1632년 11월 타이완 사건의 책임자 누이쓰의 신병을 일본 측에 인도함으로써 해결된다. 네덜란드는 1634년 이후 증가를 보이는 대중국무역으로 다량의 생사와 견직물을 일본 히라토로 보냈는데, 그 양이 연평균 무역량의 8할이나 되었다. 네덜란드의 일본무역은 1635년 주인선 무역의 폐지에 따른 동남아시아 교역을 대체하여, 그 무역량이 포르투갈과의 무역량을 능가할 정도였다. 한편 위의 타이완 사건의 교섭 과정에서 막부는 네덜란드를 도쿠가와 '장군가의 피관被官'으로 자리매김한다. 즉 네덜란드인은 1632년 상인商人으로서 에도에 참부參府하여 장군을 알현하였고, 이후 네덜란드 상관장의 장군 알현이 정례화하게 된다.

한편 기독교 신앙은 1587년 이래 금지되어 있었으나, 서양과의 무역장려로 기독교 신자가 급증한다(70만에 이른다고도 한다). 이러한 상황 속에서 1609년 기독교 다이묘 아리마 하루노부有馬晴信가 포르투갈선(제우스 호)을 불태우는 사건이 발생한다. 이로 인해 포르투갈선의 일본 내항이 일시 중지되고, 1610년 다시 재개되었으나 1611년 나가사키로 한정된다. 1612년 2월, 제우스 호 사건을 계기로 아리마 하루노부와 이에야스의 측근 혼다 마사즈미本多正純의 가신 오카모토 다이하치岡本大八 사이의 뇌물수수사건이 발각된다. 이 사건을 계기로 막부는 1612년 3월 기독교인 막신幕臣을 추방하고, 막부령에 기독교금지령을 내리고 기독교 관련시설을 파괴하였다. 1614년 7월 나가사키의 기독교 관련시설을 파괴하고, 10월에는 기독교 선교사 96명과 신자 148명을 마닐라와 마카오로 추방하였다. 이어 1616년 8월 다이묘들에게 기독교 신교를 금지하는 법령을 내리게 하고, 선교사의 잠입을 방지하기 위해 서양선의 기항지를 나가사키와 히라토로 한정하였다.

한편 1620년 타이완 부근에서 난영방위함대에 나포된 기독교인 히라야마 쵸친平山常陳의 배가 마닐라에서 선교사 2인을 태운 사실이 발각되었다. 막부는 1622년 서국 다이묘와 네덜란드, 영국 상관에 외국인의 일본인 매매, 무기의 구입과 반출, 해적행위의 금지를 명하고, 위의 선교사 두 명과 쵸친, 수부 등 13명, 그리고 그 가족 34명을 나가사키에서 화형에 처하였다(겐나 대순교元和 大殉教). 이어 나가사키에 입항하는 선박에 대한 감시를 강화하고, 1623년 포르투갈인의 일본 정주와 일본선 안내를 금지하고, 일본인의 필리핀 도항과 기독교인의 출국을 금지하였다. 이어 1624년 에스파니아 선박의 일본 도항을 금지시키고, 필리핀과의 통교도 단절하였다. 그리고 1633년 소위 쇄국령을 내려 일본인의 출입국 금지, 서양 혼혈인의 국외추방, 나가사키 데지마出島 건설을 명하였다(쇄국령은 1634, 35, 36년 이어서 내려진다). 1637~38년에는 시마바라・아마쿠사島原・天草의 난이 발생한다. 이를 계기로 1639년 상관을 나가사키로 파견하여 기독교와 관계가 깊다고 여겨진 포르투갈과 단교하고, 나가사키부교, 나가사키 내항 중국선과 네덜란드선, 그리고 다이묘들에게 쇄국령을 내린다. 이로써 소위 '쇄국제'가 완성된다.

포르투갈과의 단교는 포르투갈인을 추방하더라도 네덜란드가 에스파니아・포르투갈의 방해 없이 생사・견직물・약종 등을 일본에 공급할 능력을 가지고 있다는 점, 즉 1610년대 이래 포르투갈의 대일본 무역은 감소하는 반면 히라토의 네덜란드 무역은 1630년대 이래 증가 일로여서 포르투갈의 일본무역을 능가하고 있었다는 점, 그리고 중국선의 무역이 순조롭게 증가하고 있다는 사실에 기초하고 있었다. 포르투갈선 내항 금지 후 네덜란드에 대한 규제도 강화되어 1641년에는 상관이 히라토에서 나가사키 데지마로 옮겨졌다. 한편 일본정주 중국인에 대한 규제도 강화되어 1639년 중국−나가사키를 왕복할 것인지 아니면 일본에 귀화하여 나가사키에 거주할 것인지(중국 도해 금지)를 결정하라고 강제하였다.

이상에서 알 수 있듯이, 일본의 유럽제국에 대한 외교 기조는 기독교 금지와 무역이익의 확보였다. 기독교를 금지한 가장 큰 이유는 장군이 지배하는 일본을 기독교 국가가 침략하거나 일본의 일부를 점거하여 장군 지배를 거부할 수 있다고 보았기 때문이다. 초기에는 무역 이익을 확보하는 쪽에 무게 중심이 두어져 기독교에 대해 관용적이었다. 특히 막부는 서국 다이묘가 장악한 대외무역을 직접 장악하기 위해 주인선 무역제와 이토왓푸 제를 실시하였다. 이것으로 막부가 해외무역을 장악하고, 무역을 주목적으로 하는 네덜란드가 등장하였으며 중국인의 무역진출로 안정적인 무역이 전개되자, 기독교 금지정책이 강화된다. 그리고 최종적으로 일본의 대유럽 외교는 장군에게 신종의 예를 취한 네덜란드 상관으로만 한정되었다.

제2절 명·청 교체와 대외관계='쇄국제'의 확립

17세기 전반 동아시아는 커다란 변화를 맞고 있었다. 임진왜란으로 조선은 국력이 크게 약해지고, 명도 약화되었다. 이에 1616년 중국 동북방의 여진이 자립하여 후금後金을 세워 1619년 사르후 전투에서 명을 격파하고 1621년에는 요동을 손에 넣었다. 그리고 1627년 후금은 조선을 침략한다(정묘호란). 이같은 사태에 대응하여 일본은 1629년 요동의 후금 배제에 협력할 의사가 있음을 조선에 전하라고 소 씨에게 명하였다. 쓰시마 사절은 일본군의 조선파병에 대한 설명이라는 명목을 들어 한양에 이르는데, 그동안 일본사절이 부산에 머물렀던 점을 염두에 두면 이례적인 일이었다. 조선은 당연히 일본의 제안을 거절하였다. 사실 일본의 사절 파견은 당시의 조선과 후금의 사정을 살피기 위한 것이고, 조선파병의 검토도 후금의 침략이 일본에까지 미칠지 모른다는 염려 때문이었을 것이다. 명에 대한 진공進貢 요구 역시 쓰시마 번이 대조선 무역을 진작시키기 위해 만들어낸 구실에 불과하였다.

1636년 후금이 국호를 청淸으로 바꾸고 조선을 침략하여 항복을 받아낸다(병자호란). 청은 일본에 조선을 경유하는 입공을 촉구하고, 스스로 사절을 파견할 의향이 있음을 표명하자 조선은 이를 거절하였다. 청에 쫓긴 명의 유신들은 남쪽으로 내려가 복건지역을 근거지로 삼고 청에 대항하였다. 이들은 일본에 군대 파견을 요청하였고 막부도 이에 대해 신중히 검토했으나,

1646년 남명南明 정부가 멸망하면서 더 이상의 논의는 이루어지지 않았다. 남명南明 정부는 일본뿐 아니라 마카오, 류큐, 안남, 나아가 로마 법황에게까지 구원을 요청하였다. 일본에의 구원 요구를 주도한 것은 당시 중국선을 중심으로 일대세력을 형성하고 있던 정지용(남경함락 후 정지용은 당왕을 받들어 복건성에 있었다)·정성공이었다. 남명 정권의 구원 요청은 당시의 무역과 관계된 국제정세를 반영한 것으로, 특히 정지용 부자의 원군 요청은 중국선을 중심으로 한 무역권을 지키기 위해서였던 것으로 판단된다. 이러한 요청에 일본이 위와 같이 대응한 것도 청의 중국지배가 일본의 류큐 지배와 대외무역에 미칠 영향을 염려했기 때문으로 보는 것이 사실에 가까울 것이다. 한편 당시 청조의 지배를 거부하고 일본에 망명해 온 명인明人은 수만 명에 이르렀는데, 미토 학水戸學에 큰 영향을 준 주순수朱舜水, 황벽산黃檗山, 만푸쿠지万福寺를 개산開山한 은원隱元은 그 대표적 인물이다. 이들 망명 명인들이 가지고 있던 고도의 지식과 기술은 그 후 일본사회의 문화수준 향상에 크게 이바지하였다.

한편 위에서 본 막부의 조치에도 불구하고 포르투갈은 일본에 선교사를 잠입시키려는 의도를 꺾지 않았다. 예수회 선교사 안토니오 루비노가 1638년 일본 잠입을 계획하고 1642년 잠입을 시도하였으나 고시키지마甑島에서 체포된다. 또한 페르도 마르케스Perdo Marques 등이 1643년 마닐라에서 출발하여 1개월 후 치쿠젠筑前에 도착하나 오시마大島에서 체포되었다.

포르투갈 국왕은 위의 사태에 대응하여 일본에의 대사 파견을 결정하고 1644년 배 2척을 파견하였다. 그러나 풍랑을 만나 수단 해협 부근에서 네덜란드에 보호를 요청하고, 1646년에야 마카오에 도착하였다. 이들이 나가사키로 출발한 것은 1647년 6월이다. 막부는 1644년 말 포르투갈의 이 같은 움직임에 대한 정보를 입수하고 경계태세를 강화하였다. 막부의 방침은 이번 포르투갈선의 내항은 국왕 교체의 사례사절이므로 허락하되, 교역은 불허한다는 것이었다. 한편 막부는 이 사건을 계기로 나가사키 방어책이 충분히 기능한다는 것을 확인하였고, 이로써 일본과 포르투갈의 직접 무역관계는 두절된다. 그러나 포르투갈은 동남아시아 진출을 강화하고, 일본으로 향하는 중국선을 통해 간접적으로 일본과 무역을 계속하였다.

1630년대 초반 정지용이 장악한 중국선의 일본무역은 네덜란드와 경쟁하면서 순조롭게 전개되고 있었다. 청군에 의해 남경이 함락되자 정지용은 명의 구원을 막부에 요청하나, 1646년 10월 나가사키부교를 통해 복건 함락 소식을 접한 막부는 원군파병 논의를 중단하였다. 국제정세의 이 같은 변화 속에서도 중국선의 대일본 무역은 정성공의 지휘 아래 여전히 순조롭게 진행되었다.

한편 네덜란드는 중국산 생사무역이 정성공의 중국선 장악에 밀려 퇴조하자 베트남과 벵갈산 생사를 들여와 이익을 취한다(이토왓푸 제가 적용되지 않았다). 한편 중국산 생사수입을 독점하게 되자 정성공은 생사수출량을 조절하여 가격조작을 행하였고, 이토왓푸 제는 1655년 폐지되었다.

류큐는 1654년 청의 책봉을 받았다. 막부와 사쓰마는 류큐 왕조의 관직이 청조의 관직체계에 포섭되는 것을 걱정하면서도(변발 포함) 막부는 류큐에 청의 처리에 따를 것을 지시하였다. 청은 류큐의 자율을 인정하고, 쇼시쓰尙質를 류큐 왕에 임명하고 2년1공의 조공무역을 인정하였다. 한편 막부·시마즈 씨는 류큐에 류큐와 자신들과 관계를 청에게 알리지 말라고 주문하였고 이에 따라 류큐는 공식적으로는 독립왕국으로 자리매김하게 된다.

네덜란드는 1641년 포르투갈이 영유하고 있던 말라카를 빼앗고, 1642년 기륭에서 에스파니아를 구축, 타이완 전도를 지배 하에 넣었다. 한편 네덜란드는 1643년 일본 북방을 탐험하기 위해 프레스켄스 호를 파견하였다. 그러나 이 배가 풍랑을 만나 표류하다가 규슈에 귀착하여 타이완으로 귀선하였다. 그런데 위의 프레스켄스 호를 탐색하던 네덜란드 선이 무쓰陸奧의 야마다우라山田浦에 상륙, 물과 음식물을 공급받고 출항한 후 다시 야마다우라에 입항하였다. 일본은 이 배의 선장 이하 10여 명을 체포하여 모리오카盛岡에서 취조하고 에도로 송치하였다. 막부는 심문을 마친 후 이들을 석방하였으나 네덜란드에 해외정보의 제공을 요구하고, 이 같은 처리에 감사하는 네덜란드 사절의 일본파견도 요구하였다. 네덜란드는 이 요구를 달가워하지 않았으나 일본이 강경한 태도를 보여 1650년 바타비아 정청의 판단으로 사례 사절을 일본에 파견한다. 사절은 1650년 10월 에도에 도착했으나 이에미쓰는 병이 들어 알현은 연기되었다. 결국 이에미쓰는 알현하지 못하고 1651년 3월 세자 이에쓰나家綱를 알현하였다(1651년 이에미쓰 사망). 1652년에는 이에쓰나의 장군 취임을 축하하기 위해 상관장이 에도에 참부하였는데, 이 자리에서 포르투갈에 대한 정보의 제공이 '봉공'이라는 점=네덜란드 풍설서의 제공, 중국선에 대한 공격 중지를 명하는 서면 명령서를 전달받는다. 이는 1659년 조약으로 정착되고, 1666년 이후 풍설서는 일본어로 보고된다. 그리하여 네덜란드는 풍설서를 정례에 따라 막말까지 막부에 제공하게 된다.

이상의 과정을 통해 막부는 쓰시마를 통한 조선과의 무역을 포함한 통신관계, 마쓰마에 번을 통한 아이누와의 무역관계, 사쓰마 번을 통한 류큐와의 관계, 나가사키를 통한 네덜란드와 청과의 무역관계를 확정한다. 소위 근세일본의 대외로 향한 쓰시마, 마쓰마에, 류큐, 나가사키의 4창구가 설정된 것이다. 그러나 조선, 류큐, 아이누, 네덜란드, 중국과 일본의 관계는 각각 그 성격을 달리한다. 조선과 일본의 관계는 기본적으로 적례에 입각한 대등한 외교관계(무역을 포함한)이나, 조선과 쓰시마의 관계에서 쓰시마는 조선의 기미국으로 위치하였다. 류큐와 일본의 관계는 류큐를 이국異國으로 인정하면서도 기본적으로는 사쓰마에 예속된 속국으로서 일본에 '조공'하는 존재, 아이누는 마쓰마에 번에 속한 지역으로서 마쓰마에에 '조공'하는 존재로 위치시켰다. 중국과 네덜란드는 기본적으로 교역관계를 유지하는 통상국이었다.

제3장 경제구조

제1절 농촌 지배

1. 막번체제 성립기의 농민계층과 촌의 형성

막번체제 성립기에 농민은 다양한 형태로 존재하는데, 경영 형태상 크게 단혼소가족單婚小家族의 소농경영과 가부장제적 복합가족의 명전名田(묘덴) 지주경영으로 나눌 수 있다. 단혼소가족 경영자에는 검지장의 명청인名請人인 소백성과 가부장제 복합가족 명전 지주경영에 종속된 나고名子 혹은 히칸被官 백성이 있다. 가부장제적 복합가족 명전名田 지주경영자에는 촌 행정에 참여하는 장백성長百姓(비교적 부유한 유력백성)과 쇼야庄屋・나누시名主 등 영주에게 일정하게 급료를 보장받고 촌의 행정을 담당하는 촌역인村役人(무라야쿠닌)=부지扶持 백성이 있다.

단혼가족에 의한 소농경영의 기본단위인 소백성은 검지장에 보유지가 등록된 자립소농민이다. 이들은 가부장제 복합가족 명전지주에 예속된 가옥 소유 하인家持下人(나누시에 예속되어 있으나, 가정을 이루어 독립된 집에서 생활하는 백성)이나 주가(나누시)에서 독립한 소농, 나누시 가에서 분가한 방계친족, 그리고 명전지주가 몰락해서 성립되었다. 자립경영을 통해 연공과 석고에 대응한 역을 부담한 이들은 '장백성'처럼 집을 소유하여 가옥에 부과된 부역軒役을 부담하는 역옥役屋(야쿠야)과 집이 없어 가옥에 부과된 역을 부담하지 않는 무족인無足人으로 나눠진다. 무족인은 부지 백성이나 장백성의 집에 살면서 그들의 지배를 받는다. 한편 소백성들 중에서도 보유지가 적어 장백성・부지 백성의 보유지 일부를 소작하는 경우, 가족원을 하인(나고, 히칸)으로 방출하는 경우도 많았다.

장백성은 전대의 나누시 백성의 계보를 잇고, 부지 백성은 전대의 재지무사地侍 혹은 재지영주 출신이다. 이 양자는 검지장의 가옥을 가진 명청 백성이며, 장백성은 역옥의 중심이었다. 이들은 하인이나 나고들을 써서 수작手作경영을 하는 외에 무족인이나 소작백성을 지배하였다. 막번권력은, 장백성과 부지 백성의 과거 재지무사로서의 재지 지배력을 이용하고자 그들을 오쇼야大庄屋 등에 임명하고, 혹은 지방의 치안을 맡게 하고, 군역의 대가로 그들이 재지영주로서 실현하고 있던 착취분의 일부를 지행・부지・급료 등의 이름으로 인정해 주었다. 따라서 부지 백성에게 종속해 있는 히칸 백성이나 하인은 재지영주 아래 있던 소가신단의 기능을 유지하고 있었다. 이렇게 해서 부지 백성은 막번의 가신단을 보충하는 재지 억압장치의 역할을 할 수 있었다.

소농경영은 1) 경영 내부에 협업・분업관계가 이루어지지 않고 소농구와 인력에만 의존하여 노동생산성이 낮고, 2) 보유지는 경작이 어려운 하전下田이 많고, 3) 용수·임야의 용익권을 갖지 않는 등의 불리한 조건을 갖추고 있었고, 4) 단혼소가족 노동력을 완전 소모하는 집약농업으로 토지생산력을 향상시킨다는 특징이 있다. 이에 비해 명전 지주경영(주체는 장백성·부지 백성)은 1) 다수의 종속노동력에 의한 분업·협업과 가축을 이용해 노동생산성이 상대적으로 높고, 2) 보유지에 상전上田이 많고, 3) 용수·임야 이용권을 선취하고 있으며, 4) 이 같은 조건에 의해 소농경영에 비하여 동일 생산고에 한층 많은 노동력을 필요로 하여 상대적 조방성을 특징으로 한다.

간에이 말년부터 시작된 막정·번정 개혁, 특히 소농유지책을 중심으로 한 농정개혁으로 촌락은 어떻게 변모되었을까? 우선 종속농민의 자립으로 연공 추가미=데메出目(연공에 추가하여 더 걷는 쌀)가 증가하고, 토지 품등이 상승하였다. 이는 소백성·종속농민이 그 보유지와 개간지의 열악한 조건을 개선시키고, 그것은 장백성과 부지 백성이 기존의 유리한 입장을 상실하였음을 의미한다. 또 나누시 가에 종속되었던 농민들이 독립하여 영세한 경작지를 보유한 백성의 수가 증가하였다. 이러한 일련의 변화는 종래의 농민 제 계층을 지탱해 온 경제적 조건이 무너지고 농민의 새로운 계급분화가 이루어졌음을 암시한다.

막부는 1673년 분지分地제한령을 발포한다. 그 내용은 나누시는 고高 20석, 일반 소백성은 고 10석 이하의 경우 분가를 금한다는 것이었다. 이는 단혼소가족 소농경영이 만면 개화하여 안정적인 연공과 제역 수취를 실현하기 위한 것이었다. 이로써 소농경영이 증가한 반면, 무족인은 점차 감소하고 가부장제적인 대가족 명전 지주경영은 분해한다. 소작경영은 지주수작경영으로 전환하거나, 장백성이 단혼소가족층에 흡수된다. 농민계층의 이 같은 변화에 대응하여 경지보유 백성과 연공과 제 역을 부담하는 계층을 모두 포함하는 새로운 신분으로서 본백성本百姓이 등장한다. 이리하여 농민을 구분하는 주요 지표는 촌고村高에 관련된 토지의 명청인名請人인지 아닌지의 여부가 되고, 토지를 보유하지 않은 무고無高 백성=미즈노미水呑는 촌 구성원에서 제외되었다.

경지보유 백성은 병농분리정책에 의해 그 일부가 향사鄕士격을 부여받고 그에 상응하는 군역을 영주에 제공하여 가신단에 편입되었다. 그리고 그 나머지 일부는 나누시・쇼야로서 급미・석고감高引(보유 석고에서 일정량을 감하여 연공과 제 역을 경감해 주는 것), 혹은 제 역을 면제받는 대신 촌정을 담당하였다(무라야쿠닌村役人). 그러나 나와노비繩延び(검지장에 기재된 토지보다 실제로 보유한 토지가 많은 것) 등이 부정되어 종속농민들이 자립함으로써 그들의 토지경영은 상층 본백성의 지주수작경영과 동일해지게 되었다.

결과적으로 촌의 농민계층은 연공과 제 역의 부담 유무를 기준으로 나누시, 본백성, 미즈노미水呑(무고 농민)라는 3신분으로 나뉘게 되었다. 이는 막번권력의 소농유지책과 경지보유, 기타 용익권의 차별 철폐를 요구하는 소농민의 의사가 반영된 것이다. 이 시기의 본백성은 1) 분지제한령으로 대표되는 막번영주의 소농유지책, 2) 연공・제 역을 촌에 청부村請하는 경제외적 강제로 기능하는 촌촌공동체의 구성원, 3) 경지확대, 임야・용수의 용익 한계에 대응하는 소농경영의 자기보존 요구에 의하여 소백성 스스로 폐쇄되어 본백성의 수는 고정화하는 경우가 많았다. 즉 본백성은 미즈노미 층이 경지보유 백성으로 상승하거나 분가에 의한 소농민의 자립을 방어하는 속성을 나타낸다.

2. 농민정책의 기조

이에야스는 장군직에 오르기 전해인 1602년 12월 6일 지두地頭(급인)・다이칸, 간토 지역의 백성을 대상으로 각각 법령을 발포한다. 지두・다이칸에게 내린 법령의 주요 내용은 1) 직할지나 기타 지역의 백성이 지두의 불법행위로 인해 고향을 떠날 경우, 지두는 어떤 이유로도 그들을 억지 귀향시키지 않는다, 2) 연공 미진자는 부교 앞에서 감정한다, 3) 백성 살해를 금지하되, 단 백성에게 죄과가 있을 경우 포박해서 부교쇼에서 대결한다 등이다. 간토 지역의 백성을 대상으로 한 법령의 주요 내용은 1) 지두地頭의 불법행위로 고향을 떠날 경우, 인향隣鄕의 세율을 기준으로 한 연공을 납입한 후 이향離鄕한다, 2) 지두에 대한 직소는 지두에게 인질이 잡혀 있어 자유로운 행동이 불가하거나 고향을 떠날 각오가 되어 있을 경우에 행한다, 3) 다이칸·부교에 재삼 소장을 제출해도 증인을 얻지 못했을 경우는 직소해도 좋으나, 그 수속을 밟지 않은 직소는 인정할 수 없다, 단 다이칸에게 불법행위가 있을 경우는 직소해도 무방하다, 4) 연공은 급인과 백성이 서로 상의해서 정해지는 것이므로 연공에 대한 직소는 금지한다는 것이다.

위의 법령의 특징은 백성에게 지두·다이칸의 불법행위에 대한 탄핵권을 인정하되 연공을 둘러싼 백성의 요구는 일체 부정한 점이다. 막부는 이 법령을 통해 급인의 지행권에 제한을 가하고 다이칸의 불법행위에 대한 백성의 직소권을 인정함으로써, 직할지에 대한 직접지배권을 관철하고자 하였다. 위의 두 법령은 1603년 3월 하나로 합쳐져 공포되었다. 이것으로 막부는 지두·다이칸과 백성의 계쟁에 공권력을 개입시켜 재지영주권을 전국지배권에 흡수하고 생산물지대의 원칙을 강화시켜 나간다.

1604년 이후 무사시, 사가미, 미카와, 도토미遠江, 에치고, 이즈미 등의 막부령을 대상으로 한 소위 게이쵸 검지慶長檢地가 실시된다. 이때 논밭은 모두 석고나 관문貫文으로 표시하고, 토지는 그 비옥도에 따라 상·중·하로 분류하였다. 집도 석고로 산정(고쿠모리石盛)하여 표시하였다. 특히 밭과 집은 관문으로 표시하는 경우가 많았다. 그런데 가옥 등의 석고 산정이나 토지의 상·중·하 분류가 반反별로 되어 있지 않은 경우도 많았다. 이러한 현상은 검지가 일정한 시행원칙에 의거하면서도 재지 관계들, 특히 생산력의 발전 정도나 나누시 등 토호층의 대응형태 등에 규제되었다는 것을 나타낸다. 그리고 검지 담당자의 재량이 크게 작용하고 있음도 알 수 있다. 이 검지를 통해 촌의 석고는 크게 증가하는데, 생산력의 상승 부분을 검지를 통해 장악하고 동시에 이제까지 석고에 잡히지 않았던 토지를 장악한 결과다. 검지를 통한 석고 증가는 이제까지 사용하던 6척3촌의 자 대신 6척1촌의 자를 사용한 덕도 있었다. 그러나 아직까지 연공률은 영주와 농민의 역학관계에 규정되고 있었다.

그렇다면 막부는 농촌 내의 어느 계층을 연공·제 역의 납입책임자로 파악하고 있었을까? 검지장에 등재된 농민들의 경작지는 대부분 영세하다. 이들은 예속농민이 아니라 가옥 등록인과 혈연관계에 있거나 소작관계에 있었던 농민들로 파악된다. 그러나 게이쵸 검지에서는 가옥소유 명청인, 무가옥 명청인, 나누시직 소유자들을 모두 농업경영자로 파악하고, 가옥소유 명청인을 연공의 촌 청부村請 주체로 자리매김하고 이들을 가옥에 매기는 부역납입자로 삼았다. 여기에서의 가옥소유 명청인이 소위 초기의 본백성本百姓이다. 즉 무가옥 등록인도 농업경영자=명청인이기는 하지만 완전한 백성신분으로는 인정하지 않았다. 막부가 이들 본백성=가옥소유 농민을 장악하고 이들의 사회적 성장을 촉진하는 정책을 취했던 것은 이들을 통해 농민부역을 주요 요소로 하는 군역을 체계적으로 확보하기 위한 것이었다.

1615년 오사카 싸움으로 도요토미 씨가 멸망하자 위의 농촌정책은 변화를 보이기 시작한다. 이에야스가 사망한 1616년 쓰쿠이津久井 령에서 실시된 검지장을 보면, 새로이 3개 촌이 성립하고 있다(촌 분할. 무라키리村切라고 한다). 그리고 처음으로 농민의 입·출작이 명기되어 명청인의 수도 현저히 증가한다. 이는 구래의 촌락을 해체하고 근세적인 행정촌을 창출해 가는 과정을 나타냄과 동시에 막부의 농민파악 정도가 심화되어 감을 나타낸다 하겠다. 이러한 경향은 간에이·게이안기를 통해 더욱 강화·촉진된다.

에치젠 후쿠이 번은 1598년 소위 다이코 검지를 실시하였다. 이때 촌 분할을 실시했지만, 산재하는 출·입작을 해소하거나 경작지를 바탕으로 한 촌역村役을 결정하지는 못하였다. 그리고 당시 농민을 대목大目·중목中目·소목小目 백성으로 구분하였는데, 이 구분은 경지의 보유가 아닌 가옥의 소유(대목)와 비소유(소목)의 의한 것이었다(중목 백성은 경작지를 보유한 농민). 대목 백성이 연공·부역의 청부인, 즉 본백성임은 말할 나위도 없다. 간에이기에 들어 후쿠이 번은 촌에 자주적으로 검지=내검지内檢地를 실시할 것을 명하고, 이로써 다이코 검지 당시의 불철저한 촌 분할을 완성하고, 농민계층을 경지의 보유량에 따라 재편한다. 이리하여 가옥과 논밭의 필지 수筆地數에 의거한 농민계층 구분이 부정되고, 중목백성은 대목백성에 편입된다. 이로써 후쿠이 번은 근세적인 농민지배체제의 기반을 형성하게 된다.

한편 1630~40년대에 막정의 중추기구, 특히 간죠가시라를 정점으로 하는 지방지배조직이 정비되어 막부는 농민에 대한 직접 파악을 강화하였다. 막부를 움직인 것은 만성적인 부작으로, 이 때문에 생산력이 저하되고 많은 농민들이 토지를 떠났다. 이에 막부는 1633년 7월, 막령·급지의 쵸닌·백성의 소송은 그 지역의 부교·다이칸 및 급인이 담당할 것, 재판이 부당하다고 판단되면 막부에 소장을 제출할 것, 부교·다이칸 등에게 소장을 제출하지 않은 소송은 도리에 합당하더라도 취급하지 말 것, 사사령의 백성들은 그 지역의 다이칸에게 재판을 받고 그 재판이 부당하다고 판단될 경우에만 막부에 소장을 제출할 것, 다이칸에 신고하지 않고 막부에 소송을 내는 것은 금지할 것 등을 명하였다. 이는 이전과 다르게 백성의 지두·다이칸에 대한 탄핵권을 부정한 것이다. 아울러 막부는 은전隱田을 밀고하면 보상해준다는 명을 내리는데, 생산물지대의 원칙을 강화함과 동시에 검지 방침을 보강한 것으로 보인다.

위의 법령은 1633년 8월 공사재허정公事裁許定 21개조로 정비되어 공포된다. 이 법령은 도시·농촌의 신분질서 강화라는 의도가 담겨 있었고, 1637년 법령에는 고닌구미五人組의 기능 강화가 명기되었다. 그리고 이 시기에 막부는 농촌실정을 조사·정찰하기 위해 쥰켄시巡見使를 각 지역에 파견하고, 반복해서 농촌지역에 법령들을 포고하여 의식주·사치의 제한, 연초 재배와 주조 등을 금지하였다. 이러한 법령들은 모두 소농자급경영의 구체적 내용을 규제·간섭하는 것들이다. 그리고 마침내 1643년 농민을 강력히 장악하려는 의도 하에 막부는 도민시오키오보에土民仕置覺를 제정한다. 이 법령에는 논밭의 영대永代매매 금지 규정이 나오는데, 당시의 대기근 때문에 설정된 것이었으나 이후 소농경영을 유지하는 기본법령으로 반복해서 강조되었다.

도민시오키오보에는 1649년 게이안 오후레가키慶安御觸書로 정비 공포되었다. 전 32개 조로 구성된 이 법령은 막부의 농촌법령 중 가장 상세한 것으로 농민의 일상생활, 농업경영, 농민의 마음자세 등등을 상세히 규정하였다. 그 제1조에서는 막부 법령의 준수, 영주에 대한 복종, 촌역인을 어버이로 생각하라는 등 봉건제 하의 신분과 계층성을 강조하고 있다. 무엇보다도 농민생활의 규제를 목적으로 한 법령이어서, 술과 차의 구입 금지, 잡곡을 주식으로 할 것, 차를 마시거나 남편을 업신여기는 아내와는 이별할 것,

농업경영과 관련해서는 분뇨의 처리방법까지 세세히 명기하고 있다.

한편 동년(1649) 막부는 검지조목慶安檢地條目을 공포하는데, 검지법규檢地掟, 검지 관계자의 기청문전서起請文前書, 검지방법檢地仕樣之覺 등 세 부분으로 이루어져 있다. 검지조목이라 하면 일반적으로 검지법규를 일컫는데, 검지법규는 27개 조로 구성되어 있다. 그 제1조에는 검지 담당자의 마음가짐을 명기하고 있는데, 특히 아비가 자식들에게 토지를 나누어주었을 경우, 토지대장과 검지장에 각각 자식들의 이름을 기입할 것을 명하고 있다. 이는 논밭이 사실상 형제들에 의해 분할 경영되고 있음에도 장남이 전 경지를 포괄적으로 소지하고 연공 역시 장남의 명의로 납입하는 형식—실제 경작자를 내부內附 혹은 분부分附하던 형식을 부정하는 정책이다. 즉 실제 경작자를 연공부담자로 자리매김하는 소농자립정책—소농 유지·보호정책이라 하겠다. 제8조에는 검지척의 길이를 6척1분으로 규정하고, 모든 토지를 빠짐없이 검지하고 검지의 공정성을 유지할 것을 지시하고 있는바, 이제까지 강화해 온 생산물지대의 증징 방침을 확인하고 이를 제도화한 것으로 볼 수 있다. 이처럼 이 검지조목은 막부 개설 이래 실시해 온 검지의 기준을 집약해서 통일된 기준을 제시한 것이다. 그리고 자급적인 소농경영을 체제적으로 성립시키고, 그 경영의 재생산을 유지할 수 있는 범위 내에서 연공을 징수하고자 한 것이다.

3. 영주와 촌·촌민

근세의 촌은 촌민의 생산·생활의 장임과 동시에 권력이 농민지배를 실현하는 장으로 설정되었다. 병농분리에 의해 지배계급인 무사는 죠카마치에 집주했기 때문에, 중세처럼 영주가 촌에 관館을 설치해서 농민을 직접 지배하지는 않았다. 영주는 중세를 통해 형성된 공동체를 기반으로 행정단위인 촌을 인위적으로 설정하여, 촌 단위로 연공과 부역을 부과하고 촌의 책임 하에 그것을 납입하는 촌 청부제=촌청제村請制를 실시하였다. 따라서 이러한 행정의 말단을 담당하는 제도와 인간=촌역인이 필요하였다.

촌역인은 보통 '촌방村方(무라카타) 3역'이라 하여 쇼야(나누시·기모이리肝煎),

구미가시라組頭, 햐쿠쇼다이百姓代를 지칭한다. 이들은 촌공동체의 이익을 대변·대표하지만, 영주의 농촌지배 말단에 위치하면서 농민을 지배·지휘하는 존재이기도 하여 상호모순된 성격을 띠고 있다 하겠다. 쇼야는 부지백성의 신분을 잃어버렸으나 대부분 촌내의 최대 석고 소지자이며, 급미·석고감 혹은 제 역 면제의 우대를 받고 있어서 경제적 우위를 유지하였다. 뿐만 아니라 자가에서 분출한 농민이 다수 존재하여 촌내의 최대 동족단을 이끌고 있었다. 더욱이 연공·제 역의 징수와 산용, 그 금납 부분을 위한 환금 조작을 장악하고, 그와 관련하여 농민의 비자급 생산물 판매를 청부하고, 농민의 연공·제 역 미진분을 입체하는 미·금 고리대업까지 행하고 있었다. 그러나 그들은 본백성을 구성하는 촌의 장으로서 '촌공동체'의 규제에 묶여 있는 존재였다. 즉 쇼야는 영주에 대한 촌민의 소원, 타촌과의 분쟁, 농민들과의 분쟁村方騷動(무라카타 소동), 연공·제 역 비용의 산용, 기타 촌정 운영 등을 구미가시라와 햐쿠쇼다이와 함께 도맡아 처리하였다.

구미가시라는 일반적으로 기독교 금지와 치안유지를 목적으로 설치한 고닌구미五人組의 장을 지칭한다. 고닌구미는 5가를 1조로 조원 상호간에 연대 책임을 지게 하는 일종의 감찰제도다. 그러나 고닌구미의 장인 구미가시라와 촌내의 백성지배를 위해 설치한 구미가시라는 성격을 달리한다. 마을의 장으로서의 구미가시라는 자연발생적으로 이미 존재하였던 데 비해, 고닌구미는 기독교를 금지하기 위해 행정적으로 편성한 것이었다. 즉 자연발생적인 구미가시라가 이미 실태적으로 존재한 상황에서 고닌구미를 설치하여 그 장으로서 구미가시라를 두었다고 보이며, 마을의 구미가시라가 고닌구미의 구미가시라를 겸했을 가능성이 크다.

이러한 연유로 마을의 구미가시라는 쇼야의 보좌역으로서 촌의 행정을 담당하게 된다. 마을의 구미가시라가 권력이 행정촌을 창설하기 전부터 존재하였다는 점에서, 초기의 구미가시라는 권력이 행정의 말단으로 둔 쇼야와는 달리 쇼야의 전횡을 견제하였을 것이나 시간이 흐르면서 쇼야의 보좌역으로서의 성격이 강해졌다고 보인다. 그리하여 구미가시라는 권력이 공적으로 인정하는 행정 역직으로 두어지게 되고, 마을의 구미가시라 혹은 고닌구미의 구미가시라가 돌아가면서 맡았다.

햐쿠쇼다이는 촌민을 대표하여 쇼야·구미가시라의 촌정을 감시하고, 촌민의 의견을 촌정에 반영하는 지위를 갖는다. 보통 촌민의 추천으로 한 촌에 한 명이 선출되었다. 쇼야나 구미가시라보다 촌민을 대표하는 성격이 강하고, 무급이며, 쇼야나 구미가시라와 달리 영주의 승인이 필요 없었다.

본백성을 중심으로 하는 봉건적 촌공동체 규제는 막번영주가 봉건지대를 착취하기 위한 경제외적 강제로서 기능하지만, 동시에 촌공동체의 바깥에 대한 배타성과 내적인 계층차별성은 봉건지배의 불가결한 구조인 신분제를 인민 내부에 뿌리내리게 하기 위해 이용되었다. 이들 중 쇼야는 검지에 의해 촌이 형성되면서 동시에 설치되고, 구미가시라는 17세기 중엽에 설치된다. 햐쿠쇼다이는 촌민의 요구에 따라 18세기에 설치되었지만 근세 말까지 설치되지 않은 촌도 있었다.

제2절 도시 지배

1. 도시의 형성·구조와 그 특징

센고쿠 시대 중기에 접어들면 사찰의 경내나 사찰 문전에 성립한 지나이쵸^{寺內町}·몬젠마치^{門前町}나 사카이^堺 같은 항구도시가 건설되고, 그 밖에도 전국적인 유통망의 정비와 센고쿠다이묘의 일원적인 영국지배 거점으로서 도시=죠카마치가 본격적으로 건설되었다. 이러한 과정은 이후 병농분리와 함께 농촌과 도시의 역할이 지역적으로나 기능적으로나 구분되면서 더욱 가속화되었다. 근세도시의 특질이라고 할 토지세 면제, 상거래 자유령=라쿠이치·라쿠자^{樂市樂座} 정책 등은 죠카마치 건설을 위한 선구적 조치라고 할 수 있다.

죠카마치는 센고쿠기에서 근세 초기까지 건설된다. 이는 첫째, 정치·경제의 거점으로서 가신단의 집중을 가져왔다. 아사쿠라^{朝倉} 씨의 경우, 이치죠다니^{一乘谷} 이외의 지역에 성곽 건설을 일체 허용하지 않았고, 무사와 상인들을 자신의 성하로 이주시켜 집주하게 하였다. 이 같은 조치는 가신단을 통제하고 아울러 영주의 재지지배에 의한 영국지배를 부정하는 것이었다. 둘째, 상공업자의 이주 역시 죠카마치 건설과 함께 이루어졌다. 아즈치安土, 사카이 등지의 쵸닌을 강제 이주시켜 오사카 죠카마치를 건설하였으며, 다이묘 전봉 시에 쵸닌의 이주가 함께 이루어지기도 하였다. 또한 영내의 모든 상공업자들을 죠카마치의 건설과 함께 집주케 하였다. 이러한 정책은 상공업을 통제하고 아울러 백성신분을 확보하면서 이들의 사적인 상행위를 금지할 목적에서 시행되었다. 셋째, 죠카마치의 쵸닌들에게 상업독점권을 보장했을 뿐만 아니라 특정 가도를 죠카마치로 통과케 하는 정책이 행해졌다. 넷째, 노부나가의 죠카마치였던 가노加納에서 볼 수 있듯이 죠카마치에는 라쿠이치·라쿠자 령이 내려져 잡세公事와 토지세 등이 면제되었다. 이러한 죠카마치 쵸닌에 대한 우대는 죠카마치의 번영과 영국경제의 발달을 꾀하는 조치임과 동시에 쵸닌의 경제·기술력을 장악하기 위한 것이었다.

근세도시로의 전환은 중세적 자座 조직의 해체와 상공업자의 근세적 편성에 의거하였다. 오다·도요토미 정권에 의한 도시 상업조직의 편성은 다음과 같은 경과와 내용을 가지고 있다. 센고쿠다이묘·오다·도요토미 정권은 죠카마치 번영책으로서 죠카마치에 라쿠이치·라쿠자 정책을 실시하고, 영내 검문소關所(세키쇼)를 철폐하고, 지역시장의 상업과 상인을 장악·지배하고 있던 쇼닌쓰카사商人司에 의한 상인통제를 실시하였다. 노부나가의 라쿠이치·라쿠자 령은 기후岐阜의 가노加納, 아즈치, 가나모리金森의 죠카마치 또는 그에 준하는 도시에 한정하였다. 검문소 철폐도 자신의 영국에 한정하였으며, 교토 천황령 하의 검문소分關, 오미·이세 간의 핫푸八風·치구사 가도千種街道에서는 역전役錢을 징수하였다. 오와리·미노의 이토 소쥬로伊藤惣十郎 등의 쇼닌쓰카사에게는 영내의 상인을 통제하도록 하였다.

따라서 오다 정권의 상업통제는 구래의 자 조직의 온존·안도와 죠카마치 번영정책을 기본으로 하였다. 특히 기나이에서는 구래의 체제가 존속했을 뿐만 아니라, 노부나가는 적극적으로 유통 동업조합(나카마)을 이용하려 하였다. 오다 정권이 자에 특권을 인정하고 구래의 유통기구를 온존시킨 것은 무슨 이유에서일까? 병농분리 이전의 통일정권이 막대한 인구를 도시에 집중시킨 적은 없었다. 기후·아즈치의 번영은 본령지를 잃고 처자·일족·가신을 모두 성하에 집중시킨 단계와는 다른 것이었다. 특히 혼노지의 변에서 볼 수 있듯이 노부나가가 무장을 갖춘 가신을 교토에 결집시켰을 때 그 수는 대략 2천~3천 정도였다. 이 정도의 인구이동은 유통관계의 질적 전환을 필요로 하지 않았다.

도요토미 정권이 정권 초기에 자에 특권을 인정하면서 1585년부터 라쿠이치·라쿠자를 전면 실시한 것은 권력구성의 변화, 통일정권의 존재로 교토 인구가 급격히 증가하고 그에 따라 유통량이 증대하여 그에 맞추어 기존의 유통조직을 해체할 필요가 있었기 때문이다. 그리하여 1585년 10월 "제 역을 멈추고 자를 파"하는 라쿠자 정책을 실시한다. 또 같은 시기 전국에 걸쳐 역전役銭의 징수를 금하고 검문소도 모두 철폐하였다. 히데요시는 1585년 10월 공가인 우스가薄家의 제 지역 소장수牛博의 노역이 문제가 되자 역전의 징수를 금하였다. 다음으로 라쿠자는 자 법座法으로 독점권을 행사하는 상공업자의 자 결합을 금지하였다. 라쿠이치·라쿠자 정책은 1591년 12월까지 지속된다.

이러한 사실들이 갖는 의미는 다음과 같다. 근세권력의 상공업자 파악은 역 부담을 중심으로 한다. 혼죠本所의 역전 징수 금지는 근세권력이 상공업자를 파악하고 노역을 징수하기 위한 것이었다. 상공업자의 자 조직을 해체한 것은 독점조직을 타파하여 신규 상공업자를 포함한 상공업자를 새롭게 편성하기 위해서다. 동업조합問屋, 동량棟梁 등을 통한 동업자 장악이 이를 보여준다. 따라서 라쿠이치·라쿠자 정책은 상공업자에게 자유로운 상행위를 보증한 것이 아니라 새로운 형태로 상공업자를 장악하기 위한 것이었다. 상공업자 조직이 역을 부담하는 물가통제기구로 여겨진 것은 분명하다. 히데요시에 이르러서는 1597년 "기나이, 교토, 후시미, 오사카, 사카이의 모든 매물은 대소를 막론하고 1/5의 역을 바칠 것"이라 한 것처럼, 동업조합조직을 통해 영업세의 성격을 띤 역전을 거두었으며, 사카이에서는 '사카이 제 자 역료堺諸座役料'를 징수하기도 하였다.

위의 근세도시의 형성 과정을 중세도시의 재편과 관련해서 살펴보자. 근세

도시가 병·농, 상·농의 분리에 의해 확립되었다는 사실은 중요하다. 중세 말기의 경제발전으로 도시가 생성되었지만, 농업에서의 상공업 분리가 경제발전에 의해 자생적으로 이루어진 것이 아니라 신분제 지배에 의해 정책적으로 확립된 것이 근세도시의 주요한 특질이다. 더욱이 이 같은 신분제적 특질이 도시 내부에도 관철되고 있다. 병농분리에서 보이는 근세 신분제는 농촌에서 재지영주층과 상공업자의 거주지를 분리하여 도시에 집주시킴으로써 성립되었다. 권리를 나타내는 직職의 이동에 의해 영주적 토지소유가 동요되고, 도잇키士一揆 등의 농민투쟁으로 재지영주 지배가 곤란해지면서 상급 영주는 가신단을 통제하는 방책으로 병농분리정책을 추진하여 재지영주층을 죠카마치에 집주시켰다. 농촌을 기반으로 한 봉건영주가 농촌을 떠나 도시로 이주하면서 재지에서의 개별 영주지배는 곤란해진다. 그리고 도시는 영주지배의 거점이라는 지위를 점하게 되고 도시설계에서도 봉건적 신분제가 관철된다.

일본에도 유럽과 같이 도시 방벽을 가진 사카이·히라노平野 등 환호環壕 도시가 있지만, 근세의 도시설계에는 이와 다른 정황이 나타난다. 죠카마치를 예로 들면, 오다·도요토미 시기에는 총곽總郭·외곽惣構ż으로 죠카마치 전체를 둘러싼 도시가 주를 이루며, 도시 내부는 무가 거주지·쵸닌 거주지로 구분되었다. 교토의 경우, 히데요시가 1591년 중세 이래 뒤섞여 있던 거주지를 크게 개조해서 공가·다이묘·쵸닌·사원 거주지로 구분하고, 그 주변을 토담으로 둘러쌓았다. 이것이 근세적 신분질서를 도시 속에 실현한 기점이다. 그리고 게이쵸기를 전후로 계급적 신분제와 군사적 도시로서의 배려가 잘 드러난 죠카마치가 광범하게 형성된다. 그것은 내정형內町型·외정형外町型과 곽내 전토형郭內專土形이라 불리는 것으로, 전자는 쵸닌·직인과 무가의 거주지가 외곽의 내부內町에 있고, 후자의 경우는 외곽의 내부 모두가 무가 거주지고, 쵸닌·직인 거주지는 외곽 바깥에 위치한다. 또한 데라마치寺町도 도시 외측에 위치한다. 이러한 계획에 따르면, 성하의 쵸닌은 영주 측의 필요에 따라 내정과 외정으로 나뉘고, 곽외의 쵸닌은 전투가 벌어질 경우 보호를 받을 수 없었다.

쵸닌 도시인 오사카는 겐나 연간에 재건되었으나, 오사카 성을 중심으로 하는 가미쵸上町에 무가 거주지, 고용 상인, 데라마치를 배치하고, 히가시요코보리東橫堀 서쪽의 후나바船場·시마노우치島之內는 성외에 위치시켰다. 따라서 오사카 싸움에서 후나바가 전장이 된 것은 필연적이었다. 또한 피차별 부락민인 에타穢多나 히닌非人은 각각의 취락을 만들어 도시 주변에 거주하게 하였다. 이 같은 조치는 그들을 도시에서 소외시키고 동시에 치안경찰의 역할 등을 담당하게 하기 위해서였다.

근세도시에서 도시공동체는 어떤 의미를 가지고 있었을까? 근세도시의 특질 중 하나는 구성단위가 쵸에 있다는 점이다. 즉 도시공동체의 지도자가 길드 같은 직능단체의 대표자가 아니라, 지연적 결합체인 쵸를 중심으로 구성되었다는 것이다. 이는 중세 말기 교토가 가미上·시모下로 나뉘어 있고, 그 하부의 오야쵸親町·에다쵸枝町로 구성되어 있었던 사실, 사카이가 미나미南·기타北 쵸로 나뉘어 있던 사실로도 분명하다. 그러나 동시에 중세에 상인이 조직적인 힘을 갖고 일정한 발언권을 가지고 있었다는 점은 교토의 도쿠세이잇키德政一揆 구성원이나 이마보리今堀 상인단에서도 볼 수 있다. 길드적 직능단체에 의한 시정 참여가 유럽처럼 전개되지 않았던 것도 일본 근세도시의 한 특징이라 할 수 있다.

이렇게 형성·성립된 근세도시에는 다이묘의 거성이 있고, 그 주위에 신사와 사찰 등의 종교시설이 배치되어 있다. 종교시설을 다이묘의 거성 주변에 배치한 것은 거성을 방어하기 위한 것이며, 이 종교시설의 주위에 쵸카마치가 위치한다. 위에서 보았듯이 쵸카마치는 무사들이 거주하는 지역과 상공인들이 거주하는 지역으로 분리되어 있다. 오다 노부가가 건설한 아즈치를 보면, 비와 호琵琶湖 수면에서 약 100미터 높이의 정상에 6층의 천수각이 자리하고, 정상에서 약간 떨어진 곳에 소켄지總見寺가 있다. 그 아래로 산자락을 따라 가신단 주거지가 있고 산자락이 끝나는 평지에 쵸카마치가 위치한다. 쵸카마치의 대부분은 무사 거주지이며, 좁은 지역에 다수의 상공인들이 거주하였다.

이러한 방어 성격을 아울러 가지고 있던 도시는 일정 지역을 지배하는 다이묘의 성격이 강화되면서 사통팔달의 평지에 건설되게 된다. 그리하여 성곽 주위에 해자를 두르고, 일정 지역에 종교시설을 집중 배치한다. 그리고 다이묘의 시선=권력의 시선에 따라 가로를 배치하고, 당연히 무사의 거주지와 상공인의 거주지는 분리한다.

이렇게 성립된 죠카마치는 죠카마치의 일정 지역을 일컫는 마치町와 길 양편을 단위로 하는 쵸町로 나뉜다. 즉 도시 전체 이를테면 에도, 오사카, 교토 등에는 가도를 따라 여러 마치가 존재하고, 이 마치에는 여러 개의 쵸가 존재하였다. 쵸에 거주지와 가옥을 가지고 있는 상공인이 쵸닌이다. 쵸는 가도의 양 끝에 치안과 방범을 위한 기도木戸가 설치되어 있고, 양 기도를 잇는 가도를 중심으로 양편에 거주와 생업을 영위하는 가옥이 늘어서 있다. 이 가옥들은 가도에 면한 정면은 좁고 후면이 길다. 정면은 생업을 영위하기 위한 장소로 가게고, 후면은 그들의 일상생활 공간이다. 그 뒷부분에는 쵸민의 생활 공동시설인 우물이나 빨래터, 건조대 등이 설치되어 있었다.

2. 초기 죠카마치와 도시민

막번제 하의 농촌이 자연사적 발전의 소산이 아니었던 것처럼, 도시도 전대의 그것이 단순히 계승·발전한 것이 아니었다. 위에서 보았듯이 영주 간의 적대적인 모순을 전제로 하는 막번체제 성립기의 죠카마치는 주로 영주의 거성과 성하에 집주한 가신단의 무력을 유지·강화하기 위해 기능하였다. 따라서 막번 영주는 죠카마치에 성곽 수리와 무구 생산에 종사하는 직인들을 제일 먼저 집주시켰다. 이는 병농분리의 전개와 맞물려 농민에게서 무장 저항의 힘을 빼앗고, 대규모의 용수시설을 영주가 장악하고, 농구생산을 성하에서 장악함으로써 영주의 농민지배 수단이 된다.

죠카마치에서 조달할 수 없는 물품이나 타 지역의 특산물의 조달을 담당했던 것이 '초기 호상'이다. 이들은 전국시장·영역시장이 미발달한 상황에서 배· 전마傳馬·장숙藏宿(창고업과 숙박) 등의 운송·물류창고를 장악하여 영주의 수요에 응하고, 영주의 연공미·특산물을 반출·환금하는 일을 담당하였다. 그리고 군사 동원이 있을 경우 병량미의 운송을 청부받고, 그 대신에 영국 내에서의 매매 특권을 인정받았다. 이들은 죠카마치에 넓은 택지를 부여받은 특권적 어용상인으로서 세력을 확대하였다.

당시의 중요 물품은 쌀이었다. 호상을 통한 쌀 유통은 가미가타에서의 매물 결제, 참근·에도 기숙의 제 경비 결제에 필요한 화폐를 입수하기 위함이었다. 영내 죠카마치의 쌀 상인은 연공미藏米 및 무사에게 지급된 급미를 구입해 성하의 직인·상인 혹은 양조업자에게 판매하고, 잉여분을 영외에 판매하는 기능을 담당하고 있었다. 당시 지카타 지행을 받고 있던 가신단은 쌀 이외의 비자급 물품을 죠카마치에서 구입해야 했고, 죠카마치 쵸닌들은 주식인 쌀마저도 구입해야 했던 것이다.

이에 따라 점차 성하에 집주하는 가신단과 도시민들의 필요물품을 공급하기 위해 죠카마치로 마치 상인町商人과 시전 상인市商人 등이 모여들고, 시장들을 돌면서 상업을 영위하는 장돌뱅이旅商人의 숙소商人宿 등 제반 시설이 성하에 들어서게 되었다. 이에 영주는 상인들을 업종별로 나누어 쵸를 만들어 나간다. 그러나 지카타 지행제가 존재하고, 부지 백성·장백성의 가부장제 명전 지주경영을 기반으로 하는 자급자족적 자연경제가 우월했던 단계에서는 죠카마치에 집주한 가신단의 생활이 농촌에 깊이 뿌리박고 있어서 죠카마치의 항상적인 점포 경영은 한계를 가지고 있었다 할 수 있다. 따라서 이 단계의 죠카마치 상업의 특징은 장돌뱅이와 시전상인들이 중심이었다는 점이다.

시전상인은 전대에는 재지영주제와 결합하여 재향정에 살고 있었으며, 센고쿠 시대에는 '시장'의 장長이었던 쇼닌쓰카사가 영주에게서 영내 시장통제와 시전市錢 징수의 권한을 부여받고 있었다. 죠카마치의 건설과 더불어 쇼닌쓰카사는 영주 거성 근처의 시장이 발달한 오쵸大町 혹은 혼쵸本町의 쵸 관리町役人 역할을 수행했을 뿐만 아니라, 마치부교 지휘 하에 성하 상인 전체를 지배하였다. 오쵸(혼쵸)에서 5일마다 열리는 5일장=육재시六齋市(로쿠사이이치)는 비자급 물자의 수요를 충당하고, 동시에 주변 농민의 비자급 생산물의 교환과 화폐 취득을 위한 불가결한 장이었다. 그러한 의미에서 죠카마치는 영내 지역시장의 결절점으로 기능하고 있었다.

막번제 성립 초기에는 화폐의 보급률이 낮고 전화의 혼란이 계속되었기 때문에, 죠카마치의 상공업 발달과 영국시장의 형성이 느렸다. 막부 화폐는 번들의 연공미·특산물 교환으로 입수된다 해도 가미가타 제 도시가 생산하는 수공업 생산물을 구입하기 위한 결제나 참근·에도 기숙의 경비로 쓰였기 때문에 번의 통화로 보급되기는 어려웠다. 막부는 1636년 간에이 통보寬永通寶를 주조(대량으로 주조된 것은 1668년)하였으나, 이 화폐의 번 보급 역시 그다지 원활하지 못하였다.

17세기 중반 즈음부터 죠카마치는 새로운 발전을 보인다. 즉 소농경영의 전반적인 전개, 지카타 지행의 폐지 및 형해화形骸化, 성내 무사 인구의 증대로 죠카마치는 크게 발달하게 된다. 소농경영의 전반적 전개와 지카타 지행의 폐지 내지 형해화는 농민의 비자급 물자 교환을 확대하였다. 소농민은 생산물의 대부분을 쌀 연공으로 착취당했기 때문에 화폐를 얻기 위해 쌀 이외의 생산물 판매에 의존해야 하였다. 그러나 소농경영이 주체가 되면서 농촌의 화폐 수요도 확대된다. 더욱이 성하 무사층의 증가는 생활필수 물자의 수요를 증대시켰다. 그리하여 죠카마치와 영내 농촌의 상품유통이 증가하였다. 죠카마치는 주변 농촌의 소채 생산의 안정된 소비시장으로 자리잡았을 뿐 아니라 산촌이나 어촌의 생산물을 상품으로서 흡수하였다. 또한 영내 특산품을 원료로 한 가공업 생산의 장으로 자리잡는 것은 물론, 영내의 지리적 분업의 매개·결절점로서의 기능이 강화된다. 이러한 죠카마치 기능이 강화되면 죠닌 인구도 증가하고, 그 자체로 죠카마치의 소비시장이 확대된다. 죠카마치의 발전과 죠카마치를 중심으로 하는 영역시장의 확립은 가미가타 도시들의 수공업 생산물이나 영내 비자급 물자를 죠카마치 혹은 죠카마치를 경유하는 수요와 유통을 증가시켰다.

이처럼 17세기 중엽 무렵부터 죠카마치는 영역시장의 중심도시가 되면서 그 구조도 새롭게 변화한다. 1) 어용직인御用職人제는 제도상으로는 존재하였지만 영주로부터의 주문량이 상대적으로 줄어들고, 도시민과 촌민들의 생산량이 증가하였다. 따라서 수요 확대와 함께 성하의 수공업자 죠職人町 밖에 거주하는 수공업자職人의 수가 증가한다. 그리하여 동업집주同業集住를 원칙으로 한 수공업자 죠 체제는 본래의 모습을 잃게 되고, 직인층의 증가로 어용직인의 생산독점이나 영내 직인의 통제가 어려워졌다. 그리고 확대된 죠카마치의 상업 기능을 담당하는 도매상인問屋商人·중매仲買상인·소매상인이 생겨나 유통망을 장악하였다. 2) 죠카마치의 수공업이 특산 가공업으로 확립되었다. 죠카마치에서 생산된 물품은 타 지역으로 판매되기도 하고, 원료를 타 지역에서 구입하기도 하였다. 기나이와 그 주변의 선진지대에서는 원료의 집하, 제품의 판매 등이 죠카마치의 상업 기능을 매개로 행해졌다. 3) 확대된 죠카마치 상업 기능의 담당자로 도매상인·중매상인·소매상인이 장악한 죠카마치는 막번제적인 전국시장과 영역(지역)시장의 결절점으로 확립된다. 이에 특권적인 초기 호상은 이전의 특수한 이윤 창출의 장을 상실하고, 마치도시요리 등 도시행정을 장악하는 특권적 지위를 차지하거나 숙역의 도매상問屋 혹은 항정港町의 물류창고업藏宿자로 전화한다. 이렇게 하여 상품유통은 도매상인－중매상인－소매상인을 중심으로 전개된다. 마침내 이전의 동업자 집주주체는 본래의 모습을 잃고 쇼쿠닌가시라職人頭나 쇼닌쓰카사에 의한 죠카마치 지배도 그 힘을 잃게 된다. 이에 죠카마치의 쵸는 쵸민의 자치 조직임과 동시에 시정의 행정단위로 변모하게 된다.

이처럼 영역시장이 확립되고, 기나이와 그 주변지역의 특산 가공업이 발달하고, 에도－특히 메이레키明曆 화재 이후 소비수요가 확대되자, 원격지간 상업은 변혁되어 막번제 전국시장(오사카, 교토, 에도)이 성립하게 된다. 막번제 전국시장이 성립하자 막번경제에서 차지하는 외국무역의 지위가 저하되어 막부의 외국무역 독점과 결합되어 있던 이토왓푸糸割符 상인은 막번 직할도시에서 그 지배적 지위를 빼앗겼고, 전국시장의 담당자로 오사카, 에도, 교토의 삼도三都상인이 자리하게 된다.

제3절 전국시장과 지역시장

1. 삼도三都의 발달

1) 오사카

막부는 도요토미 씨 멸망 후에도 에도를 권력의 근거지를 삼았으나, 전국지배에 불가결한 시장 재편과 그 장악을 위해 오사카를 중시하였다. 시장권의 중추를 기나이에 구한 것은 이 지역이 경제적으로 최선진 지역이고, 오사카가 이미 전국 경제중심지로 자리잡아 가고 있었기 때문이다. 에도 초기 단계에 이미 교토−나라−사카이의 해외무역과 묶여 있던 면직, 마포, 고급미술품, 잡화, 약품 등을 주요 상품으로 취급하는 오사카 시장이 건재했던 것이다. 그러나 히데요시 사후의 겐나기에 이르기까지 도쿠가와 권력의 기나이 지배 거점은 교토 남쪽 후시미 성이었고, 후시미 죠카마치가 전국시장의 중심지로 번영하고 있었다. 막부가 오사카를 전국시장의 중심지로 삼는 정책을 세운 것은 후시미 성을 파각하고 후시미 죠카마치의 쵸닌들을 대거 오사카로 이주시킨 겐나 연간 말기의 일이며, 오사카가 전국시장의 중심지로 자리잡은 것은 그 후다.

오사카의 발전은 오사카 싸움 직후부터 시작된다. 우선 이에야스의 손자에 해당하는 마쓰다이라 다다아키라松平忠明를 오사카 성주城主로 봉하고, 1619년 오사카를 막부직할령으로 편입하고 오사카죠다이大坂城代, 오사카마치부교大坂町奉行를 임명하였다. 오사카 싸움으로 완전히 파괴된 오사카 성은 1628년까지 10년의 세월에 걸쳐 수리·건설되고, 죠카마치의 정비·확대는 오사카에 거주하던 쵸닌과 후시미 등 인근 도시의 호상들이 주도하였다. 그리하여 북쪽의 에도보리江戸堀, 남쪽은 도톤보리道頓堀에 이르는 니시요코보리西横堀 서쪽 해자堀가 개착되었다.

오사카의 쵸에는 청과, 생선, 염어鹽漁, 붕어鮒, 목재, 면, 기름, 생사 거래를 위한 시장이 점차 개설되었고, 전당포 등의 금융업, 동銅 제조 같은 수공업도 발달하기 시작하였다. 겐나, 간에이기에는 연공미의 징수와 그 환전이 영주 주도로 행해졌다. 이때까지의 연공미 징수 및 환전은 농민이 촌의 쇼야에게 현물을 납입하면 쇼야가 그것을 사카이, 히라노平野, 오쓰大津, 나가하마長濱 등지로 보내거나 지역시장에서 연공미를 은으로 바꾸어 영주에게 납입하는 형태였다. 에도 아사쿠사에 오쿠라부교御藏奉行가 설치되기 전 1621년 오사카에 오쿠라부교가 설치되고, 1625년에는 오사카오킨부교大阪御金奉行를 임명하였다. 1628년에는 백성이 지역시장에서 환금하여 쇼야가 영주에게 연공을 납입하는 햐쿠쇼바라이百姓拂가 정지되고, 연공미를 구라부교藏奉行을 통해 오사카에서 환금하는 시스템이 형성된다. 그리하여 오사카는 모든 국지시장을 통합하여 막부가 통제하는 전국규모의 영주시장권=전국시장권의 중추로 발전해 간다.

그러나 센고쿠기 이래 착실히 발전해 온 오사카 주변의 국지시장이 위의 막부정책으로 간단하게 오사카에 통합된 것은 아니다. 오히려 재향정은 정치적으로는 막부 다이칸의 간섭을 배제하면서 자치를 행하고, 경제적으로는 그 국지시장에서만 통용하는 사찰私札 등을 유통시키며 센고쿠기 이래의 발전을 계속 유지하고 있었다. 이 같은 동향을 기반으로 간에이기에 토호의 주도로 가시와라柏原에서 오사카까지의 야마토가와大和川 지류 수로가 개착되어 가시와라−오사카의 수운사업이 개시되었다. 17세기 재향정의 이러한 발전은 센고쿠기 국지 내에서의 극히 한정된 생활필수품 유통시장으로 발전한 것이 아니라, 전국적 상품유통과 관련하여 성립한 원격지 시장과 맞물린 특산물 집산지, 가공지로 발전하였다. 즉 오사카 남방의 재향정은 대부분 면 집산·가공지로, 오사카 북방과 서방의 재향정은 주조 특산지로 발전해 갔던 것이다.

2) 에도

에도는 도쿠가와 이에야스가 전봉되어 온 당시에는 조그마한 농어촌이었다. 이 시기 이에야스는 도요토미 권력 하의 한 다이묘로 에도 성의 수축은 최소화하고 죠카마치의 건설에 힘썼다. 도산보리道三堀 개착, 에도 최초의 쵸인 후나쵸船町, 욧가이치쵸四日市町, 자이모쿠쵸材木町, 야나기쵸柳町 등 4개 쵸의 분할이 그것이다. 상공업자 쵸와 함께 산쪽에 가신단의 주거지도 건설·분할하였다. 가신단은 간토 각지에 지행지를 받아 거소를 마련하고 있었으나, 봉공을 위해 에도 성 부근에 거주지를 하사받았다. 하급가신에게도 에도 성 수비를 위해 일정 기간 에도 재번의 명이 떨어져 그들의 집단거주를 위한 거주지가 만들어졌다. 그리고 고이시카와小石川, 고지마치麴町, 고카와쵸小川町, 욘다니자카쵸四谷坂町, 아오야마고소지쵸青山御掃除町 등에 오반시大番士, 유미도신弓同心, 뎃포도신鐵砲同心 등이 조組(구미) 단위로 배치되었다.

막부 개막으로부터 30여년 사이에 에도 성과 에도 죠카마치는 크게 발전을 이룩하며 일단 완성을 본다. 1606~07년 집중적인 대공사로 성곽 형태를 정비하기 시작하는데, 공사의 성격도 다이묘 성곽에서 전국정권의 성곽 건설로 변화하고 여기에 도자마다이묘가 모두 동원되었다. 성의 토대인 석단 토목공사는 주로 도자마다이묘 38가에게 맡겨졌다. 이렇게 건설된 에도 성의 중심에는 지상 90미터 정도에 이르는 혼마루와 천수각이 주위를 위압하는 형태로 솟아 있고, 혼마루 주위에 도쿠가와 일문의 다이묘들, 막부 중신의 거주지가 위치하며, 그 바깥에 나머지 다이묘들의 거주지가 배치되었다.

이후에도 에도 성의 증축과 수축이 반복되는데, 1606~07년의 대공사에 필적한 사업은 바깥 해자外堀를 1회 넓혀서 신바시新橋─다메이케溜池─아카사카赤坂─욘다니四谷─이치타니市谷─우시고메牛込─고이시카와小石川─오챠노미즈お茶の水─아사쿠사바시淺草橋─스미타가와隅田川의 수로를 만든 것으로, 이로써 에도 성 방어선이 완성된다. 공사는 1620년에 시작하여 1636년에 완성되었다.

에도의 죠카마치도 에도 성의 건설과 병행해서 발전하였다. 우선 이에야스의 장군직 취임 해인 1603년에 간다야마神田山를 부셔 해안 매립공사를 벌여 니혼바시日本橋에서 교바시京橋를 통해 신바시에 이르는 시가지가 형성되었다. 이 공사에는 전국 70여 다이묘가 동원되었다. 이렇게 해서 이 지역으로 성곽 주변의 촌들을 옮겨 에도 성을 확장하는 계획을 실행하였다. 이 땅에 간에이 연간까지 에도 건설을 담당한 직인 쵸를 중심으로 합계 약 300여 개 정도의 쵸가 성립하는데, 이는 후에 성립한 쵸와 구별해 후루쵸古町라 불렸다.

막부권력을 구축하고 유지하기 위해서는 여러 분야 전문직인의 기술노동이 필요하였다. 막부는 이들을 에도 죠카마치로 초치하여 토지를 제공하고, 토지세 면제의 특권을 보장하여 그들로부터 국역國役이라 하여 전문 기술 노동을 부역으로 징발하는 체제를 만들었다. 도요토미 권력도 교토에서 개별 영주의 토지소유를 부정하고 쵸닌에 대해 토지세를 면제해 주는 대신 부역을 징발하였는데, 막부권력의 에도 직인 지배 역시 동일한 성격을 띠었다. 국역의 내용은 구체적으로 염물, 철포, 철물鍛冶, 벼루硯, 석공, 주물, 과자, 안주肴, 다타미, 통桶, 주화鑄貨, 재목, 운송, 전마 등이었다. 이러한 국역을 부담하는 쵸國役町는 초기에는 61개였다고 한다. 동일업종 종사자를 동일지역에 살게

하고, 쵸 이름도 다이쿠쵸大工町, 가지쵸鍛冶町처럼 직종 이름을 붙인 것이 적지
않았다. 그리고 각 쵸에는 나누시名主가 있어서 막부-나누시의 쵸닌(직인)
지배제도도 형성되어 갔다.

3) 교토

교토는 고대 이래 공가, 사찰 등 장원영주가 거주하는 왕조도시로서 번영했
고, 무로마치 시대에는 막부의 소재지, 무가영주의 본거지로서 번영하였다.
15세기경부터 차츰 상공업자의 도시로 변모하기 시작하여 16세기에 절정기를
맞이하였다.

16세기 교토는 남북으로 나뉘어 북쪽은 가미쿄上京, 남쪽은 시모쿄下京라
불리고, 각각 4 내지 5조組로 구성되었으며 구미는 몇 개의 쵸町로 구성되었다.
쵸의 가도는 가도의 양면에 좁고 길게 발달해서 평균 길이 40~50간, 길
양측에 각각 2~2.5간 정도의 거주지町居가 늘어서 있었다. 16세기 최말기의
교토 레이센쵸冷泉町의 쵸닌 직업구성과 시가지 모습을 보면 마치는 소상인층과
상·수공업 미분리의 소경영이 혼재하는 공간이었다.

교토의 마치나 구미, 가미쿄, 시모쿄는 자검단自檢斷까지 행사하는 자치조직
이었다. 1571년 기록에 따르면, 쵸는 각각 3인의 '가치교지月行事'라 불리는
행정관리 쵸닌=세와야쿠世話役를 선출하여 1개월씩 윤번으로 구미를 자치적으
로 운영하였다. 가미쿄와 시모쿄에는 각각 슈큐로宿老라 불리는 행정관리
쵸닌이 있었고, 세금의 납입과 관련해 막부와 교섭을 하기도 하고 장원영주에
대한 지대 등의 부담을 거부하는 투쟁을 벌이기도 하였다. 이러한 과정을
통해 도시 자치조직을 발달시켰다.

쵸민들町衆의 자치조직은 발생사적으로는 도잇키土一揆, 도쿠세이잇키德政一揆
같은 교토 주변의 농민투쟁에 대한 자위조직으로 형성되었다. 이들은 구기누
키釘貫나 기도木戶라 불리는 방어시설을 만들었는데, 본래 사찰이나 공가가
농민의 잇키로부터 자신들을 방어하기 위해 만든 것을 답습한 것이었다.
이 쵸와 농민들 사이의 대립 기저에는 상업자본과 농민경영체와의 모순이
존재하였다. 도시 내부에는 궁핍해져 가옥을 매각하고 임차借家(가리야)인으로

전락한 사람과 가옥을 사들여 가주家主(이에누시) 경영을 행하는 유가옥층家持(이에모치)層이 존재하여 양극 분해하는 조짐이 보인다. 17~18세기 도시에서는 이렇게 일반적으로 보이는 유가옥家持, 가옥 임차인의 관계가 형성되기 시작한다. 따라서 교토의 쵸는 결코 수평적인 결합관계만 존재했던 것이 아니다.

중세 수공업자는 권문權門, 국아國衙에 종속하여 진닌神人, 요류도寄人, 구고닌供御人 등의 신분을 부여받아 토지세나 과역의 면제 특권을 받는 대신 반대급부로 부역을 부담하고 잡세公事(구지)를 진상하는 존재였다. 이들의 동업조직인 자座는 장원영주에 봉사하는 집단의 성격을 띠었다. 그러나 15세기 이후가 되면 수공업자는 상품의 생산과 판매를 주로 하게 되고, 이들 상품의 생산과 영업권을 독점하는 경영조직으로 변질하여 장원영주로부터 독립성을 높여가고 있었다.

이렇듯 자座가 상품의 생산과 판매자 동업조직으로 변질되어 감에 따라 그 내부조직도 변화한다. 중세 전기의 자에서는 기본적으로는 자 입단入座의 연령순 구성에 따른 평등원리가 관철되었지만, 경영조직으로 전환하면서 필연적으로 자 구성원의 기술의 우열 등이 의미를 갖기 시작하여 자 내부에 계층 분화가 생겨났다. 그리고 자의 경영조직화는 자 구성원座員 자격의 재산화=주식화를 가져오고, 자가 가지고 있던 생산·판매권이 개개의 자 내의 소직所職에 부착하는 특권으로 분해하고, 이 특권을 자 내의 유력자나 자 외의 부유한 계층(예를 들면 재지영주, 촌락 토호)이 매득하여 집적하기도 하였다.

수공업자 동업자조직 내부에 잉여를 가져온 경제력 발전은 유통과 운수업을 중심으로 하는 도매제問屋制 상업자본과 그것에 종속하는 수공업자라는 새로운 사회관계를 낳기 시작하였다. 예를 들면 셋쓰攝津에서는 생산부문에서 상업자본이 독립하고, 이 상업자본이 수공업자에게 원료, 원료·공구 등의 전대前貸를 통해 지배하게 되었다. 16세기에는 오비帶의 전매조직인 오비자帶座가 비단 생산자인 오토네리大舎人를 지배하기에 이른다. 그리고 이 오비자에는 자닌座人의 보임권 등 자 지배권을 장악하는 자가시라座頭 '직'이 성립한다. 덴몬 연간에는 교토 3장자의 한 명으로 유명한 스미노쿠라角倉 씨가 오비자의 자가시라 직을 소유, 교토의 비단 생산자를 도매제問屋制로 지배하여 교토산 고급 비단 제품을 교토와 여러 지역에 독점 판매하였다.

도매제 상업자본은 도시 상공업자본으로 농촌 수공업을 지배하는 형태로 전개되기 시작하였다. 15세기 단계에서 농촌에 발생한 농간 부업 성격의 상공업은 도시의 혼자本座에 대한 신자新座로 편성되어, 신자가 혼자에 자야쿠센座役錢을 부담하는 형태로 도시 상업자본 아래 통합되는 것이 보통이었다. 16세기에는 한편으로는 위와 같은 형태가 유지되면서, 다른 한편으로는 도시의 자座가 도매제로 편성되면서 농촌 상공업도 그 아래에 통합되는 경우가 생겼다.

교토 쵸민들의 정치적 주체성을 지탱한 정신적 지주는 가마쿠라 신불교의 일파인 법화종이었다. 가마쿠라 말기에 교토에 진출한 법화종은 원래 쵸도町堂 성격이 강하고, 시모쿄 상공업 지구에 집중적으로 세워졌다. 대부분 해자나 토담으로 둘러쌓은 방어시설을 정비한 견고한 구조로 되어 있었다. 쵸민들이 법화종을 수용한 이유 중 하나는 그 가르침이 상공업자의 이윤추구에 이해를 보였기 때문일 것이다. 구불교의 왕법·불법 상의론에 대해 불법 우위론을 설명하고, 부처 앞에 모든 인간은 평등하다는 점을 강조하면서도 봉건적 신분제를 종교적으로 용인하는 법화종의 교의도 공가와 무가의 도시에 거주하는 상공업자의 마음을 잡은 이유 중 하나일 것이다.

이리하여 교토는 17세기 전반에 인구 40만, 근세 중기에 35만 전후의 도시가 되고, 오사카는 17세기 중엽에 35만, 1765년 조사에 의하면 42만의 도시로 발전한다. 에도는 1639년 쵸닌 인구 35만여, 1843년에는 약 59만 명이었다. 에도의 경우, 무가 인구가 하타모토, 고케닌과 그 가족, 고용인 등을 포함하여 20만~30만, 번의 다이묘 저택에 소속하는 인구가 40만~50만, 여기에 승려, 신관, 천민 등 4만~5만 명을 더해 백만 인구를 상회하였다.

위의 3도는 각각 다른 기능을 가진 전국시장이었다. 후술하는 서회西廻 항로 개설에 따라 번들의 영주미·특산물이 집중하여 '천하의 부엌台所'이라 불렸던 오사카에는 다양한 상업조직이 형성되었다. 이들 상업조직은 주로 가미가타 도시들의 고급 수공품과 여러 지역의 특산물을 에도에 공급하는 역할을 담당하였다. 오사카는 번의 영주미 시장이라는 기능을 가지고 있어서 번 재정을 좌우할 수 있는 중요한 도시였다. 조정·공가·사가가 집주해 있었던 교토는 그 자체가 대소비시장이면서 막번 전국시장의 형성기에는 고급 수공예품을 가공하여, 에도·오사카와 그 밖의 각지의 수요를 충당하는 공급지였다. 때문에 교토에는 제 물자(원료)의 이입·교토 명산품의 이출을 업으로 하는 여러 도매조합^{問屋}이 성립·발달하였다. 에도는 막부가 존재하는 최대의 정치도시이자 군사도시이면서 거대한 소비지로서 중요한 역할을 담당했고, 그 밖에 지리적인 조건상 에도 주변의 간토 시장과 교토·오사카의 매개시장으로서도 기능하였다.

이 같은 상황을 배경으로 도시는 17세기 후반경부터 외곽으로 확장되어 나가고 동시에 조밀화되어 간다. 큰 길을 연결하는 뒷길·요코쵸^{橫町}가 생기고, 그것들을 연결하는 새로운 길·누케우라^{拔裏}가 만들어지고, 막다른 길 후쿠로코지^{袋小路}도 만들어진다. 큰 길에는 대상인이나 비교적 부유한 중견 쵸닌이 가게를 운영하고, 그 밖의 골목길에는 가난한 사람들이 일종의 다세대 연립주택인 우라나가야^{裏長屋}에서 살았다.

한편 17세기 후반 이래 각 번의 죠카마치도 착실한 발전을 보인다. 나고야·가나자와는 5만~6만의 쵸닌과 무사를 합쳐 인구 약 10만, 센다이·오카야마·구마모토·히로시마·도쿠시마·후쿠이·아키타 등 비교적 큰 번의 죠카마치는 쵸닌 2만~3만에 무사를 합쳐 약 4만~5만의 도시로 발전하였다.

긴키 지역의 도시들이 수공업 생산에서 전국시장의 중심을 차지하였던 데 반해, 지역의 죠카마치는 각 번의 영내시장에서 수공업의 생산과 유통의 중심지로 기능하였다. 지역 죠카마치의 직업구성은, 고후코후츄분^{甲府古府中分}(1662년)을 분석해 보면 다음과 같은 사실을 추측할 수 있다. 우선 16세기 최말기^{文祿期} 아이즈 와카마쓰^{若松}의 경우, 직인 70%, 상인 30% 정도로 직인의 비중이 높았다. 당시 다이묘의 죠카마치는 상품유통이 아직 활발하지 않았던 까닭에 이러한 정황이 일반적이었다고 보아도 좋을 것 같다. 둘째, 직인은 동업자들이 모인 쵸^町의 이름^{町名}으로 보건대 대장장이^{鍛冶}(가지), 염색집^{紺屋}(고야), 목수^{大工}(다이쿠)의 쵸가 가장 일반적이었으며, 세공^{細工}·히모노시^{檜物師}(노송나무, 삼나무 등을 구부려서 물건을 만드는 수공업)·기와^瓦·가나야^{金屋}(금속을 다루는 수공업)·오카^{大鋸}(목재를 켜는 직업)·도기야^{磨屋}(칼갈이) 쵸 등이 있었다. 이 직인들은 영내의 농민경제에 필요한 수공업 제품을 생산하는 분업의 중심 역할을 담당하였을 뿐만 아니라, 영주계급의 수요를 충족시키는 특징을 지니고 있었다. 직인과 마찬가지로 안주, 쌀, 쪽, 기름, 채소, 종이, 목재, 의복 등을 취급하는 상인거리가 있었다. 이러한 거리들은 식료품, 일상 생활용품, 운수 관계로 한정되어 있어 상인의 주체가 어떠했는가를 알 수 있다.

이 같은 죠카마치의 직업구성을 통해 지역 도시의 상태를 엿볼 수 있다. 죠카마치는 자급적인 주곡 생산을 하는 농촌경제에 대응하면서, 한편으로 영주계급이 필요로 하는 일상용품을 공급하는 역할을 하였다. 그렇지만 영주계층이 필요로 하는 군수품, 사치성 생활용품들은 가미가타(교토·기나이)에서 구할 수밖에 없었으므로, 사회적 분업 면에서 중앙도시들과 현격한 차이를 보였다. 전자가 전국시장의 중추적인 역할을 했다면, 후자는 영내시장의 거점이라고 할 수 있었다. 중앙시장은 고대로부터 전통적·국제적 기술을 갖춘 탁월한 수공업 중심지로 국내·국제간 분업의 중심지였다. 도요토미 정권은 이러한 도시들을 전국시장을 형성하는 기축으로 운용하기 시작하였던 것이다.

2. 교통과 유통업

근세의 교통·운송망은 1) 5가도·와키가도 등을 경유하여 에도와 각 지역의 죠카마치와 번들을 잇는 정치·군사 교통로, 2) 에도·오사카·교토 등 3도나 나가사키의 대상업도시와 각지의 죠카마치·항정이나 농촌을 잇는 경제유통로, 3) 이세진구나 각지의 사사를 잇는 여행·신앙의 길로 나누어 볼 수 있다.

【제1의 길】　　정치·군사적 교통로는 막부의 5가도를 중심으로 한 교통정책으로, 번들이 와키가도나 영내 도로를 중심으로 한 교통을 영국지배의 공간槓杆으로 삼았기 때문에 일찍부터 발달하였다. 이에야스는 에도·슨푸와 교토·후시미·오사카 사이의 가도 정비에 착수하였다. 1601년 도카이도東海道

의 숙역을 정하고, 전마주인장傳馬朱印狀·전마 사다메가키傳馬定書를 교부해 공적인 수송 업무에 무상으로 인마人馬를 제공하게 하였다. 그리고 숙역마다 전마 36필을 항상 비치하고, 수송구간을 지정하여 적재량을 필당 30관貫 이하로 하였다. 숙역지 주민에게는 이 같은 부담을 지우는 대신 가옥에 부과되는 부역을 면제해 주었다.

이듬해부터 나카센도中山道와 오슈도추奧州道中에도 같은 제도를 적용하였다. 간에이기에는 5가도五街道라 불린 다섯 개의 주요 가도, 즉 도카이도, 나카센도, 오슈도츄奧州道中, 닛코도츄日光道中, 고슈도츄甲州道中에도 대부분 숙역 시설이 정비되었다. 그 밖에 미노 로美濃路, 사야 가도佐屋街道, 닛코 예폐사가도日光例幣使街道 등도 역시 막부가 관할하였다. 아울러 에도 방위를 위해 간토를 중심으로 여러 개의 검문소를 설치하였으며, 철포의 소지 여부와 인질 도주를 방지하기 위해 여성의 통행을 엄히 조사하였다. 가도의 지배는 시기나 지역에 따라 다이칸가시라代官頭와 로쥬老中, 에도마치부교江戸町奉行, 교토쇼시다이京都所司代, 와카도시요리若年寄 등이 분담했지만, 1659년 오메쓰케大目付가 겸임하는 도츄부교道中奉行 직이 설치되어 일원화되었다.

숙역지에는 다이묘나 막부 관리의 숙박시설인 혼진本陣과 와키혼진脇本陣, 일반인 대상으로 숙박영업을 하는 하타고旅籠와 기친야도木賃宿, 술집, 찻집 등이 가도 연변을 따라 들어서 있었다. 숙역과 숙역 사이는 약 20~30리 정도였고, 숙역에는 수송업무를 담당하는 영업장=도이야바問屋場가 형성되었다. 공무 관련 운송업자問屋들은 공무 수행의 대가로 영업상 특권을 얻어 다음 숙역까지의 운송을 독점하였다. 근세 초기 20~30년 동안 운송과 여관업을 담당하는 이러한 숙역이 다수 생겨났으며, 가도 주변을 따라 화폐경제가 유입되면서 도시화가 진행되었다. 화폐의 사용에 따라 대량 수송과 숙박이 가능해졌을 뿐만 아니라 다이묘의 참근교대 등으로 인한 교통량도 계속 증가하였다. 늘어나는 교통수요를 충족하기 위해 1637년 인근촌락에서 부족한 전마를 보충해 징발하라는 지시가 도카이도에 하달되었다. 그 이듬해 숙역에 상비하는 전마 수 역시 도카이도는 숙역지마다 100필, 나카센도는 50필로 상향 조정하였으나, 운송을 담당하기에는 역부족이었다. 이에 따라 숙역 주변의 농촌을 대상으로 스케고 역助鄕役, 즉 숙역 주변의 농촌이 숙역 업무에 필요한 인마를 제공하는 의무를 지도록 지시하였다.

막번제 초·중기 서국 다이묘들은 대부분 세토 내해 항로를 이용해 오사카에 이르고, 오사카에서 요도가와淀川를 이용하여 후시미, 후시미에서 도카이도 육로를 이용하여 참근교대를 하였다. 도자마 번에서는 지번주支藩主와 지행주知行主가 본번주 다이묘의 거성에 참근하기 위한 도로도 정비하였다. 번들은 영국 지배를 위해 영내에 도로망=교통로를 구축·정비하고(와키가도), 미치부교道奉行·미치하시부교道橋奉行를 두어 도로를 관리하게 하였다. 이렇게 정비된 길을 따라 영내의 연공미가 죠카마치로 모이고, 이 길을 따라 죠카마치의 생산품들이 번 내의 각 지역으로 유통되었다.

【제2의 길】　경제유통로는 3도나 각지의 죠카마치를 중심으로 형성되어 있는 대소 경제권을 연결하고 있었다. 에도 니혼바시에 있는 오덴마쵸大傳馬町·미나미덴마쵸南傳馬町는 숙역의 덴마야쿠傳馬役를, 고덴마쵸小傳馬町는 에도와 그 주변의 덴마야쿠를 담당하였는데, 이 세 덴마쵸에 사는 쵸닌의 영업은 대부분 교통운수업과 밀접한 관련을 맺고 있었다. 즉, 오덴마쵸의 목면 중매상問屋은 간에이 연간부터 간토 북부로부터 도호쿠 일대의 목화를 위탁받아 판매하는 독점권을 가지고 있었다. 고덴마쵸는 에도와 그 주변 농촌지역을 잇는 상품 유통로를 장악하고 있었다.

오사카는 전국적인 상품 집산시장으로 번영하였다. 오사카로 들어오는 미곡은 주조업자에게 다량 공급되었고, 기나이 도시들과 농촌의 상품생산자를 잇는 유통로를 통해 각 지역에 공급되었다. 교토는 전통적인 수공업 생산원료와 제품, 일용필수품의 유통 거점으로 기능하였다. 비와 호琵琶湖 수운水運과 쓰가루ー비와 호를 연결하는 홋코쿠北國 해운을 배경으로 하는 오쓰大津도 크게 발전하였다. 각 지역의 죠카마치는 번의 지배거점이자 번경제의 중심으로서 발전하였으며, 와키가도 등을 통해 5가도로 연결되어 있었다.

3도와 각지 죠카마치의 물자유통에는 해운과 하천주운河川舟運도 중요한 역할을 담당하였다. 연공미 수송 등은 민간운송선을 이용하였기 때문에 전국시장의 형성과 함께 민간해운업도 크게 발달하였다. 특히 에도의 방대한 상품수요가 오사카에서 오는 물품下リ物에 대부분 의존하였기 때문에 오사카-에도 간의 해운업이 발달하였다. 1619년 사카이 상인이 운송선을 임차하여 목면・기름・술・식초・간장 등의 일상생활 필수물자를 오사카에서 에도로 운송한 것을 시작으로, 1624년 오사카의 이즈미야 히라자에몬泉屋平左衛門이 에도 집하 중매업江戶積問屋을 개업하고, 1627년 모마야毛馬屋・도미타야富田屋・오쓰야大津屋・아라야顕屋・시오야鹽屋 등도 에도 수송 하물을 다루는 에도 선적 중매업江戶積船問屋을 개업하였다. 이에 대응하여 오사카에서는 히가키 회선 선적중매업=히가키 회선 도이야菱垣廻船問屋가 성립하여 오사카-에도 간의 해상 운송(히가키 회선)을 장악한다. 이들 운송중매업자=도이야는 자신이 운영하는 선박을 소유한 경우도 있었지만, 기이紀伊나 셋쓰攝津 주변 나루에서 배를 고용하여 집하와 운송을 담당하였다. 그런데 당시 운송과 관련해서는 물품 주문자가 책임을 졌다. 즉 오사카에 물품을 주문한 사람(중매업자)이 배에 물건이 선적된 순간부터 물품에 대한 책임을 지게 된다. 따라서 물품 판매자(오사카 중매업자)는 물품의 선적까지만 책임을 졌고, 해난에 의한 손해 등은 온전히 물품 주문자(주로 에도 중개업자)가 떠맡았다.

이에 오사카-에도의 해상운송 유통량 증가와 해난사고에 대응하기 위해, 1694년 오사카야 이베에大坂屋伊兵衛는 히가키 항로 운송품 하주들과 협의하여 그들이 소유한 운송선을 공동소유로 하고, 중매업자 연합조직인 도쿠미도이야十組問屋를 조직하여 그 운영을 맡겼다. 오사카야 이베에는 도쿠미도이야를 조직할 때 오사카의 고노이케구미鴻池組에 교섭하여 히가키 회선 해운업자가 선박 수배를 거부할 경우 고노이케구미가 배를 수배해줄 것을 요구하였다. 고노이케구미는 그런 일이 발생하면 배 100척을 수배해서 제공하고, 그래도 부족하면 새로이 배 150척을 건조하겠다고 약속하였다. 즉 에도 중매업자들은 선박의 수배수단을 확보하여 해운업자船問屋들의 선택적 영업에서 벗어나 물품 운송의 원활을 기할 수 있게 되었던 것이다. 이로써 도쿠미도이야는 오사카에서 히가키 회선 해운로를 통해 에도로 오는 물품과 해운업자를 장악・통제할 수 있게 된다. 그리고 도쿠미도이야는 위의 목적을 달성하기 위해 오교지大行司

를 두어 한 조組가 4개월씩 윤번으로 해운선박과 해운에 관한 사항을 관리하고, 매년 9월 전체회의인 요리아이寄合를 개최하였다.

이러한 에도 중개업자들의 도쿠미도이야의 물품 수송과 인수에 대응하여 1724년 오사카 중매업자 347명은 오사카에서 에도로 보내는 물자를 관리하기 위해 중매업자 연합조직인 니쥬시쿠미도이야二十四組問屋를 조직한다. 그리고 이 조직을 운영하기 위해 동업조합 법규를 마련해 전체를 관리하고, 그것을 감찰하는 도리시마리카타取締方, 24조 동업조합을 지휘하는 소교지惣行事, 조합 업무를 담당하는 오교지大行事, 오교지 밑에서 실무를 담당하는 쓰로닝通路人을 두었다. 도쿠미도이야와 니쥬시쿠미도이야의 연휴에 의해 해상운송과 관련된 말썽이 격감하고, 도쿠미도이야와 니쥬시쿠미도이야 사이에는 물품주문자와 물품공급자라는 관계가 형성된다. 이렇게 되자 해상운송업자는 자유로운 독립영업의 성격을 상실하고 도쿠미·니쥬시쿠미도이야의 하청업자 같은 지위를 유지하게 된다.

히가키 회선은 상품유통이 번성한 겐로쿠기에 크게 발전하였으나, 1730년 에 술통酒樽 수송을 전문으로 하는 다루 회선樽廻船이 히가키 회선에서 분리·독립하고, 점차 후자가 우세를 점하게 된다. 다루 회선 독립의 주된 이유는 신속한 수송 때문이었다. 술은 부패하기 쉬운 액체여서 물자의 집하·출하에 시간이 걸리는 히가키 회선이 밀려난 것이다. 히가키 회선과 다루 회선 사이에 는 당초 주류 화물은 후자, 그 밖의 물자는 전자가 독점한다는 운송적하협정이 체결되었으나, 다루 회선이 하역도 신속하고 운임도 저렴하여 점차 술 이외의 상품까지 수송하게 되었다. 이리하여 양자 사이에 치열한 경쟁이 벌어져 결국 다루 회선이 우세를 점하며 막말에 이른다.

17세기 중엽 전국시장을 확립시킨 해상교통로는 1672년에 가와무라 즈이켄 河村瑞賢이 연 동·서 회항로東·西廻航路였다. 즈이켄은 데와出羽의 연공미를 사카 다酒田에서 에도로 수송할 것을 명받은 것을 기회로 동·서회항로를 개발하였 다. 아키타秋田에서 일본 서쪽 해안을 따라 서남방으로 내려가서 시모노세키下關 를 거쳐 세토瀬戸 내해를 통해 오사카에 이르는 서회 항로西廻り廻船, 오사카에서 태평양으로 동진해서 에도에 이르는 기존 항로(히가키·다루 회선菱垣·樽廻船),

아키타에서 쓰가루津輕 해협을 거쳐 태평양으로 나와 태평양 연안을 따라 에도에 이르는 동회 항로東廻)廻船가 연결되어 일본을 일주하는 연안해운로가 열렸다.

이로 말미암아 연공미는 물론 다양한 상품이 오사카·에도로 더욱 집중되었다. 반면, 이 항로의 개척으로 쓰루가—비와 호 수운을 연결하는 홋코쿠 해운이 쇠퇴하고, 홋코쿠 해운로에 의해 번영했던 오쓰 시장 역시 당연히 쇠퇴하게 된다. 한편, 위 해운로의 개척으로 번들의 물품유통체계도 변화한다. 가나자와 번金澤藩은 근세 초기 이래 쓰루가敎賀 해운업자를 통해 물품을 운송했으나, 서회 항로가 개척된 후에는 가미가타·서국 선이 영내 해운업을 압도하였다. 이에 가나자와 번은 1813년 이후 제니야고베錢屋五兵衛의 활약에 힘입어 연공미와 물품의 운송에서 가미가타·서국 해운업의 영향권에서 벗어나고자 노력하였다. 오카야마岡山 번은 연공미 수송을 위해 영내 해운업자를 징발하고 있었으나, 교호 연간에 오사카의 호상 고노이케 선鴻池船에게 연공미의 수송을 청부하였다. 하기 번萩藩도 영내 해운업자를 징발하는 제도를 실행하고 있었으나, 교호기 이후 이들 영내 해운업자들이 기타마에北前에 진출하여 연공미의 오사카 운송을 청부하였다. 규슈 지역의 가라쓰唐津·후쿠오카福岡 번의 운송업자들은 자신들이 속한 번의 오사카·에도로의 연공미 운송을 청부하여 영업을 하고 동서의 해운로에 진출하였다. 구마모토熊本 번에서는 간에이—겐로쿠기를 통해 대선이 감소하고 소선이 증가하는데, 다른 번의 해운업이 진출하여 구마모토 번의 해운업이 쇠퇴했음을 의미한다.

이렇듯 동·서 해운로의 개척으로 번들은 번 체제나 입지조건에 입각하여 독자적인 해운정책을 세웠고, 이에 따라 번들의 운송업도 변화하였다. 번들의 해운업은 오사카·에도의 해운 운송 중매업자의 지휘 하에 일본 열도를 항해하기도 하고, 이 변화에 적응하지 못하고 지역 품물을 운송하는 소규모 해운업자로 전락하기도 했다.

【제3의 길】　　여행·신앙의 길은 전국 주요 사사를 잇는 길이다. 중세 이전에는 주로 구마노 신사熊野神社를 참배하였으나, 에도 시대에는 이세진구伊勢

神宮 참배가 전국 규모로 유행하였다. 이세 진구 참배와 더불어 나라·오사카·교토 등 기나이 지역 사사에 대한 참배도 행해졌다. 이세로의 여행경로를 보면 다음과 같다.

1) 이세+서국西國 형: 이 형태는 동국 지역에서 출발하여 도카이도를 따라 여행하다가, 오이분追分에서 이세 쪽으로 나아가 이세 참궁을 마친 후 서국 지역을 여행하는 코스다. 이 코스는 다시 ① 이세 반도의 남단으로 나아가 오사카에서 나라를 거쳐 교토로 나아가는 1) - ①형, ② 이세에서 나라, 우지宇治 방면의 내륙로를 따라 오사카에 도착, 오사카에서 교토로 나아가는 1) - ②형으로 분류할 수 있다.

2) 이세+시코쿠四國 형: 이 형태는 ①, ②의 코스를 따라 여행하다가, 오사카에서 시코쿠를 들러 여행한 후, 다시 오사카로 돌아와 교토로 향하는 코스다. 이 코스는 다시 ③ ①의 코스를 걷다가 오사카에서 시코쿠를 들러 다시 오사카로 돌아와 교토로 향하는 2) - ①형, ④ ②의 코스를 걷다가 오사카에서 시코쿠를 들러 오사카로 향하는 2) - ②형으로 나눌 수 있다. ③, ④형에는 다시 시코쿠에서 나아가 미야지마宮島, 이와쿠니岩國를 들러 육로로 다시 오사카로 돌아와 교토로 향하는 형태가 있다.

위의 코스들 중 18세기까지는 ①·②가 일반적이었고, 19세기에 들면 대부분이 ③, ④형이었다. 그리고 ②형은 비교적 편안한 데 비해 ①형은 ②형에 비해 힘들었는데, 그러한 의미에서 ①, ③형은 비교적 순례의 성격이 강하다 하겠다.

오늘날과 달리 장거리여행의 기회가 흔치 않았던 에도 시대 여행자들이 모처럼 떠난 이세 참궁을 이용하여 되도록 많은 명승지를 둘러보려 한 것은 당연했다. 따라서 이세 참궁이라 하더라도 단순히 이세 신궁만 참궁하고 돌아오는 경우는 매우 드물었고, 위에서 보듯이 에도와 교토를 잇는 두 개의 가도街道, 즉 도카이도와 나카센도를 왕로와 귀로로 나누어 다녀오는 것이 일반적이었다. 도카이도를 따라 오면서 연변에 위치한 아키하산秋葉山, 호라이지鳳來寺 등을 둘러보고, 나카센도를 따라 가면서 센코지善光寺도 들렀다.

또한 참궁자들은 이세 참궁과 더불어 관음신앙이 영험한 사찰로 유명한 서국西國 지역의 33곳 사찰을 둘러보는 '서국 33소'를 탐방하거나, 선박안전・풍어・풍작 등으로 영험하다고 소문난 곤피라타이곤겐金毘羅大權現을 모신 가가와香川 현 고토히라쵸琴平町에 있는 고토히라구金刀比羅宮에까지 발길을 옮겼다. 이 시코쿠 여행에는 풍광이 아름답기로 유명한 세토 내해를 배로 건너는 해상여행을 경험해 볼 기회이기도 하였다. 따라서 19세기 중반에 들면서 ④형이 보편화되었다.

이러한 여행경로의 변화는 1802년 짓펜샤 잇쿠十返舎一九가 저술한 여행안내기 성격의 『도카이도츄히자쿠리게東海道中膝栗毛』가 대중적 인기를 얻는 시점과 일치한다는 점에서 양자의 연관성이 주목된다. 즉, 잇쿠는 당시 유행하던 ②의 이세 참궁 모델 코스를 바탕으로 『도카이도츄히자쿠리게』를 저술하였던 것이다. 이 코스는 장거리여행을 처음 떠나는 초심자들에게 좋은 모델로 받아들여지면서 이세 참궁의 모범적인 여행경로로 자리잡게 되었다. 이 ②형에 시코쿠 여행이 첨가되면서 개발된 것이 ④형의 여행코스였다.

이러한 여행경로의 변화는 이세 참궁의 목적이 종교 순례보다 일상에서 벗어난 여흥과 오락 쪽으로 변질되었음을 시사한다. 이는 도시의 소비문화가 농촌지역에까지 영향을 끼치면서 농민을 포함한 일반대중의 문화활동이 광범위하게 전개된 19세기 전반기의 시대 분위기를 반영한 것이라 할 수 있다.

제4장 생활과 문화

제1절 농민의 생활

1. 이에家와 촌(무라)의 형성

기나이 선진지역에서 장자가 경영을 계승하는 본가에서 차남, 3남의 경영체가 끊임없이 분출하는 형태로 농업경영체가 분해・증대하는 현상이 발생했으

나, 17세기 후기에 마침내 그 종국을 맞이한다. 그리하여 단독상속의 이에,
즉 자산 불분할을 기초로 하는 엄밀한 의미에서의 이에가 성립한다. 장자가
단독으로 상속한 재산은 장자의 의지로 처분할 수 있는 개인적 사유재산을
의미하는 것은 아니었다. 재산은 이에라는 '사단社團'의 재산=가산家産이고,
그 단독 상속인은 가산을 자손에게 온전히 전해야 할 의무가 있는 일대의
관리인에 지나지 않는다.

이에家는 가업家業·가산家産·가명家名의 3위일체로 확립된다. 근세사회에서
가업은 그 사람이 태어나고 자란 이에가 어떠한가에 따라 결정된다. 즉 병농분
리에 의해 사·농·공·상의 신분이 결정·고정되고, 각 신분에 따라 특정된
직업=가업도 고정되었다. 따라서 근세에 특별한 사정이 없는 한 이에의
가업은 고정되어 후손에게 계승되는 것이 원칙이었다. 가산이란 가업을 담당
하는 기초가 되는 것이고, 가명은 그 같은 일개 '사단'으로서의 이에를 바깥으로
표시하기 위한 이름이다. 가업과 가산이 이에의 객관적 측면을 나타낸다면,
가명은 부자상전의 친족집단 의식을 나타내고 있다는 측면에서 이에의 주관적
측면이라 할 수 있다.

17세기 후반기가 이에의 확립기라는 것은 종교 면에서도 확인할 수 있다.
센고쿠기 이후 서민 이에의 형성에 동반하는 선조 숭배의 장으로서 민간
소사원이 활발하게 건립되었다. 이러한 동향은 17세기 후반에 정점에 달하였
다. 어느 소농의 이에도 묘(무덤)를 가지게 되고, 어느 절에도 민중의 장례식,
망자의 명복을 비는 추선법요追善法要를 행하기 위해 고인의 인적을 기록한
과거장過去帳과 장례식에 부조한 사람과 물품을 기록한 회향장回向帳이 보관되어
있었다.

분할상속에서 단독상속으로의 전환으로 본가−분가집단(동족단)도 변화
가 생겨났다. 단독상속이 우세하게 되면 동족단을 구성하는 이에 수가 고정된
다. 이에는 불분할의 가산과 단일가의 묘를 가지며, 물질적·정신적으로
자립적인 존재로 성장한다. 그러나 동족결합은 느슨해진다. 동족단의 의의가
약해지면 근친의 직계혈족이나 혼인에 의해 근친관계를 형성한 사람들과의
친족관계가 더욱 중요한 의미를 갖게 된다. 동족단이 이에를 단위로 이에의

계보관계로 묶인 단체였던 것에 반해, 친족이나 결혼緣者은 기본적으로는 개인 사이의 친소관계다. 근세사회의 기초에는 이에가 있고, 모든 인간관계가 그것에 의해서 규정되었기 때문에, 친척·결혼 관계는 이에와 이에의 관계로서도 존재한다. 예를 들면 혼인을 계기로 당사자들의 이에는 신랑 이에와 신부 이에라는 친가관계를 맺게 되는 것이다. 친가관계는 구체적으로 노동 부조, 생활 부조 등 상조관계로 존재함과 동시에 각 이에의 혼인, 양자, 가산처분, 상속, 후견 등 가정 관계에 관한 모든 사항의 결정에 관여하여 중요한 역할을 하였다.

개척卓分 백성=오토나大人, 도시요리年寄 층의 대경영체 분해와 혈연 분가에 따른 단혼 소가족 경영체의 광범한 성립, 혈연 분가의 본가로부터의 자립에 따른 동족단 결합의 이완, 일반 백성의 이에 경영 발전과 단독상속제의 확립에 수반하는 경영체 수의 고정화 경향, 그리고 오토나, 도시요리층의 가내노예제적 수작경영을 지탱한 예속譜代 하인층이 가옥을 소유한 하인家持下人으로 상승하는 등 17세기 후반기를 통한 일련의 경제적 변화는 촌 구조를 변화시켰다.

우선 오토나, 도시요리 층을 본가로 하는 동족단의 이완과 일반 백성의 이에 경영체 발전에 따라 오토나, 도시요리 층과 일반 백성층과의 신분적 차별이 차츰 해소되어 간다. 그것은 미야자宮座의 변화에 단적으로 나타난다. 센고쿠기의 미야자는 총촌惣村(소손)이 연합한 총향惣鄕(소코) 단위로 촌의 오토나, 도시요리 층이 신사神事를 배타적으로 주재하는 조직으로 존재하고 있었다. 그러나 16~17세기의 경제적 변화에 따라 촌 단위로 촌 백성들이 동등하게 신주로서 제례를 담당할 수 있는 형태의 미야자가 형성되기 시작한다. 17세기 후반기 기나이에서는 이와 같은 미야자가 일반적으로 성립하여 있었다.

이러한 역사적 변화의 배경에는 당연히 일반 백성층의 오토나, 도시요리층에 대한 투쟁이 존재하였다. 통일권력 성립기에 통일권력이 촌 안에 설정한 쇼야와 오토나, 도시요리 층이 대표하는 총촌과의 대립이 촌 내부의 주요한 대립 형태였다. 위 오토나, 도시요리－일반백성의 대립관계는 정치적으로 위로부터 설정된 것이 아니고, 이미 센고쿠기에 자생적으로 형성되어 있었다. 이 대립에서 후자가 승리하는 형태로 매듭지어져 에도 시대의 촌이 성립하였다. 그러나 토호가 재촌하여 농민으로 살아가는 길을 선택한 촌에는 토호와 일반백성 사이에 신분상의 차별관계가 재생산되는 경우도 적지 않았다.

토호－백성 내지 오토나, 도시요리－일반백성의 계층관계가 해소되어 평준화되었다고는 하나, 새로이 형성된 백성층과 예속하인·피관 등 하층백성 사이에는 상하 계층관계가 여전히 새로운 형태로 계속 재생산되고 있었다. 촌민이 동등하게 신주를 맡은 미야자에 예속하인에서 상승한 가옥소유 하인층은 당연히 미야자에서 배제되었다. 가옥소유 하인층은 자립하였다고는 해도 고청지高請地를 보유하는 사람은 적었고, 고지高持 일반백성과 무고無高의 하층민 사이에는 엄연한 차별이 존재한다. 그렇다고는 해도 이 상·하 계층제는 17세기 후반기에는 이미 신분 계급제로서가 아니라 경제적 계층제로서만 존재한다. 17세기 후반기 상층농민과 하층농민은 고지 백성인지 무고 백성인지라는 경제력을 기초로 하는 것이었던 것이다. 이러한 변화와 더불어 역 부담 시스템도 변화해 갔다. 통일권력의 형성기에 역가제役家制는 역가가 동일한 역을 부담하는 것이 일반적이었지만, 점차 촌의 모든 이에가 소지 석고의 양에 응하여 역을 부담하는 방식으로 변화해 갔다. 역제가 신분제 시스템에서 순전한 경제적 시스템으로 전환한 것이다. 위의 농민신분 관계와 역제의 경제적 관계로의 변화가 17세기 후기 촌 구조변화의 제2의 요인이었다.

그러나 후진지역에서의 촌 구조변화는 위의 선진지역과는 다르다. 이러한 지역에서는 동족단을 해소하는 방향과는 반대로 그것을 강하게 유지·강화하고 있다. 뿐만 아니라 동족단의 구성 자체가 기나이 형과는 이질적이었다. 우선 혈연분가는 은거분가가 아니고, 은거는 어디까지나 본가에 잔류하고, 차남, 3남이 타출된다. 그리고 분가에 의한 가산분할은 본가 당주의 은혜적 행위로서 본가의 경영상 발전이 따르는 한에서 행해졌다. 따라서 본가와 분가 사이에는 분명한 상하지배, 종속관계가 형성되어, 분가는 본가에 대해 농업경영상 여러 가지 봉사를 해야 하였다.

동족단 구조만이 아니라 그것을 구성하는 이에 구조도 달랐다. 기나이에서는 은거 분할이 존재했고, 은거 분가가 없어져도 거주공간을 분리하는 방식이 일반적이다. 그러나 동북을 중심으로 하는 후진지대에서는 은거 부부, 당주

부부가 동일세대를 구성하는 대가족이 일반적이었다. 이 같은 거주형태의 상이는 아들에 대한 아비의 권위·권력이 제 관계를 발생케 하는 원인이고, 또 반대로 그 결과라 생각된다. 동북형 이에에서는 기나이·서남형 이에보다도 가부장적 지배의 정도가 강하였다. 후진지대에서는 이와 같은 구조를 가지는 이에와 동족단이 촌 구조를 규정하고 있었다. 많은 지역에서 동족관계가 이완되고 각각 자립한 이에가 신분계층제 질서를 창출하고 있던 것에 반해, 후진지대에서는 지배·종속 관계를 가지는 일개 단체로서 동족단이 계층제를 형성하여 촌 형태를 규정하고 있었던 것이다.

2. 촌의 구조와 질서

근세의 촌은 위에서 본 성격의 이에의 집합체다. 그러나 촌은 자연스런 이에 결합체가 아니라 권력이 인위적으로 편성한 행정 말단단위로 위치한다. 촌과 이에에는 상하관계를 유지하고 있으며, 촌은 하나의 인격체로서 사단社團과 같은 성격을 유지하고 있는 '공동체'다(촌 공동체). 이는 센고쿠기 이전부터 발달한 지연적 결합체인 총촌惣村의 성격을 근세 촌이 계승하고 있었기 때문이다. 촌은 총촌의 성격을 가지고 있기 때문에 이에의 상위에 위치하며, 촌민에게 그들이 지켜야 할 법규=촌법村法을 강제하고, 이를 어기면 촌민에게 그에 상응하는 벌칙을 과하였다. 한편 촌은 서민이 생활하는 장으로서 여러 사회적 관계를 포함하고 있다. 촌내의 사회적 관계들은 지역의 자연과 풍토, 그리고 역사성 등등에 따라 차이가 존재한다. 그러한 차이에도 불구하고 근세 촌은 상당한 정도의 균질성을 가지고 있었다. 이는 권력에 의한 촌 형성과 지배가 동일한 원리에 의해 관철된 결과이기도 하다.

근세 촌은 일반적으로 석고 400~500석 규모의 생산량을 가지며, 경지면적은 논과 밭을 합해 약 50정보 전후, 인구는 약 400인 정도다. 1가 5인을 기준으로 하면 일가는 약 0.6정보의 경작지를 보유한 꼴이 된다. 호수로는 80호 정도다. 그러나 경작지가 없는 촌민의 존재를 감안하면 일가는 평균 약 1정보 정도의 경작지를 보유하고 있었다고 보인다. 그러나 농민들의 경작보

유지의 편차는 대단히 컸던 것으로 알려져 있다.

촌은 논, 밭, 주거지, 산, 하천 등등으로 구성되는 여러 지역으로 나누어져 있다. 이 나뉘어져 있는 지역의 마을이야말로 촌민의 일상적인 생활의 장이며, 농업경영상의 공동노동과 관혼상제 등 일상생활 전반에 걸친 최소한의 상부상조의 단위다. 이 최소한의 지역단위에서 사람들은 상호간의 빈부의 차와 성격 등을 이해하고 있다. 이들은 이 조그만 마을의 구성원으로서 공적 존재인 촌과 관련을 맺어 촌민이 된다. 이 마을들은 커다란 나무나 지형지물 등을 표식으로 사방의 경계를 의식하고 있었다. 이것은 경작지 보유와는 다른 의미의 생활의 장으로서의 세계다. 이 조그만 마을에는 보통 소사小祠나 소당小堂 등의 종교시설이 있으며, 그곳에 사는 사람들을 대표하는 사람이 있다. 이 사람을 조장組長(구미쵸)이라 칭하기도 한다. 조장은 영주에 의해 조장으로 인정받기 전에 이미 마을 사람들이 인정한 존재다.

그런데 위에서 보았듯이 촌에는 먼저 정착하여 촌을 개척한 사람=구사키리草切가 있고, 이들의 본가와 본가에서 분출된 분가가 있다. 촌의 초기 개척자들은 일정 지역에 거주지를 형성하고 있었을 것이다. 본가는 당연히 이 초기의 거주지에 산다. 분가는 본가 주위에 위치할 수도 있으나, 그 주위에 적당한 거주지가 없으면 본가에서 조금 떨어진 지역에 거주할 것이다. 즉 본가와 분가는 경우에 따라서는 지역으로 구별되기도 한다. 이들 본가와 분가는 촌 내에서 엄격한 신분적 차별이 존재한다. 본·분가의 차별은 제례 시의 좌석에서 확연하게 나타난다. 본가의 당주가 상석을 차지하고 분가의 좌석은 말석이었다. 또한 본·분가가 공동의 묘지를 가지고 있을 경우, 본가의 묘석은 분가의 그것보다 크고 훌륭하다. 이것은 경제적 이유에 의한 것이기도 하지만, 분가가 경제적 여유가 있을 경우에도 본가보다는 작은 묘석을 세우는 것이 일반적이었다. 협동노동에서도 본가 사정이 우선하여 분가가 본가에 협력하는 형태를 취한다.

이와 같이 촌 내에서 본가와 분가는 엄격한 신분적 구별이 존재했으나, 법률적으로는 동일한 백성이다. 이러한 백성 중에 중심적인 계층이 본백성이다. 본백성은 공식 토지대장=검지장에 등록된 토지를 보유하고, 연공과 제

역을 부담하는 자를 말한다. 전형적인 본백성 상像은 논밭을 합해 1정보 전후의 경지와 집・집터를 가지고, 경지를 가족노동에 의해 경영한다. 즉 소규모 경영단위다(소농경영). 본백성의 토지에 대한 권리는 대단히 제한적이어서 토지매매는 공식적으로 금지되었고 분지分地도 있을 수 없었다. 경작지에의 재배작물도 원칙적으로는 제한을 받았다.

　농민의 토지보유량은 지역에 따라 편차가 대단히 컸다. 근세 초기 단계의 검지장을 보면, 경지보유자와 경작자가 동시에 기록되어 있는 경우가 왕왕 발견된다. 이것은 지주 - 소작 관계를 명시하고 있다. 또한 거주지가 없는 백성도 있다. 이러한 사정을 고려하면 당시 농촌에는 다량의 경지를 보유한 계층과 오로지 소작에 의존하여 생계를 영위하는 계층이 존재한다는 것을 알 수 있다. 당연히 자신의 경지를 가족노동에 의존하여 경영하는 소농경영자가 존재한다. 경우에 따라서는 자신의 경지를 경작하면서 소작도 겸하고 있다. 오히려 자작과 소작을 겸하는 경우가 일반적이라 하겠다. 즉 당시 농민계층을 토지소유와 경작관계에서 정합화하면 최상층 농민=경작지와 소작지 보유, 상층=직접경작지 보유, 하층=직접경작지와 소작경영, 최하층= 소작경영으로 분류할 수 있다.

　권력 측은 직접 경작을 하든 소작을 하든 실질적인 경작자를 본백성으로 파악하였다. 그러나 농업경영과 생활 측면에서 바라보면 위 계층들의 관계는 매우 복잡하다. 최상층의 직접경작지 경영은 어떠했을까? 토지를 직접 경영할 것인가 소작을 줄 것인가는 기본적으로는 노동력 확보가 가능한가의 여부에 달려 있다. 그것은 최상층 농민의 대극에 존재하는 최하층 농민 혹은 예속민의 존재 여부와 관련된다. 대체로 근세 초기에는 예속농민이 다수 존재하였다. 따라서 최상층 농민들은 이들의 노동력을 구사하여 직접 경영하는 경우가 많았다(지주 수작경영). 직접경작지 이외의 토지는 하층농민에게 소작을 준다. 위의 예속민은 최상층 농민이 제공하는 아주 적은 땅을 경작하고 있으나, 검지장에는 등재되지 못하였다. 이들은 최상층 농민을 통해 연공을 냈다. 또 자신들이 모시고 있는 최상층 농민의 직접경작지의 농사를 지어야 함은 물론 최상층 농민의 가정 일에도 노동력을 제공해야 하였다. 연말연시의 인사도 꼭 해야 하였다.

한편 전대의 최하층 신분으로 있었던 하인은 소농의 자립과정에서 소백성 혹은 연계年季 고용인으로 해방되었다. 그리고 장원영주·권문들에 잡역이나 예능을 봉임하던 산소散所의 주민은 수공업·상업·예능 등의 자座를 형성하거나 영주나 다이묘의 규제 하에 시장=이치市에 모인다. 그리고 그들은 막번체제의 성립과정에서 급속히 진행된 죠카마치 건설에 의해 상·공·예능의 도시민을 형성하게 된다. 그러나 이들 중 일부는 새롭게 천민신분으로 편성되어 소위 에타穢多·히닌非人으로 전락하였다. 막번권력은 전국에 산재하는 이러한 천민집락을 이용해 일반 백성으로 구성된 촌공동체의 배타성과 계층차별성을 그대로 천민집락에 대한 차별로 재생산하게 하였다. 천민집락이 존재하지 않았던 간토 이북지역은 촌공동체가 성립됨과 더불어 촌마다 수 칸의 에타를 이주시켜 촌 밖에 살게 하였다. 이는 에타와 일반농민을 반목시켜 신분차별 의식을 정착시키고, 그것을 통해 지배를 강화하는 것이었다.

위 농업경영에 변화를 일으키는 것은 농업생산력의 향상이다. 농업생산력이 향상되면 우선 최상층 농민의 토지를 소작하고 있던 하층농민이 소작지 경작을 포기한다. 최상층 농민은 이 소작지를 누군가를 통해 경작시켜야만 한다. 결국 그들이 노동력을 확보하지 못하는 한 예속된 농민에게 하층농민이 소작하던 토지를 소작하게 할 수밖에 없다. 상황이 이렇게 되면 자신이 예속민 노동력을 통해 직접 경작하고 있던 토지도 줄일 수밖에 없다. 이리하여 예속민은 최상층 농민으로부터 독립하여 비록 소작이기는 하나 검지장에 등재되어 경작권을 권력으로부터 인정받게 된다. 일단 경작권이 인정되면, 그 권리는 특별한 사유가 없는 한 지속된다. 다만 이러한 과정의 초기단계에서 소작료를 어떠한 형태로 지불할 것인가가 문제다. 이미 권력에 의해 파악된 토지는 연공을 지불해야 한다. 최상층 농민은 보유중인 토지가 경작되지 않으면 연공 체납으로 몰락할 수밖에 없다. 이러한 상황에서 예속민들은 최상층 농민에게서 독립하고자 하는 운동을 전개하고 있다. 이 운동의 결과 소작료는 최상층 농민에게 노동력을 제공하는 정도가 된다. 이러한 조건에 합의하면 예속민은 토지를 자신의 이름으로 보유하게 된다. 즉 소작의 의미가 사라지는 것이다.

　결국 근세 초기를 지나면 농촌 내의 예속민은 대부분 독립적인 본백성이 된다. 그러나 여전히 농촌 내에는 자연재해나 흉작에 따른 하층농민의 몰락 등으로 예속민이 재생산되는 구조가 존재하고 있다. 그리고 예속민이 독립하여 하층농민의 본백성으로 편입되었다고는 하나, 그들의 경지는 규모가 작아서 최상층 농민의 토지 일부를 소작하지 않고서는 생활이 불가능하였다. 따라서 이들의 노동력과 하층농민의 노동력에 의한 상층농민의 직접경영과 소작은 전대에 비해 규모는 대단히 축소되기는 했지만 근세기를 통해 지속되고 있다. 이를 통한 최상층 농민의 촌민 지배력도 유지된다 하겠다.

　촌은 치안, 행정 이외에도 여러 가지 적극적인 촌 행정을 행하였다. 물이나 산 등 공유물의 관리·운영, 이것에 수반하는 부역 등 공동노동의 지휘·감독, 제례의 집행, 촌재정의 관리·운영 등이 그것이다. 그리고 그와 같은 행정을 담당하는 기관이 촌 요리아이村寄合(무라요리아이)와 위에서 본 촌방 3역村方三役(무라가타산야쿠)다. 촌 요리아이는 촌민(당주) 전원의 집회로, 촌법 정립, 촌역인 선출, 촌 경비村用의 관리 등 촌정村政 사항 전반에 대해 최종적 권한을 가진 최고기관이다. 그 밑의 촌방 3역의 필두는 쇼야庄屋(혹은 나누시名主)고, 쇼야를 수명의 구미가시라組頭가 보좌하였다. 그들에게는 촌 경비로 급미가 지급되어, 촌정을 담당하는 공적인 기관으로서 위치하고 있다. 햐쿠쇼다이百姓代는 일반 촌민의 쇼야, 구미가시라에 대한 투쟁 속에서 성립한 기관으로, 쇼야와 구미가시라를 감찰하는 기능을 담당하였다.

　이상은 촌이 그 상부에 구축되어 있는 영주 권력으로부터 자율적으로 운영되고 있는 측면이지만, 근세 촌의 특징은 영주 권력이 촌 행정 안에 깊숙이 파고들어 있다는 점이다. 그 중심은 연공과 부역의 징수다. 근세의 영주 권력은 많은 경우, 촌민(이에)을 개별로 지배하지 않고 촌을 통해서, 구체적으로는 쇼야와 구미가시라의 촌정 집행기관을 통해 지배하는 촌 청부제村請制를 실시하였다.

　그리고 촌의 자치 정도는 막번체제가 초기에서 중기로 전개되어 감에 따라 점차 강해졌던 것으로 생각된다. 왜냐하면, 이미 서술한 것과 같이 도요토미 권력으로부터 도쿠가와 권력의 초기에 걸쳐서 국가권력이 촌 안에 직접 들어가고, 어느 이에가 어떤 국가적 부담을 져야 하는가를 확정하고 있었지만家數帳(이에가즈쵸), 막번제 중기가 되면 촌고에 응하여 촌이 부담해야 할 부역량은 고정되고, 그 부역 총량의 부담을 어떻게 분배할 것인지는 촌에 맡겨지는 방식이 일반화해 가기 때문이다. 직접적인 이에 지배에서 촌을 매개로 석고를 기준으로 한 간접지배로 전환한 것이다. 따라서 민중 지배차원에서 석고제의 관철은 국가적 지배가 강화되는 것이 아니라 국가가 사회에서 후퇴하는 것이었다. 그러나 이는 사회가 국가로부터 자율 영역을 넓혔다는 것을 의미하는 것이 아니다. 그것은 국가가 사회로부터 후퇴해 가는 부분을 대체하는 능력이 촌 사회 내부에 강화된 것, 즉 촌이 국가지배의 하청기관으로서의 기능을 한층 강하게 갖게 되었음을 의미하기 때문이다. 이것은 석고제의 확대·심화라는 형식을 취한 것이고, 그 기저에는 촌 내부의 중하층 농민이 석고제를 기준으로 하는 부담·분배를 실현하기 위한 투쟁이 있었다.

이러한 촌공동체는 촌의 안정과 질서를 유지하기 위한 자치적 규약을 가지고 있다. 그 권한은 경찰치안에서 농경과 관련한 촌 공동행사(제례), 농업노동과 관련된 사항, 촌 질서를 유지하기 위한 여러 규제들, 이웃 촌과의 갈등관계 조정 등 촌민의 생활 전반과 관련된 사항들을 망라한다. 이러한 제 권한과 관련하여 촌은 촌민이 상호 보증하는 촌 독자의 규약(오키테掟, 오키메置目, 사다메定)을 가지고 있으며, 이를 위반하는 촌민은 촌에서 처벌하였다. 처벌의 내용은 다음과 같다.

우선, 추방형·가옥파괴, 공개처벌이다. 추방형은 중세 후기 총촌제가 성립한 이래 나타난 제재 중 하나로, 근세 촌의 최고 형벌이고 여러 촌 규약에서 찾아볼 수 있다. 절도 같은 형사범이나 촌의 권익을 심대하게 훼손한 자에게 적용하였다. 형사범에 대한 추방형과 유사한 성격의 제재로 범인의 집을 없애는 가옥파괴도 있다. 예로부터 일본에서는 죄를 지어 더럽혀진 물건을 정화해야 한다는 관념穢れ이 근세까지 계승되어 추방이나 파괴를 규정하고 있는 것으로 보인다. 그러나 이 규정을 실제 적용하는 경우는 극히 드물었다.

공개처벌은 절도 등에 관한 제재로 시행된 귀를 자른 다음 추방하기, 삭발하고 근신하기, 한쪽 귀밑머리를 깎은 다음 빨간 두건을 쓴 채 장의행렬의 선두에 서기, 사람들 앞에 설 때 빨간 두건 쓰기, 외출할 때 절도범이란 푯말을 들고 걷기, 다리 위에 묶어두기 등이 있다. 공개처벌은 영주 권력이 시행하는 형벌의 특징이지만, 촌 규약에서도 찾아볼 수 있다. 귀 자르기나 귀밑머리 깎기 등은 중세에서도 자주 보이는 제재들이고, 빨간 두건을 씌우는 형벌 등은 하층민인 히닌의 복장을 흉내낸 것으로 보인다. 추방·가옥파괴 처벌과 마찬가지로 공개처벌도 막번 권력의 형사법에 저촉할 정도의 범법행위에 해당하는 것이어서 실제로 적용되는 경우는 극히 드물었다.

둘째, 따돌리기村八分와 벌금형으로 촌 규약에서 자주 볼 수 있는 것 중 하나다. 이것은 촌 권익을 훼손한 자에게 내려지는 추방형에 준하는 제재로서 실제로 시행된 경우가 많았다. 다른 곳에서 자기 마을에 대해 험담을 늘어놓은 것 역시 따돌리기 대상이었다. 촌락이 생산·생활의 공동체인 점을 반영해 마을 권익을 해치는 자에 대해서는 엄격한 제재를 가하도록 촌 규약에 규정되었다. 따돌리기는 촌에서 행하는 행사들, 공동노동에서의 따돌림, 우물 사용금지 등 다양한 형태로 나타난다. 벌금형은 촌락 규약 중에서도 가장 일반적인 것으로 쌀과 동전, 술 등을 갹출시키는 형벌이다. 이는 사소한 형사범이나 규율 위반자에게도 적용되었는데, 그 양은 위반 사항과 형량에 따라 정해진다. 근세 촌에서 가장 일반적으로 시행된 처벌이 이 따돌리기와 벌금형이었다.

셋째, 신불神佛의 벌이다. 위의 제재와 함께 씨족신이나 부처에게 벌을 받는 조항도 있었다. 범죄가 발생하였으나 범인을 확증할 수 없을 경우, 씨족신 앞에서 투표를 실시해 표가 많이 나온 자를 범인으로 삼는 처벌법 역시 여러 촌락에서 실시하였다. 소위 고대 이래의 신판神判 의식이 근세기까지 지속되어 촌 규약에 신불의 벌을 포함시켰다고 보인다.

이러한 촌은 촌의 질서를 유지하기 위한 경찰치안에 관한 규약과 처벌권뿐만 아니라 농업과 생활에 관련한 산야 공동이용권과 수리水利권도 관장하고 있다. 그리고 촌은 산야 공동관리권入會權이나 수리권을 촌단위로 공동으로 행사하였는데, 이 때문에 이웃 촌과 산이나 물을 둘러싸고 격하게 대립하였다. 하천을 둘러싼 분쟁은 대안의 마을과 마을 사이의 분쟁과, 상류와 하류의 마을과 마을 사이의 분쟁의 두 타입이 있다. 대안 촌끼리의 분쟁은 한쪽의 촌이 축제공사로 제방을 높게 쌓아 다른 쪽 촌이 이전보다 수해를 입는 것이 많아졌기 때문에 생기는 경우가 많았다. 그리고 상·하류 마을 간의 분쟁은 갈수기의 물 획득 분쟁이다. 이러한 촌 사이의 분쟁은 소장을 작성하여 재판을 하는 경우도 있지만, 대부분 촌공동체의 장이 상호 협의內濟해서 해결하는 경우가 많았다. 그리고 이웃 촌 간의 산야이용권을 둘러싼 대립은 퇴비를 확보하기 위한 풀베기와 관련된 경우가 많았다. 이웃 촌민이 촌에서 관리하는 산이나 들에 들어와 풀 베는 것을 발견하면, 그 촌민의 낫을 빼앗아 촌공동체의 장에게 보고하고, 촌공동체의 장은 이웃 촌공동체의 장에게 이를 통보한다. 그리한 연후 촌공동체의 장끼리 협의하여 처리하는 것이 일반적이었다. 즉 촌민 상호간의 대립은 물론이려니와 타촌 촌민과의 대립도 촌이 개입하여 협의를 통해 해결하였고, 해결되지 않는 경우는 촌과 촌의 소송으로 해결하였다.

촌과 촌은 한편에서 이러한 분쟁을 일으키고 대립하면서도, 다른 한편으로는 깊은 교류관계를 맺고 있었다. 그것을 단적으로 나타내는 것은 결혼, 양자, 양녀, 품팔이, 고용인, 사원 제자들이 등등에 따른 사람들의 움직임일 것이다. 촌과 촌은 거의 반경 10킬로미터 범위에서 일상 생활상의 교류를 계속하고 있었는데, 걸어서 2~3시간으로 갈 수 있는 공간, 이 공간이 근세 촌민이 사는 세상世間이었다.

근세의 본백성은 가족노동을 근간으로 농업경영을 행하고 있으나, 그것만으로는 경영을 유지하지 못한다. 농업 특성상 노동력의 집중투여가 필요하기 때문이다. 그것은 논의 경우 모내기와 추수로 대표된다. 또한 논갈이나 풀베기 등도 마을공동으로 행하는 습관이 있었다. 즉 농업경영을 위해서는 상호 공동노동이 필요하며, 이러한 공동노동의 관행으로 유이結い(품앗이)와 모야이舫い(공동노동)가 존재한다.

유이는 농업노동 외에 이엉잇기, 부역, 장례식 등 이에들의 협력이 필요한 경우 넓게 적용된다. 농민들은 이 품앗이를 노동력의 상호 증여와 반제로 의식하였다. 유이와 비슷한 것으로서 어촌을 중심으로 한 모야이가 있다.

이것은 공동노동과 그 성과물의 공유, 평등분배라는 성격을 가지고 있었던 것으로 유이의 노동력 교환과는 성격을 달리한다. 상품교환 혹은 상품으로서의 노동력 매매 등의 시장적 교환과는 본질적으로 다르지만, 모야이도 일종의 증답교환이다. 이와 같은 성질의 교환은 촌이 개별적, 사적인 노동주체, 경영주체로서의 이에의 연합체로서 성립한 것을 기초로 한다. 그리고 이러한 개별적 이에 경영 집합체로서의 촌에서 사람들은 노동력의 증답적 교환을 극히 자연스런 습관·규범으로 받아들였다.

촌민 상호간의 증답 시스템은 물건을 주고받는 형태에서도 보였다. 정월과 오본お盆의 2대 행사나 3월과 5월의 셋쿠節句, 춘·추분彼岸 때의 증답, 탄생축하, 혼례, 장의, 49제 등의 통과의례, 구조물 신축, 병, 화재, 여행 등의 증답이 그것이다. 증답품은 음식물이 많았는데, 물건의 증답이 신사에 바치는 공물에서 유래한 것과 관련 있는 듯하다. 신사의 신인공식神人共食 관습이 신사 행사 때 사람들이 공식하는 것으로 변화하고, 그것이 변화하여 증답의 관습으로 정착되었다고 한다. 신인공식의 관행이 모야이적인 생산물의 분배로는 변화하지 않고 증답 관습으로 변화했던 기초에는 유이적 구조의 촌사회 형성이 존재하였다.

이렇듯 유이는 노동력의 등가교환을 원칙으로 하며, 모야이는 노동력의 대차관계가 존재하지 않는 임의적인 노동제공이다. 이 같은 농업경영상의 공동노동도 필요하지만, 관계시설 개수나 도로 정비, 다리 등의 건설이나 보수 등의 촌 일도 집중적인 노동투여와 공동노동이 필요하였다. 이러한 촌 일에의 참가는 사회적 강제력이 강하였다. 이러한 공동노동 기반은 촌 내의 마을이나 일의 성격에 따라 마을경계를 넘어 촌 전체로 행해지기도 한다.

한편 위와 같은 일시적인 노동집중 외에도 일상적인 인간 결합관계가 존재하는데, 이 관계를 규정하는 것은 연령에 의한 결합관계다. 가장 일반적인 것은 와카모노구미若者組다. 와카모노구미는 대개 15세에 가입하여 30~40대까지의 촌민 모임이다. 즉 농민으로서 한 사람 몫을 감당할 수 있는 사람들의 집단이라 할 수 있다. 그 내부는 새로이 가입하는 사람으로부터 와카모노가시라若者頭에 이르기까지 연령에 의해 여러 단계로 구분된다. 이들은 제례를 준비하고 행하는 등 촌 행사와 홍수나 화재 등에도 적극적으로 대처하는 존재로, 촌의 제 행사에 관여하기 때문에 당연히 촌 행정에도 영향력을 미친다. 이 와카모노구미가 성인 남성들의 모임이라면, 미혼 여성의 모임으로는 무스메구미娘組가 있다.

와카모노구미 외에 연령에 따른 모임으로는 어린이 모임子供組과 노인 모임老人組 등이 있다. 어린이 모임은 보통 7세에 가입하여 와카모노구미에 들어가기 전까지의 남녀 어린이의 모임으로, 칠석이나 오본 등 연중행사를 수행하는 경우가 많다. 노인 모임은 말 그대로 촌내의 노인들 모임으로, 모여서 노래연습을 하거나 세상사에 대한 이야기를 하면서 지낸다.

3. 연공 수납과 농민 부담

영주의 최대 관심사는 백성에게 연공을 부과하여 징수하는 것이다. 우선 연공량의 결정에 대하여 보자. 1586년 도요토미 히데요시는 연공 수취는 영주와 백성이 상의한 약속에 따를 것, 만약 재해 등으로 연공을 감하는 것損免에 대한 의견이 다를 경우는 수확량의 2/3를 연공으로 영주에게 수납할 것을 명하였다(6공4민). 여기에서 주의를 요하는 것은 영주가 취하는 연공고와 다이코 검지에 의해 확정된 토지의 석고는 직접적인 관계가 없다는 점이다. 도요토미 권력의 연공고 결정기준은 당년의 수확고일 것이다. 다이코 검지는 연공 부과지의 확정이라는 점에서 연공 수취에 관련되지만, 다이코 검지로 산출된 석고제는 영주계급을 편성하기 위해 창출된 제도여서 적어도 당초에는 연공 징수와 제도적인 내적 상호 연관성은 없었다.

석고제가 연공 수취법과 관련을 가지게 되는 것은 17세기 초기부터다. 게이쵸, 겐나, 간에이의 연공 부과장에는 촌이 납입하는 연공량이 다음과 같이 산정되었다.

1) 촌 연공량=촌 총석고(촌고)－비경지 부분 석고－제 면제분(해당 년의
　　　　면제분, 촌 비용 등)

2) 촌민의 연공량=소지 석고-제 면제분(촌 비용 등)의 할당량

3) 반당 연공량=두대半代(산정 석고)-(0.1-0.3×두대)=0.9×두대-0.7×두대

촌고는 검지에 의해 확정된 촌의 총석고고, 비경지 부분의 석고는 수해 등에 의해 황폐화되었거나 관개를 위한 저수지가 되었거나 하여 검지 이후 비경지화한 부분의 석고, 제 면제분은 그해의 손면분이나 촌 운영 비용분村入用을 나타낸다. 이 같은 방법으로 산출된 마을의 부담 연공량을 기준으로 각 촌민의 부담 연공량은, 보유지에 검지 이후 비경지화 부분과 손면분이 없다면 2)처럼 산출되어 확정된다. 이와 같이 하여 검지에 의해 창출된 석고제는 연공 수취의 기준으로 기능하게 되었다.

과세방법은 그해의 풍흉에 따라 결정하는 검견법檢見法(게미호)과 과거 몇 년 간의 수확을 평균해서 일정 세율을 곱하여 결정하는 정면법定免法(죠멘호)이 있다. 정면법의 경우에도 특별한 손실이 있는 해는 검견을 받아 세금을 경감하는 경우도 있었다破免檢見(하멘게미). 대개 정면법은 막부 직할령의 경우 교호享保 연간부터 일반화된다.

검견법에 의한 연공 부과액은 다음과 같이 결정된다. 먼저 미작의 풍흉을 판별할 수 있는 9월 이후 영주의 관리가 각지의 풍흉을 조사하고(검견), 재해 등에 의한 면제분을 촌고에서 뺀 석고량에 세율을 곱한 연공 할당장割付状(免札)을 각 마을에 송달한다. 마을별로 송달된 연공 할당장을 토대로 하여 촌역인이 검지장을 기초로 전답의 등급·면적·석고 등이 상세히 기록된 명기장名寄帳(나요세쵸)에 의거하여 촌민 각자의 지고 또는 반별로 세율을 곱하여 연공량을 결정한다. 이때 연공액은 쇼야나 구미가시라가 독점적으로 결정한다. 그러다 보니 쇼야나 구미가시라가 부정을 저지를 소지가 있었고, 따라서 이들과 농민 간의 대립 가능성이 존재한다. 이는 왕왕 쇼야나 구미가시라의 부정을 추급하는 촌방소동村方騷動으로 나타난다. 이러한 부정을 방지하기 위해 영주는 세율의 공평을 명하고, 촌민의 연공액을 기록하고 촌민 모두의 날인을 받은 조세 확인장=고멘와리쵸御免割帳 제출을 요구하였다.

이렇게 해서 결정된 연공액을 촌민은 기일 내에 쇼야에게 납입하여야

한다. 쇼야는 촌민에게 영수증皆濟狀을 발부한다. 한편 쇼야는 거두어들인 연공을 몇 차례로 나누어 영주에게 납입하고, 영주에게서 납입영수증御皆濟狀을 받는다. 이렇게 하여 연공 납입이 종결된다. 그런데 촌민 중에는 연공을 납입하지 못하는 경우도 있다. 영주로서는 촌 청부를 했기 때문에 촌 내부 문제에는 간섭하지 않는다. 그 책임은 전적으로 쇼야가 진다. 쇼야는 연공을 대신 납입하고 연공 미납자의 토지를 저당잡는다. 이리하여 토지를 집적하는 쇼야도 많지만, 오히려 연공 대납 때문에 몰락하는 경우도 있다.

연공은 미곡 납입이 원칙이지만, 막령에서는 1/3에 해당하는 분량을 화폐로 납입하게 하기도 했다. 이를 석대납石代納(고쿠다이노)이라 한다. 한편 논이 거의 없는 산촌이나 어촌 등지에서는 경우에 따라 연공을 전부 화폐로 납입하기도 한다. 석대납은 농민 입장에서 보면 연공미의 선별·운송 등의 수고를 더는 이점이 있어서 이를 바라는 경우도 있다. 이를 원석대願石代(네가이코쿠다이)라 한다.

농민은 연공만 부담하는 것이 아니다. 연공납입에 필요한 제 경비와 연공 운반중에 소실되는 수량을 계상한 부과세를 부담해야 하였다. 이를 구치마이口米라 한다. 도요토미 히데요시는 1석당 구치마이 2되를 부가하고 일체의 부과미를 금지시켰다. 에도 막부는 1616년 구치마이의 경우 1석당 1되, 화폐납일 때에는 구치나가口永 100문당 3문으로 정하였다. 구치마이는 연공에 딸리는 부과세를 모은 것이지만, 번에 따라서는 그 밖에 간마이缺米·고미마이込米 등으로 불리는 부과세를 징수하였다. 막령에서 징수한 구치마이·구치나가는 처음에 다이칸쇼의 경비, 다이칸에 딸린 관리下役의 급료나 지필묵 대금에 충당했으나, 1725년 개정하여 막부가 다이칸쇼의 경비를 별도로 지불하고 구치마이·구치나가는 막부에 지불하게 하였다.

이처럼 구치마이 등은 석고, 반별로 부과되는 조미租米에 비례하여 결정되었지만, 촌고를 기초로 부과하는 것에 다카가카리高掛가 있었다. 막령의 경우 다카가카리는 로쿠샤쿠 급미六尺給米·구라마이뉴요미藏前入用米·덴마슈쿠뉴요미傳馬宿入用米의 세 종류가 있어 이를 다카가카리 3역이라 하였다. 로쿠샤쿠六尺는 에도 성의 부엌에서 사역하는 인부를 칭하는 것으로 원래는 백성역百姓役으로 촌에서 징수하였으나, 부엌에서 일하는 인부를 일고日雇로 고용하면서 여기에 필요한 비용을 막령의 촌에서 징수하고 이를 로쿠샤쿠마이六尺米라 하였다. 그 양은 정확히 알 수 없지만, 교호 연간의 경우 석고 10석에 쌀 2말씩 징수하였으며, 이후 금납화한다. 구라마이뉴요미는 에도 아사쿠사의 쌀창고에 연공미를 보관할 때 드는 제 비용을 충당하기 위한 것이다. 가미가타의 경우 석고 100석당 은 15몬메, 간토에서는 구치나가 250문(금 1분)을 징수하였다. 덴마슈큐뉴요미는 1707년에 시작된 것으로 그 해에 설치된 슈큐테다이宿手代의 급료로 충당하기 위한 것이었다. 이는 슈큐테다이 폐지 후에도 존속하여 슈쿠宿方의 보조금으로 충당되었으며, 석고 100석당 처음에는 4되 7홉, 나중에는 6되였다.

이 밖에도 전답이나 가옥 등에 부과되는 연공 외에 산림원야 등에 부과되는 세, 그리고 상업·공업·어업·양조업 등의 영업에 부과되는 고모노나리小物成·운죠運上·묘가冥加·부이치分一 등 여러 잡세가 있었다. 고모노나리는 산림·원야·하천 등지에 부과되는 세금이다. 운죠는 상공업 내지 그 외의 영업활동에, 묘가는 영업의 허가, 특별한 권리의 부여에 대한 보은으로서 상납하는 금전이다. 부이치는 상업·어업 등의 생산고 또는 매출액에 따라 징수하는 잡세로, 현물로 징수하다가 점차 화폐납으로 변한다.

또 농민은 촌 내에서 사용하는 제 경비를 부담해야 한다. 필요에 따라 촌역인이 비용을 지출하고 연말에 촌민에게 그 비용을 징수하였다. 비용의 징수는 반별·가옥별 등도 있었지만 대부분 석고를 기준으로 하였다. 근세 초기에는 장부를 작성하지 않거나 작성하더라도 수치가 불명확한 경우가 많았다. 또한 촌역인이 일단 지출하고 나서 그 금액에 일정한 이자를 붙여 촌 경비에 계상하는 경우가 통례였기 때문에, 촌역인의 산용을 촌민이 불신하여 논쟁이 발생하는 경우도 적지 않았다. 그래서 막령에서는 촌 경비장부를 다이칸쇼에 제출하여 인증을 받게 하는 제도를 실시하여 촌민 상호간에 촌 비용으로 말미암은 분쟁의 발생을 미연에 방지하고자 하였다.

촌 경비 가운데 거의 모든 촌에 공통된 것으로는 쇼야 등 촌역인과 촌 행정을 시행하는 죠시定使의 급분이 있다. 쇼야의 급분은 영주 측이 급미로 지급하거나, 지고 중에서 일정액의 연공을 면제해주는 경우도 있었지만,

그렇지 않은 경우에는 촌 경비에서 지출하였다. 구미가시라 · 도시요리 등의 촌역인에게 급여를 지급하는 경우도 중 · 후기에는 흔히 볼 수 있다. 죠시는 촌역인 밑에서 명령서觸書의 전달, 그 외의 잡일을 맡아보는 자로서 급여를 주수입으로 생활하는 자다. 또한 쇼야의 촌정을 위한 제 장부와 원서願書 등의 작성에 드는 지필묵대도 계상하여 촌 경비에서 충당하였다. 또한 촌 경비 중에는 낭인, 걸승乞無僧 등이 촌을 방문했을 때 드는 비용(숙박, 식대 등), 여행중에 쓰러진 행려자의 치료비 · 화장비 등의 비용도 포함된다. 촌 경비는 영주의 사정, 지리적 환경에 따라 많은 차이가 있지만, 본 연공이 에도 중기 이후 별다른 변동이 없었던 데 반해 현저히 증가하는 경향이 있다.

이상의 현물 또는 화폐 납입 외에도 농민은 영주에게 노동력을 제공해야 하였다. 영주는 도로 수리, 하천 제방 공사를 비롯한 대소의 인부역을 항시 필요로 하였는데 이는 부역 · 전역殿役 · 역의役儀 등으로 불렀다. 본래 널리 행해졌던 인부역은 숙역 및 스케고助鄉의 인마人馬역이었으나, 숙역 · 스케고가 없는 촌에서도 공용 여행자를 위해 인마를 제공할 의무가 있었다. 영주나 번의 부교 · 다이칸 또는 막부의 쥰켄시 등을 위해 숙박시설은 물론 하물을 운송하기 위해 인마를 징발했던 것이다.

영민은 성내의 보 · 개수와 군영陣屋의 청소 등을 하는 한편, 다이묘 · 하타모토의 에도 가옥에서 부리는 츄겐中間 및 막부 다이칸의 군영에 필요한 잡역을 담당해야 하였다. 이 중에서 가장 일반적인 것은 관개용수 · 홍수 등에 대비하기 위한 치수공사다. 치수 제방공사는 국역부역 · 영주부역 · 자부역 등 세 가지로 나뉘며, 국역부역은 막령 및 사령이 얽혀 있는 지역을 흐르는 대하천 제방공사다. 국역부역제도는 기나이 · 간토 · 도카이 · 호쿠리쿠의 제 하천 치수로 그 범위가 확대되고, 20만 석 미만의 영주로 자부역이 곤란한 경우에도 국역부역을 하도록 규정하고 있다. 영주부역은 막부에 대해서는 자부역이 되는 셈이지만 촌에서는 이를 영주부역이라 불렀고, 촌 자체에서 행하는 부역을 자부역이라 하였다. 영주부역의 경우 하천 치수뿐만 아니라 연중 다양한 부역이 필요하였다. 농번기의 경우에는 본업에 지장을 초래하기 때문에 미전米錢으로 대납하는 경우가 일반적이다(부마이夫米・부센夫錢). 과역 전부가 대납제는 아니며, 과역에 징발된 자가 모두 무상으로 사역된 것도 아니다. 많은 경우 부지미扶持米 등을 지급받았고, 그러한 경우에도 작업장이 원거리에 있을 경우 그곳까지의 교통비는 각자 부담하였다. 막부와 번 재정이 악화됨에 따라 국역부역을 대신한 촌의 자부역 비율이 점차 증가하였다.

4. 17세기 후반의 농민투쟁

근세 영주경제의 기반은 농민의 공조貢租, 그 중에서도 경작지에 부과하는 본연공本年貢이다. 막부는 외국무역을 통한 막대한 이익과 주요 광산개발에 의한 화폐 주조 등을 통해 재정이 풍부하였지만, 다이묘들은 참근교대 등으로 막대한 경비가 필요하였다. 영주가 수입 증가를 꾀할 경우 다음 세 가지 방법이 있다. 1) 연공부과지인 전답의 개간이다. 이를 위해 신전 개발을 장려하고, 검지를 통해 숨겨진 전답을 찾아내 검지장에 등록한다. 2) 전답의 석고 산정 기준石盛을 부풀리는 방법이다. 중전을 상전으로, 하전을 중전으로 변경하는 등의 방법이다. 3) 조율租率을 올리는 방법이다. 17세기 중반 간분 연간을 전후로 발생한 농민 잇키는 이러한 증세에 반대하여 발생하는 경우가 많았다.

본백성 체제와 촌이 성립되는 17세기 후반 농민투쟁도 새로운 단계에 들어선다. 전대의 소농민의 도망, 다이칸・급인의 '부정' 반대 소원 및 부지백성이 이끄는 총백성의 무장봉기는 17세기 후반에는 주된 형태가 아니었다. 그것에 대신하여 본백성 전체의 요구를 집약한 촌의 의지를 쇼야 혹은 촌방 3역이 대표가 되어 촌과 촌이 연합하여 행하는 소원訴願투쟁이 주된 형태였다.

이 시기 소원투쟁의 특징은 촌을 주체로 촌 대표들에 의한 '월소越訴' 혹은 대표들을 선두로 농민대중이 다이칸쇼나 성하에서 시위를 하는 '강소强訴' 형태를 취하는 점이다. 이 시기 촌 간의 연합이 가능했던 이유는 첫째로, 소농민생산의 조건을 확립하기 위한 촌내 투쟁 전개 과정을 통해 촌이 소농민・지주수작농민을 포함하는 요구를 집약하는 장소로 기능하게 되었고, 둘째로,

촌과 촌이 소농민의 이익을 위해 지역적으로 결합을 만들어 나갔기 때문이다. 이 시기의 소원투쟁이 주효했던 것은 막번체제 성립기에 나타난 도망, 봉기·농민투쟁, 간에이 대기근으로 막번 영주가 소농민을 유지하기 위해 일면 양보하는 경향을 보였고, 악정으로 인해 농민의 월소·강소가 있을 경우 막부가 다이칸에게 책임을 물어 처벌하는 강력한 정책을 취했기 때문이다.

이 단계에서의 농민은 투쟁을 통해 연공·제 역의 감면 혹은 연공 증징·제역 신설을 반대하였다. 이는 농민의 노력에 의해 생산된 부가 부분을 생산과 생활 향상을 위해 쓰려 한 농민과 지대로 증징하려는 영주 간의 투쟁이 되어가고 있음을 나타낸다. 도시생활의 발전으로 증가한 재정지출을 막번 영주는 농민의 부가 생산물을 증징해서 해결하고자 했던 것이다. 그러나 농민투쟁으로 인해 그것이 곤란해지자, 가신단의 지카타 지행을 직할지 지행으로 바꾸거나 나아가 가신단의 지행지 일부를 몰수하거나 할 수밖에 없었다. 그러한 조치는 가신단의 반항을 불러와 가중소동家衆(가슈)騷動을 야기하기도 하였다. 가중소동이 이 시기에 집중적으로 나타난 것은 이 때문이다.

5. 촌민의 생활

촌락의 대부분은 농업을 생업으로 하는 농촌이고, 촌민의 생활은 대부분 농업노동이었다. 농업생산은 자연에 좌우되기 쉬워서 주술적 의례가 발달하였다. 그 중에서도 특히 중요한 것이 정월과 오본이었다. 정월, 특히 소정월(정월 15일)에는 농작물의 풍양을 기원하는 행사로 도작의 시작과 끝의 모의행위를 행하는 의식, 밭의 신, 조상신의 화신을 방문하는 의식, 버드나무 가지 등에 동그란 열매모양의 떡을 장식하고 해조害鳥를 쫓고자 아이들이 새쫓기 노래를 하면서 막대로 치며 마을을 도는 새쫓기 등의 행사가 있다. 정월은 또 이에의 수호신인 조상신을 맞이하여 교류하는 제사 때이기도 하였다. 오본도 조상신을 맞이하는 제사고, 보리를 중심으로 한 밭작물의 수확제이기도 하다. 밭작물은 농민의 자가소비용 작물로서 중요하였다. 수전의 벼는 아직 제1차적으로는 연공용 작물이었고, 그 때문에 밭작물 수확제로서의 오본의 의의는 컸다.

오본과 정월은 주술적 의례임과 동시에 노동의 피로를 달래고, 다음 노동을 준비하여 기력을 충실히 하는 때이기도 하였다. 오본은 논을 갈고 모내기를 거쳐 풀 뽑기에 이르는 고통스러운 기나긴 노동 후에 생명력을 갱신하기 위한 것이고, 정월은 수확을 마치고 새해의 노동을 재출발하기 위한 생명력의 갱신기다. 촌민들은 마을 진수를 중심으로 긴밀하게 결합하고, 치병·풍작을 기원하는 경신탑庚申塔, 유아 수호불로 지장보살, 농촌 노동수단으로 빠질 수 없는 말의 수호불로 마두馬頭관음 등을 깊이 신앙하였다.

촌민들의 레크레이션으로는 볼거리見世物·흥행거리 등이 있었다. 볼거리 종류는 가부키歌舞伎, 데오도리手踊, 아야쓰리操り, 시바이芝居, 스모相撲 등이 있었다. 막부가 사람들의 운집을 법으로 허가하지 않았기 때문에, 촌민들은 이러한 흥행거리들을 신사神事를 핑계 삼아 개최하였다. 신사불각의 조영과 수리를 위한 금품 모으기 명목의 소위 권진흥행勸進興行이 그것이다. 사사 경내에서의 권진흥업은 막부도 허가할 수밖에 없었기 때문이다. 이것은 사사령이 일찍부터 가지고 있었던 불입不入 특권이 매우 미약한 형태이기는 하지만 막번제 시대에도 유지되고 있었음을 말해준다.

촌의 문화생활은 농민, 수공업자, 상인 등의 정주자만이 아니라 가끔 촌을 오가는 사람들에 의해서도 영위되었다. 흥행몰이에 종사하는 사람들, 떠돌이 가부키 연기자, 스모, 곡예사 등의 예능인이 그들이다. 종교인들도 자주 마을을 방문하였다. 기우, 작물 해충의 방지를 기원하는 무시오쿠리蟲送り, 바람을 진정시켜 그 피해의 방지를 기원하는 가제마쓰리風祭 등 농업에 관련된 기도, 지진과 가정의 안전을 비는 기도, 심신의 병과 관련한 기도 등을 행하는 수행자修驗者(슈겐자)나 음양사陰陽師(온요지)들이 있다 그들은 후술할 오시御師와 마찬 가지로 특정 지역을 단나바旦那場(종교적 기능을 담당하는 사람과 시주旦那의 관계를 공간적으로 분할한 지역)로 삼고 있어서 단나바 마을들을 돌면서 생계를 유지하였다. 수공업자 와 상인의 내방도 있었다. 인근 쵸에 사는 철물장이나 촌을 돌며 장사하는 소매상인들이 그들이다.

촌민들에게 최대의 즐거움은 여행이었다. 촌민이 장거리 여행을 하려면 개인으로는 감당하기 힘든 경비와 쇼야나 영주의 허가를 필요로 하였다. 이에 경비를 마련하기 위해 일종의 계契를 조직하였다. 여기에 관여한 사람이 오시御師다. 쇼토쿠 연간에 745가의 오시들은 전국 각지로 흩어져 각각 특정 지역을 단나바旦那場로 삼아 그곳 촌민들과 사단寺檀 관계를 맺고, 이세 참례를 목적으로 한 일정의 계인 이세코伊勢講를 결성하게 하였다. 이세 참례 희망자들이 매년 돈을 적립해서 기금을 만들고, 그것을 불려 기금을 확충하고, 일정액에 이른 돈으로 매년 몇 명씩 여비를 내주어 이세 순례를 하게 방식이다(다이산代參). 그러나 이세에서 촌까지 여행하는 여비가 상당하고 촌민이 내야 할 출자금도 상당하여 모든 촌민이 이세코에 참가한 것은 아니었다. 간토의 촌락에서는 이세 참례의 경우 촌민의 1/3정도 되는 비교적 부유한 농민만이 여기에 참가하였다. 때문에 남은 2/3의 사람들의 이세 참례에 대한 원망이 가끔 집단적으로 폭발하여 여비를 모두 연도의 보시에 의탁하는 누케마이리拔參り가 발생하기도 하였다.

이세코를 통해 경비가 확보되면, 제비뽑기로 그 해의 이세 여행자를 결정한다. 여행자가 결정되면 쇼야나 영주의 허가를 받아 단나사旦那寺에서 여행허가서 및 신원증명서인 오라이테가타往來手形를 발급한다. 오라이테가타에는 여행자의 주소와 성명, 신앙하는 종파, 여행 목적, 검문소 통과 의뢰, 여행도중 사망할 경우에는 연락하지 않아도 되며 사망지역의 법식에 따라 장사지내줄 것 등이 적혀 있다. 그리고 여행자들은 경비를 일일이 기록하여 주민들에게 공개해야 하였다.

이렇게 해서 촌민 중 일부가 위에서 언급한 여행로를 따라 여행을 시작한다. 여행은 대부분 신심 수행 여행이라는 형태를 취했지만, 실제로는 유람을 겸한 여행이었다. 그 필두가 이세 참궁이었다. 촌민들은 평생에 한 번 이세를 참배하고, 가미가타 순례, 곤피라金比羅, 구마노, 고야산高野山 순례 등 여행을 하는 것을 무상의 즐거움으로 여겼다. 이세 참례는 유람여행이지만, 순례여행의 요소를 겸한 여행인 경우도 있었다. 간토의 농민을 예로 들면, 그들은 후지산, 닛코산, 하루나산, 고미산 등 산악신앙에 기초한 여행, 한토板東 33개소 관음영장 등 사찰들을 순례하기도 하였다. 그리고 오사카, 교토, 에도 등지의 대도시를 들러 화려한 도시문화를 경험하기도 하였다.

농한기를 이용한 이러한 여행에서 여행로의 볼거리들도 구경하고 이세에서 며칠간 머물며 대단히 유쾌한 경험을 하였다. 신사참배 후 오시御師가 경영하는 숙박지御坊에 머물면서 지금까지 먹어본 적 없는 호화스런 음식을 먹고, 게이샤藝者의 데오도리 등을 관상하고, 만취하도록 여자들의 후한 접대를 받았던 것이다. 이렇듯 사람들을 환대한 오시들이야말로 근세에 이세 순례의 성행을 가져온 주역들이었다.

이 여행을 통해 민중은 지역을 뛰어넘는 새로운 지견을 획득하고, 일본을 한 나라로 보는 눈을 길러 나갔다고도 할 수 있다. 그러나 대부분의 민중들에게 여행이란 어떠한 의미를 가졌을까? 그리고 그들은 여행에서 무엇을 생각했을까?

이들은 이세 참궁 동안 짧은 기간이지만 최상의 대우를 받는다. 한마디로 환상이었다. 이 환상에 도취되어 오랜 시간 뼈를 깎는 어려움으로 모았던 돈을 자기 돈이 아닌 하늘에서 떨어진 돈인 것처럼 아까운 줄도 모르고 쓰는 것은 일생의 어려움을 보상받으려는 심리다. 이 일순간이 그들에게는 살아가는 보람이고, 현실로부터의 영원한 탈출이다. 이 기억의 회로 속에 잠겨, 부조리한 세상을 무의식적으로 긍정해버린 것은 아닐까? 또 이러한 기회를 제공해준 데 대해 마음 저 밑바닥에 공동체에 대한 고마움을 간직하게 되는 것은 아닌가? 즉 이 한순간의 환상 속에서 긴 세월의 부조리한 삶은 순간으로 환원되고, 환상은 기억의 회로를 따라 영원으로 환원된다 하겠다.

그리고 이 이세 참궁의 기억과 회상, 여행 경험을 다른 촌민에게 들려주는 것은 때로는 우월감으로, 때로는 아름다움으로, 때로는 동료 의식으로 끊임없이 재생산된다. 그리고 그 이야기를 듣는 사람들에게 이세 참궁은 때로는 희망으로, 때로는 선망으로, 때로는 동경으로, 때로는 열망으로 자리한다. 이러한 순환구조가 많은 사람들을 이세로 향하게 하였다 하겠다.

한편 동북·북간토 지역에서 이세 참궁을 하는 사람들은 대개 닛코와 에도를 거쳐 이세로 간다. 이 여로에는 권력의 상징들이 존재하고, 이 권력의 상징을 통해 장군의 존재를 실감하고, 부지불식간에 장군의 위광을 두려운 마음으로 받아들인다. 그리고 이들은 대개 2~4일 정도 에도에 머문다. 이들이 주로 들르는 곳은 유서 깊은 가메토텐신龜戶天神·도미오카하치만구富岡八幡宮 등의 사사와 막부 권력과 관계 깊은 센소지淺草寺·간에이지寬永寺·성당聖堂(공자를 모심), 요시와라吉原 등의 유락지, 다이묘 저택이 즐비하게 늘어선 거리와 에도 성, 그리고 상업이 번창한 시가지 등이다. 오사카, 교토, 나라 등에서도 2~4일 정도 머물면서, 유서 깊은 사사와 시가지·유락지 등에 들른다.

여행자들은 이 도시들을 방문하여 연극도 구경하고, 선물용 기념품을 장만하기도 하고, 사사의 경내·외에 설치된 유락시설을 이용한 놀이를 하기도 한다. 이렇듯 도시와 도시 주변의 명승지, 그리고 유락시설을 유람할 수 있었던 것은 관광안내원이 있었기 때문이다. 이들 도시 관광안내원의 존재는 도시관광의 정형화를 가져온다.

이들은 이러한 도시를 구경하면서 무엇을 느끼고, 무엇을 생각했을까? 그에 대한 기록은 찾아보기 어렵다. 추측해 보면, 이들 앞에 펼쳐진 것은 도시의 화려함이었을 것이다. 길게 늘어선 상점가와 다층의 대규모 점포들, 북적거리는 거리 속의 역동성과 발랄함, 거리를 왕래하는 수많은 사람들, 그리고 그들의 자유분방한 모습 등은 이들에게 대단히 인상적이었을 것이다. 이러한 경관들은 자신들이 살고 있는 촌의 한가로움, 지루함과는 대조적인 것으로, 그들은 자신과 도시민, 농촌과 도시를 구별하게 된다. 또한 이들에게는 도시에 대한 막연한 동경이 실체로서 인식되었다 하겠다. 한편, 거대한 에도 성과 다이묘 저택을 보면서 다시 한번 권력의 실체를 실감할 것이다.

이러한 도시경험은 개인에게 평생의 최대 경험으로 기억되어 자긍심이 된다. 그리고 도시 이야기를 할 경우, 그 이야기에 끼어들 자격과 소재를 제공한다. 이것은 끊임없이 허구적인 도시에 대한 동경과, 도시경험을 바탕으로 한 도시에 대해 알고 있다는 허위의식을 재생산한다. 그리고 때로는 농촌과 도시의 구별을 통해 도시의 각박함, 비도덕성, 번거로움 등을 비판하는 소재가 되기도 할 것이다. 즉, 도시와 도시민에 대한 열등감과 농민과 농촌에 대한 우월감이 교차하는 경계에서, 경우에 따라 변화하는 혼돈스러운 의식의 층위를 형성한다고 보인다. 한편, 이 도시경험도 경험한 자와 경험하지 못한 자의 구별·차별을 만들어 내고, 경험자들에게 허위의 동료의식을 갖게 한다.

또한 경험하지 못한 자에게는 도시에 대한 동경심을 갖게 한다. 이 또한 사람들을 이세 참궁으로 내몬다.

사람들의 이세 참궁 경험은 개인마다 다른 심리적 과정임에도 불구하고, 기억의 반추와 회상을 통해 동일한 경험으로 환원되어 허구적 집단기억을 형성한다. 이 허구적 집단기억이 촌과 촌민의 일체감을 증폭시킨다. 이러한 과정은 기본적으로는 촌과 촌민의 응집력과 집단적 정체성正體性을 강화하게 된다. 이것은 이세 참궁이 촌의 공동체질서 유지에 크게 기능하고 있음을 나타낸다 하겠다.

제2절 도시민의 생활

1. 쵸의 구조와 도시행정

근세 도시의 기초 단위는 쵸町라는 지연조직이었다. 이러한 지연조직은 중세 이래의 교토 같은 도시의 자치 성격 강한 쵸구미町組 제도를 유지하고 있다. 그러나 일반적으로 쵸는 그 성격상 다양한 지역에서 유입된 다양한 인간의 집합체로서 유동성이 매우 강하다. 근세촌락이 적어도 촌 분할村切り과 촌 청부제 등에 규정되거나 촌락공동체로서의 성격을 가지고 있었던 데 비해, 쵸 조직은 공동체적 성격이 상대적으로 약하며, 권력에 의해 재편성된 것이다. 먼저 쵸 조직의 특질을 살펴보도록 하자.

영주 측의 쵸카마치 건설에서 단위가 되는 쵸는 특정 상인과 직인을 중심으로 한 쵸 분할町割로 이루어진다. 물론 도시 전체의 계획은 영주에 의해 이루어지지만, 개개 마치나 쵸의 개발은 특정 인물에게 청부하여 이루어졌다. 당시 직인집단으로 쵸를 구성한 것은 종래의 동량, 오야카타親方적 지배가 존속했기 때문이다. 따라서 쵸카마치 건설 당시 근세도시의 전형이 되는 쵸카마치의 쵸 구성원 간의 평등한 결합, 그것을 대표하는 쵸 관리인=쵸야쿠닌町役人 같은 내실은 갖추어지지 않았었다.

막번체제 초기의 쵸 구조는 중소 이에 경영체를 영위하는 유가옥有家屋

쵸닌을 주 구성원으로 하였다. 가게를 빌려 영업하는 점포 임대층店借層도 물론 존재했지만 아직 그 수는 적었고, 유가옥 쵸닌이 주로 쵸 공동체를 형성하였다. 쵸는 그 구성인의 성인식 원복元服(에보시키), 이에의 가독을 잇는 간토나리官途城, 신부맞이, 신랑들이기, 출가法體 등을 함께 축복하거나 경제적으로 곤궁한 자가 나오면 합력해서 구제해야 하는 공동체다. 그 때문에 쵸에는 독자적인 재정이 있고, 정기적인 집회도 있었다. 또 쵸 구성원 간의 평등을 추구하려는 경향이 강하고, 쵸 법町法으로 가옥을 4채 이상 집적하는 것을 금하는 예도 보인다.

17세기 후반 이후가 되면 초기 쵸의 단순한 구조는 붕괴한다. 이 단계의 쵸는 쵸 공동체 구성원에는 없던 부재 가옥주가 관여하고, 그 때문에 쵸에는 유가옥층 외에 부재 가옥주에게 가옥을 빌리는 점포 임대층이 증가한다. 점포 임대층에는 큰 거리에 면한 거리에 가게를 얻어 자립적으로 이에 경영을 영위하는 비교적 부유한 표점차층表店借層(오모테다나가리 층)=중견 경영체와 뒷거리에 가게를 얻어 이에 경영을 영위하는 이점차층裏店借層(우라다나가리 층)=하층민이 있다. 구래부터의 쵸 공동체 성원은 유가옥층(큰 거리에 면한 가게를 운영)과 표점차층뿐이었다. 따라서 이점차층은 유가옥층과는 별도로 하층민들의 공동세계를 만들어 가고 있었다.

이상과 같은 구조를 가지는 도시는 에도의 예를 보면 마치부교─마치도시요리町年寄─나누시名主(혹은 마치도시요리町年寄)─가치교지月行事라는 행정조직을 가지고 있었다. 마치부교만이 무가가 취임하는 국가적 관직이고, 마치도시요리 이하는 모두 쵸닌의 자치기관이었다.

이렇듯 도시에는 도시 전체를 총괄하는 마치도시요리라고 불리는 수명의 마치 관리인町役人이 두어져(에도의 경우 나라야奈良屋, 다루야樽屋, 기타무라야北村屋 등 3가), 마치 전반의 업무를 맡고 있었다. 마치도시요리의 지휘 하에 하나 내지 여러 쵸 규모로 쵸의 모든 행정을 담당하는 나누시名主(혹은 마치도시요리) 등이 두어졌다. 나누시 아래에는 가치교지가 한 쵸에 한 명씩 두어졌다. 가치교지 아래에는 쵸 내의 사무 전반을 청부받는 쵸다이町代가 있기도 하고, 쵸 내의 문서행정을 담당하는 가키야쿠書役가 쵸 내의 행정을 실질적으로 수행하는 곳도 많았다. 그들은 가두에 있는 사무소인 지신반야自身番屋에 근무하면서 직무에 임하였다. 또 쵸 경계에는 기도木戸와 반야番屋가 설치되어 주로 야간의 쵸내 경찰과 치안을 담당하였고, 기도를 관리하는 반진番人이 거주하고 있었다.

도시는 막번영주의 지배가 관철되었지만 종래의 도시자치가 완전히 사라진 것은 아니었다. 쵸카마치 이외의 도시로 교토, 사카이, 하카타 등과 같이 자치의 전통을 가진 도시에서는 자치가 관행으로 행해졌다. 그러나 문제는 영주 측이 의도적으로 자치 기능을 온존시켜 이용하였다는 점이다. 먼저 마치 관리인町役人이 행한 역할부터 살펴보자.

도시관리인은 마치도시요리의 경우 1) 영주 측의 법령 전달, 2) 부교쇼의 의뢰에 따른 제 조사, 3) 신지新地의 토지 분할地割, 4) 지세, 영업세運上銀의 징수 및 상납, 5) 각 나누시(마치도시요리)의 임면, 6) 동업조합의 인구조사, 동업조합의 장인 도시요리의 신원조사·보고, 7) 선박 소지인, 임대인의 신원조사, 8) 출판물의 조사·보고, 9) 화재 시 소방인력의 지휘 등 영주지배의 말단으로서의 역할을 수행하였다. 나누시(혹은 마치도시요리)는 마치도시요리의 명령을 받아 1) 제 명령서의 전달, 2) 인구조사, 3) 방화범 검거, 4) 소송사건의 화해, 5) 가옥의 매수·양도 등의 증빙문 검사를 행하였다. 그들의 역할은 지배 측의 요청에 의한 경우가 많았지만, 쵸 내의 다양한 문제와 관련된 것이 많았다.

2. 도시자치

한편 오사카, 사카이, 오미近江, 하치만八幡 등에서는 마치도시요리를 쵸민의 의향을 반영하여 선출하였다. 이러한 근세의 쵸 자치에 관한 약간의 논점을 보도록 하자.

1) 유가옥은 쵸닌의 법적 자격에도 관련한 것으로 이들의 이동은 중요한 문제였다. 따라서 근세 초기 오사카에서는 마치부교쇼가 이들을 직접 관리하고, 겐나 연간에는 매주買主가 누구인지에 관해서 동·서 마치부교가 증문證文을 발행하였다. 그리고 그 매매가의 1/40을 관리에게 지급帳切銀(매매허가세)하고,

토지대장에 소유자를 변경하였다는 취지의 증문을 남겼다. 그러나 1634년 당시 매매가의 1/20이었던 쵸키리긴帳切銀 수납을 폐지하고, 쵸키리긴을 쵸에 하부하였다. 결국 쵸닌의 가옥매매에 관한 쵸 내부의 통제와 규제가 강화되었고, 이러한 규제는 중세 이래 쵸의 자치 전통 속에서 만들어졌다고 볼 수 있을 것이다.

2) 민사재판도 원칙적으로는 마치 또는 쵸 관리인에 의한 내부 판결로 이루어졌다內濟. 마치도시요리의 마음가짐 중에 "소송願事을 정확하게 취급하여 내부에서 처리할 것"이라 한 것은 그러한 사실을 나타낸다. 이러한 원칙은 본래 봉건지배에 관련되지 않는 쵸닌의 민사소송에는 권력이 개입하지 않으며, 따라서 쵸민의 경제활동에 따른 분쟁은 당사자간 화해로 해결하게 하려 한 것이었다. 그것은 영주 측이 쵸민의 권리를 보호하지 않는 태도와 관련이 있는데, 도시민의 경제활동을 법적으로 보호한 유럽의 도시와 비교하면 시정의 기본에서 벗어난 것이라 할 수 있다.

3) 영주 측은 자신의 군사적 지배의 필요성에 따른 도시계획의 일환으로 도시 기능을 유지하는 공공부문, 도로·교량 등을 건설하였다. 그런데 도로는 관련 쵸와 농촌으로부터 노역을 제공받아 건설하였으며, 그 보수도 이들에게 책임지게 하였다.

이상과 같이, 근세도시에서는 일정 정도의 자치가 보이지만 그 내용을 검토해 보면, 영주 측이 일관되게 지배의 형편에 맞게 도시행정을 고안하고, 무엇보다 군사·치안의 관점을 중시하였다. 때문에 영주는 본래의 도시기능·경제활동을 쵸민의 자치에 떠맡겨버리는 방법을 취하였다.

여기에서 근세 봉건지배의 도시지배 특질을 엿볼 수 있다. 쵸민의 입장에서 말하자면, 지세면제나 영업세의 부담이 없다는 '은전'은 있었지만, 그들에게 필요한 가옥 등록, 금전관계 보증, 공공시설 관리·유지가 모두 쵸민 자치에 의해 이루어지고 있었다. 일본의 근세도시는 아시아적이라 할 수 있는 영주도시로, 유럽의 자유도시처럼 본래 시민의 활동장소로 건설된 도시가 아니었던 것은 분명한 사실이다. 다만 도시기능이 쵸민의 활동에 의해 유지된 만큼 근세도시에 쵸민의 전통이 생겨날 조건이 형성되어 있었다고 할 수는 있을 것이다.

쵸 행정조직이 막부 마치부교의 감독을 받으면서 수행한 행정항목은 위에서 보듯이 다양하였다. 그 밖의 상·하수도, 쓰레기 처리, 소방 등의 도시행정 내지 그 시설에 대해 살펴보자.

에도의 물은 강, 연못, 용수, 우물 등에 의존하였지만, 무사시노쿠니 서방의 수원지에서 끌어오는 상수도도 불가결하였다. 에도의 상수도로 이용된 것은 간다神田 상수와 다마카와玉川 상수다. 이 밖에 아오야마靑山 상수, 센가와千川 상수, 미타三田 상수, 혼죠本所 상수 등이 있었지만, 교호 연간 이후에는 간다, 다마카와 상수만 사용되었다. 상수도는 도심부에 들어가면서부터 지하暗渠로 설치된다.

막부의 수도행정 관장기관은 시대에 따라 상수上水 부교, 미치道부교, 마치부교, 후신普請부교 등이 맡고 있었다. 개거開渠 부분에 대한 보전·관리는 각각의 촌과 쵸가 맡았다. 수도를 이용하는 자는 무가건 쵸닌이건 모두 '미즈긴水銀'이라는 수도요금을 지불해야 하였다. 수도요금은 무가와 쵸닌을 불문하고 수로마다 설치되어 있는 수도조합에 납입하였다.

하수는 가옥의 배후에 있는 공지에 입구를 만들어 처분하는 경우가 많았지만, 대하수, 소하수라고 불리는 도랑이나 강으로 흘려보내는 시설도 만들어졌다. 전면 대로에는 빗물을 처리하는 하수, 우라다나背店에는 도부簿라는 하수 시설이 설치되어 있었다. 하수 처리도 한 쵸 단위로는 완결할 수 없기 때문에, 그 관리를 위해 한 계열의 하수마다 하수조합이 만들어졌다.

사람들의 생활에 재이용되는 것으로는 종이, 금속, 의복 등이 있었다. 휴지는 가미쿠즈紙屑라는 매매상의 손을 거쳐 재생업자에게 넘겨져 재생된 후 다시 사람들의 손에 돌아온다. 고철 등의 금속도 회수업자, 재생산업자가 있었고, 헌옷 시장도 헌옷 도매상古着問屋이 번창할 정도로 확고하였다. 그래도 쓰레기는 나왔다. 쓰레기는 처음에는 가옥 뒤편의 공지에 버렸으나, 그곳에 우라다나가 세워지기 시작하면서 스미타가와隅田川 하구의 에이다이지마永代島에 모이게 되었다. 각 가정에서 나오는 쓰레기는 각 쵸에 세워진 오고미타메大芥溜라 불리는 쓰레기 수거장으로 수거된 후, 그곳에서 수로인 해자를 통해 배로 에이다이지마로 운반된다. 이 일은 쓰레기芥取(고미토리) 청부인, 즉 쓰레기 처리업자가 맡았는데, 그 노임은 각 쵸가 부담하였다. 쓰레기 청부업자들은 교호 연간에 주식형 동업조합株仲間(가부나카마)을 결성, 에도 성 수로의 부유 쓰레기를 무상으로 제거하는 역할을 담당한다.

목조건축이 늘어선, 특히 겨울에 강한 북서풍이 부는 대도시 에도의 소방활동은 도시행정 중에서도 가장 중요한 것 중 하나였다. 소화 방법은 물로 불을 끄는 것이 아니라, 건물을 부셔 화재가 퍼지는 것을 막는 것이었다. 메이레키 화재 이전인 1643년 에도의 쵸들이 조직한 소방조직은 6만 석 이하의 다이묘 16가를 4조로 편성, 1만 석당 인부 30명을 차출하여 한 조(정원 420명)에 10일씩 방화 임무를 맡기는 소위 다이묘 소화제도大名火消(다이묘비케시)가 있었다. 메이레키 대화재로 다이묘 소화제도로는 대응하기 어렵다는 것을 통감한 막부는 1658년 쵸비케시定火消, 호카쿠비케시方角火消 같은 조직을 만들었다. 쵸비케시는 창설 시에 4대, 간분기에 10대, 겐로쿠기에 15대까지 증설되었다. 이것은 각 대에 300인 부지의 하카모토, 요리키 6명, 도신同心 30명에 의해 지휘되는 소화조직이다. 호카쿠비케시는 쵸카마치의 화재 불씨가 에도 성으로 번지는 것을 방지할 목적으로 만들어진 에도 성 소화城中火消 조직으로, 모든 다이묘가 3 내지 4대의 소화대에 편성되었다. 시대가 조금 내려가 1717년에는 다이묘가 조직한 소방조직을 번저 밖 시설이 화재를 당할 때에도 도움이 되는 소화제도로 정비하고, 수년 후에는 하타모토에게도 같은 의무를 부과하였다. 이리하여 에도에서 가장 중요한 공공행정이 무가의 역 부담을 강화하는 형태로 정비되어 갔다.

각 쵸에 마치비케시町火消라는 조직이 생긴 것은 교호 개혁기다. 1718년 에도마치부교 오오카 다다스케大岡忠相는 각 쵸의 나누시에게 소화조합火消問屋의 설치를 명하고, 화재 발생 시 바람을 맞는 방향風脇(불이 번지는 방향)의 2쵸, 바람 부는 방향의 양옆 좌우의 각 2쵸, 계 6쵸가 1쵸마다 30명씩의 소화인원을 차출, 소화에 임할 것을 지시하였다. 이때까지 쵸의 소화인원은 각 가게가 지배하는 임대가게 사람과 고용인에서 차출한 인부들이었지만, 이때부터 각 쵸가 소화전문가로 고용한 도비鳶 인부들이 더해졌다. 이 같은 마치비케시 조직은 그 후 소화조의 지역할당이나 인원 동원부담 등으로 여러 차례 개정되면서 확충·정비되어 갔다.

마치비케시町火消는 처음에는 무가저택의 소화에 출동할 수 없었지만, 18세기 후기경부터 무가저택의 화재에도 출동이 허락되고, 죠비케시定火消 등은 곽내의 화재 때만 출동하게 된다. 마치비케시가 에도의 소화를 거의 한손에 장악하게 되자 그 구성도 크게 변하여, 소화인원이 오로지 죠의 전문 소화대원인 도비닌소쿠鳶人足로 구성된다. 도비닌소쿠 집단은 그 장으로서 도비가시라鳶頭, 정규定抱 도비닌소쿠, 화재 발생과 동시에 동원되는 가케쓰케驅付도비의 3계층이 있고, 직무상 분업으로 도비가시라, 소화조의 깃발을 잡는 마토이모치纏持, 사다다리 담당인 하시고모치梯子持, 평 소화원인 히라닌소쿠平人足 등의 계층이 있었다. 소화대원들은 우두머리의 통솔 하에 평소에는 도로 보수, 도랑 청소, 토목건축이나 죠의 잡업에 종사하면서 생활을 보장받았다. 에도 풍속의 한 측면을 대표하는 소화火消란 이와 같은 도비닌소쿠의 세계였다.

3. 도시민의 부담

1) 지세地稅

지세 면제는 1567년 미노美濃의 가노加納를 시작으로 덴쇼天正·게이쵸慶長기에 최전성기를 맞았다. 주요 죠카마치에서는 지세가 거의 면제되었으나, 간에이기에 막부가 시행한 오사카·사카이·나라의 지세 면제를 최후로, 이후 예외적으로 행해지게 된다. 이것으로 보아 근세 초기에 영주가 도시 우선정책을 취한 것이 분명하다.

영주가 도시를 파악할 때도 토지 보유관계를 축으로 하는 석고제 원리가 관철되었다. 그러나 석고제에 의한 도시 파악은 농촌과 그것과는 분명히 다른 것이었다. 주거지에 대한 지세는 농민의 연공과 동일하게 볼 수 없다. 우선 도시의 지세 면제가 일반적으로 행해진 까닭을 검토해 보자.

다이코 검지 이후, 검지에 의해 농촌은 석고제에 의거한 촌고가 확정되었으며, 도시 역시 이러한 고高를 인정받았다. 그러나 도시는 비농경지역인 까닭에 농지처럼 도작 생산력을 기준으로 한 석고제를 적용하는 데 문제가 있었다.

예를 들어 상전上田의 반反(논밭이나 산림의 면적단위로 1반은 300보步, 1정町의 1/10에 해당한다)당 수확량 1석 5두는 농경지를 기준으로 한 것인데, 도시의 경우 입지조건, 직종 또는 자본력에 의해 전면 폭 3간間(1간은 1.8m 정도)의 점포가 평균적인 점포라 할지라도 상업이윤은 분명 차이가 났다. 따라서 도시의 석고제에 의한 고高는 기준이 없는 것이나 마찬가지였다. 오사카는 겐나기의 재흥 시기에 마쓰다이라 다다아키松平忠明에 의해 고高가 확정되는데, 반反당 최고 4석 5두에서 8두 7승까지 기준수납고斗代, 石盛가 정해졌다. 『야스이 쿠베 가키아게安井九兵衛書上』에는 4석에서 8두에 이르기까지 수십 단계의 기준수 납고를 정하고 있다. 그것을 기준으로 연공률을 8등분하여 대은납을 1석에 20몬메匁의 시세로 하였다. 이와 같이 산출된 은고銀高가 도시의 지세였다. 오사카의 예에서 알 수 있듯이, 도시에서도 석고제에 의한 파악이 행해져 대은납으로 지세가 결정되었다. 기준수납고의 경우, 농촌지역의 3배에 약간 못 미치는 지역도 보이지만, 연공률이 높아 환산하면 지세보다 2~3몬메가 많았다. 따라서 석고제에 의한 도시 파악에서 막부가 일정 정도 배려를 해준 것은 분명한 사실이다. 이것은 오사카와 달리 통상적인 농촌처럼 검지가 행해진 히라노平野 향, 도다바야시富田林 같은 재향정의 경우 기준수납고가 최고 1석 7두, 연공률이 8할에서 10할을 넘는 사정에서도 알 수 있다.

도시 지세의 이 같은 결정은 막번영주가 도시의 특수성을 고려하지 않은 것이라고 할 수 있다. 즉 도작 생산력에 의한 기준수납고 기준에서는 아무리 높은 기준수납고라 할지라도 제한이 있다. 전면 폭 3간 뒷면 길이奧行 20간의 표준 점포를 상정할 경우, 거류지는 60평으로 1/5반에 지나지 않는다. 오사카에 서는 가장 높은 지세라 할지라도 쌀 8두, 은으로 16몬메 전후였다. 그것을 농가 표준경영인 10석과 비교하면 연공은 그 5할인 5석에 지나지 않아 백성의 부담이 훨씬 무거울 수밖에 없었다. 1634년 장군 이에미쓰에 의해 오사카의 지세가 면제되었지만, 지세 8,496석 7두 1승 8합, 은으로 178관 934몬메 3분 7리 4모였다. 총액으로는 많지만 천하의 부엌이라 불리는 도시의 지세가 1만 석에 못 미친다는 것은 역시 적다고밖에 볼 수 없다. 또한 겐나 당시 미가 20몬메를 기준으로 한 대은납은 간에이기의 1석당 30몬메 정도였음에도 불구하고 개정이 이루어지지 않았다. 때문에 결과적으로 지세는 약 3할이 감해지게 되었다. 이 같은 경과를 보면 도시의 지세 징수는 도작 생산력을 기준으로 하는 석고제에 따르는 한 본래 그 경제력에 걸맞은 과세체계였다고는 할 수 없다. 지세의 면제는 이른바 그 결과였다 하겠다.

그런데 이 같은 특권의 근거는 무엇이었을까? 통상 도시나 유통 과정은 봉건영주의 중요한 재원이었다. 물론 근세에도 각지에서 영업세運上金를 징수하기는 했지만, 일반적으로 지세 면제·영업세가 보이지 않았던 것으로도 쵸닌에 대한 대우가 중과에 허덕이던 백성에 비해 훨씬 좋았다고 할 수 있다. 이는 쵸닌이 영주경제의 재생산을 위한 봉사자로 위치한 사실과 관계가 있다. 상·농 분리에 의해 쵸닌을 도시에 집주케 한 것은 농촌에 상품경제의 침투를 억제하고 농민을 자급경제의 틀에 묶어두는 데 일정한 역할을 하였다. 그러나 그 같은 조치는 농민에게서 상업활동 등의 비농업 활동에 종사할 기회를 빼앗았으며, 상공업자는 분업으로 재배치하여 적어도 수킬로미터 범위 내의 도시·상점가에 거주하게 하였다. 따라서 상공업자의 도시집주의 주요 목적은 영주경제에 대한 봉사였다. 근세 시장에서 주요한 상품은 공조로 징수된 영주미·영내 특산물이었으며, 영주계급은 그것을 중앙시장과 영내시장에 판매하여 필수품을 구입하였다. 농민경제는 이러한 미납 연공과 고모노나리小物成(논밭 이외의 산야·하천·바다에서 얻어지는 수익에 대한 잡세) 수탈의 영향을 받으면서 자급경제에 얽매여 있었다. 기본적인 상품유통은 영주 측의 상품으로 이루어졌으며, 농민이 대장간, 염색집과 같은 소수의 수공업자 또는 소금 등과 같은 필수품을 판매하는 상인과 최소한의 접촉을 가진 것으로 보아, 상공업자가 영주제 상품경제의 담당자였다는 것은 자명하다. 여기에서 근세도시와 상공업자의 한 가지 특질을 살펴볼 수 있을 것이다.

지세를 면제하더라도 도시는 석고제에 의해 파악되었기 때문에, 검지장水帳(미즈쵸)이 작성되어 가옥의 소지가 확정되었다. 그 내용은 어떠한 것이었을까? 도시에서의 토지 소유관계도 신분에 따라 차이가 있었다. 무가의 주거지는 주군에 의한 배령지로 지행과 동일하게 매매·양도가 불가능했다. 따라서 무사신분을 그만두면 바로 몰수되는 토지·가옥이었다. 쵸닌은 그와 다르게 거류지 소지를 인정받았다. 오히려 쵸닌은 거류지 소지를 기준으로 유가옥자家持, 임차가借家의 신분이 정해졌다고 할 수 있다. 따라서 이러한 석고제에 의한 토지 소지관계는 신분적 보유의 원칙이 관철되고 있었다.

여기에서 쵸닌 신분과 거주지 소지에 관해 검토해 보자. 거주지는 가옥과 대지로 구성되며, 근세 초기에는 가옥과 대지는 불가분의 관계를 가지고 있었다. 도시가 영주직속의 토지로서, 근세 초기에 쵸 분할町割이 행해져 쵸닌에게 분배되거나 이전이 명해졌기 때문이다. 아마도 가옥 건설과 토지 용익이 연결되어 있어서 쵸닌의 토지 소지는 백성의 토지 보유보다는 오히려 토지용익권이었다고 보는 것이 좋을 것이다. 근세 초기에 일반 쵸닌은 거주지를 자유롭게 매매할 수 있었지만, 에도의 어용 쵸닌으로 국역國役을 부담하는 쵸민의 토지는 배령지의 성격을 띠고 있어서 거주지 매매가 불가능하였다. 이는 쵸닌 배령지로서의 쵸닌 거주지 소지의 본질을 잘 보여준다. 그러나 세월의 흐름과 함께 그러한 국역 부담의 대지도 매매가 행해지고, 가옥에 대한 소지권도 명확해진다. 교토・오사카에서는 거주지 매매가 근세 초기부터 자유로웠다. 단지 가옥과 대지는 불가분의 관계를 가진 것으로 취급되어 토지만의 매매는 이루어지지 않았던 것으로 보인다. 그러나 이곳에서도 지시리地尻라는 가옥 안쪽의 대지가 매매되는 18세기 초기부터 쵸닌의 토지소유권도 안정되었다고 보인다. 임대가옥借屋・임대가게店借와 함께 토지 임대인借地人이 나타나는 것도 그 무렵이다.

요약하면 도시에서 영주의 토지지배권은 강하였고, 도시계획으로 자유롭게 쵸닌을 이동시켰지만, 거주지 매매가 초기부터 행해진 것은 소유가옥과 그것에 부수된 토지용익권이 매매되었기 때문으로 생각된다. 토지 소지가 안정된 것은 18세기였다. 쵸닌 신분이 유가옥자家持이며, 유가옥자・임차가옥자의 두 계층으로 나뉜 것은 그 같은 의미에서다. 죠카마치가 쵸 분할을 시행할 무렵 가옥을 세우지 않은 토지를 몰수하는 경우가 있었지만, 그것은 죠카마치의 번영을 위해 재력있는 쵸닌에게 가옥을 건설하게 하기 위한 것이었다.

이러한 도시는 위에서 보았듯이 신분제에 의해 규정을 받고 있었다. 도시와 농촌의 분업이 정책적으로 확립되었기 때문에 부담체계에서 도시의 쵸닌과 농촌의 백성 사이에는 차등이 주어졌으며, 이러한 차이는 농민의 도시유입을 촉진하는 결과를 낳았다. 또한 도시와 농촌은 생활수준도 달랐다. 근세 초기 고용인의 급료給銀를 보면, 도시의 무가 고용인의 경우 연말에 지급받았으며, 1602년 가가 번의 공정임금은 1년 단위로 노동계약을 맺는 일계一季 하인이 12다와라俵(숯이나 쌀을 세는 단위)고, 1638년에는 은 100모쿠目였다. 상가의 고용인은 연령에 따라 다르지만 청·장년에게는 상당한 정도의 급은이 주어졌다. 이에 반해 농촌에서는 그런 급은을 지급할 여력이 없었기 때문에 조상대대로 봉공하는 후다이나 채무로 인해 봉공하는 저당권質券 고용인이 주를 이루었다. 따라서 근세의 인민투쟁은 압도적으로 농민투쟁이 많았고, 쵸닌의 투쟁은 도시구조가 무너지는 18세기 이후에 발생한다.

2) 쵸닌의 제 역諸役

가옥의 소지 유무를 기준으로 한 쵸닌 신분에게 지세 부담이 그다지 중요하지 않았다고 한다면, 쵸닌의 또 다른 부담은 어떠한 것이었는가? 쵸닌의 부담체계를 살펴보도록 하자.

위에서 보았듯이 쵸닌은 도시에서 석고제의 관철에 의해 가옥 소지자로 파악되었다. 백성은 토지 소지에 대한 미납 연공제와 그것에 관련된 부역의 징수로 파악되지만, 쵸닌은 가옥의 소지를 기준으로 하는 지세·역을 부담하고 있었다. 양자는 유사해 보이지만, 분명 다른 것이었다. 곧 지세는 이미 언급한 것처럼 면제되는 경우가 많았고 기본적인 수취관계라고는 할 수 없다. 결론부터 말하면 영주의 쵸닌 신분에 대한 수취는 역을 기축으로 하였다.

에도에는 당초부터 이주자에 의해 성립된 후루쵸古町가 있었다. 후루쵸는 지세 면제의 특권이 주어졌는데, 그 대신 공역公役으로 은을 상납하는 쵸公役銀上納之町가 728개 쵸, 그 밖에 국역을 부담하는 61개 쵸가 존재하였다. 공역은 에도 성에서 잡일을 하는 인부를 제공하는 것으로, 에도 초기에는 영업 정도에 따라 상은 전면 5간, 중은 7간, 하는 10간을 기준으로 한 차이가 있었지만, 중기에 들어오면 연간 인부 15인을 제공하도록 했으며, 1722년부터는 1인 1일 2몬메로 계상하여 화폐로 납입하게 하였다.

국역은 위와 달리 특정의 기술노동, 노무를 부담하는 것이었다. 막부는 1590년 간토에 들어올 당시로부터 간에이기에 걸쳐 쓰치야土屋, 다카이高井 씨 등 특정 어용상인에게 광대한 배령지를 부여하고, 특정 기술에 종사하는 이들을 모아 쵸를 설립하게 하였다. 직종은 염색耕屋, 철포, 철물, 벼루, 석공, 주물鑄物, 과자, 안주, 목재, 운송, 전마 등 도쿠가와 가의 가산경제에 필요한 군사·생활필수품을 망라하였다. 에도에 죠카마치를 건설하면서 직인단을 구성하여 위의 물자를 확보하고자 했던 것이다. 특히 염색, 철물, 벼루, 석공은 간토 8주의 직인들을 포함한 것으로, 죠카마치를 통해 영국경제를 통제하려는 성격을 보여준다. 이들 어용직인의 기술수준이 높았다고는 보이지 않는다. 다케다 씨의 유신인 쓰치야 고로에몬土屋五郎右衛門은 쪽염색업 가시라耕屋頭로서 남병역籃甁役을 징수하는 것으로 보아 다케다 시기부터 어용직인이었을 가능성이 있다. 염색 기술수준은 다른 염색업자보다 상대적으로 높았겠지만, 그보다는 영내 직인의 통제 및 파악에 도움이 되었을 것으로 보인다. 그러나 후년에 이를수록 교토 직인 계열 사람들도 보이는 것에서 알 수 있듯이, 점차 가미가타의 높은 기술 수준을 가진 기술자들이 에도로 초빙되었다고 보인다. 막부는 이들 어용직인 등을 통해 막부가 필요로 하는 물자를 확보했을 뿐만 아니라, 필요에 따라 노동과 기술을 제공받았다.

역 부담은 타 도시에서도 거의 비슷하였다. 오사카에서도 쵸닌들은 에도의 공역에 해당하는 오사카 성 어용인부 제공을 부담하였는데, 거의 2만 역役 전후로 1년 1역에 은 30몬메였다. 오사카에서의 지세 은이 178관 정도였는데, 어용인부의 은납금이 은 600관으로 3배가 넘었던 것으로 보아 도시의 수취체계가 역 부담을 기축으로 하였음을 알 수 있다.

4. 도시민의 생업과 생활

1) 생업 경영체

【중소 규모의 이에 경영체】 도시 경관의 변화는 도시 사회관계의 변화를 동반한다. 그 변화를 한 마디로 표현하면 중견 이에 경영체 집합구조를 가진

쵸에 한편으로는 여러 채의 주거가옥을 소유하고 그 일부를 일반 상인에게 대여하여 경영하는 지주=대상인이 성립하고, 다른 방면에서는 독자의 점포와 작업장을 갖지 못해 뒷골목의 연립주택인 우라나가야에 거주하며 하루하루를 영위하는 날품팔이 일용층日用, 日雇이 형성된다는 것이다. 지주=대상인의 성립, 특히 그 지주적 측면의 발전은 중견의 이에 경영체에도 분해현상이 일어난 것을 의미한다. 즉 쵸닌이 주거가옥을 임대하여 상공업을 영위하는 소경영자로 분해해 간다.

중소 경영체는 유가옥자와 임차가借家 경영체가 대표적이다. 임차가층의 소경영체는 단혼소가족, 유가옥자의 중규모 경영체는 직계복합가족이 일반적이었다. 후자는 많은 경우 10명 가까운 고용인을 두었으며, 고용인은 두 가지 형태가 있었다. 하나는 뎃치테다이丁稚手代로 아이일 때부터 고용인이 되어 30세 정도에 별가가 될 가능성이 있는 형태, 그리고 다른 하나는 성년 후에 고용인이 되어 주로 부엌의 잡일을 하는 하남下男 · 하년下女의 형태다. 하녀는 결혼 전 가사 견습을 겸한 돈벌이出稼도 있었지만, 하남은 주인집을 나와 날품팔이가 되거나 고용인으로 경영체의 이에에 흡수되거나 하는 생활을 계속하는 도시 하층민이다.

뎃치테다이층도 엄격한 환경에 놓여 있었다. 남의집살이奉公에 들어가는 연령은 대체로 10~14세 정도로, 이들은 새벽부터 밤늦도록 주인을 도와야 하고, 아이보기, 청소, 부엌의 잡일 등을 하였다. 가게 일은 몇 년을 지나 데다이手代를 돕는 형태로 참여하였다. 물론 이 노동은 무급이었고 오본과 정월에 주인에게 의류御仕着せ와 약간의 용돈을 받았다. 18~20세 정도 되면 원복해서 데다이가 되는데, 이는 성인세계로의 진입이며 가게 본래 일을 시작하는 때이기도 하였다. 이 때문에 원복 때는 주인을 필두로 하여 가게 사람들의 선물을 받고, 주위 사람들의 축하를 받는 것이 관습이었다. 그러나 이런 축하를 받을 행운을 잡는 사람은 극소수였다. 별가를 허락받지 못한 사람들은 남의집살이의 괴로움 등으로 도망欠落(가케오치)하는 자가 많았다. 이 도망이 근세의 쵸가 안고 있던 가장 큰 사회문제 중 하나였다. 이 도망자들도 도시의 두꺼운 날품팔이=하층민 사회를 형성하였다.

【대경영체】　시대의 요청에 잘 대응한 상인은 분가, 별가를 내어 상가 동족단을 형성한다. 미쓰이三井나 고노이케鴻池 등은 그 정점에 위치하는 대동족단 경영체다. 미쓰이 동족단 경영은 초기에는 경영과 가계가 미분리된 이에들이 각각 가계를 경영하는 이에 연합체였다. 대동족단 경영체는 겐로쿠 연간 이후 경영과 가계를 분리해 나간다. 즉 단일 경영체로 통합되면서 경영체와 각각의 가계가 분리되는 것이다. 각 이에는 독자의 경영자산을 갖지 않고, 각 가계들은 자산을 통합한 단일한 대경영체 속에서 상응하는 지분을 가지게 된다. 그리고 그 단일 대경영체는 오모토카타大元方－모토지메元締－가게라는 관료제적 계층으로 편성된다. 각 기업 내에서 직책을 장악한 것은 미쓰이 동족단을 형성하는 개개 이에로, 개개의 이에와 이에의 당주가 취임할 수 있는 기업내 직책 사이에는 상호 대응관계가 존재하였다. 예컨대 오모토카타는 미쓰이가 동족, 모토지메는 유력 별가가 장악하였다.

미쓰이는 별가 고용인 외에도 항상 경제관계를 유지하고 있는 다수의 사람들을 포함하고 있었다. 주로 부엌에서 잡일을 하는 하남·하녀, 미쓰이와 항상 거래관계를 유지하고 있는 직인職人, 미쓰이로부터 토지와 가옥을 빌려 자립적으로 상업, 수공업을 영위하는 쵸닌 등이 그것이다. 미쓰이의 본업이 의복吳服의 원료 및 상품仕入 판매였기 때문에, 단골 직인은 염색업, 직물업, 봉제업 등등에 종사하는 사람들이었다.

미쓰이는 기근 등 자연재해가 발생하면 미쓰이 관련 상공업자, 나아가 미쓰이의 점포가 존재하는 지역 쵸민들의 생활 구조활동을 행하였다. 그러나 쌀의 지급을 중심으로 하는 구조활동은 미쓰이가 스스로 원해서 하는 것은 아니었다. 즉 한편으로는 생활이 곤궁해진 민중의 기부와 협력요구 투쟁에 의한 경우가 많았고, 권력 측의 기부와 협력 명령에 따른 것이었기 때문이다. 민중도 권력도 어렵지 않은 사람이 곤궁한 사람들에게 구조의 손을 내미는 것은 당연하다는 규범의식을 가지고 있어서, 미쓰이는 그 힘에 눌려 기부와 협력을 '상매商買의 보은'으로 체념하였던 것이다.

막번제 하의 대동족단은 메이지明治기에 들면 새로운 시대의 파도에 대응하며 거대 산업자본으로 발전하는데, 이때 발휘된 기업경영 능력은 이미 막번제

시대에 경영을 가계로부터의 분리·합리화하는 형태로 준비되고 있었다고
할 수 있다.

【도시 하층민의 생업】　　　한편 도시에는 가업·가산을 유지하지 못하거
나, 가업·가산이 있어도 극히 영세한 경영을 하던 하층민이 다수 존재하였다.
이들은 이에 경영체의 고용인으로 흡수된 사람들을 제외하면, 물고기, 야채
등등 일상 생활필수품을 팔러 다니는 소상인(행상), 목수, 도배左官 등 소직인,
인부 등의 날품팔이다. 이들 중에는 돌아다니며 야채, 물고기, 잡화, 포布,
기름, 종이, 차, 사기그릇 등의 매매활동을 하는 사람들도 많았다. 목수,
도배 등의 소직인은 가게 주인인 오야카타親方 아래에서 일하는 하청직이다.
그들은 상가의 고용인에 해당하는 오야카타 직인의 제자와도 다르고, 오야카
타의 이에 경영체 안에 있는 직인도 아니고, 건축업자나 다다미 상에서 하청받
는 청부업자였다.

　일고日雇는 문자 그대로 일일 단위의 노무계약으로 고용되는 노무자로,
직종으로서는 토목공사의 보조인부(도비구라, 데코), 쌀가게나 집들을 돌며
현미를 정맥하는 고메쓰키白舂, 하물을 등에 지고 운반하는 짐꾼背負, 輕子, 짐마차
를 끄는 마부日用車力, 가마꾼駕籠舁き 등이 있었다. 그들은 뒷골목에 있는 정면
9척 2간 정도의 임대주택인 우라나가야裏長屋에서 살았다.

　일고 하층민은 막번제 초기부터 히요가시라日傭頭라고 불린 사람들에 의해
총괄되고 있었다. 히요가시라는 막부, 다이묘, 하타모토, 상인 등의 다양한
일고 노동력 수요를 배경으로 일고의 중개를 행하거나, 토목공사를 청부받거
나 하는 사람이다. 이 히요가시라는 1665년 일용 자日傭座인 동업조합(나카마)
조직을 결성한다. 이는 막부의 공인 동업조직으로, 막부권력이 대량의 일용층
을 직접 장악·지배하는 것이 아니라 동업조합의 일용 자를 매개로 삼아
일용층을 장악·지배하려 한 것이었다. 이후 일용층은 일용 자 가시라에
입찰전札錢을 지불하고 일용에 참가할 수 있는 일용찰日傭札을 받고, 일용 자에서
제시한 임금에 따라 날품팔이 일에 종사하게 된다. 이 밖에 일용 자와 같은
기능을 한 것으로 히토야도人宿가 있다. 이는 농촌에서 도시로 돈벌이하러

온 사람들의 고용처 간여를 업으로 하는 조직이다. 이 히토야도도 1710년에 반구미番組히토야도라 불리는 동업조합의 조직 결성을 공적으로 인정받았다. 이때의 히토야도 수는 390칸이었으며, 3년 후 일단 해산되었으나 1730년에 202칸의 동업조직으로 재결성되었다.

일용자·히토야도 조합이 일용층의 생업활동을 관리한 조직이었다고 하면, 일용층을 포함한 뒷골목 가게 우라다나에 거주하는 도시 하층민을 거소에서 관리한 것은 우라나가야를 소유한 부재지주의 현지 관리인인 야모리家守다. 막번제 확립기에 대자본이 대량으로 쵸 가옥을 집적해 갔다는 사실은 앞서 서술했지만, 우라다나를 소유한 것도 많은 수는 대자본이었다. 따라서 대자본의 집주인은 개개 가옥의 관리를 맡긴 사람에게 하층민을 통괄하는 역할을 맡겼다. 야모리는 가게 임차인에게 오야大家로도 불리고, 오야는 오야親, 임차인은 다나코店子라 하여 의제적인 친자관계가 성립되어 있었다.

2) 도시민의 생활

도시에는 농촌보다 훨씬 풍부하고 다양한 오락시설이 발달하였다. 사람들은 그곳에 모여 여가를 즐기고, 사람들과 함께 흥겨워하면서 도시의 독특한 사적 교류의 생활권을 형성하고 있었다.

부유한 상인 집이라도 욕실이 그리 흔하지 않았던 시기에 유료 대중목욕탕=센토錢湯는 자연스레 쵸닌들이 모이는 장소였고, 그곳은 자연스럽게 스스럼없는 사교장이 되었다. 센토가 쵸 단위의 사교장이었다면, 에도 도시 전체의 사교 오락장으로는 료코쿠바시兩國橋의 다리 위와 다리 끝의 광장, 에도바시 히로코지의 흥행장, 사카이쵸 나카손자堺町中村座, 후키야쵸 이치무라자葺屋町市村座, 고비키쵸 모리타자木挽町森田座(에도의 3자座) 등의 연극 공연장(시바이코야芝居小屋), 요시와라吉原나 오카바쇼岡場所 등 유곽·환락가가 있었다. 료코쿠바시 거리에는 교호 연간경부터 음악이나 곡예 등을 공연하는 다이도게이大道藝나 흥행물 공연장이 생기고, 자물쇠업자鍵屋의 납량 불꽃놀이도 시작된다. 흥행물, 연극, 이발소, 요리점, 찻집 등도 쵸닌 오락의 중심으로 발달해 간다. 에도바시 히로코지는 에도에 운송된 모든 물자의 중심지로 많은 가게가 밀집되어 있어서 에도의 쇼핑객이 몰려들었다.

요시와라는 막부가 공인한 유곽이고, 오카바쇼는 유락이 원칙적으로 금지되어 있었지만, 실제로는 유곽이 번성하고 있었다. 에도의 유곽 발달은 쵸가 남성의 도시였다는 것과 관련된다. 남녀 인구비율의 불균형은 에도에 가미가타에 본거를 가지는 대점포의 고용인과 단신부임한 남성이 많았고, 일용자에 조직된 많은 사람들도 농촌에서 온 남성 육체노동자였기 때문이다. 이 같은 에도의 특수한 사정으로 유곽이 한층 더 번영하였다.

연극공연장은 1년 내내 성황이었다. 연극계의 1년 시작은 11월로, 11월 1일에는 가오미세쿄겐顔見世狂言 즉 흥행에 앞서 자의 장인 자모토座元가 1년 계약을 맺은 연기자들을 관객에게 소개하는 무대가 열렸다. 이 행사가 12월 중반까지 계속된 후, 정월 2일부터 초춘 교겐狂言이 시작된다. 이후 6월 하계 휴식(입추 18일 전부터 입추까지)을 제외한 9월까지 매일 공연한다. 연극은 매일 아침 6시부터 저녁 7시(겨울은 5시)까지 공연하였다. 그리고 아침 4시경에는 연극공연장 1번 북을 울린다. 기름의 보급으로 밤 생활이 풍부해졌지만, 아직 밝기가 여의치 않은 시대의 하루와 함께하는 생활이다. 연극공연장에는 찻집이 딸려 있어서 연극이 끝나면 사람들이 그곳에서 차와 술을 마시며 즐겼다.

수많은 사람들이 생활하는 공간이 생기면 저절로 정보에 대한 수요가 생기고, 이에 대응하여 에도 안내, 에도 쇼핑 안내, 일종의 신문인 가와라반瓦版(기와나 찰흙에 글이나 그림을 새겨 구워낸 판으로 인쇄한 것. 에도 시대에 신문의 호외 같은 것으로 사용됨) 같은 활자정보를 제공하는 업자가 출현한다. 간분 · 죠교기경에 성행하기 시작한 가와라반은 화재, 동반 자살사건, 복수 등을 중심으로 하는 사건보도에서부터 풍자와 기지가 넘치는 읽을거리, 무가정치에 대한 현실비판을 의도한 패러디에 이르기까지, 다양한 내용을 가진 정보 오락지였다. 서적 출판도 이미 겐나 · 간에이기에 교토에서 불전, 한적, 일본고전 등의 출판을 중심으로 하는 출판사 혼야本屋가 성행하고 있었다. 근세 초기 활자인쇄가 발달한 것은 임진왜란 때 조선에서 약탈해 간 금속활자가 큰 영향을 미쳤다. 게이안 · 쇼오기경부터 에도에서, 엔포延寶기경부터 오사카에 혼야가 생겨 겐로쿠기에는 삼도에서 출판문화가 성업을 이룬다. 교토만 해도 당시 200여 개 소의 출판사本屋가 있었고, 약 8,000점의 서적을 시장에 내놓았다.

이 같은 활자문화의 발달은 문자를 읽을 수 있는 사람이 많았기 때문이다. 그것을 가능케 한 교육시설의 발달도 주목된다. 사원 부속의 사립 어린이 교육기관인 데라코야寺子屋가 그것이다. 데라코야는 17세기 말~18세기 초경에 도시를 중심으로 급속히 보급되기 시작하여, 교호 연간에 에도에는 800여 곳의 데라코야 사숙이 있었다고 한다. 교재는 주로 습자였고, 이 밖에 산술, 한문의 소독素讀 등도 가르쳤다. 취학 연령은 6~7세부터고, 아침 8시경부터 오후 2시경까지 학습이 이루어졌다. 데라코야의 수는 시기가 내려갈수록 증가한다.

한편, 근세기에 일본인의 읽기·쓰기 능력은 급속하게 높아져 갔다. 읽기·쓰기 능력은 문자를 숙지하지 못하고는 하기 어려운 상업거래, 특히 신용거래 경제의 발달 등의 요구에 따른 것이었다. 그런 필요에 응하여 읽기·쓰기 능력을 몸에 익히게 된 일반 서민들은, 그때까지 지식인층이 독점하고 지식인층의 지적 관심에 응해 만들어지고 있던 활자문화를 급속히 자기 것으로 만들기 시작한다. 그리고 이들 서민을 대상으로 한 출판업도 크게 발전하게 된다.

노동·오락에서 농촌과는 다른 양식을 낳고 있던 대도시에서는 사람들의 사고방식, 느끼는 방식, 그리고 행동방법이 농민의 그것과는 다르다. 물론 도시에도 이에가 있고, 이에의 지연 연합조직(쵸)이 있다는 점에서는 농촌과 동질이고, 농민과 도시민의 심성과 행동에 공통부분도 많았지만, 이질적인 측면도 있었다.

도시민들은 자주 신사와 절에 가고, 영험한 신사나 사찰靈場은 후다쇼札所 순례 여행객으로 붐볐다. 이 점은 농촌이나 도시 모두 다를 바 없었지만, 도시민의 신불 지향은 개인적 목적에서 발생하는 것이 많았다. 농민의 신사는 주로 이에의 번영을 목적으로 한 것인 데 비해, 도시민의 종교심은 이에가 있는 한 같은 성격을 띠고는 있었으나 건강, 장수, 출세 등을 비는 개인적 성격을 띠었고 그 같은 소원을 반영한 신사 순례가 많았다. 같은 바람이라도 도시민의 경우는 이에에 종속하는 개인의 바람이 아니라, 순전한 개인의 기원이라는 성격을 강하게 띠었던 것이다. 일시적으로 유행하여 숭앙되는 유행신流行神(하야리가미)은 도시 고유의 것은 아니더라도, 도시의 특징적인 형태였던 것도 위와 무관하지 않았다. 농촌에서 신의 중심은 가업의 번영을 가져오는 이에의 조상신祖靈이다. 도시의 생산주체가 이에인 한, 도시에서도 조상신은 중요한 신이다. 그러나 이에를 가질 수 없는 도시 하층민, 고용인과 같이 이에에 들어가 있기는 하지만 이에에 진정한 아이덴티티를 보이지 않는 이들의 신은 개인적 원망을 들어주는 신이었고, 이 신은 때로 돌이나 우물이 갑자기 신이 되어 유행하다가 거짓말처럼 그 열광이 사그라드는 유행신이라는 형태를 취했다.

도시 하층민의 정신적 해방을 요구한 움직임이 유행에 의한 집단참례라는 형태를 취한 것으로서 이세누케마이리(伊勢拔參り)가 있다. 누케마이리는 하층민들이 주인이나 부모의 허락을 받지 않은 채 무단으로 참례한다는 뜻이다. 이는 이에 안에서 해방감을 맛볼 수 없는 사람들이 한시적으로 그 지배에서 빠져나오는 것을 의미한다. 누케마이리는 1650년 에도에서 처음 발생하여 하루 수백 명에서 2,000명 정도의 군참群參이 수개월에 걸쳐 계속되었다. 그 뒤 대규모 누케마이리는 1705년에 발생하였다. 이때는 교토에서 발생하여, 이윽고 동쪽은 에도, 서쪽은 아키安藝·아와阿波에까지 미치고, 참례인은 300만 명을 넘었다고 전해진다. 이것은 농촌의 하층민에까지 파급되었지만, 유행에 불을 붙인 것은 도시 하층민이었다. 그 후에도 대규모 누케마이리가 1771년과 1830년에 발생하였다.

도시민이 유행 좇기는 신의 영역에 한정되지 않았다. 각각의 이에의 유래를 서로 숙지하고 있는 촌사회의 경우, 사람들을 평가하는 기준은 유서성이지만, 농촌에서 방출된 이에가 없는 사람들이 대량으로 잡거하는 도시에서의 평가기준은 개개인이 도시사회의 흐름 방향, 도시민의 미의식을 체득하여 세련된 활동을 할 수 있는가의 여부에 달려 있었다. 사람들은 주위를 관찰하면서 유행을 모방함으로써 고립을 피하고 도시사회에 참가하려 한다. 사람들의 미의식이 쉽게 밖으로 드러나는 것은 의복이나 화장이기 때문에, 유행에 대한 관심은 우선 이것들에 집중하였다. 그리고 이 분야에서 무엇이 아름답고 무엇이 촌스러운가를 판단하는 기준을 구체적인 형태로 제공한 것은 도시민의 2대 사교장의 우상, 즉 가부키 연극의 연기자와 유곽의 유녀였다. 도시민은 스스로 도시라는 대무대에서 도시민인 듯 활동을 연기하는 연기자가 되어 간다. 그리고 그 연기가 높아지면 사람들의 일상생활은 허세를 부리는 행위의 연속이 된다.

농업노동은 1년이라는 긴 시간에 걸쳐 작물을 거두고, 한 사람의 농민은 일생 동안 동일 작물을 수십 회에 걸쳐 힘써 경작하는 부드럽고 느린 시간의 흐름을 특징으로 하고 있다. 이에 반해 도시 수공업자나 상인의 노동, 특히 후자의 경우 동일 작업을 무수히 반복하여 많은 이윤을 얻으려면 무엇보다도 신속한 일 처리가 요구되었다. 이 같은 노동의 기술적 특성과 화폐경제와의 접촉도의 상이라는 사회적 조건이 더해지면, 양자 사이에는 다른 에토스(특질, 성격, 윤리)가 형성된다. 물건이 화폐에 의해 계량되고, 그것과 관련하여 물건을 만드는 시간이 계량화되어 의식되게 되면, 도시민은 시간에 쫓기는 바쁜 생활을 보내게 된다.

시장경제 침투도의 상이도 농촌과 도시의 인간관계의 질을 달리하게 한다. 시장경제가 가져온 인간관계의 귀결은 연수를 한정하여 노동력과 노임의 교환을 계약하는 것으로 성립한다. 주인-연계年季·일계一季 고용인의 관계에 상징적으로 나타나는 것으로, 주인과 후다이 고용인과의 사이에 성립해 있던 친숙함에 따른 상호의존·신뢰관계가 없어지면서 사람과 사람의 관계는 타인과 같은 관계로 의식되는 것이다. 시장경제는 농촌에도 침투하고, 선진지역의 농촌에서는 후다이 하인이 없어지고 연계 고용인 시대로 변해 가지만, 시장경제의 전개도와 그 논리가 생활 전면을 규정하는 정도는 도시와 농촌의 경우 현격한 차이가 난다. 그러한 인간관계의 질적 변화를 도시민은 민감하게 피부로 느끼고 있었다. 유곽에 뿌리내린 애정에 의해서 혈서, 서지를 교환한다거나, 머리카락이나 손가락을 자른다거나, 문신을 한다거나 하는 것은 모두 사람 마음의 성의를 외형적으로 나타내려는 행위가 비정상으로 발달한 것이었다. 에도 시대의 대도시에서 유행한 동반자살은 그런 행위들의 극단적인 형태였다.

막번체제의 동요

제1장 도시와 농촌의 변화

제1절 도시

초기의 쵸 구성원은 소자본·소경영으로 생업을 영위하는 균질성을 가지고 있었다. 그들은 각각 쵸 주거가옥에 점포나 작업장을 가지고 소자본·소경영의 중핵을 이루고 있었다. 쵸닌들에게는 그것을 공동으로 유지하는 조직, 즉 지연적 쵸 공동체의 유지가 각자의 소경영 보전과 직결되어 있었다. 그리고 초기 단계에는 상업과 수공업이 충분히 분리되지 않았기 때문에 동일 직업조직은 그다지 발달하지 않았다. 그러나 일부 특권 직인들은 권력에 의해 분업적으로 편성되어 동직자끼리 집주하고 있었으며, 초기부터 직연職緣·지연적 성격을 띠었다. 그러나 일반적으로 쵸는 쵸닌을 중심으로 조직되었고 수공업자는 그것에 부수하는 형태로 존재하였다. 즉 쵸는 지연성을 중심으로 한 직연성에 의해 유지되고 있었다.

17세기 초기에 형성되어 중·후기에 걸쳐 발전하는 근세도시는 17세기 말기에 이르면 변화하기 시작한다. 그것은 거대상인 및 고리대 자본의 등장과 하층 도시사회의 성립으로 나타났다. 거대상인과 고리대 자본가들은 금 20만~30만 량, 은 수천 관을 소유한 자들로 거대 주택을 소유하고 있었으며, 다이묘를 상회할 정도의 부귀를 누리고 있었다. 이들은 부의 규모에는 차이가 있었으나 교토뿐 아니라 오사카와 에도를 비롯한 전국 도시에 존재하였다. 이들의 축재 조건은 막번제의 시장·유통구조에 있었는데, 대체로 나가사키 외국무역과 관련하여 독점적인 지위를 누리고, 영주 권력에 기생하여 다이묘에게 재물을 대여해 줌으로써 거대한 이익을 얻었다. 이들은 생사, 의복呉服

등의 물품을 전문적으로 취급하거나 다이묘에 대한 대부大名貸, 쵸민에 대한 대부町貸, 환전兩替 등 금융업을 하고 있었고, 양자를 겸하는 경우도 있었다.

그리하여 탄생한 거대상인·고리대 자본가들은 17세기 말기부터 전국을 대상으로 영업활동을 전개하였다. 위에서 보았듯이 미쓰이가를 보면, 겐로쿠로부터 교호기에 걸쳐 의복 원료 및 상품의 판매, 환전─금융업을 통해 거대상인·고리대 자본가로 급성장하였다. 본가와 점포들은 본가·연가連家의 동족단을 중심으로 결합되어 있었으며, 점포에는 수많은 고용인을 두었다. 또한 상품판매·생산과 관련한 거래와 전대前貸에 의해 다수의 상인과 직인을 지배하에 두었다. 거대상인·고리대 자본가의 저택과 점포가 있는 쵸에서 그들은 최대의 토지소유자였다. 이 쵸의 가옥에 그들의 고용인이 살고 있었다. 그리하여 쵸는 거대상인·고리대 자본가에 종속되기에 이른다. 뿐만 아니라 이들은 점포 주위의 토지를 집적하여 토지와 가게를 임대하고, 이를 관리하기 위해 야모리家守를 두었다. 이처럼 토지를 이용한 투자와 가게임대 수익을 도모하는 경영을 마치 가옥町屋敷 경영이라 한다.

위의 경향들은 모두 쵸의 구성을 변화시키는 직접적인 계기가 되었다. 도시의 하층사회는 이렇게 하여 성립된다. 하층사회는 떠돌이상인振賣層, 직인들의 종제從弟 내지 동업조합 조직에서 이탈된 하층의 직인, 날품팔이 일용직을 생업으로 삼는 이들로 구성되어 있었다. 쵸의 골목가게 운영층裏店層(우라다나층)은 영세하기는 하나 소가족을 이루고 있으며, 빈번하게 이동하고는 있으나 가게의 운영자로서 쵸 거주를 단위로 하는 소공동체의 구성원이다. 이들 골목가게 운영층은 쵸 가옥을 관리하는 야모리屋守를 매개로 지주와 대치하고, 영세 경영을 통해 여러 계층과 관계를 맺었다. 이러한 도시의 소경영이 불가능한 계층으로서 일용층이 존재하는데, 사실상 노동력을 파는 임노동층이다. 이들의 존재 형태는 세 가지다. 첫째는 쵸의 히요가시라日傭頭나 히토야토人宿 등의 특수한 상인자본가에 예속하여 존재하는 형태(데이슈出居衆·요리코寄子), 둘째로 상인자본의 이에에 포섭되는 1년·반년 계약의 하인, 셋째로 무가나 사사가에 1년·반년 계약으로 존재하는 고용인 등이다. 이들 일용층은 기본적으로는 이에를 형성하고 있지 않은 단신들로 점주나 고용처에서 쫓겨나면 무숙자로 전락하였다. 따라서 이들의 이동은 매우 활발하다.

이들은 막번제 초기 이래 존재하였으나, 18세기에 들어 위와 같은 변화에 따라 쵸를 기초조직으로 하는 도시사회를 변용시켜 나간다. 우선 쵸의 주거가옥이 변용된다. 17세기 말기 이래 쵸의 규제나 저항에도 불구하고 대상인·고리대자본가들이 대규모로 주거가옥을 집적하여 다수의 소경영자들은 가옥을 상실하게 된다. 미쓰이가의 교토 점이 있던 레이센쵸冷泉町 니시노쓰라西面의 경우, 16세기 말에 29가이던 유가옥자家持가 17세기 말에는 12가로, 환전상이 있던 롯카쿠쵸六角町는 17세기 전기에 30가이던 가옥소유자가 18세기 초기에는 20가로 감소한다. 이 같은 과정을 통해 가옥은 대상인·고리대자본가의 소유가 되고, 이를 관리하는 야모리가 두어진다. 야모리는 주거가옥을 상실한 다수의 영세한 골목가게 운영층을 포함한 토지 임대·가게 임대인들에게 좁고 허름한 연립주택인 우라나가야를 임대·관리하였다.

쵸닌에게 가옥은 쵸의 정규 구성원家持으로 인정받는 불가결한 조건임과 동시에 소경영체의 기반이다. 또한 가게와 작업장의 터전, 신용의 원천으로서의 의미를 갖고 있었다. 쵸닌의 자격이 가옥의 소유에 있었기 때문에 가옥의 상실은 바로 쵸닌으로서의 자격 상실을 의미하였다. 원래 근세도시는 가옥소유자의 지연적이고 직연적職緣的 결합을 기반으로 한 균등하고 균질적인 구조와 자립적 성격을 가지고 있었으나, 위와 같은 변화과정 속에서 자립적인 쵸슈町衆는 대상인·고리대자본가에 종속하는 성격으로 변화하고, 쵸 공동체는 야모리층의 공동조직으로 변화해 간다.

이 같은 변화와 함께 형성된 도시 하층사회가 조직화된다. 우선 쵸 주거지가옥의 토지·가게 임차층의 생활공동조직인 다나슈店衆와 가옥임차借家층의 결합체인 가리야츄借家中가 형성된다. 가옥임차층은 도로에 면한 가게나 토지를 지주에게 임차하고는 있으나 쵸닌에 준하는 존재였다. 반면 가게임차층의 다나슈는 영세한 골목가게 경영층店衆을 중심으로 한 조직으로서 쵸슈와는 성격을 달리하는 공동조직이었다. 시간이 흐르면서 쵸슈는 이러한 이질조직을 배제할 수 없는 단계에 이른다. 한편 도시에는 다수의 일용층이 형성되어 있었다. 이들은 상인의 고용인이나 골목가게 경영층인 히토야토나 히요가시라 지배 하에 거주지를 빌려 사는 기류토寄留人로, 쵸와의 관계는 희박하고, 그들과의 인격적 지배는 상대적으로 약하였다. 따라서 이들은 쵸의 영역을 넘어 활동하고 이동 역시 활발하였다. 쵸로서는 기저에 커다란 불안 요소를 포함하고 있었다 하겠다. 이렇듯 쵸닌들에 의해 조직된 지연적 단일조직이었던 쵸슈町中가 야모리층, 가옥임차층借家中, 골목가게 경영층店衆 등의 복수 조직으로 형성되었다.

17세기 말 이후 대상인·고리대자본이 성립하여, 그들의 주도에 의해 상업과 수공업이 분리되고 다양한 분업이 형성되기에 이르렀다. 그리고 민간수요에 응하는 직인들이 형성된다. 봉임의 논리에 의해 권력이 편성한 직인 쵸에서도 직연적 성격은 상실된다. 그리하여 17세기 말 이후 쵸 조직과는 다른 동업조합이 쵸의 경계를 넘어 형성된다. 이 동업자 조합조직은 에도의 도쿠미도이야十組問屋, 오사카의 니쥬시쿠미도이야二十四組問屋, 환전상 도이야兩替商問屋로부터 제 직인동업자, 히토야토나 히요가시라의 조합에 이르기까지 다양하다. 이들 조직은 가옥의 소지 여부를 성원 요소로 하고 있지 않았다. 아니 오히려 당시 상황을 반영하여 가옥을 소유하고 못한 계층이 중심을 점하였다. 이들의 구성원이 될 수 있는 요소는 용구의 소유나 영업권이었다. 그럼에도 불구하고 그 운영은 쵸의 운영방식을 따르는 것이 일반적이었다. 이는 동업자나 조합이 쵸를 모태로 탄생했기 때문이다.

이렇게 변화한 도시는 고유의 사회문제를 내포하게 된다. 우선 주거와 인간의 밀집에 의해 상수·하수·화재·질병 등의 사회문제가 발생한다. 특히 화재에 대비한 화재피난지火除地·제방土手 등의 설정으로 도시 구조가 달라지고, 도조土藏(흙담 창고)·아나구라穴藏(지하창고)·누리야즈쿠리塗家造(벽에 소석회 등을 발라 만든 집) 등 가옥구조에 영향을 미치고 있다. 그리고 임금, 물가, 화폐 등의 문제를 야기하였다. 미가를 중심으로 하는 소비시장으로서의 도시는 화폐가치와 물가의 균형이 필수적이었다. 특히 도시하층민에게 미가와 물가의 급상승, 화폐가치의 하락은 생계에 치명적인 영향을 미친다. 또한 신분제에 의해 구성된 막번제 사회는 상업과 도시의 발달로 화폐의 논리가 확산되면서 신분적·인격적 관계가 변질되어 간다.

제2절 농촌

근세의 농업발전은 기본적으로는 두 가지 방향성을 갖는다. 하나는 경지면적의 확대, 또 하나는 소농기술체계의 확립에 의한 토지생산성의 향상이다. 토지면적의 확대=경지의 개발은 센고쿠 말기에서 막번제 초기에 걸쳐 대대적으로 행해졌다. 이것은 영국의 일원적 지배 하에서 대규모 경지개발이 가능했기 때문이다. 그리고 신전은 일정 기간 연공이 없었고, 이후에도 연공률이 낮게 정해졌기 때문에 호농·쵸닌 등의 유리한 투자대상이었다. 경지개발을 가능케 한 배경에는 토목기술의 비약적 발전도 자리하고 있다. 즉 축성기술의 발전이 용수시설 개설에 응용되었던 것이다. 이러한 배경 하에 1596~1672년 사이에 42건의 대규모 용수토목공사가 행해진다. 1467~1595년 사이의 14건, 1673~1867년 사이의 39건과 비교해 보면, 이 시기에 대규모 용수토목공사가 대단히 활발히 진행되었음을 알 수 있다.

이 시기의 용수체계는 주로 하천관개다. 하천관개는 용수량이 풍부하기 때문에 경지의 수익면적도 확대되어 생산력 발전을 촉진하게 된다. 이러한 용수를 확보하여 대량의 신전이 개발되었다. 그리하여 근세 중기가 되면 경지면적은 약 297만 정보에 이른다. 무로마치 막부 초기 95만 정보, 근세 초기 164만 정보였던 것과 비교하여 보면, 근세 초기에 경지면적의 확대=신전 개발이 대단히 활발했음을 알 수 있다. 그리고 메이지 초기에 경지면적이 305만 정보였던 점을 생각하면 근세기를 통해 경지개발은 거의 완료되었다고 해야 할 것이다. 그러나 무분별한 신전 개발로 인한 피해도 컸다. 원래의 논밭이 황폐해지기도 하고, 강바닥 상승 등으로 인한 홍수 피해도 속출하였다. 그리하여 막부는 1666년 산천법山川掟을 내려 신전의 개발을 억제하였다.

근세 농업발전의 또 하나의 방향은 농업생산력의 향상이다. 그것은 주로 농기구 개량, 금비 사용, 품종개량 등에 의해서였다. 근세 소농기술의 전형은 철제 괭이와 낫이다. 이러한 농기구는 촌이나 근교 대장간에서 만들어졌다. 비교적 모양이 단순했던 농기구는 근세 중기 이후 농삿일의 용도나 토지의 토양조건에 따라 다양해졌다. 농구 개량은 괭이나 낫만이 아니라 탈곡기구에도 보인다. 당시의 탈곡기구는 두 개의 대나무로 만들어져 있어서 작업능률이 낮았다. 그러나 이삭훑이千齒扱(센바코키)가 발명되면서 탈곡 능력이 10배 이상 향상되었다. 이삭훑이의 보급으로 농번기 노동을 현저히 경감시킬 수 있었고, 토지의 연작체계까지 변화되어 수전의 이모작이 가능해졌다.

지력 유지의 기본은 초비草肥였다. 중기 이후 상품작물의 재배와 이모작이 확대되면서 시비기술이 발전하여 초비 외에도 다종다양한 비료가 투하되었다. 근세의 비료로는 풀을 베어 거름으로 쓰는 초비, 개비改肥, 못이나 늪지의 수생식물藻, 인분과 오줌人糞尿 등의 자급비료와 기름을 짜고 남겨진 정어리와 청어인 호시카乾鰯, 재, 기름을 짜고 남은 깻묵油粕, 겨 등의 금비金肥가 있다. 기나이・산요山陽 등 농업 선진지대에서는 일찍부터 깻묵, 호시카 등의 금비가 사용되었다. 간토 지역에서는 수전에 호시카와 인분이, 밭에는 겨, 호시카가, 에도 근교에서도 인분이 주로 사용되었다. 금비 중 호시카가 일반적으로 사용되게 된 것은 수산업의 발전에 의한 것이다. 즉 수산업 발전이 농업생산력의 향상을 가져왔고, 그 결과 면화, 채종 등 상품작물의 재배를 촉진하였다. 금비에 의한 시비는 그 종류의 다양화뿐 아니라 원비元肥, 추비追肥 등 주도한 비배관리肥培管理의 향상을 가져왔다.

근세의 소농기술 발전에서 중요한 것으로 벼의 품종개량을 빼놓을 수 없다. 중기 이후에 인명, 지명, 사사명이 붙은 다수의 벼품종이 나타난다. 수도의 조도・중도・만도의 분화는 단위면적의 생산량을 증가시켰을 뿐만 아니라, 여무는 시기를 달리하는 여러 품종을 선택 재배함으로써 재해의 위험을 분산시킬 수 있었다. 그리고 조도 재배로 이모작을 확대할 수 있었다. 또한 조・중・만도의 선택으로 모내기나 벼베기 등 노동의 투하 분산이라는 파급효과도 있었다. 작물의 품종개량은 벼에만 국한된 것이 아니라 밭작물에서도 있었다. 그리하여 각 지역의 명산품이 생산되기에 이르렀다.

근세도시는 소비도시의 성격이 강하고, 농촌은 도시의 식량이나 원재료를 공급하는 위치였다. 농촌은 원칙적으로는 자급자족경제 하에서 재생산을 행하였고, 당연히 비자급 부분은 외부로부터 공급받았다. 예를 들면 촌내에 대장간이 없을 경우에 농기구를 구입해야 했고, 대장간이 있다 하더라도

철 등의 재료나, 소금 같은 생활필수품은 상인을 통해 구입하여야 하였다. 때문에 농민에게도 화폐가 필요하였다. 화폐 조달은 당연히 농산물 판매에 의존하였다. 이는 막번체제가 어느 정도의 화폐경제를 전제로 하고 있음을 나타낸다.

농촌의 생산력이 향상되면 농촌에는 잉여생산물이 생긴다. 쌀은 대부분 연공으로 흡수되기 때문에 화폐를 확보하기 위해 밭작물을 중심으로 한 소상품 생산이 전개된다. 이러한 경향이 본격적으로 전개되는 것은 겐로쿠기 이후부터다. 그리하여 소농민은 비자급물자의 확보를 위한 소상품 생산에서 판매를 위한 소상품 재배에 나서게 된다. 번주도 재정수입의 증대를 위해 미납연공 대상 외에 있던 밭작물의 환금화를 행한다. 그리하여 전국 각지에서는 각 지역의 토양에 적합한 작물의 재배가 확대되어 간다. 그 결과 지역특산물의 생산이 전개되게 된다. 당시 환금화된 작물은 4목3초四木三草로 대표된다. 4목이란 차茶 · 뽕나무桑 · 옻나무漆 · 닥나무楮, 3초란 마麻 · 잇꽃紅花 · 쪽藍을 칭한다. 이 밖에 목화綿, 채종菜種, 연초煙草 등도 환금작물로서 중요한 위치를 차지하고 있었다.

겐로쿠기에 가와치를 중심으로 하는 기나이 지역에 면작 특산지가 형성된다. 그 요인으로는 오사카와 교토에 큰 의료시장이 형성되어 있었다는 점, 면작재배의 지력을 유지하는 데 유용한 호시카나 깻묵 등 금비가 생산되었다는 점 등을 들 수 있다. 셋쓰 · 가와치에서는 밭의 60~70%에 목화를 재배하였고, 수전도 30~50% 정도는 목화를 재배하였다. 기나이 다음으로 목화 재배가 성했던 곳은 산요 지역이다. 후쿠야마福山 번에서는 개발지를 중심으로 면작이 전개되었고, 17세기 말 목면 재배가 전 경지의 30%에 이르게 된다. 간토 지역에서는 대하천변의 모래땅을 개량하여 목화를 재배하기 시작하여 목화를 많이 재배하는 곳에서는 전 경지의 10~40%에 목화를 재배하였다.

양잠업은 뽕나무를 재배하여 누에를 길러 명주를 생산하는 것으로, 겐로쿠기 이후 급속히 확장되어 종래의 서국지역으로부터 도산도東山道 · 간토 · 동북에도 생산지가 형성된다. 예로부터 양잠업의 중심지였던 유키結城 지역에는 전문적인 잠종 제조업이 성립되어 있었다. 이 지역의 양잠업은 간포기의 대홍수로 쇠퇴하고, 새롭게 무쓰노쿠니陸奥國 남부의 시노부信夫·다테伊達 지역이 잠종 특산지가 되었다. 고즈케上州에서는 교토 니시진西陣에서 기술을 도입하여 마에바시前橋·기류桐生·이세사키伊勢崎 등을 중심으로 잠사업이 발달하였다. 시나노信州에도 북 시나노北信·스와諏訪 지역에 제사업이 전개된다. 양잠업의 발전은 양잠기술의 발전에 힘입은 바 크다. 즉 막번제 초기까지 양잠은 1년에 한 번밖에 할 수 없었으나(춘잠春蠶) 중기에는 하잠夏蠶, 막말에는 추잠秋蠶이 가능해졌다. 그 결과 단순계산으로 양잠의 생산량은 두세 배 증가하였다고 가늠할 수 있다.

면작과 양잠업의 발전은 실이나 천을 염색하는 천연염료에 대한 수요를 불러온다. 천연염료로서 쪽과 잇꽃紅花이 특산화된다. 쪽은 아와阿波 번 요시노가와吉野川 유역의 아와 람阿波藍이 유명하다. 아와에서는 일찍부터 쪽의 재배와 남옥藍玉의 제조가 분화되어 있었다. 아이시藍師라 불리는 염료 제조업자는 쪽을 재배하는 농민들로부터 쪽잎葉藍을 구입, 그것을 발효시켜 남옥을 제조하였다. 여성화장품의 원료로 이용되었던 잇꽃은 근세에 염료로도 중요한 지위를 차지하였다. 잇꽃의 특산지로서는 데와노쿠니出羽國 야마무라山村·오키타마置賜의 모가미最上를 들 수 있다.

채종은 등잔불燈火, 식용, 채종유, 사료로, 기름을 짠 후의 깻묵은 비료로 널리 사용되었다. 채종은 적응성이 뛰어나 수전의 배작裏作으로, 밭이 많은 지역에서는 대두의 이모작으로 널리 재배되었다. 18세기 전반 오사카 주변지역에서는 채종 재배가 경지의 20~30%에 이르렀고, 18세기 후반의 셋쓰 무코가와武庫川 지역에서는 40~50%에 이르렀다. 이러한 채종 생산 발전의 배경에는 대도시의 채종유 수요의 확대와 수차를 이용한 착유기술의 발전이 있었다.

근세 농업발전은 농서로 기록되어 각 지방에 전파되었다. 농서는 주로 농업기술을 기술하였으나 농정이나 농민생활, 농민사상 등도 기록하였다. 그리고 농서 중에는 글자를 모르는 농민을 위해 그림을 그려 내용을 이해하도록 한 것도 있었다(『農業圖畵』, 『農業全書』, 『民家檢勞圖』, 『一粒萬培穗に穗』). 농서의 내용을 노래和歌로 만들어 전하기도 했다(『百姓傳記』, 『會津歌農書』).

한편 대도시의 출판업자들은 농서의 내용을 인용한 서적(『奧羽勸農新編』, 『農家必讀』, 『農家調寶記』)을 발간하였다. 농서는 저자의 저술 동기나 목적에 따라 지도성 농서, 지방성 농서로 분류된다. 지도성 농서는 저자가 농업기술의 개량이나 농업지식의 보급을 목적으로 한 것이다. 때문에 저자는 주로 농학자·지역의 공로자地方巧者·지역 하급관리地方下級役人들이었고, 그들의 농서는 도시 출판업자에 의해 목판본으로 간행·판매되어 농업기술의 전파에 영향을 미쳤다. 반면 지방성 농서는 대개가 사본으로 존재하며 대개 촌역인·부농 등이 저술한 농업기술서다.

대부분의 농서는 겐로쿠 연간에 집중 저술되었는데, 이 시기가 경제·사회·문화의 전환기로서 농업에서도 획기였기 때문이다. 이유는 겐로쿠기가 근세 농업기술의 최고수준의 위치를 점하고 있고, 기나이·가와치 등 선진지대의 고도의 소상품 생산기술이 후진지역으로 전파된 시기이기 때문이다. 또한 농서의 성립은 막번영주의 연공수탈에 대한 농민의 대응이기도 하다. 즉 위에서 언급했듯이 겐로쿠기에 이르러 농촌에 잉여생산물이 생기고, 영주와 농민 사이에 중간착취자로서 지주와 상인이 개입한다. 이러한 상황에서 상층 농민은 보다 많은 잉여를 획득하고자 하였고, 이에 농서가 성립한 것이다. 영주도 연공의 증징을 위해 농서의 보급을 장려하였다. 즉 겐로쿠기에 농서 저술이 집중된 것은 이 시기에 소상품 생산이 본격화되기 때문이다.

18세기 중·후반기부터 기나이와 그 주변지역에서의 상품경제 발전은 농업경영에도 변화를 가져오게 하였다. 고생산력의 상품생산 농업에 의한 이윤이 광범위하게 성립하고, 토지소유와 경영을 확대한 소위 부농층이 일반적으로 형성되기 시작한다. 셋쓰나 가와치 등에서는 면작, 채종작 등을 행하고, 3정보 이상의 대경영을 행하여 이윤을 올리는 부농경영이 보편화한다. 경영면적이 3정보 정도 되면 가족노동만으로는 농업경영을 할 수 없다. 이것을 보충한 것이 연고, 일용직 등의 고용인이었다. 17세기 중엽부터 18세기 중엽까지의 고용인은 노예노동력에 가까운 장년계長年季, 원격지 출신, 대부금 대체 저임금身代金의低賃金의 고용인이었다. 반면 18세기 중후기 이후에 전개되고 있는 고용인은 단기계약에 입각한 단년계短年季(연고, 일고), 인근 농촌 출신으로, 상대적으로 고임금을 받는 초기 임노동층이라 규정할 수 있다. 인근 농촌에서 공급되던 고용인은 석고 5석 이하 혹은 무고의 열악한 생산조건의 토지나 소작지로 겨우 소농경영체를 영위하고 있던 농민층이었다. 이상과 같은 약소한 소자립 농민의 임노동자화와 상층·중층 농민의 부농경영체로의 발전은 이 지역의 농민적 시장의 발전과 상호 대응하는 것이었다.

　한편 그 밖의 지역에서도 별도 형태의 농민층 분해가 진행되고 있었다. 경영이 불가능해진 농민이 토지를 저당잡혀 돈을 빌리고, 채무를 변제할 수 없어 저당이 무효화되어 지주·소작관계가 성립된다. 이러한 농민층의 분해는 기나이와 그 주변지역의 선진지역 이외의 모든 지역에서 정도 차이는 있지만 보편적으로 발생하였다. 이러한 농민층 분해는 상층·중층 농민이 생산력의 상승에 따라 부농경영으로 발전할 조건을 충족하지 못한 채 막번체제의 전국시장이나 번의 전매제 시장관계에 타율적으로 말려들기 때문에 발생한다. 경영기반이 강고하지 못한 상태로 시장경제에 말려들면 농산물 가격의 하락, 비료대의 상승 등의 시장조건과, 흉작, 가족노동력의 감소 같은 경영조건이 합해질 경우 소경영체는 저당지 소작인으로 전락하고 만다. 저당지 지주로 상승할 가능성을 가진 자는 어느 마을에나 있을 법한 농민이 아닌 쵸의 상인이나 그에 준하여 부를 축적한 전대의 토호적 농민에 유래하는 사람들이었다.

　농민층의 지주제적 분해가 토지매매를 통해서가 아니라 저당과 저당무효라는 형태로 행해진 것은 막부가 논밭의 매매를 금했던 것 때문이기도 하지만, 저당지 지주·소작관계인 농민층 분해가 지배적인 지역에서 농촌 내부에 상품경제가 발전하지 못하고 토지의 영대매매 관행이 여전히 확립되어 못한 사정에도 의거하였다. 후진지역일수록 저당, 저당무효화로부터 몇 년이 경과하든 빌린 돈을 변제만 한다면 언제든 저당무효화한 토지를 반환받을 수 있다는 관념이 강하였다. 이 같은 관념은 멀리 중세의 토지 소유법 관념으로까지 거슬러 올라간다. 토지를 개발하고 경작해온 사람이 정당한 소유자고, 저당이나 매매를 통해 토지를 입수한 사람의 소유는 개발·경작자의 그것보다 훨씬 약하다는 법관념이다. 그러한 관념이 근세기의 저당지 지주·소작관계에도 존속·적용되고 있었던 것이다.

이러한 농촌지역의 소상품 생산에 의한 상인적 농민의 형성과 농민층의 분해로 인한 지주소작관계의 전개, 상품생산을 전제로 한 대토지 지주경영은 촌의 모습을 일변시킨다. 즉 다수의 평균적 본백성과 상층농민으로 구성되었던 촌은 이제 다수의 가난한 소작인 혹은 무고의 일용층과 소수의 지주 혹은 대토지경영농민으로 구성되게 된다. 이 경우 기존의 부유한 촌역인이 상업적 농민 혹은 지주로 전환되기도 하지만, 평균적인 본백성이 소상품 생산을 통해 상인적 농민이나 지주로 상승하는 경우도 있다. 후자는 마침내 촌역인의 지배에서 벗어나 생업을 영위할 수 있게 된다. 때문에 이들은 이제까지 연공 수납이나 제 역의 부과를 관리해온 촌역인층의 부정을 선두에 서서 폭로한다. 18세기 중반에 빈발하는 소위 촌방소동村方騷動이 그것이다. 이 촌방소동은 상인적 농민이 촌역인으로 교체됨으로써 일단락된다. 영주 측이 촌역인 교체를 인정할 수밖에 없었던 것은 촌 청부제의 기본인 연공·제 역의 부정에 대한 폭로이기도 하고, 촌방소동이 상인적 농민과 일반 농민의 강한 결합에 기초하고 있었기 때문이다.

이 같은 농민층 분해의 전개는 또 하나의 사회적 문제를 발생시킨다. 즉 소상품 생산이 농촌의 화폐경제에 대한 의존도를 높여 촌의 재생산 구조를 약화시킨 것이다. 이는 과중한 연공이나 제 역의 부과가 하층촌민의 생계를 직접 위협하고, 풍흉과 자연재해가 이들의 생계를 좌우하기 쉽다는 것을 의미한다. 또 농민층 분해의 일반적 전개로 말미암아 위의 상황은 한 촌이나 한 지역의 문제로 국한되지 않는 확산성을 갖게 된다. 즉 이 시기에 이르면 농민운동은 규모가 확대되는 것은 물론이고 광역화이라는 특징을 나타낸다. 농민운동의 형태도 대표월소代表越訴에서 강소强訴로 변화한다. 농민운동의 두 번째 피크인 교호기의 백성잇키가 이를 잘 보여준다.

강소의 주체는 촌의 대표자가 아닌 다수의 촌인들이었고 그 때문에 투쟁방법도 집단의 실력행사를 동반하는 경우가 많았다. 투쟁의 대상은 우선 영민을 직접 지배한 다이칸 등의 재지지배 영주였다. 강소에는 호농·부상에 대한 파괴행위(우치코와시打ち壞し)가 동반되었다. 막번제 중반 후기의 영주제는 호

농·부상과 유착되어 있었기 때문에, 민중의 반영주 투쟁이 자주 반호농·부상 투쟁과 결합되었던 것이다. 이러한 형태의 농민운동은 농민운동 제3의 피크인 메이와 연간에 나타난다. 1764년 막부 교통정책에 반대하여 무사시, 우에노의 20만여 농민이 대전마투쟁對傳馬鬪爭을 일으켰다. 1768~69년 호쿠리쿠에서 기나이·츄고쿠 지방으로 파급된 강소도 출현하였다. 게다가 호레키기 이후에는 도시 파괴행위(우치코와시)가 빈발하였다. 주로 물가의 폭등을 계기로 도시하층민이 부상의 거택을 파괴하거나 금·은·미를 탈취하는 형태의 봉기였다.

농민운동의 제4의 피크는 덴메이 연간이다. 이 시기의 잇키는 1781년 8월의 죠슈 면 잇키上州綿一揆로 시작되었다. 다누마 정권이 일부 호농상의 출원을 용인하고, 무사시와 우에노 양 지역의 시장 47개 소의 면시장에 10개 소의 개회소改會所(아라타메카이쇼) 설치를 허가하고, 상인들로부터 영업세(이에 해당하는 금액은 농민들이 부담)를 징수하려 하였다. 이에 대해 농민뿐 아니라에도 상인들도 반대하며 거래를 거부하였다. 판매처를 잃은 농민이 개회소 설치에 반대하고, 1만~2만의 농민들이 집결하여 개회소 설치계획에 참가한 호농상의 집이나 기물을 때려부수고 다카자키高崎 성을 포위하였다. 결국 막부는 개회소의 설치를 포기하였다. 1783~84년에도 우에노, 시나노, 시모사, 무사시 각 지역에서 대규모 파괴 행위가 발생하였다. 아사마야마淺間山 분화와 그에 따른 덴메이 대기근 때문에 생긴 곤궁농민의 호농·부상 파괴행위였다. 대기근은 도시에서 미가폭등을 불러오고 대규모의 도시 파괴행위를 발생시켰다. 가장 격렬했던 것은 1787년 에도·오사카를 시작으로 하는 전국 30여 개 소 도시에서의 파괴행위였다. 아사마야마 분화의 영향으로 인한 3년간의 대흉작에다, 대홍수, 상인의 매점·매석까지 더해져 쌀값이 폭등하였다. 이로 인해 전국 각지에서 파괴행위가 발생하였던 것이다.

제2장 산업의 발달과 유통구조의 변화

제1절 산업의 발달

1. 어업

이제 눈을 돌려 어촌에 대해 살펴보자. 어촌에서는 어업 연공을 담당하는 혼교시本魚師 층이 어업의 중심을 이루고 있었다. 어민이 어업활동을 하는 곳은 어장이다. 어장은 바다로까지 촌경계를 연장한 이소쓰키磯付 어장과 출입이 자유로운 오키沖 어장으로 분류할 수 있다. 이소쓰키 어장의 바다쪽 경계는 바다에서 촌의 산이 보이는 곳까지다. 그러나 바다를 서로 면하고 있는 지역에서는 바다의 지형에 의한 경계를 확정하여 촌이 배타적으로 어장을 관리하였다.

이소쓰키 어장에 대한 배타적 어업권의 대가가 어업 연공이다. 어업 연공 중에서도 어부에게 부과된 부역 가코야쿠水主役, 어렵이나 해조류 등의 수확을 석고로 환산한 우미다카海高, 어렵량에 부과하는 세금 고사이교다이御菜魚代는 어업권의 확립에 대단히 중요한 것이었다. 특히 가코야쿠는 부역징발의 성격을 갖는 것으로 군역조달의 대응형태로서 막번권력이 설정한 것이다. 우미다카는 근세 어촌의 성립과 관련하여 설정된 것이나, 중·후기에는 부가세인 야쿠에이役永와 영업세運上만 징수하게 된다. 이는 움직이는 것은 석고에 넣지 않는다는 연공의 부과원칙에 따른 것이지만, 선발어촌에 의한 어장 이용으로 후발어촌의 어장 이용이 포화 상태에 이른 것을 반영한 것이라고 한다. 고사이교다이는 영주에 대한 헌어대獻魚代다. 근세에 어업권이 없던 촌은 식용이나 거름으로 사용하는 해초의 채취 외에는 일체의 어업을 인정받지 못했다.

어촌의 질서 및 생활에서 무엇보다 중요한 것은 어장의 점유·이용관계였다. 어장의 급인지배가 강하게 남아 있던 지역을 제외하면, 기본적으로는 혼교시가 공동으로 어장을 이용한다(총백성 공유어장惣百姓公有漁場). 총백성공유어장의 점유·이용권은 혼교시 자격을 가진 자가 평등하게 분유하고 있는 경우, 촌내 혼교시가 보유하고 있는 경지면적에 비례하여 어장지분을 보유하는 경우魚株制, 촌 자체가 어장의 점유·이용권을 보유한 경우로 나뉜다.

어업은 내수면 어업과 해수면 어업이 있는데, 근세에 중요한 것은 해수면 어업으로서 그 중요 형태는 낚시어업, 포경업, 그물어업으로 나뉜다. 낚시어업은 도미·전갱이·고등어·오징어·다랑어 등을 대상으로 대낚시·손낚시·주낙延繩(하에나와) 등을 행하였다. 주낙은 비교적 어획량이 많고, 주로 동해연안에서 발전하였다. 근세 초기의 낚시어업은 주로 도시에 공급하기 위한 어업물량을 확보하기 위한 것이어서 도시 주변의 어촌에서 많이 행해졌다. 포경업은 기이·도사·히젠肥前·나가토長門·보소房總 등지에서 주로 행해졌다. 초기에는 작살을 사용하였으나(돌취법突取法), 1677년 작살과 그물을 동시에 이용한 포획법이 고안되었다(망취법網取法). 포경업은 고래고기를 얻기 위한 것이기도 하였지만 해충 구제에 효과가 있는 고래기름을 얻기 위해서이기도 하였다. 포경업은 어선 30척 정도, 어부 수백 인 이상의 협업으로 행해졌다. 쵸슈번은 포경업을 적극 보호·장려하였는데, 유사시 협업조직을 수군조직으로 전환하여 이용하려는 의도도 포함되어 있었다.

어업방법 중 가장 중요한 것은 그물어업이다. 그물의 종류는 지역과 어종에 따라 다양하였으나, 근세 중기까지 어지간한 종류의 그물은 거의 다 출현하였다. 그 중 회유하는 어군을 기다려 그물을 치고 양쪽에서 해안까지 끌어올려 고기를 잡는 지비키아미地引網, 일정의 정치망 어업인 오시키아미大敷網와 다테아미建網를 사용하는 어업이 중기 이후의 어업을 대표한다. 이 어업방식은 멸치鰯·다랑어鮪·청어鰊 잡이 등에 사용되는데 어선 수척과 어부 백수십 명이 협력해서 행하는 대규모 어업이었다. 이 가운데 멸치어업은 히고肥後의 아마쿠사天草, 소슈總州의 규쥬큐리하마九十九里濱가 유명하다. 멸치는 중세 이래 식용보다는 비료로 사용되었다. 위에서 본 바와 같은 상품생산이 확대되면서 호시카의 수요도 늘어나, 대규모의 지비키아미에 의한 멸치어업이 활성화되었다. 그리하여 소슈總州에는 1780년에 그물 수 300조條, 1827년에는 어업종사 가구漁戶 4만여 호, 그물 주網主 300여 가에 이르렀다.

어촌은 일반적으로 성립 당초부터 생활필수품이나 어구·가공용구 등을 촌 바깥에서 구입하고, 자신들이 잡은 고기도 촌 바깥지역에 팔아야 하였다. 따라서 어촌은 농촌이나 죠카마치·재향정 등의 어시장과 밀접한 관계를 맺어야만 했고, 일찍부터 화폐경제에 휘말렸다. 즉 어촌은 일찍부터 도시의 상업 전대자본에 의한 잠식이 강하였다. 어민의 생활필수품 구입에도 매입상인의 손을 거쳐야 했다. 특히 중기 이후의 대규모 어업에는 막대한 자금이 요구되었는데 대형 지비키아미 어업의 경우에는 어선 2척, 어부 50~60인, 그물끌이군ᐧ子 100여 명이 동원되었다. 중형 지비키아미 조업에는 어부木ᐧ에 대한 전대금을 포함하여 1,500량 가량의 대금이 필요하였다. 그물주는 착수금을 조달하기 위해 에도나 우라가浦賀의 호시카 도매상에게 융자를 받아야 했고, 그 때문에 지비키아미 어업자는 대부분 대도시 상인의 지배 하에 있었다. 다만 호시카 수요의 증가로 19세기 중반경에는 어민 스스로 상인적 어민으로 전화되어 갔다.

2. 산촌과 임업

근세의 임야자원은 건축과 부역의 자재, 장작 같은 연료, 종이나 공예품의 원료로서 대단히 중요한 위치를 차지하고 있다. 특히 센고쿠기와 막번제 초기에는 성과 죠카마치 건설 등으로 목재 수요가 일거에 확대되어 목재시장이 국지를 넘어 전국적 규모로 커진다. 막번제 초기 막부는 보통 다이묘에게 목재 징발을 부과하고, 다이묘는 그것을 가신들에게 석고에 비례하여 할당, 가신들은 촌내 백성에게 부역을 부과하여 채벌·조달하였다. 그러나 산림자원이 영주에게 속해 있던 것은 아니다. 따라서 채벌지에 담당자를 파견해서 인근 다이묘에게 인부를 동원하여 채벌하는 형태를 취하기도 하고, 목재 조달을 청부인에게 맡기기도 하였다. 그리고 다이묘에게 과역 형태로 영내에서 벌채하여 헌상받기도 하였다. 즉 산림자원은 영주의 것이 아니라 최고권력자인 천하인에게 속해 있었던 것이다.

그러나 수요 확대에 따른 무계획적인 벌채로 말미암아 산림이 황폐해지자 간분기 즈음부터 번들은 임정정책에 착수한다. 즉 윤벌제輪伐制 혹은 식목을 행하고, 유용림을 촌에서 분리하여 막부나 번의 직할림으로 지정하였다. 그리고 이 시기에 촌 공동보유의 입회지와 개인임야를 확인하여 산의 보유 주체를 확정하였다.

위에서 보았듯이 막번제 초기의 막대한 목재 수요는 다이묘의 과역과 특권을 부여받은 상인에 의해 확보하였고, 목재 유통로도 그들에 의해 정비되었다. 그러나 이러한 형태의 목재 공급은 특별한 경우를 제외하면 호에이기를 전후로 단절되었다. 목재 유통은 초기에는 특권을 부여받은 상인들이 담당하였는데, 에도로 보내지는 목재 중 막부가 필요로 하는 목재를 확보하고, 나머지는 시장에 판매할 특권을 가지고 있었다. 그런데 간분~엔포기 즈음에는 목재유통로가 생산자-지역상인-에도 도매상-중매상-소비자로 정비되었다. 그리하여 이전의 특권적 목재상인의 지위는 하락하고, 목재를 필요로 하는 소비자는 에도 도매상을 통해 목재를 조달할 수 있게 되었다. 이 시기가 되면 이전에 특권을 가지고 있던 목재상인들은 도매의 지도적 입장은 유지하나 원칙적으로는 도매상의 일원에 불과해졌다. 교호기가 되면 목재 도매상은 영업권의 독점을 지향하여 조직을 강화해 막부에 대응하였고, 막부는 이들을 통해 가격통제를 비롯한 시장·유통정책을 취하였다.

한편 산촌사람들은 계단식 밭과 화전 등을 통해 주로 잡곡을 재배하면서 장작이나 숯을 만들어 주변 도시에 팔아 생활필수품을 구입하였다. 그들은 영주가 필요로 하는 임산물을 헌상하였을 뿐만 아니라 영주가 부과하는 벌채 등에 동원되었다. 산촌 중에는 본연공 등을 매년 내는 곳도 있었다. 본연공은 통상 쌀이나 화폐로 내는 경우도 있지만, 단목樽木(구레키)이나 판재板材 등으로 내는 경우가 일반적이다. 그리고 고모노나리로 다 연공茶年貢, 옻칠 연공漆年貢, 숯, 장작 등을 현물로 상납하는 경우도 많았다. 그러나 임산물 유통망이 정비되는 중기 이후에는 금납화 경향이 강해졌는데, 영주가 필요한 임산물을 시장에서 구입하게 되었음을 나타낸다.

이러한 현상은 산촌의 활발한 임업 생산활동을 전제로 한다. 당시 자연림 채벌도 이루어지나 육림임업도 활발하였다. 식목과 채벌에는 일고 노동력을 쓰고 있다. 또한 서민 일상생활에 필요한 장작이나 숯 등 임산물도 판매를 위해 조직적으로 생산되어 가고 분화되어 갔다. 이 과정에서 호농층과 상인이 생산과 유통과정에 개입하게 되고, 산촌의 일부 인민들은 이들의 지배 하에 놓이게 된다.

3. 방직업

보통 견직물이라 하면 비단絹·명주紬 등 농촌에서 옛 방법에 따라 직조한 것을 말하는 것이 아니라, 비단에 금실로 무늬를 넣은 화려한 견직물인 긴란金襴, 무늬를 도드라지게 짠 윤이 나는 견직물인 돈스緞子, 공단繻子(슈스), 바탕이 오글쪼글한 비단 치리멘縮緬 등을 중국에서 전래된 직조기인 다카바타高機를 이용해 직조한 것을 말한다. 이 직조법은 16세기 중반 중국에서 전래된 것으로 사카이, 오사카, 하카타 등지에서 행해졌다. 이후 이 기술을 사용한 견직물의 생산은 전대前代 이래 고급견직 기술의 전통을 가진 교토 니시진西陣이 독점하였다. 이러한 고급 견직물은 지배자만 입을 수 있는 것으로, 대도시나 번들의 죠카마치에는 무사의 수요에 응하기 위해 의복상吳服屋이 점포를 세워 교토 니시진의 직물이나 수입품을 취급하였다. 한편 근세 중기의 견직물 수요 증대와 함께 다카바타 직조기술과 꼬음실撚絲(요리이토)·염색 기술들이 18세기 초기 단고, 죠슈上州 등 각지로 전파된다. 그리하여 각지의 견직물이 역으로 염색과 가공을 위해 교토에 출하되기에 이른다. 18세기 후반 견직물 염색과 가공기술이 생산지로 전해지면 생산지에서 완제품을 대도시에 출하하게 된다.

단고, 죠슈에 전해진 기술은 18세기 후반부터 19세기 초반에 걸쳐 2차로 각지에 전해진다. 그리하여 오미近江 나가하마長濱나 요네자와의 치리멘, 아시카가足利·하치오지八王子 등 간토 지역에서도 견직업이 발달한다. 즉 도시수공업으로 전개되던 견직업이 18세기 후반부터 농촌공업으로 전개되어 갔던 것이다. 이와 함께 양잠업과 생사업도 각지에서 소상품 생산의 형태로 전개되어 갔다.

조선에서 전래된 목화는 17세기에 이르러 각지에서 널리 재배되어 일반백성의 의료로 정착해 갔다. 이 시기 목면의 재배와 조면은 주로 자급을 위한 것이었는데, 18세기 들면 각지에 명산지가 생겨나고, 조면이나 직포 공정이 분화하고 유통기구가 조직화되어 대량집하가 이루어진다. 18세기 말에는 다카바타 직조기술이 각지로 전파되어 농촌지역에서도 면직 생산이 가능해지고, 염색과 가공 기술도 함께 전래됨으로써 완제품이 생산된다. 그리하여 농촌지역에도 고용인을 고용하여 직조하는 전문적인 직조업자織屋가 나타나게 된다.

4. 주조업

주조업은 재료가 쌀인 관계로 막부의 미가정책에 크게 좌우되었다. 즉 막부는 1657년 주조 동업조합酒造仲間을 조직하게 하고, 흉작으로 인해 미가가 오를 때는 겨울에만 주조하게 하는 간즈쿠리寒造나 주조량을 줄이는 1/2조, 1/3조 등으로 주조를 제한하였다. 반면 풍년으로 미가가 떨어지면 재량껏 주조藤手造(갓테즈쿠리)할 것을 명하였다. 주조 동업조합을 통해 주조정책을 실시한 것이니, 주조 동업조합 외에게는 주조 영업을 금지시키고, 주조 동업조합이 규정 이상으로 주조하는 것도 금하였다. 그러나 이런 독점적 영업권은 양도·매매·대차의 대상이 되어 영업권이 이동되면서 규정 이상으로 주조되기 일쑤였다.

주조업은 당연히 지역적 분산성을 가지고 있다. 겐로쿠기의 유명한 술산지로 셋쓰의 이타미伊丹, 이케다池田 등을 들 수 있는데, 여기에서 만들어진 술은 대부분 오사카를 통해 에도로 운송되었다. 18세기 중기 새로운 술 명산지로 셋쓰의 나다메灘目가 부상하였다. 1786년 에도로 운송된 술의 68% 정도가 셋쓰·이즈미和泉에서, 38% 정도가 나다메에서 운송되었다. 나다메에서의 주조는 대부분 지역상인으로 출발하여 다양한 상업활동을 통해 성장 전문화된 것이었다. 1793년 경영 규모를 보면, 주조가 135가 중 가부타카株高 1,000석 이상이 67가, 5,000석 이상이 1가였다. 1836년에는 161가 중 1,000석 이상이 138가, 5,000석 이상이 7가, 10,000석 이상이 3가다. 주조에 소용되는 대량의 쌀은 대부분 오사카·효고의 영주미 시장에서 조달되었다.

이와 같이 막번제 중기 이래 대규모 주조가 행해졌다. 이 주조에 필요한 노동력도 확보해야 했고, 정미 과정에서 소용되는 물의 확보도 우선 필요하였다. 나다메에서는 일찍부터 롯코산六甲山의 급류를 끌어들여 노동력을 절감하였다. 원자재 공정은 겨울철의 100여 일에 집중되었는데, 이 때문에 주조직인 도지杜氏를 중심으로 농한기를 이용해 이동하여 돈벌이를 하는 집단이 형성되고, 주조업자는 이들을 일정 기간 고용하였다. 이때 각각이 주조업자에게 일고로 채용되는 식이 아니라, 특정지역의 주민이 도지의 지휘 하에 결집하고 도지가 원자재 공정을 청부하는 형식을 취했다. 따라서 도지는 고정급이고, 노동자는 도지가 고용한 일고였다.

5. 장유업

장유업도 초기에는 오사카·교토 등의 도시에서 주로 행해졌다. 그러나 18세기 후반이 되면 원료공급지에서 장유업이 행해지게 되어 각지에서 생산된 장유가 오사카·교토로 유입된다. 에도 장유시장은 초기에는 오사카 등지에서 운송·판매되어 교호 연간까지만(1726) 하더라도 오사카에서 에도로 운송되는 장유가 전체의 76% 정도를 점했다. 그러나 1822년에는 간토 지역에서 에도로 운송되는 장유가 98% 정도를 차지하게 된다.

장유업자들은 처음에는 상업활동을 하면서 장유업을 시작하여, 마침내 장유업을 중심으로 하는 생산업자가 되었다. 이들 중에는 주조나 고리대업을 겸하는 자들도 있다. 장유업은 쵸시銚子를 비롯하여 다마쓰쿠리玉造, 치바千葉, 노다野田, 마쓰오松尾, 가와고에川越, 에도사키江戸崎 등지에서 행해졌다. 이들 지역에서는 18세기 중·후반부터 장유 생산이 급증하고, 18세기 말에는 각 지역에서 동업조합이 결성되어 조합이 장악한 유통조직을 통해 에도로 장유를 출하하는 유통구조가 형성되었다. 동업조합의 결성 목적은 신규가입의 제한과 품질유지, 영업 허가세冥加金 상납, 도매상과의 거래조건 교섭 등이었다.

제2절 유통·시장구조의 변화

　3도인 오사카·교토·에도가 중앙시장의 지위를 확립한 것은 17세기 후반이다. 3도는 상품유통의 결절점으로 하물을 수취하는 도매상荷受問屋에서 상품의 원료 및 상품을 판매하는 도매상仕入問屋으로 바뀌면서 상품집중이 더욱 현저해졌다. 특히 18세기 중반 오사카는 서국이 중심이기는 하나 마쓰사키에서 사쓰마에 이르는 전국에서 상품들이 입하되고 있었다. 상품의 종류도 오사카는 물론 주변 지역에서 소비되는 곡물·의류·해산물·생활일용품·목재·장작·숯 등은 물론 전국 각지에서 생산된 특산품 및 소상품들, 오사카나 교토에서 가공·재가공된 원료나 반·완제품 등 일본 내에서 생산되는 모든 것이 입하되었다. 이러한 상품들을 취급하는 상인으로 다수의 도매상도 생겨 18세기 초기 오사카의 도매상 수는 약 6,000에 이르렀다.

　근세의 최대 상품인 쌀은 오사카와 에도를 중심으로 거래되었다. 오사카로는 서국과 해운을 통해 운송되는 호쿠리쿠北陸·오우奧羽의 영주미가 집중되었다. 그 양은 18세기 초기에 오사카에 창고를 가지고 있는 영주미만으로도 100만~140만 석에 이르렀다. 이 밖에 오사카에 창고를 가지고 있지 않은 영주의 쌀, 막부직할령의 연공미城米(죠마이), 상인에 의해 오사카에 입하된 쌀도 있다. 이 중 영주미는 도지마堂島의 쌀시장에서 거래되었고, 그것을 취급하는 상인들이 도지마 쌀도매상들이었다. 오사카에 창고 없이 영주미를 취급한 상인들이 나야 곡물納屋穀物 도매상이다.

　교토는 직조기술이 뛰어나 전통적으로 견직물 생산으로 유명하였다. 때문에 견직물과 관계되는 생사의 입하가 현저하여 간에이기에 9곳이던 일본 실和米 도매상은 1734년에 34곳으로 늘어난다. 또한 교토는 전통적으로 각종 공예품의 산지여서, 공예품과 관계된 물자들이 교토에 입하되었고 그것을 다루는 도매업이 번성하였다.

　에도는 교호 연간까지도 오사카에서 입하되는 물품의 비중이 높았으나, 서서히 에도 주변지역에서 입하하는 양이 증가하면서 동북지역의 경제중심지가 되어 간다. 이러한 상황을 반영하여 18세기에 들면 에도에 다수의 도매상이 형성된다. 오사카와의 원활한 해상운송을 위해 도쿠미도이야十組問屋가 성립되고, 오사카·교토에 본점을 둔 도매상들 다수가 에도에 점포를 냈다. 에도에 입하되는 쌀은 주로 간토 지역과 해운을 통해 운송된 태평양 연안의 오우奧羽 지역의 것들이 대부분이었다. 또한 에도는 간토 지역과 동북지역에서 소상품 생산이 활발해지면서 중간집하지 혹은 최종집하지로서의 비중이 높아진다.

한편 각지에서의 상품생산 발달은 독자적인 지역시장의 발전을 가져왔다. 이로 인해 오사카가 가지고 있던 전국 중앙시장의 지위가 저하하기 시작하였다. 덴포기에 오사카로의 상품입하량은 가세이化政기보다 전반적으로 감소하였다. 18세기 후반기부터 19세기 초두까지 동안 에도 지역 경제권의 발전은 오사카의 경제적 지위를 저하시키는 커다란 요인 중의 하나였다.

에도 지역 경제권을 구성한 것은 첫째로 근교농업에 의한 채소, 잡곡 생산이었다. 네리마練馬의 무, 메구로目黑의 죽순 등은 비교적 일찍부터 상품화가 진행되었지만, 그 외측 지대에서 에도를 시장으로 한 잡곡 생산이 발달하는 것은 18세기 후반이다. 둘째로 북 간토의 면직물이다. 기류桐生에 교토 니시진의 고급기술이 도입된 것이 18세기 전반이고, 그로 인해 고급 면직물의 직조가 가능해져 급속히 생산력이 높아진 때는 18세기 후반이다. 그리하여 고즈케上州 면직물의 에도 진출도 현저해진다. 그것을 지지했던 것은 서부의 양잠, 중앙부의 제사, 동남부의 면직이라는 면업 3공정이 지역적 분업체제를 형성하고 있었다는 점이다. 셋째는 시모사下野, 하타치常陸, 무사시武藏 등에서 널리 행해지던 목면직이다. 이것은 농간農間 부업으로서 만든 생목면을 백목면업자晒屋가 백목면으로 가공한 것으로, 에도 시장에 대량 출하되었다. 이 밖에도 히키比企, 오부스마男衾, 지치부秩父의 종이, 노다野田, 쵸시銚子의 간장, 교토쿠行德의 소금, 가와쿠치川口의 주물, 사야마狹山의 차, 무사시武藏·사가미相模 산간부의 목재, 장작 등의 물품들이 에도에 입하되었다. 이상과 같은 에도 지역 경제권의 발전에 수반하여 물자수송을 위한 하천교통도 발달하게 된다.

지역시장의 할거·자립화 동향은 18세기 중엽부터 현저해지는 번 영국시장의 독자·독립화 움직임에서도 보인다. 17세기 후반부터 '쌀 가격 저하 제물가 고등米價安諸色高'으로 재정궁핍에 처한 각 번은 금·은 정화를 획득하기 위해 상품의 개발과 생산에 힘을 기울이기 시작하였다. 영주들은 이러한 상품을 오사카 상인의 손을 거치지 않고 각 지역에 유통시켰다. 이것은 영국 간의 상품유통을 가져와 오사카를 중심으로 하는 중앙시장의 지위를 상대적으로 저하시켜 갔다.

상품생산의 발전은 시장의 지역적 확산과 더불어 농촌과 도시의 대립을 가져온다. 즉 농촌 내 주조업의 형성, 가와치 농촌의 면직물업의 발전 등과 같은 소상품 생산의 발전은 오사카나 모든 재향정의 생산자가 서로 경쟁하는 국면이 형성되었음을 나타낸다. 기나이 농촌에서 채종 교유업이 발전하면서 한때 145간이나 되었던 오사카 교유업자가 1742년에 30간으로까지 감소하는 상황이 발생하기도 하였다. 또 18세기 중기부터 기나이와 그 주변지역 농촌에는 상품생산 농민과 가공업자만이 아니라 농촌상인이 광범위하게 성립하였다. 이들 농촌상인들은 오사카나 모든 재향정의 도시상인이 형성한 시장관계의 밖에서 독자적인 시장관계를 형성하고자 했고, 결국 그것을 실현해 나가기 시작하였다. 쌀시장을 예로 들면, 1756~57년에 후시미 쌀시장, 야마토和州 미연매매회소米延賣買會所, 1772년에 니시노미야西宮 정미상회소正米商會所, 니시노미야 장합상회소帳合商會所 등의 설립원이 제출되는데, 이는 농촌상인들이 오사카 도지마堂島 미시장과는 별도로 쌀시장을 설립하려 했기 때문이다.

이와 같은 농촌의 상품생산자·상인으로의 발전에 대항하여 도시의 생산자·상인은 주식형 동업조합株仲間을 결성하여 자신들의 특권을 유지하려고 하였다. 18세기 후기 막부는 직할도시의 상인을 기축으로 한 시장의 확보와 주식형 동업조합의 결성 허가에 의한 영업허가세 수입을 기대하고 수많은 주식형 동업조합을 인가하였다. 주식형 동업조합이 결성되면 농촌상인은 그것에 참가하지 않으면 경영을 허가받을 수 없었다. 이에 덴메이 연간에 오사카 시중에는 100종류가 넘는 주식형 동업조합이 성립하기에 이르렀다.

제3장 호레키實曆 · 덴메이天明기의 정치와 제 정책

제1절 다누마田沼 정권의 성립과 그 정책

다누마 오키쓰구田沼意次는 1734년 요시무네의 세자 이에시게家重의 고쇼小性에 임명되었고, 1745년 이에시게가 장군에 오르면서 니시노마루에서 혼마루로 이동하였다. 이어 1747년 고쇼반가시라小姓番頭격, 1748년 고쇼오반가시라, 1751년 고요모시쓰기御用申次에 임명되고, 1758년 마침내 다이묘의 반열에 올랐다. 그리고 그해 효죠쇼評定所 출임을 명받아 구죠잇키郡上一揆 처리에 관여하였다. 구죠잇키는 1754년 하치만八幡 번에서 연공증징에 반대하는 농민의 강소로 시작하여 1758년 말에 종결된 잇키사상 유명한 사건이다. 이 사건으로 하치만 번 번주 가나모리 요리카네金森頼綿가 개역에 처해지고, 사건 심리 과정에서 로쥬 이하 막부 관리들이 구죠郡上 하치만 번으로부터 뇌물을 받은 사실이 발각되어 다수의 관계자들이 처벌받았다.

이 같은 과정을 거치면서 다누마의 권력 기반이 형성되어 가기 시작하였다. 1760년 이에시게의 뒤를 이어 이에하루家治가 장군에 올랐다. 이 과정에서도 다누마는 1767년 측용인側用人에 오르고, 1769년 로쥬에 준하는 대우를 받고 1772년에 마침내 로쥬에 올랐다. 이로써 다누마의 권력기반은 확고부동해졌다. 다누마는 막각 포스트인 로쥬이면서도 장군의 짓콘昵近을 겸하였고, 1783년 에는 다누마의 아들 오키토모意知가 와카도시요리에 임명되었다. 이로써 막정의 내외를 모두 다누마가 장악하기에 이른다. 그러나 다누마 정권은 1783년 아사마야마淺間山 분화와 덴메이 대기근, 1784년 오키토모가 사노 마사코토佐野政言에게 살해되면서 약화된다. 그리고 마침내 1786년 병을 이유로 로쥬 직을 면직당하고, 같은 해 영지 2만 석이 몰수된다. 1787년 이에나리齊가 장군에 오르면서 다누마는 다시 영지 32,000석을 몰수당하고 칩거근신에 처해졌다. 다만 다누마가의 가독은 그의 손자 류스케龍助에게 물려져 무쓰陸奧에 1만 석의 지행을 받아 다이묘 가의 명맥은 유지된다.

다누마 오키쓰구가 요시무네의 아시가루^{足輕}에서 출발하여 권력의 정점에 이르는 과정은 전형적인 측용인 정치의 모습이다. 그러나 장군이 바뀌어도 그의 권력기반이 붕괴되지 않았던 것은 그가 정치에 커다란 영향을 미치는 오오쿠^{大奧}와 밀접한 관계를 유지하면서, 막정 최고위인 로쥬 직을 점하고 막각 요직에 자신의 인물을 배치하였기 때문이다. 게다가 자녀 및 형제들을 문벌층과 결혼시키거나 양자로 보내 문벌층의 지지를 확보하려는 노력이 있었기 때문이다.

다누마 정권기에 주목되는 것으로 우선 통화정책을 들 수 있다. 겐로쿠기 이래 막부는 수차에 걸쳐 화폐를 발행하였는, 이 화폐 개주는 모두 화폐의 품위를 개변하여 통화량을 증감시키는 것이었다. 즉 금·은·전의 통화체계를 근간에 둔 통화정책이었다. 그런데 막부는 위의 통화정책과는 근본적으로 성격을 달리하는 5몬메 은(1756), 난료니쥬긴^{南鐐二朱銀}(1772)을 발행한다. 각각 독립적이던 금과 은의 통화를 일원화하려는 의도에 의한 것이었다. 5몬메 은은 겐분 은^{元文銀}과 동일한 460/1000의 품위를 유지하고, 5몬메 12매(은 60몬메)를 금 1량으로 계상하여 사용하도록 하였다. 그러나 이제까지 금과 은은 각각 독립된 화폐로, 오사카는 은, 에도는 금을 중심으로 하는 경제체제를 운영하여 왔기 때문에 사용에 익숙지 않았다. 또한 위의 금·은 계상에 의한 5몬메 은의 사용은 환전상의 사활과 관계되는 것이었다. 따라서 환전상들은 막부의 명령에도 불구하고 5몬메 은에도 가격을 매겨 거래하였다. 이 때문에 5몬메 은은 널리 통용되지 못하고 만다.

위의 실패에도 불구하고 다누마 정권은 1772년 정량계수은화^{定量計數銀貨}인 난료니쥬긴을 발행한다. 위 5몬메 은의 품위를 향상하여 978/1000로 하고, 난료니쥬긴 8매를 금 1량으로 계상하여 사용하도록 하였다. 주조량은 1788년 까지 5,933,000량에 이르렀다고 한다. 1788년 마쓰다이라 사다노부는 난료니쥬긴의 주조를 금지하나, 그 사용은 막부에 의해 보증되었다. 이는 이 시기 금·은의 두 화폐체계를 일원화할 필요가 있었음을 보여준다.

한편 경제발전의 결과 일반 서민이 주로 사용하는 전이 겐로쿠기 이후 부족해지는 현상이 발생하였다. 전은 4간몬^{貫文}에 금 1량의 공정가격이 정해져 있기는 했으나, 전의 부족으로 그 가격이 올랐다. 막부는 전의 가격을 내리기 위해 1765년 각지에서 전을 발행하였고, 그 결과 1768년 금 1냥에 전 5간貫 500몬文으로 전의 가격이 폭락하였다. 이것은 서민생활에 커다란 타격을 가해 원성을 사는 한 요인이 되었다. 이후 전의 주조를 금지하여 전의 가격 안정에 노력했으나 실패한다.

다누마 정권 하의 세제정책도 이전과는 다른 양상을 보여준다. 막부의 재정확충을 위한 정책은 기본적으로 연공의 수취를 강화하는 일종의 직접세 증징책이었다. 그러나 다누마 정권기에 추진된 재정정책은 상업이윤에 세금을 부과하는 식으로 간접세의 징수를 강화하였다. 이는 주식형 동업조합株仲間에 영업세冥加金를 징수하는 형태로 나타난다. 겐로쿠기로부터 교호기에 걸쳐 미가 하락에도 불구하고 물가가 오르는 현상을 타개하기 위해 막부는 각 업종별로 동업조합을 결성하게 하였다. 그 결과 교호 개혁 후반기에는 동업조합을 결성하는 업종이 늘어나고, 그 중에는 동업자 수를 주식株으로 고정하는 주식형 동업조합이 결성되어 간다. 이렇듯 동업조합은 막부의 물가정책의 필요에 따라 결성된 것이기 때문에 막부로서는 이들의 이익을 어느 정도 보장해 주어야 하였다. 다누마 오키쓰구는 그것에 간접세인 묘가킨冥加金을 부과한 것이다. 덴메이기 동안 막부는 주식형 동업조합을 오사카에서만 130건을 인가하였다. 이 정책은 연공에 의해 흡수할 수 없었던 농민잉여분을 유통부분에서 흡수하기 위한 것이기도 하지만, 권력의 보증 하에 상품유통을 독점하여 경쟁으로 저하하고 있던 상업이윤을 지키려 한 상인들의 움직임에 편승한 것이기도 하였다.

한편 이 시기에는 러시아인들이 치시마千島 열도를 따라 남하하고 있었다. 1778년 6월 30여 명의 러시아인이 히다야히사헤에베飛彈屋久兵衛의 청부어장 기리탓푸霧多布에, 1789년에는 앗케시厚岸 어장에 와서 마쓰마에 번을 대상으로 통상을 요구하였으나 거절 당했다. 이러한 때에 센다이 번의 의사 구도 헤이스케工藤平助가 『아카에조 후세쓰코赤蝦夷風説考』를 저술하여 북방 문제의 중요성을 강조하였는데, 이를 읽은 막부의 간죠부교 마쓰모토 히데모치松本秀持가 오키쓰구에게 에조치 조사를 청원하였다. 이에 제1차 에조치 조사대가 1785년 2월 마쓰마에로 출발, 마쓰마에에서 동편과 서편으로 나누어져 조사를 행하였다. 이하라 요로쿠庵原彌六, 사토 겐로쿠로佐藤玄六郎 등을 중심으로 한 동편 조사대는 현재의 구나시리國後에 상륙, 에토로후擇捉 등의 섬들을 관찰하였고, 야마구치 데쓰고로山口鐵五郎, 아오야마 슌조靑島俊藏 등을 중심으로 한 서편 조사대는 현재의 사할린에 상륙하여 가능한 한 북쪽까지 탐험하였다.

이들은 10월 에도에 돌아와 보고서를 제출하고 동시에 에조치 조사와 개발 허가를 청원하여 1786년 2월 막부로부터 허가를 받았다. 막부가 에조치를 개발하려 한 것은 아이누인을 농경화시켜 연공을 취하기 위해서였다. 당시 막부는 에조치 면적을 166만 4천 정보로 보고, 그것의 1/10을 경작케 한다면 5,832,000석의 생산이 가능하다고 계산하였다. 따라서 아이누인에게 일본의 농구와 종자 등을 전해주고, 단자에몬彈左衛門 지배 하의 히닌非人을 이주 · 정착시킨다는 계획을 추진하였다. 단자에몬은 간토를 중심으로 하는 12개 지역의 히닌을 지배하고 있었으며, 전국적으로는 약 263,000여 명의 히닌이 있었다고 한다. 에조치 조사는 1786년 8월 오키쓰구의 실각으로 사실상 중단되었다.

제2절 마쓰다이라 사다노부松平定信 정권의 성립과 간세이寬政 개혁

1. 마쓰다이라 사다노부 정권

1787년 6월 시라카와白河 번주 마쓰다이라 사다노부가 30세의 젊은 나이로 로쥬 수좌에 임명되었다. 사다노부는 요시무네의 차남인 다야스 무네타케田安宗武의 7남으로 1774년 시라카와 마쓰다이라 가에 양자로 보내져 1783년 번주로 임명되었다. 그는 1783년 흉작으로 인한 대기근 때 에도 · 오사카 등의 영외에서 비상식량을 긴급 운송하여 기근과 농촌의 황폐를 최소화하는 데 성공하였다. 이로 말미암아 많은 다이묘들이 그를 찾아 모여들었다. 사다노부는 오키쓰구를 불신하였기 때문에, 사다노부를 중심으로 1783년 이후 반反 오키쓰구 세력이 결집되어 갔다. 오키쓰구 실각 후 1786년 고산케와 히토쓰바시 가一橋家가 사다노부를 로쥬로 추천한 것은 위와 같은 사다노부의 정치능력과 그의 화려한 출신을 고려함과 동시에 오키쓰구 시기에 냉대받던 문벌세력을 사다노부를 통해 결집하려는 의도에서였다.

그러나 로쥬를 정점으로 한 막각은 여전히 오키쓰구 파로 구성되어 있어서 고산케의 추천에도 불구하고 이에시게의 의견이라는 명분으로 사다노부를 거부하였다. 즉 오키쓰구 파와 문벌파가 대립하고 있었던 것이다. 이 두 세력 사이의 대립은 1787년 5월까지 지속된다. 대립의 균형을 깬 것은 그해 5월부터 전국 각지의 도시에서 동시에 발생한 민중봉기였다. 수년간 계속된 흉년으로 미가가 폭등한 가운데 맞이한 춘궁기에 전국 각지의 도시빈민들이 들고 일어난 것이다. 그 결과 도시의 미곡상과 부상富商이 도시빈민의 공격으로 파괴되었다. 특히 에도의 파괴행위는 5월 20일부터 24일까지 밤낮을 가리지 않고 에도 전역에서 전개되었다. 그 중에서도 오키쓰구와 유착되어 있던 상점은 여지없이 파괴대상이 되었다. 즉 이 시기 도시빈민의 파괴행위에는 정치적 비판이 내포되어 있었다고 볼 수 있다. 이로 말미암아 오키쓰구 파의 막각 최고 관료들이 파면을 당하고 사다노부가 로쥬에 임명되었다.

사다노부는 로쥬에 임명된 직후 하타모토와 관리들에게 요시무네의 교호 정치에 준거한다는 시정방침을 전달하였다. 이는 오키쓰구 정치에 대한 비판을 통해 정치쇄신을 강조하여 도시하층민을 안정시키려는 의도를 포함하고 있었다고 보인다. 사다노부는 우선 1788년 2월까지 다이로인 이이 나오유키井伊直幸와 로쥬 아베 마사토모阿部正倫를 퇴임시키고, 혼다 다다카즈本多忠籌를 와카도시요리에, 가노 히사노리加納久周를 고소바고요토리쓰기御側御用取次에, 마쓰다이라 노리사다松平乘完를 교토쇼시다이京都所司代에, 마키노 다다키요牧野忠精를 사사부교에, 마쓰다이라 노부아키라松平信明를 측용인에 임명하였다.

그러나 이때까지도 오키쓰구 파 로쥬들에 대해서는 인사조치를 취하지 못하고 있었다. 이들에 대한 조치는 1788년 3월 사다노부가 장군 보좌역을 명받고서야 비로소 가능해진다. 즉 1788년 3월 미즈노 다다토모水野忠友, 4월 마쓰다이라 야스요시松平康福 등 오키쓰구기에 임명된 로쥬가 해임된다. 그리고 이들 대신에 사다노부의 다이묘 시절에 반 오키쓰구 노선에 섰던 다이묘들을 막각 포스트에 임명하였다. 이렇게 하여 개혁정치의 정치기반이 마침내 형성되었다.

사다노부 정권기의 막정 운영은 합의제 형식을 취하였다. 그러나 막정의 중심은 사다노부와 혼다 다다카즈가 주로 정책을 입안하고, 마쓰다이라 노부아키라가 그 정책을 충실히 시행하고 있다. 그리고 사다노부 정권기에 고산케와 히토쓰바시 하루사다―橋治齊가 정치에 깊이 관여되어 있다는 점이 주목된다. 이는 사다노부 정권의 창출 과정과도 관련되는데, 사다노부가 끊임없이 고산케와 히토쓰바시 가와 상담하여 개혁정치를 추진하고, 이에하루가 고산케에 어린 이에나리를 도우라고 유언하였기 때문이다. 그리고 하루사다는 이에나리의 실부였다. 이러한 사정을 고려한다 해도 사다노부기에 보이는 고산케와 히토쓰바시 가의 막정 관여는 이례에 속한다 하겠다. 사다노부가 고산케와 히토쓰바시 가의 정치관여를 적극적으로 인정한 것은, 실추하고 있는 공의의 권위 회복을 도모함과 동시에 자신의 정권을 안정화·권위화하려는 의도를 나타낸 것으로 보인다.

2. 간세이 개혁

1) 농촌 및 농정정책

간세이 개혁 직전 막부는 심각한 재정위기에 직면해 있었다. 막부의 예비금이 1770년에 금 300만 량이던 것이 1778년에는 81만 량에 불과했던 것이다. 하타모토와 번들의 재정 역시 마찬가지였다. 이러한 재정악화에 직면하여 사다노부는 우선 철저한 검약정책을 실시하였다. 자신이 검약의 모범을 보이고 관청役所의 제 비용을 삭감한 것은 물론이려니와, 다이묘·하타모토·상인·농민에게도 반복하여 검약령을 내렸다. 특히 막부는 상인과 농민에게 소비억제와 쌀생산을 장려하고, 도시인구의 감소와 농촌인구의 증가를 도모하였다. 이는 농촌재건을 통해 연공을 증징하기 위해서였다. 즉 본백성 경영의 재건을 통해 영주재정의 안정화를 꾀했던 것이다.

위와 같은 정책을 실시하기 위해서는 우선 농민의 생활을 안정시켜야 하였다. 기근으로부터 농민을 보호해야만 하였던 것이다. 그리하여 막부는 다이묘, 하타모토, 그리고 촌에까지 기근에 대비한 곡물저장을 장려하였다. 영주에게도 촌 순방 등으로 인해 촌 비용이 증대하지 않도록 주의하라고 명하였다. 또한 농민부담을 경감하기 위해 에도·오사카·교토의 오사메야도納宿를 폐지하였다. 이제까지 촌이 연공을 납입할 경우, 연공미의 입고를 오사메야도에게 맡겨 처리하였다. 당연히 촌은 오사메야도에 그 수수료를 지불해야 했는데 이때 여러 가지 구실을 붙여 수수료를 올리거나 이를 둘러싼 부정이 끊이지 않았다. 이 때문에 농민부담이 가중되어 막부는 오사메야도를 폐지하고 촌이 연공미를 직접 영주의 창고에 입고하도록 한 것이다.

한편 농촌의 동향에 대처하기 위해 이전에 조직된 소다이惣代를 적극 활용하였다. 10~20개 촌을 묶어 하나의 단위로 설정된 소다이는 행정상의 편의는 있었으나, 소다이 관리들이 장년에 걸쳐 근무하면서 부정을 저지르는 일이 종종 있어서 농민과 분쟁을 빚는 경우가 많았다. 이에 사다노부는 소다이 관리의 임기를 1~2년으로 하고, 신임자는 막부의 허가를 받도록 하였다. 또한 그들에 대한 다이칸의 통제를 강화하였는데, 특히 1788년부터 1789년에 걸쳐 막부는 데와出羽 다이칸 아오키 구스고로青木楠五郎, 미노 군다이郡代 치구사 데쓰쥬로千種鐵十郎, 히다飛驒 군다이 오하라 가메고로大原龜五郎 등등 8인을 처벌하였다. 공금의 부정대출, 수하 데다이의 부정방임 등이 그 이유였다. 막부는 이 시기 부정 적발을 통해 약 1/3에 해당하는 다이칸을 해임하고 새로운 다이칸을 임명하였다.

당시 이러한 지방 농정 관계 관료의 처벌 및 교체뿐 아니라 다이칸 밑에서 일하던 다수의 데다이에 대한 처벌도 이루어졌다. 데다이는 농정사무에 숙달한 농민들 가운데서 채용된 자들로 농촌 현실을 잘 알고 있었기 때문에 다이칸들이 농정의 대부분을 이들에게 맡기고 있었다. 그러다 보니 이들의 독단과 부정이 발생했던 것이다. 막부는 이 상황에 대처하기 위해 1791년 다이칸테쓰케代官手付 제를 실시한다. 다이칸테쓰케에는 하급 고케닌을 선발 임용하였는데 하급 고케닌 대책으로도 유용한 방법이었다 하겠다. 막부는 이 제도를 통해 부정한 데다이를 축출하고 막부의 명령을 다이칸쇼 하부에까지 관철시키고자 하였다. 그리고 막부는 다이칸에게도 직접 농정을 관장하라고 명하였다. 1791년 이후 막부는 다이칸에게 연공 징수에 관한 구체적 지시를 자주 내렸다. 예컨대 밭에 2모작 3모작을 하고 있으니 수전이 흉작이라 해도 연공을 쉽게 감면하지 말 것, 황폐지의 복구 상황을 면밀히 조사하여 그에 대한 연공률을 상향 조정할 것, 가능한 한 연공수취를 정면법으로 조정할 것 등을 명하였다.

이상은 농민생활을 안정시키기 위한 간접적인 정책이었다. 한편 본백성 경영을 위한 구체적인 정책으로 1) 부식대·농구대·종인대의 은대령恩貸令과 그것에 대한 반제연부유예령返濟年賦猶豫令(1789년), 2) 타 지역 돈벌이 출타 제한령他國出稼制限令(1788년), 3) 구리귀농장려령舊里歸農獎勵令(1790년) 등을 실시 하였다. 1)은 막부가 농민에게 식량과 농구 및 종자를 대여하고, 그 변제를 몇 년 간 유예하여 농민의 재생산 기반을 재건하기 위한 정책이었다. 그리고 2), 3)은 농업의 재생산 구조를 정착시키기 위해 농촌 내에 노동력을 확보하려 는 정책이었다. 특히 3)은 농촌에서 도시로 이입되어 도시하층민으로 전락한 채 살아가고 있던 사람들을 귀향시키고자 한 것으로 도시정책과도 관련되어 있었다. 농촌 재건을 위해서는 농촌에 정착하려는 사람들에게 일정한 정착금 으로 쓸 자금과 경작할 토지를 부여할 필요가 있었다. 이에 막부는 황폐지 개발과 아동 양육을 명목으로 한 공금의 대부를 실시하였다. 그러나 이는 직접 농민을 대상으로 한 것은 아니었다. 막부는 다이칸을 통해 부유농민에게 연 1할의 이자로 대부하고, 그 수익으로 황폐지 개발=경작지 확대와 아동 육아=인구증가 정책을 실시했던 것이다. 금액은 1800년 15만 량에 이르렀다. 여러 번에서도 막부에게 자금을 대부받아(9년 거치 10년 상환), 그것을 농촌지 역의 부유농민에게 연 1할로 대부, 그 이자를 농촌재건에 사용하였다.

2) 도시정책

사다노부 정권이 성립하기 바로 직전에 에도에서 일어난 파괴행위는 막부 당국자의 뇌리에 항상 남아 있었다. 따라서 도시정책의 기조는 도시하층민을 안정시켜 이들에 의한 파괴행위를 미연에 방지하는 대책으로 일관한다. 특히 에도 하층민 정책은 공의의 권위와 관계되기 때문에 대단히 중요하게 여기고 있었다. 한편 이 시기 행해지는 도시정책은 농촌정책과 상호 연계되어 있다는 특징을 가지고 있었다. 그 구체적인 정책으로 1790년의 이시카와시마石川島 닌소쿠요세바人足寄場 설치와 구리귀농령, 그리고 쵸카타가카리町方掛의 설치와 쵸 공동체를 유지하기 위한 쇼야(나누시)·기모이리肝煎 47인의 임명, 1791년의 칠분적금령七分積金令 등을 들 수 있다.

당시 무숙자는 전국적으로 140만여에 이르렀다고 하는데, 주로 농촌에서 도시로 유입되어 커다란 사회문제를 야기하고 있었다. 이에 하세가와 노부타메長谷川宣以가 이들을 강제 수용할 시설의 설치를 건의하였다. 그 건의에 따라 막부는 닌소쿠요세바를 설치하였다. 무숙자들은 도시 파괴행위 등 소요가 발생할 경우 가장 위험한 존재였기 때문에, 비상시의 치안을 위해 이들을 격리시킬 필요가 있었던 것이다. 무숙인은 닌소쿠요세바에 수용되면 강제노동을 하고 임금을 받았으며, 임금은 이들이 출소할 때 지불되었다. 이러한 면에서 보면, 이 정책은 이들에게 기술을 가르쳐 사회에 복귀시키려는 의도를 포함하고 있었다고 할 수 있다. 또한 이시카와시마에 수용되어 있던 사람 일부를 1790년 히타치노쿠니常陸國 쓰쿠바코리築波郡 가미고무라上鄕村의 다이칸쇼에 보내 황폐지 개간에 투입하고, 그곳에 정착시켰다. 이러한 점을 감안하면 닌소쿠요세바는 도시정책인 동시에 농촌정책이기도 하였다. 닌소쿠요세바의 운영비용은 1790년 쌀 500표, 금 500량, 1791년 이후는 쌀 300표, 금 300량이었다. 수용인원은 1790년에 390인, 이후는 대개 200명 전후였다.

구리귀농령은 간세이 개혁 기간 중 3회 발령된다. 제1회는 1790년 11월에 발령되었다. 그 내용은 1) 막부령, 하타모토령, 사사령에서 1789년 이후 에도에 온 자 중에서 귀농을 희망하는 자에게 막부가 여비, 부식대, 농구대 등을 지불한다, 2) 사정에 의해 고향 이외의 농촌에 정착하려 하는 사람에게도 마찬가지로 막부가 여비, 부식대, 농구대 등을 지불한다, 3) 다이묘령에서 에도에 온 자도 귀농의 의지가 있다면 막부가 고향에 돌려보내 준다는 것이다. 기간은 1792년까지로 하였다. 이것들도 농업인구=본백성의 확보 및 경영재건과 비상시의 치안, 그리고 도시하층민에 대한 정책임은 말할 나위도 없다 하겠다. 그러나 귀농 희망자가 적어 막부는 1791년, 1793년에 반복하여 구리귀

농령을 내렸다. 막부의 반복된 귀농 장려가 실효성을 거두지 못했음을 알
수 있다.

칠분적금령은 1791년에 내려졌다. 그 내용은 에도의 지주층이 부담하는
쵸 비용을 절약하여 그 7할에 해당하는 돈으로 기근이나 재해 등을 대비한
비상식량을 확보하고 곤궁자에게 지급할 수당준비금을 조성하는 것이었다.
이것으로 확보된 자금이 연간 금 2만 량 정도였고, 막부도 2만 량을 출자하였다.
이렇게 조성된 자금을 일부는 비상식량을 구입하는 데 쓰고, 일부는 준비금으
로 남겨두었는데 이 준비금으로 저리융자를 행하였다. 즉 부동산을 담보로
상인에게 대출하거나 다이묘에게 대출하였고, 때로는 막부가 유용하기도
하였다. 에도의 미가 조절에도 사용하였다. 이리하여 야나기하라柳原에 비상
식량창고가 건설되고, 쌀 구입과 자금 관리를 위해 쵸 회소町會所가 설립되었다.
이것을 관리할 관리는 간죠쇼와 마치부교쇼에서 파견하였다. 쵸닌 측에서도
5인의 나누시·기모이리를 차출하여 이 업무를 보좌케 하였다. 이 제도는
오사카와 교토에서도 시행되었다.

3) 시장 및 유통 정책

다누마 오키쓰구 정권은 상업자본과 결탁하여 경제정책을 추진하였으나,
정경유착 경향 때문에 뇌물정치라는 비판을 받았다. 이는 정치 주체성을
확보하지 못해서 오는 현상의 하나였다. 다누마와 교대한 사다노부는 오키쓰
구 정권기에 상업자본으로 하여금 미곡과 화폐의 가격을 조작할 실권을
갖게 하여 폐해가 나타났다고 인식하고, 가격조절의 실권을 막부가 장악해야
한다고 생각하였다. 그런데 막부가 주체적으로 물가를 조절하려면 막대한
자금이 필요한데 당시의 막부 재정은 언급한 바와 같이 열악하였다. 사다노부
의 생각을 관철하려면 결국 상인을 통제해야 하는데, 이를 위한 자금 확보에는
상인들의 힘을 빌릴 수밖에 없는 시대적 모순상황이 존재하였다.

어쨌든 사다노부는 위의 정책목표를 완수하기 위해 대상인의 도움을 받으면
서 시장 및 유통 정책을 실시하였다. 우선 그는 1788년 7명의 간죠쇼고요타시勘
定所御用達를 임명한다三谷三九郎을 필두로 鹿島清兵衛(鹿島屋), 仙波太郎兵衛, 堤称三郎(伊勢屋), 松澤孫八

(大坂屋), 中井新右衛門(播磨屋), 田村十右衛門(豊島屋)]. 1789년 3명을 추가로 간죠쇼고요타시에 임명한다[川村傳左衛門(川村屋), 森川五郎右衛門(伏見屋), 竹原文右衛門]. 이들은 대부분 환전상으로서 에도의 거대 금융업자들이었다. 이로써 막부는 물가조절을 위한 자금원을 확보하였다.

이제 막부는 미가 조절에 나서게 된다. 1788년 2월 막부는 저락하는 미가를 상승시키기 위해 고요타시에게 쌀 2천~3천 석을 사들일 것을 명하였다. 1791년 8월에는 간토 지역의 풍우와 홍수로 인해 미가가 상승하자 값을 떨어뜨리기 위해 고요타시들에게 쌀의 매입을 명하였다. 이에 고요오타시들은 약 3만 량을 투입하여 여러 지역에서 쌀을 매입하였다. 이들은 다이묘들에게 거액의 대부를 하고 있었기 때문에 번들에서 생산되는 연공미를 확보할 수 있다는 이점을 가지고 있었다. 이렇게 사들인 쌀은 미가가 뛰어올랐을 때 막부 명령에 따라 팔았고, 이것으로 고요타시들은 상당한 이익을 확보하였다. 막부도 적정선에서 미가를 통제하여 도시하층민의 생계를 안정시킬 수 있었다. 막부는 상인자본을 이용해 물가를 조절함과 동시에 도시문제를 해결한다는 일석이조의 효율적인 정책을 수행한 것이다. 그러나 다누마 정권과는 성격을 조금 달리하기는 하지만, 이는 또 하나의 정경유착 구조를 창출하고 있었다. 말하자면 이는 고요타시들과 막부가 공생관계에 있었음을 의미한다.

고요타시들은 1789년 공금 32,000량을 연리 6%에 맡았고 막부는 이것으로 연 2,000냥 정도의 이익을 얻었다. 고요타시들은 6% 이상의 이자로 금융사업을 한 것은 말할 나위도 없다. 금융 관련 조치로는 1789년 9월에 내린 찰차기연령札差棄捐令을 들 수 있다. 하타모토와 고케닌이 봉록미를 담보로 금융업자에게 빌린 돈札差金融이 5년 이상 지났을 경우 변제를 면제한다는 내용이다. 이로써 찰차札差 금융업자는 대타격을 받게 되는데 그 규모가 약 120만 량에 이르렀다.

막부는 이들 금융업자들의 손해를 보전하고 동시에 금융의 원활화를 꾀하기 위해 사루야쵸 회소猿屋町會所를 설립한다. 이 회소는 막부에서 출자한 2만 량을 자본금으로 하고, 그 중 1만 량은 손해를 입은 찰차 금융업자에게 10년 거치 20년 변제로 융자하였다. 나머지 1만 량은 고요타시에게 맡겨 수시로 찰차 금융업자에게 대부하도록 하였다. 고요타시들에게는 부족한 자금 약

4만 량差加金을 출자하도록 명하였다. 사루야쵸 회소의 설립으로 무사의 금융 루트는 찰차–무사에서 회소–찰차–무사로 변경되고, 종래 연 18%의 이자는 연 12%로 낮아진다. 이 정책이 하타모토와 고케닌의 경제적 궁핍을 구제하기 위한 정책임은 두말할 나위도 없다.

화폐정책은 다누마 정권의 정책을 계승하는 측면이 강하다. 그러나 덴메이 말년경에는 정은에 비해 난료니쥬긴南鐐二朱銀의 통화량이 증가하여 금 가격이 하락하였다. 이에 막부는 금·은가의 균형을 맞추기 위해 난료니쥬긴의 주조를 정지함과 동시에 이를 회수·저장하여 통화를 억제하고, 막부가 저장하고 있던 정은을 방출하여 통화량을 늘렸다. 그러나 난료니쥬긴의 통화 유통을 정지시키지는 않았다. 오히려 대도시에 집중된 난료니쥬긴 통화를 전국으로 확산시키고자 노력하고 있다. 즉 1791·92년 서국·중국 지역의 다이칸을 통해 이 지역 호농층에게 난료니쥬긴 2만 량을 대부하게 하고 있다. 이 대부의 이자율은 연 1할로, 이자 이익의 70%는 막부에, 30%는 다이칸쇼의 비용에 충당하도록 하였다. 앞서 서술한 황폐지의 개발 및 아동양육비 약 3만 량도 난료니쥬긴이었다. 위와 같은 정책의 시행 결과 1793년 이후로는 금 1량=은 60몬메로 안정된다. 이후 금·은가의 균형을 유지하는 정도에서 난료니쥬긴을 주조하기도 하고 정지하기도 한다.

4) 출판 및 사상 통제

당시 정치를 풍자하는 소위 황표지黃表紙(기표시)나 호색적인 주락본酒落本(샤레혼)이 크게 유행하고 있었다. 이에 막부는 1790년 출판통제령을 내린다. 그 내용은 ① 새로운 형식의 서적 출판 금지, ② 옛날을 빌려 정치를 풍자하는 황표지의 출판 금지, ③ 정치비판이나 내정폭로의 소문을 사본으로 만들어 빌려주는 행위 금지, ④ 작자불명의 서적 매매 금지 등이다. 즉 정치적 비판을 담은 서적의 출판과 판매를 금지한 것이다. 황표지나 주락본의 저자들은 주로 하급무사나 쵸닌들로, 이들은 주군에게 주의를 받아 절필하거나 처벌되었다. 출판사도 재산을 일부 몰수당하기도 하였다.

한편 주자학의 진흥을 도모하고 있던 막부는 우선 하야시 가의 문인이

타 학파의 학설을 받아들이는 것을 금지하였다(1790년). 이는 하야시 가만을 대상으로 한 법령이지만, 막부에 의한 주자학 진흥이 공식화되고, 학계와 사상계에 큰 영향을 주었기 때문에 보통 간세이 이학의 금寬政異學の禁으로 불린다. 위의 법령과 더불어 막부는 시험을 실시하여 우수자를 포상하고, 성적우수자를 관리에 우선 임용하였다. 또한 막부의 교학으로서 정학을 배우고 가르치는 장소에 합당하도록 쇼헤이코昌平黌(昌平坂學問所)를 증·개축하고, 이곳에 시비노 리쓰산柴野栗山, 오카다 간센岡田寒泉, 비토 지슈尾藤二洲 등 우수한 주자학자들을 초치하였다.

5) 대외정책

이 시기의 무역정책은 축소지향적이었다. 1790년 종래의 중국무역선 12척, 네덜란드 무역선 2척이던 것을 중국선 10척, 네덜란드선 1척으로 축소시켰다. 네덜란드선에 의한 동 수출도 100만 근에서 60만 근으로 하향 조정하였다. 수입에서도 사치품 수입은 가능한 한 억제시켰다(쇼토쿠신레이正德新例).

조선과의 외교도 축소하였다. 우선 사다노부는 이에나리 장군의 교체에 수반하는 조선통신사의 초빙을 연기하고, 통신사에 대한 접대도 쓰시마에서 장군 대리인名代이 하도록 결정하였다(역지빙례易地聘禮). 그리고 네덜란드 상관장의 에도 참부도 5년 1회로 하였다. 이렇게 외교의례를 간소화시킨 것은 경비 절감을 위해서였다. 장군교체 25년이 지난 1811년에 초빙된 조선통신사는 쓰시마에서 접대하여 그 경비를 보통의 약 1/4인 25만 량여로 줄였다. 이 통신사가 에도 시대의 실질상의 마지막 통신사였다.

한편, 이 시기 중요한 외교문제로 부상한 것은 에조치·러시아 문제다. 이 시기에는 외국선이 일본해역에 자주 출몰하였다. 특히 러시아는 캄차카 반도를 따라 남하하여 마쓰마에 번에 교역을 요구하고 있었다. 이러한 정세에 대해 하야시 시헤이林子平는『삼국통람도설三國通覽圖說』,『해국병담海國兵談』을 저술하여 러시아 남하에 수반하는 침략의 위험성을 경계하였다. 막부는 그를 출판물 통제령에 근거하여 칩거시켰다. 당시에는 에조치 방비방법을 둘러싸고 의견이 분열되어 있었다. 사다노부는 에조치를 불모상태로 유지하여 러시아가 영토적 야심을 일으키지 않게 하고, 에조치를 일본과 러시아의 완충지대로 두는 방법을 제시하였다. 이에 대해 혼다 다다카즈는 마쓰마에 번을 타지역에 전봉하여 에조치를 막부직할지로 만들고, 에조치를 개발하여 미곡을 생산함과 동시에 러시아에 대한 방위체제를 구축하자는 의견을 제시하였다. 결국 사다노부의 의견이 채택되어, 사다노부가 에조치 담당관=에조치가카리蝦夷地掛를 겸하게 된다.

바로 이 시기 1792년 9월, 러시아 사절 락스만Adam Kirilovich Laksman이 네무로根室에 내항하여 막부에 통상을 요구하였다. 이에 대해 막부는 1793년 6월 메쓰케 이시카와 다다후사石川忠房·무라카미 요시노리村上義禮를 파견하여 마쓰마에에서 응접하고, 에도 회항은 거부하고 나가사키 입항을 허가하는 조치를 취하였다. 그러나 락스만은 마쓰마에에서 바로 귀국하였다. 이 사건이 발생한 후 막부는 번에 3차에 걸쳐 해방령海防令을 내리고, 마쓰마에 번에 에조치 방비를 철저히 할 것을 명하였다. 그리고 러시아가 에도로 직접 항해해 올 것에 대비해 에도만 방비를 강화하였다. 또 비상시 마쓰마에 번을 지원하기 위해 무쓰의 북쪽 해안 요지에 홋코쿠군다이北國郡代를 설치할 계획을 세웠다. 이 계획은 1793년 7월 사다노부가 로쥬에서 해임되는 바람에 실행되지 못했다.

사다노부기의 대對러시아 정책에 대내적 정책들과의 연관성·적극성은 발견되지 않는다. 이것은 다누마 정권기의 북방정책이 후퇴하여 소극적인 본토방위로 전환한 것을 의미한다. 또한 하야시 시헤이에 대한 처벌이 상징하듯이, 막부는 대외정보를 독점하여 대외위기가 국내의 잇키나 파괴행위 등과 결합하여 반체제운동으로 전환하는 것을 극력 피하고자 하였다. 그러나 이미 내우외환內憂外患의 위기는 이 시기부터 시작되고 있었다.

6) 조정정책

1788년 로쥬 마쓰다이라 사다노부는 장군이 천황에게서 국정을 위임받았다고 표명하였다. 그는 장군 도쿠가와 이에나리에게 올린 15개조의 마음가짐心得에서 일본의 국토와 인민은 장군이 천황으로부터 맡은 물건이며 장군의 직분은 자신에게 맡겨진 천하를 통치하는 것이라고 하였다. 이에야스부터 이에미쓰까지는 후시미 성에서 천황의 장군 임명 교지를 받았으나, 이에쓰나 이후부터는 에도 성으로 바뀌었다. 막부 초기에는 천황이 있는 교토로 가서 장군 임명을 받았으나, 4대 장군 이후로는 천황이 장군을 임명한다는 형식은 견지하였으나 교지는 장군의 성에서 전달되었다. 그런데 사다노부가 대정위임론을 언급한 것은 장군의 위광이 약화되어 형식과 실상의 괴리에 관한 지적을 막을 수 없게 되었음을 의미한다. 뿐만 아니라 결과적으로 이는 천황 위치가 상대적으로 부상되었음을 명시하여 조정과 막부의 관계가 변화하는 계기가 되었다.

사다노부가 대정위임론을 제시한 시기는 다누마 정치가 정체 상태에 빠지고 덴메이 기근이 한창이어서 전국적으로 폭동이 빈발하던 때였다. 이 시기 막부의 위광 약화와 반비례하여 천황의 권위가 부상하기 시작하였다. 그 배경에는 교토에서 높아진 천황에 대한 신앙이 있다.

천황의 주거지인 긴리고쇼禁裏御所는 일반 민중도 들어갈 수가 있었다. 세쓰분節分에는 아마테라스오미카미의 영적 매개체인 거울神鏡을 제사지내는 나이시도코로内侍所를 참배할 수 있어서 많은 사람들이 새전賽錢을 한두 푼씩 올리고 콩을 받았다. 1770년 고모모조노後桃園 천황 즉위식에서 시신덴紫宸殿을 참관한 농민들은 시신덴을 참배대상으로 여기고 태자太子 신앙과 동일시하였다. 장군의 위엄이 약화되는 가운데, 일반 민중들은 천황을 신앙의 대상으로 삼았고 천황이 풍요로운 나라를 체현하는 존재라는 인식이 확산되었다.

1787년 덴메이 기근 속에서 교토에서 고쇼御所의 담벽을 수만 명이 돌다가 고쇼의 남문이나 당문唐門에서 배례하고, 오곡의 성취를 기원하며 새전을 던져넣는 행사를 하였다(고쇼센도마이리御所千度參リ). 이는 흉작으로 쌀값이 폭등하여 생활이 곤궁해진 가운데, 천황을 신앙의 대상으로 삼아 풍작이 들어 기근에서 벗어날 수 있게 해달라고 기원하는 행위였다. 이처럼 천황에게 탄원하는 행위의 이면에는 구민대책을 실천하지 못하는 막부에 대한 비판이 존재하였다. 막부는 조정에 민중의 센도마이리千度參リ의 금지를 요청했으나 조정이나 공가는 참배자들에게 음식과 차를 제공하였다. 조정은 부케덴소武家傳奏를 통하여 막부에 궁민 구제를 제의했고, 이를 받아들인 막부는 구제를

위해 쌀 1500석을 방출하였다. 구휼이 조정을 통해 실현되었다는 것은 막부의 정책 실천력의 저하를 여실히 보여주는 것이었으며, 이는 천황이 정책을 실현하는 주체로서 탄생했음을 의미한다.

덴메이 대화재로 소실된 고쇼의 부흥을 둘러싸고 헤이안쿄平安京의 다이리內裏 고쇼와 같은 규모로 새로 궁궐을 조성하겠다는 조정 측의 복고적 의견과 소실 전의 호에이 연간 때 조성했던 규모로 그것을 재건하고자 하는 막부 측 의견이 대립하였다. 재건에 드는 비용은 막부가 부담하므로 막부는 재정 재건책에 영향을 주지 않는 규모로 실행하는 것을 목표로 하였다. 1788년에 상경한 로쥬 마쓰다이라 사다노부는 간파쿠 다카쓰카사 스케히라鷹司輔平와 고쇼 재건에 관해 교섭하였다. 사다노부는 재건비용의 부담이 결국 서민에게 돌아가는 것을 막기 위해 계획의 축소를 조정 측에 건의했으나, 최종적으로 조정 측 의견에 뜻을 꺾었다.

그 후 조정이 강경한 자세를 취하여 막부와 충돌하는 장면이 자주 빚어졌다. 1789년 고카쿠光格 천황은 친부인 스케히토典仁 친왕에게 태상太上천황이라는 호칭을 추증하고 싶다는 희망을 막부에 정식으로 전달하였다(존호일건尊號一件). 마쓰다이라 사다노부는 간파쿠 다카쓰카사 스케히라와 의견을 조율하고, 선례에 비추어 재고하기를 조정에 청하였다. 그러나 1791년, 천황은 간파쿠 다카쓰카사와 부케덴소 고가 노부미치久我信通를 경질하고 평소 막부에 강한 불만을 갖고 있던 이치조 데루요시一條輝良를 간파쿠, 오기마치 긴아키正親町公明를 부케덴소에 임명하는 등 막부에 강경한 자세를 보였다. 존호의 임명을 강행하려 한 조정 측에 대해 막부는 존호 임명의 철회 및 부케덴소 오기마치 등의에도 소환을 통보하였다. 1793년 주요 공가를 처벌함으로써 사태는 수습되었으나, 조정과 막부는 협조관계에서 대립관계로 크게 변화하였다.

천황과 조정의 권위를 강화하고자 하는 정책은 1817년 고카쿠 천황이 양위한 뒤로도 계속되어 조의 부흥이 시도되었다. 1840년 고카쿠 천황이 사망하자 63대 레이제이인冷泉院 이래 오랫동안 끊긴 천황 호칭이 부활하였다. 장군의 위엄이 약화된 대신 민중 사이에서 천황의 존재감이 부상하고, 조정이 권위를 강화하는 등 조정과 막부의 관계변화는 막말 유신기의 정치상황에 큰 영향을 주었다.

이상과 같이 사다노부는 질소質素·검약 정신으로 경비 절감에 힘쓰고, 호농·호상을 정권에 유착시켜 그들의 자본을 기반으로 대내정책들을 전개하였다. 이 정책들을 통해 에도를 중심으로 하는 간토 경제와 오사카를 중심으로 하는 서국경제의 균형화 혹은 일원화를 추진하였다. 이 시기 정책 전개 과정에서 주목되는 것은 농촌과 도시의 정책들이 상호 연관성을 가지고 있다는 점이다. 이는 상품경제의 발전으로 도시와 농촌이 하나의 경제권으로 변모해 가고 있음을 반영한 것이라 하겠다. 이러한 제 상황의 변화에 대해 막부는 경제·기술·정보·학문·사상을 막부권력에 집중시켜 대처하고자 했던 것이다. 즉 이 시기의 막부정책에서 절대주의를 지향하는 태동을 엿볼 수 있다 하겠다. 간세이 개혁은 도시의 특권상인들과 결탁하여 제 정책을 실시할 수밖에 없었다는 한계점을 내포하고 있었으며, 마쓰다이라 사다노부의 조기 실각으로 실패로 끝났다. 간세이 개혁의 실패는 막번체제의 모순을 심화시켜 그 기본 모순을 확연하게 드러냈다. 아울러 이 시기에 대외적 위기와 더불어 쇄국제의 유지도 도전을 받게 되었다.

제4장 분카文化·분세이文政기의 막정

제1절 분카기

1793년 7월 사다노부는 장군 보좌역과 로쥬에서 해임된다. 사다노부는 로쥬 재임중에 사건이 있을 적마다 사직서를 제출하여 매번 반려되었다. 사다노부가 이렇듯 빈번하게 사직서를 제출한 것은 개혁정치를 추진하는 과정에서 장군과 고산케의 신임을 얻기 위해서였던 것으로 보인다. 1793년 5월의 사직서 제출도 사실은 에도 만 방비계획의 시행과 관련되어 있다.

이번 사직서 역시 7월 4일 반려되었으나 5일 다시 제출한 사직서가 수리되었다. 이에 정작 사다노부는 사직서 수리를 예측하지 못했던 듯 분해하였다고 한다. 아마도 그는 실권을 장악하여 직접 행사하기보다는 정치의 대강을 총괄하는 다이로 혹은 다이로격에 오르고자 하는 바람을 갖고 있었던 듯하다.

사다노부의 의도와 달리 그가 해임된 배경에는 고카쿠 천황이 자신의 생부 간인노미야閑院宮 스케히토典仁 친왕을 태상천황으로 올리려 했던 존호일건尊號一件, 장군 이에나리가 자신의 실부 히토쓰바시 하루사다를 오고쇼로 하려 했던 오고쇼 문제, 그리고 로쥬 혼다 다다카즈와의 대립 등이 있다. 존호일건에서는 조정 의견을 누르고 막부 의견을 관철하였으며, 오고쇼 사건에서는 장군 의견에 반대하여 자신의 의견을 관철시켰다. 그리고 혼다 다다카즈는 사다노부의 브레인으로 활약하였으나 자주 의견 대립을 빚어 점점 대화가 적어졌다 한다. 이러한 과정에서 로쥬 합의제가 기능 부전 상태에 빠져 사다노부의 전제화·독재화가 진행되었다. 이렇게 되면 될수록 사다노부는 고립되어 갔고, 이 같은 요인들이 복합적으로 작용하여 사다노부가 실각하였다 하겠다.

사다노부 실각 후, 개혁을 추진해 온 마쓰다이라 노부아키라松平信明가 로쥬 수좌에 임명되고, 사다노부 집권기의 로쥬들, 혼다 다다카즈, 도다 우지노리戶田氏敎, 오타 스케요시太田資愛 등이 정치일선에서 활약한다. 따라서 사다노부 실각 이후에도 기본적으로는 간세이 개혁기의 정책이 유지되었다. 예컨대 마치 회소의 충실화를 꾀한 것도 사다노부 실각 후이며, 후카가와深川에 거대한 비축식량창고가 완성된 것도 1798년의 일이다. 또한 1798년 성당 증축을 완성하고, 학문소에서 이학異學의 교수를 정지시키고, 하타모토 자제를 교육시킨 것도 간세이 이학의 금을 계승한 것이었다. 오고쇼 문제도 하루사다에게 연 5만 표를 지급하고, 이례적으로 그를 종2위 다이나곤大納言에 오르게 하여 막정 관여를 봉쇄하였다.

상업·금융 정책도 기본적으로는 사다노부의 정책을 계승하였다. 간세이 개혁으로 농업생산이 얼마간 재건되고 쌀의 에도 운송도 성공하여 미가정책도 성공을 거두었다. 그러나 위의 정책들의 성공과 연년의 풍작으로 미가가 저락하여 연공미 판매에 의존해서 생활하는 무사의 생활이 위협받게 되었다.

이에 막부는 1804년 이후 미가 상승을 도모하여, 저축미를 확대하고 다이묘들에게도 1만 석당 1,000표를 저축미로 할당하도록 명함과 동시에 에도로의 쌀 운송을 20% 줄이라고 명하였다. 에도로의 쌀공급을 줄여 미가상승을 도모하였던 것이다. 그러나 이 시책은 실효를 보지 못해, 1805년 주조 제한을 철폐하고 상인들에게 강제로 쌀을 구입하게 하였다.

막부는 쌀 구매자금을 확보하기 위해 에도 상인들에게 18만 량의 어용금을 부과하고 농촌지역의 호농들에게도 어용금을 징수하였다. 오사카 상인에게도 60만 석의 쌀을 구입하도록 명하고, 유력 쵸닌들에게 쌀 구매자금으로 어용금 30만 량을 부과하였다. 이러한 노력에도 불구하고 계속된 풍작으로 미가는 1814년까지 저가를 맴돌았다. 같은 해 막부는 오사카 상인들에게 어용금 총액 58만 량을 부과하고 에도 상인들에게도 42만 량을 부과하였다. 다이묘들에게도 오사카로의 쌀 반입廻米을 반으로 줄일 것을 명하였다. 전년도에 이미 20%를 줄였기 때문에 전체로는 통상의 오사카 쌀 반입의 60%를 번 내에 저장해야 하게 되었다. 이 오사카 쌀 반입의 제한으로 재정이 곤란해진 다이묘에게는 막부가 상인들에게 부과한 어용금을 대부하였다. 1814년에는 일반상인이 취급하는 쌀納屋米도 1810~12년의 취급수량을 조사하여 그것을 넘지 못하도록 하였다.

이러한 정책도 연년의 풍작에 따른 쌀 공급과잉을 막지는 못했다. 전년에 저축해둔 쌀이 당년에 시장에 공급되었기 때문이다. 또한 미가 자금을 확보하기 위해 유력상인에게 어용금을 부과했지만 이 어용금을 준비하기 위해 일시에 대부금을 회수해야 하였다. 이것은 금융사정을 악화시킨다. 이렇게 되면 다이묘를 비롯한 무사들은 저축미를 매매할 수밖에 없게 되고 이는 미가 하락을 부채질하게 된다. 결국 막부의 정책조작에 의한 미가 상승은 실패하고 만다. 다만 1814년 오우 지역, 1815년 긴키·도카이 지역의 홍수로 인한 흉작으로 미가는 1석당 은 60몬메로 회복되고, 1816년 규슈·호쿠리쿠 지역의 흉년으로 1석당 은 70몬메를 상회하여 미가는 안정을 회복하게 되어 미가 상승을 위한 정책들은 철회된다.

막부 재정정책의 기조도 기본적으로 검약령에 입각하였다. 막부 재정의 기본을 이루는 연공미는 간세이 개혁에 의해 간세이 초기에 140만 석으로 상승하고 간세이 후기로부터 분카 연간에는 150만 석을 유지하였다. 한편 다누마 정권기에 약 200만 량 정도이던 지출은 검약령에 의해 1791년 이후에는 130만~140만 량 정도로 줄어든다. 그리고 이어지는 검약령으로 막부의 지출은 1811년에는 116만 량, 1812년에는 98만 량으로 줄어든다. 그러나 이 시기 하천 복구나 장군가와 관련된 사사의 복구, 미가 조절을 위한 비용, 농촌구제비, 하타모토 구제비, 북방 방비를 위한 비용, 통신사 접대비 등 임시비가 급증하였다. 그리하여 막부 재정은 총체적으로 궁핍해져 갔다.

궁핍해진 재정을 보전하기 위해 막부는 위에서 보았듯이 다량의 어용금을 징수하거나 농촌에 국역을 부과하거나 다이묘들에게 건설관련 부역이나 그 대납금인 조역 상납금助役上納金을 부과하였다. 막부의 재정확보와 물가통제와 관련하여 주목되는 것으로 도쿠미도이야+組問屋의 재편을 들 수 있다. 일반상인의 유통 통제로는 에도의 이즈시치토시마 회소伊豆七島島會所, 다마고 회소玉子會所, 나가이모 회소長芋會所, 히가키 회선 쓰미도이야 동업조합菱垣廻船積問屋仲間의 성립, 오사카의 기름·면 관계 사업자의 주식형 동업조합의 발전 등을 들 수 있다. 1796년에 설립된 이이즈시치토시마 회소는 이즈 7도의 물산을 독점적으로 취급하는 막부 전매기관으로, 간죠쇼 고요타시 중 한 사람을 책임자로 취임시켰다. 다마고·나가이모 회소는 1810년 설치되어 에도 주변 계란과 돼지감자의 유통을 독점한 조직이었다.

히가키 회선 쓰미도이야 동업조합은 도쿠미도이야를 재편하여 주식형 동업조합으로 조직한 것으로 1813년 성립되었다. 도쿠미도이야는 1694년 성립하였는데, 이후 사카미세구미酒店組가 다루 회선樽廻船과 결합하여 도쿠미를 탈퇴하거나 가시구미아부라도이야河岸組油問屋를 중심으로 몇몇 도매조합이 새롭게 가리후네카타仮船方라 칭하는 조직을 만들거나, 도쿠미도이야 관계 이외의 새로운 동업조합이 생기거나 하여 쇠퇴하여 간다. 이러한 동향에 대응해서 도쿠미도이야는 히가키 회선 도이야가 가지고 있던 특권을 회복하기 위해 신흥 도매업자를 동업조합에 가입시키고, 그것을 계열화하는 등의 조치를 취하도록 막부에 공작하였으나 실현되지 않았다. 그런데 분카 연간에 들어서서 도쿠미도이야에 스기모토 모쥬로杉本茂十郎가 출현, 당시 막부의 주식형 동업조합 조직 육성, 유통 통제정책과 상호 호응해 도쿠미도이야를 모체로 65구미, 1,271간間, 주식 수 1,995의 에도 시중 신흥 중소도매업을 계열화한 거대 주식형 동업조합 조직인 히가키 회선 쓰미도이야 동업조합을 성립시켰다. 이 동업조합의 회소로 미쓰바시 회소三橋會所가 설립되어 막부의 미가 조절정책의 하청기관으로 기능하였다.

막부의 기름 생산·유통에 대한 통제는 1797년에 정점에 이르고, 면도 메이와 연간에 성립한 산쇼와타도이야三所綿問屋는 간세이 연간에 들어서서 점점 독점권을 강화하고, 오사카 시중의 동업조합 이외의 상인이나 오사카 시외, 다른 지역 상인이 셋쓰·가와치 지역의 농촌에서 면을 직접 집적하는 것을 거부하였다.

한편 1805년 간토 지역의 치안을 회복하기 위해 간죠부교 하에 간토토리시마리야쿠關東取締出役를 설치한다. 간토 지역은 막부직할지와 하타모토나 고케닌의 급지가 섞여 있고相給支配, 다이칸이 대부분 에도에 주재하고 있어서 각종 규제가 잘 지켜지지 않았다. 그리하여 막부는 1792년 간토 직할지를 대대로 지배해 온 간토군다이關東郡代 개역을 계기로 간죠부교에게 간토군다이를 겸하게 하고, 1794년 우에노 이와하나岩鼻에 다이칸쇼를 설치하여 다이칸을 상주시켰다. 이곳에 감사를 담당하는 도리시마리야쿠를 설치하여 이 지역을 배회하는 무숙자를 감시하였다. 1801년에는 에도마치부교 배하 관리를 이 지역에 파견하여 공·사령을 불문하고 순회하면서 도박에 대한 감시를 행했다. 이로써 간토 사령에 막부의 경찰권이 미치게 된다. 이러한 배경 하에 위의 간토토리시마리야쿠를 설치한 것이다. 즉 간죠부교가 유능한 다이칸테다이 10명을 책임자出役로 임명하여 미토 번을 제외한 간토 전 지역을 공사령 구분 없이 순회하면서 범죄자나 도박자를 체포하게 하였다. 한편 타 지역으로 도망한 범죄자들을 추적할 권한도 이들에게 주었다. 즉 막부의 치안을 유지하기 위해 간죠부교에서 파견한 책임자들에게 광역경찰권을 인정하여 간토의 치안을 유지하고자 하였던 것이다. 이리하여 간토군다이가 지배하던 지역은 막부 간죠부교의 일원적 지배가 행해지게 된다(1802년 간토군다이關東郡代 폐지).

1793년 6월 러시아 사절 락스만은 나가사키에의 회항을 허가받았으나 바로 귀국하였다. 막부는 러시아 남하에 대응하여 북변의 방비를 강화하고 더불어 에도 만 방비계획을 추진하였다. 즉 사다노부는 러시아에 대해 유화적 태도를 취하면서 장기적인 계획을 세워 러시아 남하에 대비하고자 하였다. 그러나 사다노부 실각 후 그의 장기적인 러시아 위협론은 후퇴하여 러시아에 대한 적극적인 대책은 시행되지 않았다. 그러한 상황에서 1804년 9월 러시아 황제에게 외교전권을 위임받은 특사 레자노프Nicolai Petrovitch Rezanov가 나가사키에 입항하였다. 또 락스만은 지난번에 받은 신패를 나가사키부교에게 제시하고 에도 참부와 국서의 전달을 요구하였다. 그의 사명은 일본과의 교역을 여는 것이었다. 막부는 이와 같은 러시아 측의 요구를 전부 거절하고, 신패도 교부하지 않은 채 1805년 귀항시켰다. 이러한 처리는 정책의 유연성을 잃은 것이었다고 하겠다.

캄차카로 귀항한 레자노프는 멕시코와의 교역을 모색함과 동시에 일본에 교역을 강제하기 위해 에조치에 대한 파괴와 항해교란을 계획하였다. 이 계획 중 일부는 그의 부하에 의해 1806~07년 실행에 옮겨진다. 그들은 에조치 주변 섬들을 공격·점거하고, 주변 해역에서 해적행위를 자행하였다. 그리고 교역에 대한 답변을 듣기 위해 1808년 입항할 것이라는 내용의 서간을 막부에게 보냈다.

막부는 이러한 러시아의 행위에 대해 1807년 6월 동북의 번들에게 동원준비령을 내리고, 와카도시요리 홋타 마사아쓰堀田正敦를 에조치에 파견하여 방비대책을 위한 조사를 행하였다. 그 결과 러시아의 행위가 교역을 요구하기 위한 러시아의 국가의지에 의한 것임을 확인하였다. 그리하여 막부는 1807년 겨울 러시아선에 대한 격퇴령打拂令을 공포하고, 다이묘 군대를 에조치에 배치하여 방비를 강화하고, 러시아의 입항을 기다렸다. 그러나 러시아선은 입항하지 않았다. 그리하여 에조치에 파견된 센다이 번 2,000명과 아이즈 번 1,600명의 군대는 1808년 말 철수하고, 모리오카 번과 마쓰마에 번이 에조치 경비를 담당하였다.

이 과정에서 사다노부 실각 후 취소되었던 에도 만 방비계획이 부상하였다.

1807년 막부는 사키테카네텟포카타先手兼鐵砲方 이노우에 사다이유井上左太夫를 파견하여 시모다下田·우라가浦賀 및 보소房總 해안을 조사하고, 1808년에는 우라가의 부교와 다이칸의 협력 하에 해안을 조사하였다. 이 조사를 바탕으로 1810년 에도 만의 수개 소에 대장臺場을 쌓고, 사가미相模 쪽은 마쓰다이라 다카히로松平容衆, 보소 쪽은 마쓰다이라 사다노부松平定信에게 경비를 명하였다. 그런데 그해 영국 군함 페이튼 호가 나가사키에 나타나 불법행위를 저지르는 사건이 발생하였다. 이로써 나가사키 방비책도 필요하게 되었으나, 북방과 에도 만 경비가 급하여 대책이 즉각 나타나지는 않았다.

한편 1811년 러시아 측량함선 디아나Diana 호가 구나시리에 나타나자, 막부 는 함선을 공격하고 선장 골로브닌V. M. Golovnin 이하 7명을 체포하는 초강경책 을 취하였다. 1812년 러시아는 골로브닌의 석방을 요구하기 위해 리코르드P. I. Rikord를 일본에 파견하였다. 그는 일본과의 직접 접촉을 위해 에토로후擇捉의 일본 어용상인 다카다야 가베에高田屋嘉兵衛를 구금하였다. 그러나 리코르드는 그를 통해 일본 측의 입장을 이해하고, 막부도 리코르드가 파견한 사람을 통해 위의 해적행위를 한 사람들이 체포되었음을 알게 되었다. 이러한 상호이 해를 바탕으로 막부는 러시아 정부의 해명서를 요구하고 골로브닌 석방을 결정하게 된다. 이리하여 러시아와의 긴장관계는 일단 해소된다. 다만 리코르 드는 국경 획정을 위해 다시 일본에 입항할 것임을 통보하였다.

제2절 분세이기

마쓰다이라 노부아키라의 뒤를 이어 막정을 맡은 것은 누마쓰沼津 번주 미즈노 다다아키라라水野忠成다. 그는 노부아키라가 병으로 사망하기 직전인 1817년 8월 로쥬 격에 임명되어 1818년 로쥬에 오르고 이후 1834년까지 17년간 막정을 담당하였다. 그의 정책기조는 장기에 걸친 긴축정책으로 말미암은 불경기의 해소와 임시비 증가로 약화된 막부 재정의 재건이었다. 즉 사다노부 이래의 검약령을 철폐하고, 재정수입을 증가시키는 것이 그에게 주어진 임무였다.

재정위기를 타개하기 위한 방책은 먼저 새로운 화폐의 주조였다. 막부는 1818년 5월 손상된 구화 겐분코반元文小判을 긴자야쿠쇼金座役所와 미쓰이 등의 환전상에서 교환하도록 명하고, 1819년 소분코반草文小判·이치분반一分判을 주조하여 상하지 않은 구화도 모두 교환하도록 명하였다. 이어 1820년 소분쵸긴草文丁銀·고타마긴小玉銀 등을 주조하여 통화를 장려하고, 1824년 소액의 니쥬긴二朱銀·잇슈킨一朱金을 대량 발행하였다. 이렇게 다수의 화폐를 단기간에 발행하여 겐분기에 주조한 화폐를 대체하였다.

이 시기에 발행된 화폐는 금 함유량이 56.41%로 간분기의 65.71%보다 적었으나 교환비율은 대등하였기 때문에 막부는 그 차액만큼 이익을 얻었다. 그 수익은 1818년부터 1826년까지 금화 184만 량, 1821년부터 1835년까지 은화 383만 량에 이른다. 이것을 감안하면 막부는 1818년부터 1842년까지 금·은을 합쳐 1,000만 량의 개주 이익을 얻은 것으로 추산된다. 그리하여 막부의 저장금도 1817년경 72만 량이던 것이 1844년에는 285만 량으로 증가하였다. 이 수치로 보면 막부는 화폐 개주에 의해 재정 건전화에 성공하였다고 할 수 있다.

이렇게 얻어진 수익의 대부분은 건물의 건설 및 증·개축 등 임시비로 지출되거나 이에나리 자녀의 결혼비용 등으로 사용되어 시중에 유통되었다. 화폐공급이 원활해지자 경제가 활성화되었다. 특히 니쥬긴 등의 소액화폐가 대량으로 발행되어 농촌지역과 도시하층민의 화폐 사용이 원활해졌다. 이것은 물가상승을 가져오고, 농촌지역의 상품 생산과 수공업 생산을 자극하여 이후 농촌지역 경제발전의 가속화 요인으로 작용한다. 한편 막부 재정의 근본을 이루는 연공미는 150만 석대에서 130~140만 석대로 떨어진다. 이는 농촌지역에 상품경제가 침투하여 농촌에 부가 축적되어도 농촌 내부의 빈부 차가 확대되어 석고제를 기반으로 한 촌 청부제 연공 부과방법으로는 연공을 증가시킬 수 없었기 때문이다.

한편 농민층의 양극분화로 인한 치안불안이 가중되고 있었다. 이를 단속하기 위해 위에서 보았듯이 1805년 간죠부교 하에 간토토리시마리 출장소出役(데야쿠)를 설치하여 치안을 담당하게 하였다. 이 제도는 그 후 전국의 막부령에 도입되어 시행되었다. 그럼에도 불구하고 촌을 이탈한 무숙자가 증가하고, 이들이 집단을 이루어 도박, 공갈, 강도 등의 범죄를 저질렀다. 이러한 상황에 대처하기 위해 막부는 1826년 무숙자, 백성, 쵸닌을 불문하고 칼을 휴대하고 죄를 범한 자는 사형, 칼을 휴대한 자는 원도遠島 유형에 처한다는 명령을 내렸다. 그리고 1827년 새로이 간토토리시마리군다이關東取締郡代를 설치하여 감사의 출장소를 담당하게 하고, 출장소 일을 도울 목적으로 요세바구미아이무라寄場組合村를 결성시켰다. 이것은 미토水戸·가와고에川越·오다와라小田原 번을 제외한 간토 전 지역을 20~50개 촌을 단위로 한 대조합, 그 밑에 3~5개 촌을 단위로 한 소조합으로 구성한 것이다. 소조합에는 촌역인 중에서 임명된 소총대小總代, 대조합에는 소총대 중에서 임명된 대총대大總代를 두었다. 대조합 중에 중심이 되는 촌·숙宿을 요세바寄場라고 하고 그곳의 대총대를 요세바야쿠닌寄場役人으로 임명하여 조합촌의 운영을 맡겼다. 이렇듯 막부는 일원적인 조직을 만들어 에도 주변 간토 지역의 치안을 유지하고자 하였다.

이 시기에 러시아와는 별다른 접촉은 없었다. 막부는 골로브닌 사건 이후 러시아의 동향을 예의주시하고 있었으나, 국경 획정을 위한 러시아 사절이 입항하지 않았기 때문에 러시아가 일본과 에조치에 관심이 없다고 판단하였다. 이에 따라 막부는 다이묘들에게 부담이 되는 해방海防을 완화시켰다. 우선 1821년 에조치를 마쓰마에 번에 환부하고, 마쓰마에 번과 모리오카 번의 에조치 경비병을 철수시켰다. 에도 만에 깔려 있던 번들의 경비병도 철수시켰다. 대신 이들 지역의 경비는 막부가 담당하기로 하였다.

그러나 이 시기에 일본 연안에는 많은 국가들의 포경선이 출몰하고 있었다. 이들 중에는 일본인과 접촉하여 물자를 교환하거나 기독교 서적을 건네는 자들도 있었다. 1824년 미토에 영국 포경선이 상륙하고, 사쓰마에서는 상륙한 영국인 선원과 주민 사이에 충돌이 발생하기까지 하였다. 그리하여 막부는 대외정책을 재검토하여 1825년 이국선 무조건 격퇴령異國船無二念打拂令을 공포한다. 이 법령은 쇄국제를 철저화한 것이기는 하나 외국과 전쟁을 불사한다는 강경책은 아니었다. 위에서 보았듯이 다이묘들의 해방에 대한 부담도 경감시키고 그 수준도 낮췄다. 그럼에도 불구하고 이국선 무조건 격퇴령을 내린 것은 우선 이국선 격퇴가 국가 간에 전면전을 불러오지는 않을 것이라는 인식이 있었고, 이국선 격퇴가 그들을 접대하는 것보다 경제적이라는 계산이 깔려 있었다. 또한 쇄국의 의지를 명확히 하여 외국선의 일본연안 접근도 봉쇄할 수 있다는 계산이 있었다.

이국선 무조건 격퇴령이 공포되고 3년 후인 1828년, 막부의 쇼모쓰부교카네 텐몬카타書物奉行兼天文方 다카하시 가게야스高橋京保가 데지마의 네덜란드 상관 의사 시볼트P. F. Siebold에게 일본지도를 전해준 혐의로 체포되어 옥사하고 시볼트는 추방되는 소위 시볼트 사건이 발생한다. 이 사건으로 관련자 40여 명이 처벌되었다. 더구나 사망자는 형벌에 처하지 않는다는 관례에도 불구하고 다카하시 가게야스는 사망한 다음 해인 1830년에 부관참시에 처해졌다. 이렇듯 이례적이고 대량으로 관련자를 처벌했던 것은 국내외에 쇄국정책의 엄중성을 나타내기 위해서였던 것으로 보인다.

제5장 존황론尊皇論 · 화이론華夷論 · 난학蘭學

제1절 유학의 존황론 · 화이론

존황론과 화이론은 『논어』 「헌문편憲問篇」에 대한 주희朱熹의 주석에 나오는 "존주실 양이적尊周室攘夷狄"에 연원한다. 주자학이 이민족의 침입을 배경으로 한 국가적 위기와 황제독재권의 강화라는 시대적 흐름 속에서 성립되었다고 볼 때, 이 주자학에 존황론과 화이론이 포함된 것은 자연스럽다. 중국의 화이사상은 천자가 지배하는 지역을 '화華', 그 밖의 지역을 '이夷'로 규정한 것으로서, 이 구분은 인종이나 특정 지역이 아닌 문화적 의미가 강하였다.

이러한 화이사상이 일본에 받아들여지게 된 조건은 중국과 크게 다르다. 일본에는 우선 중국과 같은 천하관념이 없었다. 근세기의 일본은, 영토도 확장도 축소도 될 수 없는 일본열도로 고정되어 있었고, 인종도 관념적이기는 하나 통일성을 유지하고 있었고, 중국으로부터 문화를 섭취·발전시켜 왔기 때문에 일본 문명에 대한 자부심보다는 중국에 대한 소국 인식, 중국에 대한 존경감이 뿌리깊게 자리잡고 있었다. 이러한 역사조건 때문에 초기의 일본 주자학자들은 중국에 대해 모화사상을 가지고 있었다.

그러나 막부는 중국과 같이 과거제도를 통해 통일된 정통이론을 전국에 전파하지도 않았고, 체계적인 정통이론을 고집하지도 않았다. 막부는 주자학이나 하야시 라잔의 학문에 호의를 보였지만 동시에 수많은 사숙私塾도 인정하였다. 이러한 사상과 학문의 다양성 때문에 반드시 주자학적 질서에만 입각하지 않은 세계관이 뿌리내릴 소지가 마련되어 있었다. 또 한편으로는 만주족에 의한 청조의 건국과 중원 석권으로 인해 일본은 중국을 객관적으로 보려는 의식을 강화하게 되고 아울러 몽골의 일본침략과 관련하여 군사적 경계심을 갖는 이중의 국가의식을 자각하였을 것이다.

이 같은 배경 속에서 중국적 화이관은 일본적 화이관으로 정착되어 간다. 야마자키 안사이山崎闇齋는 도道의 보편성을 인정하면서 "중국이라는 명칭은 각국 스스로 말하면, 즉 나를 중中으로 하고 4외四外를 이夷로 한다"고 하여 중국과 일본의 평등성을 주장하기에 이른다. 또 아사미 게이사이川見絅齋도 자신의 나라로부터 타국을 객으로 보는 것, 그것이 공자의 뜻ᄂ이라고 하여 국제적 평등성을 주장하였다. 이러한 국제적(국가적) 평등성을 주장할 수 있는 배후에는, 도道의 보편성을 현상에까지 확장 인정하고, 화와 이의 구별기준을 결코 지리적·고정적인 것이 아닌 대의大義의 실현성에 두어야 한다는 전제가 있었다는 점에 유의해야 한다. 이 같은 변화된 화이華夷 기준에 의해, 화이는 일본을 어떻게 인식하느냐에 따라 역전될 가능성이 있었다. 바로 그 가능성을 제시한 이가 야마가 소코山鹿素行다. 그는 일본이야말로 중화·중국에 걸맞는 나라라고 단정하였다. 나아가 중국은 일본과 겨우 통언通言할 만한 정도고, 조선은 선린의 대상이 아닌 지배·복속의 대상이라고까지 보게 된다.

이러한 화이관은 일본을 어떻게 인식하는가와 관련이 있다. 즉 '내內'·'외外'에 대한 인식은 상호 표리의 관계로 설명될 수 있다. 후지와라 세이카와 하야시 라잔에게 현실의 최대 과제는 안정된 국가의 건설이었다. 이들은 그것을 주자학이 갖는 차별성, 즉 명분론을 통해 확보하려 하였다. 이것에 의해 세이카는 중국에 대해 모화적 태도를 취했다. "오호, 중국에서 태어나지 못하고, 또 이 땅日本의 상세上世에 태어나지 못하고 당대에 태어남은 때를 만나지 못한 것이라고 해야 할 것"이라 했던 것이다. 하야시 라잔 역시 "태백太伯이 일본으로 도피하여 황실의 선조가 되었고, 우리나라(일본)의 보조寶祚가 천지와 더불어 궁하지 않으므로 더욱 태백의 지덕至德함을 믿는다"라고 하였다. 이들은 이理의 보편성을 바탕으로 하여 도덕적 우열=도道의 실현성 여부를 기준으로 삼아 중국에 대해 모화의 태도를 취하였다. 따라서 이들의 모화적 화이관은 지극히 관념적이고 문화적 성향이 강한 것이었다.

위에서 보았듯이 17세기 중반은 대륙의 정세변화로 인해 국가적 위기의식이 고조되었다. 이러한 상황 속에서 야마자키 안사이, 아사미 게이사이 등은 이理의 보편성을 현상에 적용시키고(도의 실현성), 유교의 천제사상을 분식하고 천황에게 인격신의 성격을 부여하였다. 이의 보편성과 이에 의해 주재되는 도의 보편성 주장에서, 도의 보편성이 주장되는 한 인간은 성인이 될 수 있고, 이의 보편성이 인정되는 한 인간은 범주적으로 신과 등질이며, 인간의 마음은 자연과 동일하고 비범한 것으로 변화할 수 있다. 따라서 천황에 대해 이의 보편성과 도의 체현성을 인정할 경우, 천황은 신으로 자리하게 된다. 뿐만 아니라 천황은 형이상학적 규범의 더욱 순수한 표상을 대표하며, 역사적 이유에 의해 제도화된 정치와 관료경영의 영역 외부에 존재하고 있지만 동시에 그 '무작위성無爲性'에 의해 개개인의 실질적인 자기발전의 불변적 규범을 상징하는 존재로 파악하였다.

중국이 '화'일 수 있는 것은 도의 실현성, 즉 '선왕지도先王之道'에 근거한다. 이것을 근거로 일본에서의 도의 실현성, 즉 신으로서의 천황과 일본고대에 대한 인식에 의거하여 주자학적 화이가 평등 혹은 역전될 수도 있는 조건을 제시하였다. 아사미 게이사이의 주장에 따르면, 국가는 개인의 의지를 초월하여 존재하므로 국가에 대한 반역은 역성혁명易姓革命으로 정당화될 수 없으며 신하된 자는 국가에 충성을 다해야 하고 국가는 군주와 구별되어야 한다. 바로 여기에서 중국과 일본의 화이가 역전될 가능성을 볼 수 있다. 이러한 주장은 중국역사에 대한 비판으로서, 선양을 불충스런 행동이자 도의 실현성이 천박한 것으로 인식한 것이며, 그 이면에 일본의 천황에 대한 신하된 자의 충성을 강조하는, 즉 도의 실현성에 대한 가치적 우월이 숨겨져 있다. 즉, 이와 도의 보편성을 인정하여 대외적 평등관을 성립시키고, 도의 실현성의 상징을 일본의 천황이나 국가에 둠으로써 일본이 중국보다 우월하다, 즉 일본을 '화'라고 인식하기에 이른 것이다.

야마가 소코는 "중국은 대대로 창업의 군주가 천자가 되나, 본조(일본)는 기요모리淸盛·히데요시秀吉 같은 사람도 정통正統을 숭경하였다. 종조宗祖는 천조天祖 아마테라스오미카미의 후예, 지금의 천자다. 이조異朝의 예와 비교할 수 없고 근왕·숭조의 도가 명확하다고 말할 수 있다"라고 하였다. 또한 일본은 '근왕의 도'가 지켜지고 있다는 점에서 "중국보다 우월하고 대당大唐일지라도 본조(일본)와 같이 완전한 것이 아니다"라 하면서 "군이 군답지 못해도 신이 신의 도를 지키는 것은 있기 어려운 본조(일본)의 풍속"이라 하였다. 이처럼 야마가 소코는 일본이 중국보다 우월하다고 인식하고 그 근거로서, 천황이 아마테라스오미카미의 후예라는 점, 군신의 도를 잘 지켜 왔다는 점, 그리하여 일본은 만대일계의 천황이 존재한다는 점 등을 들었다. 이것 역시 도의 체현성·실현성이 중국보다 우월하다는 인식이 바탕에 깔려 있다.

오규 소라이의 경우, 일본의 예악형정禮樂刑政은 '선왕先王의 도', 즉 일본 고대는 제정일치이며, 천황의 역할로 인해 만세불역의 군주 지위를 유지하고 있어서 만약 고대의 성인이 중국에 다시 출현한다면 일본의 도를 채용할 것이라고 하면서 중국적 화이관과는 별개의 것이라고 주장하였다. 그러나 '예악형정'은 작위된 것으로서 영원불변한 것이 아니므로 위정자는 제도들을 개변시키면서 안민을 책임져야 한다고 보았다.

이렇게 하여 근세의 존황론이 성립된다. 천황은 지상최고의 가치를 부여받아 도덕적·종교적 상징으로 부각되었고, 이 때문에 존황은 쉽게 변화되기 어려운 가치적 지향성을 갖는 최고가치의 실현의 마지막 근거로 받아들여졌다. 안으로內 절대적 가치에 대한 인정은 밖으로外 상대적 가치를 창출하면서 역사적 상황에 따라 끊임없이 변화할 수 있는 속성을 갖는다고 할 수 있다.

이러한 속성은 안內을 어디까지로 획정할 것인가, 상대적으로 밖外은 무엇으로 할 것인가에 따라 피아를 규정하면서 가치지향의 행동을 가져오게 한다.

제2절 국학의 존황론·화이론

교호기를 전후로 한 시대 변화에 대응하면서 정형화된 존황·화이론은 국학國學에서도 찾아볼 수 있다. 국학은 유교적 규범주의에서 문학을 분리·독립시킴으로써 인간의 성정을 강조하는, 유학에 대항하는 일련의 학문체계다. 따라서 국학은 규범에 대하여 사실을 중시하고 교계敎誡에 대하여 자연스런 심정을 강조하는 비규범주의적 성격을 가지고 있다. 그러나 『고지키』, 『니혼쇼키』에 기술된 신대神代·상대上代의 사적에 대해서는 그대로 '마코토眞의 도', 즉 신조神造로 절대화하여 독자의 규범성을 부여하였기 때문에 규범주의적 성격도 있다. 국학자들은 문헌학적 방법을 통하여 귀납적인 설명을 하고 있으나, 일면 주정주의적 입장에서 자연에 대한 신앙적 태도, 불가지론적 태도를 견지하고 있어 상대上代에 대한 비합리적 신도론으로 귀착된다.

결국 국학은 유교적 규범주의에 반대하고 진정眞情과 사실事實을 중시, 새로운 규범神道을 창출하는 과정을 내장하고 있다. 이 새로운 규범 창출은 '정치의 비정치화', '비정치화된 정치'의 이념으로서 모토오리 노리나가本居宣長에 의해 완성 형태를 보인다. 모토오리 노리나가에 앞서 가모노 마부치賀茂眞淵는 인간을 자연 속에 투입시켜 인간의 개념을 해체시키고, 인간과 자연이 격별하지 않고 살았던 고대로의 회귀를 통해 '천지의 마음天地の心'을 찾고자 하였다. 가모노 마부치의 경우, 천황을 고대의 신들과 마찬가지로 '천지의 마음'으로의 회귀라는 지향성을 갖는 존재로 자리매김하였다. 인간이 창출하는 역사는 우연한 가상假像에 불과하므로 이를 극복하고 자연에 회귀해야 하는데, 이는 급속한 복고로 충분하다고 생각하였다. 가모노 마부치의 복고론에 보이는 정치지향성은 사적 주정주의主情主義 세계에서 공적 규범주의 세계로 역류해 가는 과정을 보여주고 있다.

이러한 정치지향성은 모토오리 노리나가에 의해 더욱 발전하였다. 모토오리 노리나가에 따르면, '자연'이라는 당위와 현상의 '질서'는 양극의 거리를 상호 매개하여 일원적으로 설명되지 않는 한 자연과 질서 모두 무의미하였다. 이에 그는 양극을 상호 매개하는 '도리道理'를 창출하고 그 양극의 공존의 장으로서 『고지키』에 보이는 신화세계에 주목하였다. 신들의 행위는 그 자체로 '자연'이지만, 행위는 '도리'를 표현하고 있으며 그 '도리'는 인간의 모든 행위를 포섭하고 있다고 하였다. 도리에 의해 질서에 자연성을 부여하는 것은 인간에 대한 자연성과 질서성의 부여이며, 신의 세계에 대한 인정이다. 그것은 신의 세계와 인간세계의 연결성 위에 존재하는 천지 일원성의 존재를 가정함으로써 가능하였다. 일원성의 존재는 절대적인 '신信=믿음'으로만 그 근거가 주어진다. '신'이라는 행위는 자연성에 의하여 필연화될 수 있는 것으로 자연스럽게 '자연'과 '도리'에 연결될 수 있는 성질의 것이다. 다만 '신'의 대상으로 선택된 하나는 절대적 가치를 지닐 수 있으나 그 밖의 나머지는 모두 상대적 가치만을 갖게 된다.

모토오리 노리나가는 '신'의 대상으로 '황국의 설'을 선택하고 "타국의 설은 논할 것도 없이 비非"라고 하였다. 또한 "일본은 신명神明이 여신 나라"이며, "일신日神은 만국을 비추시는 일신日神"이며, "일본은 만국의 대원종본大元宗本인 나라"로서, "천황은 만국의 왕을 신하로 하고, 만국의 왕이 받들어야 할 '만국의 대군'"이라고 하였다. 여기에서 천황은 '아마테라스오미카미는 현신의 천황', '천황의 자리는 다카아마노하라高天原(신화 속의 천국)', '천황은 일신日神과 같이 자리'하는 존재로서 부각된다. 따라서 "본조(일본)는 아마테라스오미카미의 본국으로 그 황통을 이은 나라이자 만국의 대종이 되는 나라이며, 만국은 이 천황의 나라를 존경하여 받들고 신복하여 모든 세계가 이 진정한 도에 따라 순종하지 않으면 안 된다"라고 하여, 일본의 우월성을 강조하는 차별적 세계관을 창출하였다.

모토오리 노리나가의 이상과 같은 존황론과 일본중심 우월주의를 더욱 발전시켜 종교화한 사람이 히라타 아쓰타네平田篤胤다. 히라타는 일본의 3신(아메노미나카누시노카미天御中主神·다카미무스히노카미高皇産靈神·가미무스히노카미神皇産靈神)을 천지

창조의 조화신造化神으로 보고, 일본고전을 중심으로 여러 국가의 고전을 해석하여 신도에 세계종교 성격을 부여하였다. 모토오리 노리나가와 마찬가지로 '황국(일본)은 만국의 조국', '일신日神의 본국'이라 하여 일본의 우월성을 강조하고, 일본과 여러 외국과의 '존비미악尊卑美惡의 차별'을 강조하였다. 국학의 정치사상은 신도의 세계종교화를 통해 정치가 신도에 포섭됨으로써 제정일치론을 대두시킬 수 있는 논리를 제공하였다.

국학에서 나타나는 이러한 존황의 근거와 대외적 차별성은 당시의 막번체제를 부정하는 것은 아니었다. 존황의 근거를 아마테라스오미카미의 후예라는 점에서 찾고 막부를 천황의 위임을 받아 일본 전역을 통치한다고 보는 점만으로도 막부는 정통이며 존숭의 대상이 되었기 때문이다. 현실 지배질서와 기성 사실은 모두 신이 영위하는 것으로서 무조건적인 충성과 복종을 바쳐야 한다는 것이 신도였던 것이다.

이상으로 존황론과 화이론 등을 간단히 살펴보았다. 존황의 근거는 천황이 도의 체현성 혹은 종교적 신성성·지상의 최고 가치를 갖는다는 점이며, 또한 만대일계의 천황이 존재한다는 그 자체가 도의 실현성의 표징이며 가치적 우월성의 증거로서 일본과 타국을 구별하는 기준이 되었다. 현실정치에서 천황이 막부에게 정권을 위임한 한, 현 질서(막번체제)는 천황이 갖는 지상 최고의 가치성에 의거하여 정통한 것으로 받아들여졌다. 따라서 존황(막부와 번에 대한 중층적 충성을 포함)은 모든 사람에게 지상 명제이며, 천황은 어떠한 상황에서도 절대 부정할 수 없는 무한의 지상적至上的 절대성을 갖고 있었다. 천황에 대한 지상적 절대성의 인정은 일본 자체에 대한 절대화와 외국에 대한 상대화를 수반하여 차별적 세계관을 형성하였다. 바꾸어 말하면 존황론과 화이론은 안으로는 천황의 지상적 절대성을 가지고 천황을 제외한 다른 모든 것을 상대화하는 가능성을 내재하면서도 현실에서는 체제옹호의 논리로 기능하였고, 밖으로는 일본을 절대화함으로써 외국을 상대화시켜 일본 우월주의를 탄생시켰던 것이다.

이와 같은 존황론과 화이론의 동향, 특히 존황사상의 대두는 막부와 조정의 관계를 둘러싸고 마찰을 불러왔다. 소위 호레키·메이와明和 사건이 그것이다.

다케우치 시키부竹内式部는 야마자키 안사이의 유학崎門派을 배우고 또 수가신도垂加神道를 몸에 익혔다. 그는 교토에 머물며 제자들에게 유학을 가르치면서, 아마테라스오카미의 후손인 천황을 신으로 보고 천황에 대한 절대적 충성을 강조하였다. 한편 조정의 쇠미에 대해서는 천황과 공가가 기량과 재주를 갖추지 못했기 때문이며 따라서 천황과 공가가 학문에 정진한다면 천하가 그 덕을 우러르고, 장군은 정권을 조정에 봉환奉還할 것이라고 하였다. 다케우치의 이 같은 주장에 중소 공가들이 크게 공명하였다. 한편 당시 18세였던 모모조노桃園 천황 역시 천황은 신의 자손이며 그에 걸맞게 천황大君의 의지를 떨쳐 일으켜야 한다고 하였다. 그리고 시키부 문인의 『니혼쇼키』 신대권神代卷 강석을 통해 군주의식에 눈뜨고 그 진강進講을 기뻐했다.

그러한 가운데 조정의 재흥再興에 대해 왕성한 의지를 가진 천황 및 시키부 문인 등 중소 공가와 신도의 장상長上 요시다 가吉田家가 및 셋케攝家 사이에 대립이 발생했다. 이에 간파쿠 고노에 우치사키近衛内前 등은 막부의 의심을 살 우려도 있고 해서 모모조노 천황의 강력한 반대를 무릅쓰고 신서神書의 진강을 중지시켰다. 그리고 시키부를 쇼시다이所司代에 고발하고, 긴쥬슈近習衆를 중심으로 한 20명을 면관하고 영구 칩거에 처하였다. 1759년 쇼시다이의 취조 결과, 시키부는 가르치는 방법이 옳지 않다는 이유로 추방되었다(호레키寶曆 사건).

야마가타 다이니山縣大貳는 소라이 학을 배워 에도에서 숙塾을 열고 병학兵學과 유학을 강의하였다. 강의중에 고후 성甲府城의 요해要害와 에도 성 공략법을 언급하였다가 막부에의 모반 기미가 있다고 밀고를 당하여 숙의 문인 후지이 우몬藤井右門과 함께 체포되었다. 그는 저서 『류시신론柳子新論』에서 당시의 위정자가 대부분 "취렴부익聚斂附益하는 무리이며, 그 화를 오직 농민이 심하게 당한다"라고 하면서 유교적 인정仁政의 입장에서 막정을 격렬히 비판하였다. 그리고 그 폐해의 유래를 조정과 막부의 이원적 정치체제에서 구하였다. "선왕의 대경대법大經大法, 율령에 볼 만한 것이 있다"고 하면서 고대 조정에서는 이상적인 정치가 행해졌다고 하고, 관위官位·예악禮樂·형벌을 조정에 일원화할 것을 주장하였다. 또한 국가의 군주라 하더라도 천하에 해를 입히면 벌을 받아 무력으로 토벌당한다고 하면서 탕무방벌湯武放伐을 긍정하였다. 이 방벌의 대상은 그가 입이 닳도록 비판한 막부였을 것이다.

1767년 막부는 조사 후 '불경'한 언사를 내뱉었다 하여 다이니를 사죄死罪, 우몬을 교수형에 처했다. 막부의 판결문에는, 죠슈上州 전마소동傳馬騷動을 언급하고 그것을 병난의 징후로 본 점, 천황이 행행行幸도 할 수 없는 죄수와 같다고 하며 조정의 내실을 지적한 점 등이 열거되어 있다(메이와明和 사건).

호레키 사건의 본질이 조정 내의 대립이었다면, 메이와 사건의 본질은 존황론을 주장한 반막론자反幕論者들에 대한 막부의 탄압이었다. 위에서 언급한 1793년 존호일건 역시 존황론의 확산과 천황의 자각을 배경으로 한 조정과 막부 간의 대립을 나타낸다. 그런데 메이와 사건의 경우, 호레키 사건과는 달리 참의參議 이상 40인의 당상堂上 공가가 막부의 반대에도 불구하고 천황의 존호 추징에 찬성하고, 그것을 실행에 옮기려 했다는 점에서 크게 주목된다. 또한 막부의 의지를 조정에서 관철시키는 역할을 하는 부케덴소武家傳奏 오기마치킨아키正親町公明, 기소議奏 나카야마 나루치키中山愛親에 대해, 천황에게 간언해야 하는 입장에 있음에도 불구하고 그렇게 하지 않은 점과 관행을 무시하고 막부의 내락 없이 존호 선하를 강행하려 한 점을 이유로 들어 각각 핍색逼塞과 폐문의 처분을 내렸다. 그동안 천황의 승인 없이 당상 공가를 처벌한 예가 없었음에도 막부가 이처럼 힘으로 사건을 처리하였다는 것은 조정에 대한 막부의 통제강화라기보다는 오히려 조정의 부상浮上에 따른 역관계의 변화라고 보아야 할 것이다.

또한 위에서 언급한 대정위임론도 존황론의 확산과 무관해 보이지는 않는다. 이 시기에 이르면 소위 국체론國體論과 정체론政體論이 명확해지기 시작한다. 즉 막번제 초기에 국체와 정체가 장군 일신에 체현되고 천황이 무가국가의 일부로 자리하던 것에서 존황론적 사고의 확산으로 국체의 정점에 천황이, 정체의 정점에 장군이 자리하게 된 것이다. 이 국체론과 정체론을 연결하는 논리적 고리가 바로 대정위임론이었다.

1793년 6월 다카야마 히코쿠로高山彦九郎가 규슈로 장기여행을 하던 중 돌연 구루메久留米에서 자살을 했는데, 이에 대해 막부의 엄한 추급 때문이라고도

하고, 약 3개월 전의 존호일건에 분개했기 때문이라고도 하는데 진상은 분명하지 않다. 히코쿠로는 죠슈 닛타군^{新田郡}에서 태어나 존황사상에 눈떴는데, 이런 '초망^{草莽}의 신하'가 출현한 것은 절대 우연이 아니었다. 그의 존황심의 본령은 천황에 대한 종교적 심정에 있었다. 고카쿠 천황의 시강들과 함께 공가 학문을 위해 대학료^{大學寮} 재흥에 애썼던 것은 간세이기의 조정 동향에 상응한다. 그는 북으로는 러시아의 남하에 따른 북방문제의 현지조사를 위해 히로사키^{弘前} · 마쓰마에^{松前}, 남으로는 '황운흥륭^{皇運興隆} 무위탈광^{武威奪光}'의 동지를 구하고자 가고시마까지 거의 전 일본을 여행하며 평생을 보냈다. 이러한 여행이 가능했던 것은 유학자를 중심으로 한 지식인 가운데 그의 강연에 귀를 기울이고, 그가 객지에 머무는 것을 허락하는 각 지역의 지식인들이 있었기 때문이다.

가모 군페이^{蒲生君平}도 『산릉지^{山陵志}』를 작성하기 위한 천황릉 답사여행을 하며 생애의 대부분을 여행으로 보냈다. 군페이가 여행에 뜻을 둔 것은 후지타 유코쿠^{藤田幽谷} 등과의 교우를 통해 미토 학^{水戶學}을 접하면서였다. 미토^{水戶} 번의 『대일본사^{大日本史}』 편찬사업에서 기^紀 · 전^傳의 교정 간행은 서두르고 있으면서 지^志 · 표^表의 편찬은 중단된 것을 본 그는 스스로 구지^{九志}를 작성하려고 생각하였다. 맨 처음 『산릉지^{山陵志}』 작성에 착수하여, 『직관지^{職官志}』와 함께 2지^{二志}를 완성시켰다. 그는 "황민이 이적^{夷狄}과 다른 이유는 왕을 태초에 정해, 명분을 바르게 한 데 있다"(「구지^{九志}의 서」)라고 말했듯이 『산릉지』의 작성을 군신의 명분을 바르게 하는 존황 행위로 보고 그것으로 일본의 국체^{國體}를 나타내고자 하였다. 전방후원분^{前方後円墳}이라는 명칭도 이 책에서 유래하였다는 것은 익히 알려진 사실이다.

군페이는 1807년 러시아에 의해 치시마 · 가라후토의 여러 시설이 습격당하자 즉각 그 대책을 논하는 『부휼위^{不恤緯}』를 저술하였다. 서문에서 그는 내외로부터 능욕을 당하는 일이 없는 것이 일본의 국체이니, 지금 러시아의 폭거는 참기 어려워 '천하 충의 강개의 사^{天下忠義慷慨士}'는 거국적으로 이에 대처해야 할 것이라고 하였다. 그리고 러시아 남하위협을 설파한 하야시 시헤이의 경고가 현실로 나타났다고 하면서, 그의 묘를 만들어 영혼에 사죄하고 훈위^{勳位}

를 수여해야 할 것이라 하였다. 군페이 사상의 기저에 있던 만세일계萬世一系의 천황에 의한 국체사상은 나중에 더욱 심각한 내외의 위기에 직면하면서 '존황'과 '양이'를 결합시킨 후기 미토 학水戶學에 의해 체계화된다.

제3절 난학蘭學

데지마를 통한 네덜란드와의 교류는 교역뿐만 아니라, 서양학문의 유입도 가져왔다. 이를 배경으로 서양학문과 서양사정에 관심을 갖는 일군의 사람들이 생겨났다. 그들은 네덜란드어를 배우고 그 실력을 바탕으로 네덜란드 서적을 접하고 이를 번역해서 출간하기도 하였다. 이들을 난학자라 칭하고 그들이 이룬 학문을 총칭해서 난학이라 하였다.

1771년 3월 4일 스기타 겐파쿠杉田玄白·마에노 료타쿠前野良澤·나카가와 준난 中川淳庵 등은 고쓰캇바라小塚原 형장에서 죄인의 해부를 견학하였다. 겐파쿠와 료타쿠는 네덜란드에서 건너온 해부학서, 즉 독일 의사 쿨무스Johann Adam Kulmus(1689~1745)가 지은 『Anatomische Tabellen』를 소지하고 있었다. 위 3인은 실제 인체의 해부를 보고 책의 정확성에 놀라 번역을 결심하였다. 그리하여 1774년 이 책을 『해체신서解體新書(가이타이신쇼)』라는 이름으로 번역 출간하였다. 이 책은 정확한 인체 해부도의 의학사적인 의미 이상의 의미를 갖는데, 이 책의 출간으로 서양 의학뿐 아니라 서양의 인간관과 사회관까지 함께 이해하는 계기가 되었던 것이다.

오슈奧州 센다이仙臺의 지번支藩 이치노세키一關 번의 시의侍醫 다케베 세이안建部 淸庵은 진정한 난의학을 찾아 겐파쿠에게 편지를 보냈다. 『해체신서』가 막 번역 출간된 사실을 알린 겐파쿠의 답장을 받은 그는 감동과 공감으로 문인 중 한 명인 오쓰키 겐타쿠大槻玄澤를 겐파쿠의 문하로 들여보냈다. 겐타쿠는 1788년 『난학계제蘭學階梯(란가쿠카이테이)』를 저술하여 난학의 발달에 더욱 박차를 가하고, 그 밖에 난벽蘭癖 다이묘로 불린 후쿠치야마福知山 번주 구쓰키 마사쓰나 朽木昌綱가 『태서여지도설泰西與地圖說』을 저술하고, 우다가와 겐즈이宇田川玄隨도 『서

설내과찬요西說內科撰要』를 내놓았다. 겐파쿠가 1815년 만년에 지은 회상록『난학사시蘭學事始(란가쿠코토하지메)』는 문명사적 시야에서 이 시대의 난학 동향을 다룰 때 대단히 중요한 저서다.

난학자들은 공통으로 지리학 혹은 특히 세계지도에 관심을 가지고 있었는데, 동판화를 창시한 시바 고칸司馬江漢은 지리학을 구사한 최초의 세계지도『여지전도輿地全圖』(1792년)를 간행하였다. 고칸은 세계지도에서 지구 구체설을 표현하였고, 당시 모토키 요시나가本木良永에 의해 번역・소개된 지동설도 잘 이해하고 있었다. 그는 코페르니쿠스의 지동설을 번역서인『화란지구도설和蘭地球圖說』과『천지이구용법天地二球用法』을 통해 최초로 일본에 소개하였다. 난학자로서 고칸은 천문학 지식을 바탕으로 광대무변하고 무시무종無始無終한 우주의 존재를 인식하고, 그 근본적인 구성물질을 수기水氣와 화기火氣로 파악하여 새로운 세계관을 전개하였다(『슌파로힛키春波樓筆記』, 1811년). 그는 우주야말로 "실해서 멸망하지 않는實以不滅亡" 것이고, 우주에서 "동물과 인간生類人間"은 무無라고 해야 할 미미한 존재이며 순간의 존재에 불과하다, "사死는 실實이고, 생生은 허虛다", 죽음이야말로 우주(허공, 實有)로의 복귀이며 삶은 순간적인 것에 불과하다고 하였다. 하지만 살아 있는 것은 모두 '물욕・색욕・음식욕'이라는 세 가지 욕심을 가지고 있으며, 사람이 특히 지혜를 위해 고생하는 것은 "귀천상하가 모두 같다"라고 하여 인간평등관을 주장하였다.

시바 고칸과 혼다 도시아키本多利明의 서양에 대한 찬미는, 문명의 발달정도를 역사의 깊고 얕음에서 본 점, 한문의 번잡함을 비판한 점, 서양화의 원근・음영에 의한 입체의 사실성을 존중한 점, 서양인 금수관禽獸觀에 대한 비판 등에서 공통점을 가지고 있다. 하지만 혼다 도시아키는 러시아의 에조치 진출과 덴메이 기근에 따른 동북 농촌의 참상을 염두에 두고 서양에 대한 넓은 식견에 기초한 실천적인 경세론을 전개하였다. 그는 '서역'의 무역입국을 나라를 부유케 하는 농민을 무육撫育하는 '자연치도自然治道'(『서역물어西域物語세이이키모노가타리』)로 보고, 이를 위한 학문・천문・지리・도해渡海를 분리할 수 없는 것이라고 하였다. 그의 경세론은 러시아의 남하에 대항하기 위한 에조치 개발을 중심으로 한 부속도서의 개발에 중점을 두었고 영국을 본보기로 삼았다. 한편 그의 문명론은 지리결정론에 가까운데, 지리학의 경도와 위도, 특히 위도에 따른 기상조건의 차이가 문명의 유무有無를 규정한다고 보았다. 그리고 이 같은 논지에 따라 '가무사스카(런던)', '니시카라후토西樺太(파리)'를 주요 도시로 설정하고 주변과 교역하는 '고일본국古日本國'이라는 국호의 신국가 건설을 지향하였다. 그리고 런던·파리와 위도가 같은 도시를 가진 이 나라(일본)는 '자연치도'와 부속도서의 개발을 통해 번영할 것이고 세계에는 '동양에 대일본섬, 서양에 에게레스(영국) 섬'이라는 두 개의 '대부국, 대강국'이 출현하게 될 것이라고 하였다. 개명적 경세론자인 혼다 도시아키는 당시 가장 넓은 시야을 갖고 서양을 발견한 인물이라 할 수 있다.

제 5 부

막번체제의 붕괴

제1장 농촌의 변질과 덴포天保 개혁

제1절 농촌의 변질

　농촌의 상품경제화에서 주도적 역할을 한 것은 의료衣料의 생산과 그와 관련된 분야의 발전이다. 대중 의료였던 목면은 근세 초기에 기나이 지역의 특산물이었으나, 수요가 증대되면서 18세기 중·후반을 통해 도카이東海, 산요山陽, 간토關東, 호쿠리쿠北陸 지역으로 목화 재배가 확대되었다. 원래 자급의 성격이 강했던 이 면직물은 18세기 중·후반을 통해 특산지화가 진행되고, 19세기 초기에는 중매 상업자본의 전대前貸 내지 공장제 수공업을 수반한 특산지가 각지에 나타났다. 견직물은 일찍이 도시에서 생산된 고급 의료품으로, 원료인 생사는 수입에 의존하고 있었다. 그러나 18세기 이후 생사의 수입이 어려워지면서 생사를 국내에서 생산하지 않으면 안 되게 되었다. 이에 교토 니시진西陣의 견직물 제조기술이 각지로 전파되어 견직물 생산공정의 일부가 농촌부업으로 이루어지게 되었다. 이에 수반하여 도잔東山, 오우 지역에 뽕나무 재배와 양잠이 활성화되고, 그 주변 지역에는 제사, 직포, 양잠종 등의 공정이 지역적으로 분화하여 특산지를 형성하게 되었다. 이러한 견직물 관련 산업들이 농촌지역의 부업으로 정착하면서 상품경제화를 촉진했음은 말할 나위도 없다. 이 밖에도 당시 농촌에서는 쪽, 잇꽃紅花 같은 염료식물, 술과 장유 등의 양조업, 교유업絞油業 등 농촌 가공업과 그 원료의 생산이 널리 행해지고 있었다.

　그런데 이러한 상품생산과 지역적 분업의 심화가 균질적이고 동일한 양상으로 전개되었던 것은 아니다. 당시의 변화는 전통적인 토지관행, 유통시장의 조건, 영주의 산업규제 등의 규제를 받으면서 농촌 내의 상품화와 그에 수반하는 농민들의 토지보유 분해의 정도에 따라 불균등하게 진행되었다. 이러한 상품경제의 침투에 따른 농촌 분해를 1) 화폐경제의 침투가 역으로 작용하여 농촌이 황폐화된 지역, 2) 농촌 가공업의 보급으로 인구가 증가하는 가운데 농민이 호농과 빈농으로 양극 분해된 지역, 3) 후발 특산지의 출현으로 동요한 기나이 지역 등으로 유형화해서 살펴볼 수 있다.

먼저 1) 유형은 북 간토北關東에서 현저하게 나타난다. 이 유형에 해당하는 지역에서는 18세기 중기 이후 상품생산이 침투하면서 농업인구가 촌외로 유출되어 농촌이 황폐화되어 갔다. 이 황폐화는 단순히 생산의 후진성에 의한 것이 아니라 상품경제의 불균등한 전개와 크게 관련되어 있다. 히타치常陸 마카베군眞壁郡 모토키무라本木村는 가사마笠間 번에 속하는 지역으로, 야미조八溝 산지 서쪽에 펼쳐진 밭을 주로 경작하는 농촌이었다. 밭에는 주로 잡곡이나 목면 혹은 담배를 재배하고, 부업으로는 장작과 시마모멘縞木綿(2색 이상의 실을 사용하여 기하학 문양을 짜넣은 면직물)을 근처 재향정에 판매하는 자급생산을 기반으로 한 영세한 상품생산이 전개되고 있었다. 목면 생산은 주로 여자들의 부업으로 이루어졌고, 생산된 목화는 재향상인이 집하해서 에도로 보냈다. 그런데 18세기 초기부터 에도 중매상이 이 지역에 진출하면서 이 지역 상업자본은 차츰 에도 중매상의 자본에 예속된 목면 집하지로 계열화되어 독자적인 활동이 불가능해졌다. 사정이 여기에 이르자 재지 상업자본은 주조업이나 전당업을 경영하는 고리대자본으로 변신하여 농민의 경지를 저당잡아 토지를 집적해 나갔다.

모토키무라의 각 시기의 계층별 가옥 수를 보면, 1745년의 123호가 1833년에는 68호로 반감하였다. 인구는 1747년 723명이 1793년 335명으로 반감하고, 이후 정체 상태를 유지하다가 1833년 이후 서서히 증가하는 경향을 보이고 있다. 호수의 감소를 계층별로 보면, 5석 미만의 호수가 1745~72년 사이에 30호에서 18호로 급감하고 계속 감소하는 경향을 나타낸다. 5석 이상 10석 미만의 호수도 1772~93년까지 급격히 감소하고, 다시 1813~33년까지 매우 크게 감소한다(34호에서 14호로). 즉 1813~33년까지 5석 이상 10석 미만의 호수까지 감소 경향을 나타내고 있다. 한편 10석 이상 15석 미만의 호수는 22~24호로 안정세를 유지하고, 30석 미만 15석 이상 보유 호수는 증가하였다. 100석 미만 30석 이상 보유 호수는 감소하고 있다.

이러한 상황은 10석 이상 15석 미만을 보유한 농가의 경우 화폐경제의 침투에도 안정적인 농업경영이 가능하였으나, 10석 미만의 경지를 보유한 농가는 농촌을 떠나야 하였다는 것을 나타낸다. 그리고 60석 이상의 보유 농가가 1793년 이후 감소하고 15석 이상 30석 이상의 농가가 증가하는 것은 60석 이상 혹은 30석 이상의 부농이 간세이기 이후 분가를 창출하고, 이들이 주조업, 재목상, 전당업을 영위하여 10석 미만의 영세농 농지를 집적해 나갔음을 나타낸다. 한편, 60석 이상의 보유 농가가 감소한 것은 10석 미만의 보유 농민이 농촌을 떠나면서 재지노동력이 감소하여 지주경영 혹은 고용인을 통한 경영이 곤란해졌음을 의미한다. 10석 미만을 보유한 농민이 소작경영을 할 수 없었던 이유는 당시 생산력이 대단히 낮았기 때문이다.

이러한 농촌의 황폐화는 촌의 연공고를 현저하게 떨어트렸다. 모토키무라의 연공고는 18세기 초두에 350석을 넘었으나, 교호기부터 저하하면서 1844~48년에 300석, 덴메이의 재해기는 200석 이하에 이르고, 덴포기에는 150석대로까지 떨어진다. 곤궁한 농민의 이촌離村과 그로 인한 경작면적의 감소에 기인한다고 할 수 있다.

2) 유형은 기나이와 북 간토 지역을 제외한 대부분의 지역에서 일반적으로 보인다. 무사시 서부지역은 에도 중기까지만 해도 주로 밭작물을 재배하여 잡곡을 생산하고, 자급적 성격이 강한 농촌지역이었다. 그런데 18세기 초두에 재목, 종이, 목면, 차, 양잠, 생사, 견직물 등의 다양한 특산물 산지로 변모한다. 재목과 종이는 17세기 이래의 전통산업으로 에도의 중매상인의 지배 하에 놓였으나, 목면과 생사는 이 지역 향정鄕町에서 직거래되어 재향상인에 의해 유통시장이 유지되고 있었다. 덴메이 연간 아시카가足利, 기류桐生, 하치오지八王子 등지에 기계직조 기술이 들어오면서 직조업이 크게 발전하였고 이에 따라 주변 지역에 양잠·제사업이 동반 발전하였다.

이러한 농촌 가공업의 발전으로 지역적 분업이 형성되고 상품생산이 확대되었다. 그로 말미암아 화폐경제가 농촌지역에 침투하였고 그 결과 농민층 분해가 일어났다. 위 지역의 덴포·안세이·게이오 기의 농민층 존재형태를 보면, 20석 이상을 보유한 지주·호농층은 0.9%다. 이들 지주·호농들은 농업경영 외에도 주조업, 목면, 생사와 종이 중매업, 산림업 등을 겸하여 지역의 생산과 유통을 장악하고 있었다. 5석 이상 20석 미만의 토지를 보유한 농민은 전체 농민의 9.5%를 점하고, 덴포기에 5석 미만을 보유한 빈농층은 전체의 약 90%에 이르렀다.

이러한 지역은 위의 북 간토 지역과는 달리 5석 미만의 하층농이 촌 내에 다수 체재하고 있었다. 하층·빈농층이 촌을 떠나지 않고 생업을 영위할 수 있었던 것은 영세한 농업경영을 농촌 수공업으로 보충하거나, 연고年雇나 일고日雇 등의 임노동으로 촌 내에서 생활을 영위할 수 있었기 때문이다. 그러나 이들 하층·빈농층의 생활은 대단히 불안하여, 흉작이나 기근 등이 발생하면 생존을 위해 파괴적인 농민운동을 전개한다.

3) 유형인 기나이 지역은 17세기 이래 목면 재배가 이미 널리 행해지고 있었고 그 결과 재향정在鄕町과 촌 내에서 조면繰綿 가공이나 목면직 등의 가내수공업이 전개되었다. 17세기 말기에는 유채 경작과 유채씨에서 기름을 짜는 교유업絞油業이 발전하였다. 그러나 18세기 중엽 이후 목면의 생산과 가공업, 유채 생산과 교유업 등이 전국 각지로 전파되어 기나이 농촌의 상품생산이 차지하는 역할이 상대적으로 저하되었다. 그리고 오사카의 중매 상업자본 등에 의한 생산물의 집하규제가 강화되어 생산자인 농민과 오사카 상인과의 대립이 심화되어 갔다. 18세기 들어 오사카의 산쇼와타이치 중매조합三所綿市問屋의 힘이 강화되어, 중매상 와타 중매조합綿問屋仲間, 히라노 향平野鄕의 매집상買問屋 등을 통해 농촌의 목면을 집중적으로 매집하였다.

18세기 후반 오사카의 상인들은 각 지역에 회소를 설립하여 기나이의 유통망을 장악하였다. 사정이 이렇게 되자 오사카 상인과 기나이 지역 재향상인들의 대립은 더욱 격화되었다. 마침내 1822년 셋쓰·가와치의 786개 촌이 연합해서 오사카부교쇼에 산쇼와타이치 중매조합을 대상으로 소송을 제기하고, 생산자 농민이 다른 지역에 직매·직선적할 자유를 주장하였다. 이 재판에서 농민들은 직매·직선적의 권한을 인정받았다. 그리고 1824년 셋쓰·가와치·이즈미의 1,007개 촌 농민들이 오사카 상인을 상대로 낸 소송에서 산쇼와 타이치 중매조합을 경유하지 않고 농민이 직접 실면을 판매하는 권한을 얻어냈다.

채종유菜種油는 무사 사회의 필수품이어서 막부의 통제가 강하였다. 18세기 전반까지는 기나이·산요 지역에서 나는 채종을 오사카와 효고 주변의 재향정에 있는 기름집絞油屋으로 보내 기름을 짜서, 그 채종유를 오사카, 효고, 나다메灘目 항을 통해 에도로 보냈다. 그러나 1743년 막부는 니시노미야西宮 이서 지역에서 에도로의 채종유 운송을 금지하고 채종유는 모두 오사카의 종자상種物問屋과 기름집에 집하할 것을 명하였다. 이어 1766년 채종을 모두 오사카로 회송하게 하여 농촌 내부에서의 채종·면실 등의 매매를 금지시켰다. 즉, 막부는 생산농민의 자유로운 유통을 억제하고 오사카 중심의 채종유 시장을 확립, 에도에 값싸고 안정적인 등유 공급을 꾀하였다.

이러한 막부정책에 반대하는 농민의 청원운동이 분카·분세이기를 통해 계속되었다. 그 중 1810년의 청원은 셋쓰·가와치·이즈미의 1,460개 촌이 연합하여 채종유의 직판, 채종과 면실棉實의 깻묵상乾鰯屋에의 인도, 저당 허가를 청원하였다. 막부(오사카마치부교쇼)는 이 청원을 모두 기각한다. 그러나 1832년 막부는 등유시장을 조사하여, 채종을 경작하는 셋쓰·가와치·이즈미·하리마에서의 채종유 직판을 승인하고, 채종 및 채종유를 나다메에서 에도로 운송하는 것을 허가하였다.

이상에서 알 수 있듯이, 18세기 중엽 이후 후진지역에서도 상품생산이 가능해지면서 기나이 지역이 가지고 있던 선진지대로서의 우위성은 약해지고, 이와 더불어 오사카 상인자본의 통제가 강화되었다. 이 오사카 상인자본에 의한 유통 규제는 19세기 들어 촌의 지역적 결합을 통한 국소國訴 등으로 타파된다.

기나이 지역의 농민층은 지역적 편차는 있으나, 5석 미만의 빈농·무고층이 80% 이상을 차지하였다. 그러나 무고층의 비율은 미나미 군이 18%, 오시마 군이 58.7%, 이즈미 군이 73.6%로, 1)·2) 유형 지역보다 월등히 높다. 20석 이상의 부농·지주층 비율도 2)유형 지대보다는 높다.

이 무고층 농민들은 어떻게 생업을 유지하고 있었을까? 1842년 이즈미 군 우다오쓰무라 주민의 직업구성을 보자. 우다오쓰무라는 히토쓰바시 가령으로 촌고는 688석여, 기이가도紀伊街道 연변의 어촌이나 목면직업이 발전한 지역이어서 그와 관련된 소영업과 상공업이 발전하였다. 이 지역은 면 직조에 종사하는 오리야織屋 17호와 면직업과 관계된 제직업이 100호로 도합 117호, 전체 호수의 약 41.5%가 면직업과 관련하여 생업을 이어가고 있었다. 이 지역 최대 오리야는 연고 4인, 일고 남자 2인, 일고 여자 17인을 고용하는 공장제수공업 경영을 하고 있다. 그리고 위의 117호 가운데 고지高持 농민은 16호로 전체의 약 14.5%를 점한다. 한편 전업농은 약 13%를 점하나, 무고층 대부분은 소작을 하고 있다. 그리고 94호는 무고·무경작층으로 식량을 구입해서 생활하는 계층이다. 이는 이 지역 농어촌이 탈농업화하고 있음을 나타낸다.

이 같은 농촌의 변화는 단혼소가족제에 입각한 독립 자영농민층을 기반으로 한 자급자족 경제체제의 붕괴를 보여준다. 즉 막번체제 기반은 19세기에 들어서면서 붕괴되었다고 할 수 있다.

제2절 자연재해와 농민운동

1786년 덴메이 대기근 이후에 커다란 자연재해는 없었다. 농촌에는 농업생산이 착실하게 전개되어 표면적으로는 안정된 상황이 유지되었다. 분세이 초년에 실시된 화폐 개주로 농촌사회에 화폐경제가 침투하여 농산물 가격은 상승하는 경향을, 연공미는 고정화하는 경향을 보이고 있다. 농촌으로 화폐경제가 침투하면서 상품작물과 농촌가공업에 종사하는 호농들은 자본을 축적할 수 있었다. 이들은 자본을 상품작물의 도입이나 기술개량, 신전개발에 투입하기는 했지만 쌀을 중심으로 한 자급자족 경제체제를 지향하는 막번체제의 규제 때문에 투자에 큰 제약을 받고 있었다. 결국, 이들 호농들은 농촌내 금융업, 저당을 통해 토지를 집적하고 사치스러운 소비생활로 나아가게 된다.

1833년 오우 지방을 중심으로 이상기후 현상이 나타났다. 봄에는 극심한 한발이 나타나고, 여름에는 이상저온을 동반한 장마가 계속되었다. 이로 말미암아 쓰가루津輕, 난부南部, 아키타秋田 등지에서 농업생산이 결정적인 타격을 받았고, 수많은 사람들이 굶어 죽었다. 더욱이 센다이, 야마가타, 아이즈와 북 간토 일대도 흉작의 피해를 입었다. 1833년의 대흉작의 상처가 아물기도 전인 1836년 이른 봄부터 여름까지 이상저온이 계속되어, 그 피해는 1833년의 피해를 능가하였다. 이러한 재해들로 말미암아 140만 석에 이르던 막부의 연공미는 1833년 125만 석, 1836년 103만 석으로 감소하였다.

덴메이 기근 이후 자연재해에 대비하여 쌀을 저축하고 구황작물 보급에도 힘쓰고 있었던 막부와 번들은 이 자연재해를 맞아 우선 연공을 감면하고 구휼미를 방출하고 종자벼를 대여하였다. 그 결과 덴메이 기근 때보다도 더 심각했던 1836년의 흉작피해는 상당 정도 줄일 수 있었다. 그러나 위에서 본 농촌지역의 변화 때문에 재해의 영향은 매우 심각하였다. 우선 상품경제의 침투로 인해 자급자족 경제체제가 붕괴되어 쌀을 구입해서 생활하는 농민이 증가하였고, 하층농민의 기근에 대한 저항력이 더욱 약해져 있었다. 그리고 번들은 자번 영민의 식량을 확보하기 위해 다른 번으로의 곡식류 방출을 금하는 유통통제책을 쓰고 있었기 때문에, 전국 규모로 보면 미가의 편재와 분배의 불균형이 일어나 국지적인 기아현상이 발생하였다.

이에 막부는 1833년 5월 흉작에 의한 미가상승을 저지하기 위해 에도의 쌀 도매·중매상에게 쌀을 타 지역으로 방출하는 것을 금하고, 8월에는 아사쿠사의 저장미를 쌀 석 되 이하 구매자에게 싼 값으로 방출하였다. 1833년 9월에는 백미의 에도 유입 금지를 풀어 에도의 쌀부족과 미가상승을 완화하고자 하였다. 1834년 정월에는 간토 지역의 다이묘와 다이칸에게 명하여, 촌의 쌀·잡곡 재고량을 조사하여 새 곡식이 날 때까지 필요한 양만 남기고 나머지는 모두 주변의 재향정이나 에도로 회송하게 하였다. 1835년는 분카기에 정해진 회미제한령을 폐지하여 번들이 저장하고 있던 쌀을 에도나 오사카에 무제한 회송하도록 하였다. 이러한 정책들은 1836년 자연재해 때 더욱 강화된다. 막부의 이 같은 시책들은 모두 유통정책을 통해 미곡을 에도로 집중시켜 미가를 안정시키기 위한 것이었다.

에도 시중의 미가가 뛰어오르면 사회 저변에서 생활하는 일용직 빈민층이 가장 심각한 타격을 받는다. 이들은 일용임금이 고정되어 있었기 때문에 미가상승은 이들의 생계에 바로 타격을 주었기 때문이다. 이들의 생계불안은 바로 사회불안 요소가 된다. 막부는 1831년부터 1836년까지 일용직 빈민층을 조사하고 이들에게 성인남자 1인당 쌀 5홉, 노인과 어린이, 그리고 여자 1인당 3홉을 기준으로 10일치를 지급하였다. 그 소요량은 매년 약 12,000~15,000석에 이르렀다. 당시 에도의 일용직 빈민층 수는 1831년 약 28만, 1833년 약 32만, 1836년 약 35만, 1836년 41만에 이르렀는데, 이는 에도의 50만에 이르는 쵸닌의 80%에 이르는 수치다.

막부의 이러한 노력으로 도시 파괴행위打毀는 막을 수 있었다. 그러나 막부의 도시우선정책은 농촌지역의 불만을 고조시켰다. 위의 쌀 에도 회송령으로 에도 주변지역의 농촌에는 빈농층이 증가하였다. 1836년 8월 무사시 이와쓰키 쵸岩槻町의 빈민들은 곡물도매상穀問屋 등 부유한 상인에게 시미施米를 요구하고, 이 요구를 거부당하자 파괴행위에 나섰다. 이어 구키쵸久喜町, 삿테슈쿠幸手宿, 고토요리무라琴寄村, 1837년 가조마치加須町에서 파괴행위가 발생한다. 그리고 전작지대인 무사시 동부지역 각지에서도 1836년 유력 미곡상, 비료상, 양조업자 등 19인의 미곡 매점에 대항하여 농민들이 분기하자, 어쩔 수 없이 돈과 미곡을 빈민층에게 제공하였다. 사가미相模 각지에서도 빈민의 파괴행위가 이어졌다.

덴포기의 농민운동은 1833년 183건, 1834년 103건, 1836년 205건, 1837년 138건으로 에도 시대를 통해 최고조를 보인다. 이러한 농민운동은 마쓰마에번에서 사쓰마에 이르는 일본 전역에서 발생하였다. 이는 지배층과 피지배층 간의 기본모순에 의해 막번체제의 근간이 흔들리고 있음을 나타내고 있다 하겠다.

한편, 덴포기의 자연재해로 도시지역의 불안도 증가하였다. 농촌의 흉작은 도시로의 회미廻米를 감소시키고, 이는 쌀값의 등귀를 불러왔다. 이에 막부는 위에서 살펴본 여러 가지 유통정책을 실시하여 에도의 미가 안정을 도모하였다. 그런데 오사카의 경우, 막부의 쌀 에도 회송령에 의해 오사카로 들어오는 쌀의 30%를 에도로 회송해야 했으나 오사카마치부교쇼가 시중의 쌀 부족을 이유로 들어 쌀을 에도로 회송하지 않아, 막부와 미묘한 대립을 연출하였다. 그러나 1836년 6월 오사카 히가시마치부교에 로쥬 미즈노 다다쿠니水野忠邦의 동생 아토베 료스케跡部良弼가 부임하여, 오사카 주변 농촌지역의 쌀을 에도로 회송할 것을 명하였다. 오사카마치부교쇼는 1인당 5홉의 쌀을 싼 값에 방출하였으나, 미곡상을 향한 파괴행위를 경고하는 문서가 나돌고, 9월에는 다카쓰고에몬쵸高津五右衛門町의 미곡상이 습격당하였다. 이에 마치부교쇼는 위의 구휼미를 무료로 제공하기로 하고, 고노이케, 가시마야加島屋 등 오사카 상인 100여 명이 15,000여 관문寬文을 내어 빈민구제에 나섰다. 하지만 여전히 아사자는 속출하였다.

이러한 불온한 상황 속에서 오시오 헤이하치로大塩平八郎의 난이 발생한다. 오시오 헤이하치로는 오사카마치부교쇼의 요리키與力로 근무하다 1830년 퇴직하고 가숙家塾 센신도洗心洞를 열어 양명학을 가르치며 생활하고 있었다. 1836년 가이甲斐 농민운동 소식을 접한 그는 서민들의 소량의 쌀 매매는 강력히 단속하면서 에도로의 회미를 추진하는 아토베 료스케의 정책에 불만을 품고, 제자들을 통해 대포와 화약을 조달하여 12월경 봉기를 결심한 듯하다. 오시오는 1836년 말부터 다음 해 정월에 걸쳐 막부시정을 비판하고, 서민생활을 어렵게 하는 마치부교쇼 관리와 호상들을 처벌할 것을 호소하는 격문을 주로 쥬쿠塾의 제자들에게 보이고, 거병 참가를 권유하였다. 그리고 자신의 장서를 정리하여 660량을 마련하고 보시증서施行札 10,000매를 만들었다. 이 보시증서를 오사카와 그 주변 농촌지역 빈민들에게 나누어 주어, 오사카 서적상들을 통해 현금화하였다. 이렇게 하여 민중동원 기반을 마련하고 1837년 2월 17일부터 오사카 주변 각 농촌에 격문을 돌렸다.

오시오는 2월 19일 히가시마치부교 아토베가 새로 부임해온 니시마치부교 호리 도시카타堀利堅와 함께 시중을 순시하는 도중에 덴만의 오시오 저택 부근에서 휴식을 취할 것이라는 정보를 얻었다. 오시오는 이 기회를 이용해 아토베와 호리를 치고 거병하기로 하였으나 배반자가 생기는 바람에 계획을 앞당겨

2월 19일 오전 8시, 동지 20여 명과 함께 거병하였다. 정오경에 농민들도 가세하여 참가자가 300인 정도로 불어나고 오사카 시중에 방화하였다. 저녁 무렵 오시오의 난은 진압되었으나 빈민들은 오사카 방화를 계속하여 20일까지 가옥 3,300채가 불탔다. 오시오는 몸을 숨겼으나 추포망이 좁혀오자 40일 후 자살하였다.

오시오 헤이하치로의 난은 반나절도 못 되어 진압되었으나, 그 충격과 영향은 매우 컸다. 우선 은퇴하기는 했으나 하급무사가 주동하여 무장봉기를 일으켰다는 것은 농민과 상인 등에 의한 농민운동이나 파괴행위와는 질적으로 달라서 사회 각층에 커다란 충격을 주었다. 둘째, 오시오의 격문이 지배자의 이데올로기라 할 유학의 논리를 사용하여 막정을 비판하고 봉기의 정당성을 주장하였다는 점이다. 오시오 격문은 몰래 필사되어 농민뿐 아니라 지식인들 사이에도 유통되었다. 그리하여 국학자 이쿠타 요로즈生田万는 스스로 오시오의 제자라 칭하면서 진야陣屋를 습격하였고, 셋쓰의 노세能勢에서는 '덕정 오시오 편德政大塩味方'이라는 깃발을 세우고 2,000여 사람이 잇키를 일으켜 호상·호농을 공격하였다. 셋째, 에도 다음 가는 제2의 도시 오사카에서 막정에 반대하는 무장봉기가 일어났다는 소식은 아주 빠른 속도로 전국으로 퍼져나갔다. 소식을 접한 막부는 바로 오사카 주변 여러 번에 무장동원을 명하였는데, 이는 막부가 오시오의 난을 체제전복의 위기로 판단하였음을 나타낸다. 이 소식은 에도 시중으로 전파되어 불안감을 더욱 증폭시켰다.

제3절 덴포 개혁

1. 막정개혁

위의 덴포 기근으로 말미암은 농민운동의 고양, 그리고 오시오 헤이하치로의 난 등은 막번제 사회에 커다란 상처를 남겼다. 체제에 대한 위기의식에서 막정에 대한 비판의 소리가 높아갔고, 막부도 막정개혁의 움직임을 보였다. 1837년 9월 장군 이에나리家齊는 이에요시家慶에게 장군직을 물려주었다. 그런데 이에나리가 거처하던 니시노마루西丸가 1838년 3월 불타버리자 막부는 로쥬 미즈노 다다쿠니水野忠邦를 책임자로 삼아 그 재건에 착수하였다. 니시노마루의 재건에 필요한 비용은 오와리, 기이, 가가, 하코네 등 신판親藩·후다이·도자마의 유력 번들의 기부금手傳金으로 충당하고, 필요한 자재도 상납하도록 명하였다. 하타모토와 고케닌들에게도 일정 비율로 헌납금을 부과하고, 에도 쵸닌과 막부령 농촌에도 헌납금을 내도록 하였다. 이렇게 해서 거두어들인 헌납금이 170만 량에 달하였다.

한편, 이에나리가 니시노마루로 거처를 옮기면서 막정을 장악한 사람은 미즈노 다다쿠니였다. 미즈노 다다쿠니는 분세이 이래의 이에나리-미즈노 다다아키라水野忠成 라인을 배제하면서 정치쇄신을 도모하였으나, 구체적인 계획은 내지 못하고 있었다. 다만 검약과 강기숙정, 농촌지역에 대해서는 다이칸과 간토토리시마리 출장소 관리關東取締出役를 통한 물가인하, 비축미 장려, 주조 제한, 하천 보수공사의 감찰 등 농촌통제를 더욱 강화시켰을 뿐이다.

1841년 윤정월 오고쇼 이에나리가 사망한다. 이에나리는 장군직을 물려주고 나서도 니시노마루에서 막정에 커다란 영향력을 행사하고 있었기 때문에 그의 사망은 막정에 변화를 불러왔다. 로쥬 미즈노 다다쿠니는 우선 이에나리의 총신이었던 하야시 다다히데林忠英, 미즈노 다다아쓰水野忠篤, 미노베 모치나루美濃部茂育를 비롯한 니시노마루파를 권력의 장에서 제거하였다. 그리하여 장군 이에요시-다다쿠니 중심의 개혁노선이 확립된다.

이에요시는 1841년 5월 자신의 생일날 로쥬 이하 막부 관리들을 에도성에 집합시켜 개혁의지를 천명하고, 로쥬 다다쿠니 역시 개혁의 의지를 천명하는 명령서를 내렸다. 다다쿠니는 개혁 목표를 표면적으로는 교호·간세이 개혁에의 복귀라고 표명하였다. 그러나 그 진의는 지금까지의 피폐한 정치와 사회혼란을 바로잡는 것이었다. 개혁 내용을 보면 다음과 같다.

1) 검약령·강기숙정·풍기단속령

개혁의 손길은 우선 막부 관아의 강기숙정에서부터 출발하였다. 1841년

6월 관리들에게 1) 사실을 있는 그대로 보고할 것, 2) 상관의 명령이 있더라도 납득할 수 없을 경우, 자신의 의견을 상신할 것, 3) 자신의 관할 밖의 일이라도 의견이 있으면 상신할 것 등을 명하였다(이 명령은 1791년의 명령서 내용과 동일하다). 그리고 각 관아의 경비절감을 위해 경상지출 실태를 조사하고, 특히 업자와의 관계에서 리베이트가 있음을 지적, 강기숙정으로 올바른 운영을 하도록 지시한다.

그러나 막부 수뇌부 사이에 대립이 표면화하였다. 특히 후술할 영지교체三方領地替를 둘러싸고 벌어진 의견 대립은 심각한 상황에 이르렀다. 장군 이에요시가 영지교체 철회 입장을 보이자, 도이 도시쓰라土井利位, 홋타 마사아쓰堀田正篤, 사나다 유키쓰라眞田幸貫 등의 로쥬도 영지교체에 반대의견을 표명하여 미즈노 다다쿠니는 완전히 고립상태에 빠진다. 시중에 내려진 검약령의 시행을 둘러싼 마치부교들과의 대립도 심화되었다. 당시 에도 미나미마치부교 야베 사다노리矢部安謙와 기타마치부교 도야마 가게모토遠山景元는 엄격한 검약령 시행이 시중의 안정을 해치고 경제를 쇠퇴시켜 불황을 가져온다는 이유로 다다쿠니의 명령에 반대하였다.

이렇듯 사면초가에 빠진 미즈노에게 강력한 후원자가 나타났다. 바로 미토번 번주 도쿠가와 나리아키德川齊昭였다. 1841년 8월 나리아키는 다다쿠니에게 서간을 보내 다다쿠니의 개혁노선을 지지하고, 화폐 개주 금지, 도쿠미도이야 금지, 유능한 다이칸 발탁, 장군 닛코 참배 실시 등 10여 가지 정책을 제안하였다. 여기에 힘을 얻은 다다쿠니는 온건파 마치부교들과의 대결을 결심하고, 장군에게 상신서를 올려 인사 쇄신을 건의하였다. 장군은 개혁 추진을 명하였고, 미나미·기타 마치부교가 해임되었다.

2) 주식형 동업조합 해산령과 물가 인하책

이로써 다다쿠니는 정권의 주도권을 잡고 개혁에 박차를 가한다. 우선 물가인하에 주력하였다. 1841년 9월 신임 오사카마치부교 아베 쇼조安部正藏에게 물가상승의 원인을 조사하도록 하였다. 물가는 분세이기 초기 이래 상승하는 경향을 보이기는 했는데, 덴포 기근으로 인한 미가 상승을 기화로 더욱 가속화되었다. 아베는 오사카의 상품유통을 조사하여 물가상승의 원인으로서 물자의 오사카 회착 감소를 지적하였다. 즉 오사카 도매상이 제대로 기능하지 않아 물가가 오른다는 결론을 냈다. 그런데 아베의 보고가 있기 전인 1841년 12월, 다다쿠니는 에도의 모든 도매상에게 주식형 동업조합을 해산하라는 명령株仲間解散令을 내렸다. 주식형 동업조합이 유통과정에서 부정을 행하여 그 영향으로 물가가 급등한다고 인식하였던 것이다. 다다쿠니는 도매상의 주식형 동업조합에 영업허가세의 상납을 면제하는 대신 일체의 특권을 인정하지 않고, 산지상인 혹은 중매상이 물자를 에도로 직송하는 것을 인정·장려하여 에도 물가를 안정시키려 하였다.

주식형 동업조합 해산령은 이전부터의 상업관행을 부정하는 것인데다 너무 갑작스런 명령이어서 오히려 상품유통이 혼란에 빠졌다. 그럼에도 불구하고 막부는 1842년 3월 다시 주식형 동업조합 해산령을 에도뿐 아니라 전국의 동업조합·주식형 동업조합에 통달하여 적용하도록 명하였다. 그런데 당시에는 유통시장을 둘러싸고 막부와 번의 대립이 심화되고 있던 때라 주식형 동업조합 해산령에 대한 번들의 대응이 일정하지 않았다. 오와리·오카야마·쓰루가·야마다 번 등은 막령에 따라 주식형 동업조합을 해산하지만, 아이즈·사쓰마·히로시마 번 등은 법령을 무시하였다. 막령을 따른 오와리 번은 번내의 목면 등을 집하하는 회소를 설치, 특권을 상실한 에도 중매상에 대신하여 에도로 목면을 직접 판매하여 이익을 챙겼다. 이것은 전국시장의 유통을 둘러싼 번 상호간의 경쟁, 막부와 번 사이의 대립이 심화되어 간 것을 의미한다.

주식형 동업조합의 해산에도 불구하고, 막부의 기대처럼 물가는 안정되지 않았다. 오히려 급작스런 주식형 동업조합의 해산으로 유통체계가 혼란스러워져 물자의 집산이 정체되었다. 게다가 주식형 동업조합의 해산으로 가격통제도 불가능해졌다. 따라서 막부는 행정조직을 통해 시중의 소매가격을 통제하여 물가인하를 유도하였다. 즉 1841년 11월 에도 시중의 나누시 31명을 시중 감시담당관市中取締掛에 임명하고, 1842년 2월에는 시중의 나누시 41명을 제 물가담당 나누시諸色掛名主로 임명하여, 시중 상품가격 조사와 감시를 하게 하였다. 이 물가조사를 바탕으로 막부는 제 상품의 물가를 10%정도 내릴 것을 명하고, 1842년 5월에는 지세와 점포세 부과 방침을 내놓았다.

막부의 강제적인 물가인하 노력에도 불구하고, 상품 입하는 줄어들고 소비 수요는 위축되어 상업은 부진에 빠져들었다. 이에 막부는 1842년 10월 오사카 마치부교 아베 쇼조의 건의에 따라 다이묘가 자번이나 타번의 상품을 다량 구입하여 오사카·에도 번저에서 판매하는 것을 금지하고(번 전매제 금지), 생산지의 하주나 선주들이 물건을 사두었다가 가격이 올랐을 때 판매하는 행위도 금지하였다. 그러나 이것들은 지켜질 수가 없었다. 특히 번 전매는 번 재정의 확충을 위한 것이어서 그 금지는 막부와 번의 대립을 심화시켰고, 이 대립은 막번체제의 시장구조를 해체하는 작용을 하였고, 나아가 막번제의 모순을 더욱 표면화시켰다.

3) 농업정책

막령의 농촌지역에도 다이칸을 통해 1841년 5월에 내린 막정개혁 명령을 하달하였다. 8월에는 에도에 내린 검약령과 풍속광정風俗匡正의 교유敎諭를 농촌에 전달하고, 9월에는 신사·제례에서 행하는 교겐, 아야쓰리, 스모, 유예遊藝, 가부키, 죠루리 등을 금지하고, 사치와 유약한 풍속에 대한 단속을 강화하였다. 특히 농촌지역에서 술집, 식당, 이발, 목욕업 등 풍속을 어지럽히고 농경을 방해하는 영업행위를 금지하고 그 감시를 강화하였다.

그리고 1841년 11월, 다이칸을 통해 농정개혁 방침을 하달하였다. 내용은 ① 연공수취의 적정화, ② 농민의 사치 금지, ③ 황지개간 장려, ④ 척박하여 석고에 편입되지 않았던 토지의 석고 편입, ⑤ 저축미 장려, ⑥ 촌 경비의 절감, ⑦ 다이칸쇼 근무자와 관계자들의 자숙 등이다. ①, ③, ④에서 알 수 있듯이, 농정개혁의 기본은 간세이 개혁에서와 마찬가지로 경지면적의 확대와 그것을 통한 연공 증징이다. 한편 이 명령서와 더불어 다이칸에게 8통의 포고령을 내려, 그 준수를 명하였다. 내용은 ① 쓰나요시가 발포한 유교의 인정仁政 사상에 입각한 다이칸의 마음자세, ② 논밭의 미곡생산을 중시하고, 상품경제를 억제할 것(요시무네가 교호 개혁 초기에 내린 명령),

③ 다이칸은 솔선하여 부정을 배척하고, 검약질소하게 생활하여 농민의 모범이 될 것(마쓰다이라 사다노부가 간세이 개혁 때 내린 명령) 등이다. 이것으로 알 수 있듯이 덴포 개혁의 농정 기조는 전통적인 농정관에 입각해 있었다.

한편, 황무지 개간과 척박지의 석고 편입정책은 덴포기 초기부터 반복하여 내려진 것으로, 다이칸들이 자신의 지배지에서 실시하기도 하고 간죠카타의 관리를 각지로 파견해서 실시하기도 하였다. 그러나 이러한 정책은 농민의 반대에 부딪혔다. 1841년 봄 교토마치부교쇼는 비와 호 동쪽 4개 군의 쇼야 300여 인을 소집하여 비와 호 호반과 하천부지 중에 새로 개발이 가능한 토지를 조사하도록 명하였다. 이 지역은 에도 쵸닌이 신전으로 개발하겠다는 소원을 막부에 제출하였다가 농민들의 반대로 무산된 적이 있는 곳이었다. 막부는 1842년 정월 간죠카타의 관리를 파견하여 토지조사를 실시하였다. 이에 쇼야들이 회합을 가지고, 막부에 신전 개발 반대 탄원서를 제출하기로 하였으나, 2만여 농민들이 간죠카타 관리가 묵고 있는 본진本陣을 습격하여 서류를 파기하는 사태가 발생하였다. 결국 관리들은 신전개발의 유보를 선언할 수밖에 없었다. 이 같은 사태에 대해 막부는 관련 관리와 주동 농민을 엄벌에 처하였다.

막부는 토지조사의 실패 원인을 다이칸의 현지 부재에 있다고 인식하였다. 이에 다이칸의 재지 등 다이칸쇼 정비를 강화하면서 전국적인 토지조사에 임하였다. 1842년 다이칸을 대규모로 교체하고, 1843년에는 38명의 다이칸 중 반을 신임 혹은 전임시켰다. 특히 간토와 고·신·에쓰甲·信·越 지역의 다이칸은 대부분 교체되었다. 그리고 1842년 10월 동북·간토·신·에쓰 지역을 지배하는 12인의 다이칸에게 지배지 진야陣屋에서 거주할 것을 명하였다. 이는 막령에 대한 다이칸 직접지배를 강화하려는 의도를 나타낸 것이었다.

이러한 다이칸의 농촌 직접지배 체제가 강화되자, 막부는 1843년 6월 다이칸에게 지배농촌을 순회하며 토지를 조사하도록 명하였다. 특히 황지개간의 연공 부과지 편입, 척박지·하천제방 주변, 호수, 늪지 등의 주변 경작지流作場·논밭 옆에 붙어 있는 토지를 개간하여 생긴 경지切添地의 석고 편입, 현지 실사에 의한 연공 수취檢見法, 촌 경비의 절감 등을 구체적으로 검토할 것을 명하고, 간죠카타 관리의 순견에 대비하여 촌마다의 지도, 촌 석고를 기록하는 장부 고젠쵸^{小前帳}, 연공을 기록하는 도리카쵸^{取箇帳} 등을 제작해서 제출할 것을 명하였다. 이 개혁은 1843년 8월 이후 각 지역의 다이칸 지휘 하에 일제히 실시되었으나, 윤9월 미즈노 다다쿠니의 실각과 더불어 중지되었다. 이 토지조사로 약간의 증징은 있었으나 그 양은 미미하였다. 이 정책 역시 당시 농촌이 직면하고 있던 상품생산의 전개와 호농의 토지집적에 대응할 수 없는 시대착오적인 정책이었다고 할 수 있다.

4) 닛코샤 참배^{日光社參}

닛코샤 참배는 10대 장군 이에하루^{家治}가 1775년 거행한 이래 중단된 상태였다. 이에나리도 참배를 계획했으나 실행하지는 못하였고, 그의 사후 미토 번주 나리아키의 건의로 장군의 닛코샤 참배가 구체화되었다. 1842년 정월 다다쿠니는 이 계획에 직접 관여하여 이에야스 기일인 4월 17일에 장군의 닛코샤 참배를 공식 발표하였다. 닛코샤 참배행렬은 1843년 4월 13일 에도를 출발하여 무사시 이와쓰키에 숙박, 고가^{古河}, 우쓰노미야^{宇都宮} 성을 거쳐 16일 닛코에 도착, 17일 참배, 18일 닛코 출발, 21일 에도 성으로 돌아왔다.

이 행렬의 모범이 된 것은 히데타다의 닛코샤 참배였다. 로쥬 이하 후다이다이묘와 하타모토들이 군단을 편성하여 나카센도^{中山道}에서 닛코가도를 따라 행군하였다. 당시에는 개혁이 한창이던 때라 행장의 화려함을 경계하고, 이전의 닛코샤 참배 규모보다 크게 축소하였다고는 하나, 행렬에 참가한 사람은 14만~15만 명에 이르렀다.

한편, 이 기간중에 닛코 참배 연도의 숙역에는 대량의 스케코^{助鄕} 인마^{人馬}가 필요하였기 때문에 숙역 인근 지역의 부담이 대단히 컸다. 그리고 이 기간중 도자마다이묘들에게는 간토 방위 임무가 주어졌다. 하코네 검문소에는 센다이 번이 6,000명을 내어 수비를 맡고, 우스이토게^{碓氷峠}는 가가 번, 사가미 우라가^{浦賀}는 사쓰마 번, 오이가와^{大井川}는 난부^{南部} 번, 오우 시라카와^{白河} 검문소는 쵸슈 번이 각각 출동하여 만일의 경우를 대비하였다. 이렇듯 장군의 닛코샤 참배는 모든 후다이다이묘 · 하타모토는 물론 모든 도자마다이묘들을 포함한 일종의 군사기동훈련이었다. 그리고 이를 통해 장군에 대한 군역봉임 태세를 점검·확인하고, 장군의 권위를 세상에 드러내기 위한 것이었다.

5) 인바 늪지印旛沼 개착공사

장군의 닛코샤 참배를 통해 다다쿠니는 정권 기반을 더욱 공고히 하였다. 이제까지 친 미즈노親水野 부교들의 협조와 메쓰케 출신 도리이 다다테루鳥居忠輝 등의 도움을 받아 개혁정책을 추진하였으나, 닛코샤 참배 후에는 간죠카타 개혁파 관료, 네모토 젠사에몬根本善左衛門, 하쿠라 게키羽倉外記, 시노다 가쓰시로篠田勝四郎 등이 개혁 실행의 전면에 나섰다. 이들이 중심이 되어 위에 서술한 다이칸의 지역지배 강화를 추진하였으며, 닛코샤 참배가 성공리에 끝나자 위의 농정개혁, 인바 늪지 개착공사와 영지몰수上知를 더욱 강력하게 추진하였다.

시모사下總에 있는 인바 늪지의 개착은 다누마 정권기부터 몇 차례 계획하였으나 실행에 옮기지는 못했고, 덴포 초기에도 간죠카타에서 현지조사를 실시하였다. 1842년 다이칸이었던 시노다 가쓰시로가 책임자로 발탁되었고, 그는 현장을 시굴 조사하여 개착공사 계획안을 제출하였다. 이 계획서에 의하면, 인바 늪지의 서단 히라토平戸에서 에도 만에 면한 게미가와檢見川에 이르는 약 42km 폭 10간(18m)의 물길이 만들어져 늪지의 물이 에도 만으로 흘러 들어가게 된다. 그리하여 ① 소택지를 간척하여 신전을 개발하고, ② 배수로를 정비하여 늪지 주변 지역의 수해를 대비하며, ③ 도네가와에서 인바 늪지를 거쳐 에도 만에 이르는 수운을 개설한다는 것이다. ①, ②는 경지면적 증가와 연공증징을, ③은 에도와 배후 농촌과의 물자유통을 원활히 하기 위한 것이었다. 또한 ③은 서구열강이 에도 만을 봉쇄할 경우, 에도로의 물자유통로를 확보하기 위한 것이기도 하다.

막부는 1843년 6월 돗토리 번鳥取藩(32만 석), 쇼나이 번庄内藩(11만 석), 누마쓰 번沼津藩(3만 석), 아키쓰키 번秋月藩(5만 석), 가이부치 번貝淵藩(1만 석) 등 다섯 번에 인바 늪지 개착공사를 하여 그것을 막부에 기부하도록 명하였다(오데쓰 다이후신御手傳普請). 7월에는 다섯 다이묘가 분담하는 공사지역도 정해져 공사가 시작되었다. 그런데 일단 공사에 착수하고 보니 대단한 난공사여서 비용과 예산을 초과하게 되어 운하 폭을 10간에서 7간으로 줄여 진행하였다. 그러나 이 야심찬 계획도 1845년 다다쿠니의 로쥬 파면과 더불어 실패로 끝났다.

6) 영지교체와 몰수령上知令

막부는 1840년 11월 무사시 가와고에 번주 마쓰다이라 나리쓰네松平齊典(15만 석)를 데와의 쇼나이에, 쇼나이 번주 사카이 다다카타酒井忠器(14만 석)를 에치고의 나가오카에, 나가오카 번주 마키노 다다마사牧野忠雅(6만 석)를 가와고에로 이봉한다는 명령을 내린다(삼방영지교체령三方領地交替令). 이 영지 교체는 이에나리의 24자 나리사다齊省를 양자로 맞은 가와고에 번의 탄원에 의한 것이었다. 가와고에 번은 1828년에도 구 영지인 히메지에로의 전봉을 청원하고, 1836년과 1838년 두 차례에 걸쳐 구 영지인 죠슈上州 마에바시 성으로 귀성하고 싶다는 탄원서를 제출했었다. 가와고에 번은 막부의 명령을 즉시 영민에게 공포하고, 영지교체 준비를 하였다. 번사들은 생산력이 높은 영지로의 이봉에 기대를 걸고 있었다. 쇼나이 번은 예측하지 못한 이봉 명령에 당황하였고, 즉시 니시노마루와 막부 요로에 영지교체 저지운동을 전개하였다.

농민들은 당연히 영지 교체를 달가워하지 않았다. 가와고에 번 농민들은 번에 대한 차재借財가 무효화될 것을 걱정하고, 번에 채무의 변제를 요구하였다. 쇼나이 번 농민들은 1839년 11월 농민대표 12인이 에도로 가서 가고소駕籠訴(고위 관리가 가마를 타고 지나가는 도중에 소장을 제출하는 일종의 월소越訴)를 계획하였다. 1841년 로쥬 미즈노 다다쿠니에 대한 가고소가 성공한 이래 촌대표에 의해 막부 요직 인사, 유력 사원인 우에노의 간에이지寬永寺, 유력 도자마다이묘들에 대해서까지 가고소가 행해졌다. 그리하여 막부 내부에 영지 교체 반대에 동조하는 분위기가 확산되고, 도자마다이묘들도 이유 없는 영지 교체에 반대한다는 의견을 막부에 피력하였다.

나아가 오쇼야大庄屋·쇼야들이 중심이 되어 지역회합을 갖고, 대표를 에도로 파견하여 계속 탄원서를 제출하였다. 농민집회도 잦아지고 참가자도 계속 늘어나 1840년 2월의 농민집회에는 15,000여 명이 참가하였다. 이렇듯 세를 과시하며 계속 탄원서를 제출하여 막부를 압박하였고, 죠카마치의 상인들도 이들 농민에게 협조하여 농민운동의 경비를 부담하였다.

끈질긴 농민들의 저항에 장군 이에요시는 6월 다다쿠니를 불러 영지 교체의 중지를 명하고, 해방海防을 이유로 들어 사카타酒田와 니가타新潟 항을 몰수하였다. 한편 막부는 가와고에 번의 증봉을 허락하였다.

1843년 6월 에도 40km 사방에 영지를 가지고 있던 다이묘와 하타모토들에게 영지를 회수한다는 명령이 내려졌다. 이 지역의 가와고에川越 번과 오시忍 번을 제외한 후다이다이묘 13명에게서 27,000여 석, 무사시·사가미·가즈사·시모사에 영지를 가지고 있는 하타모토들에게서 212,000여 석, 오사카 주변의 셋쓰·가와치·이즈미·야마시로·야마토 등지에서 18명의 다이묘와 76명의 하타모토에게 268,000여 석의 영지를 반상反上하도록 명하였다(영지몰수령上知令). 반상 석고가 500석 이하일 경우는 영지를 몰수하는 대신 막부가 그에 상응하는 수입을 쌀로 지급하고, 그 이상일 경우는 지행지를 교체하여 주기로 하였다. 즉 에도와 오사카 주변지역에서 50여만 석에 이르는 다이묘·하타모토의 영지를 막부령으로 편입하고, 대신 다른 지역의 토지를 영지로 교체해준다는 것이었다. 영지몰수령은 지배소령이 복잡하고 분산되어 있던 것을 일원화하기 위한 것이었다.

이 영지몰수령에 대해 다이묘와 하타모토들은 조상대대로 지배해 왔던 영지를 포기해야 하는 것이기 때문에 쉽게 동의하기 어려웠다. 더욱이 에도 저택에서 소비되는 비용을 조달하여 온 에도 주변 지배지나 생산력이 높고 공적비용을 융통하여 온 오사카 주변 지배지를 몰수당한다는 것은 다이묘와 하타모토들에게 심각한 경제적 타격을 의미하였다. 따라서 이들의 불만은 클 수밖에 없었다. 한편 농민들은 영주교체로 연공부담이 증가할 것을 경계하였다. 그리고 연공 선납금·어용금·조달금 등의 명목으로 빌려준 채권이 일시에 소멸될 것을 걱정하여 영주가 전봉하기 이전에 채무를 청산해줄 것을 요구하였다. 이에 채무 변제 능력이 없는 영주들은 술값으로 농민을 위로하려 하였고, 농민들은 막부 다이칸에 소송을 제기하였다.

사정이 여기에 이르자, 로쥬 홋타 마사요시와 도이 도시쓰라가 영지몰수에 반대하는 쪽으로 기울어지고, 마치부교들 역시 영지몰수 반대로 선회하였다.

게다가 오사카 주변에 와이료지賄料地를 가지고 있던 도자마다이묘들도 영지몰수에 반대하였다. 영지몰수에 적극적이었던 도리이 다다테루도 다다쿠니에게 등을 돌렸다. 고립무원 상태에 빠진 다다쿠니는 더 이상 영지몰수를 강행할 수 없었다. 이에 장군 이에요시는 1843년 9월 영지 몰수를 철회한다는 명령을 내렸다.

이어 이에요시는 1845년 2월 다다쿠니를 로쥬직에서 해임하고, 그를 도와 개혁을 추진하던 사람들도 모두 해임하였다. 그리고 다다쿠니가 추진한 농정개혁, 인바 늪지 개착공사 등도 모두 백지화하였다. 다다쿠니의 실각 소식을 접한 농촌과 도시민들은 기쁨을 감추지 못하였다. 영지몰수를 면한 도이령土井領 농민들은 다다쿠니 실각 소식에 하루를 휴일로 삼아 놀았다고 한다. 한편 에도의 도시민들은 다다쿠니의 저택에 돌을 던지고 문전의 감시소를 파괴하였다. 사치금지와 상품가격 통제 등의 단속정책에 대한 불만이 폭발하였다고 할 수 있을 것이다.

미즈노 다다쿠니가 주도한 막부의 덴포 개혁은 덴포 기근을 계기로 시행된 것이지만, 농촌과 도시의 변질로 발생한 기본모순(지배와 피지배 간의 모순)이 표출되자 이를 극복하기 위해 교호·간세이 개혁을 모범으로 삼아 실시한 것이었다. 그러나 교호·간세이 개혁의 정책기조가 경제 선진지역에 초점을 맞추어 막부가 상품생산을 장악하여 봉건지배층의 경제적 궁핍을 해결할 의도에서 결정되었다면, 덴포 개혁은 그 기본적 태도는 같다 하더라도 봉건적 위기에 대한 강한 인식과 적극적인 개혁의지에 기반하여 착수했다는 점, 막부의 정책기조가 전국을 대상으로 하였다는 점, 농민의 상품생산을 전격 인정하였다는 점에서 이전의 개혁과는 구별된다 하겠다. 그럼에도 불구하고 덴포 개혁 역시 막부의 부패와 유연성 결여, 정책적 일관성의 결여, 막부령의 전국 산재로 인한 농민 장악의 불철저, 막부 내부의 상호대립, 유통질서의 혼란 등으로 실패하였다.

덴포 개혁 실패는 막부의 봉건적 위기에 대한 대처의 실패뿐 아니라 막번체제의 모순점을 노출시켰다. 첫째, 막부는 중앙 공권력으로서 번에 대해 강력한 통제를 행사하여 왔으나, 이 시기에는 그것이 불가능해졌다. 이미 내려졌던 전매금지령은 지켜지지 않았고, 번들은 오히려 전매제를 강화하여 번정개혁에 성공한다. 막부령 집중계획의 실패도 막부의 전국 지배력이 약화된 것을 보여준다. 이는 상대적으로 번 권력의 강화를 가져와 막부와 번, 번과 번의 대립(번과 번의 협력·결합을 포함)을 가져왔다. 이러한 현상은 전 구조적 입장에서 보면 막번체제의 지배질서 와해를 초래한다. 둘째, 번에서는 하급무사들이 정치에 진출하여 횡적연합을 통해 정치세력으로 부상하였다. 적어도 덴포 개혁에 성공한 번들은 이러한 현상이 지배적이었고, 이는 정치세력의 교체를 의미한다. 셋째, 농민의 상품생산을 인정함으로써 석고제를 기반으로 한 막번제 경제구조가 와해되고, 번이 정치·경제의 단위가 되면서 막부를 결절점으로 하는 막번체제의 기본구조는 기능 부전에 빠졌다. 넷째, 후술하는 서구열강의 일본진출, 특히 1842년의 아편전쟁 소식이 일본에 전해지자, 그것을 서양세력의 일본침략의 위험성으로 인식하고 그 대응책을 강구하였으나 만족스럽지 못한 것이었다. 이것은 소위 쇄국제가 붕괴하기 시작하였음을 의미한다. 이상에서 추측할 수 있듯이, 막번체제를 지탱하는 석고제와 쇄국제가 이 시기에 오면 기능 부전에 빠져 체제 유지가 더 이상 어려워지게 된다.

2. 웅번雄藩의 개혁

1) 덴포기 이전의 번정개혁

18세기 중엽 이후 사회·경제 상황의 변모는 막부뿐만 아니라 번들도 처해 있는 상황에 따라 정도의 차는 있지만 위기를 맞이하고 있었다. 따라서 번들도 그 해결책을 강구하자 않으면 안 되었다. 17세기를 통해 번들은 정치조직을 정비하고, 신전 개발에 힘쓰고, 생산력 발전에 힘써 번 경제의 자급화에 노력하였다. 그러나 번 경제는 구조적으로 전국적인 상품유통에 의존할 수밖에 없는 측면을 가지고 있다. 번 수입은 영내 생산물을 연공미와 고모노나리의 형태로 수취하는 현물경제체제에 의해 유지된다. 번 지출은 가신단에의 녹봉미, 번 행정비용, 다이묘 생활에 필요한 비용 등 번 지역에서 사용하는 지출과 에도에서 사용하는 비용 등으로 나누어 볼 수 있다. 전자는 번의 통제를 받는 현물경제의 성격이 강하나, 후자는 에도나 오사카에서 연공미를 현금화해서 사용하였으므로 전국적인 유통경제에 의존하지 않을 수 없었던 것이다.

참근교대나 에도 번저를 유지하기 위한 지출이 점점 증가하면서 다이묘들은 더 많은 현금을 확보해야 하였고, 그 부족분을 어용상인·환전상들에게 빌리게 된다(다이묘가시大名貸). 이에 번은 만성적인 재정적자에 시달리게 되어, 17세기 말기경부터는 번 재정의 쇄신을 목표로 하는 번정개혁을 시도하는 번이 나타난다. 이 시기 번정개혁의 공통점은 ① 기강의 숙정과 검약령, ② 지행·녹봉미의 삭감, ③ 농정개혁과 세금증징 등이다. ①은 검약을 강요하여 농민들로부터 영공 증징을, 무사들에게는 지출 삭감을 목적으로 한 것이다. ②는 지행과 녹봉을 삭감하여 번 재정을 강화하고자 한 것으로, 하급무사의 희생을 통한 번 재정 강화책이다. 이 정책은 하급무사의 궁핍을 가져와 번체제를 오히려 약화시킬 수 있는 약점을 가지고 있다. 결국 1)·2) 정책은 일시적인 미봉책에 불과하였고, 막번체제를 유지하면서 번 재정을 강화하는 길은 농정을 개혁하여 연공을 증징하는 것이었다. 즉 신전을 개발하여 경작지를 늘리고, 기존 경작지를 조사하여 생산력 증가분을 석고에 편입·증가시켜 연공을 증징하는 정책이다. 한편 농촌의 가공업과 상품작물에 주목하여, 그 종사자들에게 영업세나 부가세를 부과하여 번 재정을 타개하고자 하였다. 그러나 이러한 정책은 대부분 농민들의 강한 저항에 부딪혀 실패하기 일쑤였다.

막부는 막부 재정을 타개하기 위해 헌상미 제도나 번에 막부의 공사들을 떠넘기는 국역國役(구니야쿠) 부역제도를 강제하였다. 이를 통해 막부는 일시적으로는 재정 파탄을 피할 수 있었으나, 이를 담당하였던 번의 재정은 더욱 어려워졌다. 이에 번들이 번정개혁에 착수하였다. 18세기 중엽 요네자와, 아키타, 쵸슈, 구마모토 등의 번에서는 무능한 상급가신들을 번정에서 추방시키고 유능한 인재를 번정에 기용하였다. 이 유능한 인재들을 중심으로 위에서 언급한 정책들을 추진함과 동시에 ① 번교藩校를 설립하여 이데올로기 결집에 노력하고, ② 적극적인 식산흥업정책을 추진하기 위해 회소會所, 국산방國産方을 설치하였다.

① 번교의 설립은 번사를 교육시켜 번론을 통일하고, 번 개혁에 필요한

인재를 양성·발탁하기 위한 것이었다. 호농층 자제들에게도 번교에서의 청강을 허락하였는데, 여기에는 호농층을 교화시킴과 동시에 이들을 번정개혁의 협조자로 끌어들이려는 의도가 있었다. 이에 따라 이 시기(18세기 중반~19세기 전반)에 번교가 폭발적으로 설립된다. ② 식산흥업정책은 번의 상품생산 전개 상황에 따라 다양하게 전개되었고 그 영향도 다양하였다. 요네자와 번은 간세이 연간 수예역소樹藝役所를 설립하여 거망옻나무 100그루를 심고, 그곳에서 연공을 거둬들이거나 거망옻나무 열매를 사들여 번이 운영하는 제납소制蠟所에 보내 납을 생산케 하였다. 그리고 번이 운영하는 치지미縮 제조공장을 설립하고 에치고 오지야小千谷 치지미 기술을 도입하였으며 이 기술을 번내에 전파하여 축포縮布를 장려하였다. 간세이 연간에는 국산회소國産會所를 설립하여 영내에 양잠을 장려하고, 직물 등의 번 상품을 에도에 팔기 위해 노력하였다. 이렇듯 번 당국은 기술 이식과 강력한 번 전매사업을 시도하였는데, 특히 번 전매사업은 에도 도매상인에 의존하여 시장을 개척함과 동시에 죠카마치 특권상인과 결합하여 번 경제의 자립화를 촉진하였다.

쵸슈 번은 번의 특산품인 종이를 청부제로 생산하고, 납을 만드는 거망옻나무 열매를 강제 매입하는 등 번 전매제를 강화하였다. 호레키 연간에는 거망옻나무 밀랍蠟蠟의 매점·가공·판매의 전매제도를 확정하고, 쪽은 아이자藍座를 설치하여 번내 생산을 장려하고, 아와阿波의 쪽이 번에 들어오는 것을 막았다. 염전도 번 직영으로 통제하고, 목면업에 영업세를 부과하였다. 또한 호레키 토지조사로 늘어난 연공을 자본으로 삼아 무육국撫育局을 설치하여 신전 개발과 산업통제를 행함과 동시에 각 항만에서 금융과 창고업을 운영하여 자본을 증식하였다. 이렇듯 쵸슈 번은 번내의 소상품 생산을 기초로 전매제를 실시하고, 전매상품을 오사카에 판매하여 번 경제의 자립화를 도모하였다.

18세기 중기 이후 시작된 번의 이 같은 식산흥업정책과 전매제는 번의 화폐 수입의 길을 열었다. 그러나 번 전매제는 번 권력과 3도 및 죠카마치 상인과의 대립을 심화시켰고, 식산흥업은 번 내의 상인과 농민, 호농과 빈농 간의 모순을 심화시켰다. 특히 막부와 번 사이에도 정치적·경제적 대립이 생기기 시작하여 서서히 긴장관계에 돌입하게 된다. 이러한 상황에서 덴포

기근으로 말미암아 경제위기가 더욱 심화되자 대소를 불문하고 번들은 개혁을 단행하게 된다. 이하 막말 정국에 큰 영향을 미치는 대표적인 번들 죠슈·사쓰마·미토 번의 덴포 개혁을 보도로 한다.

2) 죠슈 번

죠슈 번은 일찍이 식산흥업정책과 번 전매제를 통해 번정개혁을 추진하였다. 1829년에는 국산회소國産會所를 설치하여 유통을 더욱 강력하게 통제하였는데, 번 내의 상인과 행정단위인 사이반宰判 촌역인을 중심으로 '산물어내용현産物御內用懸'을 조직하여 번의 특산물과 다른 번에서 들어오는 특산물의 판매를 독점하게 하였다. 특권을 인정받은 촌역인들은 주변에서 생산된 목면·채종·납 등을 집하하여 오사카 혹은 다른 번 상인에게 판매하였다. 즉 촌역인층에게 유통을 장악하게 하여 번 특산물의 생산과 유통을 통제하였던 것이다.

그런데 1831년 7월 미가문제로 미곡상인에 대한 파괴행위가 일어나고, 이 사건의 여파로 번 전역에 걸쳐 2개월 동안 격렬한 농민운동이 발생하였다. 파괴행위의 대상은 촌역인과 산물회소에 관련된 상인들, 쌀값을 조작하여 폭리를 취한 미곡상인이 대부분이었다. 빈농층의 요구는 ① 연공·공조 경감, ② 곡물, 옻나무 열매, 면실 등 생산물 유통의 자유화, ③ 촌정개혁 등 다양하였다. 이 요구는 산물회소 제도가 촌역인·호농층에 의해 운영되어 호농층과 빈농층 간의 대립이 격화되었음을 나타낸다. 번은 농민운동을 진정시키기 위해 연공미 경감, 산물회소와 전매제 폐지를 약속하였다.

덴포 농민운동 후 번정은 혼란스러웠다. 이러한 상황 하에서 1837년 번주를 계승한 모리 다카치카毛利敬親는 번주에 오르자 무라타 세이후村田淸風를 발탁하여 1838년 번정개혁에 착수한다. 무라타 세이후는 덴포 농민운동 직후부터 번정의 발본적 개혁을 건의하였다. 그는 대규모 농민운동에 대한 책임이 촌의 촌역인이 아닌 번정의 중추부에 있다고 주장하면서 번 권력 자체의 재편이 필요하다고 인식하였다.

우선 번 재정의 정리에 나선 그는 번 부채 은 92,000관목을 반제방역소返濟方役所를 설치하여 처리하게 하였다. 또 연간 수지예산을 세워, 경상지출을 수입의

3/4으로 제한하고 나머지는 임시비로 저축하였다. 둘째, 농촌대책이다. 기근을 구제하기 위해 구휼미를 제공하고, 황폐전에 대해 휴경조치를 취함과 동시에 농민들의 경작욕을 고취시키기 위해 노력하였다. 또한 농정을 맡고 있는 관리인 다이칸代官의 수를 늘려 촌역인을 감시하고 동시에 다이칸에 의한 농촌장악을 강화하였다. 셋째, 식산흥업정책이다. 1839년 국산방역소를 설치하여 번은 특산물 판매를 직접 담당하였다. 그러나 쪽의 독점판매는 이익이 나지 않아 1843년 폐지하고 그 대신 영업세를 징수하고, 거망옻나무 열매로 만드는 노蠟도 이익이 나지 않아 부가세 징수로 전환하였다. 이렇게 해서 종이와 소금만이 번 전매품목으로 남게 되었다. 술, 채종, 목면 등은 이전과 달리 촌역인 등 특권층의 독점을 금지하는 대신, 엄격한 허가제인 멘사쓰免札 제도를 실시하였다. 즉 번의 행정력으로 상품유통망을 강력하게 장악한 것이다.

쵸슈 번의 이 같은 덴포 개혁은 이전까지의 촌역인 혹은 죠카마치 관리에게 권한을 위임하여 농촌과 유통을 장악하였던 정책에서 번 관리郡奉行가 적극적으로 직접 농촌과 도시·유통을 장악하는 방향으로 전환한 것이었다. 이는 번 권력의 강화를 통해 위기를 타개하려는 한 것이다. 그러나 이러한 개혁의 방향은 막부 정책과 대립하는 것이었다. 막부는 1842년 주식형 동업조합 해산령이 생각처럼 성과를 내지 못하자, 번 전매제의 폐지를 명하고 아카마가세키赤間關에서 화물을 판매하는 것을 금지하게 하였다. 이 명령이 번의 유통정책에 완전히 반하는 것이었음은 말할 나위도 없다. 특히 세토 내해의 항로를 장악하고 있던 쵸슈 번 해운업자들의 활동에 치명적인 것이었다.

무라타는 1843년 번 재정을 타개하기 위해, 번 부채를 37개년 동안 원금의 3%씩을 변제하여 부채를 완전 탕감시키는 37개년부개제임법37個年賦皆濟任法을 실시하고자 하였다. 그리고 동일조건으로 번사들의 부채 역시 번에서 책임지는 대신 번이 채권자에게 연리 8%의 번 채권藩債券을 발행하여 번사의 부채를 보증하였다. 번사들의 부채까지 일거에 해결하려 한 이 계획은 번사들의 궁핍을 구제함과 동시에 번 권력이 번 내의 금융을 장악하고자 한 것이었다. 죠카마치 상인들은 당연히 이 계획에 반대하였고, 이들의 반대로 계획은 실패로 끝난다. 이 계획의 실패는 번내 권력투쟁을 심화시켜 무라타는 실각한다.

3) 사쓰마 번

사쓰마 번은 규슈 남단에 위치하는 석고 60만 석(류큐를 포함하면 72만여 석)의 대번으로, 시마즈 씨가 이 지역을 중세 이래 계속 장악·지배하고 있었다. 즉 사쓰마 번은 시마즈 씨의 천년왕국이라고 할 수 있었다. 따라서 이곳은 중세 이래의 지배방식이 온존하고, 병농분리가 불철저하여 무사에 의한 농촌 지배가 강고하였다(외성제外城制·향사제郷士制, 가도와리門割·나고名子). 그 때 문에 농민운동과 파괴행위가 아주 적었다. 또한 류큐가 사쓰마 번에 복속해 있었는데 번 류큐에 대해 중국무역을 인정해주는 그를 통해 중국산 물품을 수입·판매하여 막대한 이익을 챙겼다.

18세기 중엽 이후 번주 시마즈 시게히데島津重豪는 식산흥업정책과 적극적인 재정정책을 펼쳐 나름대로 성과를 올렸다. 그러나 에도에서의 호화스런 생활과 전대의 부채로 말미암아 번 재정이 파탄 위기에 이르렀다. 1820년 나리오키齊興가 번주에 올랐으나, 여전히 번정을 장악하고 있던 시게히데는 1828년 측근인 즈쇼 히로사토調所廣郷를 발탁하여 재정을 맡기고 번 개혁에 착수하였다.

우선 번 상품의 증산과 유통구조를 개선하여 수익을 증가시키고자 하였다. 그 중심에 위치한 것이 설탕 전매제였다. 원래 생산된 설탕은 그 일부를 번이 정한 가격에 사들이고 나머지는 자유매매되었는데, 1830년 삼도방三島方을 설치하여 아마미오지마奄美大島, 도쿠노시마徳之島, 기카이가지마喜界島에서 생산되는 설탕을 전량 번이 사들이는 전매제를 실시하였다. 번은 설탕 생산 농민들에게 생활필수품을 현물로 지급하거나, 하가키羽書라는 단기어음을 건넸다. 번은 위 세 지역에서 나는 설탕을 오사카 설탕의 1/4 가격에 사들였고, 이는 모두 오사카의 번저로 보내져 어용상인을 통해 판매되었다. 전매제의 시행으로 설탕 품질이 향상되고 유통량의 조절도 가능해져 설탕 가격이 인상되었고, 이로써 1840년대에 매년 15만 량의 이익을 올릴 수 있었다. 그리고 생랍生蠟·채종의 오사카 출하를 늘리고, 류큐산 울금·약종 등의 밀매를 금지하고, 오사카 판매루트를 확보하여 전매제를 강화하였다.

둘째, 번채藩債의 처분이다. 1835년 즈쇼는 오사카의 어용상인 하마무라 마고베에濱村孫兵衛와 상담하여, 번채 500만 량을 250년부 무이자로 상환한다고 오사카와 에도의 채권자들에게 통보하였다. 오사카와 에도 상인들은 심하게 반발했으나 대응이라 해봤자 고작 소송의 제기였을 뿐이고, 이에 비해 사쓰만 번은 금 10만 량을 헌상하여 막부의 개입을 막았다. 이 250년부 무이자 상환책으로 번은 1년에 2만 량만 지출하면 되었다.

4) 미토 번

미토 번은 북 간토에 위치한 석고 35만 석의 고산케의 하나다. 다른 고산케와는 달리 번주는 에도에 거주하여야 하였으며, 막부 정치에 간여할 수 있는 지위·위치에 있었다(부장군副將軍). 따라서 특별히 막부의 재정지원을 받았으나 번주의 에도 거주로 말미암아 번주의 번 통제력은 약하였다. 거기에다 에도 거주 가신과 번 거주 가신 간의 대립과 분열도 종종 발생하였다. 18세기 중기 이후 미토 번은 다른 번과 마찬가지로 농촌의 황폐화 현상에 직면하여 19세기 초기에는 번 인구와 연공고가 최성기의 70% 수준으로까지 감소하였다.

이러한 현상을 타개하기 위해 미토 번은 18세기 말 농촌 실정을 조사하면서 뽕나무, 옻나무, 거망옻나무 등의 재배를 장려하고, 양잠, 제사, 옻 진 채취 등의 기술을 도입하여 산업 진흥에 힘썼다. 19세기 초기에는 후지타 유코쿠藤田幽谷를 중심으로 사치 금지, 오사카 상인에의 차재借財 금지 등 억상주의적 정책과 본백성체제의 재편을 위한 토지조사를 추진하려 하였으나, 문벌층의 반대로 무산되었다. 문벌층은 회소를 설립하여 번 특산물의 판매에 노력하고, 다른 번의 산물을 번에 들여와 판매하여 이윤을 올렸다. 환전상 가지마야加島屋를 통한 대부업으로도 이익을 챙겼다.

1829년 번주 나리노부齊脩가 죽고, 중하급 무사가 지지하는 후지타·다테하라 파의 지지를 받은 나리아키齊昭가 번주에 올랐다. 나리아키는 후지타 유코쿠 등을 등용하여 1836년 개혁에 시동을 걸었다. 그는 우선 에도에 거주하는 번사를 번으로 불러들이고, 번교를 건설하고 서민교육을 위해 향교도 설립하였다. 한편 덴포 기근을 계기로 1839년 나리아키는 토지조사에 착수하였다.

이는 황무지가 확대되어 연공량이 감소하였다는 인식 하에 현실의 토지면적과
토지조사장의 내역을 일치시키고均田, 호농의 토지집적을 제한限田할 의도에서
실시되었다. 이 토지조사로 총석고는 감소했으나, 밭에 대한 연공이 증가하여
연공은 전과 거의 동일하게 얻을 수 있었다. 또한 토지조사를 통해 농촌의
재건과 안정을 확보하고, 호농들을 개혁에 협조하게 할 수 있었다.

한편 에도 이외의 오사카, 우라가, 쵸시銚子, 나카미나토那珂湊, 마쓰마에, 에치고
등지에도 회소를 설립하여 번의 특산품인 종이, 연초, 제사, 곤냐쿠蒟蒻의 판매를
촉진함과 더불어, 원격지유통에 적극적으로 진출하여 상업이윤을 추구하였다.
이러한 정책이 막부의 유통정책에 반하였다는 것은 말할 나위도 없다.

제2장 막번체제의 붕괴

제1절 대외위기의 고양과 정치사상의 동향

1. 대외위기의 고양

1825년 이국선 무조건 격퇴령異國船無二念打拂令이 내려진 후 10여 년 동안
외국선의 일본 연안 출몰은 뜸하였다. 그러나 예기치 않은 일본인 울릉도
도해 사건, 소위 아이즈야 하치에몬會津屋八右衛門의 울릉도 도해 사건이 발생한다.
17~18세기에 걸쳐 일본 사료에 등장하는 독도(일본에서는 마쓰시마松島)는 조선인의
일본 연행과 관계가 있거나 울릉도 도해 여정을 기록할 때 병기되는 정도다.
그렇다면 일본인의 독도 도해가 어업이라든가 해상 항로의 표기에서는 무의미
하였음을 말한다. 1720년대 막부에 의한 울릉도 · 독도 조사는 이곳 자체에
대한 조사라기보다는 밀무역과 관련되어 있는 듯하다. 그럼에도 불구하고,
이 시기가 되면 해상운송과 해상운송로의 발전으로 울릉도와 독도가 해상운송
도중에 발견되었을 가능성은 존재한다. 그리고 18세기에는 번 재정의 악화

타개를 모색하기 위해 울릉도 도해를 고려하기 시작했을 가능성이 있다. 이러한 가운데 일어난 것이 1832년 7월 하치에몬의 울릉도 도해 사건이다.

이 사건은 하마다濱田 번의 에도 번저, 하마다 번, 그리고 하치에몬으로 대표되는 해상운송업자와 에도와 오사카 상인들이 조직적으로 계획한 것으로, 당시 하마다 번의 재정 악화 상황을 나타내고 있다. 1836년 6월 막부는 이 사건을 적발하여 매우 엄중히 다루어, 번주 마쓰다이라 야스토松平康任에게 영구칩거, 하마다 번의 에도 번저 관리들의 자살, 하치에몬과 하시모토 산베에橋本三兵衛의 사형을 명하였다. 이렇듯 중형을 선고한 것은 당시 서양선박의 일본 도항, 특히 총포의 해외유출과 관련이 있었을 것이다.

한편 막부는 이 사건을 계기로 1837년 울릉도 도해 금지령을 전국에 내렸다(고사쓰高札). 이 명령은 전국 방방곡곡에 내려진 것에서 알 수 있듯이 울릉도 · 독도뿐만 아니라 인민의 원해 도항 금지령의 성격이 강하다. 막부의 지적처럼 이는 항해중에 있을 수 있는 이국인과의 조우를 피하기 위한 것으로, 단순히 일본 인민에게만 관련된 것이 아니라, 독도에 대한 모든 권리─원래 존재했던 것도 아니지만─를 완전히 포기한 것이라고 보아도 좋다. 일본 인민의 연안항로 이용은 일본인의 울릉도 · 독도 접근을 완전히 차단한 것으로 해석되기 때문이다.

한편 1837년 영국 선적(실은 미국 선적) 모리슨 Morrison 호가 에도 만에 나타났다. 이 배는 표류 일본인 7인의 송환을 명분으로 막부에 통상을 요구하려 하였다 하는데, 1825년 이래 이국선 무조건 격퇴정책을 취하고 있던 막부는 모리슨 호를 격퇴하였다. 모리슨 호에 대한 정보는 1838년 나가사키에 입항한 네덜란드선을 통해 알게 되는데, 나가사카부교에게 정보를 보고받은 막부는 모리슨 호가 다시 올 경우의 대책을 논의하였다. 논의는 분분하였으나, 표류민에 대해서는 네덜란드선에 의한 송환을 요청하기로 결정하였다.

모리슨 호가 재래할 경우에 대한 대책은 세우지 못했으나, 미즈노는 1838년 말 메쓰케 도리이 다다테루鳥居忠輝와 다이칸 에가와 히데타쓰江川英龍에게 에도 만을 시찰하고 조사할 것을 명하였다. 그리고 1839년 도리이 · 에가와 보고서를 간죠부교 · 간죠킨미야쿠 · 간죠가타에 평의하도록 하였다. 평의 결과는 그저 에가와에서 외국선을 철저히 감시한다는 정도였다. 이에 대해 분카 연간에 세운 에도 만 방비계획이 모리슨 호의 도래 때 기능하지 못하였다고 판단하고 있던 미즈노는 1840년 7월 네덜란드로부터 중국 아편전쟁의 발발 소식을 접하고 위 보고서를 다시 평의하도록 하였다. 그러나 재답신 내용 역시 전과 다르지 않았다.

외국선 도래에 대한 대책 수립을 둘러싸고 이처럼 우왕좌왕하던 시기에 '반샤의 옥蠻社の獄'이 발생한다. 외국선의 무조건 격퇴가 가져올 위기를 걱정한 난학자 와타나베 가잔渡辺華山과 다카노 쵸에이高野長英가 각각 『신키론愼機論』과 『유메모노카타리夢物語』를 지어 막부의 대외정책을 격렬히 비판하자 1840년 5월 막부가 이들을 체포하여 처벌한 사건이다.

한편 미즈노는 대외정책의 수립을 확정하지 못한 상황 속에서도 다카시마 슈한高島秋帆에게 막부에 서양포술을 가르치게 하고 시범을 보이도록 하였다. 서양병기에 대한 조사도 명하였다. 막부는 서양포술을 습득·도입하였으나 다이묘에게는 서양포술을 전수하지 말도록 주지시켰는데, 기존의 막부와 번 간의 군사력 균형을 유지하기 위한 방침으로 보인다.

1842년 6월 나가사키에 입항한 네덜란드선은 아편전쟁에서 중국의 패배가 확실하며, 영국함대가 아편전쟁에 승리를 거둔 후 일본에도 올 것이라는 소문을 전하였다. 이에 막부는 7월 26일 이국선 무조건 격퇴령을 철회하고, 외국선에 대해 귀국을 권고하고 필요한 경우 연료 및 식량과 식수를 제공하도록 하였다. 그리고 만약을 대비하여 해방체제의 정비에 나섰다. 우선 8월에도 만 방어를 위해 사가미에 마쓰다이라 나리쓰네松平齊典, 보소房總에 마쓰다이라 다다쿠니松平忠邦를 배치하여 방비시설을 강화하도록 하였다. 9월에는 다이묘들에게 참근교대 시 에도 방위를 위한 준비를 명하고, 대포·군사·무기를 조사하여 보고하도록 명하였다. 12월에는 시모다下田와 하다羽田에 부교쇼를 설치하였다. 그리고 막부는 8월 9일 해안지역의 다이묘들에게 해안방어에 노력할 것, 경비인원과 화기 등을 조사하여 보고할 것, 외국선의 접근에 대한 기록과 해안지도를 제출하도록 명하였다. 이어 9월 내륙의 다이묘에게도 전쟁에 대비한 준비를 명하였다.

이러한 해안방비계획과 더불어 덴포 개혁이 추진되는데, 대내외의 위기를 타개하고자 한 막부의 개혁정책은 미즈노의 실각과 함께 물거품이 된다.

미즈노를 대신하여 막부정치를 장악한 사람은 도이 도시쓰라, 사나다 유키쓰라, 아베 마사히로阿部正弘다. 로쥬 수좌首座인 도이는 사카키바라 다다요시榊原忠義를 간죠부교에 임명하고 긴축 중심의 재정 재건에 나섰다. 그러나 1844년 5월 화재로 불타버린 에도 성 혼마루를 재건하고자 다이묘 · 하타모토에게 혼마루 재건공사 헌상금을 부과하려 하였으나, 반대에 부딪혀 실패하였다. 이에 도이와 사나다는 각각의 구실을 만들어 로쥬를 사임하여, 로쥬에 26세의 아베와 이제 취임한 지 반년밖에 안 된 마키노와 호리만 남게 되었다. 장군 이에요시는 1844년 6월 정치경험이 적은 이들에게 정치를 맡기기 어렵다는 판단 하에 미즈노를 다시 막부에 불러들였으나, 막부 내의 대립은 진정되지 않았다. 1845년 2월 미즈노는 병을 이유로 로쥬를 사임하고 결국 이 권력투쟁에서는 아베 마사히로가 최후로 정권을 얻었다.

아베 정권이 직면한 과제는 대외문제에 대한 대처였다. 이 문제와 관련하여, 이제까지 막정에서 소외되었던 도자마다이묘가 비교적 현실적인 대응을 주장한 반면, 막정을 주로 담당해온 후다이다이묘나 막부 관리들은 전통적인 제도와 관행을 고집하는 보수적 태도를 취하였다. 아베는 양자 사이에 균형을 잡으면서 막정을 수행하였으나, 대외정책과 관련한 대포 주조나 포대 건설 등에 투여할 만한 재원은 확보하지 못했다.

한편, 1844년 7월 네덜란드 국왕 윌리엄 2세의 특사 쿱스 H.H.F. Coops가 일본을 방문하여 세계정세의 변화와 쇄국의 비현실성을 설명하면서, 일본의 개국을 권고하는 국왕친서를 막부에 전하였다. 이에 대해 막부는 1845년 8월 개국은 조법에 위배된다는 이유로 거절의 답신을 보냈다. 막부가 이 같은 답신을 보낸 것은 쇄국의 의지를 서양국가들에 보이기 위해서였을 것이다. 한편 1846년 4월에는 영국선이, 윤5월에는 프랑스선이 류큐에 와서 통상을 요구하였다. 사쓰마 번으로부터 이를 보고받은 막부가 대책을 강구하던 중 미국 동인도 함대사령관 비들 James Biddle이 2척의 군함을 이끌고 우라가에 나타났다. 막부는 류큐의 프랑스선은 시마즈 번에 처리를 일임하고, 미국선에 대해서는 쇄국을 유지하되 최악의 경우에는 통상을 허락한다는 것을 내부방침으로 정하였다. 미국선은 막부의 통상 거절에 순순히 회항했기 때문에 막부로서는 한숨을 돌릴 수 있었을 것이다.

프랑스선과 미국선의 내항은 막부의 쇄국 의지 표명에도 불구하고 서양제국이 일본에 계속 개국을 요구할 가능성을 있다는 것을 보여주고, 해안방비의 불충분함을 백일하에 드러냈다. 아베는 부교·해방 담당관海防掛(가이보가카리)과 쓰쓰이 마사노리筒井政憲에게 해안방비의 강화와 외국선 격퇴령의 부활에 대한 평의를 명하였다. 해방담당관은 반대의견을 상신하였으나 아베는 1848년 5월 다이묘에의 해안방비령 공포와 외국선 격퇴령의 부활을 다시 평의하게 하였다. 이에 해방담당관은 아베의 대외정책을 전면적으로 비판하였다. 1849년 영국선 마리나 호가 에도 만에 들어와 불법으로 상륙하여 측량을 행한 것을 기화로 또다시 이국선격퇴령의 부활을 시도하였으나 실패한다. 결국 에도 만으로 들어오는 외국선은 설득해서 귀환시키고, 가능하면 마찰이 일어나는 일이 없도록 하였다.

한편 에도 만을 방어하기 위해 마쓰다이라 나리쓰네와 마쓰다이라 다다쿠니가 담당하던 에도 만 경비에 히코네彦根 번 이이 나오아키井伊直亮와 아이즈 번 마쓰다이라 가타타카松平容敬 등을 보강 배치하고, 포대의 수축 및 증설을 도모하였다. 1849년 12월에는 다이묘들에게 해안방비강화령을 내렸다. 그후 막부는 다이묘들에게 대포 주조와 조련을 장려하는 한편, 해안방비 강화에 박차를 가하기 위한 대대적인 조사와 해군 창설을 기도했으나, 반대의견이 강하여 실패하였다.

결국 덴포기 이래 막부는 대외위협에 대처하기 위해 수없이 군사력 강화를 시도했으나, 재정부족과 정치적 분열·대립으로 모두 실패하였다. 더욱이 대외문제는 막부와 번의 정치구조와 역학관계에 변화를 가져왔다. 위에서 보았듯이 막부와 번이 국내정책을 둘러싸고 본격적으로 대립하기 시작하는 것도 덴포기다. 이에 더하여 대외문제가 발생하자, 막부는 다이묘들에게 협조를 구했고 이에 응한 다이묘들은 막부정치에의 참가를 원하였다. 이는 근세 초기에 형성된 정치제도가 대외위기를 맞아 유효하게 기능하지 못하였음을 나타낸다. 특히 막부의 군사력과 경제력이 제 개혁의 실패로 상대적으로 약화되고, 유력 도자마다이묘들은 막부의 대외정책에 협조하면서 막부정치에 관여하기 시작한다.

1846년 12월, 미토 번주 나리아키가 막부에게 네덜란드와의 외교 왕복문서를 보여달라고 요구하자 막부는 고산케에 한해 네덜란드 국왕의 국서와 막부의 답서 사본을 보여준다. 이는 부장군副將軍으로 존재하지만 막부정치에는 관여하지 않는다는 막번체제의 정치원칙이 붕괴되었음을 의미한다. 나리아키는 난국 타개를 위하여 대선 건조의 해금, 이국선 무조건 격퇴령으로의 복귀, 난학蘭學 금지 등을 내용으로 하는 의견서를 막부에 제출한다. 그러나 막부로서는 조법을 파기하면서까지 외환에 대처할 수도 없었고, 대선 건조를 용인할 수도 없었다. 대선 건조를 용인할 경우, 덴포 개혁에 성공한 번들이 해군력을 강화시켜 막부의 군사력 우위원칙을 붕괴시키고 막번체제는 균형을 잃게 될 지도 모를 일이었다. 따라서 이러한 모순 때문에 막부는 외국선 내항에 종합적인 대책을 강구하지 못하고 외국선의 내항을 방치할 수밖에 없었다. 1846년 이후 나리아키는 의견서 제출을 통해 자신의 의견을 막부정치에 반영시키고자 노력하고, 막부정치에 아무 발언권이 없었던 도자마다이묘들, 다테 무네나리伊達宗城, 야마우치 도요시게山內豊信, 나베시마 나오마사鍋島直正, 시마즈 나리아키라島津齊彬, 신판의 마쓰다이라 요시나가松平慶永 등과 시국에 대한 의견을 교환하였다. 이들은 덴포 개혁을 성공으로 이끈 인물들로서, 훗날 공무합체公武合體운동의 주역이 된다. 이렇게 해서 막부정치에 대한 번들의 압력이 서서히 증가하고 있었다.

한편, 1846년 8월 고메이孝明 천황이 막부에 해안방비를 엄중히 하라는 명령서를 내렸다. 이에 막부는 1846년 10월 교토쇼시다이 사카이 다다요시酒井忠義에게 근래의 외국선 도래 상황을 조정에 보고할 것을 명하였다. 막부정치에 대한 조정의 명령서는, 막부정치에 대한 조정의 간섭이 시작되었다는 점, 번에게는 막정을 자신들 의지대로 움직이게 하기 위해 조정을 설득하여 막부에 압력을 가할 가능성을 열었다는 점에서 크게 주목된다.

2. 정치사상의 동향—존황양이론尊皇攘夷論

막부는 교호·간세이 개혁을 통하여 막번체제의 위기를 해결하려 하였다. 그러나 간세이 개혁의 실패로 대도시 특권상인층에 의한 물가조절 기능이 저하되고, 농촌 내부의 농민층 분해는 더욱 가속화되었으며, 농민의 상품생산은 더욱 진전되어 새로운 국지시장권의 형성으로 치달았다. 이에 대응하는 농민의 반봉건 봉기도 국내의 위기를 심화시켰다. 한편 18세기 후반 러시아·영국 등의 아시아 진출이 활발해지자 마쓰다이라 사다노부는 해안 방비를 엄중히 할 것을 번들에 명하고 대규모의 에도 만 경비계획을 세웠다. 그러나 외국선의 연안출몰이 빈도를 더해가고 그에 따른 대외적 위기감은 더욱 심화되어 갔다. 한편 외국과 막부의 접촉이 빈번해지면서 관념으로만 존재하던 일본우월주의 세계관이 쇄국제와 결합하여 현실적·실제적으로 추구해야 할 양이론攘夷論으로 대두되고, 해안경비책은 정책으로서 현현되어 간다.

이러한 분위기 속에서 등장한 것이 후기 미토 학後期水戶學이다. 후기 미토 학은 대외적 인식과 대내적 인식, 그리고 당면 위기의 해결을 위한 현실 인식과 현실 개혁론을 포함하고 있었고, 기본적으로 현실 개혁에 주안점을 두었기 때문에 필요하다면 이제까지 존재하던 사상들의 사유방법을 채택할 수 있는 실용적 성격을 띠었다. 그러나 미토 번은 막번체제에서 고산케 중 하나로서 막부에 의한 전국지배를 철저히 보좌해야 할 입장이었기 때문에, 막번체제의 강화 이데올로기를 창출해야 한다는 한계를 안고 있었다.

후기 미토 학의 존황양이론은 후지타 유코쿠藤田幽谷에서 그 원형이 보인다. 후지타는 『정명론正名論』에서 '군신지명君臣之名' '상하지분上下之分'을 강조하고 명분론에 입각하여 사회질서를 유지하려 하였다. 또한 일본 인식도 "혁혁한 일본, 황조 개벽으로부터 하늘을 아비로, 땅을 어미로 하여 성자·신손이 세세로 명덕을 상속하여 사해를 굽어살폈다. … 그것을 존경하여 천황이라 한다. 신주神州(일본) … 절륜의 힘이 있고 고세의 지智가 있다 하더라도 예로부터 지금까지 아직 일찍이 하루도 서성庶姓의 자가 천위天位를 간奸함이 없었다"라고 하여, 일본의 우월성과 천황의 존엄성을 강조하였다. 따라서 "천황의 존귀는 우내宇內에 무이無二한즉 숭봉하여 천황을 모셔야" 하고, 그 실천 방법에 대해서는 "막부가 천황을 존경한즉 제후는 막부를 숭경하고, 제후가 막부를 숭경한즉 어대부가 제후를 경배할 것"이라 하여 상하의 차별적·계층적 명분에 입각한 충성을 강조하였다. 그리고 "막부의 전국지배에 대하여 막부가 천황의 정사를 대행하는 것 또한 세勢일 뿐"이며, "황조(일본) 자연히 천자 있은즉, 막부가 왕을 칭하는 것은 온당치 않다. 비록 왕을 칭하지 않는다 하여도 천하국가를 다스리는 것은 왕도에 있지 않음이 없다"고 하여 막부의 정치이념과 정당성을 인정하였다. 그러나 천황의 지상 최고가치의 인정과, 막부정치에 대해 '세'로 이해한 것, 즉 '세'를 절대적 가치로서가 아닌 상대적 가치로 이해한 면에서 '시세의 변화'는 막정에 대한 비판의 소지를 인정한 것이었다. 이는 '세'에 대한 새로운 국가구상의 가능성을 보인다는 점에서 간과해서는 안 될 것이다. 후지타가 막부정치를 정당한 것으로 인정했다고는 하지만 그렇다고 해서 막부를 일본권력의 진원이나 대표라고 본 것은 아니었다. 그가 일본과 막부를 구별해서 인식하고 있었던 것은 확연하다.

후지타는 '정사봉사丁巳封事'에서 "그런데 지금 미토 번의 재정은 해마다 궁핍하여 가고 사풍士風은 달마다 쇠퇴하여 가며, 민력은 날로 곤궁해져 정사의 대체는 붕괴되어 간다. … 만약 외사적外邪敵이 이것에 도모하면 비록 양의가 있다 하여도 복약服藥이 불가하여 속수무책으로 쓰러지기를 기다릴 뿐"이라고 한 것에서 볼 수 있듯이 강한 위기의식을 드러내고 있다. 후지타의 대외 위기의식은 대내적 질서의 붕괴와 표리를 이루면서 더욱 고조되어 간다. "… 그런데 북쪽의 러시아는 신주(일본)를 규유窺覦하며 항상 도남圖南의 지志를 가지고 있다"라고 하여 러시아 침략의 위험을 지적하면서 부국강병을 요구하고, 강병을 위한 선결과제를 부국으로 보고 민정개혁의 수행을 요구하였다.

후지타의 내·외 인식은 기존의 존황론과 일본우월주의를 바탕으로 해서 성립하였고 그 질서의식은 유교적 명분론에 입각한 것이다. 그러나 그의 주장은 결코 관념적인 것이 아닌, 현실정치의 개혁을 위한 것이었다. 따라서 현실비판은 매우 날카롭고 현실 극복 방법은 대단히 구체적이다. 그는 이夷의 주체를 구체적으로 러시아로 인식하였는데, 이는 관념적 화이관 속에 있던 이를 현실적으로 물리쳐야 할 대상으로 인식함으로써 양이론攘夷論으로의 전환을 불러왔다는 데 큰 의의가 있다. 그럼에도 불구하고 후지타가 인식한 외압은 아직 심각하거나 직접적인 것은 아니었다. 오히려 그는 대내적 위기를 더 심각하게 받아들였다. 즉 그는 대내적 위기 상태에서 대외위기를 맞을 경우 위기는 더욱 심각해진다는 점, 대내적 혼란으로 인해 민중이 바깥의 오랑캐와 내통하게 되는 점을 크게 경계하고 있다. 이는 후지타의 인식이 전통적인 유교적 내우외환론을 바탕으로 하고 있음을 나타내는 것이기도 한다. 단, 그가 내우가 있으면 외환이 발생한다는 발생론을 역으로 이용해서 외환을 내강의 기회로 삼으려 하였다는 것은 중요하게 지적해 둘 점이다.

후지타 유코쿠의 생각을 더욱 실체화하고 심화시킨 사람이 아이자와 세이시 사이會澤正志齋다. 주지하는 바와 같이 후지타가 『정명론』을 저술한 해는 1791년, 아이자와가 『신론新論』을 저술한 해는 1825년으로 30여 년의 격차가 난다. 1825년이라면, 이국선 무조건 격퇴령이 내려지는 것으로도 알 수 있듯이, 당시 일본연안의 외국선 출몰이 빈도를 더해가고 있었고, 그에 따라 대외적 위기감이 더욱 고조되었다. 대내적 위기 역시 10여 년 후 덴포 개혁이 시행된 데서 알 수 있듯이 계속 심각해져 가고 있었다. 대내외적 위기의식이 심각화될수록 실천에 대한 필요성이 그 도를 더해가는 것은 당연할 것이다. 그리고 대외적 위기의식이 강할수록 대내적 인식은 더욱 현실화되고 강렬해지기 마련이다. 이 점은 아이자와가 『신론』의 많은 부분을 '국체론國體論'에 할애한 것만 봐도 쉽게 이해할 수 있다. 아이자와는 내에 대한 인식을 외에 대한 구체적인 인식으로 유도하고 혹은 그 역방향에서 「형세形勢」와 「노정虜情」편을 서술하였다. 이러한 내외에 대한 인식 위에 국방론·해안방비론을 전개한 것, 즉 「수어守御」편을 서술하고 마지막 단계에서 대책으로서 「장계長計」편을 서술하게 된 것은 논리적 필연이라 하겠다.

아이자와의 존황양이론도 유코쿠의 그것과 맥락을 같이한다. 다만 더 정교해지고, 논리적 정합성과 구체성이 강화된다. 아이자와는 전대에 존재하던 존황론과 화이론을 바탕으로 존황을 일본의 우월성을 나타내는 지표이자 지켜나가야 할 절대적 가치로 위치시키고, 내적 절대적 가치를 지키기 위한 실제적 행위로서의 양이론을 강조하였다. 즉 천칭의 양극에 일본우월주의와 양이를 대립시키고, 그 중간지점에 존황을 위치시켜 전체를 일본으로 인식함으로써 3자의 상호연관성과 통일성을 부여한 것이다. 막부는 존황의 논리로 인정되고 그 범위에서만 가치를 인정받은 것이다. 존황은 그 자체에 종교적 성격을 가지고 행동 논리를 수반하고 있으며, 또한 현실정치의 개혁논리이기도 하다. 따라서 현실비판의 근거를 제공하기도 한 것이다.

제2절 개국

　1852년 8월 네덜란드로부터 개국의 권고와 통상조약의 체결 요구가 담긴 서간이 막부에 전달되고, 1853년 미국이 함대를 이끌고 내일來日할 것이라는 보고서=풍설서風說書도 막부에 전달되었다. 이에 대해 막부는 이전과 마찬가지로 요구를 거절한다. 1853년 6월 31일, 마침내 미국 동인도함대사령관 페리 M.C. Perry가 군함 4척을 이끌고 우라가에 모습을 드러냈다. 미국은 태평양 횡단운송로를 개설하여 중국에서 영국과의 무역경쟁에서 불리한 조건을 극복하고자 하였고, 포경업의 발달로 말미암은 조난·표류민 대책이 시급하였다. 페리가 미국 대통령의 친서 수리를 요구하자 막부는 나가사키로의 회항을 요구하였다. 하지만 결국 페리의 무력시위에 굴복한 막부는 국서를 수리하였다. 미국 대통령 밀라드 필모어 Millard Fillmore의 친서는, 미국에 대한 소개와 통상 요구, 난파선·표류민 처리, 함선의 기항과 석탄·물·식료의 공급 등에 대한 요구를 담고 있었다. 페리는 우라가 만의 측량과 국서 수리를 마치고, 1년 후 답서를 받으러 오겠다는 말을 남기고 류큐로 떠났다.
　그때까지는 대외문제가 중대한 국면에 처해 있다는 사실이 막부, 다이묘, 무사들 사이에 이미 인식되고 있었지만, 막부의 비밀주의 때문에 일반인에게는 알려지지 않은 상태였다. 그러던 중에 일어난 페리의 내항은 외압의 심각성을 일본인들에게 생생히 노출시켰다. 막부가 미국 국서를 수리하였다는 것은 막부 창설 이래의 '조법祖法'을 파기한 것으로, 외세에 대한 막부의 무력성을 증명하기에 충분하였다. 막부는 조정에 페리 내항에 대하여 상주하고, 7월 1일에는 미국 국서 번역문을 다이묘 이하 막부 관리들에게 공개하고 대책을 자문했으며 12일에는 조정에도 번역문을 보냈다. 막부의 자문에 응한 답서는 700여 통에 이르나, 거의 모두가 해안방비에 대한 대책도, 외압에 대한 정확한 이해도 없는 형식적인 것들뿐이었다. 반면 마쓰다이라 요시나가, 시마즈 나리아키라, 모리 다카치카毛利敬親, 나베시마 나오마사, 야마우치 도요시게, 다테 무네나리 등은 군함·대포 등의 무비 강화와 해안방비의 임전체제 확립을 주장하고, 가쓰 가이슈勝海舟는 적극적인 개국책을 건의하였다.

폐리 내항을 계기로 막부는 조정·번과의 협조정책으로 전환하지만 그렇다고 막부의 주관적 의도까지 번들과 평등한 입장에 선다는 것은 아니었다. 막부는 막부가 중심이 되어 외교문제를 해결하되, 분열되어 있는 봉건지배층을 집결시켜 한편으로는 막번 정치체제를 재구축하고 또 한편으로는 외압으로 말미암은 막정에 대한 비판의 소지를 최대한 없애고자 하였다. 그 방법으로서 웅번들을 막부 안으로 끌어들여 외교정책의 두뇌로 삼고, 그들에게 막부정치를 이해시켜 위기에 처한 막번체제를 유지·강화하려 했다. 또한 조정의 권위를 이용하여 웅번들이 막부에서 이탈하는 것을 억제하려 했다. 그러나 유력 번들의 경우, 막부에 그들의 의견을 반영하여 막부의 정치·경제·군사적 압력을 줄이고, 자번自藩의 정치·경제적 안정을 유지하고자 하였다. 막부의 의도와 상관없이 조정·번과의 협조정책은 막부의 비밀주의 및 막부 독재권의 포기였으며, 막부와 번의 일방적 상하관계를 횡적인 수평관계로 전환시킬 가능성을 내포하고 있었다.

막부는 이러한 상황에서 무비 강화와 해안방비의 강화정책을 취하고, 막정개혁에 착수한다. 막정개혁의 방향은 당연히 군사력 강화와 이를 달성하기 위한 인재등용으로 나타났다. 인재등용을 보면, 쓰쓰이 마사노리筒井政憲, 가와지 도시아키라川路聖謨, 이와세 다다나리岩瀬忠震, 다카시마 슈한高島秋帆, 가쓰 가이슈 등을 해방담당관, 외국 부교, 간죠부교 등의 요직에 임용하였다. 무비 강화에서는 시나카와品川에 포대 건설을 명하고, 1853년 9월에는 나리아키의 의견을 받아들여 대선 건조의 금지를 폐지한다고 포달하였다. 8월에는 사가佐賀

번에 대포 50문의 주조를 명하고, 미토 번에는 군함의 건조를 위탁하였다. 11월에는 화술국火術局과 제련국製鍊局을 설치, 대포 주조와 함선 건조를 장려하였다. 그러나 막부는 무비 강화를 위한 재정을 확보할 수 없었고, 무기 제작을 위한 원료와 기술적 문제를 해결할 수 없었다.

그 와중에 1854년 1월, 페리는 다시 7척의 군함을 이끌고 에도 만에 등장했다. 막부는 교토쇼시다이에게 미국선의 재래在來 사실을 조정에 상주하게 하고, 군사적 위협 속에서 회담에 임해 1854년 3월 21일 일미화친조약을 체결하였다. 그 내용은 첫째, 시모다下田의 즉시 개항, 하코네箱根의 1855년 3월 개항, 둘째, 표류민 처리문제, 셋째, 기항 시 필수품 구입과 연료·물·식료·석탄 및 필요 물품의 공급, 넷째, 최혜국最惠國 조관 등이었다. 이 조약이 체결되자 제 외국과도 각각 화친조약이 체결되었다(안세이安政 5개국 조약).

이로써 막부 창설 이래 지켜오던 쇄국제는 완전히 붕괴하였다. 뿐만 아니라 화친조약을 교섭하는 과정에서 조정의 위치는 더욱 부상하고, 막부의 위신은 더욱 추락하였다. 이러한 상황에서 막부가 추구해야 할 방향은 두 가지였다. 첫째는 실추한 막부의 권위를 회복함과 동시에 막번체제를 강화해야 했으며, 둘째는 첫번째 목적을 달성하고 대외적 위기를 해결하기 위해 군사력을 강화하는 것이었다. 이 목적을 실현하고자 실시한 것이 안세이安政 개혁이다.

개혁의 내용은 앞서 언급한 인재등용과 무비강화, 1854년 12월 강무소講武所 설치, 1855년 6월 양학소洋學所 설립, 해군전습소海軍傳習所 창설 등이었다. 개혁의 주안점은 주로 군사력 강화를 위한 서양기술의 도입에 두어졌다. 이 같은 개혁의 기조는 홋타 마사요시堀田正睦에 의해서도 계속 유지되었다. 등용된 인재들은 대부분 하급무사들로, 여러 유력 번들=웅번雄藩과 협조하여 막부를 변용하여 외압을 해결하고자 한 개명 인사들이었다. 이들의 등용은 신분체제에 입각한 관리 등용에서 실력본위의 관리 채용이라는 면에서 주목된다. 그러나 이들의 막각 등용은 막각 내부의 후다이다이묘층과의 대립을 가져올 소지가 컸다.

막부의 안세이 개혁은 표면적으로 성과를 거둔 것도 있었지만, 결과적으로 보면 조정과 웅번의 막부정치에 대한 발언권 증대와 조정의 정치일선에의 진출을 가져왔다. 당시의 정치세력을 보면 보수적 후다이다이묘층, 정치를 담당하는 아베 마사히로와 그에 의해 발탁된 인재군, 그리고 나리아키를 중심으로 하는 막정개혁파가 있었다. 아베 마사히로는 나리아키를 견제하면서 열번연합列藩聯合정책을 취하고, 후다이다이묘층을 포섭하면서 정치에 임하였다. 그러나 아베 마사히로의 정책은 후다이다이묘층에게 불만스러운 것이었고, 그들의 반反 아베 태도는 대외문제가 일단락된 1855년 후반에 나타났다. 아베는 정치정세를 감안하여 사가 번주 홋타 마사요시를 10월 로쥬에 취임시키고 자신은 은퇴하였다. 홋타 마사요시는 신판다이묘와 후다이다이묘를 배경으로 로쥬 수좌에 올랐으나, 정치노선은 아베 마사요시와 같았다. 아베의 경우 제 외국과 화친조약을 체결함으로써 대외문제를 해결하였지만, 서양열강의 일본진출이 여기에 머물 리는 없었다. 일본과의 통상조약 체결 요구는 시간문제였고, 다만 그것을 얼마나 지연시키고, 얼마나 일본에게 유리한 조약을 체결할 수 있는가가 관건이었다. 이것이 홋타가 처한 정치상황이었다.

마침내 1856년 7월 일미화친조약 11조에 의거하여 주일미국 총영사로 해리스 Townsent Harris가 시모다에 도착했다. 그는 최혜국조관 규정에 따라 타국에게 부여한 이익을 미국에게도 부여할 것, 총영사에게 외교관의 특권을 보장할 것, 결핍품의 구입에서 일·미 화폐의 교환비율을 정할 것 등의 임무를 띠고 일본에 부임하여 미국 대통령 친서를 장군에게 직접 전달한다는 구실로에도 행을 요구하였다.

막부는 제 외국과의 통상조약 체결을 피할 수 없다고 인식하고, 1856년 8월 막부 요직의 관리들에게 통상에 대한 심의를 명하였다. 또한 대외문제의 심각성을 고려하여 홋타를 외국사무에만 전념하게 하였다. 그리고 10월 네덜란드가 막부에 전한 '풍설서'의 번역문을 다이묘들에게 공개하였다. 이것은 번들에게 국제정세를 이해시켜 통상조약의 체결에서 오는 마찰을 최소화하기 위한 것이었다. 1857년 2월 애로 Arrow 호 사건의 전말이 일본에 전해지자 막부는 경악을 금치 못하고, 외국과의 분쟁을 최대한 피하면서 통상조약을 체결하기 위한 구체적 준비를 하였다. 이리하여 1857년 5월 26일 시모다 조약이 체결되었다. 이 조약에서는 미국에 나가사키 개항, 미국 부영사의 하코네 주재, 일미화폐의 동종동량 교환, 영사재판권 등이 정해졌다. 막부는 제 외국과의 통상조약 체결에서 유리한 통상관계를 설정하기 위해 우호적인 네덜란드와 교섭하여 미·영과의 교섭에서 방파제로 삼으려 하였다. 이에 1857년 8월 일란日蘭 추가조약이 체결되었다. 이로써 나가사키·하코네의 교역량에 제한이 없어지고, 거류외국인의 신교의 자유가 인정되었다. 그러나 무역은 자유무역이 아닌 '회소會所무역'이었다. 이와 같은 선을 따라 1857년 9월 일러日露 추가조약이 체결되었다.

한편 해리스가 요구한 에도 행은 7월에 허가되어, 18일 홋타 마사요시와 회견하고, 21일 장군을 만나 국서를 전달하였다. 10월 26일 해리스는 홋타를 방문하고 통상의 급무를 역설하였다. 막부는 해리스와 홋타의 담화서를 막부 관리와 다이묘들에게 보이고 의견을 구하였다. 이에 대한 답서는 모두 23통으로 12통은 통상조약 승인론이었고, 이이 나오스케井伊直弼를 비롯한 다마리노마즈메溜間詰 다이묘 88인 연서의 의견서는 통상조약의 체결을 연기할 수 없다면 어쩔 수 없다는 소극적 찬성론이었다. 통상거부론은 나리아키를 비롯한 6통에 불과하였다. 막부는 소극적 찬성론에 따라 해리스와 교섭하여 1857년 말에는 조약의 골격이 잡혔다. 내용은 관리의 개항장 파견과 개항장의 추가, 수출입 관세규정, 영사재판권, 신교의 자유 등이었다. 막부는 위의 조약을 체결하고 1858년 1월 4일 해리스에게 조약조인에 대한 칙허를 얻고 싶다고 청하여 조약 조인일을 3월 5일로 정하였다. 이는 막부가 통상을 반대하는 다이묘와 지사·낭인들을 조정의 칙허를 명분으로 침묵시켜 국론을 통일할 의도에서 행해진 것이었다. 그러나 조정의 답변은 막부의 의도에서 벗어났다. 통상조약은 중대사이니 다시 고산케 이하 다이묘들의 의견을 구하여 참내하라고 했기 때문이다. 천황의 분명한 통상반대 의사 표시였다.

조정의 이 같은 명령이 가능했던 것은 당시 정치세력들 간의 대립과 조정공작과 관련되어 있었다. 당시 정치세력은 이이 나오스케를 중심으로 하는 후다이다이묘층의 막권의 유지·강화를 지향하는 막정보수파, 나리아키를 중심으로 통상에 반대하면서 철저한 양이를 주장하는 지사·낭인을 배경으로한 양이파, 웅번을 중심으로 개국통상을 인정하면서 막정개혁을 주장한 막정

개혁파로 볼 수 있다. 막부 내에는 홋타 마사요시와 아베 마사히로에 의해 발탁된 인재들이 막정개혁파와 연결되어 있었고 나머지는 막정보수파였다. 이들의 팽팽한 대립 상황에서 조정은 정치적 변수로 작용하였다. 조약 칙허를 둘러싸고는, 조정과 양이파는 견해가 일치하고 막정보수파는 중도적 입장을 취했다. 이에 반해 막정개혁파는 통상조약에 적극적이었다.

대외문제를 두고 이처럼 대립이 첨예화한 가운데 장군의 계승문제가 표면에 드러났다. 양이파(나리아키를 제외하고)와 조정은 관심이 없었고, 막정개혁파는 내외 위기를 해결하기 위한 장군의 역할을 강조하여 히토쓰바시 요시노부一橋慶喜를 장군에 추대하려 하였다(히토쓰바시파一橋派). 반면 막정보수파는 장군 계사문제는 도쿠가와가의 문제로서 외부는 간섭해서는 안 되고 혈연에 의거해야 한다는 태도를 견지하였다(난키파南紀派). 막정개혁파와 막정보수파의 대립은 심각하였다. 이 상황에서 각각의 조정 공작이 활발해지고, 이는 조정에 대한 압력을 상쇄시켜 조정이 자유롭게 의사를 표명할 수 있는 여건을 제공하게 된다.

홋타 마사요시는 막부에 조정의 의사를 알리고, 조정을 한편으로 회유하고 또 한편으로 협박하면서 국론통일의 필요성을 역설하였다. 이에 조정은 일단 조약칙허의 명령을 내릴 것을 결정하였다가 조정 내 양이파의 공작으로 철회해 버렸다.

조약칙허를 얻지 못한 채 에도로 돌아온 홋타 마사요시는 모종의 정치적 결단을 내려야 하였다. 아베 마사히로 이래 후다이다이묘와 웅번의 균형 속에서 봉건지배층을 결집하여 위기를 타개한다는 대책의 한계를 넘어서려면 막정보수파 세력을 제거하고 국내의 정치체제를 재편·강화해야 한다고 생각한 것이다. 이러한 판단 하에 홋타 마사요시는 1858년 4월 장군 이에사다家定에게 마쓰다이라 요시나가를 다이로大老에 취임시킬 것을 건의하였다. 그러나 이에사다는 이 건의를 거부하고 이이 나오스케를 추천하여 바로 이이를 다이로에 임명하였다. 이는 막정보수파의 막정 장악, 막정개혁파의 진출 거부, 장군 계승에서 난키파의 승리를 의미하였다.

이이 나오스케는 1858년 5월 로쥬 일동에 도쿠가와 요시토미德川慶福를 장군

후계자로 내정 발표하고, 6월 25일 공포하여 장군 계승문제를 매듭지었다. 그러나 통상조약 문제는 여전히 그대로 남아 있었다. 홋타 마사요시는 해리스와 회담하여 조약 조인의 연기를 요구하였으나, 해리스는 홋타의 요구를 거절했을 뿐 아니라 오히려 더욱 강경하게 조약조인을 요구하였다. 해리스는 6월 17일 홋타 마사요시에게 중국에서의 영·불군의 승리가 임박하였으며, 가까운 시일 내에 영·불군이 내일할 것이라고 하면서 일미통상조약의 조인을 시급히 처리해달라고 요구하였던 것이다. 이에 6월 19일 막부는 천황 칙허 여하와 관계없이 오는 7월 27일 일미통상조약과 무역장정을 조인하기로 하였다.

이렇게 대외정국을 일단락짓고, 이이 나오스케는 막부 내의 막정개혁파를 좌천시키고 조약조인의 책임을 물어 조약 교섭자들을 파면시켰다. 즉 그는 조약조인의 책임을 회피하기 위하여 6월 22일 다이묘들을 막부로 불러들여 조약체결의 전말을 보고하고, 23일 조약조인의 책임을 물어 홋타 마사요시, 마쓰다이라 다다카타松平忠固를 파면하였다. 그리고 막부 내의 막정개혁파와 연결된 사람들도 모두 파면·추방하였다.

이리하여 막부는 완전히 막정 보수파에게 장악되어 더욱 보수화되고, 상대적으로 막정개혁파와의 대립이 가속화되었다. 막정개혁파는 세력 만회를 위해 조정의 양이파와 제휴하여 무칙허 조약조인을 비난하였다. 막부의 조약조인 보고가 조정에 전달되자 고메이 천황은 크게 노하여 양위 의사를 표명하며 조약조인 반대의사를 분명히 하였다. 이것은 물론 양이파의 조정공작에 영향받은 것이었다. 6월 29일 조정은 고산케나 다이로가 상경하여 조약조인의 상황을 설명할 것을 명하였다. 이에 막부가 고산케나 다이로가 상경할 수 없으며 그 대신 로쥬 마나베 아키카쓰間部詮勝를 보내겠다고 전하자, 고메이 천황은 막부의 무칙허 조약조인을 비난하고 다시 양위를 언급하며 반막反幕 의사를 천명하였다.

한편 7월 장군 이에사다가 중태에 빠지고, 히토쓰바시 요시노부가 요시토미의 후견인이 될 것이라는 풍설이 돌았다. 이것이 사실이라면 막부의 중심은 나리아키에게 돌아가 막정보수파는 물러나야 했다. 이에 막부는 7월 5일 나리아키, 도쿠가와 요시아쓰德川慶篤, 마쓰다이라 요시나가에게 근신을 명하고, 도쿠가와 요시아쓰와 히토쓰바시 요시노부에게 막부에 들어오지 말 것을 명하였다.

조정은 양이파가 득세하여 반막으로 기울고, 조정에 대한 막부의 태도에 불만을 토론하여 8월 8일 미토 번에 무오밀칙戊午の密勅을 내렸다. 이로써 조정－막부－번이라는 정령의 전달통로 외에 조정－번이라는 통로가 생겨났다. 이는 막부와 번이 평등관계로 전환되었음을 상징적으로 나타내고, 번의 막부 정치 관여를 조정이 공인한 것이었다. 나아가 번이 막부로부터 이탈할 수 있는 가능성을 나타낸다. 막부는 무오밀칙과 관련된 양이파 하급공경과 전국의 양이파 지사・낭인들에 대한 대대적인 탄압을 감행하였다(안세이 대옥安政の大獄). 그러나 이 대탄압은 오히려 양이파 지사・낭인들을 격분시켜 반막의 직접행동에 나서게 하는 계기가 되었다. 그리하여 양이파 지사들은 횡적연합을 형성하여 반막(반 이이反#伊)의 기치를 걸고 존황양이의 명분을 앞세워 막부에 대립하였다. 그리고 마침내 존황양이파 지사들이 1860년 3월 3일 이이 나오스케를 사쿠라다몬에서 암살하였다(사쿠라다몬가이의 변櫻田門外の變).

이이 나오스케의 암살은 막권의 강화를 지향하는 막정보수파에 커다란 충격을 주었다. 그것은 막권 강화가 현실적으로 불가능하다는 사실을 입증한 것이었고, 조정 의사를 무시한 어떠한 정책도 시행할 수 없다는 사실을 명백히 보여주었다. 이제 막부는 그 자체로서 중앙 공권력으로 존재할 수 없게 되었다. 최선의 길은 이제 현상 유지였다. 이러한 상황에서 막정개혁파와 존황양이파의 정치진출이 현저해진다. 따라서 이후의 정국은 웅번과 존황양이파에 의해 장악되고, 상호 대립과정을 겪게 된다.

제3절 공무합체公武合體운동

이이 나오스케가 암살당한 후 막각의 실력자로 등장한 사람은 이와키타이라盤城平 번주 안도 노부마사安藤信正와 시모사下總 세키슈쿠關宿 번주 구제 히로치카久

瀨廣親였다. 이 구제·안도 정권의 해결 과제는 이이 나오스케 암살사건으로 실추된 막권을 회복하는 것, 외국과의 무역 개시로 인한 물가고 문제와 그와 관련한 국내 유통통제 등의 국내문제와 대외 외교문제였다. 그 중에서도 무오밀칙으로 막부와 번의 관계가 동등해지고, 이이의 암살로 막부독재권이 파탄되어 막부 스스로의 힘으로는 막권을 유지할 수 없게 된 상황에서 더 이상의 막권 실추를 어떻게 방지할 것인가가 막각이 직면한 최고의 당면과제였다.

막부는 이 문제를 해결하기 위하여 조정의 의사를 존중한다는 명분을 장악해야 하였다. 또 이이의 막권 유지를 위한 탄압책에서 후퇴하여 다이묘들을 회유해야 하였다. 막부가 조정을 장악하기 위한 방책으로 추진한 것은 황녀 가즈노미야和宮의 강가降家였다. 강가는 이미 이이 정권 하에서도 있었으나, 구제·안도 정권 하에서 추진된 것과는 성격상 큰 차이가 있다. 이이 정권 하에서 계획한 강가가 막부의 조정 통제용이었다고 한다면, 구제·안도 정권 하에서 추진된 강가는 조정의 권위를 이용하여 실추된 막권을 유지하기 위한 것으로, 조정의 정치적 발언을 일정하게 인정하는 것이었다. 당시 조정의 관심은 '양이'였다. 따라서 고메이 천황과 공경들이 가즈노미야 강가의 조건으로 내건 것은 양이의 실행이었다. 이에 막부는 1860년 7월 현재로서는 무비가 충실하지 못하여 양이가 불가능하나, 7~8년 내지 10년 후에는 양이를 결행하겠다고 약속하였다. 이리하여 가즈노미야의 강가가 성립되고, 막부가 제출한 공무합체책은 일단 성공하였다. 그러나 이제 막정은 조정의 의견을 반영해야 하는 제약을 안게 되었고, 조정은 자신의 정치적 위상을 크게 부각시키게 되었다.

또 막부는 9월 4일 다이묘들에 대한 회유책으로 히토쓰바시 요시노부, 마쓰다이라 요시나가, 야마우치 도요시게 등의 근신을 해제하였다. 이것은 웅번의 중앙정계 진출을 인정한 것으로, 웅번연합의 막정개혁파들이 활발한 정치활동을 전개할 조건을 확보하였음을 의미한다.

한편, 구제·안도 정권은 막부의 기반을 공고히 하기 위해 막정개혁에 착수하였다. 개혁의 방향은 당연히 외압에 대처하기 위한 군사개혁과 군사력

신장을 위한 필요한 재원의 확보였다. 군사력의 신장은 외압에 대처하기 위해서만이 아니라, 막부 군사력이 번들의 군사력보다 우위에 서는 강본약말強本弱末의 원칙을 실현하기 위한 방법이기도 하였다. 우선 간죠부교, 강무소부교, 군함부교, 대·소 메쓰케 등으로 군제 담당부軍制掛를 설립하고, 이 군제 담당부에서 군비강화 계획을 세웠다. 그 계획을 보면 육군에는 보·기·포병에 의한 친위상비군 13,625명을 편성하고, 해군에는 함선 43척, 승무원 4,904인으로 '에도·오사카 항 경비 함대안'을 수립하고, 장래 '전국6연안함대'(함선 370척, 승무원 61,205인, 운송선 기타 75척, 승무원 3,750인)를 편성한다는 것이었다. 또한 군사력 강화를 위한 재원 확보를 위해 막부는 전국적인 상품경제 유통부문과 국제무역을 통한 이익의 독점을 꾀하였다. 우선 상품경제 유통책을 보면, 1860년 윤3월 〈5품(수유水油·납蠟·잡곡·비단·사絲) 에도 회송령〉을 포고하였다. 이는 막부가 무역의 중요성을 인식하고서 전국시장을 장악·지배할 목적으로 실시한 것이다. 이 목적을 구체화하기 위하여 1860년 4월 '국익주법 담당부國益主法掛'를 설치하고, 5월에는 구제 히로치카를 담당자로 임명하였다. '국익주법 담당부'를 중심으로 1861년에는 제 정책의 시행 및 조사를 시작하고, 헌책이나 자문에 대한 평의를 행하였다.

이러한 정책의 시행을 둘러싸고 막부 내에서 점진파와 급진파가 대립하였는데 점진파가 승리하여 12월 아마노 산자에몬天野三佐衛門과 나카무라 간베에中村勘兵衛가 '국익주법 담당부'를 주관하게 되었다. '국익주법 담당부'의 설립 의도는 에도·오사카의 '회소'에서 전국의 산물을 총괄하는 것이었으나, 당시에는 에도에 '회소'를 설립하여 번의 산물과 간토 지방 및 고슈甲州, 신슈信州, 도슈豆州 특산물을 호농·호상을 앞세워 집하하고자 했다. 그리하여 1862년 2월 '국익회소國益會所'가 설치된 후, 8월 '국익주법 담당부'는 폐지되었다.

한편 조정은 양이파가 계속 득세하여 막부에 양이를 강요하였다. 양이가 불가능하다는 것을 잘 알고 있던 막부로서는 조정이 계속 양이를 강요한다면 조정에 대해 최후의 결정을 내려야 하였다. 막부는 정책수행상 필요한 한 조정의 의사를 존중하되, 그 이상이 되면 폐제廢帝의 형식으로 정치에서 조정을 배제하려 하였다. 이 '폐제설'에 격분한 존황양이파 지사들이 일으킨 사건이

1862년 '사카시타몬 밖의 변坂下門外の變'이다. 이 사건으로 안도 노부마사가 부상당하고, 이로써 구제·안도 정권은 붕괴하였다.

구제·안도 정권의 성격은 이이 이래의 막권 독재를 지향하면서 더 이상의 막권 실추를 방지하기 위해 조정과 번들을 대상으로 유화책을 실시한 과도기 정권이었다. 구제·안도 정권은 군사력 신장을 위해 노력했으나 재정적 취약성 때문에 실패하고, 나아가 결과적으로 조정과 웅번의 정계진출을 허용함으로써 결국 붕괴하고 만다.

한편, 웅번들도 외압의 충격으로 번정개혁에 착수하였다. 번정개혁을 추진하는 과정에서 안세이 말년경(1858~1860)이 되면 덴포·안세이기의 번정개혁파와 대립하는 새로운 정치세력이 대두하여 신구의 정권교체가 발생하였다. 당시 중앙정국을 보면, 구제·안도 정권 아래서 막부는 번들을 회유하는 정책으로 전환하고 있었고, 조약칙허 문제는 미해결 상태로 남아 있었으며, 조정은 양이를 계속 주장하고 있었다. 막부와 번의 심각한 대립 속에서 웅번들은 당면과제를 해결하기 위한 방책을 통해 정치적 발언권을 증대하여 중앙정계로의 진출을 기도하였다. 소위 공무주선公武周旋에의 노력, 웅번에 의한 공무합체 시도다.

공무주선의 선두에 선 것은 쵸슈 번으로, 지키메쓰케直目付 나가이 우타長井雅樂는 1861년 3월 〈항해원략책航海遠略策〉을 번정부에 건의하였다. 그 내용은 첫째, 파약양이破約攘夷는 현실적으로 불가능하므로 조정은 개국을 기정사실로 인정하여야 하며, 둘째, 막부는 역사에 비추어 일본의 중앙정부로 승인되어야 하며, 셋째, 일본은 개국노선을 취해야 하며, 넷째, 조정은 막부에 엄칙을 내리고 막부는 그것을 열번列藩에 명해야 하며, 다섯째, 이상과 같이 하여 일본을 세계에 빛내 만대의 영광을 이룩해야 한다는 것이었다. 쵸슈 번은 나가이 우타의 의견을 받아들여 막부와 조정 사이를 화해시키고자 노력하였다. 1861년 8월 막부는 조정을 설득하여 양이론을 완화시키는 일을 쵸슈 번에 의뢰하였다. 막부는, 조정에게 명분을 주고 실질은 막부가 취한다는 입장이었으므로, 조정은 일본을 세계만방에 빛내야 하고 막부는 조정의 명령에 응해야 한다는 쵸슈 번의 제안을 환영하였다. 다른 한편으로 조·막朝·幕에 쵸슈 번의 의견이 받아들여졌다는 것은, 쵸슈 번이 공공연하게 중앙정치에 관여할 수 있게 되었으며 직접 조정과도 접촉할 수 있는 기회를 갖게 되었음을 의미하였다. 그러나 쵸슈 번의 내부 상황이 바뀌어, 존황양이파가 대두하고 번시藩是가 '파약양이破約攘夷'로 전환되자 나가이 우타에 대한 번의 지지도 사라져 그의 공무주선은 실패로 돌아갔다.

한편 쵸슈 번과 대항관계에 있던 사쓰마 번도 독자적으로 공무주선의 움직임을 보였다. 당시 사쓰마 번은 대對 류큐 교역에서 실적을 올리고 번 교역에도 적극적이었다. 또 요코하마 개항에 참가하여 무역이익에 대비하고 있었기 때문에, 구제·안도 정권이 계획하고 있던 무역정책에 반대하였다. 외국과 충돌을 빚을 양이파의 행동에도 매우 비판적이었다. 따라서 사쓰마 번의 공무주선은 번의 필요에서 출발하여 강력한 추진력을 가지고 있었다.

1862년 4월 시마즈 히사미쓰島津久光가 공무주선을 위해 천여 명의 병사를 거느리고 입경하였다. 당시 많은 존황양이 지사들이 시마즈 히사미쓰에게 양이 실행이라는 큰 기대를 걸고 교토에 집결하였으나, 시마즈 히사미쓰는 양이론에 회의적이었다. 오히려 양이파 지사들의 무분별한 행위를 억누르고 웅번의 막정 참여를 통한 막정 개혁을 의도한 그는 4월 23일 '데라다야의 변寺田屋の變'을 일으켜 존황양이 지사들을 제거해 버렸다. 히사미쓰는 애초부터 막권의 실추를 인식하고 웅번의 정치적 발언권을 증대하기 위하여 조정의 권위를 이용하여 막부에 압력을 가할 생각이었고, 이 때문에 에도가 아닌 교토로 먼저 향했던 것이다.

히사미쓰는 조정에 의견서를 제출하여, 히토쓰바시 요시노부를 '장군후견직將軍後見職'에, 마쓰다이라 요시나가를 '정사총재직政事總裁職'에 취임시킬 것을 주장하였다. 이 의견서가 받아들여져 히사미쓰는 칙사를 막부에 파견하는데 성공하였다. 그는 직접 칙사 오하라 시게토미大原重德를 호위하고 에도로 가서 막정개혁을 요구하였다. 막부는 여기에 굴복하여 1862년 7월 히토쓰바시 요시노부를 '장군후견직'에, 마쓰다이라 요시나가를 '정사총재직'에 임명하였다. 이리하여 막정은 요시노부와 요시나가를 중심으로 진행되었고, 이를 요시노부·요시나가 정권이라 부른다.

요시노부・요시나가 정권은 웅번과 조정의 간섭에 의해 성립되었기 때문에 웅번과 조정의 의지를 크게 반영할 수밖에 없었고, 막부 유지의 성격도 완전히 배제할 수는 없었다. 그리하여 막부는 1862년 9월 7일 오와리尾張 번주 도쿠가와 요시카쓰德川慶勝를, 10월 22일에는 도사土佐 전前 번주 야마우치 도요시게를 막정에 참여시켰다. 12월 1일에는 칙사 산죠 사네토미三條實美를 호위하여 에도에 온 쵸슈 번 세자를 표창하고 있다. 12월 5일에는 미토 번에 무오밀칙의 봉승을 허락하였다. 이러한 것들은 도자마다이묘의 전번주를 막부에 참여시킨 점, 조정이 막부 이외의 번에 정령을 하달할 수 있다는 것을 인정한 점에서, 막번체제의 기본적인 정치질서를 스스로 파괴한 것이었다. 참근교대제도 개혁하였다. 개혁의 요점은 재부在府 시기에 따라 다이묘들을 4종으로 나누어, 격년의 참근을 3년 1회로 하고, 적자는 자유로 하지만 처자의 귀번을 허락하였다. 이는 당시 다이묘들의 막부에의 이반을 걱정하여 선수를 쳐서 다이묘들에 대한 압력을 경감시킨 것이었다.

　앞서 언급한 '국익주법 담당부'의 폐지도 번들과의 관계에서 주목해야 한다. 당시 사쓰마 번과 쵸슈 번은 분큐文久기에 상호 교역을 추진하고, 겐지元治기 (1864)에는 정치정세의 변화로 일시 중단되기는 하지만 사쓰마와 쵸슈 번은 아키安藝와의 무역을 개시하고, 군사비용을 염출하기 위해 나가사키를 중심으로 도사, 우와지마宇和島 등의 번들과도 교역을 행하였다. 더욱이 쵸슈 번은 고토五島, 고구라小倉, 에치젠, 아이즈, 쓰시마 등과 교역하여, 교역권을 확대시키면서 전국시장에 적극적으로 진출하였다. 따라서 번들이 막부에 의한 전국시장권 장악에 크게 반발한 것은 당연하였다. 요시노부・요시나가 정권은 정치면에서 웅번에게 큰 제약을 받고, 구제・안도 정권과 마찬가지로 전국적인 경제정책을 계획・실행할 수 없었다. 요시노부・요시나가 정권의 성립과 거의 동시에 '국익주법 담당부'가 폐지된 것은 요시노부・요시나가 정권의 성격이 웅번에 크게 좌우되었다는 사실과 표리의 관계에 있다고 보아야 할 것이다.

　막번체제의 정치질서가 붕괴될 경우 막부를 지탱해줄 수 있는 것은 오직 군사적 우위의 확보밖에 없었다. 군사력의 증강은 물론 외압에 대처하기 위한 것이기도 하지만 바로 이러한 국내문제와의 관계에서도 매우 중요하였던 것이다. 구제·안도 정권 하에서 이루어진 대대적인 군사개혁 역시 같은 성격을 띠었다. 요시노부·요시나가 정권도 대외적 외압에 대한 대처와 막부 군사력의 우위 유지를 위해 군사개혁에 착수하였다. 개혁 방향은 구제·안도 정권에서 계획된 안을 기본적으로 따랐다. 개혁은 병부兵賦, 군역을 막부에 집중시키면서 그 실행에는 소영주를 개입시켜 한다는 점에서 군대의 지휘권 행사가 통일될 수 없다는 결정적 결함이 있었다. 한편 병부의 징발은 인력부족과 임금인상을 초래하였다. 임금인상은 역으로 병부 징발을 곤란하게 하고 농민에게 부담을 주어 농촌 및 시장에 불온한 기운을 감돌게 하였다. 요시노부·요시나가 정권의 군사개혁도 그 전제가 되는 재정 미약으로 실패하였다.

요시노부·요시나가 정권은 웅번 주도 하의 웅번과 막부의 연합정권이라 할 수 있다. 요시노부가 막부를 대표한다면, 요시나가는 웅번을 대표한다고 할 수 있다. 요시노부가 지지 기반을 '후다이다이묘'층에 구하고 있다면, 요시나가는 웅번에 그 기반을 두었다. 요시노부와 요시나가는 막정개혁에 대해서는 의견이 일치하였지만, 조정에 대한 태도에서는 많은 차이를 보이고 있었다. 막정 주도권을 둘러싼 대립도 심각하였다. 이러한 대립은 쇄국양이를 열망하는 천황의 의지를 현실적인 정책으로 받아들일 것인가 아닌가 하는 점에 집중되었다. 조정은 이미 존황양이파 공경公卿들이 독점하고, 그 중심을 산죠 사네토미, 아네가코지 긴사토姉小路公知 등의 청년 공경이 장악하고 있었다. 산죠 사네토미, 아네가코지 긴사토 등은 천황을 움직여 1862년 9월 21일 조의에서 양이를 결정하고, 10월 27일 칙사 산죠 사네토미와 아네가코지 긴사토는 도사 번주 야마우치 도요노리山內豊範를 따라 에도에 갔다. 한편 막부는 교토가 양이파에게 장악되어 있었기 때문에 1862년 윤8월 아이즈 번주 마쓰다이라 가타모리松平容保를 교토슈고쇼쿠京都守護職에 임명하였다. 조정이 양이를 주장하고 개항이 세론으로 통용되지 않자, 히토쓰바시 요시노부는 장군후견직에 사표를 제출하였다. 요시나가가 쇄국양이 의사를 표명하고, 마쓰다이라 가타모리도 존황양이를 지지하였기 때문이다. 쇄국양이 문제는 그 자체뿐만 아니라 막부의 존재 형태에 대한 최종적인 결정을 내려야만 하는 것이기 때문에, 그 분열은 요시노부·요시나가의 대립을 포함하면서 막부 내부의 분열을 가져왔다. 즉 막정보수파들은 모두 양이에 반대하였던 것이다.

이러한 분열을 조정했던 이가 야마우치 도요시게였다. 야마우치 도요시게는 양이파의 득세를 이유로 만약 막부가 칙명을 거부한다면 장군 타도로 정세가 변할 것이라 경고하였다. 이에 요시노부는 어쩔 수 없이 칙명을 받아들이기로 하였다. 요시나가의 경우, 막부관리의 칙명 반대에 접하자 사의를 표명하였다가 야마우치 도요시게의 조정으로 사의를 철회하였다. 마침내 1862년 11월 막부는 칙명 준봉으로 의견을 결정한다. 그리하여 11월 27일 칙사 산죠 사네토미, 아네가코지 긴사토는 막부에 양이 독촉의 칙서를 전달하고, 이에 12월 5일 양이의 결행과 천황친위군의 편제를 내용으로 하는 봉답서를 상주하였다. 봉답서에서 친위군 문제는 장군이 교토에 가서 결정한다고 하였다. 이로써 일시적으로 조정·막부·웅번의 긴장관계는 해소되었으나 이 상황은 장군 상경 때까지의 휴전과도 같은 것이었다.

막부는 1863년 1월 장군 상경에 앞서 요시노부를 입경시켜 조정과의 합의에 노력하게 하고, 2월 5일에는 요시나가도 입경시켰다. 시마즈 히사미쓰도 조정과 막부의 요구로 입경하여 공무주선에 노력하였다. 2월 23일 장군은 에도를 출발하여 3월 4월 입경하고 3월 7일 참내하기에 이른다. 이 기회를 이용하여 막부는 조정이 막부에게 정무의 전권을 위임하길 원했으나, 조정이 위임한 정무는 오직 양이의 실행뿐이었다. 한편 양이파 공경들은 이 기회를 이용하여 친위병 설치와 양이 기한 설정을 막부에 강요하였다. 막부는 이 요구에 굴복하여, 10만 석 이상 다이묘들에게 만 석당 1인의 조정 수위병을 입경시킬 것을 공시하였고, 5월 10일을 양이 기일로 한다고 조정에 전하였다. 조정은 장군의 체경을 명하고, 파약破約을 위해 요시노부를 에도로 보냈다.

이러한 상황은 웅번의 번주들을 절망시켰다. 마쓰다이라 요시나가는 정사 총재직에 사표를 내고 귀번하였고, 히사미쓰 역시 체경 5일 만에 귀번하여 버렸다. 장군의 상경을 계기로 막부는 완전히 조정의 하위에 위치하게 되었고, 웅번 주도 하의 공무합체도 존황양이파에 의하여 실패하였다. 상대적으로 조정의 정치적 지위는 부상하였고 존황양이파의 활동은 더욱 활발해졌다.

한편 교토에서 존황양이파가 득세하고 장군이 교토에 체재하는 동안 막부 내부에서는 막권의 유지를 지향하는 움직임이 전개되었다. 1863년 5월 9일 나마무기生麥 사건(1862년 8월 사쓰마 번에서 영국인 4인이 살해된 사건. 이 사건으로 사쓰에이薩英 전쟁 발발)의 배상금을 지불하면서 오가사와라 나가유키小笠原長行는 각국 공사에게 쇄항 통고문을 전달하였다. 열강들은 5월 10일 이 통고문의 수리를 거부하고, 쇄항 조치를 존황양이파의 책동 때문이라고 판단, 일단의 조치를 취해야겠다고 생각하였다. 이러한 상황에서 막부가 5월 17일 영·불 공사와 제독들에게 교토에 집결한 양이파를 제거하기 위한 군대를 수송할 함대의 대여와 막부에 대한 지지를 구하였다. 영·불은 그에 대한 대가로 오사카·효고의 개항·개시, 영·불의 요코하마 거류지 방위권을 약속받고, 막부 제안에 동의하였다. 이리하여 5월 25일 오가사와라 나가유키·미즈노 다다노리水野忠德·이노우에 기요나오井上淸直를 비롯한 보·기병 1,600명을 태운 5척의 함대가 교토로 출발하였다. 이 소식을 접한 조정은 수위병에 전쟁준비를 명하고, 장군 이에모치家茂에게 오가사와라 나가유키의 처벌을 요구하였다. 이에 장군은 6월 6일 오가사와라 나가유키에게는 면직을, 미즈노 다다노리와 이노우에 기요나오에게 근신을 명하였으며, 군대를 에도로 회군시켰다. 이리하여 막부보수파에 의한 쿠데타는 실패로 돌아갔다.

교토에서는 여전히 존황양이파가 득세하고 있는 가운데, 5월 20일 존황양이파 공경의 거두였던 아네가코지 긴사토가 사쿠베이몬朔平門 밖에서 암살당하는 사건이 발생하였다(사쿠베이몬의 변朔平門の變). 산죠 사네토미에게도 협박장이 날아들었다. 이 사건의 내막은 알 수 없으나, 이 때문에 사쓰마 번은 건문乾門 수위가 해제되고, 사쓰마 번사의 9문九門 출입이 금지되었다. 쵸슈 번과의 대항의식으로 교토에서 세력 만회를 노렸던 사쓰마 번은 9문 출입 금지로 그것이 불가능해지자 비상수단을 강구해야 하였다. 한편 존황양이파의 이론적 지도자 마키 이즈미眞木和泉가 6월 교토에 와서 양이 친정을 획책하여, 조정은 어쩔 수 없이 8월 13일 야마토大和 행행의 조를 내렸다. 그런데 고메이 천황은 완고한 양이론자기이는 했지만, 양이의 방법으로 공무합체를 지향하고 토막양이討幕攘夷는 거부하고 있었다. 이에 야마토 행행의 조를 내린 후 고메이 천황은 공무합체파 공경들에게 이 같은 자신의 의지를 알렸다. 조정 내 공무합체파 공경들은 정변을 계획하고, 무력의 주력으로 아이즈・쵸슈 번과 대립하고 있던 사쓰마 번을 끌어들였다. 이리하여 1863년 8월 18일 정변이 일어나고, 교토의 존황양이파는 구축되어 쵸슈 번에 집결하였다(8・18정변).

8・18정변으로 정국은 역전되어 공무합체파에 장악되었다. 이들은 웅번의 막정 참여와 조의朝議 참여를 요구하였다. 이는 막부와 조정 모두에 대해 웅번이 영향력을 행사하고 아울러 조정을 웅번의 세력 하에 두려는 의도가 담긴 것이었다. 이 같은 요구가 제도화된 것이 참예회의參預會議였다. 참예회의 는 히토쓰바시 요시노부, 마쓰다이라 가타모리, 마쓰다이라 요시나가, 야마우 치 도요시게, 다테 무네나리, 시마즈 히사미쓰가 참석하여 1863년 12월 말부터 1월까지 구체화되었으나, 1864년 4월 히사미쓰의 퇴경과 더불어 실패하였다.

제4절 막번체제의 붕괴

1. 토막파討幕派의 형성

공무합체파 다이묘들은 존황양이파를 구축하고 참예회의를 성립시켰으나, 정치주도권을 둘러싸고 서로 대립하였다. 당시 참예회의에서 해결해야 할 문제는 조정이 주장하는 요코하마 쇄항과 쵸슈 번에 대한 처분 문제였다. 쵸슈 처분에 대해서는, 쵸슈 번 대표를 오사카로 소환하여 규문하고, 존황양이 파 지사와 공경들을 인도할 것, 만약 명을 어기면 추토한다는 데 의견이 일치하였다. 그러나 요코하마 쇄항 문제에 대해서는, 시마즈 히사미쓰, 마쓰다 이라 요시나가, 다테 무네나리 등이 정세변화로 인해 개국양이開國攘夷로 국시를 전환하여야 한다고 주장하고, 히토쓰바시 요시노부는 쇄국양이鎖國攘夷를 주장 하였다. 이러한 대립의 배후에는 막부를 대변하는 요시노부가 조정의 양이 의사를 받아들여 막권을 강화하기 위한 기회로 삼으려는 정치적 의도가 깔려 있었다. 그러나 그 저변에는 보다 현실적인 문제가 있었다. 그것은 첫째, 개항 이후 막부의 〈5품 에도 회송령〉에도 불구하고 요코하마를 중심으로 생사무역이 증가하고 있었다는 점이다. 이는 기본적으로 막권의 기반을 해체 시키는 필연성을 가지고 있었다. 둘째, 막부와 결합된 에도 중개업 특권상인들 에게 대항하는 재향상인이 일종의 낭인 앞잡이로 에도 중개업 상인에 저항하고 있었으며, 무역에 진출하려는 다이묘 권력과 결합되어 갔다. 이러한 경제상황 에서 막부는 무역독점=전국시장의 독점·지배를 도모하고, 조정을 이용하여 막권 강화의 기회로 삼으려 했던 것이다.

이 같은 정치·경제적 대립으로 야마우치 도요시게가 2월 28일 참예직에 사표를 내고 귀번하고, 나머지 참예들도 3월 9일까지 전원 사표를 제출하면서 참예회의는 붕괴되었다.

정쟁에서 승리한 요시노부는 교토에서 조정을 독점하고 스스로 장군후견직 을 그만두고 금리수위총독禁裏守衛總督·섭해방위지휘攝海防衛指揮에 3월 25일 취임 하였다. 이는 요시노부가 장군에 예속된 지위에서 벗어나 조정의 친위로 방향을 틀고, 요시노부 스스로 자유롭게 행동할 수 있는 독자적인 기반을 창출한 것이다. 참예회의 해체로 웅번들은 더 이상 막부에 기대를 걸지 못하게 되었고, 막부와 요시노부의 대립도 표면에 드러났다. 막부는 교토에서 주도권 을 잡고, 참예회의 해체로 웅번의 압력을 배제할 수 있게 되었으나 그 결과 더욱 보수화되었다. 봉건지배층은 더욱 분열하였으며 이는 교토에서의 정치 판도에도 변화를 가져왔다.

한편 교토에서 추방된 존황양이파 지사들은 쵸슈로 집결하여 교토 재진출을 기도하였다. 쵸슈 번은 이미 1863년 개혁으로 번 지배기구를 통합해서 권력을 집중시키고, 고조되는 대외위기를 타개하기 위해 제 대諸隊를 결성하여 새롭게 군사력을 편성하였다. 이러한 상황에서 참예회의 해체와 쓰쿠바야마의 거병筑 波山の擧兵은 쵸슈 번에 밀집한 존황양이파 지사들에게는 교토 재진출에 절호의 기회로 보였다. 그들은 다카스기 신사쿠高杉晉作 등의 반대에도 불구하고 교토로 의 군사 진발을 결정하였다. 6월 4일 모리 사다히로毛利定廣의 교토행이 결정되 고, 또 쓰쿠바야마의 거병에 당황하고 있던 막부에 진정陳情하기 위해 가로 후쿠하라 에치고福原越後의 막부행도 명하였다. 반면 1864년 6월 이케다야의 변池田屋の變으로 많은 존황양이파 지사들이 신센구미新選組에 의해 참변을 당하였다. 이케다야의 변은 쵸슈 번의 존황양이파를 자극하여, 쵸슈 번은 가로 마스다 단죠益田彈正에게 상경을 명하고, 마키 이즈미와 구사카 겐즈이久坂玄瑞가 통솔하는 슈기 대集義隊, 하치만 대八幡隊 등 천수백 인이 진발하기에 이르렀다. 6월말 7월초에 쵸슈 군이 교토에 포진하였다. 이에 대해 막부는 긴장하고, 천황도 금리수위총독禁裏守衛總督 히토쓰바시 요시노부에게 쵸슈 군의 입경을 저지할 권한을 일임하였다. 요시노부는 막부군과 아이즈 번 등의 번 군대를 각 소에 배치하여 경계케 하고 쵸슈 군의 퇴거를 명하였다. 그러나 7월 18일 양군은 개전하였고, 그 결과 쵸슈 군은 패배하였다(긴몬의 변禁門의變).

한편 쵸슈 번은 1863년 5월 10일 미국상선에 포격을 가했는데, 막부가 결정한 양이 기일을 맞아 양이를 실행에 옮긴 것이었다. 이로써 제 외국과의 전쟁이 시작되어 23일에는 프랑스선을, 26일에는 네덜란드선을 포격하였다. 이에 대해 6월 1일부터 미국·프랑스의 대량 보복전이 전개되어 시모노세키下關 포대가 점령·파괴되었다.

사쓰마 번도 나마무기生麥 사건으로 1863년 7월 2일부터 영국과 전쟁을 시작하였는데 패배하여 영국과 강화에 들어갔다. 강화의 결과 사쓰마 번은 25,000달러의 배상금을 지불하고, 영국은 사쓰마 번의 군함 구입에 협조한다는 조건을 수락하였다. 이로써 사쓰마 번은 양이 실행의 불가능을 인식하고, 외래문물을 적극적으로 수용하는 태도를 갖게 된다(사쓰에이 전쟁薩英戰爭).

반면 8·18정변 이후 존황양이파의 패퇴에도 불구하고, 막부가 최대 무역항 인 요코하마 쇄항문제를 제기하고 〈5품 에도 회송령〉이 강화되어 무역액이 급감하였다. 이에 영국을 중심으로 한 서구열강이 양이의 불가와 막부의 쇄국방침을 힘으로 저지하려는 움직임을 보였다. 마침내 1864년 4월 영국·미 국·프랑스·네덜란드 등 4개 국 대표들은 1863년 5월 이후 사실상 봉쇄되어 있던 시모노세키의 항해를 자유롭게 하기 위하여 쵸슈 번의 시모노세키 봉쇄행위를 저지하고, 요코하마 쇄항계획을 포기시킬 것을 내용으로 하는 의정서를 조인하였다. 이어 6월 위 4개 국은 시모노세키 원정 각서를 조인하였 다. 그 내용을 보면, 첫째, 일본의 중립화, 둘째, 조약권, 특히 개항장에서 상업의 자유 유지, 셋째, 요코하마 항의 방위, 넷째, 영토할양 내지 배타적

이권을 요구하지 않을 것 등이었다. 이는 서구열강의 일본에 대한 태도를 잘 보여주는 것으로, 무역에 대한 기득 이권을 유지하고자 한 것이었다. 또한 이는 막부와 번들에 대한 서구열강의 태도 변화를 보여준다. 즉 무역에서 번들의 참가를 인정하고 있는 것이다. 영국은 다이묘의 배외사상이 막부의 무역독점에 기인한다고 보고, 무역에 대한 막부의 제한을 철폐시켜 번들을 무역에 참가시킴으로써 외국과의 분쟁을 해결할 수 있다고 보았다.

7월 18일 4개 국 대표는 막부에 4국연합함대의 발진을 통고하였다. 그리고 8월 5일 4국연합함대 17척이 쵸슈 번 포대를 공격하고, 6일에는 육전대 약 2,000명을 상륙시켜 각 포대를 파괴하였다(4국연합함대 시모노세키 포격사건). 쵸슈 번은 8월 8일 연합함대에 강화를 청하고 담판에 들어간다. 강화 내용은 첫째, 외국선의 시모노세키 해협 통항 자유와 석탄·식량의 공급, 둘째, 포대의 수리 및 신축 금지, 셋째, 배상금 지급 등이었다.

그런데 쵸슈 번은 외국과의 전쟁 위기 속에서 왜 긴몬의 변을 일으켰을까? 단순히 참예회의의 해체와 교토에의 세력 만회 욕구에 의해 발생했다고 이해할 수 있겠으나, 쵸슈 번 내의 정치상황과도 관련이 있을 것이다. 공무합체파 다이묘들이 정국을 장악한 후 여러 번에서도 그에 힘입어 존황양이파를 숙청하였다. 쵸슈 번에서도 보수파가 존황양이파에게 교토에서 추방당한 책임을 물어 세력을 확장시켜 나갔고, 그와 반비례하여 존황양이파 지사들의 교토에서의 세력만회 욕구는 강하였다고 볼 수 있다. 한편 존황양이파 중 일부는 교토에서의 세력만회가 현실적으로 불가능하다고 인식하고, 배외행동도 현실적이지 못하다는 인식 하에 새로운 방법을 모색하고 있었는데, 그 대표적인 인물이 다카스기 신사쿠高杉晋作였다. 따라서 존황양이파가 번 내부의 세력을 유지하기 위한 궁여지책으로 긴몬의 변을 일으켰을 수 있는 것이다.

7월 막부는 쵸슈 번에 긴몬의 변의 책임을 물어 쵸슈 번주 부자의 근신을 명하였다. 8월 1일 장군의 쵸슈 친정을 포고하고, 13일에는 번들에 쵸슈 정벌을 위한 출진을 명하였다. 이에 10월 25일 쵸슈 정벌 선봉대가 오사카를 출발하여 쵸슈 번으로 향하였는데, 그 군세가 35개 번 15만 병력에 이르렀다(제1차 쵸슈 정벌). 그러나 번들은 이 쵸슈 정벌에 소극적이었다. 정벌을 위한 군사행동에는 막대한 경비가 요구되는 데 비해 얻을 수 있는 이익은 없고, 오히려 막권을 강화시킬 여건만 마련해주는 꼴이었기 때문이다. 다만 조정의 명령이 있었기 때문에 이를 거역할 경우 조정에 거역하는 모양이 되어 명분이 서지 않아 출병했을 뿐이다. 막부 역시 쵸슈 번을 완전히 압도할 자신은 없었고, 그저 쵸슈 번을 침묵시키고 막권의 우위를 유지하고자 했을 뿐이다. 이러한 움직임은 참예회의가 해체되면서 막권을 강화시키려 한 움직임과 관련이 있다. 막부는 쵸슈 정벌을 포고하고 1864년 9월, 1863년에 완화시켰던 참근교대제와 다이묘 처자 재부제를 이전의 상태로 되돌렸다. 이는 참예회의 해체 후 웅번의 압력에서 벗어난 막부의 보수화를 상징적으로 표현하는 것이었다. 결국 쵸슈 정벌의 목적은 막권을 강화하고 웅번을 약화시키는 것이었고, 따라서 번들로서는 이 정벌에 소극적일 수밖에 없었다. 이것은 쵸슈 번 처분과도 밀접한 관련을 가져, 쵸슈 번에 대해 관대한 조치가 내려진다.

한편 쵸슈 번은 밖으로는 4국연합함대에 의한 패배로 전의를 상실하고, 안으로는 장군의 정벌을 맞아 위기에 처하게 되었다. 이에 쵸슈 번 내에서는 존황양이 과격파에 불만을 품고 있던 문벌층이 막부에 사죄항복하고 번의 존속을 꾀하는 '순일공순純一恭順'을 주장하여 존황양이 과격파를 번청에서 추방하고 정치주도권을 장악하였다. 막부와의 일전을 각오하고 '무비공순武備恭順'을 주장한 이노우에 가오루井上馨 등도 이때 추방당하였다. 마침내 1864년 10월 21일, 존황양이 과격파의 지지기반이며 군사의 핵심인 제 대諸隊의 해산령이 내려졌다. 민중의 무예도 금지되고, 그들이 가지고 있는 무기도 몰수되었다. 이로써 쵸슈 번은 일시에 문벌층 보수파(속론당)에 장악되어 막부에 항복하였다. 그리고 11월 11일 긴몬의 변의 책임을 물어 마스타 우에몬노스케益田右衛門介, 후쿠하라 에치고福原越後, 고쿠시 시나노國司信濃 등의 가로들에게 자살을 명하고 참모들을 참수하였다. 이에 쵸슈 정벌 총독 도쿠가와 요시카쓰는 11월 14일, 18일로 예정되었던 쵸슈 정벌을 연기하였다. 12월 5일, 쵸슈 번 모리 다카치카毛利敬親·사다히로定廣 부자가 야마구치山口에서 하기 성萩城으로 돌아와 막부에 자필사죄서를 제출하였다. 그리고 8·18정변 후 쵸슈 번으로 왔던 공경은 사이고 다카모리西郷隆盛의 중재로 치쿠젠筑前 다자이후大宰府로 이동시키는 것으로 마무리되었다. 쵸슈 번의 이러한 공순한 태도가 받아들여져 마침내 쵸슈 정벌군은 12월 27일 철수한다.

쵸슈 정벌군이 이렇게 관대한 조치를 취한 것과 달리 막부는 강경한 입장을 취했다. 1865년 1월 4일 오메쓰케 오쿠보 다다히로大久保忠寬를 히로시마로 파견하여 쵸슈 번주 부자와 공경들을 에도로 연행하고, 쵸슈 번의 현지 포위를 풀지 말 것을 명하였다. 15일에는 쵸슈 번주 부자의 처분을 에도에서 행하고 장군 진발은 중지한다고 포고하는데, 이미 쵸슈 정벌군이 철병하고 있었기 때문에 막부의 기도는 좌절된다. 막부 측에서 볼 때 제1차 쵸슈 정벌은 불만족스러운 것이었고, 쵸슈 번에게 재차 회생하여 막부와 대결할 소지를 주는 것이었다. 정벌에 참여한 번에게도 이익 없는 전쟁 수행으로 막부를 비난할 소지를 주는 것이기도 하였다.

한편 쵸슈 번 내에는 보수적 문벌층이 제1차 쵸슈 정벌 와중에 일시적으로 정권을 장악하였으나, 쵸슈 정벌군이 철수 움직임을 보이기 시작한 1864년 말 다시 존황양이 과격파들이 정권 장악의 움직임을 보이기 시작하였다. 그 중심인물이 다카스기 신사쿠였다. 다카스기는 1864년 12월 16일 유격대遊擊隊(총독 가와세 마사타카河瀨眞孝), 역사대力士隊(총독 이토 히로부미伊藤博文) 등 2개 대를 이끌고 시모노세키의 신치新地 회소를 점령하고 번선藩船 2척을 탈취하였다. 이에 제대가 다카스기 신사쿠에 호응하여 거병하였다. 이들 제 대들은 번군藩軍을 맞아 승리를 거두고, 이로써 1865년 2월 말 쵸슈 번은 다시 하급무사층이 정권을 장악하였다. 모리 다카치카·사다히로 부자는 다시 야마구치로 옮겨가 번론을 변경하고 막부와 대항 태세를 취하였다. 1865년 3월 23일, 밖으로는 공순, 안으로는 부국강병과 할거를 명확히 하고, 열강과 정전협정을 준수, 화친할 것을 명확히 하였다.

2. 토막운동의 전개

토막파討幕派는 존황양이운동의 실패에서 탄생한 정치세력으로 존황양이파와 본질적으로 계급적 차이는 없었다. 정치목적이 양이에서 토막으로 변경되었고 세력 확대를 위해 호농과 호상을 광범하게 흡수하였다. 그리고 토막을 이루기 위해 번을 수단화한 할거주의를 채택하고, 대외정책으로는 양이를 버리고 개국·화친을 택하였다.

토막파는 쵸슈 번을 장악하고 번정개혁에 착수하였다. 그 내용은 정사당政事堂을 중심으로 한 행정의 간소화, 권력의 집중과 행정·재정·군정의 일원화, 구래의 신분과 격식을 떠난 유능한 인재의 등용이었다. 또한 당시 정세를 반영하여 적극적으로 군제개혁에 나섰다. 진정회의원鎭靜會議員을 모체로 상급 무사들은 간성대干城隊에 편입시키고, 하급무사들은 번이 직접 통솔하였다. 제 대도 1,500인(후에 400인 증가)을 정선하여 10대로 재편하여 번 직속의 정규 번병으로 삼았다. 이러한 번정개혁에는 많은 경비가 요구되었고, 그 비용은 타번 혹은 외국과의 교역에 의거할 수밖에 없었다. 이러한 상황은 쵸슈 번과 사쓰마 번이 경제·군사적으로 상호 접근하게 하는 요인으로 작용한다.

한편 쵸슈 번이 토막파에 장악되고, 토막의 일전을 준비하고 있다는 정보를 접한 막부는 1865년 3월, 오는 5월 16일에 쵸슈 번 재정벌을 위해 장군이 직접 발진한다고 포고하였다(제2차 쵸슈 정벌). 제1차 쵸슈 정벌에도 불구하고 토막파가 번청을 장악함으로써 막권의 실추가 명확히 드러나자 막부로서는 이를 그대로 방치할 수는 없었다. 그럴 경우 스스로 막권의 실추를 인정하는 것이 되므로, 막권 강화를 위해서는 무력으로 쵸슈를 제압할 필요가 있었던 것이다. 마침내 5월 16일 장군 이에모치는 막부의 보·기·포병과 다이묘들을 이끌고 에도를 출발, 윤5월 22일 조정에 참내하여 쵸슈 재정벌을 상소하고, 25일 오사카에 이르렀다.

그러나 쵸슈 정벌에 대한 번들의 태도는 제1차 정벌 때와는 사뭇 달랐다. 제1차 정벌의 처리 과정에서도 나타났듯이 번들이 쵸슈 정벌의 참여에 소극적이었고, 막부와는 달리 쵸슈에 대해 관용적인 태도를 취한 것은 막부가 쵸슈 정벌을 막권 강화의 기회로 삼고 있다고 인식하였기 때문이다. 따라서 이러한 인식을 가지고 있던 번들에게 다시 쵸슈 정벌을 강요하는 것은 무리였다. 번의 입장에서 보면, 쵸슈 정벌로 인한 막대한 재정부담을 감수해야 하고,

그것이 농민들의 생계를 위협하여 농민봉기나 도시민의 파괴행위를 유발시켜 봉건적 위기를 불러올 수 있었다. 설사 쵸슈 정벌에 성공한다 해도 막권만 강화되어 번에 대한 막부의 통제가 강화될 것이므로 번에 유리할 것이 없었다. 이에 번들에서는 제2차 쵸슈 정벌 비판론이 비등하였다. 특히 사쓰마 번은 정면으로 막부에 반대하였다. 이러한 제2차 쵸슈 정벌에 대한 반대 내지 비판론은 마쓰다이라 요시나가, 야마우치 도요시게, 다테 무네나리도 마찬가지였다. 그러나 이미 극히 보수화되어 있던 막부는 정벌을 극력 고집하였다. 그 배후에는 기슈·구와나·히코네 번을 비롯한 후다이다이묘, 하타모토층의 지지와 막권 강화에 대한 막각의 강한 집념이 있었다.

한편 제 외국의 막부 지원 태도에도 큰 변화가 나타나기 시작하였다. 일본과 제 외국과의 무역은 1863년 전반기를 고비로 줄어들고 있었다. 막부가 전국시장권을 장악하여 무역독점을 꾀하고, 요코하마 쇄항에 노력하였기 때문이다. 따라서 제 외국은 무역감소를 막부 책동 때문이라고 보고, 양이운동도 그러한 막부에 대한 반항이 주요인이라고 인식하기 시작하였다.

이러한 상황에서 영국 외교관 파크스Henry. S. Parkes가 본국 정부로부터 첫째, 효고 개항의 조기 타결(런던 각서에는 1868년 1월 1일 개항 예정), 둘째, 안세이 5개국 조약의 칙허를 얻어낼 것, 셋째, 수입세를 일률적으로 5%로 인하할 것이라는 내용의 훈령을 받고 일본에 귀임한다. 그는 귀임 도중에 나가사키에 들러 번들의 대표자들과 회견하고, 시모노세키에서는 기도 다카요시木戸孝允, 이노우에 가오루井上馨, 이토 히로부미伊藤博文와도 회견하였다. 여기서 그가 얻은 결론은 막부가 권력과 무역을 독점하려 한다는 것이었다. 이때 영국 정부로부터 막부의 속임수를 경계하고, 유력 다이묘와 접촉하여 무역확대 방안을 탐색하고, 전 훈령을 실행에 옮길 것 등의 내용을 담은 새로운 훈령이 내려졌다.

파크스는 위의 3제안을 열국대표에게 보이고 동의를 얻어냈다. 그리고 9월 17일, 영국 함선 5척, 프랑스 함선 3척, 네덜란드 함선 1척의 총 9척의 함선을 이끌고 영·프·미·란 4개 국 대표가 오사카에서 효고·오사카의 즉시 개항 및 개시, 조약 칙허, 세율개정을 요구하고, 그 조건으로 시모노세키

사건의 배상금 300만 달러의 2/3를 포기한다고 제안하였다. 막부는 일의 중대성을 들어 회담의 연기를 요구하였으나, 영국을 중심으로 한 열국은 막부에게 외교에 대한 권한이 없다면 천황에게 직접 요구하겠다는 강경한 태도를 취하였다. 이에 막부는 9월 26일 효고 개항을 결정하였다. 그러나 히토쓰바시 요시노부는 조정과의 관계 악화를 구실로 들어 효고의 개항·개시를 반대하였고, 이는 막부세력의 분열을 의미하였다. 이에 장군 이에모치는 장군직에 사표를 내고 동하東下하려 하였다. 이렇게 되자 요시노부는 조정에 조약 칙허를 강요하였고, 조정도 어쩔 수 없이 10월 5일 조약을 칙허한다.

이렇게 해서 1858년 이래 정쟁의 초점이 되어온 조약칙허 문제는 일단 해결되었다. 그러나 제 외국이 요구한 효고의 조기 개항이 칙허되지 않았고, 수입 세율 문제는 에도 막부와 교섭하도록 하라는 칙지가 내려졌다. 따라서 1866년 4월부터 오쿠리 다다마사小栗忠順가 대표로 교섭하여 5월 13일 종가세 5%로 정해졌다(개세약서改稅約書). 영국은 외교를 주도하며 열국의 요구를 관철시켜 가는 과정 속에서 막부가 일본의 주권자가 아님을 지적하고, 천황의 국제적 지위를 인정하고, 천황과 웅번이 연합해야 한다는 신정책을 내놓았다. 이는 막권의 실추와 웅번의 무역참가 희망을 기반으로 한 것이었다.

영국이 이처럼 열강의 무역증대 욕구에 부응하면서 웅번에 접근하고 있을 때, 프랑스는 그와 반대의 움직임을 보이고 있었다. 프랑스 총영사 로슈 Leacuteon Loches가 일본의 생사무역을 독점하기 위해 막부에 접근하고 있었던 것이다. 군사력 강화를 도모하던 막부 역시 프랑스에 접근하였다. 그리하여 막부 내부에는 친불파가 성립되어, 프랑스로부터 240만 달러, 600만 달러의 차관을 얻기로 하였다. 1865년 교부된 해군공폐 약정서에 의하면, 요코스카橫須賀에 제철소 하나, 조선소 하나, 수선장 둘, 요코하마에 훈련용 소제철소 하나를 4년에 걸쳐 건설하고, 그 건설비 240만 달러는 연간 60만 달러씩 프랑스에 빌린다는 것이었다.

이 차관의 조건은 프랑스가 생사무역을 독점하고, 막부가 여기에서 생기는 이익으로 프랑스에 상환한다는 것이었다. 이것이 구체화된 것이 〈막불조합상법〉이었다. 또한 막부는 군사력 강화를 프랑스에 의지하여 실행하였다. 1865

년 3월 '육군 부교' 오쿠리 다다마사가 중심이 되어 프랑스식 보·기·포병을 신설하였다. 해군력 증강을 위한 원조계획도 수립되어 최신예 대포 16문을 프랑스에 발주하여, 11문을 1865년 5월에 인도받았다. 프랑스의 군사원조는 제2차 쵸슈 정벌에 큰 도움이 되어, 막부는 번들의 반대를 무릅쓰고 정벌군을 일으켰던 것이다.

열강의 군사적 위협 아래 조약칙허 등의 요구가 일단락된 1865년 11월 7일, 막부는 쵸슈 정벌을 위해 히코네 번 이하 31개 번에 출병 명령을 내리고 11월 15일에는 막부의 보병·기병·포병대가 히로시마를 향하여 오사카 성의 출발을 명하였다.

그렇다면 막부와 대항하고 있던 쵸슈 번의 정세는 어떠하였을까? 쵸슈 번은 막부의 제2차 정벌 소식을 접하고 군사력 강화에 분주하였다. 군사개혁을 단행하여 거번적인 항막체제에 돌입하였다는 것은 위에서 보았다. 그러나 군사력 강화의 필요조건인 무기구입은 용이하지 않았다. 제1차 정벌 이후 쵸슈 번은 조정의 적으로서 막부와 여러 번들의 감시를 받고 있었기 때문이다. 이러한 상황 중에 도사 번사 사카모토 료마坂本龍馬가 사쓰마와 쵸슈 번의 연합을 시도하였다. 사쓰마와 쵸슈 번의 관계는 8·18정변으로 매우 악화되어 있었으나, 나카오카 신타로中岡愼太郎가 사이고 다카모리西鄕隆盛를, 사카모토 료마가 기도 다카요시를 설득하여 양 번의 회합에 성공하였다.

이 회합에서 기도 다카요시는 막부와 여러 번의 감시 때문에 외부로부터 무기를 구입할 수 없는 문제를 해결하기 위해 무기·함선을 사쓰마 번 명의로 사서 인계받고 싶다는 의견을 내놓았고 사이고 다카모리가 이에 동의하였다. 이렇게 해서 쵸슈 번은 1865년 외국에서 다량의 무기를 구입하여(약 138,800량) 항막의 무력 기반을 마련하였다. 한편 참예회의 해체 후 무역독점을 기도하는 막부와 대립하고 있던 사쓰마 번은 부국강병을 위해 쵸슈 번과의 교역을 재개하였다. 쵸슈 재정벌과 조약칙허 문제를 둘러싸고 막부와의 대립이 날로 심각해져 가는 상황 속에서 사쓰마와 쵸슈 번의 연합은 더욱 강고해져, 1866년 1월 21일 쵸슈 번사 기도 다카요시, 사쓰마 번사 고마쓰 다테와키小松帶刀, 사이고 다카모리 등은 삿·쵸 동맹薩長同盟을 맺었다.

막부와의 일전을 전제로 여러 가지 경우를 주도면밀하게 대비한 이 동맹에는 막부에 대한 부정과 함께 막연하나마 새로운 정체政體의 국가 건설 의도가 내재되어 있었다. 사쓰마와 쵸슈의 군사동맹으로 쵸슈 번은 8·18정변, 긴몬의 변 이후 고립되어 있던 상태에서 벗어나 토막의 기치를 높게 내걸었다.

한편, 막부는 1866년 1월 22일 조정에 모리 다카치카 부자에 대한 봉지封地 10만 석 삭감과 칩거, 조적朝敵의 오명을 제거한다는 내용의 주청을 올리고 조정의 칙허를 받아냈다. 쵸슈 번은 이 명령을 받아들이지 않고 4월 5일, 제대에 막부군의 내습에 대비하라는 군령을 내렸다. 한편 사쓰마 번은 4월 15일에 막부에 서면으로 제2차 쵸슈 정벌의 불가를 설명하고, 출병을 정식으로 거절하였다. 막부와 쵸슈 번의 전쟁은 피할 수 없게 되고, 마침내 쵸슈 번은 6월 2일 막부군에 대비하여 계엄을 포고하였다. 6월 5일 쵸슈 정벌의 선봉 도쿠가와 시게카쓰德川茂勝가 히로시마에 도착하여, 산인·산요, 시코쿠, 규슈의 30여 개 번의 대병으로 쵸슈 번을 포위하였다. 6월 6일 쵸슈 번은 다카스기 신사쿠를 해군총독에 임명하고, 요시노부는 6월 7일 참내하여 쵸슈 정벌에 대한 칙허를 얻어냈다. 6월 8일 막부는 칙허를 제 군에 전달하고 쵸슈 번에 선전포고하였다. 전화는 막부 군함의 쵸슈 번령 포격으로 시작하여, 이요伊予 마쓰야마 번병과 막부의 보병·포병들이 오시마에 상륙하여 섬 전체를 일시에 제압하였다. 하지만 쵸슈가 다카스기 신사쿠의 지휘 하에 6월 12일부터 반격에 들어가 14일 오시마를 탈환하고, 15일에는 섬 전체를 탈환하였다. 이후 쵸슈 번은 전격적인 반격으로 곳곳에서 정벌군을 격파하였다.

쵸슈 정벌이 연전연패를 거듭하고 있던 7월 20일, 장군 이에모치가 사망하였다. 요시노부는 7월 27일 장군직은 사양하였으나, 도쿠가와 종가의 상속은 승낙하였다. 그는 8월 1일 하타모토 일동을 소집하여 쵸슈 필정을 역설하고, 8월 12일 출진을 공표하였다. 그러나 11일 오가사와라 나가유키小笠原長行의 오쿠라 탈주와 오쿠라 낙성 소식을 접하고 전의를 상실하여 출진을 중지하였다. 이는 쵸슈 정벌의 포기이며 패전을 의미하였다. 요시노부는 제2차 쵸슈 정벌의 수습에 들어갔다. 막부는 8월 20일 장군의 사망과 요시노부의 종가상속을 공포하고 천황에 출진 중지를 진사하였다. 조정은 21일 장군의 상을 맞아 휴전하라는 명령서를 내리고, 쵸슈 번에게도 점령지에서 철병할 것을 명하였다. 이것은 막부의 패배를 전국에 공표하는 것이기도 하였다.

제2차 쵸슈 정벌의 패배로 막부는 일본 유일의 통치자로서의 능력이 없으며 다이묘들에 대한 위신과 통제력을 상실했다는 사실이 드러났고, 이에 통일 권력자로서의 막부를 부정하는 경향이 더욱 짙어졌다. 조정 내에서도 반막세력이 팽배해져 갔다. 8월 30일에 이와쿠라 도모미岩倉具視의 지도를 받은 오하라 시게토미大原重德, 나카미카도 쓰네유키中御門経之 이하 22인이 열참하여 좌막佐幕적인 아사히코신노朝彦親王와 칸파쿠 니죠 나리유키二條齊敬를 탄핵하고, 천황이 직접 열후를 소집하여 국시를 세울 것을 건의할 정도였다. 이러한 움직임은 단순히 조정에서만 나타난 것이 아니었다. 이미 장군 이에모치 사망 후 장군 계승 결정을 둘러싼 마쓰다이라 요시나가와 요시노부 간의 대립에서도 찾아볼 수 있다. 또한 정국의 처리를 둘러싼 번사들의 움직임, 즉 조정이 직접 제후를 소집할 것을 요구한 데서도 찾아볼 수 있다. 장군 사망 후 요시노부가 도쿠가와 종가를 계승하는 것은 7월 29일 칙허되나, 장군 후계자의 결정방법에 대해 요시나가는 제후소집권이 요시노부에게 없으므로 제후 소집은 천황의 명에 따라야 하고, 만약 요시노부가 종가만 상속한다면 일체의 진퇴는 천황의 명에 의할 뿐이라 주장하였다. 또한 도쿠가와 종가가 다이묘들에게 명령을 내리는 것은 정폐되어 오와리 가나 기슈 가와 동격의 단순한 에도 도쿠가와 가로만 존속될 뿐이라고 하여 "효고 개항, 외국과의 교제, 제후 통할, 금·은화폐 기타 천하 대정의 모든 권한을 조정에 반상해야 한다", 즉 대정을 봉환해야 한다고 하였다. 그러나 요시노부가 조정에 공작을 하여 8월 20일 종가 상속을 번들에 공표하였다. 하지만 제2차 쵸슈 정벌의 패색이 짙어질 즈음 이미 조정에도, 신판親藩에도, 웅번에도 막부를 부정하는 논리가 내재해 있었음을 알 수 있다.

이런 상황에서 막부대권을 장악한 요시노부가 할 수 있는 것은 번의 반막적 기운을 무력으로 제압하는 것뿐이었다. 요시노부는 장군 이에모치 사망 후 막권을 회복하기 위하여 쵸슈 정벌의 기치를 높이 들고 막부 내부에 들어왔다. 그는 쵸슈 정벌의 성공이 자신의 정치적인 지위를 보장해줄 것으로 믿고 프랑스 로슈에게 8월 2일 서장을 보내, 대·소포, 함선, 훈련사관의 조속한 파견을 요청하였다. 서장에 "시급히 대강을 변혁하여 정체를 만회한다"라고 하였듯이 그는 정체를 만회하고자 솔선해서 내부의 병기를 일신하고자 했던 것이다. 마침내 요시노부는 9월 2일 인재등용, 상벌의 엄정, 불필요한 경비의 절약, 육해군의 충실, 외교 쇄신, 화폐와 상법제도의 개혁 등을 내용으로 하는 〈신정강8조新政綱八條〉를 발표하였다. 요시노부에 의한 게이오慶應 막정개혁의 시작이다. 이 개혁은 요시노부가 이에모치를 이어 15대 장군에 취임한 1866년 12월 5일 이후 본격화된다.

막부가 막권 강화에 박차를 가하고 있을 때, 예상 밖의 사건이 발생하였다. 1866년 12월 25일 고메이 천황의 사망이 그것이다. 고메이 천황은 대외적 문제에 대해서는 완고하고 고집스런 양이론자이자 쇄국론자였으나, 대내적인 문제 해결방책과 관련해서는 열렬한 공무합체론자였다. 따라서 상황에 따라 때로는 반막, 때로는 좌막의 입장을 취하였으나, 총체적으로 보면 근본적으로 막부를 지원하는 지주 역할을 담당하였다. 따라서 고메이 천황의 사망은 막부 측에겐 득보다 실이 더 많았던 반면, 번은 반막 내지 토막을 위한 조정공작을 더욱 활발히 전개할 여지를 갖게 되었다.

히토쓰바시 요시노부가 장군직에 취임하고, 고메이 천황이 사망하는 상황 속에서 요시노부의 당면 문제는 막권을 강화하여 내외에 막부를 권력의 소지자로 인식시키고 미처분 상태의 쵸슈 문제 해결이었다. 전자는 대내적으로 볼 때 이미 제1차 쵸슈 정벌에서 막부의 권위 상실을 백일하에 노출시켜 전국통치가 이미 불가능해진 상태라 무력의 우위를 바탕으로 전국의 반막세력을 해결하고, 대외적으로는 사쓰마와 쵸슈의 영국 접근을 차단하고, 열국으로 하여금 막부를 신뢰하도록 해야 하였다.

요시노부가 도쿠가와 가를 상속하면서도 장군직을 일시 사양했던 것은 막부 내의 지지기반이 약했기 때문이다. 그는 참예회의 해체 후 교토에서 금리수위총독이 되어 정치기반을 다졌으나, 막부에서는 장군과 로쥬들의 제약 때문에 지지세력이 취약하였다. 그런 상황에서 장군직에 취임한다면 자신의 의사를 관철시키기 어려울 것이다. 그래서 그는 막부 내 로쥬들의 필요에 의해 자신이 장군직에 취임한다는 형식을 요구하고, 자신의 의지를 관철시킬 수 있게 해준다는 조건 하에 도쿠가와 종가 상속을 허락하고 장군직도 허락하였던 것이다. 반면 단시일 동안 막각 내부에 독자의 지지기반을 형성한다는 것은 불가능하였다. 따라서 요시노부는 막부 내 주류파를 장악하여 개혁에 착수할 수밖에 없었다. 한편 막부로서는 내외 위기를 해결을 위해서 요시노부와 연합할 수밖에 없는 처지였다. 이로써 막부 내 주류파와 요시노부가 중심이 되어 게이오 개혁에 착수하기에 이른다. 그런데 당시 막부 내에서는 친불파가 주류를 형성하고 있었다는 것은 주지의 사실이다. 이렇게 볼 때, 게이오 개혁을 추진한 인물은 로쥬 이타쿠라 가쓰키요板倉勝靜, 이나바 마사쿠니稻葉正邦, 오메쓰케 나가이 나오유키永井尚志 등의 막부 상층 문벌파, 친불파인 오쿠리 다다마사와 요시노부의 측근으로 메쓰케에 발탁된 하라 이치노신原市之進, 우메자와 마고타로梅澤孫太朗 등이었다.

막부의 게이오 개혁은 위에서 언급한 이유로 막권 강화를 위한 군사개혁을 중심으로 하고, 이에 따른 부수적 조치로서 재정개혁, 행정개혁, 인재등용, 세제개혁 등을 행했다.

분큐기(1860~1863)에는 하타모토로부터 500석에 1인, 1,000석에 3인, 3,000석에 10인의 비율로 병부령을 내려, 막부에 직속하는 장정을 징발하여 보병대를 만들었다. 게이오 개혁 역시 일단 분큐기 것에 따를 것을 확인하고, 이와 별도로 조합총대를 편성하였다. 조합총대는 하타모토로부터 600석에 3인, 1,000석에 6인, 3,000석에 24인의 비율로 병졸을 차출하여 일대를 편성하는 것이었다. 뿐만 아니라 오반구미, 쇼인반구미, 신반구미 등 하타모토 군단을 모두 총대로 재편하였다. 여기에 응하여 차출된 장정들의 급여는 모두 하타모토가 부담하였다. 그리하여 막부는 1867년 1월, 장정 급여를 막부가 일괄해서 지급하고, 하타모토들은 장정들의 급여를 면제해주는 대신 1인당 20냥의 현금을 막부에 납부하게 하였다. 이로써 분큐기 이래 막부직속 상비군이 편성되었고, 상비군을 훈련시키기 위해 프랑스 교관을 초청하였다. 프랑스 군사교관은 1867년 정월에 내일하여 요코하마 교습소에서 보ㆍ기ㆍ포병 교육을 개시하고, 6월 9일에는 전습소를 요코하마에서 에도 교외로 옮겨 훈련을 실시하였다. 이렇게 해서 1867년 말에 보병 7개 연대, 기병 1대, 포병 4대의 약 1만 수천 명의 신식군대가 조직되었다. 6월 10일에는 보·기·포 3병 사관학교를 설립하고 하타모토 자제 중 14세부터 19세까지의 지원자를 모집하여 신식군대의 간부 양성을 도모하였다. 한편 해군도 1863년 3월 29일 네덜란드에 발주한 '가이요마루開陽丸'에 다년의 유학 경험을 가진 에노모토 다케아키榎本武揚와 사와 다로사에몬澤太郎左衛門 등이 탑승하여 요코하마에 도착하고, 4월에는 미국으로부터 군함 구입을 계획하는 등 해군력 증강에 힘썼다.

개혁은 행정 면에서도 추진되어 종래의 월번 합의제였던 로쥬제를 개혁하여 책임분담제로 변경하였다. 수상격에는 무임소의 이타쿠라 가쓰키요, 외국사무총재外相에 오가사와라 나가유키, 국내 사무총재内相에 이나바 마사쿠니, 회계총재藏相에 마쓰다이라 야스히데松平康英, 육군총재陸相에 마쓰다이라 노리카타松平乘謨, 해군총재海相에 이나바 마사미稻葉正巳가 각각 임명되었다. 또한 사관도 문벌의 고하에 구애받지 않고 능력있는 자를 발탁 임명하였다. 와카도시요리도 종래 후다이다이묘만 임명하던 관례를 파하고 하타모토도 등용하여 '와카도시요리 겸 외국 총 부교'에 히라야마 다카타다平山敬忠를 임명하고, '오메쓰케 겸 외국부교大目府兼外國奉行'인 나가이 나오유키도 와카도시요리격若年寄格에 임명하였다. 또 '간죠부교 겸 육군 부교나미勘定奉行兼陸軍奉行竝'였던 아사노 우지스케淺野氏祐도 와카도시요리 겸 육군 부교若年寄兼陸軍奉行로 승진하고, 오메쓰케 가와카쓰 히로미치川勝廣道도 와카도시요리격에 임명되었다.

군제 개혁에 필요한 경비를 염출하기 위해 세제개혁을 실시하였다. 가옥과 주택지에도 세를 부과하고, 각종 영업세에, 술, 연초, 차茶, 생사에 과세하고, 선세船稅 등을 부과하고자 하였다.

이러한 개혁의 결과 형성된 군사력은 막부 상비군의 역할을 수행하고 인재등용정책으로 관료제가 창출되었다. 이렇게 볼 때 게이오 개혁은 막부의 절대주의화를 의미한다고 할 수 있다. 그러나 주의해야 할 점은, 상비군이 반막 내지 토막을 지향하는 세력에 대항하기 위하여 성립되었다는 사실이다. 막부 상비군은 일본 인민을 위한 군대가 아니라 오로지 막부를 위한 군대였던 것이다. 또한 막부가 게이오 개혁을 추진하는 과정에서 로슈의 지도가 큰 역할을 하였고 개혁의 재정적 기반도 프랑스 차관 240만 달러 및 추가차관 600만 달러에 의존하였다는 점, 신군대의 무기나 장비가 모두 프랑스제였고 훈련도 프랑스 교관에 의존하였다는 점은 막부의 대외의존성을 나타낸다. 프랑스는 이 같은 원조의 대가를 대외무역의 독점을 꾀하였다. 이처럼 게이오기의 막정 개혁은 안으로는 절대주의 권력 창출 과정의 일부이며, 밖으로는 국내세력의 대립과 열강의 움직임으로 말미암아 막부의 대외의존도가 커져 매판화·반식민지화가 추진되었던 것이다.

3. 체제전환의 논리와 막번체제의 붕괴

게이오 개혁기에 당면한 대외 문제는 먼저, 일영日英 런던 각서에 의한 1867년 12월 7일의 효고 개항이었다. 이 문제로 요시노부는 1867년 3월 효고 개항의 칙허를 소청하였는데, 소식을 접한 조정은 번들의 의견을 구해야 한다는 이유를 들어 사실상 거부 의사를 표명하였다. 한편 요시노부는 장군직 취임을 계기로 막부가 외교권을 가지고 있으며 일본을 통치하는 실질적인 권력이라는 것을 제 외국에 확인시키기 위하여 외국 사신들과 공식회견을 갖는다. 그리고 회견 자리에서 "국법에 따라 조종 이래 부여되어 있는 전권을 가지고 체맹국들과의 교제를 돈독히 하고, 조약을 이행한다"고 선언하여 효고 개항 의사를 표명하였다.

효고 개항을 둘러싸고 조정과 막부가 이처럼 대립되는 의견을 표명하는 가운데, 토막파들은 칙허를 방해하면서 시국수습책으로서 웅번연합회의를 제안하여 막부를 견제하였다. 고마쓰 다테와키, 사이고 다카모리, 오쿠보 도시미치大久保利通 등의 사쓰마 번사들은 사쓰마의 시마즈 히사미쓰, 도사의 야마우치 도요시게, 우쓰노미야의 다테 무네나리, 에치젠의 마쓰다이라 요시나가의 4후회의四侯會議를 추진하였다. 이러한 움직임에 대하여 막부도 혼자 힘으로는 효고 개항문제의 타결이 어렵다고 보고 4후회의의 개최를 결정하였다 그리하여 4~5월에 걸쳐 참예회의의 주역들이 입경하여 막부와 대립하였다. 4후들은 쵸슈 번 처분의 선결과 관용을 주장하고, 요시노부는 효고 개항문제의 선결을 주장하였다. 결국 4후회의는 결렬되고, 요시노부는 5월 23일 쵸슈 처분과 효고 개항의 칙허를 얻어내 25일 이 사실을 제 외국에 통고하였다. 결국 개국 이래 웅번의 막정참여에 의한 시국타개책은 4후회의의 결렬로 최종적으로 실패하고, 이로 말미암아 웅번은 토막으로 전환하여 반막세력을 집결시켜 토막의 구체적 방책을 찾아가기 시작하였다.

4후회의의 결렬로 사쓰마 번이 거병 토막으로 나아갈 때, 도사 번에서는 새로운 움직임이 일어났다. 대정봉환大政奉還 운동이 그것이다. 당시 도사 번은 존황양이파를 몰아내고 고토 쇼지로後藤象二郎, 후쿠오카 다카치카福岡孝弟 등 공무합체파가 정권을 장악하고 있었다. 야마우치 도요시게는 1866년 군비확장, 산업부흥, 무역과 화식貨殖의 총합기관인 가이세이칸開成館을 설립하고 그 책임을 고토 쇼지로에 맡겼다. 그는 무기와 함선을 구입하기 위해 상하이에 갔다 돌아오는 길에 나가사키에 들러 가메야마샤龜山社의 사카모토 료마坂本龍馬를 만났다. 도사 번의 재정을 튼튼하게 해줄 상업무역의 번성에는 사카모토 료마의 항해 운송 기술이 필요했기 때문이다. 이에 사카모토 료마를 중심으로 하는 가메야마샤는 4월 정식으로 도사 번의 해원대海援隊가 된다. 나카오카 신타로中岡慎太郎도 육원대陸援隊 대장으로 인정되었다. 한편 고토 쇼지로가 사카모토 료마를 찾은 또 다른 이유는 4후회의가 결렬된 당시, 그에게 시국대책을 듣기 위해서였다. 당시의 정국을 움직이려면 번 권력이 필요하다고 생각했던 사카모토 료마는 고토 쇼지로와 결합하였다. 이리하여 1867년 6월 사카모토 료마와 고토 쇼지로는 선편으로 교토로 향했다. 그 도중에 사카모토 료마는 새로운 국가체제 구상을 고토 쇼지로에게 보였는데 그것이 바로 〈선중팔책船中八策〉이었다. 내용은 서양의 의회정치 지식을 채용한 중앙집권체제안으로서, 막부정권을 조정에 반환시켜 국정을 일원화하고, 상·하 의정국議政國을 두어 공의정체公議政體로 하며, 헌법을 제정하고, 육해군을 확장하고 해외무역을 조정하는 등이었다.

사카모토 료마는 사쓰마 번과의 동맹에도 적극적이었다. 1876년 6월 22일 도사 번의 고토 쇼지로, 후쿠오카 다카치카, 사카모토 료마, 나카오카 신타로와 사쓰마 번의 고마쓰 다테와키, 사이고 다카모리, 오쿠보 도시미치 등이 교토에서 회합하여 사쓰마와 도사 번은 맹약을 맺었다(사쓰도 맹약薩土盟約). 그 내용은 〈선중팔책〉과 같았다.

사쓰도 맹약의 성립 배경을 보면, 도사 번의 경우 막말의 시국수습을 좌막적이고 평화적인 방법으로 해결하기 위하여 사쓰마 번에 접근하여 토막의 쵸슈 번을 견제하고, 자번의 정치적 지위를 높이기 위해서였다. 사쓰마 번은 도사 번을 막부에 대항하는 세력의 측면에 위치시켜 좌막에의 경사를 약화시키기 위해 맹약을 맺었다.

그러나 〈선중팔책〉이나 사쓰도 맹약은 모두 국정의 조정 봉환과 국정의 일원화, 공의정체에 대해서는 언급하면서도, 막부의 봉건적인 경제적·군사적 기초의 해체에 대해서는 언급이 없다. 이는 도사 번의 좌막 경향을 반영한 것이기도 하였다. 도사 번의 고토 쇼지로는 대정봉환운동에 박차를 가하여, 10월 3일 마침내 대정봉환을 권고하는 건의를 로쥬 이타쿠라 가쓰키요에게 제출한다. 이 건의에 접한 장군 요시노부는 이미 정세의 흐름이 막권의 고수만으로는 불리하다고 인식하고, 10월 12~13일 재경의 번들과 유사를 대상으로 대정봉환의 결행에 대한 자문을 구하고, 14일 조정에 대정봉환의 상소문을 제출한다. 15일 조정은 이를 수리하는 칙허를 내리고, 10만 석 이상 제후의 소집령을 내렸다.

요시노부가 대정봉환을 결행한 것은 프랑스의 원조 하에 기도하고 있던 막권 강화가 뜻대로 진행되지 않는데다 다이묘들도 막부에 비협조적이고 막부에 대한 민중의 비난도 집중되고 있었기 때문이다. 이러한 상황에서 제출된 도사번의 대정봉환 건의는 막부에게는 다행스러운 것이었다. 특히 대정봉환의 내용에 막부의 경제적·군사적 기초에 대한 언급이 없었기 때문에 막부로서는 명분을 버리고 실리는 취할 수 있는 것이었다. 막부는 이 기회를 막권을 다시 강화할 수 있는 계기로 삼으려 하였다. 로쥬 이타쿠라 가쓰키요는 장군이 섭정을 겸하는 안을 실현하려 하였는데, 장군과 섭정을 일원화하여 장군을 새로운 권력자로 변신시키려는 것이었다. 11월경에는 요시노부의 측근 니시 아마네西周가 요시노부를 위하여 의제초안議題草案을 작성하였다. 여기에 의하면, 도쿠가와 가의 당주(구 장군)는 다이쿤大君이라 칭하고, 행정권의 수반이 되어 전국의 정치를 행하고, 입법기관의 수반을 겸하는 강력한 권력을 가지고, 시기를 보아 전국의 군대통솔권까지 갖는다. 천황은 상·하원에서 의결된 법률을 승인만 할 뿐 거부권은 갖지 못한다고 되어 있다. 이러한 상황에서 볼 수 있듯이, 장군 요시노부의 대정봉환이란 실상 토막 세력에 대해 선수를 친 것으로, 막권 강화의 일환이라고 보아야 한다. 한편 토막의 입장을 취하던 사쓰마 번이 대정봉환운동에 적극 협력한 것은 사쓰마 번 내부에 토막을 반대하는 상층문벌층이 잔존해 있었기 때문이기도 하지만, 사쓰마 번의 토막파들이 토막 계획을 은폐시키기 위한 것이었다고도 볼 수 있다.

한편 대정봉환에 접한 조정의 정세는 어떠하였을까? 조정은 15일 그것을 수리하였으나, 사태를 수습할 만한 정치체제를 갖추고 있지는 않았다. 조정은 15일 국시의 결정을 위하여 10만 석 이상의 다이묘들을 교토로 소집하고, 도쿠가와 요시카쓰, 마쓰다이라 요시나가, 다테 무네나리伊達宗城, 야마우치 도요시게 및 히로시마 번주 아사노 시게나가淺野茂長, 오카야마 번주 이케다 모치마사池田茂政 및 사쓰마 번주의 생부生父 시마즈 히사미쓰에게 급히 상경할 것을 명하였다. 21일에는 10만 석 이하의 다이묘들에게도 소집령을 내렸다. 그러나 대부분의 다이묘들은 형세를 관망하며 상경하지 않았다. 이에 25일, 11월을 기한으로 상경을 명하였지만, 11월 말까지 사쓰마, 히로시마, 나고야, 후쿠이, 히코네 이하 10여 번의 번주 및 전前 번주만이 상경했을 뿐이다. 한편 조정은 전국을 통치할 정치체제를 갖추고 있지 못해 다이묘들을 소집하여 국시를 결정할 때까지 요시노부가 장군직을 그대로 수행하라는 칙령을 내렸다. 이 같은 조치는 이미 요시노부가 예견했던 바로, 그것을 이용하여 막권을 강화하고자 했던 것이다. 반면 공경들은 대정봉환으로만 만족할 뿐 현실정치에 대한 해결능력이 없었다. 따라서 토막파로서는 이 대정봉환에 명분만 빼앗긴 결과가 되었고, 이에 현실을 직시하고 있던 이와쿠라 도모미와 연락하여 토막의 계획을 추진해 나갔다. 이제 도사 번은 대정봉환의 선을 따라 공경을 설득해서 공의정체의 확립을 계획하였고, 토막파는 이름뿐인 대정봉환을 거부하고 시국수습의 주도권을 잡기 위해 공의정체파와 대립하였다. 여기에 막부 내에서 대정봉환을 반대하는 막권 유지파들의 활동 역시 활발해져 공의정체파·토막파와 대립하였다.

한편 1866년 1월 21일 삿·쵸 군사동맹 체결 후 토막파는 제2차 쵸슈 정벌 때 성립한 막부·쵸슈 간의 휴전 처리를 둘러싸고 대립하고 있었다. 요시노부가 막부의 명으로 다이묘들을 소집하여 시국수습책을 요구하려 할 때, 사쓰마 번과 이와쿠라 도모미 등 왕정복고를 목표로 하는 공경들은 조권朝權 신장과 막권 억제를 위하여, 직접 조정이 번들을 소집하는 형식을 취하고자 하였고 이를 관철시켰다. 이에 따라 조명으로 24개 번에 소집령을 내렸으나 10월 말까지 상경한 번주나 세자는 5인에 불과하였다. 이는 막부의 권위나 조정의 권위나 모두 번들에 미치지 못하였으며, 번들이 대세를 관망하고 할거하고 있는 경향을 잘 보여준다. 이런 상황은 무력 토막파에 매우 유리하였다. 게다가 1866년 12월 25일 완고한 공무합체운동의 수령이라 할 고메이 천황이 사망함으로써 토막파는 조정에 공작할 여지를 갖게 되었다. 1867년 1월 9일 메이지 천황이 즉위하고 1월 29일 칩거, 근신중이던 이와쿠라 도모미가 입경을 허가받아 토막파와의 연결이 가능해졌다. 한편 1867년 3월 장군 요시노부가 효고 개항의 칙허를 요구하자, 토막파는 조정의 의사를 무기로 삼아 웅번연합회의인 4후회의의 개최를 주장하여 관철시켰다. 그러나 4후회의는 실패로 끝나고, 이를 계기로 사쓰마 번은 무력토막 쪽으로 방향을 선회하였다. 5월 21일 도사 번사 이타가키 다이스케板垣退助·나카오카 신타로와 사쓰마 번사 고마쓰 다테와키·사이고 다카모리가 교토에서 회합을 갖고 거병토막의 밀약을 맺었다. 이러한 분위기 속에서 사쓰도 맹약이 체결되어 거병토막을 위한 측면적 제휴가 이루어지고, 정국의 표면에서는 대정봉환운동이 활발히 전개되었다. 그러나 오쿠보 도시미치는 1867년 6월 번에 무력토막의 결의를 상신하고 출병을 준비하는 한편, 도사 번과는 서로 협력하여 왕정복고운동을 전개하고 7월에는 이와쿠라 도모미와 밀회하여 왕정복고를 상의하였다. 8월 14일 사쓰마 번사 고마쓰 다테와키, 사이고 다카모리, 오쿠보 도시미치 등은 쵸슈 번사들과 회합하여 토막거병의 방책전략을 협의하고, 이를 더욱 구체화하여 9월 19일 오쿠보 도시미치와 기도 다카요시, 히로사와 헤이스케廣澤兵助가

토막거병의 순서를 약정하였다. 즉 무력토막을 결행하기 위해 게이한京阪 방면으로 번병을 이동시키고 그때 사쓰마 번의 군함은 쵸슈 령 내 미타시리三田尻에 기항하여 쵸슈 번병과 함께 상경한다. 그 기한은 9월 하순으로 하며 오사카 성 공략은 교토 점령을 마친 후에 행한다는 것이다. 한편 9월 20일에는 아키 번도 삿·쵸 출병맹약에 가맹하여 무력토막파에 가세하였다. 마침내 9월 23일, 쵸슈 번이 번내에 출진을 포고하고, 사쓰마 번 역시 9월 28일 번 내에 교토 어소를 수위하기 위해 출병한다고 포고하였다. 사쓰마의 군함 3척, 번병 1,200명이 약속기일인 9월 하순을 넘긴 10월 상순에 쵸슈에 도착하였고, 사쓰마와 쵸슈 번은 잠시 게이한의 정세를 관망하며 대기하였다. 그런데 토막을 위해서는 대의명분이 필요하였다. 이에 10월 7일 오쿠보 도시미치, 시나가와 요지로品川彌二郎 등이 왕정복고를 모의하던 이와쿠라 도모미, 나카미 카도 쓰네유키 등을 방문하여 함께 의논을 하였다. 이 같은 조정에 대한 공작을 통해 10월 13일에는 쵸슈 번의 모리 다카치카 부자의 관위를 복구한다는 칙령이, 10월 14일에는 사쓰마 번주 시마즈 다다요시島津忠義 부자와 쵸슈 번주 모리 다카치카 부자에게 '토막'의 밀칙이 내려졌다. 같은 날 장군 요시노부는 조정에 대정봉환의 상표문을 제출하였다. 10월 17일 사이고 다카모리·고 미쓰 다테와키·오쿠보 도시미치 등 사쓰마 번사들은 출병준비를 위해 귀번의 길에 올랐다. 한편 정국은 도사 번을 중심으로 한 공의정체파의 활동이 매우 활발하였다. 막부도 거병토막의 분위기를 감지하였던지 오사카에 주둔하는 막병을 속속 서상西上시켜 병력을 증강하고 교토슈고, 쇼시다이 직 등을 맡고 있는 아이즈, 구와나 번병과 신센구미新選組 등 약 1만 병력을 집결시켰다. 이는 물론 토막파를 염두에 둔 것이었지만, 대정봉환 후 막권을 강화하기 위한 군사적 시위일 수도 있었다. 막부의 이러한 조치에 맞서 사쓰마 번은 11월 13일 3천 명의 사쓰마 병을 4척의 함선에 분승시켜 가고시마를 출발하여 동상東上, 11월 17일 쵸슈 령 미타시리三田尻에 도착한다. 사쓰마 번병은 23일 입경하고, 쵸슈 번병은 26일 미타시리를 출발하여 28일 니시노미야에 도착한다. 당시 사쓰마 번은 오로지 교토를 담당하고, 토막파는 천황을 산요山陽로 보낼 계획이었다. 계획대로 23일 사쓰마 병이 입경하여 미리 상경해 있던 번병과 합류하여 그 군세는 약 1만을 헤아렸다. 여기에 게이슈藝州 번병 300여 명이 입경하여 가세하였다. 쵸슈 번은 기병·유격 등 제대 약 1,200명을 6척의 군함에 분승시켜 25일 번을 출발, 29일 니시노미야에 숙진하였다. 쵸슈 번의 후속부대 1,300여 명도 육로로 진출하여 대기하였다.

11월 말, 사쓰마·쵸슈·게이슈의 토막군이 게이한 지역에 집결하여 막부군과 대치하였다. 그런데 막부군과의 전쟁에서 확실한 승산이 없었던 토막파는 오쿠보 도시미치와 이와쿠라 도모미가 중심이 되어 쿠데타를 계획하게 된다. 12월 2일 사이고 다카모리, 오쿠보 도시미치가 고토 쇼지로를 방문하여 왕정복고의 기일을 8일로 정하였고, 이와쿠라 도모미 등은 나카야마 다다야스中山忠能를 설득하여 12월 9일 쿠데타를 결행하기로 하였다. 이와쿠라 도모미는 12월 8일 밤, 사쓰마·도사·게이슈·오와리·에치젠의 중신들을 가택으로 불러들여 왕정복고의 단행을 고하고 협력을 구하였다. 이렇게 하여 마침내 12월 9일 왕정복고가 선언되었다.

이로써 막번체제는 붕괴되었다. 왕정복고는 사실상 토막파와 대정봉환파=공의정체파의 타협과 조정의 결합에 의한 막부 타도였다. 그렇다고 막부를 완전히 부정하고 설립된 것은 아니었다. 대정봉환운동이 도사 번에 의해 좌막적 경향을 띠었다는 것은 위에서도 보았다. 따라서 공동목표인 왕정복고가 선언된 후 막부의 처리를 둘러싸고 토막파와 대정봉환파는 대립할 수밖에 없었다. 막부 처리문제의 초점은 당연 막부령이었다. 1867년 12월 9일 요시노부는 장군직 철폐와 막부령 상납을 명령받으나 거부한다. 이는 토막세력에게 완전히 항복하지 않았다는 표명이었다. 따라서 토막파와 막부는 다시 승부를 겨뤄야 하였고, 그것이 바로 보신 전쟁戊辰戰爭이다. 이 전쟁에서 막부가 패배하면서 실제로 막번체제는 완전히 붕괴하였다.

일본 근대 국민국가를 발족시킨 왕정복고는 이와쿠라 등 조정혁신파와 오쿠보·기도 등 삿쵸薩長 토막파의 번을 넘어선, 그러나 소수의 합작에 의해 계획된 비밀 쿠데타로 주도되었다. 이는 일본 근대 국민국가의 탄생에 사라지지 않는 각인이었다.

제6부

학설사

1. 소영주·구니잇키론─촌락론·지역사회론과 관련하여

구로다 도시오黑田俊雄와 구로카와 나오노리黑川直則는 농민 가운데 성장하는 토호의 발전에 주목하고, 이 토호층이 가지시 묘슈加地子名主 직의 매득, 쇼케잇키 庄家一揆에서 구니잇키國一揆로의 발전 과정 속에서 영주화한다고 하였다. 이는 고쿠진國人=재지영주의 고쿠진 잇키와는 이질적인 토호층의 영주화의 길을 제시한 것이었다(黑田俊雄, 「畿內庄園における在地の諸關係」, 『日本史硏究』17; 黑川直則, 「十五, 十六世紀の農民問題門」, 『日本史硏究』71). 한편 아사오 나오히로朝尾直弘는 영주화하는 토호층을 소영주小領主로 규정하고, 기나이에서는 오에이應永~에이쇼永正기(1394~1521)를 획기로 소영주에 의한 일종의 토지소유가 성립하고, 막번제적 영주-농민관계는 위의 토지소유관계가 해체함으로써 성립한다고 하였다. 그리하여 막번체제의 형성은 소영주층의 자기부정 운동으로 파악하였다(「近世初頭における畿內幕領の支配構造」, 『史林』42-1; 「兵農分離をめぐって」, 『日本史硏究』71). 오야마 교헤이大山喬平도 중세기를 통해 영주제가 재지에서 관철되지 못했으며, 센고쿠기에 마침내 직영지 확대를 통해 재지소영주가 성립한다고 하였다. 그러나 재지영주는 소경영을 통해 자립하려는 농민층과의 모순으로 말미암아 자기부정을 하지 않을 수 없었다고 하였다(「室町末戰國初期の權力と農民」, 『日本史硏究』79).

한편 다카기 쇼사쿠高木昭作는 오미노쿠니近江國 고가군甲賀郡 나카야마山中 씨에 대한 분석을 통해 '소영주'를 가부장적 노예주로 파악하면서 영주와 구별하였다. 그는 '소영주'가 경영 주체로서의 성격을 잃어 가면서도 토지를 집적, 그 소유지를 유지하기 위해 피관被官을 이용한 폭력장치를 확충하고, 군중총郡中惣이라는 기구를 형성하는 점에 주목, 그것을 요소로 소영주의 성격을 규정하였다(「甲賀郡山中氏と'郡中惣'」, 『歷史學硏究』325; 『戰國大名の硏究』, 吉川弘文館, 1983). 그리고 비토 사키코尾藤さき子는 야마시로노쿠니山城國 가와시마노쇼川島庄의 가와시마川島 씨를 분석하여 지배권 내 매득지의 정리·집중을 통해 소영주 지배체제를 형성해 갔음을 명확히 하였다(「畿內小領主の形成」, 『日本社會経濟史研究』, 吉川弘文館, 1967). 한편 무라타 슈조村田修三도 토호가 영주로 성격을 변화하는 계기로 피관 관계가 형성되어 감을 강조한다. 그는 당시의 피관 관계를 중세의 무가武家 피관이나 근세의 나고名子 피관과 구별, 작인作人도 아니고 하인도 아닌 센고쿠적인 예속농민을 피관으로 조직하고(센고쿠 피관戰國被官), 이 피관 관계를 촌락지배의 폭력장치로 기능하게 하는 단계의 토호를 소영주라 규정하였다(「兵農分離の歴史的前提」, 『日本史研究』 118; 「戰國時代の小領主」, 『日本史研究』 134).

한편 구로카와 나오노리黑川直則, 후지키 히사시藤木久志, 미네기시 스미오峰岸純夫 등은 묘슈 층의 분해 과정에서 소영주가 발생한다고 하였다(黑川直則, 「十五、十六世紀の農民問門」, 『日本史研究』 71; 藤木久志, 「戰國の動亂」, 『講座日本史』, 東京大學出版社, 1970; 峰岸純夫, 「村落と土豪」, 『講座日本史3』, 東京大學出版社, 1970). 이는 위의 토호=소영주론과는 이질적인 성격을 말하고 있다. 즉 센고쿠기의 소영주는 구니잇키의 계보를 가지는 것으로(하급 고쿠진 계열), 고쿠진잇키 계열의 토호=소영주와는 성격을 달리한다 하겠다(본래 백성으로서의 토호). 기나이 지역의 경우 중소 재지영주=하급 고쿠진층은 위로부터는 장원영주로부터의 중압, 아래로부터는 총촌惣村으로부터의 견제로 인해 영주적 발전이 저해되어, 토호적 형태를 보이는 것이 일반적이었다. 이 양자를 어떻게 결합시킬 것인가는 장원체제에서 막번체제로의 추이를 설명할 때 매우 중요하다. 이에 대해 나가하라 게이지永原慶二는 센고쿠다이묘가 소영주층을 봉건가신단으로 편성하였다고 하였다(「大名領國制の構造」, 『岩波講座 日本歴史8』, 岩波書店, 1976). 그리고 후지키와 미네기시는 재지영주제에 의해서는 장악되지 않았던 자립적 백성신분의 존재를 중시, 이들 자립백성들은 영주화하기보다 지주화의 길을 택하는 것이 기조였다고 보고 있다.

이러한 구조에서 보면, 하급 고쿠진층이 주도하는 고쿠진잇키와 총촌惣村 구조에서 주도되는 구니잇키는 구별되어야 하며(구로카와 나오노리), 나가하라도 구니잇키를 지배계급으로서의 입장을 독자로 확보하지 못한 중간층=비지배계급에 속하는 소영주층이 중심이었고, 총惣을 기반으로 형성된 농민적 색채를 진하게 가진 조직=잇키였다고 하면서, 이를 총국惣國 잇키로 칭할 것을 제안하였다(「國一揆の史的性格」, 『歷史公論』, 1976; 『莊園莊園制と中世村落』, 吉川弘文館, 2007). 이는 나가하라 자신의 구설—고쿠진의 2계층설을 부정한 것이다(『日本中世 社會構造の硏究』, 岩波書店, 1973).

위 논의는 잇키 구성의 계층성에 대한 논의지만, 다카마키 미노루는 고가甲賀 군중총이 오다 노부나가에 대항하였다는 사실은 총향 수준의 결합성이 강고했 음을 나타내고 있고, 이 군중총에는 고쿠진, 재지영주地侍, 소영주, 백성 등 3계층의 횡적연합이 존재하였다고 보아도 좋을 것이며, 그 중심에는 재지영주 와 소영주의 총향적 결합이 존재하였음을 나타낸다고 하였다(高牧實, 「中世末におけ る湖東の宮座」, 『聖心女子大學論集』 50). 기무라 모토시木村礎는 센고쿠기 부젠豊前·분고豊 後의 고쿠진 영주의 지역결합인 군중郡衆·방각중方角衆과 묘슈 층을 중심으로 한 '잇키요리아이一揆寄合'라 불리는 토호층의 결합이 이중으로 존재하는 것을 확인하였다. 아마도 이러한 이중결합 형태는 센고쿠기를 통해 널리 존재했던 것으로 보인다(「戰國期大友氏の軍事組織」, 『日本史硏究』118). 이러한 이중결합 구조 상황 에서 어느 결합조직이 우위를 점하는가에 따라 총국惣國(소코쿠) 잇키를 전개한 기나이·기나이 주변 지역近國과, 고쿠진잇키로부터 센고쿠다이묘 권력으로 발전해 가는 추이를 보이는 서국으로 나뉜다 하겠다. 한편 미야지마 게이이치宮 島敬一는 가지시를 묘슈 득분권과 관련시키는 종래 학설을 부정하고, 가지시는 15세기 중엽 일반 백성이 새로이 잉여를 창출, 백성 손에 남아 있는 잉여물을 의미하는 것으로, 가지시, 득분得分, 내덕內德으로 표현되며, 가지시는 직職과는 별개라 하였다. 이는 가지시 묘슈 직과 소영주층의 관계를 부정하는 것으로서 주목된다(「庄園體制と「地域的一揆體制」」, 『歷史學硏究』 1975年別冊特集).

한편 1963년 이시다 요시토石田善人는 남북조 내란기를 거쳐 형성된 자치촌락 을 '총촌'이라 정의하고, 촌락자치의 기반으로 1) 총유지惣有地 소유, 2) 관개용수 의 자주적 관리, 3) 연공의 지하청地下請, 4) 촌락법의 성문화와 자검단권의 장악 등을 들었다(「鄕村制の成立」, 『中世村落と佛敎』, 思文閣出版, 1996). 그러나 그는 이러한 총촌을 무로마치기의 향촌결합으로 자리매김하고, 그러한 성격의 촌락은 센고쿠기에 들어 센고쿠다이묘 권력의 확립과 더불어 서서히 쇠퇴, 그 기능이 상실·붕괴된다고 하였다. 그는 이 과정을 총 재정의 파탄 → 촌락내 주민의 분열 → 이와 관련한 다이묘와의 피관관계 전개 → 총촌의 다이묘 권력에 대한 패배로 도식화하였다. 이 논의는 다이코 검지 논쟁과 관련하면서 근세권력=봉건재편론의 입장에 서 있다고 보인다.

촌락론을 일거에 주요 테마로 끌어 올린 것은 1975년 미즈모토 구니히코水本邦彦가 촌을 포함하지 않은 막번제 구조론을 비판하면서부터다. 그는 우클라드Uklad론을 사용하여 곧바로 계급투쟁과 국가를 파악하는 방법이 유효하지 않으며, 근세농민은 촌을 매개로 영주와 대치하고 있다고 하였다(「土免仕法と元和·寬永期の村」, 『近世の村社會と國家』, 東京大學出版會, 1987). 이 근세 촌락사 문제제기를 중세사의 입장에서 받아들여, 가쓰마타 시즈오勝俣鎭夫는 미즈모토가 간에이기에서 구한 근세의 촌락 형태를 16세기 이즈미노쿠니和泉國 히네노쇼日根野庄에서 발견하여, 촌을 기본 단위로 하는 촌청제村請制의 성립, 가역家役으로서의 촌 재정, 자검단을 전제로 한 영주 - 촌락 간의 상호교환적 관계를 확인하고, 이러한 촌 기능이 근세기에도 계승되며 센고쿠기의 촌락이 근세기 촌락의 모태라 하였다(「戰國時代の村落」, 『戰國時代論』, 岩波書店, 1996). 그리고 후지키 히사시도 센고쿠기 촌락 상호 간 산야하해山野河海의 용익을 중세적 자력구제의 원칙 하에서 다툴 때, 독자의 질서 유지체계를 형성하고 있으며, 통일정권이 규제 대상으로 한 것은 무기 사용, 보복, 살인 등이었다고 하였다(『豊臣平和令と戰國時代』, 東京大學出版會, 1985; 「移行期村落論」, 「村請の誓紙」, 『村と領主の戰國世界』, 東京大學出版會, 1997; 『戰國の作法』, 平凡社, 1998). 이들의 연구를 통해 센고쿠기를 통해 총촌이 무너진다는 총촌붕괴론은 기저에서부터 붕괴되었다.

한편 연공과 촌청제에 대한 연구로는 마쓰우라 요시노리松浦義則(「戰國期北陸地域における指出についての覺書」), 후지키 히사시藤木久志(「村の公事」, 「村の差出」, 『村と領主の戰國世界』에 수록), 다나카 가쓰유키田中克行(「地下請と年貢收取秩序」, 『中世の惣村と文書』, 山川出版社, 1997), 이나바 쓰구하루稻葉繼陽(「村請制の成立と村」, 『戰國時代の莊園制と村落』, 校倉書房, 1998)의 연구 등이 있다. 이들의 연구로 촌이 촌청제를 바탕으로 각각의 촌이 처한 상황에 입각하여 연공을 수취하고, 전체의 재생산을 유지하였음이 명확히 밝혀졌다(촌청제의 적극적인 면을 강조).

그리고 구라모치 시게히로藏持重裕는 촌민의 '공과 사'라는 관점에서 총촌은

중세촌락 주민의 '공과 사'를 넘어서는 위기에 직면하여 성립한 집중도 높은 '국가적' 촌락으로 파악, 총촌의 파괴자로서 이해되어 온 중간층을 촌 자립의 담당자로 적극 자리매김하였다(「村落と家の相互扶助機能」, 『日本中世村落社會史の硏究』, 校倉書房, 1996). 그리고 구루시마 노리코久留島典子도 기나이 장원의 현지 지배자沙汰人를 영주제 형성의 주체로 보기보다 촌락 운영에 관련한 측면들을 적극적으로 평가하였고(「中世後期の村請制'について」, 『歷史評論』 488, 1990), 이나바 쓰구하루와 이케가미 유코池上裕子도 장원 내의 사무라이를 소재로 중간층의 피관화 → 총촌의 붕괴라는 단선적 이해를 비판, 피관 관계의 기능을 촌락 입장에서 설명하였다 (稻葉繼陽, 「村の侍身分と兵農分離」, 1993; 池上裕子, 「戰國の村落」, 1994). 이나바는 나아가 근세 초기 촌역인이 관리하는 촌 산용장부를 분석하여 촌역인과 백성들과의 연공 수취를 둘러싼 모순 형태를 센고쿠기에서 초기 촌방소동에 이르는 과정 속에서 파악하고자 하였다(「村の御藏の機能と肝煎」, 『戰國時代の莊園制と村落』, 校倉書房, 1998).

이러한 촌락론의 전개와 더불어 촌락 간의 관계에서 지역권력의 특질을 밝히려는 논의를 불러일으켰다. 다나카 미치코田中倫子는 후지키의 촌락간 상론相論 분석을 전제로 교토 근교에서의 상론에 촌락・고쿠진・장원영주를 포함한 합력관계가 기능하고 있고, 막부의 강제력도 촌락 내 제 계층의 합력관계를 전제로 한 합력령合力令에 의해 발동되었다고 하였다(田中倫子, 「中世村落の構造と領主制」, 『日本史硏究』 309). 유아사 하루히사湯淺治久는 가쓰마타 시즈오(『一揆』, 岩波書店, 1982)와 이케가미 유코(『戰國期の一揆』, 1981)의 연구를 전제로 총국 잇키를 촌락과 고쿠진 영주가 지역이익의 실현을 위해 결합・단결한 비일상 조직으로 파악, 총촌의 붕괴를 자치의 붕괴로 파악하는 견해를 부정하였다(「革嶋氏の所領と乙訓郡一揆」, 『駿台史學』 77, 1989). 나아가 그는 마쓰우라・후지키의 사시다시指出론을 전제로 촌청제에 기저를 둔 지역사회론을 전개하였다(「室町―戰國期の地域社會と'公方・地下'」, 『歷史學硏究』 664, 1994).

역사학연구회는 1995년 이러한 일련의 지역연구를 '지역사회론'으로 총괄하였다(『歷史學硏究會』 674, 1995). 한편 가와오카 쓰토무川岡勉는 막부권력으로부터의 편성을 중시하는 구니잇키론과 지역사회론의 시각에서 야마시로 구니잇키를 분석하였다(「室町幕府―守護體制と山城國一揆」, 『歷史學硏究』 725, 1999). 그리고 간다 치사토

神田千里는 잇코잇키一向一揆가 통일정권에 패배한 것을 이행기의 결정적 단층으로 보는 통설을 근저에서 재고하려 하였다(『一向一揆と戰國社會』, 吉川弘文館, 1999).

이러한 주로 비영주 지역(기나이 지역)을 중심으로 한 지역사회론 연구는 다이묘 영국의 촌락구조 연구=지역사회론 연구를 촉발하였다. 노리타케 유이치則竹雄一, 이나바 쓰구하루稻葉繼陽, 미야지마 게이이치宮島敬一, 히라야마 마사루平山優 등의 연구가 그것이다(則竹雄一, 「大名領國下における年貢收取と村落」, 『歷史學硏究』 653, 1993; 稻葉繼陽, 「中世史における戰爭と平和」, 『日本史硏究』 440, 1999; 宮島敬一, 『戰國期社會の形成と展開』, 吉川弘文館, 1996; 平山優, 『戰國大名領國の基礎構造』, 校倉書房, 1999). 한편 이러한 지역사회론에 대해 이케가미 유코, 이케 스스무池享의 비판이 있다(池享, 「戰國とは何か」, 『歷史評論』 572, 1997; 池上裕子, 「中世後期の國郡と地域」, 『歷史評論』 599, 2000). 즉 이케 스스무는 지역사회론 연구에 대해 촌과 국가의 이원론에 빠질 위험성이 있음을 지적하고 양자를 결합하는 중간층과 병농분리를 다시 자리매김하여야 한다고 제언하였다. 이케가미 유코는 1990년대의 지역사회론 연구는 촌의 자력을 과대평가하고 있으며, 다시 영주와 국군제國郡制 문제를 전면적으로 다룰 필요가 있다고 하였다.

2. 센고쿠다이묘론(영주제론=다이묘 영국제론)·막부 슈고체제론

영주제론을 제창한 학자는 그 유명한 이시모다 쇼石母田正다(『中世的世界の形成』, 伊藤書店, 1964; 「古代末期の政治過程および政治形態」 上·下, 『社會構成史體系』, 日本評論社, 1950; 『古代末期政治史序說』, 未來社, 1956). 그는 패전 전의 하라 가쓰로原勝郎, 노로 에이타로野呂榮太郎의 무사와 영주제 개념을 받아들여, 고대에서 중세로의 이행은 사회구성사의 관점에서 노예제로부터 농노제로의 이행이며, 영주제의 주체는 중세 무사단이며, 이들이 고대 세계(장원제)를 부정하는 정치적 역할을 수행하였다고 하였다. 그리고 노예제에서 농노제로의 이행과 고대 세계 부정의 과정은 동일한 과정으로 진행되었다고 하였다. 이러한 이시모다의 견해에 대해 스즈키 료이치鈴木良一는 1) 역사발전 원동력으로서의 생산자 역할을 과소평가한 점, 2) 지배자와 피지배자의 대립을 경시·과소평가한 점을 비판하였다(「敗戰後の歷史學

における一傾向」, 『思想』295, 1949).

　구로다 도시오黑田俊雄는 이러한 이시모다 쇼의 영주제론을 국가론이 실질적 계급투쟁론으로만 대체되어 국가 그 자체에 대한 규명이 되지 않았다고 하면서 권문체제론權門體制論을 주창하였다(「日本中世國家論の課題」, 『新しい歷史學のために』 97, 1964; 「中世の國家と天皇」, 『岩波講座 日本歷史－中世2』, 岩波書店, 1963; 『日本中世の國家と宗敎』, 岩波 書店, 1975). 권문체제론의 요지는 공가, 사사, 무가가 장원제를 공통의 물질적 기반으로 하는 봉건영주로서, 이들 세력이 상호 보완하여 국가권력을 구성하고 있던 것이 일본 중세국가의 특질이라는 것이다. 이는 영주제론의 기저基底환원론 입장에 선 중세국가=막부=무가정권의 등식론을 비판한 것이다.

　이러한 권문체제론에 대해 나가하라 게이지는 공가와 무가를 동일 계급으로 봄으로써, 공가와 무가의 대립과 국가권력의 질적 변화를 명확히 하지 못하였다고 비판하였다(永原慶二, 「日本國家史の一問題」, 『思想』475, 1964). 그리고 영주제의 입장에서 나가하라 게이지는 직職 질서에 의한 장원영주와 재지영주의 상호 보완에 바탕을 둔 직제職制국가론을 제기하였다(『日本の中世國家』, 岩波書店, 1968; 『日本中世の社會と國家』增補改定版, 靑木書店, 1991). 그는 11세기 말~12세기에 진행된 개발사령을 거점으로 하는 공령의 분할, 그에 따른 장원의 설립으로 장원공령제莊園公領制가 성립되며, 장원공령제가 체제적으로 공인, 그에 의한 체제를 직의 체제라 명명하였다. 이 직의 체제 속에 봉건영주 계층의 핵심인 재지영주가 존재한다. 이 재지영주층에 의해 장원공령제가 성립·지탱되며, 재지영주층의 변화에 따라 장원공령제도 해체한다고 하였다. 재지영주들은 농민과 대립하면서도, 총령제적 동족단 구성의 위에 위치하고, 이들의 전국적인 정치 결집은 귀종성貴種性을 가진 장군을 통해 이루어져, 국가체제와 결합하였다고 하였다.

　나가하라는 재지영주의 발전에 의해, 14세기 이래의 장원제 해체와 더불어 영역지배체제=슈고다이묘 영국제守護大名領國制가 형성된다고 한다(『日本中世社會構造の硏究』, 岩波書店, 1973; 『戰國期の政治經濟構造』, 岩波書店, 1997). 무로마치 막부는 재지영주제의 발전과 그에 상응하는 슈고 영국제(고쿠진 층을 가신단으로 편성)를 형성하나, 재지영주=고쿠진 층의 이해利害를 완전히 옹호·추진하지는 않는다고 한다. 슈고 영국제 권력은 필연적으로 분권화 경향을 가지고 있으나,

슈고다이묘 권력기구의 취약성으로 말미암아 슈고다이묘로 하여금 막부에 결집하는 구심성을 재생산·유지하고 있었다고 한다. 이러한 입장에서 나가하라는 장군 - 천황 원세트 정권론將軍·天皇結合王權論을 전개하고, 센고쿠 시대에 대해 다이묘 영국제론을 주장하였다.

한편 위의 직제국가론에 대해 다카하시 가즈키高橋一樹는 중세 후기까지 장원제가 존속하였다는 입장에서 서서, 직 체제의 정점에 있는 본가직本家職이 입장入莊 때에는 아직 성립되지 않았고, 가마쿠라 시대 이후 상속과 기진寄進을 통해 새롭게 형성된 소직所職이라 하면서, 나가하라의 장원제적 영유체계=본가직을 정점으로 하는 직 체제론을 비판하였다. 그리고 본가직이 남북조·무로마치기를 통해서도 존재하였다고 주장, 본가직이 납북조기에 소멸된다고 한 나가하라의 설을 부정하였다(「鎌倉後期—南北朝期における本家職の成立」, 『國立歷史民俗博物館研究報告』 104, 2003). 도미타 마사히로富田正弘는 무로마치 막부기를 대상으로 장군이 막부와 조정을 지배하는 '공무통일정권론'을 주장하였다(「室町殿と天皇」, 『日本史研究』 319, 1989). 그는 국가지배의 관점에서 무가권력이 공가세력을 포섭하여 국가를 구성하고, 그 기반으로서의 장원제가 변질되어 가면서도 존속하였다고 하였다(「室町期莊園制の研究」, 『國立歷史民俗博物館研究報告』 104, 2004).

영주제론은 무가정권이 공가정권을 해체, 천황 지위를 부정하는 성격=공무公武 대립을 기축으로 하고 있다. 이마타니 아키라는 그러한 관점을 오다 노부나가 정권에 적용할 경우, 오다가 오기마치正親町 천황에게서 장군 임관을 받으려 하였다는 점을 근거로 오다 노부나가 정권은 중세적 성격의 권력으로 평가해야 한다는 견해를 발표했다(今谷明, 『信長と天皇』, 講談社, 1992). 한편 영주제론은 영주제의 형성을 노예제에서 농노제의 확립 과정과 동일한 과정으로 다루기 때문에, 농노제 형성의 지표를 소농민 경영에서 구한다. 따라서 소농민 경영에 의한 순수봉건제는 최종적으로 다이코 검지에 따른 병농분리를 통해 완성된다고 보고 있다(永原慶二, 『日本封建社會論』, 東京大學出版會, 1955). 이 논리에 따르면, 센고쿠 시대는 가부장적 노예제 경영=명名체제를 기반으로 하는 권력이라는 결론에 도달하게 된다. 이러한 논리에 의해 아라키 모리아키安良城盛昭의 도요토미 정권=순수봉건제의 성립=다이코 검지 혁명론이 성립한다(가쓰마타 시즈오勝

俣鎭夫와의 논쟁).

센고쿠다이묘 연구는 위에서 보았듯이 영주제에 기인하여 1970년대에 제기된 센고쿠다이묘 영국제론, 혹은 무로마치 막부·슈고 체제론으로 다룰 것인가의 입장에서 각 지역의 다이묘를 소재로 연구되고 있다. 이치무라 다카오市村高男는 호죠 씨를 간토 지역의 전형적인 센고쿠다이묘로 보는 견해에 대해 호죠 씨를 '지역통일권력'으로 보고, 호죠 씨보다 규모가 작은 유키結城 씨 등 북 간토 다이묘들은 '지역권력'으로 규정하였다(「戰國期下總國結城氏の存在形態」, 『戰國期東國の都市と權力』, 思文閣出版, 1994). 야다 도시후미矢田俊文는 가이 국甲斐國의 권력 구조를 센고쿠기 슈고 다케다 씨 아래 지역마다 지배권을 가진 '센고쿠 영주' 아나야마穴山, 다케다武田, 고야마다小山田의 연합정권으로 규정하였다(「戰國期甲斐國の權力構造」, 『日本史研究』 201, 1979; 『日本中世戰國期權力構造の研究』, 塙書房, 1998). 이들의 연구 는 기존의 센고쿠다이묘 연구와 센고쿠다이묘 영국제 개념을 문제시하면서, 센고쿠다이묘를 상대화하려는 지향성을 가지고 있다. 따라서 위의 이치무라 다카오는 '지역권력'이라는 용어를 사용하고, 이마오카 노리카즈今岡典和·가와 오카 쓰토무川岡勉·야다 도시후미矢田俊文 등은 기나이·기나이 주변지역의 '지 주연합·소영주연합'을 '지역권력'이라 칭하고, 지역권력=센고쿠다이묘로 표 현하고 있다(「戰國期研究の課題と展望」, 『日本史研究』 278, 1985).

1980년대 후반 이후 센고쿠다이묘 연구는 지속되고 있으나, 연구방법론상 의 논의는 정체적이고 따라서 새로운 센고쿠 시대상을 제시하지는 못하였다. 다만 센고쿠다이묘 상대화의 분위기 속에서 계보관계, 성주城主의 변화, 지역정 치사 연구가 구체적이고 상세히 연구되었고, 이제까지 연구가 적었던 지역에 대한 연구가 진척되었다. 예를 들면 아마고尼子 씨에 대한 연구(長谷川博史, 『戰國大名 尼子氏の研究』, 吉川弘文館, 2000), 센고쿠다이묘의 공의에 대한 연구(久保健一朗, 『戰國大名と 公儀』, 校倉書房, 2001)가 그것이다. 하세가와는 막부·슈고 체제론, 센고쿠기 슈고 론을 검토 대상으로 삼고, 아마고 씨가 위의 틀 속에서 파악할 수 없다는 입장에서, 아마고 씨를 '센고쿠기 다이묘 권력', 그 지배지역인 이즈모 국을 '다이묘 영국'으로 규정하였다. 그리고 구보는 호죠 씨를 사례로 센고쿠다이묘 의 공의의 존재 양상을 검토하였다. 구로다 모토키黑田基樹는 센고쿠기 슈고론을

비판하는 입장에서 센고쿠다이묘와 고쿠진國衆을 동질의 지역권력으로 보고, 양자의 지배영역이 영역적으로 전개되기 때문에 센고쿠다이묘와 고쿠진의 권력을 별개로 파악하고 있다(『戰國期東國の大名と國衆』, 岩田書院, 2001). 구로다가 센고쿠기 슈고론을 비판하고는 있으나, 그렇다고 그가 영주제론에 입각해 있다고 보기도 어렵다. 그는 가쓰마타 시즈오의 촌정론, 후지키 히사시·이나바 쓰구하루의 평화론·촌락론 등을 적극적으로 받아들이고, 촌청제와 평화의 형성을 영역 권력의 성립 요인으로 보았다.

이러한 지역사회론에 많은 영향을 받고 있는 연구들에 대해 이시모토 미치코石本倫子는 '촌락 사관'에의 편향이라 비판하였다(「書評 稻葉繼陽, 『戰國時代の庄園制と村落』」, 『歷史科學』 158, 1999). 이케가미 유코池上裕子는 가쓰마타 시즈오의 촌락론·촌정론에 찬성하면서도, 센고쿠기 자율적인 촌정이 지배단위였던 점을 근거로 '근대' 사회의 출발로 보는 견해에 반대한다. 이케가미는 촌 주민이 촌에 결속, 자치적인 촌을 매개로 권력과 대치하여, 연공·공사 등을 영주와 교섭하는 주체성을 중시한다. 센고쿠기와 통일정권 성립기, 근세 촌의 성격은 변하지 않는다고 하였다. 따라서 이케가미는 이나바와 구로다의 연구를 '촌의 자력'을 과대평가하고 있다고 하였다(「中世後期の國郡と地域」, 『歷史評論』 599, 2000). 한편 이케 스스무는 센고쿠다이묘 영국제론의 입장에서 촌락론과 지역사회론을 비판하면서, 지역사회 질서 편성의 헤게모니를 장악한 것은 영주라고 하였다(「中近世移行期に於ける地域社會と中間層」, 『歷史科學』 158, 1999).

3. 관고제貫高制론 · 석고제石高制론 · 다이코 검지太閤檢地론

관고제란 중세 후기에 소령 규모가 명 영락전永樂錢의 관문貫文이라는 화폐량으로 표시된 경우가 많았기 때문에 센고쿠다이묘 영국 지배체제의 특질을 표현하기 위해 설정된 개념이다. 다이코 검지 논쟁을 통해 석고제가 막번체제의 구조적 특질을 나타내는 것으로 이해되고, 그것과 대비하여 관고제가 센고쿠 시대 지배구조의 특질을 나타내는 것으로, 특히 관고제론은 근세 사회와 센고쿠 시대의 연속·불연속 관계를 명확히 하기 위해 개념화하여

1960년대 이래 주로 사용하여 왔다.

관고로 소령의 규모를 표시하는 의미에 대해서는 에도 시대부터 견해가 나뉘어져 있었다. 『지방범례록地方凡例錄』은 관고가 군역 기준고라는 견해, 고미야 마사히데小宮昌秀는 연공의 대전납고代錢納高라고 하였다(『農政座右』). 이 같은 견해는 이후에도 계승되어 나카무라 기치지中村吉治는 관고제를 연공을 관고로 표시한 것이라고 보고, 관고로 연공량을 표시하게 된 배경으로서 중세상업의 발전에 대응한 연공의 전납화를 들었다(『近世初期農政史研究』, 岩波書店, 1938). 이에 대해 이토 다사부로伊東多三郞는 관고로 표시된 부분이 직접 경작지만을 표시한 경우가 많다는 점을 근거로, 관고의 설정은 다이묘와 무사 간의 제 역 부담의 기준을 나타내는 의제擬制이기 때문에 연공량과 관고 표시량에 차이를 보인다고 하였다(『所謂兵農分離の實證的研究』, 『社會經濟史研究』 13-8, 1943). 이상 패전 전의 관고제 논의의 논점은 1) 연공의 기준인가 군역의 기준인가, 2) 실태를 직접 반영한 것인가 아닌가, 3) 상품·상업의 발전과 어떻게 관련되어 있는가 등으로 정리할 수 있다.

패전 후 센고쿠 시대의 지배체제·구조와 관련하여 관고제 개념을 최초로 제출한 학자는 나카무라 기치지다. 그는 관고제를 센고쿠다이묘가 토지·인구 조사를 실시하여 재지권력을 배제하고, 토지와 인민을 직접 파악, 영국을 일원적으로 지배하기 위한 제도라고 하였다. 그는 다이묘가 영민을 직접 지배하기 때문에 영민에게 수취기준을 제시해야 했고, 재지를 떠난 가신에게도 급분의 지급량과 군역봉임량의 기준을 제시하여야 하는데, 이때 영민에게 제시한 수취기준, 그리고 가신단에 제시된 군역기준고로 관고제가 채택되었다고 하였다(『戰國大名論』, 『岩波講座 日本歷史 8』, 岩波書店, 1963). 이 견해는 센고쿠다이묘 영국=센고쿠 사회와 막번체제=근세사회의 연속성을 강조하는 견해로 자리매김할 수 있다 하겠다.

한편 다이코 검지론의 중심 학자들인 아라키 모리아키安良城盛昭, 사사키 준노스케佐々木潤之介는 센고쿠다이묘들의 화폐 요구에 의해 관고제가 성립하였다고 하였다. 즉 자급자족경제가 일반적이었던 중간·후진지역의 센고쿠다이묘들이 기나이를 중심으로 한 상품·화폐경제의 발전에 대응하는 화폐 수요를 충당하기 위해 연공의 화폐납을 강요, 영국 내의 상품유통을 통제하였고, 이 점이 센고쿠다이묘 영국의 모순이었다고 하였다(安良城盛昭, 「太閤檢地と石高制」, 日本放送出版協會, 1969; 佐々木潤之介, 「統一政權の形成過程」, 『體系日本史叢書2 政治史2』, 山川出版社, 1965). 한편 무라타 슈조村田修三는 관고가 현실적인 연공량과 크게 괴리되어 있는 단전고段錢高를 기준으로 하고 있다고 주장하였다. 그는 센고쿠다이묘가 재지를 장악하지 못한 채로 이제까지 비교적 안정적으로 수취해 온 단전고를 기준으로 지행고를 설정, 그것을 기준으로 단전과 군역을 징수하였다고 한다. 이는 계급투쟁의 격화에 대응하는 영주계급의 급속한 결집을 촉진하게 하는 과정에서 센고쿠다이묘가 무로마치 막부의 슈고 공권守護公權에 의지하여 관고제가 성립하였음을 나타낸다(「戰國大名毛利氏の權力構造」, 『日本史硏究』 73, 1964). 그러나 무라타는 미야카와 미쓰루宮川滿의 비판을 수용하여 관고와 연공고의 대응관계를 인정한다(「戰國大名の知行制について」, 『歷史評論』 293, 1974).

위 1960년대의 사사키·무라타의 관고제 논의에 대해 후지키 히사시藤木久志는 원래 재지영주가 배타적으로 장악하고 있던 연공고가 어떻게 다이묘 지배(지행제·군역단전체계)의 기초로서 장악되기에 이르렀는가 하는 점을 명확히 할 필요가 있다고 하였다(「貫高制と戰國的權力編成—村田·宮川·佐々木(潤)三氏の所論に學ぶ」, 『日本史硏究』 93, 1967). 결국 관고제 연구가 진행되면서 센고쿠다이묘의 권원權原에 대한 논의와 관련하여 센고쿠다이묘=재지 불장악=슈고 공권 의존 권력설이 영향력을 미치게 된다.

1970년대에 들어서서 검지론과 센고쿠다이묘 영국의 연구성과를 반영하면서 관고제에 대한 논의가 재연된다. 나가하라 게이지는 관고는 검지를 통해 설정된 연공 납입·제 역 부담·군역 부과의 통일적 기준이라고 하였다. 그리고 연공·제 역·군역의 기준이 관고로 표시된 이유를 센고쿠다이묘의 화폐에 대한 요구에서 찾았다(「戰國時代の貫高制について」, 『信濃』 30-10, 1978; 「大名領國制下の貫高制」, 『戰國時代』, 吉川弘文館, 1978). 마쓰우라 요시노리松浦義則는 무로마치 막부의 고케닌御家人 소령 연공고를 기준으로 한 1/50역이 관고제를 전제로 한다는 기시다 히로유키岸田裕之의 견해(「室町幕府體制の構造—主として當該時代の賦課—負擔關係を通してみた」, 『日本史を學ぶ2』, 有斐閣, 1975)를 받아들이면서, 센고쿠기 고쿠진 영주가 다이묘에게 공적인 봉사를 할 경우 기준이 되는 '향촌 관고'가 존재했음을 밝히고, 이 향촌 관고는 연공 수취고와는 일치하지 않는다고 하였다(「戰國大名の領主層掌握について−出雲尼子氏を例として」, 『福井大學敎育學部紀要』(第三部社會科學30), 1981).

토지의 표준 생산량인 석고를 기준으로 구성된 근세 봉건사회의 체제적 평성 원리를 석고제라 한다. 무사계급의 상호관계는 주군에게 받은 지행완행장에 표시된 석고에 따라 서열화되고, 영주와 농민 사이의 세금 수취도 검지장에 기록된 석고(촌고)를 세금 양을 정하는 기준으로 삼았다.

석고제에 대한 연구는 패전 전부터 행해졌다. 다카야나기 미쓰토시高柳光壽는 검지가 조세를 부과할 목적으로 행해졌고, 미곡과 기타 생산물을 쌀 수확고로 환산해서 토지생산성을 표시하였다고 하였다(高柳光壽, 「豊臣秀吉の檢地」, 『岩波講座日本歷史』, 岩波書店, 1935). 도쿠가와 요시치카德川義親는 검지에 의한 석성石盛 산정은 실측에 의한 것만은 아니며, 고高의 개념은 전조田租를 부과할 때의 표준=과세의 객체라 하였다(「石高の槪念に就いて」, 『社會經濟史學』 5-10, 1936). 히라사와 기요토平澤淸人는 석고제가 수확량을 기준으로 하였다는 점을 강조하였다(「戰國末の貴高」, 『社會經濟史學』 28-2, 1942).

센고쿠다이묘도 검지에 의해 관고제貫高制를 실시, 토지면적에 대해 세금을 부과하였다. 그리고 관고제를 바탕으로 군역 편성을 행하였다. 단 센고쿠다이묘는 토지면적에 큰 관심이 있었고, 그 토지에서 나오는 생산량에 대한 관심은 비교적 적었다고 보인다. 따라서 센고쿠기의 검지와 다이코 검지의 차이를 둘러싸고 논쟁이 벌어졌다. 무라타 슈조村田修三, 후지키 히사시藤木久志는 관고제 연구에 박차를 가하였다(村田修三, 「戰國大名毛利氏の構造」, 『日本史硏究』 73, 1964; 藤木久志, 「貴高制と戰國的編成」, 『日本史硏究』 138, 1974). 1970년대 후반에 오면 15세기 후반 이래 광범하게 성립되어 있던 가지시加地子 득분권(잉여분)과 검지의 관계를 둘러싼 논쟁이 발생한다.

오다 정권에서 석고로 표시한 지행목록이 내려지는데, 그것에 표시된 석고량이 수확고라 전제하고, 그것을 석고제의 일반에 위치시키려는 견해(今井林太郎, 「信長の出現と中世的權威の否定」, 『岩波講座 日本歷史9』, 岩波書店), 지행목록에 표시된 석고는 연공고를 나타내고 아직 생산고를 파악하는 단계에는 이르지 못하였다는 견해(脇田修, 『織田政權の基礎構造』, 東京大學出版會, 1975)가 대립하였다. 한편 아라키 모리아키는 도요토미 정권이 성립하기 이전인 덴쇼天正 연간에 석고 표시 지행목록이 발급되어 석고제의 선구적 형태가 나타나나, 그것은 실제 검지가 행해진 것이 아니라 영주가 장부로 제출한 소위 사시다시差出し 방식의 검지였다고 하였다.

아라키 모리아키는 석고제에 입각한 미납연공제의 특질을 자연경제 하에서 행해지는 국내 통일전쟁에 필요한 병량미 확보를 위해 필연화한 것이라 했고(『歷史學における理論と實證 1』, お茶の水書房, 1969; 『太閤檢地と石高制』, 日本放送出版協會, 1969), 사사키 쥰노스케는 석고제가 영주 상호간의 지행 수수관계, 영주와 농민 간의 연공 수납관계의 양 측면에 의해 규정된 것으로 근세 봉건사회의 구조적 특질을 나타내고 있다고 하였다(「幕藩制の構造的特質」, 『歷史學研究』 245, 1960). 또한 아사오 나오히로는 석고제가 재지의 생산력을 장악하려는 의도는 인정되나, 항구적인 내실을 갖추고 있지는 못하다고 평가하였다(「豊臣政權の基盤」, 『歷史學研究』 292, 1962). 그리고 마쓰오 히사시松尾壽는 다이코 검지에 의해 정해진 석고는 단순히 미곡 생산고가 아니라 상업생산, 수공업, 상품유통뿐만 아니라 교통·운수·숙역 등의 수익활동까지 포함한 지역의 평균수익을 감안하여 결정되었다고 하였다(「太閤檢地の斗代について」, 『史林』 52-1, 1969).

한편 마쓰시타 시로松下志郎는 중앙정권과 개별 다이묘와의 정치적 관계에 바탕을 두어 석고가 결정된 점을 중시하여, 석고제가 지행 표시기준으로 기능하였던 점을 가장 중요시하였다(『幕藩制社會と石高制』). 이것은 석고제의 의제적 측면을 강조하는 나카무라 기쓰지中村吉治(「石高制と封建制─幕藩體制の性格」, 『史學雜誌』 69-7·8, 1960), 화폐 대체물로서의 기능을 강조하는 히데무라 센조秀村選三 등의 연구를 계승·발전시킨 것이다(「石高制に關する二つの問題」, 『九州大學 經濟學研究』 29-2, 1963).

도요토미 정권에서 통일된 방식에 따른 검지를 통해 결정된 석고는 토지의 생산량 그 자체는 아니지만, 토지 생산량을 기준으로 정해진 것으로 보아도 좋을 것이다. 다만 쵸소가베長宗我部 씨의 경우처럼 정치·군사·사회적 조건이 가해져 검지를 직접 행하지 않고, 석고의 양이 정해지는 경우도 도요토미 정권과 도쿠가와 정권 초기까지 존재하였다.

다이코 검지에 대한 연구는 패전 전부터 있었다. 즉 다카야나기 미쓰토시高柳
光壽는 1933년 「도요토미 히데요시의 검지」(「豊臣秀吉の檢地」,『岩波講座 日本歷史6-近世1』,
1933)를 발표하였다. 이래 나카가와 센조中川泉三(「豊臣秀吉の檢地と近江繩」,『歷史地理』
25-2, 1915)와 요시다 도고吉田東伍, 마키노 신노스케牧野信之助, 가와라 덴코河原田耕
등의 연구가 있다. 이 밖에도 이마이 린타로今井林太郎(「近世初頭に於ける檢地の一考察」,
『社會經濟史學』9-11 · 12, 1940), 후루시마 도시오古島敏雄(「近世初期の檢地と農民層の構成-檢地帳
上の分附記載を中心に」,『農業經濟研究』17-1) 등의 연구가 있다.

1953년 아라키 모리아키安良城盛昭는 「다이코 검지의 역사적 전제」(「太閤檢地の歷
史的前提」,『歷史學研究』163 · 164)를 발표하고, 이어서 1954년 「다이코 검지의 역사적
의의」(「太閤檢地の歷史的意義」,『歷史學研究』167)를 발표한다. 아라키는 위 두 논문에서
다이코 검지 이전의 사회를 가부장적 노예제에 바탕을 둔 장원제 사회로
규정하고, 장원제 사회 속에서 성장하여 온 단혼소가족에 의한 자립소농민경
영=농노제를 주목하였다. 가부장적 노예제에 길항하는 농노제=아래로부터의
길이 승리하는 과정을 오닌의 난 이후 센고쿠기의 하극상으로 파악하였다.
아라키 모리아키는 마쓰모토 신파치로松本新八郎가 사용(「南北朝內亂の諸前提」,『歷史評
論』11, 1947)한 '봉건혁명'이라는 개념을 차용하여 이 시기의 역사적 의의를
부여하였다. 그리고 히데요시의 다이코 검지를 일직一職 지배와 묘슈직 보유자
의 중간착취作合를 부정하여 소농민자립을 촉진하고, 중세 말기의 복잡한
토지소유관계를 부정하여 새로운 봉건적 토지소유=보유관계를 체제적인
기초로 만든 혁명적 토지정책으로 평가하였다. 이러한 다이코 검지를 통해
농노제에 기초를 둔 봉건영주권력이 성립한다고 하였다(다이코 검지 혁명 · 혁
신론).

위 두 논문은 학계에 비상한 충격을 주었다. 1954년 사회경제사학회는
'일본의 봉건영주제 확립-다이코 검지를 둘러싼 제 문제我國における封建領主制の確立
-太閤檢地をめぐる諸問題'라는 주제로 대회를 개최하였다. 이 대회에서 검지에 대해
정치한 연구를 해온 미야카와 미쓰루宮川滿는 무주택 등록인無屋敷登錄人 내지
3반反 이하 등록인의 동향에 주목하여 다이코 검지는 종래 1필의 경지에
병존하고 있던 묘슈名主 백성층의 가지시加地子 득분권과 가독을 상속하지 않은

소농민의 사실상의 경작권 중에서 후자만을 인정, 소농민의 자립 재생산을 지향하는 정책으로, 토호·묘슈 백성의 부역 경영과 센고쿠다이묘의 권력 기반을 없애려는 의도와 지향을 가진 혁신적 정책이었다고 평가하였다. 그러나 다이코 검지의 실시가 지역적인 차이를 보이고, 유력 농민층의 지위를 용인하는 등 재지와 타협하는 점도 보이기 때문에, 다이코 검지의 혁신성은 상대적이라 평가하였다(다이코 검지 상대적 혁신론).

한편 고토 요이치後藤陽一는 역옥役屋과 본백성 등에 주목하여 다이코 검지가 촌청제를 성립시킨 점을 중시, 이미 촌락공동체 생산구조의 담당자였던 농민 (주로 주택지 등록인)이 역옥 등의 이름으로 촌청의 주체로 파악되었다고 하였다. 그러나 역옥제도를 받아들이는 농촌구조는 단순히 옛 묘슈 체제로 재편된 것이 아니라, 개개의 역옥과 비역옥층은 소족단적 협업조직을 형성하고, 불안정한 소농민층은 역옥에 의지할 뿐 스스로를 재생산할 수 없었다고 한다. 다이코 검지는 이러한 촌락을 권력의 입장에서 파악하고자 한 것으로, 혁명적이고 혁신적인 정책·권력으로 평가하는 의견에 의문을 제기하였다(다이코 검지 역옥체제론의 제기).

고토가 제기한 역옥체제론에 대해, 하야미 아키라速水融는 촌고 확정과 그와 관련한 촌청제와의 관련을 중시하고(검지의 목적은 촌고의 확정에 있다)(「紀州 慶長檢地および檢地帳の硏究」, 『土地制度史學』 3, 1959; 「近世初期檢地の性格と背景」, 『德川林政史硏究紀要』 1966), 미야카와 미쓰루宮川滿는 역옥役屋과 중세 구지가公事家와의 관련을 고찰하고 (「南北朝~室町幕府の領主制」, 『太閤檢地論 1』, お茶の水書房, 1959), 도코로 미쓰오所三男는 역옥의 파악이 검지의 실시 목적 중 하나(「近世初期の百姓本役−役屋と夫役の關係について」, 『封建制と資本制』, 有斐閣, 1956)라고 하였다. 엔도 신노스케遠藤進之助는 중세의 명名 체제가 재편되어 근세 역옥체제가 성립한다는 전제 하에, 다이코 검지는 부역을 부담하는 역옥의 설정을 정책기조로 하였다고 주장하였다(「德川期に於ける'村共同體'の組成」, 『史學雜誌』 64-2, 1955)(다이코 검지 역옥체제론).

이후 다이코 검지 이전 권력의 성격, 근세초기 본백성의 성격, 소농민 자립정책 등과 관련한 석고제 논의가 활발히 전개되고, 미야카와는 『다이코 검지론太閤檢地論』 전 3권을 상재하였다. 그러나 학자 상호간의 논점과 접근방법

의 차이로 말미암아 구체적 논점은 심화되었으나, 전체상의 구축에는 이르지 못하였다. 그간의 논쟁점은 미야카와(「太閤檢地について」, 『太閤檢地論1』), 하야미 아키라速水融(「太閤檢地について」, 『社會經濟史學』 31-1~5合倂號, 1966)에 정리되어 있다. 이후 도요토미 정권과 도쿠가와 막부에서 실시한 검지의 실태에 대한 구체적인 연구, 그리고 소농민 경영의 존재 형태에 대한 연구가 진행된다(速水佐惠子, 「太閤檢地の實施過程」, 『地方史硏究』 65, 1963; 佐藤滿洋, 「豊後における太閤檢地について」, 『大分縣高等學校敎育硏究會社會部會硏究集錄』 4, 1968 등).

다이코 검지 논쟁은 1960년대에 끝나지만 학계에 대단히 많은 영향을 미쳤다. 1960년대 검지와 불가분의 관계에 있는 병농분리의 연구, 병농분리에서 석고제, 그리고 군역제 연구, 그러한 연구를 기반으로 막번제 사회의 권력구조 해명 등의 연구를 크게 자극하였다. 또 이 논쟁에 자극을 받아 1970년대에는 국가사 연구가 크게 진작되었다.

4. 도시론―지나이쵸寺內町・이행기 도시론・근세도시론

지나이쵸寺內町는 센고쿠 시대에 잇코 종一向宗=혼간지 사원이 계획적으로 건설하여 자신의 거점으로 삼은 계획도시였다. 센고쿠기의 지나이쵸는 혼간지 세력의 거점이었기 때문에, 혼간지 세력이 존재하던 기나이에서 호쿠리쿠에 이르는 지역에는 어김없이 존재한다. 지나이쵸의 기본적 성격은 다음과 같다. 1) 지나이쵸 건설은 15세기 말 렌뇨蓮如 대에 시작하여 16세기 중반 에이로쿠永祿기에 최고조에 이른다. 2) 지나이쵸는 집락이나 사원이 있던 곳이나 개발지에 주로 건설되고, 건설은 혼간지나 혼간지 말사, 혹은 토호나 묘슈 백성 등의 총중惣中이 주도하였다(즉 지나이쵸 건설 주체의 다양성과 지나이쵸 성립 조건과 과정의 다양성이 존재한다). 3) 지나이쵸 주변은 토담土壘과 해자가 둘러싸고 있으며, 그 내부에는 바둑판 모양의 도로가 건설되어 있다. 4) 제 공사의 면제 특권과 덕정德政 적용의 면제 특권을 가지고 있다. 이 같은 성격의 지나이쵸는 잇코잇키론, 자유・자치도시론, 통일정권의 형성 과정, 근세 재향정의 형성, 시장구조 등의 연구, 특히 중세 말에서 근세 초기에 이르는 정치과정과 경제구조를 연구하는 데 피할 수 없는 주제다. 따라서 다양한 관점과 학설이 존재한다.

패전 전 마키노 신노스케牧野信之助는 호쿠리쿠와 기나이 지나이쵸의 사례를 통해 형태적·제도적 특질을 명확히 하면서, 일족·낭당一族·郎黨을 토담土居과 해자濠로 둘러싸인 곽내에 거주하게 한 중세호족의 거관居敷이 지나이쵸의 기원이라 하였다. 이러한 논점은 몬젠마치門前町와 지나이쵸의 성격이 다르다는 입장을 표명한 것으로, 지나이쵸에서 영주권을 장악하고 있던 사원을 영주 성곽으로 비정하여 지나이쵸를 영주의 죠카마치에 준하는 것이라 하였다(「中世 末における寺內町の發展」,『史學雜誌』41-10, 1930).

위 마키노의 지나이쵸=죠카마치 등질설은 패전 후 온전히 계승되지는 않았다. 그러나 역사지리 연구자인 후지오카 겐지로藤岡謙二郎(「寺內町の性格」,『人文地理』1, 1946), 잇코잇키 연구자인 이노우에 도시오井上銳夫(『一向一揆の研究』, 吉川弘文館, 1968), 도요토미 정권 연구자인 미키 세이이치로三鬼淸一郎(「豊臣政權の市場構造」,『名古屋大學文學硏究論集 史學』19, 1972) 등이 위 마키노 신노스케의 등질설을 지지하였다.

이에 대해 도시론이 성행한 1970년대에는 지나이쵸를 죠카마치의 대극에 자리매김하고, 자유·자치도시로 규정하여 양자의 이질성을 강조하는 견해를 니시카와 유키하루西川幸治(『日本都市史研究』, 日本放送出版協會, 1972)와 아미노 요시히코網野善彦(「中世都市論」,『岩波講座 日本歷史7』, 岩波書店, 1976;『無緣·公界·樂』, 平凡社, 1979), 그리고 가쓰마타 시즈오勝俣鎭夫(「樂市場と樂市令」,『論集中世の窓』, 吉川弘文館, 1977) 등이 주장하였다. 한편, 와키타 오사무脇田修는 근세사 연구의 입장에서 근세 재향정의 전신으로서 지나이쵸를 자리매김하고, 지나이쵸의 영주적 지배 존재를 인정하면서도 지나이쵸 주민의 총중 자치가 신장한 점을 강조, 자치도시 건설을 지향하였다고 하였다(「寺內町の構造と展開」,『史林』41-1, 1958;「近世都市の建設と豪商」,『岩波講座 日本歷史9』, 岩波書店, 1975). 이에 대해 미키 세이이치로는 사카이와 지나이쵸를 자유도시로 자리매김하고, 이들 도시가 노부나가의 무력에 굴복하였다고 한다면, 막번체제의 성립은 논리적으로 봉건적 재편성론으로 귀결한다고 비판하였다(「豊臣政權の市場構造」,『名古屋大學文學硏究論集 史學』19, 1972).

한편 미네기시 스미오峰岸純夫는 잇코잇키의 기반이 농촌의 총과 지나이쵸의 두 곳에 존재하였다고 하면서, 지나이쵸 역할이 커지면서 덴몬天文~에이로쿠永禄기 잇코잇키의 초점 중 하나가 지나이쵸의 건설과 특권 획득ㅡ영주 측의 지나이쵸 파괴와 특권 말살ㅡ이었다고 하였다(「大名領國と本願寺教団」,『日本の社會文化史2-封建社會』, 講談社, 1974;「一向一揆」,『岩波講座 日本歷史8』, 岩波書店, 1976). 아사오 나오히로는 잇코잇키·혼간지와의 대결·극복을 통해 통일권력이 창출된다는 견해를 제출하였다(「將軍權力の創出」1·2·3,『歷史評論』241·266·293, 1970·1972·1974). 이 견해를 받아들여 후지키 히사시藤木久志는 오다·도요토미 정권과 잇코잇키의 대결 과정 속에서 중세 말·근세 초의 이행 과정의 정치사를 묘사하고, 오다·도요토미 정권의 제 정책을 자리매김하였다(『日本の歷史15-織田豊臣政權』, 小學館, 1975;「統一政權の成立」,『岩波講座 日本歷史9』, 岩波書店, 1975). 그는 위의 오다·도요토미 정권을 서술하면서, 지나이쵸는 잇코잇키 결집과 궐기의 물질적 기반을 부식한 것으로 자리매김하고, 노부나가의 라쿠이치·라쿠자 령은 잇코 종 사내寺內의 해체·재편을 지향하는 명령이자, 경내=지나이의 경제기능을 오다 분국分國 경제권에 종속·재편시키려는 정책이라 하였다. 이러한 이해는 도요타 다케시 豊田武의 견해(『增訂 中世日本商業史の硏究』, 岩波書店, 1952), 즉 오다 정권의 지나이쵸 보호책을 중세적 자座를 부정하는 정책으로 적극적·혁신적으로 평가한 통설적 견해에 반하는 것이었다.

그리고 이 시기에 사사키 긴야佐々木銀彌, 가쓰마타 시즈오勝俣鎭夫, 와키타 하루코脇田晴子, 나카베 요시코中部よし子가 위의 후지키를 포함해서 지나이쵸 이해에 대한 문제점들을 제기하였다(佐々木銀彌,「樂市令と座の保障安堵」,『戰國期の權力と社會』, 東京大學出版會, 1976; 脇田晴子,『日本中世都市論』, 東京大學出版會, 1981; 中部よし子,「織田信長の城下町経營」,『ヒストリア』82, 1979; 中部よし子,「戰國時代の'樂市場'·'樂座'について-封建都市硏究の問題提起」,『地方史硏究』167, 1980). 이러한 가운데 고지마 미치히로小島道裕는 사료비판을 통해 오다 정권이 1567년 발령한 명령과 1568년 가나모리에 내린 라쿠이치·라쿠자 령이 지나이쵸를 군사적으로 해체한 후 쵸町를 재흥하기 위해 내려진 것임을 명확히 하였다(「戰國期城下町の構造」,『日本史硏究』257, 1984;「金森寺內町について-關連資料の再檢討」,『史林』67-4, 1984).

패전 후 1970년대까지 도시사 연구를 주도한 것은 주지하듯이 도요타

다케시豊田武, 사사키 긴야佐々木銀彌, 와키타 하루코脇田晴子다. 이들의 연구는 상업 발달과 도시를 연동시키면서, 중세 말의 자유도시 연구에 노력하였다. 그런데 1970년대 후반 아미노 요시히코網野善彦의 연구, 그리고 사회사의 영향 속에서 새로운 연구경향이 나타난다. 아미노 요시히코가 '무연無緣·공계公界'의 장과 비농업인을 논의한 것에 촉발되어(『無緣·公界·樂－日本中世の自由と平和』, 平凡社, 1978; 『日本中世の非農業民と天皇』, 岩波書店, 1984), 가쓰마타 시즈오는 오다 노부나가의 라쿠이치 령 검토를 통해 라쿠이치 장소에 '무연'의 원리가 존재, 라쿠이치 령에 보이는 제 역 면제, 불입권, 채무 파각 등은 '무연'의 논리를 기본 속성으로 한다고 하였다(『樂市場と樂市令』, 1977/『戰國法成立史論』, 東京大學出版會, 1979). 이에 대해 와키타 하루코는 가쓰마타의 라쿠이치='무연'의 논리를 비판하면서, 라쿠이 치·라쿠자의 출현조건으로 정치적으로는 센고쿠 말 통일정권 성립기, 경제적으로는 도매問屋－소매의 분화를 지적하였다(『日本中世都市論』, 東京大學出版會, 1981).

한편, 위에서 언급한 고지마 미치히로는 가쓰마타가 미노노쿠니 가노 시장을 엔도쿠지 지나이쵸로서의 라쿠이치 장소로 규정한 것에 대해, 그것이 센고쿠기의 죠카마치임을 증명하고, 센고쿠기 죠카마치를 총구總構의 안과 밖으로 구분하여 총구 안을 이에家의 원리(유연有緣=무가의 세계)가 지배하는 공간, 총구 밖에 존재하는 시장을 무연無緣의 원리(공가 세계)가 지배하는 공간이라고 하였다(「戰國·織豊期の城下町－城下町における'町'の成立」, 『日本都市史入門2－町』, 東京大學出版會, 1990). 고지마의 연구를 바탕으로 이치무라 다카오市村高男는 동국의 도시들을 대상으로 연구를 진행하였다(『戰國期東國の都市と權力』, 思文閣, 1994).

1980년대부터 도시연구는 경관·공간구조 연구의 비중이 높아진다. 죠카마치뿐 아니라, 교토, 하카타 등의 도시를 대상으로 한 연구성과가 나타난다. 이 시기의 연구성과는 치다 요시히로千田嘉博(『織豊系城郭の形成』, 東京大學出版會, 2000)·마에다 가나메前田要(『都市考古學の研究』, 柏書房, 1991) 등의 성곽 연구와 고고학, 역사지리학, 건축사학, 문헌사학 등의 학제간 연구에 의해 이루어졌다. 이 시기 도시연구의 성과를 나타내는 연구서로 『일본도시사입문』전 3권(『日本都市史入門』, 東京大學出版會, 1989)을 들 수 있다. 또한 이 시기에 『연보도시사연구』(『年報都市史研究』, 山川出版社, 1993), 『중세도시연구』(『中世都市研究』, 新人物往來社, 1994) 등의 발간이 이루어져 도시사 연구를 활성화하였다.

건축사 입장에서 도시를 연구한 대표적인 학자는 이토 쓰요시伊藤毅다. 그는 중세의 도시공간을 사사를 중심으로 동심원적 공간구성을 갖는 '경내'와 도로를 축으로 한 쵸라는 두 종류의 공간 결합·복합으로 보는 견해를 제시하였다「境內と町」, 『年報都市史研究』1). 한편, 니키 히로시仁木宏는 도시구조와 사회구조의 연관성에 대해 관심을 가지고, 교토, 지나이쵸 등을 중심으로 한 도시론을 전개하였다(『空間·公·共同體』, 靑木書店, 1997).

한편 근세도시에 대한 연구도 1980년대 들어 전환기를 맞는다. 즉 신분제에 대한 관심에서 쵸와 쵸닌을 어떻게 볼 것인가에 대한 연구가 시작된다. 요시다 노부유키吉田伸之가 역에 의해 쵸와 쵸닌을 다루려 한 반면(「公儀と町人身分」, 『歷史學研究』488, 1981), 아사오 나오히로朝尾直弘는 근세의 쵸와 촌은 총촌에서 생겨난 쌍생아로, 지연적·직업적 공동체인 쵸가 쵸닌 신분을 결정한다고 하였다(「近世の身分制と賤民」, 『部落問題研究』86, 1981; 『都市と近世社會を考える』, 朝日新聞社, 1995). 한편 우치다 규슈오內田九州男는 오사카 3향의 성립 과정을 정치하게 논하였다.

도시사 연구는 신분제와 관련을 가지면서 진행되었기 때문에 도시 속의 피차별민 연구도 심화된다. 쓰카다 다카시塚田孝의 에도 히닌非人 연구(『近世日本身分制の研究』, 兵庫部落問題研究所, 1987), 스가하라 겐지菅原憲二의 교토 히닌 연구(「近世前期京都の非人」, 『日本史研究』181, 1977), 우치다 규슈오의 오사카 히닌 연구(「大阪四ヶ所の組織と收入」, 『大阪城と城下町』, 思文閣出版, 2000), 우치다 규슈오·오카모토 료이치岡本良一의 히닌 관계 사료집(『悲田院文書』, 淸文堂出版, 1989) 등의 연구가 그것이다. 한편 교토에 대한 연구성과로 1983년부터 1989년까지 『교토마치부레 집성』(『京都町觸集成』, 岩波書店)이 간행된다. 이 과정에서 교토에 대한 연구가 많이 이루어진다. 근세 중기 이후 도시주민의 이해가 확대, 이에 대응하여 개별 쵸를 넘어서는 자치기능이 도시 전체에 성립한다는 쓰카모토 아키라塚本明의 연구(「近世中期京都の都市構造の轉換」, 『史林』70(5), 1989)는 그것을 대표한다 하겠다. 한편 니시자카 야스시西坂靖도 오사카를 대상으로 한 연구에서 개별 쵸를 넘어서는 소방조직의 존재를 명확히 하였다(「大阪の火消組合による通達と訴願運動」, 『史學雜誌』94(8), 1985). 한편 역에 의해 쵸와 쵸닌을 다룬 요시다 노부유키吉田伸之는 거대도시의 대형상점을 사회적 권력으로 보고, 그 대극에 도시 하층사회를 위치시켜 하층사회 일용日用층의 다이나믹성을 다루었다(「日本近世都市下層社會の存立構造」, 『歷史學硏究』 534, 1984). 이 연구 이후 요시다는 무가봉공인, 히토야도人宿 등의 도시 하층민에 대한 연구에 박차를 가한다.

1980년대의 활발한 도시사 연구를 총괄한 연구서로 공간, 쵸, 사람으로 테마를 설정해서 구성한 『일본도시사입문』 전 3권(『日本都市史入門』, 東京大學出版會, 1990)을 들 수 있다. 이 연구서에서 다마이 데쓰오玉井哲夫가 제시한 공간이란 시점(「都市史における都市空間硏究」)은 이후 많은 영향을 미쳐, 에도의 도시공간을 『명소도회名所圖會』를 통해 바라본 치바 마사키千葉正樹와 스즈키 아키오鈴木章生의 연구가 등장하였다(千葉正樹, 『江戶名所圖會の世界』, 吉川弘文館, 2001; 鈴木章生, 『江戶の名所と都市文化』, 吉川弘文館, 2001).

요시다에 의해 주도된 도시사는 1990년대 '후리우리振賣', '우리바賣場' 등을 중심으로 한 시장론, 하층민(민중)의 세계, 도시 공간구조의 분절성에 대한 연구 등으로 발전한다. 한편 쓰카다 다카시塚田孝도 오사카를 대상으로 사회사 관점에서 『근세 도시사회사』(『近世の都市社會史』, 靑木書店, 1996), 『근세 오사카의 도시 공간과 사회구조』(『近世大阪の都市空間と社會構造』, 山川出版社, 2001)를 학계에 내놓았다.

한편 1990년대까지 주로 대도시를 중심으로 한 도시사 연구가 주류를 이루었으나, 1990년대 후반부터 서서히 지역의 죠카마치, 재향정, 슈쿠바마치宿場町 등에 대한 연구도 진행되었다. 미우라 슌메이三浦俊明의 히메지 죠카마치에 대한 연구(『譜代藩城下町姬路の硏究』, 淸文堂出版, 1997), 와타나베 히로카즈의 연구(『近世日本都市と民衆』, 吉川弘文館, 1999) 등은 그것을 대표한다 하겠다. 그리고 지역도시의 민중운동으로서의 '도지메 소동戶〆騷動'의 발견도 소중하다(岩田浩太郞, 「戶〆騷動の諸相: 越中富山·近江下坂本の事例硏究」, 『山形大學紀要 社會科學』 30(1), 1999).

5. 오다 노부나가織田信長·도요토미 히데요시豊臣秀吉 정권론

다나카 요시나리田中義成는 오다 노부나가 정권과 도요토미 히데요시 정권을 한데 묶어 다루면서(쇼쿠호 정권織豊政權), 오다 노부나가는 구체제를 부정하는 혁신적 제 정책을 수행한 구질서의 파괴자, 도요토미 히데요시는 노부나가의 제 정책을 계승하면서 신체제를 창출하는 건설자의 측면을 강조하였다(田中義成, 『豊臣時代史』, 明治書院, 1929; 『織田時代史』, 明治書院, 1924). 나가무라 기치지中村吉治는 센고쿠기의 혼돈 상황에 의해 봉건제가 해체되고, 화폐경제의 진전과 다이묘 영국제의 성장으로 봉건제가 재편되었다고 하였다(中村吉治, 『日本封建制再編制史』, 三笠書房, 1936)(봉건제 재편론). 오쿠노 다카히로奧野高弘는 오다 정권이 장원체제를 극복하고 주인장朱印狀을 통해 영지의 일원적 지배를 확립하려 하였으며, 종교계와 민중을 배제하여 초월적 입장을 관철, 궁극적으로는 에도 막부에 가까운 형태의 권력을 수립하려 하였다고 평가하였다. 또한 오다 정권을 센고쿠다이묘 권력을 탈피한 중앙정권의 지위를 확보하였다고 적극적으로 평가하였다(『織田信長』, 春秋社, 1944).

패전 후 핫토리 시소服部之總는 도잇키土一揆와 덕정 잇키德政一揆 등의 농민운동, 왜구의 활발한 대외활동 등으로 센고쿠 말기에 자본주의적 생산양식의 맹아가 보이는 초기 절대주의 상황이 도래하나, 검지檢地에 이르는 반동적 정책에 의해 초기 절대주의 양상이 낙태되고 순수봉건제가 형성되었다고 주장하였다(服部之總, 「初期絶對主義と本格の絶對主義—日本史的世界と世界史的日本」, 『世界』1947.11)(절대주의 낙태론). 후지타 고로藤田五郎는 상품경제의 발전을 전제로 소농민경영이 일반화하고, 금납지대를 수반한 생산물지대를 부담하는 본백성本百姓(자립농)을 기반으로 하는 봉건제가 순수한 형태로 성립하였다고 주장하였다(藤田五郎, 『封建社會の展開過程』, 有斐閣, 1952)(순수봉건제 성립론).

한편 1950년대 다이코 검지 논쟁을 통해 막연히 중세와 근세의 연속성을 전제로 한 연구경향에서 중세와 근세의 사회구성 차이를 강조하는 경향이 강해지고, 그에 따라 오다 정권과 도요토미 정권의 고유성을 강조하는 연구가 증가한다. 이마이 린타로今井林太郎는 오다 정권은 슈고·사사 세력을 제압하고, 토호층을 가신단에 편입하고, 상업·고리대업자를 보호하는 정책을 취하고, 검지를 통해 농민을 피지배 신분으로 확정하였다고 주장하였다. 그리고 도잇키·잇코잇키와의 대결 과정에서 농민의 저항을 저지하고, 중세 이래의 복잡한 토지소유관계를 폐지하여 봉건 지배를 강화하였다고 주장하였다(今井林太郎,

「信長政權の歷史的意義」, 『思想』 282, 1947; 「信長出現と中世的權威の否定」, 『岩波講座 日本歷史9』, 岩波書店, 1963).

스즈키 료이치鈴木良一는 오다 정권은 기나이·기나이 주변지역의 다이묘와 고쿠진 영주國人領主의 에너지를 조직하고, 검지·검문소 철폐 등을 통해 장원영주 권력에 타격을 주고, 엔랴쿠지延曆寺 방화 등에 보이듯이 왕법·불법을 제거하여 순수 봉건적 지배를 확립하려 하였다고 하였다. 그러나 노부나가는 완전히 센고쿠다이묘의 속성을 청산하지는 못하였다고 하여 도요토미 정권과의 차이를 주장하였다(鈴木良一, 「織田政權論」, 『日本歷史講座4』, 河出書房, 1952; 『豊臣秀吉』, 岩波書店, 1954; 『織田信長』, 岩波書店, 1967). 도요타 다케시豊田武는 오다 정권이 사카이 등의 자치도시를 장악하고, 호상과 회선조합廻船問屋 등을 통해 대량의 무기·병량 등을 조달할 수 있었던 점이 통일전쟁에 유리한 조건이었다고 하면서, 쇼쿠호미織豊 정권의 성립 계기에서 도시 상업자본의 역할을 중시하였다. 또한 향촌의 봉건제가 심화하여 가는 과정을 살피면서, 유럽 봉건제와의 유사성을 적극적으로 평가하였다(豊田武, 「織豊政權の成立」, 『思想』 310, 1950; 「織豊政權の歷史的意義」, 『新日本歷史4』, 福村書店, 1953; 「織豊政權」, 『日本歷史講座3』, 東京大學出版會, 1956).

와키타 오사무脇田修는 오다 정권은 근본적으로는 중세적 토지소유관계 위에 선 권력이지만, 당시 토지소유관계의 모순을 극한까지 끌어올려 일원지배=일직一職지배를 관철·시행하였고, 석고제를 바탕으로 한 근세봉건사회를 실현하는 길을 열었다고 평가하였다. 특히 전통적인 공권公權=슈고 직을 계승하여 재지영주계급의 조직화에 성공한 점을 지적, 오다 정권을 기존 권력관계를 재편·강화하려 한 정권으로 규정하였다(脇田修, 「近世封建制の成立」, 『封建國家の權力構造』, 創文社, 1967; 「織田政權と室町幕府」, 『日本史論集』, 淸文堂出版, 1975; 『織田政權の基礎構造』, 東京大學出版會, 1975).

사사키 쥰노스케佐々木潤之介는 오다 정권의 정책기조는 중세적 토지소유 관계의 개변을 기도한 것은 아니며, 사사 세력과 고쿠진 층의 통제 강화에 있다고 하였다. 그리고 주종제의 원리에 기초한 분국分國 지배의 강화는 유력무장의 독립을 강화하여 내부 분열의 위험성을 내재하고 있었다고 하였다. 즉 오다 정권의 본질은 센고쿠다이묘 권력의 성격을 가진 영국권력으로 전국통일의 지배이데올로기 이념을 창출할 수 없었다고 평가하였다(佐々木潤之介, 「統一權力の形成過程」, 『體系日本史叢書2-政治史2』, 山川出版社, 1965; 「統一政權論の歷史的前提」, 『歷史評論』241, 1970). 한편 아사오 나오히로朝尾直弘는 오다 정권과 도요토미 정권과의 단계 차이는 있으나, 본질적으로 초월적·절대적 성격을 가지는 천하인天下人 권력을 창출하는 과정으로 파악하였다. 특히 잇코잇키와의 대결 과정에서 전제체제가 강화되며, 천황의 권위를 최대한 이용하고, 전통적인 관직·위계 제도와 관련을 가지면서 권력을 구축하였다고 하였다(朝尾直弘「'將軍權力'の創出」1·2·3, 『歷史評論』 241·266·293, 1970~74; 「幕藩制と天皇」, 『大系日本國家史3』, 東京大學出版會, 1975).

후지키 히사시藤木久志는 노부나가가 라쿠이치·라쿠자 령을 통해 사사 세력의 경제거점을 해체하고, 칙명 강화를 통해 이시야마 혼간지를 굴복시켰지만, 자신은 관직을 버리고 공가 사회·질서로부터 자유로워진 점을 강조, 천황대권을 근저에서 뒤흔드는 권력을 창출하였다고 평가하였다. 이러한 과정에서 오다 정권은 센고쿠다이묘 권력의 성격을 탈피하였다고 하였다(藤木久志, 『織田·豊臣政權』, 小學館, 1975).

나가하라 게이지永原慶二는 도요토미 정권은 병농분리정책을 통해 중세적 재지영주제를 기초로 하는 본령지本領地와 이에家 권력의 해체를 추진, 다이묘들에 대한 통제를 강화하여 권력집중에 성공하였으나, 자신의 권력을 유일한 공의公儀로 하는 전제적 성격으로 인해 다이묘들이 가지고 있는 공의를 자신 밑에 포섭하려 하여 끊임없이 군사를 동원하고 마침내 조선침략을 감행하였으며, 그로 인해 정권이 붕괴하였다고 하였다(永原慶二, 『大系日本歷史3-大名領國制』, 日本評論社, 1967; 「織豊政權の理解をめぐって」, 『歷史學研究』146, 1950).

기타지마 마사모토北島正元는 도요토미 정권은 중세 말기 이래 진행되고 있던 지역적 분업을 병농분리를 통해 사회적 변혁으로 변화시켜, 영주와 봉건 소농민과의 관계를 단일화된 대립관계를 기본으로 하는 막번체제를 창출했던 점에 의의를 두고 있다. 그러나 농노제의 전개가 약했기 때문에 통일적인 지행제 수립은 아직 불완전했고, 따라서 권력 편성도 부정합하였다고 하였다. 그리하여 위의 모순을 해결하기 위해 끊임없이 정복전쟁을 수행해야만 하였다고 보았다(北島正元, 「德川氏の初期權力構造」, 『史學雜誌』64-9, 1955; 「德川政權の藏入

地體制」,『史潮』86, 1964).

야마구치 게이지山口啓二는 도요토미 정권이 병농분리 과정을 통해 전국적인 재지영주제를 해체시키고, 기나이·기나이 주변지역의 선진적 제 조건을 장악하여, 직할령을 집중시키고 전국의 주요 도시와 광산을 직할함으로써 재정적 기초를 강화, 전 영주계급을 봉건적 질서에 편입시켜 전국통일을 이루었다고 하였다. 그러나 고유의 가중家衆을 가지지 못한 약점을 극복하기 위해 검지와 철포대의 위력에 의한 임전체제를 취하지 않을 수 없었다고 하였다(山口啓二, 「豊臣政權の構造」,『歷史學研究』292, 1964; 「豊臣政權の成立と領主財政の構造」,『日本経濟史大系3』, 東京大學出版會, 1965).

아사오 나오히로朝尾直弘는 도요토미 정권이 병농분리를 전제로 주종제에 의해 편성된 상비군과 관료조직을 바탕으로 농민에게서 세금과 부역을 징수하고, 생산력이 높은 기나이 지역을 장악한 것이 통일의 원동력이 되었다고 지적하였다. 그리고 이에야스와의 관계에서 보여주듯이 군사통수권이 완전히 일원화되지 못한 약점을 조정과 관위제를 통해 보완하고자 하였다는 점을 강조하였다(朝尾直弘, 「豊臣政權論」,『岩波講座 日本歷史9』, 岩波書店, 1963; 「豊臣政權の基盤」,『歷史學研究』292, 1964).

후지키 히사시藤木久志는 히데요시가 이시야마 혼간지의 거점인 오사카에 성을 구축하여 이를 통일의 거점으로 삼고, 간파쿠 취임 이후에는 천황의 권위를 이용한 총무사惣無事의 논리로 다이묘들을 복속시키고, 규슈를 5기나이와 같은 것으로 보아, 그것을 기점으로 외국들과의 관계를 구조적으로 다루려 했던 의의를 강조하였다. 정권 말기의 대륙침략의 배경에 스페인, 포르투갈 등의 동아시아 진출이 있었음을 강조하고 있다(藤木久志, 『日本の歷史15』, 小學館, 1975).

와키타 오사무脇田修는 도요토미 정권이 검지와 병농분리를 본격화한 권력이지만, 전국에 산재하는 직할령을 통해 전국 특산물을 입수하고, 가격조작을 통해 중앙으로 물자를 유입시켜 중앙시장을 창출한 것이 전국통일을 촉진하는 조건이었다고 하면서, 석고제 성립의 전제조건으로서 시장관계를 차정하였다. 대두하고 있는 농민세력을 억압하고 재지영주제를 재편성하는 과정을 근세 봉건제의 성립 과정으로 보고, 이 과정에서 오다 정권과 도요토미 정권의 단절을 인정하였다(脇田修,「織豊政權論」,『講座日本史4』, 東京大學出版會, 1970;『近世封建制成立史論』, 東京大學出版會, 1977).

사사키 준노스케는 도요토미 정권이 전국적인 검지를 실시하고, 생산물지대에 바탕한 석고제를 확립했지만, 히데요시와 다이묘들 사이의 군역관계에 개별적 편차가 보이고, 지행고의 일정 부분이 군역에서 면제되어 있음을 강조하였다. 이는 에도 시대의 장군과 다이묘의 관계와 아주 다른 점으로, 도요토미 정권이 통일적인 군역체계를 확립하지 못한 센고쿠다이묘 단계의 성격을 나타내고 있다고 하면서, 도요토미 정권의 과도기적 성격을 주장하였다(佐々木潤之介,『幕藩權力の基礎構造』, お茶の水書房, 1964;「序說幕藩制國家論」,『大系日本國家史』, 東京大學出版會, 1975;「幕藩制の成立」,『戰國時代』, 吉川弘文館, 1978).

히데요시의 국내 통일논리는 센고쿠다이묘와 같이 무력에 의한 실력으로 상대방을 제압하는 방식이 아니라, 다이묘들의 영토분쟁을 사전私戰으로 규정하여 정전을 명령하고, 정전안을 제시하여 그에 따르도록 명한 것이었다. 이 경우, 계쟁係爭 중의 한 편은 히데요시에게 가담하고 있기 때문에 공평한 중재를 기대하기 어렵다. 히데요시의 이 중재안을 수락하지 않으면, 명령 불복종·무시를 이유로 출병하게 된다. 한편 히데요시의 중재 명령에 따르는 것은 중세 이래의 자력구제를 포기하고 히데요시의 재판권에 복종하는 것을 의미하며, 히데요시 정권 하에 자신의 영국을 자리매김하고 영국을 유지할 수 있게 된다. 이것은 무로마치기의 천황과 장군이 행한 화목의 조정과는 다른 성격의 것이다.

이 논리는 히데요시의 전국통일이 무력에 의한 것이 아니라, 총무사=평화의 논리에 바탕을 두고 있다는 인식을 보여준다. 총무사령의 배후에는 촌락 간의 분쟁해결을 재촌에 맡기는 것이 아니라 히데요시 정권의 재판에 의해 해결한다는 〈싸움 정지령喧嘩停止令〉이 존재하고, 산야하해山野河海를 둘러싼 촌락의 자검단권이 히데요시에 흡수되어 가는 것으로, 무기몰수령刀狩令, 해적 금지령 등도 총무사령에 포함된다고 하였다(藤木久志,「關東·奧兩國惣無事令について」,『杉山博先生還曆記念戰國の兵士と農民』, 角川書店, 1978;『豊臣平和令と戰國社會』, 東京大學出版會, 1985).

위 후지키 히사시의 총무사령의 내용을 좀더 자세히 정리하면 다음과 같다. 1) 총무사령은 다이묘·영주 간의 영토분쟁을 사전으로 금지하고, 영토 재판권을 독점하는 도요토미 정권이 분쟁을 평화적으로 해결하려는 것으로, 이 총무사령=평화령의 논리가 통일정책의 기조였다. 2) 싸움 정지령은 촌락 간의 분쟁해결에서 무기 사용, 보복, 근향과의 합력合力을 금지하여, 중세의 가혹한 자력구제로부터 농민을 해방한 것이다. 3) 무기몰수령은 농민의 무장 해제가 아니라 중세의 자력구제 능력자의 표식이었던 백성의 대도帶刀권을 규제대상으로 한 것이고, 무사=무구, 승려=불사, 백성=농구라는 직능별 신분 편성을 지향한 정책이다. 4) 해적금지령은 해민의 장악 및 감시를 목적으로 한 정책이며, 히데요시의 조선침략은 해적금지령='바다 총무사령'을 해외에 적용시킨 것이다. 이상을 내용으로 하는 후지키의 논리는 기존의 무력통일론 과 정면으로 배치되는 것이었다.

이러한 후지키의 논리에 대해 미키 세이이치로三鬼清一郞, 야마무로 교코山室恭子, 사카이 기미酒井紀美 등의 비판이 있다(三鬼清一郞,「'豊臣平和令と戰國社會'藤木久志」, 『日本史研究』280, 1985; 山室恭子,「'豊臣平和令と戰國社會'藤木久志」, 『史學雜誌』95-1, 1986; 酒井紀美, 「'豊臣平和令と戰國社會'藤木久志」, 『歷史學研究』563, 1987). 한편 다카기 쇼사쿠高木昭作는 산야 하해의 국가적 영유론을 바탕으로 하는 또 다른 총무사령을 전개하였다(「秀吉の 平和'と武士の變質」, 『思想』721, 1984;「'惣無事令'について」, 『歷史學研究』547, 1985).

이후 후지키의 연구는 다방면에 걸친 촌락론을 전개한다. 특히 그는 가쓰마 타 시즈오의 호죠 씨에 대한 인구조사人改令 연구(「戰國法」, 『法制史研究』27, 1977; 『戰國法成立史論』, 東京大學出版會, 1979)를 전제로 중세적 병농분리론을 전개하였다(「村 と領主の戰國世界」, 東京大學出版會, 1993). 그는 중세의 농민들이 인부人賦는 내지만 병兵은 내지 않았다고 하면서, 이것은 중세 본래의 직능에 의해 준별되고 있었다고 하였다. 그러한 것을 중세적 병농분리라 보고, 이에 의해 중세의 민중은 병역을 기피하고 있었다고 간주하였다.

한편 다카기 쇼사쿠高木昭作는 전장에서의 사람과 물자의 약탈에 주목, 촌 측의 요구에 의해 점령군이 약탈로부터 보호하기 위해 발급하는 제찰制札=금제 는 특별한 장소에 특별한 은혜로 부여되었으며, 금제에 의한 평화가 전국적으 로 크게 확대되어 근세의 평화는 달성된다고 하였다(「亂世」, 『歷史學研究』574, 1987).

제찰에 대한 연구로는 미네기시 스미오峰岸純夫, 고바야시 기요하루小林淸治, 후지키 히사시藤木久志 등의 연구가 있다(峰岸純夫, 「戰國時代の村の制札」, 『古文書の語る日本史5－戰國·織豊』, 筑摩書店, 1989; 小林淸治, 『秀吉權力の形成』, 東京大學出版會, 1994; 藤木久志, 『雜兵たちの船戰場』, 朝日新聞社, 1995). 특히 후지키 히사시는 『잡병들의 전장』(『雜兵たちの戰場』, 朝日新聞社, 1995)을 통해 센고쿠기 봉공인(무사)에 의한 약탈과 전쟁노예 실태를 명확히 하면서, 센고쿠기 무가 봉공인의 약탈행위가 만성적인 기아 상황 하에서 벌어진 생명유지 수단으로서, 급인의 백성지배와는 관련이 없다고 하였다.

이나바 쓰구하루稻葉繼陽는 '중세적 병농분리' 하에 백성이 촌청에 의해 수행되는 공사公事로서의 진부역과 성보청역城普請役을 백성이 영국의 평화를 향수하는 대상代償으로서 요구된 전쟁을 위한 부담으로 중시하고, 남북조 내란기 이래의 계보를 추적하였다(「中世後期における平和の負擔」, 『歷史學硏究』742, 2000). 그리고 후지키 히사시도 다이묘 성이 전란 시에 영민의 피난처로 기능하였음을 지적하면서, 다이묘 성이 영국 평화의 구극의 근거지였음을 주장하였다(「戰國の村と城」, 『壽能城と戰國時代の大官』, 大宮市立博物館, 1990; 『戰國史をみる目』, 校倉書房, 1995). 전쟁 시 다이묘 성의 성격을 둘러싼 논의에서 영국의 평화가 미치지 못하는 경계지역에 대한 연구도 진행되었다. 야마모토 히로키山本浩樹는 경계지역의 민중과 성을 거점으로 하는 영주가 상호 자립적인 성격을 가지고 있으며, 경계지역 영주의 성을 거점으로 하는 영주에 대한 대처가 다이묘 간의 영토협정, 도요토미 분국分國의 초점이었다고 하였다(「戰國大名'境目'地域における合戰と民衆」, 『年報中世史硏究』19, 1994; 「戰國期戰爭論試論」, 『歷史評論』572, 1997). 이러한 경계지역에 대한 연구에서 경계지역의 촌이 촌의 요구로 대립하는 다이묘에 연공·공사를 반씩 납입하는 '반수·반납半手·半納=양속론, 촌에 대한 성의 존재와 그 기능 등을 연구해야 한다고 주장하였다(井上哲郎, 「村の城」, 『中世城郭史硏究』2, 1988; 藤木久志, 『村と領主の戰國世界』, 東京大學出版會, 1997).

위의 연구들은 필연적으로 무사의 존재·모습에 대한 궁금증을 더하게 한다. 이에 대해 다카기 쇼사쿠는 「소위 '신분법령'과 '일계거' 금령」(「いわゆる'身分法令'と'一季居'禁令」, 『日本近世史論叢(上)』, 吉川弘文館, 1985/ 『日本近世國家史の硏究』, 岩波書店, 1990)이라는 논문에서 1591년 내려지는 도요토미 신분법령 제1조의 사무라이를

무가 봉공인이라 주장하면서, 이 신분법령이 조선침략을 위한 무가 봉공인의 확보를 위한 일시적인 법령이라고 하였다. 이는 위 법령 제1조에 나오는 사무라이가 신분상의 무사라는 설을 부정하는 것이었다. 그는 위 논문에서 센고쿠다이묘의 군역부담자=무사는 일상적인 농업경영의 연장선상에서 동원한 봉공인과 인부로서 근세의 다이묘 군단과는 질적 차이를 보인다고 하였다. 그리고 기쿠이케 히로유키菊池浩幸는 중세 후기 아키 国安藝國에서 히토카에시人返し 규정의 대상이 된 것은 센고쿠기의 모리毛利 영국 단계까지는 백성이 아닌 봉공인이었다는 견해를 발표하였다(「戰國期人返規定の一性格」, 『歷史評論』253, 1993).

6. 임진왜란 원인론

임진왜란은 한국과 일본에서 단일 주제로는 최대의 연구업적을 자랑하는 연구테마다. 연구의 소테마도 다양하고 방법론도 다양하다. 따라서 임진왜란에 대한 제 학설에 대한 통일적 이해는 거의 불가능에 가깝다. 이것은 연구의 다양성이라는 측면에서 바람직하다 하겠으나, 임진왜란이 가진 역사적 의의에 대한 이해를 혼란스럽게 만들기도 한다.

임진왜란에 대한 연구사는 기타지마 만지北島万次(「豊臣政權の朝鮮侵略に關する學說史的 檢討」, 『豊臣政權の對外認識と朝鮮侵略』, 校倉書房, 1990), 로쿠탄다 유타카六反田豊·다시로 가 즈이田代和生·요시다 미쓰오吉田光男·이토 고지伊藤幸司·하시모토 유橋本雄·요네 타니 히토시米谷均·기타지마 만지(「文祿·慶長の役(壬辰倭亂)」, 『한일역사공동연구보고서3』, 한일역 사공동연구위원회제2분과, 2005), 박재광(「壬辰倭亂 硏究의 現況과 課題」, 『한일역사공동연구보고서2』, 한일역사공 동연구위원회제2분과, 2005)에 비교적 잘 정리되어 있다. 그러나 여전히 임진왜란 원인에 대해서는 불명확한 상태다.

한국에서의 임진왜란에 대한 최초의 학문적 연구는 1931년 최남선의 『임진 란』(『壬辰亂』, 東明社, 1931)이다. 해방과 더불어 북한의 성해成海는 임진왜란에 관해 관심을 가지고, 1949년 「조선명장론(리순신장군 편)」 상·중·하를 발표한다 (『역사연구』6·7·8, 1949). 한편 남한에서는 이윤재(『聖雄李舜臣』, 通文館, 1946), 이은상(『李忠

武公一代記』, 國學圖書出版部, 1946), 강흥수(『壬辰倭亂과 丙子胡亂』, 文運堂, 1948), 이분·박태원
(李芬·朴泰遠 譯, 『李忠武公行錄』, 乙酉文化社, 1948), 권태익權泰益(『壬辰倭亂』, 啓蒙社, 1951), 진단학
회(『李忠武公』, 同硏社, 1950), 이충무공기념사업회(李忠武公記念事業會 編, 『民族의 太陽』, 李忠武
公記念事業會, 1951) 등이 임진왜란을 연구하기 시작한다.

최남선은 임진왜란의 원인에 대해 "히데요시가 … 국내를 통일하고 이욕과
공명심에 끌려서 조선과 명을 침략"하였다고 했고, 이병도는 "히데요시가
이(히데요시秀吉 자신의) 신흥세력을 믿고 지나친 망상을 일으켜 조선과 명을
노렸다", 이인영은 "조선·중국을 정벌하여 그 부하에게 땅을 나누어 주려
… 국내의 무신들을 방치하면 내란을 야기할 우려가 있어, 그것을 외국으로
구축할 필요를 느끼었는지도 모른다"라 하였다. 김성칠은 "그들(일본인)이
… 대대로 물려받은 해적의 피가 한태로 엉켜 나타난 왜구의 가장 규모가
큰 것이었다"라 하였다.

이상의 논의는 패전 전 일본학계의 임진왜란 원인론, 즉 소위 공명심론,
감합무역설, 영토확장설 등을 바탕으로 전개되었는데, 이인영이 히데요시
정권의 모순에서 임진왜란의 원인을 구하려 한 점, 김철성이 일본의 국민성에
서 구하려 한 점은 주목된다.

이러한 상황에서 한우근은 1952년에 논문(「壬辰亂 原因에 관한 검토-豊臣秀吉의 전쟁도발
원인에 대하여」, 역사학보』1, 1952)을 발표, 본격적으로 임진왜란의 원인을 탐구하고
있다. 그는 임진왜란의 원인을 "일본 서부를 중심으로 일어난 서양무역에
따르는 새로운 기세를 꺾어서 봉건적 집권체제를 강화하려는 의도를 내포하고
… 봉건적 통솔하의 대외교역의 이利를 요구 … 해외지 침구로 전개되어진
것"이라 결론내렸다. 이 견해의 특징은 도요토미 정권의 발전지향성과 도요토
미의 무역이익 추구를 결합한 점에 있다. 이 견해는 쇄국과 관련한 핫토리
시소服部之總의 '절대주의 낙태론'을 연상시키며, 서양=선진과 일본=후진, 서일
본=선진과 동일본=후진의 대치구조를 전제하고 있는 듯이 보인다.

이형석은 1974년 『임진왜란사(상)』(『壬辰戰亂史(上)』, 新現實社)에서 임진왜란의
원인에 대해 간접적인 원인과 직접적인 원인으로 나누어 설명하고 있다.
그는 개전의 간접적 원인=조선과 명의 허점=조선의 분당정치와 기강의 문란,

사회제도의 폐단과 도의관의 타락, 조신의 무능과 실천력의 미약성, 경무사상과 안일 고식성, 사대사상과 타력 의존성, 국방정책의 빈곤성을 들고 있다. 그리고 명의 허점으로 문약하여 왜구에 대하여 곤란을 받고 있으며, 당시 만주족이 흥기하고 있음을 들고 있다. 개전의 직접적 원인에 대해서, "백전 노련한 군사들의 장지#志를 해외에 몰아내는 것은 뒷날의 후환을 막을 뿐만 아니라, 비교적 젊은 제후들의 웅심을 북돋아주고, 또 그의 아들 쓰루마쓰가 죽은 뒤로는 자기의 노후를 은근히 걱정하게 되어 제후의 인력과 재력의 성장을 억제하고, 그들의 젊은 정력을 소모시키는 한 방편으로도 생각하였으리라고 보는 바이다"라 하였다.

서인한은 1987년 『임진왜란사』(國防部戰史編纂委員會)에서 도요토미 정권은 "다이묘 세력들을 일시적으로 결합시켜 놓은 일종의 연합정권"이며, "그의 정권 기반에 내재되어 있는 취약점을 해소하기 위한 방편으로서, 봉건적 지배구조를 재편하여 다이묘 집단의 세력을 약화시키는 대책을 강구하지 않을 수 없게 되었다"고 하였다. 그리고 "대규모의 원정사업을 벌이고 여기에 봉건 다이묘의 무력집단을 투입하여, 그들의 전투력을 소멸시킴으로써 그 세력을 약화시키려 획책하였다. 이러한 책략에서 정복지역의 광대한 영토를 다이묘 세력에게 재분배하여 그들의 영지확장 욕구를 충족시켜 줌으로써 다이묘 세력들로부터 광범한 지지기반을 확보하려는 의도가 내포되어 있기도 하였다"라 하였다.

정구복은 "히데요시가 조선을 침략한 참된 동기는 그칠 줄 모르는 그의 전쟁욕이다"라고 하였다(「임진왜란의 역사적 의의-壬辰倭亂에 對한 韓·日 兩國의 歷史認識」, 『한일역사 공동연구보고서2』, 한일역사공동연구위원회, 2005).

한편, 2006년 박수철은 「15·16세기 일본의 전국시대와 도요토미 정권」(『전쟁과 동북아 국제질서』, 일조각, 2006)에서 "히데요시의 공명심은 결코 히데요시 개인 차원에만 국한된 것이 아니라 당시 무사집단의 일반적 지향이자 그들의 정서가 반영된 구조적 산물"이라 하면서, "공명설과 영토확장설은 사실 별개의 것이 아니다. 현재 공명설이 무시되고 영토확장설의 주장만이 통설적 위치를 점하고 있지만, 필자(박수철)가 보기에는 공명설과 영토확장설은 동전의 앞뒷면

관계이다. … 영주계급의 영토확장의 지향은 구체적인 사료로 나타날 때 공명이란 이름으로 표출되고 있다"라고 하였다.

이제 일본학계의 임진왜란 원인론에 대한 연구를 살펴보자.

다나카 요시나리田中義成는 1905년 「호타이코의 외정 원인에 대하여」(「豊太閤の 外征に於ける原因に就いて」, 『史學雜誌』 16-8, 1905)에서 "불세출의 호걸인 도요토미가 해외 진출의 사회풍조에 편승하여 공전의 위업을 해외에서 이루려 했던 것은 당연"하다 하였다. 즉 영웅주의 역사관과 당시의 해외진출 지향성을 근거로 히데요시의 조선침략을 설명하였다. 한편 그는 1925년 『도요토미 시대사』(『豊臣 時代史』, 明治書店, 1925)에서 히데요시의 전략은 우선 평화수단을 가지고 가능한 한 설유하여 항복을 권하고, 그에 따르지 않으면 비로소 정벌한다고 하여 히데요시의 조선침략을 정당화하고, "국제조약을 체결하여 통상무역을 열려 는 것 … 이것이 실로 히데요시의 당초의 목적"이라 하였다. 소위 '감합무역설' 이다.

이케우치 히로시池內宏는 1914년 『분로쿠게이쵸 전쟁』(『文祿慶長の役』 正編第一, 吉川弘文館, 1914)에서 히데요시는 광고曠古의 영웅으로 대륙 '정벌'을 계획하였다고 보았다. 한편 당시 일본의 상황을 "해외로 팽창하여 새롭게 활동의 세계를 열고 있는 시대"라 하면서, 이러한 시대의 영향으로 히데요시가 해외정복 계획을 세우게 되었다고 하였다. 그는 히데요시의 대륙침략 원인에 대한 제 설, 1) 쓰루마쓰 사망에 따른 울분 해소설, 2) 국내무력의 해외소진설, 3) 조선의 일본 명 입공 거절설, 4) 탐병설 등을 나열하고, 1)은 후인의 부회, 2)는 탁상공론, 3)은 히데요시의 대륙침략 구상이 1587년 이전이라는 점, 4)는 도학자 일류의 도덕적 비판이라고 하였다. 그리고 히데요시의 대륙침략 은 히데요시 자신의 특수욕구, 바꾸어 말하면 그의 공명심에 유래한다고 할 수밖에 없다고 하였다. 소위 영웅주의에 입각한 히데요시 '공명심론'이다.

쓰지 젠노스케辻善之助는 1917년 「도요토미 히데요시의 중국조선 정벌의 원인」(「豊臣秀吉の支那朝鮮征伐の原因」, 『海外交通史話』, 東亞堂書房, 1917)에서 "히데요시는 필 연코 조선 및 명에게 통상무역 상 어떤 요구를 했던 것은 아닐까. 즉 아시카가 이래의 감합 즉 통상무역의 복구를 요구했을 것이다. 그런데 이 요구가 받아들여지지 않자 군대를 움직였을 것이다"라고 하였다. 이 설은 소위 '감합무역설'로서, 히데요시가 호방한 영웅이 아닌 명분을 중시하고 국가의 명예를 중히 여기는 '영웅'이라는 전제를 가지고 있다. 따라서 조선을 침략할 의도는 없었으나, 명에 대한 감합요구의 중재를 거절했기 때문에 조선을 침략하였다고 본다. 즉 일본의 조선침략을 정당화하려는 의도를 표명하고 있다.

　도쿠토미 소호德富蘇峰는 1921년 『근세일본국민사』(『近世日本國民史』, 明治書院, 1935)의 「히데요시 외정 동기의 제 설」(1)·(2)에서 임진왜란의 원인에 대한 에도시대 이래의 제 설(하야시 도슌林道春과 나카이 치쿠잔中井竹山의 공명설, 가이바라 에키켄貝原益軒의 호전설, 아사카 단파쿠安積澹泊의 치심설侈心說, 라이 산요賴山陽의 동란외전설動亂外轉說, 야마가 소코山鹿素行의 히데요시 변호설秀吉弁護說, 쓰지 젠노스케辻善之助와 다나카 요시나리田中義成의 감합무역설 등)을 소개하면서, 그것들에 대해 간단히 비판하고 있다. 이어서 "히데요시 외정의 동기는 … 알렉산더 대왕, 다이나오大奈翁, 징기스칸, 티무르 등과 공통된 일종의 정복욕의 발작이다"라고 하면서 "(임진왜란의) 근본 동기는 히데요시의 낙낙落落한 웅심雄心에 돌리지 않으면 안 된다"라고 하였다. 소위 '정복욕설'이다. 이 설의 전제 역시 히데요시 영웅관이다. 정복욕설을 주장한 의도는 감합무역설에 대한 비판에서 보듯 조선은 원래 동등한 '이국'이 아니었다는 점을 드러내기 위해서다. 따라서 히데요시는 조선을 정복하려 한 것이 아니라 명을 정복(신복臣僕 요구)하려 한 것이고, 그 길목에 조선이 위치하여 조선을 정복한 것에 불과하다는 것이다. 이 부분이야말로 중국을 아우르는 대일본제국을 희구하는 도쿠토미의 의도를 잘 드러내준다.

　다보하시 기요시田保橋潔는 1933년 「임진전쟁 잡고」(「壬辰役雜考」, 『青丘學叢』 14, 1933)에서 "히데요시는 저 나폴레옹 대제와 같이 광세曠世의 영걸"이라고 하면서, 히데요시가 '외정'을 실행에 옮기로 결심한 것은 쓰루마쓰가 사망한 1591년 여름이라고 하였다. 즉 히데나가가 1591년 정월에 사망하고, 이어서 같은 해 8월 쓰루마쓰가 사망하자, 히데요시는 그것을 '천하난역天下亂逆의 바탕'으로 자각하였다는 것이다. 그리고 히데요시는 히데쓰구를 사랑하지도 신뢰하지도 않아서, 자신이 축적해온 부와 양성해온 정예를 해외에 투입하려 하였다.

즉 쓰루마쓰의 사망으로 인한 울분을 떨칠 뿐만 아니라, 히데요시 백년 후의 도요토미 씨의 전도에 큰 기대를 갖지 않고 유한 없이 정복욕을 만족시키려 하기도 했을 것이라 보았다. 소위 히데요시 영웅관에 입각한 '쓰루마쓰 사망설'이다. 임진왜란의 원인과 관련하여 다보하시 기요시의 학설을 영토확장설로 이해하고 있는데, 이는 시정되어야 할 것이다.

나카무라 히데타카中村榮孝는 1935년 「분로쿠・게이쵸 전쟁」(「文祿・慶長の役」, 「岩波講座 日本歷史」, 岩波書店, 1935)에서 히데요시의 '외정'의 동기는 "불후의 대사업을 이룩하여 명성을 드높이고, 성명盛名을 후세에 전하려는 욕구, 즉 공명심"에 있다고 하였다. 그리고 이 히데요시의 공명심을 원나라 세조에 비유하였다. 위와 같은 나카무라의 소설은 1939년 「분로쿠・게이쵸 전쟁」(「文祿・慶長の役」, 「大日本戰史3」, 三敎書院, 1939)에서 더욱 명확해진다. 그는 히데요시를 '불세출의 영걸'로 평가하고, 임진왜란을 "국내통일을 성취한 후, 나아가 명국을 정복하고, 마침내는 동양을 일체一體로 하는 하나의 대평화권을 건설하여, 대륙에 황화皇化를 보급하려는 대이상大理想 하에 일으킨 전쟁"이라 하면서 전역의 기인起因은 "불후의 대사업을 이룩하여 명성을 드높이고, 성명盛名을 후세에 전하려는 욕구, 즉 공명심에 바탕하고" 있다고 잘라 말하였다. 그리고 히데요시의 외정에 대해 "당시 일본에 알려져 있던 동양의 여러 나라諸國(명, 필리핀, 류큐, 타이완, 조선)을 쳐서 하나로 만드는 것"이 종국의 희망이었다고 하였다. 나카무라 히데타카는 위의 견해를 패전 후에도 유지하고 있다. 그는 「도요토미 히데요시의 외정」(「豊臣秀吉の外征」, 「日鮮關係史の硏究(中)」, 吉川弘文館, 1969)에서 "히데요시는 외정에 의해 공명을 획득하려고 하였다"고 단언하였다. 한편 그는 「도요토미 히데요시의 대외전쟁 목적」(「對外戰爭における豊臣秀吉の目的」, 「日鮮關係史の硏究(中)」, 吉川弘文館, 1969)에서 전쟁 목적은 기본적으로 영토의 확장이고, 조선점령지에서 실시한 조치들 역시 히데요시의 영토확장의 의도를 보여주며, 강화조약에서의 조선 4도 할양 요구도 히데요시의 영토확장 의도를 보여준다고 하였다. 이러한 영토확장 배후에는 히데요시의 영토확장 의도에 공명하는 출전 제 장이 존재했고, 히데요시는 이러한 제 장의 요청을 버팀목으로 하여 대외전쟁으로 시대의 과제를 해결하려 하였다고 하였다. 그리고 「히데요시의 조선출병

의도는 어디에서 찾을 수 있을까」(「秀吉の朝鮮出兵の意圖はどこに求められるか」, 『海外交渉史の視点2』, 日本書籍, 1976)에서는 "정권의 확립을 위해 지배계급의 강화를 소령과 유통의 대외적 확대에서 구하고, 동아시아 정복으로 해결하고자" 하였다고 하였다.

소위 패전 전 나카무라의 견해는 임진왜란의 원인에 관한 한 영웅주의에 입각한 '공명심설'이다. 따라서 그의 견해를 '영토확장설'로 이해하는 것이 보통이나 시정되어야 할 것이다. 나카무라는 외정의 목적이 대륙의 정복에 있다고 말했을 뿐이다. 특히 주의를 요하는 것은 위에서 보았듯이 감합무역설을 부정하면서도 "아시아 제 지역을 통일하여, 북경천도를 결행하고, 정화政化의 보급을 도모, 남방 해상의 경영을 추진하는 것에 있다"라 한 대목이다. 소위 '대동아경영권'을 연상시킨다. 패전 후에도 한일관계사를 주도하여 온 그의 연구들은 겉보기에는 최고의 실증성을 유지하고 있는 듯 보이나, 일본 우위의 국가상을 근저에 깔고 있다. 즉 책봉체제에 속한 조선의 규정성, 거기에서 벗어난 근세 일본의 독립성을 기저에 두고 한일관계사의 논리를 전개하였다. 이는 '타자'로서의 조선이 결여되어 있다 하겠다.

패전 후 스즈키 료이치鈴木良一는 1952년 「히데요시의 '조선정벌'」(「秀吉の朝鮮征伐」, 『歷史學研究』 155, 1952)에서 히데요시가 명에 대해 침략 의지를 가지게 된 시점을 1585년으로 보았다. 그는 히데요시 정권이 기나이를 기반으로 상업자본과 결합되어 있었고, 히데요시 정권은 도쿠가와 정권에 비해 기초가 약한 정권이었다고 파악하였다. 그리고 상업자본의 요구와 영주의 소령욕이 히데요시 일신에 집약되면서 대외침략이 나타난다고 하였다. 이 설은 패전 전과는 달리 히데요시 정권의 특질과 그 구조적 모순 속에서 대륙침략의 원인을 찾으려 하였다는 점에서 획기적이다. 그러나 히데요시 정권이 상업자본과 밀착되어 있었다는 개연성은 인정되나, 그 정도가 어느 정도인지, 그리고 상업자본이 대륙침략에 관련된 직접적 증거의 제시가 미약하다. 한편 그는 1954년 『도요토미 히데요시』(「豊臣秀吉」, 岩波書店, 1952)에서 침략과 저항의 구도로 임진왜란을 설명하였다. 아마도 다케우치 요시미竹內好의 영향을 받은 듯하다. 이 주장의 배후에는 미국의 침략과 그에 대한 저항 주체로서의 일본민중, 일본민중의 침략에 대한 저항을 촉구하는 의도가 숨어 있다 하겠다.

사사키 준노스케佐々木潤之介는 『정치사2』(『政治史2』, 山川出版社, 1965)에서 1590년 전국통일과 더불어 집권적 봉건국가체제의 건설=무사의 계급적 정비·확립과 통일지배체제의 완성사업이 대륙침략 과정에서 추진되었다고 하면서, 여기에 히데요시 정권의 '한계 내지 모순'이 존재한다고 하였다. 이 '한계 내지 모순'은 영국領國 노선파, 중앙노선파, 중간파 사이의 정치적 대립, 특권적 도시호상과 일부 다이묘의 동양무역 진출·제패 요구를 의미하며, 다이묘 간의 대립과 호상의 무역진출 요구가 임진왜란의 직접 원인이라 하였다. 그리고 그는 1971년 「통일정권론에 대한 노트」(「統一政權論についてのノート」, 『歷史評論』 253, 1971)에서 도요토미 정권이 가지는 의미를 동아시아 문제를 포섭한 형태로 명확히 하고, 통일정권의 제 문제를 동아시아사 속에 자리매김하려 하였다. 동아시아에서의 일본의 위치는 이제까지의 국제질서에 대한 '반역'의 문제고, 주인선을 시작으로 하는 무역제도의 문제, 그 종말로 쇄국제의 문제라 하였다. 대륙침략의 권력 측의 직접적 계기에 대해서는 히데요시 정권이 내포된 내부모순에 기초한 대립의 표면화를 들었다. 내부모순이란 권력항쟁 차원의 대립이 아니라, 농민지배 형태를 둘러싼 영주 사이의 대립이라 하였다. 그리고 권력 내부의 모순·대립의 격화에 대해, '공의公儀'적 지위—영주·농민으로부터 상대적으로 자유롭고, 영주 간의 대립에서도 상대적으로 중립적인—를 지향하는 통일권력은 더욱 더 권력의 강화를 도모하려 하였고, 그것이 대륙침략과 결합되어 있었다고 하였다.

위에서 보듯이 사사키의 의견은 임진왜란 원인에 관한 한 스즈키의 논의를 발전시킨 것으로 보아도 좋을 것이다. 다만 히데요시 정권의 내부 모순 중 다이묘 간의 대립을 전면에 내세웠다는 점에서 차이점을 인정할 수 있다. 한편 그의 의견은 임진왜란을 동아시아사 속에 위치시키려는 입장을 취한 점에서도 주목해야 한다. 그것은 임진왜란에서 쇄국에 이르는 전 과정을 시야에 넣어 파악하려는 입장의 표명이라 하겠다. 즉 임진왜란 원인을 히데요시 정권의 구조적 모순—영주 간의 농민지배 형태를 둘러싼—에서 찾고, 그 모순을 해결하기 위해 대륙침략을 감행하여 영주의 지위를 약화시키려 하였다는 의견이다.

아사오 나오히로朝尾直弘는 1964년 「히데요시 정권의 기반」(「豊臣政權の基盤」, 『歷史學研究』292, 1964)에서 "대외침략이라는 국가적 사업을 구실로 군역을 동원하려 하지만, 천황禁裏·제 사사諸寺社의 조영에 부역동원은 가능하여도 군역부과는 할 수 없었다. 조선출병은 그 점을 보완하는 것으로 도요토미 정권의 군역동원의 지렛대로 이용되었다"고 하였다. 그리고 출병계획과 다이코 검지의 실시가 병행해서 출현한 사실에 주목하여, "도요토미 정권이 진정한 통일정권이 되는 데 불가피한 다이묘 이하에 대한 군역부과와 그에 의한 권력편성을 실현하기 위해 조선출병을 정면에 내걸었다"(「近世封建制をめぐって」, 「日本の歷史別卷」, 讀賣新聞社, 1969)고 하였다. 그리고 "도요토미 정권 자체의 구조적 모순이 대륙출병을 필연화"하였다고 하였다. 그 그조적 모순은 "정권 내부에서 무가영주 상호간의 모순을 극복할 수 없는 상황에서 부분적으로 센고쿠다이묘戰國大名적인 영토 확장욕을 억제하지 못하고 밖으로 향하는 경향이 생긴다. 다른 하나는 보다 기본적인 문제지만, 새롭게 등장한 전국의 다이묘·농민을 자신의 밑에 편성하는 과정의 지렛대로서 대륙출병이 필요하였다"고 하였다. 즉 조선출병의 의의는 기본적으로 통일권력의 요구, 통일권력의 집권적인 권력편성을 강화해 가는 방책으로서 나온 것이라 하였다. 한편 무역·쇄국과 관련하여 "이 전쟁을 계기로 상업자본이 통일권력에의 포섭이 진행되었다. 석고石高제에 기초한 권력편성의 강화와 무역독점체제의 진행이라는 본질적인 측면에서 조선출병과 쇄국은 직접 연속하여 있다"고 하였다.

이 견해는 히데요시 정권의 내부모순에서 임진왜란의 원인을 찾고 있다는 점에서 사사키의 견해와 공통점을 갖는다. 다만 임진왜란이 도요토미 정권의 '국가화' 및 권력편성의 강화와 관련되어 있음을 강조한다는 차이점이 있다. 또한 영주들의 영토확장욕을 인정한다는 점도 공통점이다. 그러나 사사키가 그러하듯이 논리적 장치에 의한 설명으로 권력편성 과정에서 왜 대외전쟁이 필연적인지에 대한 사료의 제시나 재해석은 보이지 않는다.

한편 사사키 쥰노스케는 일본 중세국가는 명明을 중심으로 한 국제질서의 변경에 위치하고 있었고, 통일정권은 이 동아시아 질서의 해체에 규정된 사회변동 속에서 성립, 구래의 동아시아에 대한 종속을 그것에 대한 반역·대류침략으로 극복하여, 국제적 국가주권의 확립을 지향하였다고 하였다. 한편, 아사오 나오히로도 일본 중세국가는 명과 종속관계에 있으며, 일본의 센고쿠 동란은 동아시아에서의 명을 중심으로 한 국가체계의 해체의 일부라 하였다. 그리고 도요토미 정권은 이 중세국가를 독력으로 해체하고, 명 중심의 동아시아 질서에 대항하여 일본형 화이의식華夷意識을 재생·강화하였으며, 히데요시의 대륙침략은 집권적인 권력기구를 강화하려는 데서 생기는 내적 필연임과 더불어, 새로운 국제관계를 편성하여 국가주권을 확립·독립시키려는 의도에서 발생하였다고 하였다.

이러한 견해들은 임진왜란을 세계사와 관련시키면서 동아시아사 속에 위치시켰다는 점에서 획기적이다. 그럼에도 불구하고, 이 견해들을 지탱하는 전제들에 대한 검토가 미약하다. 우선 일본의 중세국가=무로마치 막부가 지속적으로 명을 중심으로 하는 동아시아 국제질서에 편입되어 있었는가 하는 문제다. 주지하듯이 일본이 명의 책봉체제 하에 있었던 시기는 아주 이례적인 시기였으며, 무역관계만 단속적으로 행해졌다. 그리고 센고쿠 동란의 발생이 명을 중심으로 한 국제질서의 해체와 직접 관련된 흔적은 찾아볼 수 없다. 나아가 전근대기에 국제관계에 의해 '국가주권'이 실질적으로 확립·독립되는 경우는 없다. 다만 '국가주권'이 확립되고 나서 국제관계에 편입되거나 거역하거나 하는 외교행동이 나타날 뿐이다.

위에서 언급했듯이 위의 견해들이 일본사를 동아시아사 속에 위치시키려 하였다는 측면에서 획기적이기는 하나, 이 견해의 배후에는 일본을 중심으로 하는 동아시아사, 즉 일본의 연장으로서의 동아시아가 존재한다. 이는 위의 견해들이 동아시아 속의 일본사 상이 아닌 일본사 속의 동아시아사 상의 추구임을 나타낸다. 그렇기 때문에 임진왜란은 기본적으로 일본의 전국 통일 과정의 연장선상에 위치할 수밖에 없다.

야마구치 게이지山口啓二는 1964년 「도요토미 정권의 구조」(「豊臣政權の構造」, 『歷史學硏究』 292, 1964)를 발표한다. 그는 도요토미 정권은 이에야스 정권과 비교하여 "고유의 가중家中이 훨씬 약하고, 더욱이 동맹자였던 도자마다이묘에 도쿠가와, 모리, 우에스기, 마에다 등 거대한 자가 많고, 이들을 통제하기 위해 기나이의 선진성을 기반으로 한 강력한 군사력과 제 다이묘에 부과한 '제한 없는 군역'을 강제"하였다고 하였다(영주간 적대적 모순). 이 '제한 없는 군역'의 부과는 다이묘 권력을 한층 강화하였으나, 이 때문에 도요토미 정권은 압도적 우위를 상실하고 영주 간의 모순이 확대된다고 하였다. 그리고 이 전쟁상태를 전제로 한 '제한 없는 군역'이 통일전쟁 완료 후 해외침략으로 향하게 되는 것은 필연적 동향이라 하였다. 한편 야마구치는 1970년 「일본의 쇄국」(「日本の鎖國」, 『岩波講座 世界歷史16』, 岩波書店, 1970)에서 도요토미 정권은 단기간에 봉건국가를 형성하였기 때문에 심각한 모순을 내포하고 있다고 하였다. 즉, 히데요시의 직신단은 소수의 일족, 휘하子飼い의 무장, 이료吏寮를 제외하면, 병농분리로 재지성을 상실한 단기병적 군인들—騎組이 모여 (군대를) 이루고 있었다. 따라서 이들은 전공에 의한 은상의 기회를 원하여 도요토미 씨로서는 부단한 대외침략을 지향하였고, 휘하의 도자마다이묘를 통제하기 위해 그들을 부단히 외정에 동원하여 휘하에 단속해 두어야 하였다고 하였다. 그리고 히데요시의 외정계획은 권력과 결합되어 있던 교토·사카이·하카타의 무역상들이 명의 해금과 포르투갈의 우월을 타파하여 무역이익을 직접 장악하고 싶어하는 욕망에 지탱되었다고 하였다.

이 견해는 도요토미 정권의 약체성―다이묘 상호간의 적대적 모순―이 해외침략을 감행하는 주요인으로 파악하고 있다. 즉 그는 "중국정복이라는 히데요시의 야망은 말하자면 검지의 自檢地の竿와 소총부대鐵砲隊라는 두 가지 무기로 제 다이묘를 복속시키고, '제한 없는 군역'으로 영주간 모순을 외부로 돌리면서 10년이 안 되는 단기간에 전국을 통일한 도요토미 정권의 특질과 깊이 관련되어 있다"고 하였다.

미키 세이이치로三鬼淸一郎는 1974년 임진왜란의 국제적 배경을 막번체제 사회 형성과정 속에 점하는 내적 제 조건의 상호관련 속에서 살필 목적으로 「조선침략의 국제조건에 대하여」(「朝鮮役における國際條件について」, 『名古屋大學文學硏究論集(史學)』 21, 1974)를 발표하였다. 그는 "대외영토의 확대를 지향한 히데요시의 조선출병은 그 자체가 새로운 대명 무역 독점체제를 수립하려는 기도이고, 쇄국에 이르는 필연적 과정의 한 에포크다. 패전 전부터 주장되어 온 조선출병

의 원인에 대한 '대외영토확장설', '감합무역진흥설'은 결코 이율배반적이지 않으며, 상호 타를 전제로 하여 성립해야 할 주장"이라 하였다(해외무역 이윤에서 다이묘들을 차단한 감합무역진흥론).

기타지마 만지北島万次는 「히데요시의 도전침략과 막번제국가의 성립」(「秀吉の 挑戰侵略と幕藩制國家の成立」, 歷史學硏究會 編, 『民族と國家』歷史學硏究部別冊特集, 靑木書店, 1977)에서 "봉건영주의 계급적 결집과정에서 발생되는 모순들과 그 지양을 대외전쟁, 즉 조선침략을 포함한 정치과정을 매개로 하여 파악"하고, "조선침략의 실패가 그 후 막번제 형성과 전개에 어떠한 조건들을 부여했는지" 통일적으로 파악하고자 하였다.

'일본사 속의 동아시아사 상'의 추구 속에 후지키 히사시藤木久志는 『도요토미 평화령과 센고쿠 사회』(『豊臣平和令と戰國社會』, 東京大學出版會, 1985)를 저술하였다. 그는 "히데요시 정권의 영토재판권을 조건으로 한 센고쿠다이묘의 교전권 박탈, 법에 의한 평화, 즉 총무사령惣無事令이야말로 전국통합의 기조이며, 도요토미의 군사적 집중과 전쟁체제는 그 재판권의 집행과 평화 침해의 회복을 위한 강제력으로 위치"한다고 하였다. 그리고 해적금지령은 히데요시 정권이 해민 조사령, 해상 도적행위 검단권, 해상분쟁 재판권을 독점하는 지령이고, 해적금지령이 일체의 동아시아외교의 기초로서 위치하여 일관되게 전개되었다는 사실을 명확히 하고, 해적금지령의 배후에 있는 외교구상의 성격을 검토하고자 하였다.

그리하여 히데요시 정권에게 해적금지령의 관철은 단지 해민의 장악을 지향하는 국내정책만이 아니라, 바다의 지배권=바다의 평화령에 기초하고 있고, 해적금지령을 일체의 동아시아외교의 기초로 위치시켜, 히데요시 정권의 대명 정책의 기조는 어디까지나 감합의 부활, 즉 복속 요구를 수반하지 않는 교역 정책이며, 류큐 정책의 기조는 일본 내의 총무사령의 반출이라 해야 할 복속안도책服屬安堵策이었다고 하였다. 이러한 복속 대상=도요토마 평화령의 대상국으로는 조선·타이완·필리핀을 들고, 명·남만(유럽)은 대등한 교역국으로 위치시켜 외교정책의 중층성이 존재한다고 하였다. 따라서 히데요시는 "조선에 지위 보전을 전제로 한 복속의례를 강제"하고, 이에 따르지 않자 출병하였다고 판단하였다. 결과적으로 보면, 후지키 히사시는 임진왜란은 조선복속을 위한 전쟁이었고, 국내 통일정책의 연장이라고 주장한다. 따라서 그의 논리에 따르면, 임진왜란의 발발은 조선이 일본에의 복속을 거부했기 때문이라는 것이다(조선불복속론).

이 견해의 특징은 전국통일 과정을 군사적 정복과정으로 이해하는 것에 대한 의문에서 출발하여, 통일정책의 기조로서 평화령을 발견해냈다는 점이다. 그러나 이 평화가 누구의 평화인가 하는 근본적인 의문점을 제쳐두고라도, 평화령이 통일과정에서 차지하는 위치가 애매하다. 즉 이 평화령은 군사전략·농민지배·해민지배와 무역독점정책의 일부로 위치할 뿐, 진정한 평화의 추구가 아니라는 점이다.

누쿠이 마사유키貫井正之는『도요토미 정권의 해외침략과 조선의병 연구』(『豊臣政權の海外侵略と朝鮮義兵硏究』, 靑木書店, 1996)에서 임진왜란의 원인에 대한 기존의 학설을 소개하고, 자신의 견해를 피력하였다. 그는 "대규모의 해외영토를 획득하여 다이묘들 간의 분쟁을 정지시키고, 전 다이묘 및 팽창된 가신단을 통째로 통제 하에 조직하려 하였다"고 지적하였다. 그리고 "도요토미 정권의 조선침략은 히데요시 정권의 확립과 완결, 그 구조적 모순을 해결하는 필요불가분의 것이었다. 히데요시 정권의 중추를 이루는 사람들은 결코 해외침략전쟁을 소극적으로 지지했던 것은 아니다. 또 전제군주 히데요시의 개인적 욕망, 명예욕 같은 왜소화된 이유에 의해 그것이 실시된 것도 아니다. … 권력자와 그에 동조하는 사람들의 욕망은 한이 없고, 국내의 영토획득에 집약된 부의 수탈과 권력장악이 종료되자 욕망이 해외로 향했던 것이다. 도요토미 정권의 해외침략은 국가적 프로젝트였다"라고 하였다.

1990년대 후반 들어 임진왜란은 동아시아 지역사의 시점에서 다시 주목받기 시작한다. 명·청사 연구자 기시모토 미오岸本美緒는 "16세기 후반부터 17세기 전반의 동아시아·동남아시아는 명을 중심으로 하는 국제교역질서가 해체되고, 과열된 상업의 붐 속에서 신흥 상업=군사세력이 급속히 신장하여 생존을 걸고 충돌하는 시기였다"고 하면서, 이 시기에 명 주변지역에서 교역 이익을 기반으로 신흥 군사세력이 대두하여 국가를 형성하기 시작하고, 일본도 이러

한 상황 속에서 통일정권을 수립해 가며, 일본이 "조선·명까지도 지배 하에 넣으려 한 조선침략은 … 16세기의 '왜구적 상황'이 낳은 대단히 돌출된 군사행동의 하나였다"라고 주장하였다(「東アジア·東南アジア傳統社會の形成」, 『岩波講座 世界歷史 13』, 岩波書店, 1998).

이러한 견해는 1970년대 이래의 지역론='일본의 연장으로서의 동아시아사'의 시점에서 1990년대 이래의 지역사적 시점으로 전환하는 것을 의미한다. 그러한 의미에서 동아시아 지역사 연구에 많은 시사점을 제공하고 있다 하겠다. 그리고 임진왜란을 동아시아 지역사 속에 자리매김하려 했다는 점에서 중요한 견해다. 그러나 위의 견해들이 상업·무역의 발전을 매개로 동아시아 지역사를 구성하고, 그 결과로 도요토미 정권의 조선침략을 위치시킴으로써 조선침략을 정당화하거나 어쩔 수 없는 것으로 오해하게 만들 가능성이 크다. 그리고 기시모토가 "(조선의) 국제교역 붐과 관계는 일본이나 중국에 비해 수동적·간접적이었다"고 한 언급이 시사하듯이, 동아시아사 속에서 조선을 부수적·종속적 위치로 자리매김하고 있다. 이러한 견해는 근대의 조선침략도 국제정세론 혹은 지역론의 입장에서 설명하게 하여, 식민지 지배와 전쟁에 대해 정당성을 주장하는 논리를 제공할 가능성이 크다. 한편 이 견해들은 동아시아 정세를 통일국가의 형성을 가능케 하는 동인으로 설명하고 있으나, 도요토미 히데요시의 통일과정에 국제정세가 어떻게 작용하였는지에 대한 구체적인 증명이 없다는 결함을 가지고 있다.

7. 초기 호상론初期豪商論 · 주인선朱印船 무역 · '쇄국제'론

오다·도요토미 정권기로부터 근세 초기에 걸쳐 영주층의 수요를 충족시켜 주는 대신 권력의 특별한 보호를 받으면서 거대한 부를 창출한 상인들을 보통 '초기 호상'이라 한다. 패전 후 야마구치 데쓰山口徹는 오바마小濱·쓰루가敦賀의 초기 호상의 존재형태에 대해 분석하고, 나아가 초기 호상의 실태와 쇠퇴 과정을 논하였다(「小濱·敦賀における初期豪商の存在形態」, 『歷史學研究』 248, 1960; 「初期豪商の性格」, 『日本經濟史大系3』, 東京大學出版會, 1965). 와키타 오사무脇田修는 통일정권의 성립과 그것에 대응하는 전국시장의 형성을 시야에 넣어, 초기 호상을 전국시장 형성의 주도자로 위치시켰다(「近世都市の建設と豪商」, 『岩波講座 日本歷史9』, 岩波講座, 1975). 그리고 무라카미 다다시村上直는 쓰루가의 호상으로서 후에 사도 다이칸佐渡代官에 임명된 다나카 기로쿠田中淸六를 분석하였다(「初期豪商代官に關する一考察─ 田中淸六を中心に」, 『近世の都市と在鄕商人』, 嚴南堂書店, 1979).

이들의 분석을 통한 초기 호상의 성격을 보면 다음과 같다. 초기 호상들은 사카이 · 나가사키 · 하카타 · 교토 · 쓰루가 등의 국내외 상품유통의 요지에 거점을 두고, 배 · 전마傳馬 등의 운송수단과 상품을 보관하기 위한 창고를 소유한 상품의 매매와 정보에 정통한 유력상인들이었다. 이들은 근세 초기 다이묘들에게 필요한 물품을 공급할 뿐만 아니라, 총과 총알을 필두로 한 군수품, 성곽이나 무가저택의 조도품調度品, 고급의류 등 영국 내에서는 얻을 수 없는 물품, 외국물품(수입품) 등을 영내에 공급하였다. 또한 영내의 영주미와 상품을 기나이 등 선진시장에 운송 · 판매하는 책임을 지고 있었다. 이들은 상업활동뿐 아니라 광산업이나 하천 개착 등에 진출하기도 하고, 변경의 사정을 번이나 막부에 전하기도 하였다.

이러한 역할을 책임지고 있던 초기 호상은 다이묘에게서 영국 내의 교역의 자유를 보장받고, 제 세금과 제 역을 면제받는 특권을 누렸다. 그리고 통일정권에게서 주인장을 통해 국내는 물론 제 외국과 제 항구의 자유왕래를 보장받아 거액의 이익을 창출하였다(中田易直, 「朱印船制度創設に關する諸問題」1 · 2, 『中央大學部文學部紀要』14 · 16, 1967 · 1971; 岩生成一, 『朱印船貿易史の硏究』, 弘文堂, 1956). 이렇게 거액의 부를 창출할 수 있었던 요인은 상품유통의 미성숙과 그에 기인하는 시장의 불안정성=지역적인 가격 차이를 들 수 있다.

이들은 17세기 중반이 되면 쇠퇴의 길을 걷게 된다. 막대한 이익을 창출하던 외국무역은 쇄국제의 형성과 더불어 막히고, 상품유통의 발전과 더불어 가격 차이와 가격 변동을 통한 이익 창출은 어렵게 된다. 번은 영내의 시장을 파악하고, 번의 상품을 직접 교토 · 에도 · 오사카에 보내게 되면서 가격 차이를 통한 이익을 창출하기도 어려워진 것이다. 선박업도 운송업의 발전으로 말미암아 특정인의 독점도 불가능해졌다. 그리하여 이들 초기 호상들은 막번영주

로부터 다이칸·하타모토에 임명되거나, 지역 도시의 마치도시요리町年寄·마치키모이리町肝煎의 길을 선택한다(小野正雄, 「寬文期における中繼商業都市の構造─越前敦賀港に關する一考察」, 『歷史學硏究』 248, 1960).

주인선 무역이란 최고 권력자가 주인장을 무역업 종사자에게 발급하여 무역 상대국에게 주인장을 소지한 무역선의 보호를 요청하는 제도다. 도요토미가 1592년 교토, 사카이, 나가사키 상인에게 도항 면허장渡航免狀을 발급한 것을 기점으로 주인선 무역이 시작되었다는 학설이 유력하나, 1601년 도쿠가와 이에야스가 1601년 안남국安南國 대도통大都統 원한阮潢과 필리핀 총독에게 서간을 보낸 것을 기점으로 하기도 한다(田中健夫, 『近世對外關係史の硏究』, 吉川弘文館, 1984).

이에야스는 1601년 안남과 필리핀 총독에게 서간을 보내, 도항 면허장인 주인장을 휴대한 일본 상선의 보호를 요청하였다. 이 주인선은 동남아시아 및 남양제도로 항해하여, 그곳에서 중국선과 만나 무역을 행하였다(출회무역出會貿易). 무역품은 일본선이 일본산 은을 지불하고, 중국선으로부터 생사·견직물 등을 구입하여 돌아왔다.

주인선 무역은 1601년부터 1636년까지의 32년간 지속되며, 그간에 355척의 주인선이 파견되었다. 도항지는 교지, 통킹, 샴, 캄보디아, 필리핀, 타이 등의 지역이었으며, 주인장은 교토, 오사카, 사카이, 나가사키, 하카타 등지의 대상인이 주로 발급받았으나(65명), 중국 상인 11명, 유럽인 12명, 막부 관리 4명, 서국 다이묘 10명도 주인장을 발급받았다(1612년 이후 다이묘에게는 주인장을 발급하지 않았다).

주인선은 늦은 가을, 이른 겨울에 북풍을 이용하여 출항하고, 다음 해 봄, 여름의 남풍을 타고 귀항하였다. 선적량은 대개 200~300톤이며, 승무원은 선장, 항해사拔針, 서기, 수부 등의 승무원과 화물이나 자금을 소유하고 있는 객상客商 등을 포함하여 평균 200인 정도였다. 한 척이 적재한 자본 총액은 많게는 은 1,600관목貫目, 적게는 은 100관목으로 평균 500관목 정도였다. 수입품은 생사, 견직물, 면직물, 수피혁獸皮革, 교피鮫皮, 소목蘇木, 연鉛, 주석錫, 설탕, 향목 등이었다. 주인선 선적의 생사 총액은 14만~15만 근 내지 20만

근으로, 당시 마카오에 거점을 둔 포르투갈의 생사무역을 압박하였다. 일본의 수출품은 일본산 은銀 외에 동, 철, 유황, 장뇌, 미곡, 세공품 등이었다.

주인선 무역의 활성화는 당시 네덜란드의 동방무역 이익을 저해하는 요소로 작용한다. 그리고 네덜란드는 포르투갈과도 동방무역에서 경쟁관계에 있었다. 이에 네덜란드는 1620년 주인선 무역을 기독교와 관련시켜 경고하는 상신서를 막부에 제출하고, 막부는 마닐라에서 귀항중이던 히라야마 죠친平山常陳의 배를 나포하여 선중에 있던 선교사를 적발하였다. 이 사건 이후로 막부는 주인장 발행을 자제하고, 1623년 선교사의 일본 잠입을 저지하기 위해 일본선박의 마닐라 도항과 포르투갈인 항해사의 고용을 금지하였다. 그리고 주인장도 막부와 특별한 관계를 맺고 있는 특권상인에게만 발급하였다. 1631년 막부는 주인장 외에 로쥬 봉서老中奉書를 지참케 하고(봉서선무역奉書船貿易), 1633년 2월에는 봉서선 외에는 해외도항을 금지시켰다. 이어 1635년 5월 쇄국령에 의해 일본선박의 해외도항은 일체 금지되었다. 그리하여 주인선 무역도 종지부를 찍는다.

이러한 활발한 주인선 무역으로 통킹交趾, 캄보디아東埔寨, 샴暹羅, 마닐라呂宋 등 동남아 각지에 일본인 거주지인 니혼마치日本町가 생겨났다. 니혼마치가 형성되는 요인은 1) 일본인 상호간의 의존·협력, 2) 다른 종족과 거래할 때의 편익성, 3) 해당국 관헌의 외래인과의 거래를 감시할 필요성 등을 들수 있다. 일본인 중에는 개인적 능력을 발휘하여 현지 관리로 채용되기도 하였다. 니혼마치는 주인선 무역이 절정을 이룬 1620~40년대까지 최대 번성하였으나, 1635년 이후 당연히 쇠퇴의 길을 걸으면서도 18세기 중반까지는 지속되었다. 니혼마치는 무역 관계자와 그 가족이 주요 구성원이었으나, 전란으로 말미암아 주군을 잃고 떠돌던 낭인, 기독교 추방령에 의해 추방된 기독교인과 기독교인 도망자, 외국인에 고용된 일본인 등으로 구성되어 있었다. 니혼마치에는 전성기 때는 마닐라에 3,000인, 샴에 1,500인, 캄보디아에 3,500인, 교지에 3,000인 정도의 일본인이 거주하였다. 니혼마치는 거주인 중에서 장長 혹은 두령을 뽑아 자치체를 이루고 있었다.

쇄국제는 근세일본의 대외관계를 규정하는 용어로 사용되어 왔다. 패전 전부터 1960년대까지 쇄국제에 대한 연구는 일본과 유럽의 관계를 중시하는 관점을 내포하고 있다. 따라서 쇄국에 이르는 과정을 유럽과의 만남, 그리고 그것에 대한 대항을 축으로 설명하면서, 쇄국제의 득실을 논하였다(和辻哲郞, 『鎖國』, 筑摩書房, 1950). 이러한 경향은 막부의 기독교 금제와 무역 통제를 주된 분석 대상으로 한다(岩生成一, 「鎖國」, 『岩波講座 日本歷史10』, 岩波書店, 1963; 『日本の歷史14-鎖國』, 中央公論社, 1966).

이러한 연구경향에 대해 아사오 나오히로는 쇄국제를 동아시아 국제질서 속에서 파악하는 시각을 제시하였다. 즉 센고쿠 시대로부터 막번제 국가가 성립하는 과정은 명을 중심으로 하는 국제질서의 해체·재편 과정의 일부이며, 유럽과의 만남과 대응을 포함하면서 어떻게 새로운 국제질서를 창출하고, 그 속에 일본을 어떻게 자리매김할 것인가 하는 모색의 결과가 쇄국이었다고 하였다(朝尾直弘, 「鎖國制の成立」, 『講座日本史4』, 東京大學出版, 1970; 『日本の歷史17-鎖國』, 小學館, 1975). 특히 아사오 나오히로는 일본은 일본형 화이의식을 바탕으로 국제질서를 창출하려 하였다고 하였다. 이후 아사오가 제기한 동아시아사 시점으로 조선과의 국교 재개 과정, 조선과 쓰시마의 관계, 시마즈 씨와 류큐의 관계, 마쓰마에 씨에 의한 아이누 지배, 명과의 국교교섭 실패 과정 등을 활발히 연구하게 된다. 한편 위의 연구가 진행되면서 아라노 야스노리荒野泰典는 일본은 일본형 화이의식을 기반으로 조선(통신사 파견)·류큐(경하사와 사은사 파견)와의 통신국가, 중국·네덜란드와의 통상 국가(국교관계가 없는 경제적 관계)로 자리매김한 일본형 화이질서를 창출하였다는 결론을 내렸다(「幕藩制國家と外交」, 『歷史學硏究』 1978年度別冊特集, 『近世日本と東アジア』, 東京大學出版會, 1988).

이러한 과정에서 쇄국제는 일본 근세의 독특한 외교관계를 의미하기보다 동아시아에 일반적으로 보이는 해금정책의 일환으로 파악·평가하였다. 해금정책은 자국 인민이 해외로 나가 통상행위를 하는 것을 금지하는 법령이다. 따라서 쇄국제를 해금정책으로 평가하는 것은 무역을 강조하는 입장을 의미한다. 즉 쇄국제를 국제적 외교관계로만 파악하는 것이 아니라 일본 국내문제와의 상호관계(국내 시장편성)와 관련시켜 쇄국제를 파악하려는 관점을 나타낸다 하겠다.

한편 쇄국이란 말이 국가 폐쇄라는 이미지를 주기 때문에, 이런 이미지를 불식시키기 위해 창출된 것이 '4창구론'이다. 4창구론은 서양과 일본의 길항관계를 중심으로 한 쇄국제에서 동아시아사 속에 일본을 자리매김하려는 의도를 동시에 표명하면서도, 막번제 국가론과 깊이 관련되어 있다. 즉 인접해 있는 국가·민족들과의 외교가 어떠한 형태로 제도화되는가를 파악하고, 막번제 국가라는 틀 속에서 제 외교관계를 자리매김하고자 한 것이다. 그리하여 근세일본(막번제 국가)은 쓰시마를 통한 조선과의 쓰시마 창구, 사쓰마번을 통한 류큐와의 사쓰마 창구, 마쓰마에 번을 통한 아이누와의 마쓰마에 창구, 막부가 직접 장악·지휘하는 나가사키를 통한 네덜란드·중국과의 나가사키 창구를 유지하고 있다는 것이다. 나가사키를 제외하면 조선, 류큐, 아이누와의 외교는 다이묘를 개재시킨 점이 주목된다. 막부는 이들 다이묘에게 이국·이적 방어역押さえ役=군역으로 의무화하고, 그 대신 각 지역과의 무역독점권을 부여하였다(무역특권의 지행제화·군역화). 이것은 막부가 다이묘의 외국과의 관계설정을 부정하여 외교 루트를 일원화하여 막번제적 외교관계를 수립하였다는 것을 의미하며, 외국과의 외교권이 막부에 최종적으로 귀속된다는 것을 나타낸다.

막번제 국가의 제 국가·제 민족과의 관계는 서로 다른 위치를 점하고 있으면서 일본형(적) 화이질서를 나타내고 있다. 조선과 일본은 서로 다른 입장을 취하면서도 표면상 선린우호의 통신관계를 유지하였으나, 조선과의 외교를 담당하는 소宗 씨의 경우, 한정된 왜관에서 무역·외교를 조선의 관리를 받고 있었다. 사쓰마의 침략을 받아 그 영토가 사쓰마에 편입된 류큐는 사쓰마에서 파견된 관리의 간섭을 받았다. 그리고 시쓰마 번에 대한 공미貢米의 헌상이 의무화되고, 막부에 대한 경하사와 사은사 파견이 강제되었다. 그런 면에서 류큐는 사쓰마의 실질적 지배지역이었으나, 왕국을 유지하고 있으면서 중국과도 책봉관계를 유지하고 있었다. 이러한 류큐의 '이중외교'가 가능했던 것은 막부가 류큐를 통한 명과의 조공무역을 인정하여 일·중관계를 제어하고, 화이질서라는 의제擬制를 유지하기 위해 류큐를 독립국 형태로 유지하는 쪽이 유리하다고 판단했기 때문이라고 한다. 한편 에조치의 경우는 아이누 민족이

국가 형태를 취하고 있지 않아서, 막부에의 사절 파견 등은 없었다. 다만 장군 교체 시기에 파견되는 쥰켄시를 마쓰마에와 에조치의 경계에서 아이누가 알현(와이마무)하였다. 그리고 아이누 족은 마쓰마에 번주를 만날 때 마당에서 예를 취하는 도게자土下座의 예를 취해야 했다. 한편 네덜란드 상관장에게는 에도 참부와 풍설서 제출이 의무화되어 있었다. 이렇듯 사절의 파견과 신종의 예를 통해 일본형 화이질서를 편성하려 한 배후에는 신국神國 사상과 천황의 존재에 의해 보증되어 무위武威를 자랑하는 무가권력이라는 관념이 존재한다고 한다.

8. 백성론 · 촌공동체론[촌법村掟 · 촌입용村入用 · 촌차입村借과 관련하여] · 촌청제론

근세 농촌은 병농분리에 의해 촌村(무라)에 신분상 백성만이 존재하게 된다. 그러나 촌에는 농업에 종사하는 농민 외에도 대장장이, 목수, 종교 관계자 등이 혼재하여 거주하고 있었다. 촌에 거주하는 이 모든 사람이 백성인지 아닌지에 대한 이해는 근세 촌을 이해할 때 대단히 중요한 과제 중 하나다. 나카무라 기치지中村吉治는 검지장에 등록된 자를 공식적인 백성이라 하였다(『近世初期農政史研究』, 岩波書店, 1936). 이에 대해 후루시마 도시오古島敏雄는 촌 거주자 모두가 백성이 아니라 영주에 대해 백성으로서의 역의役儀를 담당하는 자가 공의의 백성이라 하였다(「近世初期の檢地と農民層の構成」, 『農業經濟史研究』 17-1 · 2, 1941).

패전 후 가와이 유노스케河井勇之助는 검지장에 등록된 사람이 많은 사실에 주목하여 검지장과 명기장名寄帳을 비교하고, 검지장은 경작자를 등록한 것이며 그 일부가 명기장에 등록되어 백성으로 위치한다고 하였다(「近世初期近江地方檢地帳の研究」, 『廣島文理科大學史學科敎室編史學研究記念論叢』, 1950; 「近世の名寄帳と農村構造」, 『滋賀大學學藝學部研究論叢』 1, 1952). 검지장 등록자와 명기장 등록인과의 관계는 세대주와 그 가족, 본가와 분가 등에 있다는 사실도 밝혀졌다(高尾一彦, 「江戸初期のおける畿內村落の構造」, 『神戸大學文學會研究』 3, 1953; 秋山日出男, 「近世初期における畿內村落の檢地について一文祿檢地に對する疑問」, 『ヒストリア』 5, 1952).

한편 아라키 모리아키는 전쟁·축성 등을 위해 필요한 제역=노동지대 중, 본역을 부담하는 자를 본백성本百姓이라 하였다(「太閤檢地の歷史的前提」 1 · 2, 「歷史學硏究」 163 · 164, 1953; 「太閤檢地の歷史的意義」, 「歷史學硏究」 167, 1954). 그러나 간분·엔포기에 들어가면 제 역의 필요성이 감소하여 역의 부담으로 백성을 파악하기보다는 토지 보유 유무=연공 부담 여부에 의해 본백성·미즈노미水呑(토지 무보유 농민)·소작농민地借 등의 신분으로 구분된다고 하였다(「封建領主制の確立」, 有斐閣, 1957). 고토 요이치後藤陽一는 '어역옥부御役屋敷고야쿠야시키(역을 담당하는 유가옥자)'라는 면조지免租地를 가진 백성役屋, 공의公儀 역인, 본백성으로 칭해진 것을 근거로, 엄밀한 의미에서 본백성은 검지 등록인이 아닌 영주에 대한 역=특정 부역 부담자로 한정해야 한다고 하였다. 근세 초기의 본백성은 경영상 혈연·비혈연의 예속 농민 노동력을 사용하는 지주 수작경영을 행하고 있다고 하였다. 이 초기 본백성은 생산력의 발전과 더불어 예속농민의 자립과 혈연 일족의 분가에 의해 경영이 축소되고, 간분·겐로쿠기에는 단혼소가족 노동에 바탕한 소경영을 하게 된다고 하였다(「封建領主制の確立」, 有斐閣, 1957; 「役屋體制」, 「日本史の問題点」, 吉川弘文館, 1956; 所三男, 「近世初期の百姓本役」, 「封建制と資本制」, 有斐閣, 1956; 速水融, 「近世初期の檢地と本百姓身分の形成」, 「三田學會雜誌」 49-2, 1956; 宮川滿, 「太閤檢地論2」, お茶の水書房, 1957; 鷲見等曜, 「幕藩初期の農業経營」, 「日本歷史」 127, 1959). 그러나 본백성의 수가 제한 없이 증가할 수는 없고 일정 수를 유지하게 된다고 한다(內藤二郎, 「本百姓體制の硏究」, お茶の水書房, 1968; 大石新太郎, 「近世村落の構造と家制度」, お茶の水書房, 1968).

1970년대 국가론의 시점이 도입되면서 국가에 의한 인민 편성과 분업 편성의 한 형태로서 농민의 신분을 파악하는 문제가 발생하였다. 다카기 쇼사쿠高木昭作는 근세 초기에 보이는 진부역陣夫役, 성과 에도마치에의 보청역普請役(후신야쿠)이 개별영주의 지배영역과 관계없이 국군제 구조 속에서 석고를 기준으로 부과된 점에 주목, 그러한 국역과 제 신분과의 대응관계가 있음을 지적하고, 무사는 무사로서의 역=군역, 직인에게는 대공역大工役, 백성은 진부역·성城 보청역 등이 있다고 하였다. 그리하여 진부역·성 보청역 등을 부담하는 자가 막번체제 국가에 의해 백성으로 인정되었다고 하였다(「幕藩初期の身分と國役」, 「歷史學硏究」 1976年別冊特集). 한편 아사오 나오히로는 신분은 권력이 위에서 결정하는 것이 아니라, 그 개인이 속한 지연적·직업적 신분공동체가 결정한다고 하였다(「近世の身分制と賤民」, 『部落問題研究』 68, 1981). 비토 마사히데尾藤正英는 일본 근세사회는 '역役 체계'를 기본 원리로 하고 있고, 백성도 역 체계 속에 위치한다고 하였다. 즉 그는 근세사회의 제 계층은 사회적으로 각각 책임=부담해야 할 역할이 있으며, 그에 따른 사회적 권리도 있다는 것이다. 백성은 영주에 대한 백성으로서의 역(부역뿐 아니라 연공도 포함)을 부담하고, 나아가 사회적 책임까지 가지고 있다 하였다(「德川時代の社會と政治思想の特質」, 『思想』 685, 1981). 이상의 연구 결과를 바탕으로 미즈모토 구니히코水本邦彦는 역 부담에 따라 권리가 획득된다는 대응관계를 축으로, 공의와 백성, 촌과 촌민의 관계, 이에家와 이에의 관계를 설명하고자 하였다. 즉 공의는 검지-명청名請정책에 따라 피지배 신분으로 검지장에 등록된 사람 중에 인부역人夫役을 부담할 수 있는 자를 백성으로 삼았다고 하였다. 그리고 촌과 촌민의 관계를 촌역村役으로, 촌민 내부의 주가와 종속민, 본가와 분가의 관계를 가역家役이라는 개념으로 정리하였다(「村共同體と村支配」, 『講座日本歷史5』, 東京大學出版會, 1985).

촌법에 대한 본격적 연구는 마에다 마사하루前田正治(『日本近世村法の研究』, 有斐閣, 1950)에 의해 시작된다. 마에다는 근세 촌법을 무로마치기의 총촌법惣村掟과의 관련을 중시하면서 그 성립·전개를 다루었다. 그는 촌법에 기록된 촌민의 집회, 촌민의 부담과 제재 등을 다루면서, 촌법은 기본적으로 영주법五人組帳前書에 영향을 받으면서도 촌민의 중의에 따라 작성되고, 촌법을 어길 경우 제재가 따른다는 점을 강조하였다. 그리하여 촌법은 현실적으로 유효한 자율적인 농민의 법이었다고 자리매김하고, 농민의 자치적 측면을 강조하였다. 한편 스기우라 다네히코杉浦允彦는 촌법이 영주법인 고닌구미장 전서와 동일하다는 사실을 근거로 하여 영주법을 보완하는 것으로 자리매김하였다(「近世村法の性格について」, 『民衆史研究』 7, 1967).

촌법과 영주와의 관계에 대해서는, 소송관계 사료의 분석을 통해 촌법의 유효성, 촌 제재와 영주 형벌의 관계를 고찰한 오테 유키오大手由紀夫는 영주가 촌법에 의한 제재를 묵인하면서도 촌법을 영주법 체계에 자리매김하려 하지 않았고, 영주의 의향이 촌법 제정의 계기가 되었던 점, 18세기 중기 이후

촌 제제의 감소와 영주권력에 위임하는 경향을 보이고 있는 점 등을 감안하여, 농민 스스로 촌법을 영주 형벌권의 하부구조에 위치시키고 있다고 하였다(「近世村法と領主權」, 『名古屋大學法政論集』18·19, 1961·1962). 그리고 촌법의 중세와의 관계를 중시한 하라다 도시마루原田敏丸는 개별촌 분석을 통해 '공의지두법도公儀地頭法度'와 '촌법도村法度'라는 이원적 법규범을 지적하고, 영주법='공의지두법도'의 우월성을 인정하였다(「村落の自治に關する一考察」, 宮本又次 編, 『藩社會の研究』, ミネルヴァ書房, 1960). 오테의 견해에 대해 이시오 요시히사石尾芳久는 촌법이 내용상 영주법=고닌구미장 전서에 동화되면서도 영주에 공인되지 않는 촌법의 형식이 광범하게 기능하고 있던 점을 높게 평가하고, 촌법이 '환상적 자치', '거꾸로 선 자치逆立ちせる自治'를 나타낸다고 하였다(『日本近世法の研究』, 木鐸社, 1975). 야마나카 나가노스케山中永之祐는 촌법의 제정과 관련하여 촌내의 계층모순을(『日本近代國家の形成と村規約』, 木鐸社, 1975), 히라마쓰 요시로平松義朗는 관습법과 성문 촌법의 관계에 대해 지적하였다(「近世法」, 『岩波講座 日本歷史11』, 岩波書店, 1975).

위의 촌법에 대한 이해는 촌공동체의 자치를 어떻게 평가할 것인가와 밀접히 관련되어 있다. 근세 촌법의 자치적 측면을 논할 때, 보통 중세의 총촌법의 자율성을 상실한 측면을 강조한다. 그러면서도 위의 견해들은 촌법이 영주법과 겹쳐 존재하기는 하지만, 원리에서는 영주법과 별개의 법체계를 가지고 있다는 인식은 공유하고 있다. 근세 촌락의 법체계를 '법의 촌청村請'이라는 시점에서 이해하려 한 요코타 후유히코橫田冬彦는 촌법에 정해져 있는 사항은 공의 법도에 법제화되는 과정을 따르고, 촌법이 공의 법체계를 분유하는 성격을 가지고 있다고 하였다(「近世村落における法と掟」, 『神戶大學大學院 文化學年報』5, 1985). 이 견해는 고닌구미장 전서의 규정들을 영주법으로만 보는 견해에 대한 반성을 나타내고 있다.

한편 재지 분쟁해결 방식의 측면에서 촌을 둘러싼 법 관계도 고찰하였다. 근세의 소송에서 제1차적 해결 수단은 내제內濟가 원칙이었다(大竹秀男, 「近世水利訴訟法における'內濟'の原則」, 『法制史研究』1, 1951). 이 내제에 대해 마야지마 게이이치宮島敬一는 센고쿠기 소영주에 의한 재지 재판의 연장선상에 위치한다고 하면서, 막번체제 성립으로 말미암아 막번영주의 관리 하에 놓이게 되었다고 자리매김하여 내제라는 재지법은 부정되어 영주법에 흡수되어 버렸다고 하였다(「近世農民支配の成立について」, 『地方史研究』171, 1981). 그리고 야마모토 유키토시山本幸俊는 영주의 재판에 근향 대표의 움직임이 큰 역할을 하고 있음을 통해 재지질서를 차정하고 있다(「近世初期の論所と裁許」, 『近世の支配體制と社會構造』, 吉川弘文館, 1983; 藤木久志, 『豊臣平和令と戰國時代』東京大學出版會, 1985).

패전 전 후지타 다케오藤田武夫는 촌입용村入用 부과 방법에 대해 연구하였다(「德川時代の町村入用割付法」, 『都市問題』26-3, 1938). 패전 후 고다마 유키타兒玉幸多는 촌입용을 촌락구조와 관련시켜 연구하였다. 고다마는 촌입용이 공조의 3~4할이라는 점(특별한 경우는 8할 이상), 근세 촌락이 지배구조의 말단으로 조직되어 있는 점, 그 때문에 촌입용 속에 제례 비용을 제외한 촌민 생활에 직접 관련된 비용이 없다는 점, 촌입용이 18세기 이후 영주 측의 제 역 요구로 증가하고 있다는 점, 그리고 그 때문에 촌재정이 파탄되어 간다는 점을 명확히 하였다(「近世に於ける村の財政」, 『史學雜誌』60-2, 1951; 『近世農村社會の研究』, 吉川弘文館, 1953). 이를 이어 기무라 모토시木村礎를 중심으로 다각적이고 총합적인 근세 촌락 연구를 수행하는 과정에서 촌입용이 연구된다(木村礎 編, 『封建村落−その成立から解體へ』, 文雅堂書店, 1958). 이 연구에서 촌락을 유지하기 위한 촌역 중, 촌입용은 원래 노동으로 제공하던 촌역을 화폐 및 현물로 제공하면서 정착된다고 하였다. 즉 초기의 예속농민이 주가에 노동으로 제공하던 역이 근세 본백성의 성립과 더불어 간분 연간 이후, 본백성의 공동부담이 되면서 촌입용이 성립, 차제에 화폐납화=촌입용화 된다고 한다. 동시에 촌역은 초기에는 비교적 많은 양이 가家별로 할당되었으나, 18세기 후반 이후 가별, 인구별 할당으로 부과되게 되었다 한다. 그리고 이 시기가 되면 촌입용은 목적세 성격을 띠어, 입용 종류에 의해 각각의 부담자가 촌내의 특정층에 한정되어 간다고 하였다. 이것은 소위 촌 유지를 위한 촌역이 해체되는 것을 의미한다고 하였다.

촌입용 연구는 필연적으로 지역을 대상으로 할 수밖에 없다. 그리하여 각 지역 촌입용에 대한 연구가 진행된다. 그 중에 무사시노쿠니武藏國 다마코리多摩郡 시사키무라柴崎村・스나가와무라砂川村를 대상으로 한 우에스기 다네히코上杉允彦의 연구가 주목된다(「近世村落の自治と村入用」, 『史觀』75, 1967). 그는 촌입용이 지배・

지역의 특수성·촌 규모 등에 의해 잡다·다양하며, 촌입용은 중세 향촌의
촌 잡세公事(구지)에 기원한다고 하였다(중세 촌부역의 계보를 잇는 촌역과는
연원을 달리한다는 점에서 기무라 등의 견해와 다르다). 촌입용은 촌 독자로
자율적으로 운용되고, 촌입용 중에 영주 지배 관계 세목이 많으나, 촌 독자의
비용·역의 성격은 근세의 촌입용에도 남아 있다고 하였다. 촌입용의 운영은
지출 → 부과 → 결산의 형식을 취하고 있으며, 촌입용을 집행하는 묘슈名主의
재량권이 크다고 하였다. 근세 후기에 오면 촌입용이 증대하고, 그에 따라
백성들의 촌입용 운용에 대한 감시가 강화되고, 촌입용의 부정사용에 대한
저항과 투쟁이 전개된다고 하였다. 이러한 동향 속에 근세 농민의 촌락자치를
설명하고 있다.

후쿠야마 아키라福山昭는 셋쓰노쿠니攝津國 시마노시모군嶋下郡 아와우무라粟生
村를 대상으로 촌입용을 연구하였다(「近世後期畿內村落の村財政」, 『ヒストリア』 57, 1971; 『近世
農村金融の構造』, 雄山閣, 1975). 그는 위 연구를 통해, 촌입용의 지출내역 중 쇼야,
도시요리의 독자 판단으로 운용된 항목이 많은 점, 그것들 중에 축소 가능하다
고 지적된 점, 하층농민일수록 부담이 가중되었던 점, 1846년에 촌입용 예산이
성립되었던 점을 명확히 하고, 촌입용 예산이 성립된 점을 근대적 재정에의
맹아로 평가하였다. 이 밖에도 와카바야시 기사부로若林喜三郎(「近世における村の財政に
ついて」, 『龍谷史壇』 68·69, 1974), 후지이 사다요시藤井定義(「近世後期の村財政」, 『大阪府立大學
歷史研究』 15, 1975), 이토 미쓰히로伊東光弘(「南關東の一農村における村入用の變遷について」, 『論集きん
せい』 2, 1979), 스가와라 겐지菅原憲二(「近世村落の構造變化と村方騷動」 1·2, 『ヒストリア』 61·62,
1971·1973;, 「近世前期の村算用と庄屋」 上·下, 『日本史研究』 196·197, 1978·1979; 「近世村落と村入用」,
『日本史研究』 199, 1979) 등의 연구가 있다. 특히 스가와라의 연구는 이제까지의
연구를 종합한 역작으로 평가된다.

야자와 요코矢澤洋子는 시나노쿠니 스와코리 미사야마고토무라信濃國諏訪郡御射山
神戸村를 대상으로 촌입용을 연구하였다(「近世村落と村財政」, 『史學雜誌』 94-10, 1985). 그는
영주와 촌이 촌입용을 어떻게 다루고 있는지 검토하였다. 그 결과, 영주
측의 촌입용은 촌 재정을 촌이 부담해야 할 부과·입용(촌 재정의 표면 부분)으
로 보고, 촌이 번에 제출한 장부에는 표면 부분만 계상한다고 하였다. 백성측은

촌 재정을 촌이 자율적·주체적으로 행하는 재생산 유지를 위한 지출·수입 부분(촌 재정의 내부內所 부분)을 의미하고, 표면 부분도 내면 부분에 포함하여 촌 재정 전체를 총괄하며, 촌 구성원 간의 부담을 평등하게 유지하면서, 필요한 금품·노동을 확보하여 조달·조정하는 기능을 하였다고 하였다. 그는 이러한 촌 재정의 구조를 근거로, 촌을 자율적·주체적으로 구성하는 소농민들이 재생산 구조를 유지하기 위한 제 기능을 수행하는 공동체로 장악하고, 그리하여 영주의 농민지배 근간인 촌청제가 상대화되었으며, 그 기능의 일부가 촌공동체에 위임되게 된다고 하였다.

패전 전 나카다 가오루中田薰는 촌차입村借을 촌이 촌 명의로 법적 효력을 갖는 경제활동을 행하는 능력을 가지고 있었다는 문맥 속에서 다루고 있다(「德川時代に於ける村の人格」, 『國家學會雜誌』 34-8, 1920). 촌차입은 촌이 제 요인에 의해 빌리는 돈으로, 형식은 촌연판 차금村連判借金, 야쿠닌 이판 차금役人裏判借金, 무라야쿠닌오쿠한 차금村役人奧判借金 등이 있으며, 촌연판 차금은 촌역인이 촌을 대표하여 촌을 위해 차금하는 것이라 하였다. 촌차금은 촌민의 공동채무와는 다른 촌 자체의 채무이나, 간간히 촌민의 공동채무로 인식되기도 하였다고 하였다.

패전 후 후쿠야마 아키라福山昭는 셋쓰노쿠니攝津國 시마노시모코리嶋下郡 아와우무라粟生村·쇼야무라庄屋村를 대상으로 촌차입을 연구하였다. 그는 1794년까지는 촌 부채의 누적고가 적으며 그것도 수년 후에는 확실하게 상환하고, 촌이 부채를 지는 것은 촌에 도움이 되었다고 하였다. 그러나 1795년 이후에는 쇼야의 궐소闕訴 후 그의 차용금이 촌 부채로 전환되면서 촌 차용금이 촌 재정을 압박하기 시작하였다고 하였다. 차용처는 재향정 상인, 번藩, 촌내 상층농민 등이며, 재향정 상인에게서 과반이 넘는 액수를 차용하고 있음을 밝혔다. 차용금의 용도는 촌입용에 충당하기 위한 것正味村借用銀, 촌을 통해 촌민에게 차용해 주기 위한 것分借貸付이 있으며, 분세이기 이후에는 분차대부의 비중이 늘어나고, 덴포기 이후에는 분차대부가 급증한다고 했다. 그리하여 차용금의 변제가 곤란해지고, 그에 따라 촌재정은 고리대 대부자본에 착취당하여 파탄, 그 차용금이 농민들에게 전가되고, 그 결과 농민층 분해가 촉진된다고 하였다. 또한 1824년의 경우, 차용처는 오사카·사카이 상인, 그리고 주변

촌의 지주 부농층, 촌내 농민, 공금·명목은名目銀 등이며, 공금 및 명목은의
비중이 가장 높았고, 원금상환은 고사하고 이자상환도 곤란했었다고 한다.
이런 촌 차용금은 영주 재정의 적자 보전을 위해 촌에 전가된 것, 촌 재정의
적자를 보전하기 위한 것이 있으나, 쇼야무라의 경우는 전자가 많았다고
한다.

촌차입 연구는 당연히 촌을 대상으로 하기 때문에 케이스 스터디가 많다.
또한 촌이 처한 상황이 각각 다르기 때문에 다양한 성격을 나타낸다. 1980년대
의 촌차입에 대한 연구는 미우라 슌메이三浦俊明, 다케나카 마사키竹中眞幸 등의
연구를 들 수 있다. 미우라 슌메이는 명목은 대부는 촌청제에 의한 연공
납입을 원활하게 하고, 농민 몰락을 일시적으로 저지함으로써 농민의 정체화
를 촉진하는 한 요인이 되었다고 하였다(『近世寺社名目金の史的研究－近世庶民金融市場の展
開と世直し騒動』, 吉川弘文館, 1983). 다케나카 마사키는 시모사노쿠니 도가코리 오카와
시마무라下總國都賀郡大川島村·시모하쓰다무라下初田村의 경우, 촌차입의 도입 계기
는 근세 후기－막말기에 걸친 촌입용 팽창과 번 재정의 악화에 따른 촌에의
조달금 부과에 있다고 하였다. 덴포기 이후 묘슈가 촌차용금을 분배하고,
그것은 묘슈의 촌민 지배력 강화의 수단이 되었으며, 촌민에의 촌입금 분배는
지고持高나 곤궁도에 의한 것이 아니라, 변재 능력의 정도에 따라 행해져
상층농민이 자신의 경영자금을 조달하기 위해 촌차용금을 이용한다고 하였
다.

병농분리를 전제로 성립한 일본 근세 촌은 생산과 생활에서 공동체의
측면과 영주지배의 말단(행정단위)이라는 측면을 가지고 있다. 연공은 촌을
단위로 청부되었다. 이런 촌을 단위로 연공을 수취하는 제도를 촌청제라
한다. 촌청제는 연공량 할당과 수납 책임을 지는 촌역인을 중심으로 고닌구미
연대책임에 의해 지탱된다(古島敏雄, 『日本農業史』, 岩波書店, 1956). 사사키 쥰노스케는
촌청제에 의해 규정되어 형성된 근세 촌의 특질을 규명하려 하였다. 그는
근세 촌의 특질을 1) 권력이 검지 등을 통해 근세 촌공동체의 기초를 형성하고,
2) 그런 과정을 통해 촌에 실질적인 지배와 종속 관계가 이입되어 유력 농민
가운데 촌역인이 선택되나, 촌역인도 농민이면서 농민지배자라는 이중 성격이

부여되고, 3) 석고제를 바탕으로 도작을 강요당하는 소농민이 자립함으로써 노동과정에서 공동체 규제를 강하게 받게 된다고 점을 들었다. 그리하여 촌역인층이 가지고 있는 계급모순과 공동체 규제가 결합하여 농촌 계급투쟁 고유의 성격이 나타난다고 하였다(『幕末社會論』, 塙書房, 1969). 사사키의 견해를 받아들이면서, 후카야 가쓰미深谷克근는 17세기 초기 급인給人층의 자의적·폭력적인 지배가 가져오는 모순에 대응한 영주권력의 초기 막번제 개혁을 통해 촌청제가 가지는 모순이 정착한다고 하였다. 후카야가 제기한 촌청제의 모순이란 연공 개제皆濟와 백성 상속을 가능하게 하기 위해서는 촌내에 '조합助合'을 이념으로 하는 채무관계가 구조화되어 있고, 그것과 관련하여 연공 개제에 책임을 지면서 화폐유통의 중심이 되는 촌역인층 독자의 지위를 말한다. 이러한 상황에서 소농은 촌역인의 특권·부정에 반대하는 촌방소동을 일으키고, 촌청제를 받아들인 촌락공동체가 형성된다고 하였다(「幕藩制における村請制の特質と農民鬪爭」, 『歷史學硏究』1972年度別冊特集; 『百姓一揆の歷史的構造』, 校倉書房, 1979; 「幕藩制國家論の課題」, 『歷史學硏究』421, 1975).

미즈모토 구니히코는 영주지배의 거점으로 설정된 쇼야에 대해 중세 총촌의 계보를 잇는 도시요리층의 투쟁을 촌방소동으로 파악하면서, 이 촌방소동을 통해 쇼야를 통한 영주의 직선적인 농민지배와 쇼야 개인 청부에 의한 연공 납입이 집단 청부로 전화하여 촌청제가 형성된다고 하였다(「村方騷動」, 『中世史講座 7』, 學生社, 1985). 그리고 그는 검지 등에 의해 창출되는 '영주의 촌'과 인적 결합을 기축으로 하는 '농민의 촌'이라는 촌 인식의 대립을 상정하여, 17세기 중반 이후는 후자를 전제로 한 촌청제가 시작된다고 하였다(「村社會と幕藩體制」, 『東アジア世界の再編と民衆意識』, 靑木書店, 1983; 「近世初期の村政と自治」, 『日本史硏究』244, 1982). 그리하여 권력에 의해 편성된 촌을 단위로 촌청제가 성립되나, 촌락의 자율성을 나타내는 것으로 이해하게 된다.

한편 야기 아키오矢木明夫는 촌청제와 공동체의 관계에 대해, 근세 촌은 촌락공동체가 정치권력의 물질적 기반이 되는 완결적·봉쇄적 단위가 되지 못하고, 공동체의 제 계기가 일원적·영국적 규모로 확대·확산된 상황에 대응하여 근세권력이 설정한 행정구역이며, 촌청제는 생활공동체로서의 촌락이 해체하여 나타난 소산이라 하였다(「近世の共同體」, 『歷史學硏究』 421, 1975).

촌청제 시행과 재지 동향에 대한 연구로 가도마에 히로유키門前博之, 구지라이 치사토鯨井千佐登 등의 연구가 있다. 히로유키는 촌 분할村切り 후의 촌을 단위로 한 토호적 유력 농민들의 연공 청부를 거쳐, 17세기 중기 이후 촌청제 확립 과정을 사가미노쿠니를 대상으로 명확히 하였다(「村請支配と近世村落の形成」, 歷史學硏究會 編, 『民族と國家』, 靑木書店, 1977). 그리고 구지라이는 요네자와 번을 대상으로 초기 촌청에서 촌청제로 전환하는 배경에 대백성의 분해에 수반하는 소백성의 성장이 있고, 촌의 제 장부 작성·관리와 법령전달의 철저성, 그리고 고닌구미에 의한 규제 등이 촌청제의 전제라 하였다(「近世農村の展開」, 『歷史』 52, 1979). 니시와키 야스시酈醿康는 연공의 산용방법을 둘러싼 촌내의 제 관계와 촌청제 하의 촌락질 서를 추구하여, 나라시ならし 산용을 통한 농민 독자의 공평 원리를 지적하고, 실제 운용에서는 동족단의 장長 역할을 하는 대고지大高持 농민에 유리한 형태로 처리된다고 하였다(「近世前期の年貢算用と'村'秩序」, 『史觀』 106, 1982). 시마타니 유리코嶋谷ゆり子는 신슈를 대상으로 다이칸이 개개의 연공 청부인을 직접 파악·장악하는 단계 → 기모이리肝煎와 고닌구미에 변제를 의존하는 단계 → 촌에 변제를 의존하는 단계를 거쳐, 겐로쿠기에 촌에 연공 수납을 맡기는 촌청제가 성립한 다고 하였다(「幕藩體制成立期の村落と村請制」, 『歷史學硏究』 548, 1985; 「近世'本百姓'再考察の試み」, 『人民の歷史學』 86, 1985).

9. 농민 잇키農民一揆·촌방소동村方騷動론·시마바라島原의 난

일본 근세기의 농민 투쟁은 1) 대對 영주 투쟁으로서의 농민 잇키, 2) 촌락 내에서 대對 촌역인층에 대한 소농민층 투쟁으로서의 촌방소동, 3) 수리水利와 입회지를 둘러싼 촌과 촌의 분쟁出入地, 4) 도시 특권 상인층의 상품 독점 금지를 요구하는 촌 결합의 광역적 '국소國訴', 5) 막말 단계의 호농층에 대한 하층농민, 반프롤레타리아, 전기 프롤레타리아층의 요나오시世直し 운동ええじゃないか(좋지 않은가) 등을 들 수 있다. 이러한 농민운동 연구는 패전 후 민주화 분위기 속에서 마르크스 주의 사관에 입각해 비약적으로 발전한다. 그리하여 각

지역에서 발생한 농민잇키가 학계에 보고되고, 그 결과 일본 근세의 농민잇키 발생 건수의 대체적인 전모가 드러났다(『百姓一揆の總合年報』, 三一書房, 1971;『編年百姓一揆史料集』全16卷, 三一書房, 1979). 이러한 농민잇키에 대한 개별 연구를 바탕으로, 그것을 막번체제사와 관련시켜 연구하는 것이 가능해졌다. 하야시 모토이林基는 농민잇키를 사회·경제적 발전 단계에 대응하여 초기 잇키 → 대표월소형 잇키 → 전 번 잇키全藩一揆 → 막말의 광역에 걸친 잇키廣域一揆로 발전한다는 잇키 발전론을 제기하였다(「初期百姓一揆研究ノート」,『歷史評論』15, 1949;「近世における階級鬪爭の諸形態」,『社會經濟史大系4』, 弘文堂, 1960;『農民鬪爭史(上)』, 校倉書房, 1999;『百姓一揆の傳統』, 新評論社, 1955). 그는 레닌의 혁명정세론에 의거하여 막말 단계의 번 경계를 넘어선 농민잇키를 전번 잇키와 구별하여 '광역투쟁'으로 칭할 것을 제창하였다(「寶曆·天明期の社會情勢」,『岩波講座 日本歷史12』, 岩波書店, 1963). 그는 광역투쟁의 성립과 도시민의 투쟁이 전면적으로 전개하는 18세기 후반의 상황은 정치권력 내부의 모순에서 지배 이데올로기의 변질까지를 총괄하여 연관시킨 계급투쟁사의 관점에서 막번제 해체의 지표가 거의 갖추어져 있어서, 이 시기가 근대에의 출발점이 된다고 하였다. 이러한 제안에 영향받아 야마다 다다오山田忠雄는 하야시 모토이의 광역투쟁을 범영역 봉기凡領域蜂起로 칭할 것을 제안하고(「一揆打壞しの運動構造」, 校倉書房, 1984), 호리에 에이이치堀江英一는 초기 잇키=대표월소형 잇키 → 총백성 잇키 → 요나오시 잇키라는 농민잇키 발전론을 구상하였다(「明治維新の社會構造」,『堀江英一著作集』, 靑木書店, 1975). 사사키 쥰노스케도 위 연구성과에 영향받아 소위 막말기 혁명정세=요나오시 상황론을 전개하였다(『幕末社會論』, 塙書房, 1969).

1970년대 국가론 연구경향이 강해지면서 농민잇키 연구에도 국가사의 관점·입장이 반영된다. 후카야 가쓰미深谷克己는 잇키의 특징을 밝혀 막번제 국가사와 막번제 사회사에의 가교架橋, 혹은 잇키사에서 백성론·소농론을 재고하는 방향으로 연구하자고 제안하고, 백성 잇키론을 포함하지 않은 막번제론, 막번제론을 지향하지 않는 백성잇키론은 있을 수 없다고 하였다. 그는 백성의 중심원리로서 직소·월소와 제재를 들고, 직소의 원리는 국가 지배방식과 깊이 관련되어 있고, 제재의 원리는 공동체 유지방식과 깊이 관련되어 있다고 하였다(『百姓一揆の歷史的構造』, 校倉書房, 1979). 그리고 야마다 다다오山田忠雄도 막번제 국가를 강하게 인식하면서 막번제 국가 지배 하에서 농민이 투쟁을 통해 어떻게 성장해 가는가를 운동사 입장에서 농민 잇키 금령을 연구하였다(『一揆・打壊しの運動構造』, 校倉書房, 1984).

총체로서 잇키를 다루려는 경향은 센고쿠기의 연구에도 영향을 미쳤다. 가쓰마타 시즈오勝俣鎭夫는 중・근세를 통해 잇키 결합의 의미, 혹은 잇키의 이데타치出で立ち 등을 검토하였다(『一揆』, 岩波書店, 1982). 한편 중세사가와 근세사가의 단절을 메우기 위해 중세 잇키와 근세 잇키의 양편에 백성을 주체로 설정할 수 있음을 근거로 중세사가와 근세사가가 함께 전 5권의 『잇키』(『一揆』, 東京大學出版會, 1981)를 간행하였다.

한편 농민 잇키 연구가 심화되면서 에도 시대의 농민 사상, 특히 잇키 하에서의 농민 사상・의식을 명확히 하려는 연구가 나타난다(安丸良夫, 『日本近代化と民衆思想』, 靑木書店, 1974; 布川淸司, 『農民騷擾の思想史的硏究』, 學生社, 1970; 『近世庶民の意識と生活』, 農山漁村文化協會, 1984). 그리고 농민 잇키 지도자의 모습과 그들의 의민화義民化 문제도 명확해진다(兒玉幸多, 『佐倉惣五郞』, 吉川弘文館, 1958; 森嘉兵衛, 『南部藩百姓一揆の指導者 三浦命助傳』, 平凡社, 1962; 松吉貞夫, 『天保の義民』, 岩波書店, 1962; 橫山十四男, 『義民』, 三省堂, 1973; 『義民傳承の硏究』, 三一書房, 1985; 深谷克己, 『南部百姓命助の生涯』, 朝日新聞社, 1983; 茶屋十六, 『安家村俊作』, 民衆社, 1980; 保坂智, 『百姓一揆と義民の硏究』, 吉川弘文館, 2006). 또한 피차별 부락민의 잇키, 피차별 부락민 잇키와 백성 잇키와의 관련성(柴田一, 『澁染一揆論』, 八木書店, 1971; 東義和, 『被差別部落と一揆』, 明石書店, 1983), 잇키와 여성, 노인, 어린이 등과의 관계도 연구하기 시작하였다(齊藤陽一, 「民衆運動と女性」, 『江戶とは何か2』, 至文堂, 1985; 淺見隆, 「一揆と老人・子ども・女たち」, 『史觀』116, 1987).

농민 잇키 연구는 당연히 마르크스 역사연구 방법론을 사용하고, 1960~70년대에 걸쳐 활발히 연구되었다. 농민 잇키 연구문헌을 정리한 것으로 호사카 사토시保坂智의 『백성 잇키 연구문헌 총목록』(『百姓一揆硏究文獻總目錄』, 三一書房, 1997)이 있다. 한편 1980년대 들어 투쟁사로서의 농민 잇키론에서 민중운동으로서의 농민 잇키로 그 시점이 변화한다. 이는 위에서 본 농민 투쟁사 시각의 『잇키』(『一揆』, 1981)에서 『민중운동사』(『民衆運動史』, 靑木書店, 2000)로의 변화가 그것을 웅변한다 하겠다.

위에서 짐작할 수 있듯이 농민 잇키 연구의 방향은 세 가지다. 하나는 야스마루 요시오安丸良夫와 같이 일본 근대화 과정에서 민중의 방대한 에너지가 어디를 향하고 있었던가를 추적하는 것이다. 둘째로 사사키 준노스케의 연구에서 보듯이 요나오시론에 입각한 연구다. 사사키의 연구는 호농과 반半프롤레타리아층의 대항관계를 기축으로 근세 일본의 개혁과 근대화를 설명하고자 하였다(『幕末社會論』, 岩波新書, 1969; 『世直し』, 岩波新書, 1979). 사사키는 1980년대 이후 민중사와 지역사의 중요성을 강조하였다(「民衆史とその課題について」, 『近世民衆史の再構成』, 校倉書房 1984; 『地域史を學ぶということ』, 吉川弘文館, 1996). 셋째, 후카야 가쓰미와 같이 백성 잇키와 그 사상의 검토를 통해 근세의 백성과 영주・막부와의 관계를 명확히 하고자 하는 방향이다(『百姓一揆の歷史的構造』, 校倉書房, 1979). 그는 백성 잇키를 반체제 투쟁으로 보지 않고, 영주 존재를 전제로 백성의 '어백성의식御百姓意識'에 근거한 영주의 사회적 책무인 인정仁政을 요구하는 투쟁으로, 근세 영주와 백성 사이에 '백성성립'이라는 측면에서 사회적 합의가 성립되어 있었다고 하였다(「百姓一揆の思想」, 『思想』 584, 1973; 「取立てとお救い」, 『日本の社會史 4巻-負擔と贈與』, 岩波書店, 1986; 『百姓成立』, 塙書房, 1993).

사사키의 요나오시론을 계승하면서 소백성의 저당지質地 반환운동에 주목한 것으로 오치아이 노부타카, 시라카와베 다쓰오의 연구를 들 수 있다(落合延孝, 「世直しと村落共同體」, 『歷史學硏究』 510, 1982; 白川部達生, 『日本近世の村と百姓的世界』, 校倉書房, 1994). 이들 연구의 이론적 토대는 E. P. 톰슨의 도덕경제moral economy론이다. 이러한 연구로 근세사에 한정하여 보면, 요나오시의 입장보다는 후카야深谷 류의 백성 잇키론이 우세해진다. 즉 영주와 백성의 쌍무적 관계로서의 잇키를 다루는 입장으로 말미암아 농민 잇키 연구는 새로운 국면을 맞는다. 백성 잇키의 운동 양식(에모노得物, 나리모노鳴物, 이데타치) 등에 주목하여 잇키를 민중의 일상성으로 다룬 야부타 유타카藪田貫(「百姓一揆の得物」, 『橘女子大學硏究紀要』 14, 1987; 『國訴と百姓一揆の硏究』, 校倉書房, 1992)와 호사카 사토시保坂智(『百姓一揆とその作法』, 吉川弘文館, 2002), 그리고 백성 잇키에 등장하는 악당에 주목, 민중의 무력과 폭력 문제를 제기한 스다 쓰토무須田努(「天保の惡党」, 『日本史硏究』 408, 1996) 등의 연구는

그것을 대표한다 하겠다. 그리고 농민과 영주·막부의 관계를 묻는 연구로 히라카와 신平川新(紛爭と世論』, 東京大學出版會, 1996; 「轉換する近世史のパラダイム-'靜かな變革'論へ」, 『九州史學』123, 1999), 도시 민중운동인 파괴행위=우치코와시打毁し 고유의 작법과 세계관에 주목한 이와타 고타로岩田浩太郞(「都市打ちこわしの論理構造」, 『歷史學硏究』547, 1985; 『近世都市騷動の硏究:民衆運動史における構造と主體』, 吉川弘文館, 2004)의 연구도 주목된다.

농민 운동사는 1970~80년대 최전성기를 맞으나, 1990년대에 들어서면 연구성과가 급격히 감소한다. 이는 직접적으로는 1989년 동유럽혁명과 1991년 소련의 붕괴 때문이다. 그러나 이러한 경향은 고도성장 이후의 일본과 마르크스 주의 역사학이 가지는 문제의식의 괴리에 근본적인 원인이 있다고 생각된다. 더욱이 1980년대부터 영향을 미치는 사회사의 영향은 농민운동사 연구에 치명적인 타격을 입혔다고 하겠다. 이러한 상황에서『민중운동사』(『民衆 運動史』, 靑木書店, 1999~2005)가 발간된다. 이 시리즈는 다수의 민중운동사 연구자가 참가하고, 당시까지의 민중사·운동사 연구의 도달점과 문제점을 담고 있다. 이 시기 민중운동사 연구의 문제점 중 하나는 어떻게 주체를 서술할 것인가였다. 주체론에 관한 한 후카야 가쓰미深谷克己의 인정 이데올로기론, 야스마루 요시오安丸良夫의 통속도덕론, 마키하라 노리오牧原憲夫의 객분론客分論(『客分と國民のあ いだ-近代民衆の政治意識』, 吉川弘文館, 1998)이 영향을 미치고 있다. 그리고 이 시기 일국사一國史를 넘어선 민중운동사 연구가 활성화한다. 1991년 아시아민중사연구회가 조직되어 한국·일본·타이완의 민중운동사 연구자들이 모여 국제학술대회를 개최한다(연 1회 개최). 민중운동사 연구에 대한 입장과 태도가 달라 큰 성과를 얻지는 못하고 있지만 민중운동사 연구자의 상호 교류는 비교사 시각에 입각한 연구에의 방향성을 가지고 있다는 점에서 주목할 필요가 있다 하겠다.

한편 민중운동사 연구가 소강 상태인 와중에도 2000년경 근세와 근대의 접점에 위치하는 19세기의 민중 움직임에 주목한 연구들이 나타난다. 우치다 미쓰루內田滿는 에모노 론得物論에 입각하여 근세 농민 잇키와 근대 농민 잇키·치치부秩父 사건을 연결하고, 1870년대의 신문들이 신정부 반대 잇키·치치부 사건 등을 죽창석기竹槍蓆旗로 표현한 의미를 탐구하였다(「得物から竹槍へ」, 『民衆運動史

1』, 靑木書店, 2000). 스다 쓰토무須田努는 19세기는 혼돈스러운 '만인의 전쟁 상태'고, 민중운동 수단으로서의 폭력=일탈적 실천행위는 자유민권이라는 어휘에 의해 정부와 사람들 사이에 합의 형성이라는 회로가 생겨 종언을 고한다고 하였다(『'惡党'の十九世紀』, 靑木書店, 2002, 「語られる手段としての暴力」, 『歷史學硏究』 2005年度 增刊號). 한편 구루시마 히로시는 덴포기에 전통적인 농민 잇키의 작법이 붕괴되어 인민의 폭력·방화=일탈적 실천행위가 퍼지는 '만인의 전쟁상태'가 발생한다고 하였다. 그리고 이 시기(덴포기)에 전통적 잇키의 행동론이 발견된다고 하였다(「移行期の民衆運動」, 『日本歷史講座』, 東京大學出版會, 2005). 그리고 이 시기에 여성사와 관련한 민중운동사 연구가 나타난 점이 주목된다. 쓰쓰미 요코堤洋子는 여자가 참가한 쌀소동과 강소 사례를 전국에 걸쳐 조사하여, 여자가 참가한 쌀소동은 덴메이 기근 이후 막말까지 지속되며, 여성이 주체적으로 참가한 강소는 19세기에 집중되어 있다고 하였다(「一揆·騷動世界の女と男」, 『民衆運動史1』, 靑木書店, 2000). 오하시 유키히로大橋幸泰는 〈시마바라의 난 병풍島原の亂圖屏風〉의 분석을 통해 시마바라의 잇키(난)에서의 여자들의 역할을 높이 평가하고, 여성도 참가하는 거가擧家형 행동을 발견, 전쟁에 참가하는 여성상을 그려냈다(「島原天草一揆における女性」, 『戰の中の女たち』, 吉川弘文館, 2005).

촌방소동이란 연공의 산용, 제 역의 부과, 촌입용村入用의 산용 등과 관련하여 촌민과 촌역인층의 갈등, 그로 인해 발생한 소농민 투쟁을 의미한다. 1950년대 이전까지 농민투쟁 연구는 기본 모순=영주와 민중의 모순을 중심으로 한 농민 잇키에 중심이 두어져, 농민과 농민 간의 모순에 기초한 투쟁은 종속적·부차적인 것으로 여겨 주목받지 못하였다. 그러나 1950~60년대의 민주주의 발흥과 마르크스 주의 발전사관에 입각한 인민투쟁을 강조하는 가운데 역사학계는 촌방소동에 주목하게 된다. 쓰다 히데오津田秀夫, 가게우라 쓰토무景浦勉, 고바야시 니小林貳, 무라카미 다다시村上直, 아사모리 가나메朝森要 등의 연구에 의해 일본 근세에 농민들의 촌정에의 참가 요구, 촌역인의 부정을 추급하는 촌방소동이 있었음이 확인되었다(津田秀夫, 「庄屋の選擧」, 『日本歷史』 36, 1951; 景浦勉, 「村政に參加を要望せる農民騷動についての一考察」, 『社會經濟史學』 21-2, 1955; 小林貳, 「近世における惣百姓村政參加の一形態」, 『地方史硏究』 19, 1956; 村上直, 「年番名主制と村方一件」, 『日本歷史』 105, 1957; 朝森要, 「村役

人の公選」, 『日本歴史』 167, 1963).

　이후 촌방소동 연구는 대개 세 방향의 연구를 지향한다. 우선 촌방소동에서 동족단적 유대와 족연적族緣的 결합을 기반으로 한 계층제에 주목하여 촌내 모순을 해명하려 하는 경향이다. 이러한 경향의 연구를 대표하는 학자는 이토 다다시伊藤忠士(「一八世紀末における村方騒動と村落支配」, 『日本社會経濟史研究─近世編』, 吉川弘文館, 1967; 「幕末・維新期に於ける村方騒動と村落支配」, 『村方騒動と世直し(下)』, 青木書店, 1973), 기타하라 이토코北原糸子(「村方騒動に關する一試論」, 『地方史研究』 113, 1971) 등이다.

　둘째로, 1960년대 이후 진행되어 온 호농층에 대한 반半프롤레타리아층의 투쟁으로서 요나오시 운동을 연구하는 경향이다. 이것은 막말・유신기를 혁명정세로서의 요나오시 상황으로 파악하는 문제의식을 계승하고 있다(佐々木潤之介, 「維新變革の現代的視点」, 『歴史學研究』 322, 1967; 賴祺一, 「幕末・維新變革期─'世直し狀況論'をめぐって」, 『新編日本史研究入門』, 東京大學出版會, 1982). 특히 사사키는 잇키로 다루어 왔던 파괴행위打壞し를 촌방소동과 함께 소동으로 규정, 소동은 소여의 체제를 전제로 하지 않는 독자의 변혁 정당성 논리를 세워, 촌역인・상인・지주・호농 등에 대해 자력으로 제제를 가하는 운동으로 규정하였다. 한편 잇키는 소여의 체제를 인정한 위에 체제 개량을 지향하는 운동・투쟁으로 규정하였다(「一揆・騒動史の方法について」, 『歴史評論』 396, 1982; 『近世民衆史の再構成』, 校倉書房, 1984). 그리고 사사키는 촌방소동을 병농분리에 의해 영주지배 말단에 위치하는 촌역인과 촌민의 투쟁으로 보았다. 즉 촌방소동은 영주와 농민 간의 기본 모순이 촌청제 등을 통해 농촌 내부로 전가되어 필연적으로 나타나는 투쟁이라 하였다(『幕末社會論』, 塙書房, 1965). 후카야 가쓰미深谷克己는 위의 사사키의 견해에 찬의를 표하면서도, 잇키와 촌방소동은 상호 밀접히 결합되어 전개된다고 하였다(「幕藩制國家の成立と人民鬪爭─日本封建制研究の現代的課題に觸れて」, 『歴史評論』 241, 1970; 「幕藩制における村請制の特質と農民鬪爭」, 『歴史學研究』 1972年度別冊特集; 『百姓一揆の歴史的構造』, 校倉書房, 1979).

　셋째로, 1970년대 후반에 이르러 마침내 근세 초기의 촌방소동이 본격적으로 연구되기 시작한다. 이 근세 초기 촌방소동 연구의 기수가 미즈모토 구니히코水本邦彦였다. 미즈모토는 기나이 지역의 17세기 전반까지의 촌방소동을 '초기 촌방소동', 17세기 후반의 촌방소동을 '전기 촌방소동'으로 칭하고, 초기 촌방

소동은 총백성(도시요리 중심의)이 쇼야의 비리를 규탄하는 형태를 취하는데, 그것은 공납·부역 수취에 관한 독점적 특권을 영주에게 부여받은 쇼야가 도시요리 중에서 선택되기 때문에 쇼야와 총촌의 계보를 잇는 도시요리와 주도권 투쟁이 발생, 그것이 소동=초기 촌방소동으로 나타난다고 하였다. 그 결과 도시요리층의 촌정 참여가 확정된다고 한다. 그리고 초기 촌방소동은 촌역인이 된 도시요리와 쇼야의 비리를 소백성이 생활과 생산의 유지라는 논리를 앞세워 공격하여 제 부담의 부과방식 변경을 요구하는 농민투쟁이라 하였다. 이 생활과 생산에 관련된 초기 촌방소동의 주체는 초기 본백성 → 소고지小高持 백성 → 소고지 백성·무고지 백성으로 변화하고, 그에 따라 촌정에 관여하는 계층이 확대된다고 하였다(「初期'村方騷動'と近世村落」, 『日本史研究』 139·140號倂合號, 1970; 「土免仕法と元和·寬永期の村」, 『日本史研究』 154, 1975; 「前期村方騷動と'百姓'-畿內を素材として」, 『講座日本近世史3』, 有斐閣, 1980; 「近世初期の村政と自治」, 『日本史研究』 244, 1982; 「村方騷動」, 『中世史講座7』, 學生社, 1985). 이후의 연구는 미즈모토의 영향을 강하게 받고 있다.

촌방소동 연구는 촌락을 어떻게 이해하는가에 따라 학설이 달라진다 하겠다. 미즈모토의 연구로 촌락자치론이 주류를 이루는 가운데, 1980년대에 들어 촌락사 연구는 지역사(론) 시점을 도입하게 된다. 촌락과 관련해 제기된 것은 저당지에 관한 것이었다. 오치아이 노부타카落合延孝, 시라카와베 다쓰오白川部達夫, 가미야 사토시神谷智 등은 무기한 저당지 반환無年季質地取り戻し 관행을 적출하여, 저당지 문제는 요나오시와 관계없는 농민의 토지 소지에 관련된 문제였음을 지적하였다(落合延孝, 「世直しと村落共同體」, 『歷史學研究』 510, 1982; 白川部達夫, 「近世質地請戾し慣行と百姓高所持」, 『歷史學研究』 552, 1986; 『日本近世の村と百姓世界』, 校倉書房, 1994; 神谷智, 「近世中期における高請地と質地慣行の變化」, 『日本史研究』 362, 1992; 『近世における百姓の土地所有』, 校倉書房, 2000). 그리하여 근세 촌락론 연구는 일거에 농민의 토지보유 문제에 초점을 맞추게 된다.

농민의 토지보유 문제는 이에家와 촌락공동체와 깊이 관련되어 있기 때문에, 이에에 관점을 맞춘 연구도 나타난다. 즉 농민의 이에 의식, 가산관념을 검토한 오시마 마리코大島眞理子, 오후지 오사무大藤修의 연구가 그것이다(大島眞理

子,『近世農民支配と家族・共同體』, 御茶の水書房, 1991; 大藤修, 『近世農民と家・村・國家』, 吉川弘文館, 1996). 그리고 와타나베 나오시渡辺尙志는 농촌 기능을 촌락공동체와의 관련을 중시하면서 재점검하려는 하였다(『近世の豪農と村落共同體』, 東京大學出版會, 1994). 오토 모 가즈오大友一雄, 이노우에 쓰요시井上攻 등은 촌의 단체성에서 주목하면서 촌의 총惣 유서론을 전개하였다(大友一雄, 「獻上役と村秩序」, 『德川林政史研究所研究紀要』, 1987; 「日本近世國家の權威と儀礼」, 吉川弘文館, 1999; 井上攻, 「增上寺領村々の由緖と諸役免除鬪爭」, 『日本 史硏究』 324, 1985). 또한 촌락 연구의 주요 테마 중 하나인 촌역인에 대해 사다카네 마나부定兼學는 촌역인층이 집단을 이루고 있음을 지적하여, 촌역인이 고정되어 있는 듯한 이미지를 상대화하였다(「岡山藩における村役人選任をめぐって」, 『近世の生活文化史: 地域の諸問題』, 淸文堂出版, 1999).

한편 촌락과 관련한 신분계층의 구조에 대해서 이케다 요시하루井ケ田良治, 가와타 촌皮多村의 본촌부本村附 체제를 논한 하타나카 도시유키畑中敏之, 촌락과 병농분리의 관계를 재점검한 요시다 유리코吉田ゆり子 등의 연구도 촌락의 신분관 계를 더욱 명확히 한 것으로 중요하다 하겠다(井ケ田良治, 『近世村落の身分構造』, 國書刊行 會, 1984; 畑中敏之, 『近世村落社會の身分構造』, 部落問題研究所出版部, 1990; 吉田ゆり子, 『兵農分離と地域社 會』, 校倉書房, 2000). 그리고 촌민의 일상생활을 연구한 연구서도 나타난다. 농촌의 휴일에 대해 후루카와 사다오古川貞雄(『村の遊び日: 休日と若者組の社會史』, 平凡社, 1986), 데 라이리入寺 관행에 대해 사토오 다카유키佐藤孝之(「近世の村と'入寺'慣行」, 『鄕土志木』 23, 1994)와 사이토 요시마사齊藤悅正(「近世村社會の'公'と寺院」, 『歷史評論』 587, 1999), 경범죄 처리 에 대해 오치아이 노부타카落合延孝(「近世村落における火事・盜みの檢斷權と神判の機能」, 『歷史評 論』 442, 1987), 그리고 쓰카모토 마나부塚本學 등에 의한 연구(『日本歷史民俗論集』 吉川弘文 館, 1993)가 있다.

시마바라의 난은 비젠 마쓰쿠라 번령의 시마바라와 히고 데라사와 령의 아마쿠사 지역에서 1637년부터 1638년에 걸쳐 발생한 농민 잇키다. 이 난의 성격에 대해 1) 에도 시대부터 주장되어 온 막부・번의 기독교 탄압에 대항한 잇키설, 2) 영주의 폭정에 대항한 농민 잇키설이 주장되어 왔다. 특히 2)는 메이지 유신 이래 기독교사에 관련한 학자들이 이 난에 참석한 농민들이 기독교 교리와 거리를 가지고 있는 점을 강조하여 제창되었으나, 패전 후

백성 잇키 연구가 고양된 시기에 기독교 관련자들과는 다른 농민투쟁의 시각에서 시마바라의 난=농민 잇키설이 주장되었다. 현재는 양 학설을 통합·통일시키려는 경향이 강하다(林銑吉 編, 『島原半島史』, 中長崎縣南高米郡市敎育會, 1954; 岡田章雄, 『天草時貞』, 吉川弘文館, 1960; 海老澤有道, 『日本キリシタン史』, 塙書房, 1966; 鶴田八州成, 「天草島原の亂の史的研究」, 『熊本史學』 31, 1966; 深谷克己, 「'島原の亂'の歷史的意義」, 『歷史評論』 201, 1967; 中村質, 「島原の亂と鎖國」, 『岩波講座 日本歷史9』, 岩波書店, 1980; 村井早苗, 『幕藩制成立とキリシタン禁制』, 文獻出版, 1987; 中村質, 「鎖國體制と軍役」, 『佐賀藩の總合硏究』, 吉川弘文館, 1981).

시마바라 난의 원인·성격에 대해 학설이 나뉘는 요인은 잇키가 진압된 후, 마쓰쿠라 가와 데라사와 가가 이 난으로 말미암아 개역되어 난의 원인에 대한 기록이 없어졌기 때문이다. 이 난에 대한 연구는 주로 구마모토 호소카와 번을 비롯해 이 난의 발생을 예감한 번들의 탐색서와 소문 등의 문서聞書에 의거한다. 이 사료들에 의하면, 마쓰쿠라 령인 시마바라에서 백성의 여자를 인질로 잡고 수공을 감행하고, 7년 이전의 미납세금까지 징수하고, 교토 지역에 보내는 세금을 실은 300석의 배가 난파했는데, 그것을 농민에게 변재시키려 했기 때문에 농민들이 잇키를 일으켰다는 내용이 있으며 동시에 기독교에 관한 내용도 병기되어 있다. 한편 다른 문서聞書에는 시마바라의 구치노쓰라는 촌에 기독교 화상畵像에 예배하는 곳이 있어서 다이칸이 그곳에 가서 화상을 파괴하였는데, 이에 신도들이 반발하여 다이칸을 살해한 것이 시마바라의 난 발발의 발단이 되었다고 기록되어 있다. 이 두 가지 원인은 마쓰쿠라 번 시마바라 지역에 모두 잠재해 있던 것으로 보인다. 즉 촌 구조에서 보면 당시 이 지역 쇼야庄屋층에 기독교 신자가 많았으며, 농민들은 그러한 쇼야 지배 하에 있었던 것이다. 따라서 과중한 세금에 시달리는 백성이 잇키를 조직하고, 그 조직을 기독교도인 쇼야층이 주도하였다고 보아도 틀리지 않을 것이다.

시마바라에서 다이칸을 살해한 것은 1638년 10월 25일, 잇키 세력이 시마바라 성을 포위한 것은 27일이다. 한편 아마쿠사에서는 10월 27일에 잇키가 일어나고, 시마바라 잇키 세력과 합류하여 가라쓰 번의 최고책임자 도미오카富岡 죠다이城代를 살해하였다. 도미오카 성을 탈취하지는 못했지만 26,000여

잇키 세력은 11월 말 폐성이 되어 있던 천혜의 요새인 구 시마바라 성에 들어가 그곳을 거점으로 농성하였다.

한편 마쓰쿠라와 데라자와 씨는 위의 사실을 막부에 보고함과 동시에 호소카와 번 등의 주위 번들에 구원을 요청하였으나, 주위 번들은 장군 명령 없이 출병할 수 없다는 입장을 취하였다. 결국 막부의 다이묘 동원체제가 만들어진 12월에 가서야 잇키 진압군이 시마바라에 도착한다. 여러 다이묘 군의 공격에도 불구하고 농민세력은 강하게 저항하여 1638년 정월까지 다이묘 령에서 동원된 병사(농민, 수병 등 기타 인수 포함)는 20만에 이른다고 한다(막부에 보고된 병사 수는 100석당 4인의 비율로 127,000명이며, 이들에게는 막부가 병량미를 지급하였다). 다이묘 군은 초기의 강공작전을 바꾸어(3차에 걸친 강공책은 실패로 끝났다) 장기 포위전을 감행하여 병량 공급을 차단하였다. 이에 견디지 못한 잇키 세력은 1638년 2월 20일 다이묘 군을 공격하였으나 실패하였다. 이에 제 다이묘 군은 2월 27일 총공세를 펼쳐 3월 2일 아마쿠사 시로天草四郎를 사망하게 하였다. 이때 농민들은 저항 의지를 버리지 않고 모두 전사(죽음)를 택하였다고 한다.

시마바라·아마쿠사의 난은 히데요시 이래의 체제적 모순의 폭발이었으나, 에도·규슈 간의 교통·통신체제의 설정을 포함하여 군사제도로서의 막번체제가 실제로 작동하고 있음을 여실히 보여주고 있다. 이러한 막번제적 군사체제의 작동을 바탕으로 막부는 쇄국체제를 강화할 수 있었다.

10. 이에쓰나·쓰나요시·요시무네 정권론(교호 개혁론과 관련하여)

이에쓰나 정권기(1661~81)는 농촌·농정사 연구와 관련하여 농촌구조 분석, 소상품 생산발전에 수반하는 제 변화와 농업경영 문제, 이러한 농촌변화에 대한 막번영주의 대응·정책 등의 측면에서 주목받아 많은 연구가 이루어져 왔다. 그리고 이 시기를 대상으로 한 유통과 도시 연구와 관련하여 쇄국제하의 전국시장 형성 문제를 중심으로 동회東廻り 항로, 서회西廻り 항로 개통의 의의, 상품경제에 대한 유통정책, 도시문제, 상품조사와 진포津浦 지배 강화,

도량형 통제 등에 대한 연구가 활발히 진행되어 왔다. 한편 번정사 연구의 입장에서는 이 시기를 다이묘의 번정 지배 안정화와 경제기반 확립, 가신단에 대한 통제강화 등을 지표로 번정 확립기로 자리매김하였다. 이렇듯 이 시기를 근세사 전개의 한 획기로 자리매김하지만, 막부 정치권력에 대한 연구는 적다. 이 시기에 대한 패전 전의 연구로는 미카미 산지三上三次(『江戶時代史』, 富山房, 1927), 구리타 겐지栗田元次(『江戶時代史』, 上內外書店, 1927/1976年複核, 近藤出版社)가 있다.

패전 후 후지노 다모쓰藤野保와 기타지마 마사모토北島正元가 막부 정치기구와 막번관계를 중심으로 막번체제의 확립 과정을 연구하면서, 이 시기의 정치상황을 언급하였고(藤野保, 『幕藩體制史の硏究』, 吉川弘文館, 1961; 北島正元, 『江戶幕府の權力構造』, 岩波書店, 1964), 쓰지 다쓰야辻達也·오이시 신사부로大石愼三郎 등이 교호 개혁 연구의 전제로서 이 시기에 대해 언급하면서 '문치정치론'을 비판하였다(辻達也, 『享保改革の硏究』, 創文社, 1963; 大石愼三郎, 『享保改革の經濟政策』, 御茶の水書房, 1968). 그럼에도 불구하고 구리타 겐지가 이 시기를 무단정치에서 문치정치로의 전환으로 규정한 이후, 이 시기 혹은 다음 시기에 대한 막정의 특질을 명확히 하지 못한 것이 사실이다. 즉 문치정치로의 전환이 막번체제 전기와의 정치적·논리적 관련성, 그리고 막번체제 편성원리와의 상관성, 막번체제 이데올로기와의 관련성 등에 대해 면밀히 고구되지 않았다 하겠다.

이러한 상황에서 쓰나요시 정권을 정면으로 다룬 학자가 아사오 나오히로朝尾直弘와 후지이 죠지藤井讓二다. 아사오는 이에미쓰기에서 쓰나요시기까지의 막부 정치권력의 구조를 공의 권력의 존재 형태를 중심으로 정치이념을 추구하면서 이에쓰나 정권기를 설명하였다. 이에쓰나 정권 초기에는 문벌 후다이 세력과 그에 대항하는 세력(이에미쓰 정권의 노선을 계승한 세력)이 정치이념을 둘러싼 대립이 존재, 로닌 사건, 풍수해, 메이레키 화재 등의 불안한 정세 하에 '집단지도체제'를 유지하고 있었으나, 이에쓰나 정권 후기에는 이에의 요소가 표면화하면서 공의 권력을 후다이 세력에 의해 구성하게 되고, 그에 따라 제 제도를 설립한다고 하였다. 그리하여 장군－후다이의 주종관계가 1대에 한정된 사람과 사람의 관계(속인적屬人的 요소)에서 영대의 이에와 이에의 관계(속문적屬門的 관계)로 전환되고, 그에 의해 막부 이료제吏寮制

가 형성된다고 하였다. 그리고 이 시기에 번 권력도 확립, 이에 및 가중家衆 관념이 강화됨과 동시에 이료제가 형성된다고 한다(朝尾直弘, 「將軍政治の權力構造」, 『岩波講座 日本歷史10』, 岩波書店, 1975).

후지이 죠지는 아사오의 논지를 계승하면서 이에쓰나 정권을 더욱 명확히 하였다. 그는 이에쓰나 정권의 과제는 장군 개인의 역량에 좌우되지 않는 막부 권력기구의 확립에 있다고 하면서, 1651년에서 1670년까지를 신장군에 의한 통일적 지행체계의 확립, 실질적인 천하인 지위의 확립을 위해 필요했던 시기로, 그 이후는 제 제도 확립을 통한 제도 중심의 권력구조 창출 시기로 파악하였다. 이에쓰나기에 창출된 제 제도의 특징 중에도 막부 행정기구에 보이는 관료제적 성격을 특히 강조한다(「幕藩官僚制論」, 『講座日本歷史5』, 東京大學出版會, 1985).

쓰나요시 정권에 대해서는 겐로쿠 문화, 겐로쿠 사회 등을 다루면서 많이 언급되어 왔다. 그럼에도 불구하고 쓰나요시 정권에 대한 본격적 연구는 충분하다고 할 수 없다. 패전 전에는 쓰나요시 개인의 성격에 연유한 선악을 기준으로 쓰나요시를 평가하였다. 이 연구들은 쓰나요시 정권 초기(1681~88)는 소위 '덴나天和의 치'라 하여 높게 평가하고, 홋타 마사토시 죽음 이후의 정치는 폐정, 특히 생물애호령은 쓰나요시 악정의 표본이라 평가하였다.

패전 후 쓰지 다쓰야辻達也는 구리타 겐지가 제시한 문치정치론을 비판하면서, 17세기 중후반(쓰나요시 정권기)에서 18세기 전기(교호기, 요시무네 정권기)까지의 막부 정치 과정을 장군 전제정치의 확립 과정으로 파악하였다. 그는 쓰나요시 정권 초기에 대해서 소위 '덴나의 치' 정책의 분석을 통해 사카이 다다키요酒井忠淸의 배척과 상벌 엄명嚴明정책을 통해 후다이 문벌을 물리치고 신참 막신을 등용시켜 장군 측근세력을 강화하였고, 막부 직할령 행정 쇄신을 통해 다수의 다이칸을 이동시키고(그로 인해 근세 초기이래의 다이칸의 성격이 변화하여 순수한 징수 관료화 경향을 나타냄), 이러한 제 정책으로 말미암아 막부의 정치체제는 장군 전제·독재정치로 전환하였다고 하였다. 이러한 정치형태는 요시무네기에 다시 나타난다고 하였다(「'天和の治'について」, 『史學雜誌』 69-11, 「幕府の新段階」, 『岩波講座 日本歷史11』, 岩波書店, 1963; 『享保改革の研究』, 「綱吉

政權の'賞罰嚴明'策について」,『德川林政史研究所研究紀要』1976).

이시이 신사부로와 와키타 오사무는 17세기 후반 이후 사회·경제 변화에 정치가 어떻게 대응하는가에 관심을 가지고 쓰나요시기를 주목하였다. 이시이는 쓰나요시 정권 성립기에 농민적 잉여가 성립하고, 상업적 농업이 전개되기 시작하였고, 농민적 잉여물의 유통을 담당하는 신상인층이 대두한다고 하였다. 이 같은 상황에서 막부 재정이 곤궁해지자, 쓰나요시 정권은 다이묘·하타모토·고케닌 대책을 중심으로 하는 정치에서 재정·민정을 중시하는 정치·정책으로 전환하였다고 하였다. 그러나 쓰나요시가 실시한 재정·민정 정책의 성격은 '역사에 역행하는 반동적'인 것이었다고 평가하였다. 그러나 정권 후기에 나타나는 토지정책과 화폐정책은 "전향적인 자세로 대응한 적극책"이라 평가, 이 시기를 "봉건사회에서 근대사회에의 제1보를 내디딘 시대"라 평가하였다(『元祿時代』, 岩波書店, 1970). 겐로쿠기를 광의의 막번체제 동요 기점으로 파악하고 있는 와키타 오사무도 쓰나요시기의 제 경제정책에 대해 상품경제 발전에 적극적으로 대응한 것이고, 그런 정책들은 근대화의 방향성을 가진 것으로 적극적으로 평가하였다(『元祿の社會』, 塙書房, 1980).

한편 쓰카모토 마나부는 생물애호령生類憐みの令의 분석을 통해 생물이 가지는 역사적·사회적 의미를 살펴, 생물애호령의 정치적 의도를 고찰하였다. 즉 생물애호령은 사람을 포함한 모든 생물을 막부의 비호·관리 하에 두려는 의도를 가지고 있다고 하였다. 그리고 쓰나요시 정권기에 실시되는 제국철포아라타메諸國鐵砲改는 생물애호령의 일환으로, 그것은 재촌의 조수해鳥獸害 대책용 소총을 막부 관리 하에 두려는 목적을 가지고 있음과 동시에 인민의 무장해제책이었으며, 이를 통해 다이묘들의 장군에 대한 신종화를 강화하였다고 하였다. 나아가 그는 쓰나요시 정권의 성격을 광의의 도쿠가와 영국의 해체를 전제로 전국을 도쿠가와 영국화하려는 방향을 가지고 있었으나, 실패하였다고 하였다(『生類をめぐる政治』, 平凡社, 1983; 「綱吉政權の歷史的位置」, 『日本史研究』236).

교호 개혁은 장군 요시무네에 의한 막정개혁으로, 간세이 개혁, 덴포 개혁과 더불어 막번체제 3대 개혁의 하나로 불린다. 패전 전 이케다 고엔池田晃淵은 겐로쿠기와 다누마田沼 시기의 사이에 있는 긴장기로(「德川氏施政の張弛を評する」, 『史學

雜誌』4-40, 1893), 도쿠토미 소호德富蘇峰는 요시무네가 이에야스 정치에의 복귀를 지향한 중흥의 영주로(『近世日本國民史-吉宗時代』, 民友社, 1926), 구리타 겐지栗田元次는 겐로쿠기의 이완으로 말미암은 막부 붕괴 위기에 대응한 개혁으로 평가하였다(『總合日本史大系10』, 內外書籍株式會社, 1939). 구리타의 견해는 미카미 산지三上參次, 혼죠 에이지로本庄榮治郎, 이토 다사부로伊東多三郎 등에 의해 계승된다. 이러한 연구들은 기본적으로 막정의 긴장과 이완이라는 막정 순환론의 관점에서 교호 개혁 전후기와의 단절을 강조하였다.

패전 후에는 마르크스 사관에 입각한 경제구조 변화 속에 교호 개혁을 자리매김하려는 연구경향이 나타난다. 나라모토 다쓰야奈良本達也는 교호 개혁 은 중앙집권을 지향하는 막부개혁으로, 동북부 번들을 중심으로 한 간세이 개혁, 서남부 번들을 중심으로 한 덴포 개혁과의 사회·경제 조건의 차이를 강조하였다(『近世封建社會史論』, 高桐書院, 1948). 쓰다 히데오津田秀夫는 교호 개혁과 상업자본과의 관계에 주목, 교호 개혁 전기에서는 상업자본 억압, 후기에서는 상업자본에의 의존성을 지적하고, 후기의 개혁과 다누마 정권기의 연속성을 강조하였다. 그리고 그는 이 시기의 재정악화를 생산물 지대를 원칙으로 하는 영주적 토지소유와 농민적 상품생산의 발전에 수반하는 소농민 경영의 대립=모 순에서 발생한 현상으로 파악하고, 이에 대한 막부의 대응으로 교호 개혁을 자리매김하였다(『江戶時代の三大改革』, アテネ文庫, 1956;「幕藩體制の本質とその變質過程」, 歷史研究 會 編, 『時代區分上の理論的諸問題』, 岩波書店, 1956;「封建社會解體過程研究序說』, 塙書房, 1970).

쓰다가 제기한 막번제 모순론은 막번체제 구조와 관련한 교호 개혁 연구에 박차를 가한다. 오이시 신타로大石愼太郎는 사회경제사 관점에서 교호 개혁의 토지정책, 경제정책에 대하여 구체적으로 검토, 교호 개혁을 농민적 잉여가 성립하는 17세기 중반(간분·엔포기, 1661~81) 이후를 아라키 모리아키가 제기한 막번제 사회 제2단계=체제적 위기에 계급적으로 대응하는 것으로 자리매김하였다(『封建的土地所有の解體過程』, 御茶の水書房, 1958;『享保改革の經濟政策』, 御茶の水 書房, 1961;「享保改革」, 『岩波講座 日本歷史11』, 岩波書店, 1963). 한편 쓰지 다쓰야辻達也는 막부 권력구조를 정치사 관점에서 분석, 덴와~호레키기를 장군 독재체제기로 파악하고, 그 속에서 사회·경제 발전에 순응하면서 막부가 자기 수정을 한 것으로 교호 개혁을 자리매김하였다. 그리하여 교호 개혁은 막부가 자기수정의 가능성을 상실한 간세이·덴포 개혁과는 다르다고 강조하였다(『德川吉宗』, 吉川弘文館, 1958; 『享保改革の研究』, 創文社, 1963).

위 두 학자의 연구에 의해 교호 개혁은 교호 개혁 전후의 시기를 연속으로 파악하는 관점이 정착하였으나, 교호기를 체제 위기로 볼 것인가 아닌가를 둘러싼 논의가 활발히 전개된다. 교호기를 체제 위기로 보는 학자는 후지노 다모쓰藤野保(『幕藩體制史の研究』, 吉川弘文館, 1961), 와기타 오사무脇田修(「元祿期の農村」, 『岩波講座 日本歷史11』, 岩波書店, 1963)고, 교호기를 체제 위기로 보지 않는 학자는 나가이 노부히코中井信彦(『幕藩社會と商品流通』, 塙書房, 1961), 기무라 모토시木村礎(「江戸時代における'危機'と'對應」, 『歷史學研究』 264)다. 이후 교호 개혁의 제 정책에 대해 개별적이고 실증적인 연구가 활발히 전개된다. 그리하여 정치·제도사의 관점에서, 교호기를 개혁을 통해 봉건 관료조직의 정비가 최종적으로 완료되는 막번체제의 최종적 확립기로 파악하는 견해가 일반적으로 정착한다.

1970년대에 들어서 막번제 구조론에서 막번제 국가론으로 연구시각이 옮겨진다. 그에 따라 막부 재정의 위기와 그에 대응하는 교호 개혁 연구에서 공의의 재건이라는 시각이 도입된다. 사사키 준노스케, 나니와 노부오難波信夫, 소네 히로미曾根ひろみ, 오이시 마나부大石學 등의 연구가 그것이다(佐々木潤之介, 『體系日本歷史4-幕藩體制』, 日本評論社, 1971; 難波信夫, 「幕藩制改革の展開と階級闘爭」, 『體系日本國家史3』, 東京大學出版會, 1975; 曾根ひろみ, 「享保期の訴訟裁判權と訴」, 『講座日本近世史4』; 「享保期の公事訴訟と法支配」, 『歷史學研究』 1981年度別冊特集; 大石學, 「享保期幕政改革と幕領支配」, 『歷史學研究』 1981年度別冊特集). 이 연구들은 교호 개혁의 역사적 성격을 민중·사회·국가 등과 관련시켜 파악하고자 하였다. 이후 권력구조, 개혁의 재정책, 농촌구조 등과 관련시킨 실증적 연구도 활발히 전개된다.

한편 하야시 모토시林基는 다누마기를 막번체제 기초구조의 변화와 함께 계급투쟁도 질적 변화를 보이는 막번체제의 전환기라 파악하고(「寶曆—天明期の社會狀勢」, 『岩波講座 日本歷史11』, 岩波書店, 1963), 사사키 준노스케도 '호농' 범주가 일반적으로 형성된다고 하면서, 호레케기를 유신변혁의 기점으로 보는 견해를 피력하였다(『幕末社會論』, 塙書房, 1965). 이리하여 연구 대상 시기가 다누마기로 이행하였다.

11. 천황제론 — 근세 초기를 중심으로

천황 및 천황제의 연구방법은 대체로 세 가지로 나눌 수 있다. 첫째, 마르크스
주의 사학의 입장·방법에서의 연구다. 이 방법은 당연히 하부구조에 대응하
는 상부구조에 천황을 자리매김한다. 분석의 시점은 권력론의 범주에서 천황
의 기능·성격을 논하고 있다. 이 방법은 상부구조가 하부구조에 규정되어
변화한다는 전제를 바탕으로 하기 때문에, 역사상의 천황 및 천황제의 성격·
기능도 시대에 따라 다르다는 결론을 도출한다. 둘째, 정치·권력·국가의
고유 운동=국가의 구성원리를 중심으로 천황 및 천황제를 논하는 방법·입장
이다. 즉 정치·권력 주체=지배계급은 강제적 폭력이든 현실적인 타당성이든
정치·권력의 객체=피지배계급을 국가에 자리매김하고, 지배계급에 의해
구성된 정치이념, 권력이념, 권력형태의 정당성을 피지배계급에게 인정하게
하고, 그 인정을 끊임없이 추구한다는 명제를 전제로 한 연구방법론이다.
따라서 천황 및 천황제는 국가구성에 필수불가결의 존재로 자리매김된다.
첫째의 방법 및 시각이 경제일원론에 입각한 것이라면, 이것은 국가구성체의
시각에서 천황 및 천황제론을 전개한다 하겠다. 셋째, 인류학적 역사학 내지
사회사의 시각·방법을 구사하는 연구다. 이 방법을 취하는 연구자들은 천황
이 고대 이래 근대까지 존속한 사실에 주목, 그 이유를 천황의 종교성에서
구하고 있다. 따라서 이 견해는 인간의 자연과의 관계=종교적 성격을 중시한
다. 자연은 종교적 성격을 갖고 있는 천황에 통합되고, 자연과 관계하는
'예능민'이 현실적인 천황의 경제기반을 지탱하는 존재로서 통시대적으로
존재했기 때문에, 천황은 통시대적=초역사적인 존재로서 존속해 왔다는 견해
를 피력하고 있다.

메이지기 일본사 강의자료로서 편찬된 『고본국사안』(『稿本國史眼』, 1890)은 당시
정부의 역사인식을 잘 나타내고 있다. 『고본국사안』의 근세 천황의 자리매김
을 보면, "관위의 여탈, 신관神官·승려 및 예술 등 모든 사람에게 영예를

부여하는 사권事權"을 조정이 행하고, "토지, 병마, 옥송獄訟, 재용財用, 역체驛遞의 정권政權"은 막부에 위임하였다고 서술하고 있다. 즉 조막분장론朝幕分掌論・대정위임론大政委任論의 입장을 취하고 있다.

그러나 이러한 인식은 당시에도 비판되고 있었다. 미카미 산지三上參次는 조정을 '금일의 작위국'이라 비유하였다(『江戶時代史(上)』, 富山房, 1943). 그러나 그는 『존황론 발달사』(『尊皇論發達史』, 富士房, 1941)를 저술하여 고요제이後陽成 천황 양위 문제 이래의 조정과 막부의 대립 과정, 근황론・존황론의 전개 과정 등을 통해 근세사회의 존황론 발달과 조정 내의 존황사상이 어우러져 메이지 유신을 달성하였다고 주장하였다. 한편 우치다 긴조內田銀藏는 막부와 조정을 대립관계로 파악하여 위의 단순한 대정위임론에 이의를 제기하고 있다(『國史總論及日本近世史』, 同文館, 1921). 그러나 그는 위의 대정위임론을 전면적으로 부정하지는 못하였다. 대정위임론을 전면적으로 부정했던 사람은 미우라 슈코三浦周行였다. 그는 조정이 도쿠가와 씨의 정권 장악 이전에 이미 정권을 상실하고 무가의 옹호와 진헌으로 겨우 존립할 수 있었을 뿐이라 하였다(「江戶幕府の朝廷に對する法制」, 『續法制史の研究』, 岩派書店, 1925).

이상의 논의는 메이지・다이쇼기에 있어서 일본의 근세권력을 무가에 의해 창출된 것으로 평가할 것인가, 대정위임에 의해 형성된 것으로 볼 것인가를 기준으로 천황을 자리매김하고 있다는 특징을 나타내고 있다. 이러한 비판에도 불구하고 위의 대정위임론이 대종을 이루었음은 말할 나위 없다. 쇼와기의 대표적 유물사관론자였던 하니 고로羽仁五郎는 근세 천황은 전제군주인 장군의 지배체제에 유착하여 그 존립이 유지되었고, 그것을 아시아적 특성으로 파악하였다(羽仁五郎, 「幕末に於ける政治的支配形態」, 『日本資本主義發達史』, 岩波書店, 1932). 따라서 그는 근세에 천황은 무용하였다는 '천황제 무용론天皇無用論'을 주장하였다. 한편 동 시기에 국체론자였던 마키 겐지牧健二는 만세일계의 천황제 영속론을 위의 대정위임론에 접목시켰다(『日本法制史槪論』, 弘文堂書房, 1935). 이와 같은 만세일계의 천황제 영속론이 근대일본의 이데올로기로서 인민에게 선전되었던 점은 말할 나위도 없을 것이다.

패전 후의 사학계는 우선 황국사관―만세일계・천황제영속론國體論과 국가

신도에 대한 비판·극복으로부터 출발하였다. 이는 1946년 하니 고로(「天皇制の解明」,『毎日新聞』1946.1.13~15), 같은 해 하야시 모토시林基(「近世における天皇の政治的地位」,『思潮』1946.2;「近代天皇制の成立」,『人民評論』1946.4) 등이 대표적이라 하겠다. 이후 핫토리 시소服部之總(「天皇制絶對主義の確立」,『服部之總著作集4』, 理論社, 1946), 이노우에 기요시井上清(「天皇制の成立」,『歴史家は天皇制をどう見るか』, 新生社, 1946) 나라모토 다쓰야奈良本辰也(「尊皇思想の歴史的解明」,『日本近世史研究』, 白東書院) 등이 '명목적 천황제론', '천황=법황론', '황실권위론' 등을 주장하였다. 한편 법제사가 이시이 료스케石井良助는 대정위임설을 부정하면서, 관위·원호·역제曆制를 들어 천황을 국가통일의 상징으로 설명하는 '상징천황론', '천황 불친정론'을 제창하였다(『天皇-天皇統治の史的解明』, 弘文堂, 1950).

천황론의 이 같은 백가쟁명의 시기에, 1950년 역사학대회에서 이시모다 쇼石母田正는 중세국가의 왕권을 필연적 요소로 보고, 지배·예속관계의 모순을 극복하기 위한 장치로서 황실을 상정하였다. 근세기 황실은 극도로 쇄미했지만 전통적인 정신적 권위로서 존속했고, 따라서 봉건적 혼란을 극복하려는 운동이 일어나자 천황은 관념적=정치적 거점이 되었다고 주장하였다(「封建國家に關する諸問題」,『1950年度歴史學研究會大會報告』). 이시모다 쇼의 보고는 주로 중세에 중점이 두어졌으나, 이로 말미암아 중세국가의 왕권 문제가 역사이론의 문제로 제기되게 되었다. 그리고 고노 신지小野信二는 대정위임론을 부정하면서 천황을 전국 내지 전 국민적 통일을 정치적으로 상징하는 형식상의 종주권을 유지하고 있는 '명목적 존재'로 결론지어 '천황무력론'을 주장하였다(「幕府と天皇」,『岩波講座 日本歴史10-近世2』, 岩波書店, 1963).

1970년대는 대외적 계기론과 인민투쟁사와 관련한 국가론·국가사가 연구의 주 대상이 되면서 천황·천황제 연구가 활발히 전개된 시기였다. 역사연구에서 국가사·국가론이 주목받게 된 데는 그 배후에 이에나가家永 교과서 소송사건이 자리하고 있다. 즉 역사학계는 정치상 실권을 상실한 근세 천황을 "군주로서의 지위에 있었다"고 한 문부성에 견해에 반대하여, 국가의 본질과 국가상대화의 논리를 명확히 하고자 했던 것이다.

1970년 역사과학협의회대회 발표에서 하라 아키우시原昭牛는 「막번체제의

성립에 대하여」(「幕藩體制の成立について」)라는 보고를 통해 촌을 지배하기 위해서는 정치적 권위에 의한 경제외적 강제와 초월적 권위에 의한 지배이데올로기가 필요하며, 현실(정치적 권위)과 관념(초월적 권위)의 이원적 성격이 천황의 존재근거라 하였다. 따라서 촌의 변질로 말미암은 현실과 관념의 괴리를 일원화하는 과정(막말의 요나오시 운동)에서 근대의 정치적·종교적 권위의 통합자로서의 천황이 형성되었다고 주장하였다. 그리고 이 시기에 이시모다 쇼는 센고쿠기 이래의 천황을 법·국가권력의 차원에서가 아니라, 신분의 존비 관념과 사회에 일관하는 '예禮'의 질서 속에서 파악하고자 하였다. 즉 촌락공동체의 이에家의 확대와 선조숭배의 확대, 피차별민의 재생산, 이것들과 관계있는 촌락 제사 등은 재지의 '예'의 질서를 재생산하고, 그것이 상부구조에 반영되어 천황이 존속하였다고 하였다(「解說」, 『日本思想大系21 中世政治社會思想(上)』, 岩波書店, 1972). 양자의 논의는 막번제 사회구조로부터 근세 천황의 존재 근거를 명확히 하고자 하였다는 점에서 획기적이라 하겠다.

1974년 일본사연구회 대회는 '전근대의 국가와 천황'이라는 테마로 개최되었다. 이 대회에서 가도와키 데이지門脇禎二는 근세 천황을 문화를 보유하는 전통적·문화적 존재로 파악하고, 천황은 정치적 군주이고자 하는 복고적 경향을 가지고 있었기 때문에 막번권력과 대항적이었다고 주장하였다(「前近代における國家と天皇」, 『日本史研究』 150·151合倂號, 1974). 이 대회를 통해 지배이데올로기와 관련한 천황이 부각되었다. 한편 후카야 가쓰미深谷克己는 막번제 성립기의 단선적인 천황 형해화론에 이의를 제기하여, 조막朝幕의 확집 과정은 공의公儀 권력이 봉건적 권위를 창출하기 위해 고대적 군주天皇를 변형시키는 과정이며, 그 결과가 불철저했기 때문에 천황은 '신명神明'적 존재로 자리매김되었다고 주장, 조정·천황은 공의의 지배기구에 종교적·신분적 제 관념을 담당하는 금관 부분으로 장치되었다고 하였다(「公儀權力金冠論」, 「幕藩制と天皇」, 『人民の歷史學』 40, 1975). 이는 근세권력 형성기의 분석을 통해 공의와 천황론을 결합하여 천황을 이해하려는 연구방법을 제시하였다는 점에서 중요하다.

그리고 이제까지의 국가사 연구의 결정체로서 전 5권의 『일본국가사』(『日本國家史』, 東京大學出版會, 1975)가 발간되었다. 이 중 근세를 다룬 제3권에서 주목되는 것은 아사오 나오히로朝尾直弘의 견해다. 아사오 나오히로는 오다織田 정권부터 도쿠가와 정권기의 간에이寬永기(1624~43)까지를 검토하면서, 장군을 정점으로 하는 근세의 공의가 간에이기에 완성되고, 이 과정에서 장군은 천황의 권능을 장악하여 새로운 국제國制를 확립하고, 천황은 고유의 통치문화 및 습속을 체현하는 상징적 권위로서 자리매김되었다고 하였다(「文化象徵論」, 「幕藩制と天皇」, 『大系日本國家史3-近世』, 東京大學出版會, 1975). 그리고 동 시기 미야지 마사토宮地正人는 국법·국가·종교·신분 등의 의식에서 천황·조정이 막번제 국가에 자리매김되어 있으며, 봉건적 주종관계와는 이질적인 군신관계로서 국가구조에 편성되어 있다고 하였다. 즉 막번제 국가에서 천황·조정은 장군과 일체로 공권력을 구성하는 필수불가결한 존재라고 주장하였다(「朝幕權力分有論」, 「朝幕關係からみた幕藩制國家の特質」, 『人民の歷史學』42, 1975). 이 미야지 마사도의 연구는 법의식과 국가의식과 관련한 천황 연구방법을 제창하였다는 점에서 중요하다. 이상의 연구결과에 의해 천황은 막번권력에 의해 통합·편성되어 권력의 구성요소로 자리매김되었다는 견해가 통설로 받아들여지게 된다(「天皇制の政治史的硏究」, 校倉書房, 1981).

1980년대에 들어서자 1970년대의 권력편성론 중심의 막번제 국가론 차원에서 이루어진 천황·조정 연구에 대한 반성이 일어난다. 그리고 사회사에 대한 관심도 커져 사회 전반에 대한 관심이 높아진다. 이 같은 경향에 따라 연구의 초점이 사회집단의 연구에 놓이고, 천황 연구 역시 다양한 시각에서 연구되기 시작한다.

다카기 쇼사쿠高木昭作는 1976년 '역론役論'을 제창하여 지역지배와 분업 편성·신분 편성에서의 고쿠군國郡 제도의 기능을 검토하고, 영주적 토지소유자가 전통적인 국가의 틀을 이용·극복하는 과정을 명확히 하였다(「幕藩初期の國奉行について」, 『歷史學硏究』431, 1976; 「幕藩初期の身分と國役」, 『1976年度歷史學硏究會大會報告』歷史學硏究別冊, 1976). 이어서 1983~84년 국토의 영유에서 천황이 종교적 주술적 기능을 집약하고 있다는 견해를 발표하였다(「最近近世身分制論」, 『歷史評論』404, 1983; 「'秀吉の平和'と武士の變質」, 『思想』721, 1984). 근세를 '역' 체제 사회로 파악하려 한 비토 마사히데尾藤正英는 역 체제와 천황의 불가분성을 강조하였다(「江戶時代の天皇」, 『法學セミナー增刊これ

からの天皇制』, 日本評論社, 1985; 『江戸時代とはなにか』, 岩波書店, 1992). 이에 대하여 미즈바야시 다케시水林彪는 통일권력의 형성기를 분석하여 근세 천황제의 발생논리를 '법의 차원'에서 전개하였다. 그는 통일권력 형성기에 천황에게 요청된 가장 중요한 사회적 기능이 관위제이며, 무가권력에 의한 관위제의 부활은 율령적 관직 계층제라는 법의 차원에서였다라고 주장하였다(『近世天皇制復活論』, 「幕藩體制における 公儀と朝廷」, 『日本の社會史3-權威と支配』, 岩波書店, 1987).

한편 1980년대에는 실증을 통해 근세 천황과 관련한 사실들을 연구하기 시작한다. 예를 들면 다카노 도시히코高埜利彦의 연구(『近世日本の國家權力と宗教』, 東京大 學出版會, 1989; 「江戸幕府の朝廷支配」, 『日本史研究』319, 1989; 「近世天皇論の現在」, 『爭點日本の歴史5-近 世編』, 新人物往來社, 1991), 오야시키 게이코大屋敷佳子의 연구(「幕藩制國家における武家傳奏の機 能」, 『論集きんせい』7・8, 1982・1983), 히라이 세이지平井誠二의 연구(「武家傳奏の補任について」, 『日本歴史』423, 1983; 「確立期の議奏について」, 『中央大學文學部紀要 史學科』33, 1988), 모리 요시카즈 母利美和의 연구(「禁裏裏番内内衆の再編」, 『日本史研究』277, 1985), 다나카 도시타쓰田中曉龍의 연구(「江戸時代議奏制の成立について」, 『史海』34, 1988; 「近世公家論」, 『日本近世史研究事典』, 東京堂出版, 1989; 「江戸時代近習公家衆について」, 『東京學藝大學附屬高等學校大泉校舍研究紀要』15, 1990), 마세 구 미코間瀬久美子(「近世の民衆と天皇」, 『岡山の歴史と文化』, 福武書店, 1982; 「幕藩制國家と朝幕關係」, 『日本 近世史研究事典』, 東京堂出版, 1987)의 연구 등이 이를 대표한다. 다카노 도시히코는 주로 집단과 천황의 문제를, 오야시키 게이코는 부케덴소武家傳奏의 형성과 기능을, 히라이 세이지와 모리 요시카즈, 그리고 다나카 도시카쓰는 주로 근세 셋칸 제攝關制 등의 조정기구를, 마세 구미코는 신직제도神職制度를 통해 요시다吉田・시라카와가白川家의 기능을 분석하였다. 이들 연구 중에 중요한 것은 다카노 도시히코의 일련의 연구다(『近世日本の國家權力と宗教』, 東京大學出版社, 1989). 이들의 연구가 천황・조정과 관련된 제 제도의 형성・확립 및 그 정치・사회적 기능을 명확히 하고자 했기 때문에 1980년대의 연구 대상시기는 자연히 막번제 중기로 하향하는 경향을 나타내고 있다.

이 같은 연구경향은 1990년대 들어 더욱 심화되었다. 이 시기의 특징적인 현상 가운데 하나는 무가 관위제의 형성 과정에 대해 정치사적・동태적 연구가 심화되었다는 점이다. 그 대표적 학자로 미야자와 세이이치宮澤誠一(「幕藩制的武家官

位の成立」, 『史觀』 101, 1979), 이케 스스무池享(「戰國·織豐期の朝廷政治」, 『一橋大學硏究年報經濟學硏究』 33, 1992; 「武家官位制の創出」, 『大名領國を步く』, 吉川弘文館, 1993; 「武家官位制再論」, 『日本歷史』 577, 1996), 후지이 죠지藤井讓治(「日本近世社會における武家の官位」, 『國家-理念と制度』, 京都大學人文科學硏究所, 1989), 호리 신堀新(「近世武家官位の成立と展開」, 『新しい近世史』, 新人物往來社, 1996; 「近世武家官位試論」, 『歷史學硏究』 703) 등을 들 수 있다(졸고, 「近世武家官位制の成立過程について」, 『史林』 74-6, 1991). 그리고 중세사가 이마타니 아카라今谷明는 센고쿠 말기부터 막번제 초기까지의 천황과 권력의 제 과정을 정리하여 5권의 단행본으로 출간하였다 (『室町の王權』, 中公公論社, 1990; 『戰國大名と天皇』, 福武書店, 1992; 『信長と天皇』, 講談社, 1992; 『武家と天皇』, 岩波新書, 1993; 『象徵天皇の發見』, 文藝春秋, 1999). 한편 근세 중후기 천황에 대한 연구가 상대적으로 빈약했는데 후지타 사토루藤田覺가 이 시기를 본격적으로 연구하기 시작하였다. 그는 일련의 연구에서 간세이寬政기를 조막 관계의 전환기로 파악하였다(「寬政期の朝廷と幕府」, 『歷史學硏究』 599, 1989; 「近世朝幕關係の轉換」, 『歷史評論』 500, 1991; 「國政に對する朝廷の存在」, 『日本の近世2-天皇と將軍』, 中央公論社, 1991; 『幕末の天皇』, 講談社, 1994). 이 연구는 그의 학설에 대한 찬반을 떠나 막말기에 왜 천황이 정치적으로 부상하는가 하는 점을 막번제의 변천 과정에서 설명하고자 한 점에서 중요하다.

그리고 이 시기에 1970년대 이래 박차를 가하여 온 천황 연구가 전 5권의 『강좌 전근대의 천황』(『講座 前近代の天皇』, 靑木書店, 1995)으로 결실을 맺었다. 이 시리즈 제1·2권(『天皇權力の構造と展開』)은 고대 이래 막말기까지를 대상으로 주로 정치사 및 국가사 시각에서 동태적으로 다루었다. 제3권(『天皇と社會諸集團』), 제4권 (『國家の統治的機能と天皇』)은 천황을 정점으로 한 광의의 국제질서國制秩序와 사회편성으로 전통화된 제 계기, 국가적 지배와 국제질서에서의 천황의 위치·역할, 천황을 제 집단이 어떻게 인식하고 있는가 등을 심도 있게 다루고 있다. 제5권(『世界史のなかの天皇』)은 비교사적 시각에서 각 국의 왕권과 권위를 다루고, 고대·중세·근세의 천황 및 천황제 연구의 연구사가 정리되어 있다. 이 시리즈와 더불어 주목되는 것은 전 18권에 달하는 『일본의 근세』(『日本の近世』, 中央公論社, 1991) 중 제2권에 『장군과 천황』(辻達也 編, 『將軍と天皇』)을 두어 근세 천황에 대한 시대적 이해를 보이고 있다는 점이다.

위의 국가사 입장에서의 근세 천황제 논의와 관련하여 국군제론國郡制論이 전개되었다. 1976년 중세사 연구자 나가하라 게이지와 근세사 연구자 야마구치 게이지가 대담을 통해 이 문제에 대한 문제소재를 명확히 하였다(永原慶二·山口啓二,「對談·日本封建制と天皇」,『歷史評論』314, 1976). 이 논문은 후학에게 지대한 영향을 미친다. 한편 1975년 『대계 일본국가사3』(『大系日本國家史3』, 東京大學出版會, 1975)이 출판되어 근세 국가사가 일단 정리된다. 여기에 실린 아사오 나오히로(「幕藩制と天皇」), 후카야 카쓰미(「公儀と身分制」)의 논문은 이 시기의 학문 수준을 나타낸다. 이후 발표된 아사오 나오히로(「将軍と天皇」,『戰國時代』, 吉川弘文館, 1976), 사사키 준노스케(「幕藩制の成立―公儀論を中心に」,『戰國時代』, 吉川弘文館, 1976), 다카기 쇼사쿠(「「公儀權力の成立」,『講座日本近世史1』, 有斐閣, 1981) 등의 논문이 주목된다.

야마구치 게이지는 봉건 주종제를 바탕으로 권력을 편성한 막번체제는 체제에 어울리는 독자의 관직제도를 창출하지 않고 천황을 이용·보완하면서 국가제도國制를 형성시켰다고 하면서, 이는 병농분리가 미성숙한 단계에서의 일본 봉건제의 아시아적 특질을 나타낸다고 하였다. 나가하라 게이지는 천황을 왕권의 예적禮的 부분을 담당하는 것일 뿐, 국가체제 형성은 영주제 전개를 중심으로 보아야 한다고 하였다.

일본 사학계에서는 도요토미 히데요시가 간파쿠에 취임하고 나서 전국에 걸친 석고·가수家數·인수人數를 조사하는 것은 국군제적 지배원리가 현재화한 것으로 보고, 이것은 영주제·농노제의 전개 동향에서 관직제가 가진 의미를 어떻게 생각할 것인가의 문제와 관련되어 있다고 보았다. 아키사와 시게루秋澤繁는 1591년 히데요시의 명으로 작성되는 어전장御前帳은 군군(고리)을 단위로 석고를 조사하고, 국國(구니)을 단위로 집계함과 동시에 군회도郡繪圖를 첨부하도록 한 점을 명확히 하였다. 어전장은 쥬라쿠노테이로 모아져 조정되고, 이 조정을 거쳐 확정된 소령고는 다이묘에 대한 역 부과의 기준이 되었다고 하였다(「天正十九年豊臣政權による御前帳の徵收について」,『論集中世の窓』, 吉川弘文館, 1977;「御前帳と檢地帳」,『年報中世史研究』3, 1976; 桑波田興,「天正十九年御前帳關係資料の一考察」,『西南地域史研究』3, 1980). 이 어전장과 관련하여 히데요시가 천황에 그것을 봉정했다는 『다몬인일기』(『多聞院日記』, 天正十九年七月二十九日條)의 기사가 주목된다.

1592년경에 히데쓰구가 발령한 히토바라이 령人掃令도 촌을 단위로 한 가수·인수를 조사하고, 어전장과 같이 국을 단위로 취합하였다. 이 조사에서 남녀·노약은 물론이려니와 봉공인·죠닌·백성 등의 신분차이가 중시되었다. 조선 침략과 관련하여 전국 규모의 인적·물적 규모를 파악하고자 하는 의도를 나타내고 있다고도 보인다(三鬼清一郎,「人掃令をめぐって」,『名古屋大學日本史論集』, 吉川弘文館, 1975). 한편 에도 초기에 기나이·기나이 주변지역 11개 국의 직할령·다이묘령·하타모토 령·사사령 등의 영유관계를 넘어선 국단위로 설정된 구니부교國奉行는 막부 법령의 전달, 농정의 감찰, 치수공사에의 인원동원, 향장과 국회도의 작성, 재판권의 행사 등을 행하였다. 이것은 중세 슈고가 가지고 있던 권력과 유사하며, 구니부교는 지방행정관으로서의 역할을 담당하였다(高木昭作,「幕藩初期の身分と國役」,『歷史學研究』1967年別冊特集; 横田冬彦,「幕藩制初期における職人編成と身分」,『日本史研究』235, 1982; 中部よし子,「國奉行の系譜」,『地方史研究』186, 1983).

한편 야마구치 가즈오山口和夫는 공가사회를 사회집단으로 파악하고, 그 구성원인 지하관인地下官人, 비장인非藏人, 구향역인口向役人, 여관女官의 존재를 해명할 필요성을 역설하였다(「天皇·院と公家集團―編成の進展と近世朝廷の自立化, 階層制について―」,『歷史學研究』716, 1998). 이 같은 지적은 지속적인 근세 신분제 연구와 관련한 것으로, 이후 신분적 주연론에 입각한 천황·공가사회 연구가 활발하게 전개된다. 이러한 연구에 집중한 학자가 다카노 도시히코高埜利彦다. 다카노는 스모, 음양사, 신직, 승려 등을 검토하여 가직家職과 본소(공가公家와 몬제키門跡)의 관계―가직의 분유, 그리고 막부와의 관계를 명확히 하였다(「幕藩體制における家職と權威」,『日本の社會史3―權威と支配』, 岩波書店, 1987). 그리고 이노우에 도모카쓰井上智勝는 신직의 본소인 요시다가吉田家와 지역 신직의 관계를 명확히 하였다(『近世の神社と朝廷權威』, 吉川弘文館, 2007). 이와 관련하여 마세구미코, 소마다 요시오도 종교자 신분과 천황·조정의 관계를 연구하였다(間瀬久美子,「幕藩制國家における神社爭論と朝幕關係―吉田·白川爭論を中心に―」,『日本史研究』277, 1985; 杣田喜雄,『幕藩權力と寺院·門跡』, 思文閣, 2003). 그리고 근세기의 조막관계 속의 조정 운영에 대한 연구도 활발해진다(久保貴子,『近世朝廷の運營―朝幕關係の展開』, 岩田書院, 1998).

1990년대 중반 이후 신분적 주연론의 입장에서의 천황·조정 연구가 활발히 전개된다. 쓰카다 다카시가 제시한 근세 조막朝幕 관계 연구로부터 발전해 온 공가 가직과 결합되어 있는 수험修驗, 음양사陰陽師, 주물사鑄物師 등의 존재를 사회집단으로 파악하려는 경향이 강해진다(「あとがき」, 『身分的周緣』, 部落問題研究所, 1994). 위의 야마구치 가즈오의 연구도 그러한 경향을 나타내고, 우메다 치쥬梅田 千壽의 음양사 연구도 그러한 경향을 나타낸다 하겠다(「近世宮中行事と陰陽師大黑松大夫 -朝廷周辺社會の構造轉換-」, 『日本史研究』481, 2002). 그리고 니시무라 신타로西村愼太郎의 지하관인에 대한 연구도 중요하다(「近世朝廷社會と地下官人」, 吉川弘文館, 2008).

12. 여성사론 · 젠다론

일본 여성사 연구의 역사는 패전 전으로 올라간다. 다카무레 이쓰에高群逸技가 『모계제 연구』(『母系制の研究』, 厚生閣)를 저술한 것은 1938년이지만, 다카무레가 재야사학자인 관계로 그 연구성과는 패전 전에 주목받지 못하였다. 패전 후 여성이 참정권을 획득한 1940년대 후반에 여성사에도 관심이 모아졌다. 이 시기를 대표하는 업적이 이노우에 기요시井上淸의 『일본여성사』(『日本女性史』, 三一書房, 1946)다. 다카무레는 원시를 모권사회로 상정하고, 중세의 요메토리 혼嫁取婚과 상속권 상실로 여성의 지위가 하락하였다고 하였다. 이노우에는 국가권력이 가부장제를 기초로 하는 정치체계를 취하고 피지배계급 역시 가부장제를 받아들이면서도(=가부장제가 관철되지 않은 측면을 강조한 것) 남녀 평등성은 유지되고 있었다고 하였다.

1950년대까지 근세사 연구에 여성을 주제로 한 연구는 거의 없었다. 이는 유교적 여성관 · 여성상이 사회에 일반적으로 정착되어 있었음을 나타낸다 하겠다. 한편 이 시기에도 유녀遊女와 숙박소에서 일하는 여성 메시모리온나飯盛 女 등에 대한 단편적 연구는 있는데, 이러한 연구들은 여성을 대상으로 한 연구임에는 분명하나 남성과 권력 · 지배의 입장을 표현하고 있다 하겠다. 1950년대 후반에 이르러 위의 악조건 하에서도 법제사 관점에서 여성사를 연구한 마키 히데마사牧英正의 업적은 연구사상 가히 기념할 만하다 하겠다(「近世 日本の人身賣買の系譜」, 創文社, 1970). 그리고 이 시기에는 치카마쓰近松 등의 문학작품을 소재로 민속학적 입장에서 결혼·습속 등의 연구를 통해, 근세 여성상을 구축하려 한 연구가 대부분이다.

1960년대 들어 여성사 연구는 착실한 성장을 보였으나 그것은 주로 고대·중세, 그리고 근현대 여성사가 주류를 이루었다. 한편 1970년 무라카미 노부히코는 위의 다카무레와 이노우에의 저작을 비판하면서 여성사 연구에 대해 문제를 제기하였다(村上信彦, 「女性史研究の課題と展望」, 『思想』 549, 1970). 무라카미는 이노우에가 주장하는 가부장제 성립이 국가에 의한 것임을 인정하면서도 서민의 가부장이 가부장제의 실현 욕망을 가지고 있지는 않았는가에 대해 의문을 제기, 중세에 피지배 계층의 가부장제 실현 요구가 있어서, 그것을 실현해 나간다고 하였다.

한편 1973년 이래 『역사평론』은 세계부인의 날을 기념하여 매년 3월호를 여성사 특집호로 편집하고 있는데, 1970년대의 여성사 연구는 주로 근현대를 대상으로 하고 있으며 근세의 경우는 하야시 스즈코林鈴子의 연구논문이 최초다 (「近世商家女性の生活」, 『歴史評論』 349, 1979). 한편 이 시기에 간행된 단행본 연구로는 시바 게이코柴佳子, 오타케 히데오大竹秀男, 세키 다미코關民子의 업적을 들 수 있다(柴佳子, 『江戸時代の女たち』, 評論新社, 1969; 大竹秀男, 『「家」と女性の歴史』, 弘文堂, 1977; 關民子, 『江戸後期の女性たち』, 亞紀書房, 1980).

당시까지의 여성사 연구조류는 크게 두 가지로 볼 수 있다. 하나는 마르크스주의 사학에 기반한 여성해방사의 입장이고, 다른 하나는 여성의 일상 삶을 중시하는 여성생활사의 입장이다. 전자는 패전 후 마르크스 주의 사학을 바탕으로 한 연구이며, 후자는 전자를 여성해방사가 여성사의 일부에 불과하다고 비판하면서, 압도적 다수 무명 여성들의 일상과 그녀들의 활력을 밝히는 것이 중요하다고 하였다. 한편 위 두 가지 흐름과는 입장을 달리하는 여성사가 성차별과 관련한 사회사상사의 입장에서 제기된다. 1973년 미즈타 다마에水田珠江는 여성이 계급차별과 더불어 성차별의 이중억압을 받고 있다 하였다(『女性解放思想の歩み』, 岩波書店, 1973).

1970년대 후반 이래 여성사에 대한 관심이 높아지고, 그 연구성과가 1980년대에 들어 발표된다. 특히 1980년대에 주목되는 것은 와키타 하루코脇田晴子를 중심으로 한 여성사총합연구회의 『일본여성사』 전 5권이다(女性史總合硏究會 編, 『日本女性史』, 東京大學出版會, 1982). 이어서 『일본여성사 연구문헌목록1』을 발간한다 (『日本女性史硏究文獻目錄1』, 東京大學出版會, 1983. 이후 목록 1, 2권 발간). 『일본여성사』는 원시로 부터 근현대에 이르는 전 시대를 대상으로 하고 있고, 서양사, 민속학, 언어학 등의 영역에서도 일본 여성사를 비교사의 입장에서 조명하고 있다. 이 『일본여 성사』는 1970년대 이래의 여성사 해명의 필요성에 대응한 것으로, 당시까지의 여성사 연구의 총합적 성과를 나타낸다. 『일본여성사3』은 근세 여성사를 다루고 있는데, 주로 사회경제사의 측면에서 가능한 한 근세사회의 여성 실태를 명확히 하고자 할 의도에서, 결혼문제를 통해 막번체제 하의 여성 지위, 농촌과 도시 서민 여성의 노동과 생활 실태, 근세기 여성의 지위변화 등을 명확히 하고자 하였다. 『일본여성사 연구문헌목록1』은 여성사 연구목록 을 정리한 것이나, 해설 편에 정치, 법제, 이에家, 노동, 생활, 종교, 교육, 문화, 풍속, 유녀, 인물 등 9항목에 걸친 연구사를 싣고 있어서 초심자들에게 편리를 제공하고 있다.

이러한 여성사 연구의 발전과 1980년대 후반부터 서구 사회사 연구의 동향에 힘입어 젠다의 개념이 도입되고, 여성학이라는 학문이 등장하게 된다. 그리하여 사회학자를 중심으로 여성학이 급속히 영향력을 확대하여 간다. 이러한 경향 속에서 근세여성연구회는 여성 집필자만으로 1986년 『논집근세 여성사』(『論集近世女性史』, 吉川弘文館, 1986)를 발간한다. 이 책은 일반사에 여성사의 관점을 집어넣어 역사학 그 자체를 변화시키려는 의도를 포함하고 있으며, 근현대사만이 아닌 각 시대의 사회구조 속에서 여성의 존재형태를 해명하고자 하였다. 특히 이 책에서 주목되는 점은 여성 상속문제를 다룬 연구와 막부·번 권력과 여성 관계를 다룬 연구다. 근세 여성사 연구의 초기 주자인 시바 게이코柴桂子는 전국 각지 여성들의 여행일기를 수집하고 그것의 분석을 통해 여성사 연구주제로 여행을 추가하였다. 시바 게이코의 이 연구가 역사학계 주류에 준 충격은 상당했다고 한다. 그리고 여성사총합연구회가 1990년에 『일본여성사』의 자매편격인 『일본여성생활사』(『日本女性生活史』全5卷, 東京大學出版 會, 1990), 근세여성사연구회는 『에도 시대의 여성들』(『江戶時代の女性たち』, 吉川弘文館,

1990)을 발간하였다. 그리고 여성사 연구는 가족사 연구와 관련하면서 진행되었다. 오타케 히데오大竹秀男(『家と女性の歴史』, 弘文堂, 1977), 미야카와 미쓰루宮川滿(『家族の歴史的研究』, 日本圖書センター, 1983), 스미 도요鷲見等曜(『前近代日本家族の構造』, 弘文堂, 1983) 등은 그러한 연구를 대표한다 하겠다.

이상 1980~90년대 여성사 연구는 주로 '국제부인년 10년'과 '고용기회 균등법' 등 현실의 사회 동향이 타 분야 근세사 연구자로 하여금 여성사 연구로 관심을 돌리게 하여 달성된 것으로, 연구자 각각의 관심과 시각에 따라 여성사를 개척하였다고 할 수 있다. 그리고 1990년대 중후반을 통해 유럽의 사회사적 관점의 여성사=젠다론이 영향력을 증대시켜 간다. 우에노 치즈코上野千鶴子의 「역사학과 페미니즘의 '여성사'를 넘어서」(「歷史學とフェミニズム-'女性史'を超えて」, 『岩波講座 日本通史 別卷1』, 岩波書店, 1995)가 일본 역사학에 던진 충격은 대단한 것이었다. 우에노는 패전 후의 여성사를 총괄·비판하면서 '여성사에서 젠다사'로의 이해에 의해 '역사학의 젠다화'를 주장하였다. 그러나 젠다사는 당시 곧바로 정착되었다고는 할 수 없다. 2004년 젠다사학회가 설립되어 '학제성學際性, 국제성, 쌍방향성'을 지향하면서 비로소 연구영역을 넓혀 간다.

위의 시바 게이코가 제기한 여행을 주제로 한 연구는 1990년대 마에다 요시前田淑(『江戶時代女流文藝史』, 笠間書院, 1998), 후카이 진조深井甚三(『近世女性旅と街道交通』, 桂書房, 1995; 『江戶の旅人たち』, 吉川弘文館, 1997; 『江戶の宿-三都・街道宿泊事情』, 平凡社新書, 2000) 등의 연구로 결실을 맺는다. 한편 다카기 다다시高木侃는 남편이 아내에게 보내는 이혼장 '미쿠다리한三下リ半'을 집중적으로 연구하였다(『三くがリ半』, 平凡社, 1987). 그는 이 연구를 통해 일본 근세의 혼인, 이혼, 재혼에 대한 새로운 해석을 제시하였다. 이 '미쿠다리한'의 해석과 관련하여 여성 교육서 '온나다이 가쿠女大學'에 대한 재검토도 행해져, 야부타 유카타藪田貫, 고이즈미 기치나가小泉吉永, 요코타 후유히코橫田冬彦 등의 연구가 이루어졌다(藪田貫, 「近世女性の軌跡」, 『關西大學文學論集』 45, 1995; 『女性史としての近世』, 校倉書房, 1996; 小泉吉永, 「近世刊行の女筆手本について」, 『江戶期おんな考7』, 1996; 橫田冬彦, 「'女大學'再考」, 『ゼェンダーの日本史(下)』, 東京大學出版會, 1995). 한편 나카노 세쓰코는 위 주제를 가나소시假名草子, 와카和歌, 유교문화, 서도사書道史와의 관련 속에서 재해석하였다(中野節子, 『考える女たち』, 大空社, 1997). 이 시기의 업적으로

중요한 것이 와키타 하루코脇田晴子·Susan B. Hanley가 편한 『젠다와 일본사』
다.(『ジェンダーと日本史』上·下, 東京大學出版會, 1994·1995) 이 책은 5년간에 걸친 미국·영
국·프랑스 등 서구학자와의 공동연구로서, 역사·문학·민속학·종교학 등
의 학제간 연구성과를 담고 있다. 그리고 이 책은 '종교와 민속', '신체와
성애', '주체와 표현', '일과 생활'로 나누어 젠다개념을 통해 무엇이 보이는가를
추구, 여성과 관련한 다양한 측면을 드러냈다.

그리고 각 자치체사 저술의 측면에서도 여성사 연구는 진행되었다. 특히
야부타 유카타藪田貫(『男と女の近世史』, 靑木書店, 1998), 다나하시 구미코棚橋久美子(『阿波國下
田美壽日記』, 淸文堂出版, 2001), 요코야마 레이코橫山鈴子(「近世後期「主婦權」に關する歷史的考察」,
『總合女性史硏究』20, 2003), 오우메시 향토박물관 편(靑梅市鄕土博物館 編, 『御殿女中·吉野みちの
手紙』, 靑梅敎育委員會, 1991) 등은 그것을 대표한다 하겠다. 오쿠죠츄奧女中 연구는
하타케 나오코畑尙子의 『에도 오쿠죠츄 이야기』(『江戶奧女中物語』, 講談社, 2001), 오쿠죠
츄의 공급원으로서 간토 호농층의 존재를 지적한 오구치 유지로大口勇次郎(『農村日
記に見る女性像』, 『歷史評論』479, 1990;「農村女性の江戶城大奧奉公」, 『19世紀の世界と橫濱』, 山川出版社,
1993;『女性のいる近世』, 勁草書房, 1995)의 연구로 발전한다.

각 계층의 여성상女性像 실태를 밝히려는 노력은 『일본의 근세15』(『日本の近世15
-女性の近世』, 中央公論社, 1993)에서 결실을 맺는다. 한편 사회 저변에 있던 유녀들의
실태도 명확해진다. 우사미 미사코宇佐美ミサコ(『宿場と飯盛女』, 同成社, 2000), 소네 히로
미曾根ひろみ(『娼婦と近世社會』, 吉川弘文館, 2003)의 연구는 이것을 대표한다 하겠다. 한편
막부의 모범적 여성상을 소개한 스가노 노리코菅野則子의 연구(「幕藩權力と女性」,
『論集近世女性史』, 吉川弘文館, 1986)도 근세사회가 매매춘 사회였음을 역으로 보여주고
있다. 모리시타 미사코森下みさ子는 도시에서의 결혼과 여성상을(『江戶の花嫁』, 中央公
論社, 1992), 고이즈미 가즈코小泉和子는 근세 여성의 가사를(「家事の近世」, 『日本の近世15-
女性の近世』, 中央公論社, 1993), 오타 모토코太田素子는 육아 문제를(「近世農村社會における子ども
をめぐる社交」, 『國立歷史民俗博物館硏究報告』54, 1993), 사와야마 미카코澤山美果子는 출산과
신체에 대해(『出産と身體の近世』, 勁草書房, 1998), 구라치 가쓰나오倉地克直는 성과 신체에
대해(『女性と身體の近世史』, 東京大學出版會, 1998), 나가노 히로코長野ひろ子는 젠다론에 입각
하여 근세사회를 재구성하려 하였다(『ジェンダーで讀み解く江戶時代』, 三省堂, 2001;『日本近世

ジェンダー論』, 吉川弘文館, 2003). 나가시마 준코長島淳子도 막번제 사회의 젠다를 주제로
한 연구를 상재하였다(『幕藩社會のジェンダー構造』, 校倉書房, 2006).

13. 신분제 · 신분적 주연론

신분제론 및 신분제 사회론은 교과서 재판으로 촉발된 국가사 연구와
더불어 1970년대 후반부터 1980년에 활성화한다. 이 시기 연구의 초점은
주로 천민제에 맞춰 있었다(와키타 오사무脇田修, 미네기시 겐타로峰岸賢太郎,
하타나카 도시유키畑中敏之, 쓰카다 다카시塚田孝). 근세 천민제 연구에 대해
쓰카다 다카시는 제1기: 패전 후부터 1950년 후반까지의 부락部落(천민촌) 문제
연구, 제2기: 1960년대, 제3기: 1970년대로 구분하고, 제3기의 주요 논점은
1) 부락의 성립, 2) 이중지배, 3) 폐우마 처리와 장場, 4) 토지소유・어백성
인식, 5) 히닌非人 연구, 6) 신분론으로 정리하였다(塚田孝,「近世賤民制論」,『日本史研究の
新觀点』, 吉川弘文館, 1986). 그리고 1980년대 이후를 제4기로 차정하고, 이 시기
천민제 연구의 특징을 '내로 향한 심화'와 '외로 향한 발전'이라 하였다(「近世賤民制
研究をめぐる二~三の問題」,『部落問題研究』100, 1989). 즉 이 시기의 신분제 연구는 개별주제
연구의 심화와 더불어 근세사회의 특질을 해명하고자 하는 방향성을 가지고
있었으며, 부락사 연구의 영역에서 벗어나 근세 사회구조 속에 천민제 신분을
자리매김하려 한 것이었다.

이러한 문제를 진지하게 제기했던 학자가 와키타 오사무脇田修와 미네기시
겐타로峰岸賢太郎다. 와키타의 연구방법(「賤視された職人集團」,『日本の社會史6』, 岩波書店,
1988)은 그가 이미 1972년에 제기한 신분제의 사회적 기초로서 소유 문제를
명확히 함과 동시에 구조론, 지역, 생활사와 사회사, 그리고 의식과 세계사에
대한 문제제기(「部落史研究の新しい展開をめざして」,『部落問題研究』92, 1987)에 대한 답변이라
고 할 수 있다. 미네기시 겐타로는 천민의 생활을 지탱하고, 그 신분 존재를
특징짓는 단나바旦那場에 대해 소유론 및 공동체의 시각에서 정리하여 자리매김
하고자 하였다. 그는 천민은 소유와 소유체계의 외부에 위치하고, 때문에
권진에 의해 생활할 수밖에 없고, 히닌 공동체의 권진장 영유에 기초한 권진활

동을 명확히 하였다(「近世における部落差別の習俗的形態－部落差別の態様とその變化(1)」, 『部落問題研究』 87, 1986; 「近世賤民制の基礎構造」, 『部落問題研究』 89, 1986).

이러한 문제제기는 제 신분의 존립 요건은 무엇인가 하는 의문을 제기하였다. 이에 답하여 다카기 쇼사쿠는 국가공권에 기반한 국역 부과체제와 제 신분과의 대응관계를 전제로, 지배체제를 총괄하는 국가가 신분을 최종적으로 결정한다고 하였다. 그리고 국역과 석고제의 관계를 검토한 결과, 영주적 토지소유와는 구별되는 국가적 지배체제인 국역國役제도가 석고제에 편입되어 근세국가의 제도로서 기능하고 있다고 하였다. 즉 신분제가 봉건적 영유관계와는 독자의 국가적 지배체제로 존재한다는 것이다(高木昭作, 「幕藩初期の身分と國役」, 『歷史學研究別冊』, 靑木書店, 1976). 이에 대해 아사오 나오히로는 국가에 의한 신분편성은 율령국가에 의한 편성의 유제로서 어디까지나 외피이며, 신분을 제1의적으로 결정하는 것은 촌이나 쵸의 '지연적·직업적 신분공동체'라 하였다(朝尾直弘, 「近世の身分制と賤民」, 『部落問題研究』 86, 1981). 일견 양 견해는 대립하는 것처럼 보이나, 다카기의 견해는 통일권력의 창출과정에서 군단 창출兵營國家論과 국가적 구조(국군제·국역부담체계) 속에 제 신분을 조직하여 자리매김하려는 국가사 관점을 나타낸 것이고, 아사오의 견해는 신분 존립의 기초(사회적 기저)에 신분공동체가 존재함을 강조한 견해다. 아사오의 견해는, 자연히 사회집단에 대한 연구를 자극한다. 미즈모토 구니히코는 1983년 '총촌중惣村中' 연구를 통해 사회를 국가에 수렴시키는 방법이 아니라, 국가를 상대화하기 위한 촌의 자율성을 강조·평가하고자 하였다(水本邦彦, 『近世の村共同體と國家』, 東京大學出版會, 1987). 구루시마 히로시久留島浩는 조합촌組合村에 주목하여 촌청제 하의 촌의 자율성을 높이 평가하고, 사사키 쥰노스케의 호농 - 반프로론을 재평가하여야 할 것이라 하였다(久留島浩, 「百姓と村の變質」, 『岩波講座 日本通史15』, 岩波書店, 1995).

한편 요시다 노부유키는 근세 거대 도시사회의 다양하고 복잡한 양상을 분석, 도식화하였다(吉田伸之, 「近世の身分意識と職分認識」, 『日本の社會史7』, 岩波書店, 1987). 그는 이 글에서 고유 신분이 성립할 수 있는 요건으로 1) 직분=소유와 경영의 질 및 분업상의 위치, 2) 공공조직=소유와 경영의 집단적 보증, 3) 역=사회 속에서의 지위의 공정公定과 합의 등을 제시하였다. 여기에서 직분, 공공조직,

역은 각각 고유성, 고정성, 배타성이 존재하며, 이러한 요소가 신분의 독자 성격과 내용을 규정한다는 것이다. 이는 위 다카기와 아사오 견해를 통일적으로 파악한 것으로 보이는데, 즉 분업·소유·경영의 근세적 특질로서의 사회적 기저와 전체 사회 편성 속에서 신분의 공적 위치를 명확히 했던 것이다.

　이러한 개개 신분에 국한된 연구에서 제 신분을 포괄하는 사회편성의 존재양태를 구체적으로 추구하는 연구를 '신분제 사회'라는 용어를 사용하여 연구한 학자가 쓰카다 다카시塚田孝다. 쓰카다는 근세의 사회편성은 신분제이며, 근세는 국가와 사회가 분리되어 있지 않으며, 원칙적으로 모든 인간을 신분으로 파악하는 것을 지향하여, 제 개인은 공동조직·사회집단에 포섭된 존재로서 집단을 매개로 사회적 관계를 맺고 있다고 하였다(「近世賤民制論」,「日本史研究の新觀点」, 吉川弘文館, 1985;「身分制社會と市民社會-近世日本の社會と法」, 柏書房, 1992). 쓰카다는 자신의 견해를 요시다의 그것과 유사하다고 하였다(「近世賤民制研究の現狀と方向」,「部落問題研究」59, 1988). 즉 직분이 개인의 특수성=개별성에, 공동조직이 신분공동체에, 역에 의한 사회적 공정이 개인과 국가·사회 전체와의 독자적 관계에 각각 대응한다 하였다.

　한편 와키타 오사무는 신분제의 사회적 기초로서 소유의 문제를 제기하였다(「近世封建制と部落の成立」,「部落問題研究」33, 1972). 와키타가 제기한 '신분적 소유'는 가와타 신분의 폐우마斃牛馬 처리권을 '신분적 소유'라는 개념을 사용하여 해명하면서, 제 신분은 각각의 신분에 상응하는 소유 형태를 가지고 있다 하였다. 이러한 '신분적 소유'의 개념을 일신시킨 것이 아사오 나오히로의 '지연적·직업적 신분공동체'론이다(「都市と近世社會を考える」, 朝日新聞社, 1995). 아사오는 백성의 토지 소지와 경영을 보호하는 촌공동체, 쵸닌의 최대자본인 가옥(주거와 점포, 작업장)이 상업경영 상의 신용의 원천이며, 가옥 소유를 공동 보전하는 쵸 공동체가 기본적인 생활공동체로서의 사회집단이라 하였다.

　요시다는 도시사의 관점에서 쵸닌의 소유 내용은 동산動産 소유를 본위로 하는 상인자본과 신분적 자본(수공업 소자본)이라는 이질적 유형이 존재한다는 점, 근세 초기의 직인집단은 직인=신분, 직인=쵸닌의 중층성이 존재한다는 점, 쵸닌=상인 소유의 본질은 화폐·상품 등의 동산에 있다는 점, 쵸와 쵸닌만

의 시점으로는 근세도시의 사회구조 전모를 해명할 수 없다는 점, 즉 근세 초기 이래 토지·용구·동산 소유에서 소외되어 육체만 소유하고 있는 일용층, 우라다나裏店 층 등의 도시 하층민이 민중세계의 중핵이라는 점을 들어 아사오의 견해를 비판하였다(「近世の身分意識と職分認識」, 『日本の社會史7』, 岩波書店, 1987; 「近世前期の町と町人」, 『都市と商人·藝能民－中世から近世へ』, 山川出版社, 1993). 그리고 근세사회의 계층 구분은 무엇을 소유했는가를 기준으로 하고 있고, 소유의 차이를 기준으로 신분이 편성된다는 견해를 제시하였다(「社會的權力ノート」, 『近世の社會權力』, 山川出版社, 1996). 그는 근세사회의 정통한 소유는 토지소유와 용구소유이며, 전자는 영주(무사신분)와 백성신분의 관계를 규정하고, 후자는 직인(독립 수공업자) 신분의 기반이라 하였다. 그리고 화폐·동산 소유와 노동력 소유를 근세사회의 이단으로 자리매김하였다. 화폐와 동산은 상인에 의한 소유이며, 노동력 소유자는 생산수단 소유에서 소외된 일용(노동력 판매자)의 소유라 하였다. 또한 노동력 소유마저 실현할 수 없는 비소유자=소외된 노동력 소유 주체로 히닌 신분이나 종교적·예능적 권진자(즉목적 신분적 주연 존재) 등의 걸식·권진층을 들었다(「藝能と身分の周緣」, 『部落問題研究』 132, 1995).

이러한 논의를 경청하면서 쓰카다는 쵸닌(매장 소유자) 계열과 상인(점포 임대자와 소매업) 계열의 분류와 상품유통체계의 재고를 제안하였다(「身分制の構造」, 『岩波講座 日本通史12』, 岩波書店, 1994). 한편 농촌에 대해서 와타나베 나오시는 촌락공동체에 의한 토지소유의 보전을 포괄적으로 논하였다(『近世封建制と村落共同體』, 東京大學出版會, 1994). 그는 농촌공동체의 중심 기능이 토지 소유에 있다고 하면서, 쵸 공동체나 어촌공동체의 공동관계는 이질적 요소를 포함하고 있으며, 촌락공동체·쵸 공동체들과의 공통점과 상이점을 명확히 할 것을 제안하였다. 그는 또한 각 신분에 국한한 사회상의 추구로부터 집단들 간의 상호관계 연구로 전환할 것을 촉구하면서 "근세는 사회집단(공동조직)이 중층과 복합에 의해 전체 사회가 구성되어 있다"고 하였다. 중층이란 기초적인 사회집단이 2·3차적 집단을 형성해 가는 관계이며, 복합이란 다른 사회집단과의 교류·관계를 말한다. 이 집단들의 복합관계를 분석하기 위해 교류·관계하는 집단의 논리를 동등하게 다루는 복안複眼적 시야와 대위법적 분석이 필요하다고 강조하였다. 그리하여 집단 간의 교류·관계를 매개하는 '장場'의 연구에 성과를 냈다('관계소유의 개념'을 강조, 사회집단의 관계론적 파악).

한편 요시다는 지역의 편성·통합을 실질적으로 담당하는 헤게모니 주체= 사회적 권력에 주목, 이 사회적 권력을 '자극磁極'으로 한 부분사회='자계磁界'가 형성된다고 하고, 그것을 단위사회구조라 규정하였다(「巨大城下町-江戸」, 「岩波講座 日本通史15」, 岩波書店, 1995; 「社會的權力ノート」, 「近世の社會權力」, 山川出版社, 1996). 이러한 연구를 통해 '장', '관계', '집단'이라는 키워드가 추출되었다. 즉 각각의 집단이 어떠한 조직구조를 가지고 있는가, 이 사회집단이 타 집단(동질과 이질의)과 어떠한 사회적 관계를 형성하고 있는가, 타 집단과의 관계를 규정하는 장의 특질과 타 집단과 병존하는 장의 존재형태 등에 주목하여 전체 사회를 파악하고자 하는 방향성이 형성된다.

1990년 '신분적 주연' 연구회가 발족되어 1994년 『신분적 주연론』(「身分的周緣 論」, 部落問題研究所)이 간행된다. 이 간행에서 쓰카다 다카시는 신분적 주연론 연구가 1) 1970년대의 근세 천민제 연구로 에타·히닌 신분에 대한 연구는 비교적 진전되어 있으나, 소위 '잡종천민'에 대한 연구는 미흡하며, 2) 1970년대 후반부터의 다카노 도시히코 연구로 대표되는 공가 가업과 천황 권위와 관련하여 집단화한 사회적 제 존재의 연구, 3) 1980년대의 요시다 노부유키 연구로 대표되는 거대도시 분석, 즉 민중의 다양한 존재형태(특히 도시 하층민)의 분석과 상호관계를 중심으로 연구가 행해져 왔는데, 이 세 조류의 연구를 총합하여 '신분적 주연'이라는 대구조를 설정하였다고 하였다. 쓰카다의 경우 공적으로 편성·위치하는 '정치사회'와 그것에 수렴되지 않는 제 관계가 사실상 전개되고 있는 '주연사회'가 신분제 사회를 구성하고 있다고 하였다. 방법으로서의 주연론은 사회의 기본관계나 중핵 신분을 충분히 연구하면 전체를 이해할 수 있다는 태도에 재고를 촉구하였다. 그리고 야스마루는 1992년 실태(대상)로서의 주연에 대해 사회체계의 중추에서 떨어진 주연에 위치하는 조직들과의 관계들(촌의 씨신과 제례, 젊은이 조직若者組, 고講, 신불, 유행신, 사사 참례 여행, 종교·예능 관계자의 내방, 장례·혼사, 신탁) 등의 권력지배가 직접 이르지 못하는 애매하고 불확실한 영역, 그렇기 때문에 불안하거나

의혹의 대상이 되기 쉬운 영역='민속적인 것'이라고 하였다. 신분적 주연론 연구는 위의 주연의 관계들을 형성하는 제 집단의 실태와 타 집단과의 교류/관계를 명확히 하려는 입장을 취하고 있다.

이 신분적 주연론의 연구는 주로 공동연구를 행하고, 시리즈로 그 성과를 간행하였다. 위의 『신분적 주연론』도 그러하거니와 방법으로서의 주연과 대상으로서의 주연에 대한 심도 있는 논의를 거듭하면서 근세사회를 총체적으로 파악하는 방법을 모색하고자 노력하였다. 1995년 제2차 '신분적 주연' 연구회를 발족, 『근세의 신분적 주연』전 6권(『近世の身分的周縁』, 吉川弘文館, 2000)을 간행하였다. 그리고 2003년 제3차 '신분적 주연' 연구회가 발족되어 『신분적 주연과 근세사회』전 9권(『身分的周縁と近世社會』, 吉川弘文館, 2006~2008)이 간행된다.

이러한 연구에 대해 하타나카 도시유키畑中敏之(「書評・塚田孝 著『身分制社會と市民社會』」, 『日本史研究』391, 1995; 「書評・塚田孝著『近世身分制と周縁社會』」, 『歷史評論』593, 1999), 노비 쇼지のび しょうじ(「地域被差別民史の研究構想」, 『部落解放研究』117, 1997), 구라치 가쓰나오倉地克直(「身分的周縁をめぐって」, 『部落問題研究』199, 2002), 다카노 노부하루高野信治(「近世大名の農政展開と社會差別」, 『比較社會文化』13, 2007), 기노시타 미쓰오木下光生(「身分的周縁論への向き合い方」, 『部落史研究からの發信』, 解放出版社, 2009)는 비판적 입장을 표명하였다. 반면 야스마루 요시오安丸良夫는 주연적 사회층의 구체상 해명을 크게 진전시켰다고 평가하였다(「序論」, 『岩波講座 天皇と天皇制を考える7』, 岩波書店, 2002). 그리고 후카야 가쓰미深谷克己도 기간적 신분 외측에 잡다하고 널리 서로 교착하는 제 신분, 제 생산업자를 다루기 위한 학문적 시도가 개시되고, 이미 그 성과에 의해 근세사회론은 흔들리고 있다고 평가하였다(『江戸時代の身分願望』, 吉川弘文館, 2006).

위의 신분적 주연론 입장에서의 신분제 연구는 1990년대 중후반을 통해 크게 유행하고, 위의 공동연구 형식을 통해 다양한 분야에 걸쳐 수많은 연구 성과물을 생산해 냈다. 그리하여 이제까지 주목받지 못한 역사의 외연부에 산적되어 있던 주제들에 관심이 모아져 역사상의 다양한 모습을 명확히 하였다. 생각해 보면, 신분적 주연론은 지배와 피지배 구조 해명에 열중한 1980년대까지의 연구에 대한 안티테제고, 유럽 사회사 연구의 도입, 포스트모던이즘의 마이너리티 강조에 강하게 영향받고 있다고 보인다. 어쨌든 이제까지 주목받지 못했던 부분에 대한 연구를 통해 다양한 인간관계와 계층, 그 상호간의 교류, 그리고 그러한 집단의 장과 생활 등을 명확히 함으로써 근세기 인간의 존재양태에 대한 지견을 넓힌 점은 높이 평가해야 할 것이다. 그러나 신분적 주연론에서 제기한 문제가 결코 신분적 주연론의 논리에만 내장되어 있었던 것은 아니며, 신분적 주연론의 기치 아래 모여 연구한 학자들이 같은 논리와 같은 문제의식을 공유하고 있는 것도 아니다. 또한 그들의 연구에 의해 그들이 내걸었던 목표, 근세사의 총체적 이해에 도달한 것도 아니다. 이것은 신분적 주연론이 그에 입각해서 이루어진 연구들을 어떻게 종합하고, 어떻게 일관된 논리를 추구할 것인가, 그리고 그러한 연구성과를 어떻게 기존의 연구와 균형 있게 구조화할 것인가 하는 노력을 요하는 현재진행형의 과제임을 암시한다.

14. 지방사 · 지역사 · 지역 사회론

근대 일본의 지방에 대한 관심은 폐번치현慶藩置縣, 지조개정地租改正, 행정구역 변경, 학교교육 실시 등과 내적 관련성을 가지고 있다. 이러한 지방에의 관심은 향토사의 입장을 나타내며, 중앙집권적인 '제국신민帝國臣民'의 양성과 '충군애국忠君愛國'의 정신을 함양하기 위한 것이었다. 이러한 향토사 연구의 핵심 인물은 주지하듯이 야나기타 구니오柳田國男다. 야나기타 구니오는 당시의 향토사를 1) 자신이 살고 있는 향토의 형세를 천하에 소개할 목적을 갖는 것, 2) 향토의 주민을 독자로 상정하고 애향정신을 고취하고자 하는 목적을 갖는 것, 3) 문장을 잘 하는 사람이 향토를 위해 향토를 선전하려는 목적을 갖는 것, 4) 모든 것을 명료하게 하려는 새로운 계획을 가지고 있는 것 등으로 분류, 이것들 중 4)만을 비판할 가치가 있는 향토사로 규정하였다(「鄕土誌編纂者の用 意」, 『定本柳田國男集 第25集』, 筑摩書房, 1964).

야나기타가 취한 연구방법론은 주지하듯이 민속학 방법이다. 소위 민간생 활의 흔적을 모아 비교 · 분석해 보는 '중출입증법重出立證法'을 취하고 있다. 중출입증법은 전국에 흩어져 있는 동종의 민간자료를 모아 유형화하고, 각

유형을 비교하여 서열을 매기고, 그것을 통해 변화를 추적·파악한다. 따라서 이 연구법은 전국적 규모로 행해진다. 중출입증법에서 변화를 추적하는 방법으로 사용하는 것이 '주권론周圈論'이다. 주권론이란 방언 연구에서 사용하는 기법으로, 동종의 사상事象의 형태 차는 동심원상에 분포하고, 외측의 것일수록 고형古形이라는 전제를 가지고 있다. 따라서 이 이론을 향토 연구에 적용하면 각 지역은 선진(신형)과 후진(고형)의 차이로 나타나게 된다. 이는 지역차별의 구조-중앙 선진, 지방 후진의-를 암묵적으로 용인하는 논리다. 즉 후진의 향토문화는 선진의 중앙문화를 위해 보존되어야 하는 것으로 자리하는 것이다. 결국 야나기타의 향토연구는 향토와 평민이 일본인 일반으로 추상화되어 '향토 없는 향토사', '평민 없는 평민사'다.

이러한 상황 속에서 향토사 체계를 세우려는 시도도 나타났다. 이와사키 조시岩崎長思는 향토사 연구 분야를 '고고학적 향토사', '국사적 향토사', '촌락사', '경제사적 향토사', '역사지리학적 향토사', '토속학적 향토사'의 분과로 분류하고, 1) 종래와 같은 '총체적 연구'는 곤란하기 때문에 '분과적 연구'에 들어갈 것, 2) 어느 분과의 연구를 하더라도 '향토사의 본계本系'가 어디에 있는가를 명확히 해야 한다고 주장하였다. 그가 말하는 '향토사의 본계'는 '국사'에 관계있는 향토의 과거, 특히 향토의 정치사를 명확히 하는 '국사적 향토사'와 촌락사를 지칭한다. 그리고 촌락사에서 다루어야 할 것으로 촌락의 유래, 촌락의 구역과 주민, 촌락의 생활, 촌락민의 신앙 및 문화, 촌락민의 사유 등을 들고 있다(「鄕土史の體系」, 「信濃」 1次4卷1號, 1935). 국사의 본계는 일본 제국헌법에 명시된 체제, 국체國體를 말한다. 이상에서 알 수 있듯이 이와사키에게서도 야나기타와 마찬가지로 향토사는 국사를 위한 향토사, '향토 없는 향토사'다.

한편 1930년 향토교육연맹鄕土敎育聯盟이 창립되고, 그 기관지 『향토』가 발행된다(「鄕土」는 후에 「鄕土科學」, 「鄕土敎育」으로 개제). 향토교육연맹은 "향토란 토지와 노동과 민족의 총합체고, 자애에 가득 찬 전통과 희망에 불타는 인간생활의 장"이라 하였다(「宣言」, 「鄕土」 創刊號, 1930). 향토교육연맹의 논의 중 주목되는 것은 마르크스주의의 영향이다. 하세가와 요제칸長谷川如是閑은 "제국주의가 세계경제를 내부 관계로 결부시키고, 식민지를 자본주의 사회에 편입시키는 과정에서 … 세계적

으로 '향토'를 해소 … 그 과정은 자본주의의 분업에 기초한 새로운 '향토'를 낳고 있다. … 향토는 단순히 평면적인 '지방적 생활권'에 머무르는 것이 아니라 중층적인 '사회적 생활권'도 창출된다"고 하였다(「近代社會に於ける鄕土觀念の可能と不可能」, 『鄕土』 創刊號, 1930). 즉 '직업적 또는 계급적 생활권'이 '향토'라 하였다. 그리고 하니 고로羽仁五郞는 "메이지 유신 이래, 특히 지조개정을 계기로 본원적 축적이 급속히 진행되어 농민층은 분해되고, 토지는 수탈되어 농민은 소작인·부랑인으로 전화되었다. … (따라서) 민중에게는 향토는 없다"고 하였다. 이러한 인식 하에 그는 노동자·농민의 해방운동으로서의 향토과학, 향토 탈환을 위한 향토 연구를 제창하였다(「鄕土なき鄕土科學」, 『鄕土科學』 13, 1931). 한편 쓰치야 다카오土屋喬雄은 '지방사'와 '일반사'의 구별을 시도하여 지방사 범주에 향토사를 넣었다(「地方史家と中央史家との結合に就て」, 『鄕土』 創刊號, 1930).

위와 같은 향토 연구방법은 1930년대 후반 '총력전체제'로의 전환을 맞아 쇠퇴한다. 오히려 당시의 향토사 연구와 교육은 '향토애로부터 국가애의 배양', '국체를 명확히 하기 위한 향토 교육', '향토애는 국가애의 기본, 때문에 향토애를 양성하면 국가애는 자연히 양성된다'는 인식 하에 이루어졌다(江村榮一, 「地方史の誕生」, 『歷史評論』 236).

패전 후 민주주의 개혁이 진행되면서 역사학계도 황국사관과 '상아탑'적인 사학을 비판하고, 역사 형성의 주체로서 민중에 주목하기 시작한다. 그리하여 경제주의적·구조론적인 시각에서 역사발전의 법칙성을 추구하는 새로운 경향이 형성된다. 그리고 이 시기에 군국주의·국가주의적인 역사관에 기초한 '국사'를 객관성을 담보하기 위해 '일본사'라 칭하게 되었다. 이러한 분위기 속에서 종래의 향토사를 비과학적·편협적인 것이라 비판하고, 일본사 연구와 역사연구 일반과의 관계를 강조하는 지방사 연구를 지향하게 된다.

이러한 분위기 속에서 "각지의 지방사 연구자(와) 연구단체 상호간 및 그것과 중앙학회와의 연락을 긴밀히 하고, 일본사 연구의 기초인 지방사 연구의 추진을 을 목적"으로 하여 지방사연구협의회가 1950년 탄생한다(『地方史研究』 創刊號, 地方史研究協議會規約). 그리하여 마침내 1951년 3월 『지방사연구』 창간호를 낸다. 지방사연구협의회의 학문적 입장은 "일본열도를 만들고 있는 각

국지마다 역사의 장을 한정하여, 일본역사를 자세히 구명·검토하는 입장 … 따라서 향토사 이상으로 넓은 의미를 갖는 지방사 연구의 시점을 취하여 … 각 지역사회의 선인의 삶의 방식, 존재 방식이 어떠했는가를 돌아보아, 하나는 향토의 전도를 생각하는 데 참고하고, 하나는 그것이 일본역사 전체 속에 점하는 위치를 분명히 하여 그 의의를 구명하고자 한다"는 것이다(「地方史研究の意義と方法」, 『地方史研究必携』, 岩波書店, 2006). 이러한 태도는 기존의 향토사 연구의 피해에 대한 비판이기는 하나, 기존의 향토연구가에 대한 근본적인 비판이라고는 보기 어렵다. 그리고 당시 역사학 연구의 조류가 마르크스 주의나 근대주의에 입각하고 있었기 때문에, 지방사 연구자들은 '고래의 것, 일본적인 것'-향토사가에게는 대단히 가치 있는 것-을 '봉건적인 것, 시대에 떨어지는 것'='봉건 유제'로 판단·평가하였다. 따라서 지방, 특히 농촌은 봉건적이고 시대에 뒤떨어진 것이라는 인식이 지방사 연구가들에게 잠재되어 있었다고 보인다 (지방 멸시의 태도). 이것도 지방사 연구의 주체를 형성하지 못하게 한 하나의 요인이라 보인다. 이러한 경향의 지방사 연구에 대한 잇시 시게키一志茂樹(「地方史研究における反省を爲すべき三つの問題」, 『地方史研究』 6; 「地方史研究の座」, 『信濃』第22卷第3號)와 기타하라 이토코北原絲子(「地方史研究の目指すもの」, 『地方史研究』 118), 그리고 하야시 히데오林英夫(「地方史研究の史的病狀」, 『地方史研究』 82)의 지적에 귀 기울일 필요가 있다.

위의 연구경향을 감안할 때, 중앙사 인식이 주로 중앙과 지방의 상하관계를 전제로 한 것임은 말할 나위도 없다. 이러한 인식이 지역의 역사주체와 연구주체의 형성을 방해하고 있었음도 자명하다. 그리고 그러한 역사학이 지역의 현실문제에 대한 해결책 혹은 문제관심을 불러일으키지 못할 것이라는 것도 분명하다 하겠다. 그러나 위와 같은 지방사 연구에 대한 비판에도 불구하고 1950~60년대를 통해 지방사란 언어는 널리 정착되고 지방사 연구는 역사연구의 한 유형으로 확고하게 자리 잡는다.

1960년대 후반, 1970년대 전반을 통해 역사의 주체와 연구주체를 확인하려는 의도에서 '향토사'에로의 복귀를 지향하는 경향도 나타났다. 이는 1970년에 간행되기 시작한 『향도사연구강좌』(『鄕土史硏究講座』)가 상징적으로 보여준다. 즉 『향토사연구강좌』의 간행사에서 "역사는 지방적·지역적인 개성을 띤

조건 하에서 특수한 양상을 나타내면서 발전"한다고 전제하고, "(지방사 연구자들은) 향토인이 되었다는 각오로 일본사 일반의 기성의 지견으로 볼 것이 아니라, 솔직하게 문제를 발굴하고, 그 토지에 의거한 해석·분석을 통해 향토의 역사를 직시하는 것으로부터 일본사 전반의 이해를 새롭게 한다는 자세를 취해야 한다"고 주장하였다(古島敏雄·和歌森太郎·木村礎 編集, 『鄕土史研究講座』, 朝倉書店, 1970).

한편, 지방사연구협의회도 위의 비판을 겸허하게 받아들여 자기반성을 하고 있다. 지방사연구협의회는 1966년 대회 준비를 위한 모임에서 다음과 같은 결의를 하고 있다. 즉 1) 지방사 연구는 독자 학풍을 확립할 필요가 있으며, 그 조건은 존재한다. 2) 독자 학풍이 요구되기에 이른 사학사적 필연성을 해명하지 않으면 안 된다, 그 필연성은 꼭 종래의 제 성과의 선상에 연속성을 갖는 것에서 나온다고는 한정할 수 없다, 부정의 계기가 한 요소로 개입할 가능성이 있다. 3) 그 독자 학풍이란 무엇인가, 무엇으로 있어야 할 것인가, 그 학문적 방법 여하, 위의 세 가지를 구체적으로 심화시키기 위해 무엇보다도 두 번째 문제를 음미할 필요가 있다는 결론에 도달하였다(木村礎, 「地方史研究は如何にあるべきか」, 『地方史研究』 80).

그리하여 지방사 연구의 성격과 방법에 대한 논의가 활발하게 전개된다. 기무라 모토이木村礎는 1968년 패전 후의 지방사 연구가 기존의 향토사 연구와의 결별에는 성공했지만, 한 지방의 역사라는 독자의 구체적 대상과 결합되지 못해 지방사 연구 독자의 방향을 잃고 역사연구 일반에 흡수되어 버렸다고 하였다. 그는 역사의식을 일 국, 일 민족, 나아가 세계역사를 총체로서 체계적이고 이론적으로 파악하는 '법칙적인 역사의식'과 역사를 법칙과 체계로서가 아닌 개별적으로만 파악하는 '추경험적追經驗的 역사의식'으로 분류하고, 지방사의 역사의식은 후자의 의식에 입각해야 한다고 주장하였다. 그리하여 지방사는 법칙이나 이론보다는 오히려 무엇이 어떻게 있었는가 하는 구체성과 미세성을 궁극적인 본질로 삼으며, 일정 지역의 역사사상 중에서 민중의 생활을 구체적으로 풍부하게 그려내는 것(생활사)이 지방사 연구의 본래 성격이라 하였다(木村礎, 「地方史研究は如何にあるべきか」, 『地方史研究』 80).

그는 또한 중앙과 지방의 상하관계 인식을 불식하기 위해 지방이라는 언어를 지역으로 전환시키고자 하였다. 1970년대 전후에 급속히 유포된 지역이란 단어는 시민운동·지역주민운동 같은 사회운동에 대응하는 특정 어감을 가지고 있어서, 지역주민운동은 '중앙'(대소의 여러 차원의 중앙)으로부터의 강압이나 획일화('독점의 횡포')에 의한 지역주민의 생활 파괴를 지키기 위한 운동으로 일정 지역을 상정하고, 이때 '지방'은 '중앙'의 대립물로 파악된다고 하였다. 이 경우 '중앙'은 '지방'보다 우월한 것으로 인식되기 때문에, 일정 지역의 독자성을 주장하기 위해 일종의 무기질적인 '지역'을 설정하고 '중앙'과의 관련성을 단절하고자 하였다(「日本歷史における'地方'と'中央'－地域論によせて」, 『地方史を生きる』, 日本経濟評論社, 1984). 또한 향토사·지방사·(제 지방 역사의 총체로서의) 일국사, 일반사의 문제도 다시 제기되었다. 쓰카모토 마나부塚本學는 1975년 단지 재지의 지방사 연구자가 가지는 지역적인 문제가 지역적인 문제라는 이유만으로 재경 연구자에 대표되는 '중앙'학계의 문제의식보다 낮게 평가될 수는 없지만, 위에서 본 잇시 시게키가 주장하는 속지주의에만 입각한 지방사 연구－향토사에로의 회기적 경향이나 지방주의에 입각한 연구도 찬성할 수 없다고 하였다. 지연집단 내의 문화공유 의식에 바탕한 지연집단에 대한 귀속의식에 지탱되어 지연집단의 공통된 역사적 체험의 기억을 더듬는 역사 연구에는 동의할 수 없다는 것이다(「鄕土史·地方史·一國史についての試論」, 『信濃』第27卷 第7號). 기무라 모토이가 지방사의 독자적 체계를 세우고자 노력한 반면, 쓰카모토 마나부는 지방사의 해체를 논리적으로 제기했던 것이다.

결국 중앙이란 점에 불과하며, 최고의 중앙으로부터 다음 중앙에로 선으로 연결되어 있다. 이는 점과 선으로 연결되는 행정망을 연상시킨다. 행정의 배후에는 국가가 존재한다. 즉 중앙의 강조는 국가의 선진성과 그에 입각한 인민지배와 관료의 우위를 인정하는 것이 되고 만다. 지방사의 지역사로의 전환은 바로 위와 같은 인식·사고를 상대화하고자 하는 의도를 내포하고 있다. 즉 지역론은 중앙 상대화의 논리는 물론이려니와 국가 상대화의 논리를 내포하고 있는 것이다. 이러한 논의의 사회적 배경에는 고도성장으로 인한 제 문제－공해, 문화재 파괴, 농촌 과소화寡少化, 귀속의식의 변용 등－가 존재한다. 이러한 상황은 현실의 일본사회의 질곡이 봉건유제에 있는 것이 아니라 독점자본과 그에 의해 지탱되는 국가에 있다는 인식을 팽배하게 하였다. 이는 지방자치와 지역주민운동과도 관련되어 있었다. 이러한 인식 하에 역사 학계의 종래의 근대주의가 재검토되고, 연구의 대상시기 역시 근세에서 근 대·현대로 끌어내려졌다. 연구분야도 민중사, 민중사상사, 인민투쟁사, 국가 사, 생활사, 사회사, 여성사 등등 다양화하였다.

지역사는 에히메愛媛 역사교육협의회가 1953년 에히메 근대사문고를 창립한 이래, 1963년 『에히메 근대사 연구』(『愛媛近代史研究』)의 발행과 1968년 『에히메 자본주의사회사』(『愛媛資本主義社會史』)의 발행을 통해 제창되었다. 일본 학회에서 지역사라는 명칭이 최초로 등장한 것은 1966년 역사교육자협의회 제18회 대회 때의 일로, 지역사에 대한 논의는 에히메 역사교육협의회가 '지역사회사 론'을 제기한 이래 1970년대를 통해 활발히 논의되기 시작하였다. 에히메 역사교육협의회가 제기한 '지역사회사론'의 지역사회란 민중이 사는 장, 일하 는 장으로서의 지역·직장에 존재하는 주민조직체·운동조직체·의식의 연 대 및 피차별 집단·특수사회집단 등을 원점으로 하고, 그 원점의 복합에 의해 형성된 일정의 지역 사회단社會團=지역사회 의식연대=지역사회를 거점으 로 하여 성립한다고 하였다. 이렇게 성립한 지역사회는 타 지역사회와 결합· 관련되면서 또 다른 지역사회를 형성하며, 이는 외연으로 확장을 계속하여 민족사회를 형성하고, 나아가 인류사회를 형성한다는 것이다. 그러나 이러한 지역사회의 중층적 제 유역은 단순한 동질적 연대관계의 중층으로 존재하는 것이 아니라, 신분, 계급, 직업, 인종, 풍속, 관습, 언어, 종교, 기타 여러 가지 면에서 이질적인 지역주민, 직장민중의 조직체와 의식연대를 원점으로 하고, 이질적인 집단으로서의 사회집단을 거점으로 포함하며 성립된다고 하였다. 그리고 '지역사회사'란 계급적 또는 체제적 모순이 관철되는 장인 지역사회의 민중이 지역사회와 민중과 세계의 과제를 추진하는 주체로서의 인민이 되는 과정, 지역사회가 변혁되고 창출되고 형성되는 과정을 규명하는 목적을 가져야 한다고 하였다(「愛媛資本主義社會史序文」, 『愛媛資本主義社會史』第1卷, 1968). 이때 지역에 있어서 국가와 지방자치체야말로 계급지배의 중심적 기관이라고

하고 있다. 이러한 인식 하에 인민 연대에 의한 실천적 지역의 설정을 주창하였다. 이렇듯 지역사회사론은 국가 상대화의 논리와 지배를 위해 재단된 지역을 배제하는 논리를 포함하고 있다.

이러한 논리선상에서 한 국가의 범위를 넘어선 역사연구를 지향하는 논의가 나타난다. 우에하라 센로쿠上原專祿는 지역을 지방화하려는 국가권력에 대한 경계를 환기하며 세계・일본・지역의 통일적 파악을 강조하였다. 그리고 지역을 옹호해야 할 세계, 저항의 거점으로 인식하고, 지역이란 단순한 지리적 개념이 아니라 생활의 실제적 기반에 밀착해서 형성된 지연적인 사회집단, 공동 문제를 가지고 있는 역사적・사회적 집단으로서 아시아도 지역이 될 수 있다고 하였다(上原專祿, 「危機に立つ日本の學問－地域研究のこんにち的意味によせて－」, 『國民教育研究』 11號; 「地域における國民教育研究－地域把握の方法をめぐって－」, 『第一回共同研究集會記錄』, 國民教育研究所). 이러한 논리의 연속선에서 시노자키 마사루는 개인의 지역과의 결합관계에 따라 복수의 지역사회에 속할 수 있음을 지적하였다(篠崎勝, 「地域社會史の創造」, 『愛媛資本主義社會史 第1卷』, 1968). 이러한 인식을 반영하면서 도야마 시게키遠山茂樹는 1965년 "세계사의 발전법칙과 일국사의 발전법칙이 서로 관련하는 매개의 장, 또 일본국민이 세계사를 주체적으로 인식하는 발판으로서의 동아시아 지역사"를 제기하였다(「世界史における地域史の問題」, 『歷史學研究』 301).

이타가키 유조板垣雄三는 이러한 지역론에 세계사적 시야에서 'N지역론'을 제기하였다(「民族と民主主義」, 『歷史における民族と民主主義』, 1973年度歷史學研究會大會報告, 靑木書店, 1973). 그는 제국주의를 고찰할 때, 제국주의 국가와 종속지역・사회를 따로 설정할 것이 아니라 제국주의를 끊임없이 내재적으로 장악할 수 있는 'N지역'을 설정할 필요가 있다고 하였다. 'N지역'은 자본주의・제국주의 지배가 가져오는 중층적 차별체제를 관철하는 장임과 동시에 민중의 주체적 운동에 의해 차별의 극복과 연대의 획득을 지향하는 장이며, 또한 민중운동을 정형화하고 봉쇄하려는 '민족주의'의 장이라 하였다. 'N'이란 차별, 억압, 착취 등의 역사 제 현상을 의미한다. 따라서 논리적으로 '지역'은 'N'의 성격에 따라 최소 개인에서 지구 규모로까지 축소되거나 확대될 수 있으며, 중층적 구조성을 가지고 있다. 이리하여 실체로서의 지역보다는 조작과 주체로서의 지역이 자리하게 된다.

지역사론은 일본역사 연구에서 전통적인 지역단위를 부정하고 새롭게 설정한 지역을 대상으로 역사연구를 지향하려는 경향을 나타낸다. 아미노 요시히코網野善彦는 1982년 역사학 연구의 대상을 민족 내지 국가라는 단위로 한정하는 사고와 일본이 단일민족국가라는 판단을 비판한 쓰카모토 마나부의 지적에 동의하면서 지역사로서의 동국東國·서국西國론을 제시하였다(「地域史硏究의 一視点-東國と西國-」, 『新編日本史硏究入門』, 東京大學出版會, 1982). 그리고 무라이 쇼스케村井章介는 국가의 경계를 넘는 경계영역에 주목하였다(『アジアの中の中世日本』, 校倉書房, 1988; 『中世倭人傳』, 岩波書店, 1993). 이 같은 관점은 아라노 야스노리荒野泰典, 이시이 마사토시石井正敏 등도 공유하게 된다. 즉 "아시아와 일본의 관계를 국제관계로만 다루는 것이 아니라 승려·해적·상인 등 다양한 인간유형이 담당하는 다면적인 교류를 구체적으로 인식하는 틀로서 국경을 넘는 지역이라는 장을 설정한다"고 하였다(荒野泰典·石井正敏·村井章介 編, 「刊行にあたって」, 『アジアの中の日本史』, 東京大學出版會, 1992). 이후 지역사 연구는 1980년대와 1990년대를 통해 북방사, 유역문화론, 간토關東 지역론, 동해日本海 지역론, 세토 내해瀬戶內海 지역론 등으로 다양하게 전개된다. 이러한 시도는 다민족, 다영역의 자치성·자율성에 주목한 복합국가로서의 일본 사회상을 추구하기 위한 것이라 평가할 수 있다. 그러나 이러한 업적들은 위의 이타가키의 'N지역론'의 영향이라기보다는 1980년대 일본에 영향을 미친 서구 사회학과 포스트모던이즘의 영향으로 보는 것이 더욱 타당할 것이다.

한편, 1994년 역사학연구회 중세사부회를 중심으로 '지역사회론 심포지움'을 행하고, 그 결과를 1995년 『역사학연구』 674호에 실었다. 이 지역사회론은 여러 요소에 의해 자율적으로 형성된 지역질서를 규명하고, 그것이 국가에 어떠한 규정성을 부여하고 있는가를 적극적으로 평가함으로써 국가 자체를 상대화하는 방법론을 탐색하려는 일환이었다. 즉 지역적 영주제나 민중의 지역적 결합이 여러 형태로 형성·강화되고, 왕조·막부를 축으로 하는 국가체제에 대한 비판과 자기주장을 강화해 가는 것을 구체적으로 명확히 하고자 하였다. 이는 기존의 지역사 서술에 새로운 틀을 제공한다는 의도를 나타낸다 하겠다. 여기에서 제시된 내용은 촌들의 연합으로 형성되는 지역, 재지영주와 지역의 관계, 경제관계에 의한 지역의 확대 등이었다. 1980년대에는 촌락 내부구조에 대한 시각이 사상되고, 촌들의 결합과 그 관계를 추구하는 방향을 가지고 있었다. 위의 움직임은 후자에 관련한 총괄을 시도한 것이다.

1990년대 이후 지역사회론에 입각한 근세사 연구는 1) 지역 공공성 형성 기반의 연구, 2) 지배 현실에 주목(중간 지배기구)한 연구, 3) 경제적 기초구조에 관한 연구, 4) 개체성을 통한 보편성 파악에 관한 연구, 5) 번 사회에 대한 연구, 6) 에도 주변사회에 대한 연구 등으로 분류할 수 있다.

1)은 야부타 유타카藪田貫, 다니야마 마사미치谷山正道, 히라카와 아라타平川新 등의 연구를 들 수 있다. 야부타는 총대제惣代制와 의뢰증문賴み證文 등 합의 형성의 메커니즘에서 지역성 원리를(『近世大阪地域の史的研究』, 淸正堂出版, 2005), 다니야마는 소령 총대의 역할과 광역 소원訴願의 사회경제적 배경을(『近世民衆運動の展開』, 高科書店, 1994), 히라카와는 국소의 지역주의와 소비자 문제의 지역 모순(『紛爭と世論 ―近世民衆の政治參加―』, 東京大學出版會, 1996)에 주목하였다. 그리고 구루시마 히로시久留島浩의 연구도 중요하다(『近世幕領の行政と組合村』, 東京大學出版會, 2002). 이들은 국소와 광역 소원에 보이는 집단적인 정치의사의 형성, 합의 과정의 메커니즘=민중의 자치능력을 높이 평가하고, 근세 후기의 지역공공성 형성에 문제 관심을 공유하고 있다.

2)의 연구자들은 요키키用聞・요타쓰用達・고다이칸鄕大官・온간이리요리키 御官入り與力・도리시마리야쿠取締役・오쇼야大庄屋・고야도鄕宿 등에 관심을 가지고 있다. 요키키用聞・요타쓰用達의 구역 부역國役普請 실현에서의 역할에 대한 무라타 미치히도村田路人의 연구(『近世廣域支配の研究』, 大阪大學出版會, 1995), 오사카마치 부교쇼의 광역지배 실현에서의 역할을 연구한 이와키 다쿠지岩城卓二의 업적(『近世畿內・近國支配の構造』, 伯書房, 2006), 기나이 하타모토 령의 재지 다이칸 존재를 분석한 구마가에 미쓰코熊谷光子의 연구(「畿內近國旗本知行所の在地代官」, 『歷史學研究』 755, 2001), 이즈미・하리마 기요미즈 령의 도리시마리야쿠取締役와 백성 성립을 연구한 야마자키 요시히로山崎喜弘(『近世後期の領主支配と地域社會―'百姓成立'と中間層』, 淸正堂出版, 2007), 오쇼야를 계통적으로 연구한 시무라 히로시志村洋의 연구(「近世後期の地域社會と

大庄屋制支配」,『歷史學硏究』729, 1999), 신슈信州 막부령의 군츄도리시마리야쿠郡中取締役 와 지역 운영을 연구한 야마자키 게이山崎圭의 연구(『近世幕領地域社會の硏究』, 校倉書房, 2005) 등은 이러한 연구를 대표한다 하겠다.

3)의 연구는 역사학연구회 근세사부회가 1999년부터 3년에 걸쳐 지역사회론을 테마로 했듯이(1999년: 근세의 지역사회와 중간층, 2000년: 근세 지역사회에의 어프로치, 2001년: 근세 지역사회 구조와 제 주체), 1)·2)의 연구가 주로 지배와 피지배를 전제로 한 제도·합의 등을 중심으로 한 것을 돌파하기 위해 재지 기저=개별경영의 상호관계를 기점으로 한 지역사회구조를 추출하려는 경향을 가지고 있다. 즉 3)의 연구는 지역의 생산관계나 시장구조, 소유와 경영, 계층성이나 복합성 등을 강조하는 경향을 가지고 있다. 이것이 이전의 경제사·경영사 연구와 다른 점은 다종다양한 사회관계의 집합, 복수 벡타의 합산으로서, 지역사회의 관계구조와 그 변동을 다루려는 입장을 취하고 있다는 점이다. 이러한 연구의 중심에 와타나베 다카시渡辺尚志가 있다. 그는 정력적 연구를 통해, 생산력, 상품생산, 농민층 분해, 계급투쟁, 민중운동, 그리고 소유와 공동체, 요나오시 상황론 등을 진지하게 다루었다(『近世の豪農と村落共同體』, 東京大學出版會, 1994;『近世村落の特質と展開』, 校倉書房, 1998;『近世地域社會論』, 岩田書院, 1999;『藩地域の構造と變容』, 岩田書院, 2005;『豪農·村落共同體と地域社會』, 伯書房, 2007).

4)의 연구는 요시다 노부유키의 사회적 권력(지역 헤게모니 주체), 소농경영, 일용日用의 3요소에 중점을 두고, 각 요소가 시기에 따라 단계적으로 변화하는 지역사회의 구조를 살피고자 하였다. 이러한 연구는 소유와 경영을 중심으로 지역의 헤게모니 주체를 확인하고, 그에 의한 지역사회의 구조와 그 변용을 밝히고, 그것에 대한 보편성의 파악을 목표로 하고 있다. 즉 3)의 연구가 지역의 특수성만을 강조하는 경향을 가진 것에 대한 반성과 비판 위에 4)의 연구가 위치한다. 이러한 연구의 중심에 마치다 데쓰町田哲가 있다(『近世和泉の地域社會構造』, 山川出版社, 2004).

5)의 연구는 번을 지역단위로 자리매김하여, 번 영역을 구성하는 요소들의 총합성을 추구하는 시점을 가지고 있다. 즉 번의 다양한 형태를 나타내는 가신·급인의 번령, 그것과 지역사회와의 복합적 관계를 포함하는 번 권력과

지역사회·사회집단들과의 관계의 장으로서 번령(지역)을 자리매김하고, 번 권력의 지역사회에 대한 대응에서 보이는 권위성과 차별성을 강조하였다. 이 연구의 중심에는 다카노 노부하루高野信治가 있다(『藩國と藩輔』, 名著出版, 2002; 『近世領主支配と地域社會』, 校倉書房, 2009).

6)의 연구는 에도 성과 거대도시 에도에 의해 편성된 에도 주변 지역=간토 지역에 대한 연구다. 이러한 연구는 에도에만 집중하던 연구에서 소위 '에도권 =수도권' 연구로 전환하여 에도와 그 주변지역의 관계를 명확히 하고자 하는 의도를 나타내고 있다. 이 연구의 중심에는 오이시 마나부大石學가 있다(『享保改革 の地域政策』, 吉川弘文館, 1996;『藩地域の構造と變容』, 岩田書院, 2005).

2000년 후반부터 번을 대상으로 다양한 지역 설정에 의해 사회경제사 지역유형론과 막번제의 지배체제 지역유형론을 제기하고, 그에 입각한 다양한 연구가 활발히 전개되고 있다.

나오며

　필자가 독자들에게 다가간 것은 1980년대 전반 『일본자본주의발달사日本資本
主義發達史』라는 번역서에서였다. 당시 필자는 그 책의 역자 서문에서 한국의
일본 이해에 대해 언급하면서, 도요토미 히데요시가 조선을 침략했을 때
조선·명을 정복한 후 인도까지 침략하려는 구상을 가지고 있었다는 사실에
무지하다고 하였다. 이어서 일본에 대해 아직 무지하고 일본역사를 논리화하
여 이해하지 못하는 현실이라면, 일본에 대해 가지고 있는 우리의 감정을
소중히 하여야 할 것이고, 그 감정을 승화하여 일본역사를 논리적으로 이해하
기 위해 부단히 노력해야 할 것이라는 취지의 서술을 한 것으로 기억한다.
그로부터 30여 년이 지난 현재, 감상적이기는 하였으나 끓어오르는 의지로
가득 찼던 젊은 외침은 적어도 필자에게는 허공의 메아리가 되어버렸다.
자책에 자책을 거듭하며 그 메아리라도 가슴 속에 부여잡고자 아등바등
깨어 있으려 하였으나, 이제 그 마지막 지푸라기마저도 소진되어 간다.
　일본역사가 한국에 정식으로 소개되기 시작한 1980년대 전반 이래, 많은
연구자들이 일본과 미국에서 유학을 마치고 귀국하였다. 그에 따라 무에
가까웠던 일본역사 연구도 양적 질적으로 비약적인 발전을 이루었다. 연구자
도 초창기에는 3~4인에 불과하였으나 현재에는 어림잡아 100여 명에 이르고
있다. 그런데 한국의 일본사 연구는 대부분 한일관계사에 매달려 있다는
느낌을 지울 수 없고, 연구 테마에서나 연구방법론에서나 경향성을 찾아보기
가 어렵다. 더욱이 일본과 다른 방법론을 구사한 연구는 거의 없다. 그것은
연구자가 상호 함께하는 현실 인식이 부재한 점, 일본사 사료 및 자료를
구하기 어려운 사정, 연구자들의 대학 진입이 크게 막혀 있는 점, 그리고
무엇보다도 연구자들이 전문성을 앞세운 소재주의에 입각한 좁은 시각에

의한 연구에 매몰되어 있기 때문으로 보인다. 이러한 상황을 해결하지 못하는 한, 제2의 필자가 재생산되리라 생각한다.

본서의 집필을 마치고 난 소감은 멋진 호랑이를 그리려다 고양이를 그리고만 것 같다는 것이다. 그것도 예쁜 고양이가 아니라 못생기고 균형감 잃은 쥐를 닮은 고양이다. 가슴에 민족을 품고 만주벌판을 민중과 함께 달리고자 했던 젊은날의 기개, 슬프지만 희망을 버리지 않는 용감하고 잡초 같은 생명력 넘치는 민중의 모습은 이 책에 충분히 배어 있는 것 같지 않다. 도대체 왜 이렇게 되었을까? 일본사 공부를 한다고 하면서도 현실을 직시하지 않고 게으르고 나약한 모습으로 타협하면서 살아왔기 때문일 것이다. 도대체 언제부터 이렇게 되었을까? 아마도 1990년대 후반 2000년대부터 그러하였던 같다. 슬픔을 가슴에 묻고 사는 민중들이 가장 힘들어 하던 때, 필자는 여전히 감상적이고 모순적인 현실인식과 가식적인 언설로 자신을 위로하고 있었던 것은 아닐까? 그래도 여전히 필자는 민족과 민중을 가슴에 품고 현실을 살아간다.

이 일을 어이할고. 어이할고.
해결책이 없어 더욱 슬프다.
이 시대를 살아가는 사람들은 모두 슬프다. 그래서 더욱 슬프다.
어이할고, 이 일을. 이 일을, 이일을 어이할고.
그래도 희망을 버리는 것은 더더욱 슬프고 처참하다. 그래서 희망을 후학에게 싣고, 후학에게 세상을 실어 보내며, 희망을 실었던 슬픈 가락은 허공에 뿌린다.
아지랑이, 메아리 되어….

집필의 끝에 이런 감상적이고 오만에 찬 슬픈 이야기를 늘어놓는 것은 이루지 못한 꿈이 있기 때문이며, 필자 자신의 무능함과 게으름을 자책하기 때문이다. 이것이 독자제현의 짜증을 유발하리란 사실을 알면서도 이렇게 할 수밖에 없는 것은 나라의 별을 떠나 이미 유명을 달리하신 뵙고 싶은 선생님들과 현직에서 떠나계신 선생님들과 선배님들께 투정이라도 부려 본서의 출간을 용서받고 싶기 때문이다. 또한 전공의 별을 떠나 후배와 후학들에게 누추한 자신의 모습을 용서받고 싶은 때문이다. 부디 질정하시면서 용서하시기 바란다.

마지막으로 본서 저술을 지원해 준 한국연구재단, 그리고 연구사 정리를 위한 도일渡日을 지원해 준 일본기금Japan Foundatoin에 감사를 표한다. 그리고 비난과 질책으로 필자를 바라볼 모든 분과 끊임 없는 격려를 보내주신 모든 분들에게도 감사를 올린다. 또 하잘 것 없는 본서의 출판을 맡아주신 혜안출판사의 대표님 이하 관계자분들께도 심심한 감사의 말씀을 올린다.

70주년을 한 해 남긴 광복절에

| 전집류 |

『日本の歴史』 12~19, 中央公論社, 1966.

『日本の歴史』 15~23, 小學館, 1975.

『日本歷史大系』 3, 山川出版社, 1988.

『大系日本の歷史』 8~11, 小學館, 1989.

『日本の近世』 全18卷, 中央公論社, 1991.

『日本の歷史』 11~15, 集英社, 1992.

『新しい近世史』 全5卷, 新人物往來社, 1996.

『日本の歷史』 15~19, 講談社, 2001.

『日本の時代史』 13~20, 吉川弘文館, 2003.

『日本の歷史』 9~12, 小學館, 2008.

『岩波講座 日本歷史』 9~13, 岩波書店, 1963.

『岩波講座 日本歷史』 9~13, 岩波書店, 1976.

『岩波講座 日本通史』 11~15, 岩波書店, 1995.

『講座日本史』 4, 東京大學出版會, 1971.

『講座日本史』 5~6, 東京大學出版會, 1985.

『講座日本史』 5~7, 東京大學出版會, 2005.

『一揆』 全5卷, 東京大學出版會, 1981.

『日本の社會史』 全8卷, 岩波書店, 1987.

| 단행본 및 논문 |

加藤秀幸, 「'俵かさね耕作繪卷'考」, 『東京大學史料編纂所研究紀要』 3, 1993.

菅野薰明, 「人倫の道と日本の古代」, 竹內整一 他 編, 『古學の思想』, ぺりかん社, 1994.

菅野和太郎, 『近江商人の研究』, 有斐閣, 1941.

高瀨弘一郎, 『キリシタン時代の研究』, 岩波書店, 1977.

高木博志, 「近世の內裏空間・近代の京都御苑」, 『岩波講座 近代日本の文化史2 コスモロジーの
    '近世'』, 岩波書店, 2001.

高木昭作, 『日本近世國家史の研究』, 岩波書店, 1990.

高木昭作, 『將軍權力と天皇』, 靑木書店, 2003.

橋本政宣, 『近世公家社會の研究』, 吉川弘文館, 2002.

高埜利彦, 『江戸幕府と朝廷』, 山川出版社, 2001.

溝口雄三, 『中國前近代思想の屈折と展開』, 東京大學出版會, 1980.

溝口雄三 他 編, 『アジアから考える7 世界像の形成』, 東京大學出版會, 1994.

九鬼周造, 『'いき'の構造』, 岩波文庫, 1979.

久留島浩, 「近世の村の高札」, 『大名領國を歩く』, 吉川弘文館, 1993.

宮城公子, 『大塩平八郎』, ぺりかん社, 2005.

近藤齊, 『近世以降武家家訓の研究』, 風間書房, 1975.

菊池勇夫, 『北方史のなかの近世日本』, 校倉書房, 1991.

菊池勇夫, 『飢饉の社會史』, 校倉書房, 1994.

菊池勇夫, 『アイヌ民族と日本人』, 朝日新聞社, 1994.

菊池勇夫, 『近世の飢饉』, 吉川弘文館, 1997.

國民精神文化研究所 編, 『藤原惺窩集』 上・下(復刊本), 思文閣出版, 1978.

國繪圖研究會 編, 『國繪圖の世界』, 柏書房, 2005.

宮城公子, 『幕末期の思想と習俗』, ぺりかん社, 2004.

宮崎克則, 『大名權力と走り者の研究』, 校倉書房, 1995.

宮川滿, 『太閤檢地論』 全3卷, お茶の水書房, 1963.

吉田伸之, 『近世巨大都市の社會構造』, 東京大學出版會, 1991.

吉田伸之, 『成熟する江戸』, 講談社, 2002.

吉田伸之, 『巨大城下町江戸の文節構造』, 山川出版社, 2001.

大藤修, 『近世農民と家・村・國家』, 吉川弘文館, 1996.

大石愼三朗, 『享保改革の経済政策』, お茶の水書房, 1961.

大石愼三朗, 『田沼意次の時代』, 岩波書店, 1991.

大島眞理夫, 「近世初期の屋敷地共住集團と中後期の本・分家集團」, 『歴史評論』 416, 1984.

大石學, 『吉宗と享保の改革』, 東京堂出版, 1995.

大月明, 『近世日本の儒學と洋學』, 思文閣出版, 1988.

大桑齊, 『日本近世の思想と佛教』, 法藏館, 1989.

大阪府立狭山池博物館, 『平成一六年度特別展近世を拓いた土木技術』, 大阪府立狭山池博物館, 2004.

大平祐一, 『目安箱の研究』, 創文社, 2003.

渡邊恒一, 「近世初期の村落間爭論と地域秩序－近江國甲賀郡を事例として」, 『歴史科學』 152, 1998.

德永和喜, 『薩摩藩對外交渉史の研究』, 九州大學出版會, 2005.

渡辺尙志, 『百姓の力』, 柏書房, 2008.

渡辺尙志, 『村からみた近世』, 校倉書房, 2010.

島田虔次, 『朱子學と陽明學』, 岩波新書, 1969.

東谷智, 「彦根藩筋奉行の成立と機構改編」, 『彦根城博物館叢書3 彦根藩の藩政機構』, サンライ

　　　　ズ出版, 2003.

藤木久志,『豊臣平和令と戰國社會』, 東京大學出版會, 1985.

藤木久志,『戰國史をみる目』, 校倉書房, 1995.

藤木久志,『刀狩り』, 岩波書店, 2005.

藤俣鎭夫,『戰國法成立史論』, 東京大學出版會, 1979.

藤俣鎭夫,『戰國時代論』, 岩波書店, 1996.

藤野保,『新訂幕藩體制史の研究』, 吉川弘文館, 1975.

藤野保,『德川政權論』, 吉川弘文館, 1991.

藤田覺,『天保の改革』, 吉川弘文館, 1989.

藤田覺,『松平定信』, 中央新書, 1993.

藤田覺,『幕末の天皇』, 講談社, 1994.

藤田覺,『近世政治史と天皇』, 吉川弘文館, 1999.

藤田覺 編,『17世紀の日本と東アジア』, 山川出版社, 2000.

藤田覺,『近世の三大改革』, 山川出版社, 2002.

藤田覺,『近世後期政治史と對外關係』, 東京大學出版會, 2005.

藤田覺,『田沼意次』, ミネルヴァ書房, 2007.

藤田達生,『日本中・近世移行期の地域構造』, 校倉書房, 2000.

藤田達生,『日本近世國家成立史の研究』, 校倉書房, 2001.

藤井讓治,『江戶幕府老中制形成過程の研究』, 校倉書房, 1990.

藤井讓治,『德川家光』, 吉川弘文館, 1997.

藤井讓治,『江戶時代の官僚制』, 靑木書店, 1999.

藤井讓治,『幕藩領主の權力構造』, 岩波書店, 2002.

藤井讓治,『德川將軍家領知宛行制の研究』, 思文閣出版, 2008.

藤井讓治・伊藤之雄 編著,『日本の歴史－近世・近代編』, ミネルヴァ書房, 2010.

牧原成征,『近世の土地制度と在地社會』, 東京大學出版會, 2004.

木下鐵矢,『朱子學の位置』, 知泉書館, 2007.

尾藤正英,「國家主義の租型としての徂徠」,『日本の名著16 荻生徂徠』, 中央公論社, 1974.

尾藤正英,『日本封建思想史研究』, 靑木書店, 1961.

保坂智,『百姓一揆とその作法』, 吉川弘文館, 2002.

保坂智,『百姓一揆と義民の研究』, 吉川弘文館, 2006.

福島雅藏,「近世狹山池の管理と分水」,『狹山町立鄕土資料館狹山シリーズ14』, 1984.

福田アジオ,『戰う村の民俗誌』, 歷史民俗博物館振興會, 2003.

夫馬進,「1609年,日本の流球併合以降における中國・朝鮮の對流球外交－東アジア四國における
　　　　冊封, 通信そして杜絶」,『朝鮮史研究會論文集』46, 2008.

北島万次,『豊臣政權の對外認識と朝鮮侵略』, 校倉書房, 1990.

北島万次,『豊臣秀吉の朝鮮侵略』, 吉川弘文館, 1995.

北原絲子,『都市と貧困の社會史』, 吉川弘文館, 1995.

北原絲子 編,『日本災害史』, 吉川弘文館, 2006.

浜野潔, 『近世京都の歴史人口學的研究』, 慶應義塾大學出版會, 2007.

寺山恭輔 編, 『開國以前の日露關係』, 東北大學東北アジア研究センター, 2006.

山口啓二, 「海防」, 『世界歷史事典』, 平凡)社, 1955.

山口啓二, 『鎖國と開國』, 岩波書店, 1993.

山岐善弘, 『近世後期の領主支配と地域社會』, 淸文堂出版, 2007.

山本博文, 『寬永時代』, 吉川弘文館, 1989.

山本博文, 『幕藩制の成立と近世の國制』, 校倉書房, 1990.

山本博文, 『鎖國と解禁の時代』, 校倉書房, 1995.

山田忠雄, 『一揆打毀しの運動構造』, 校倉書房, 1984.

山井湧, 『明淸思想史の研究』, 東京大學出版會, 1980.

山井湧 他 編, 『氣の思想』, 東京大學出版會, 1978.

山脇悌二郎, 『絹と木綿の江戸時代』, 吉川弘文館, 2002.

山脇悌二郎, 『長崎の唐人貿易』, 吉川弘文館, 1964.

杉森哲也, 『近世京都の都市と社會』, 東京大學出版會, 2008.

杉本史子, 『領域支配の展開と近世』, 山川出版社, 1999.

三谷博, 『明治維新とナショナリズム』, 山川出版社, 1997.

三宅正彦, 『京都町衆伊藤仁齋の思想形成』, 思文閣出版, 1987.

相良亨, 「日本の天」, 『文學』 第55卷 第12號, 岩波書店, 1987.

上村雅洋, 『近世日本海運史の研究』, 吉川弘文館, 1994.

上原兼善, 『鎖國と藩貿易』, 大成舍, 1981.

西坂靖, 『三井越後屋奉公人の研究』, 東京大學出版會, 2006.

石毛忠, 「戰國·安土桃山時代の倫理思想」, 『日本における倫理思想の展開』, 吉川弘文館, 1972.

杣田喜雄, 『幕藩權力と寺院·門跡』, 思文閣出版, 2003.

小堀佳一郎, 『鎖國の思想』, 中央新書, 1983.

小島毅, 『宋學の形成と展開』, 創文社, 1999.

小林准士, 「近世における知の配分構造」, 『日本史研究』, 437, 1999.

小林淸治, 『秀吉權力の形成』, 東京大學出版會, 1994.

小野市史編纂專門委員會 編, 『小野市史 第2卷』, 小野市, 2003.

小川和也, 『牧民の思想-江戸の知者意識』, 平凡社, 2008.

速水融·宮本又郎 編, 『日本經濟史1 經濟社會の成立』, 岩波書店, 1988.

水本邦彦, 『近世の村社會と國家』, 東京大學出版會, 1987.

水本邦彦, 『近世の鄉村自治と行政』, 東京大學出版會, 1993.

水本邦彦, 『繪圖と景觀の近世』, 校倉書房, 2002.

水本邦彦, 『草山の語る近世』, 山川出版會, 2003.

藪田貫, 『國訴と百姓一揆の研究』, 校倉書房, 1993.

新城常三, 『社寺參詣の社會經濟史的研究』, 確書房, 1964.

神田千里, 『信長と石山合戰』, 吉川弘文館, 1995.

辛基秀 編, 『朝鮮通信使-人の往來、文化の交流』, 明石書店, 1999.

深谷克己, 『百姓成立』, 塙書房, 1993.

深谷克己, 『江戶時代の百姓願望』, 吉川弘文館, 2006.

辻本雅史, 『'學び'の復權－模倣と習熟』, 角川書店, 1999.

辻本雅史, 『近世教育思想史の研究』, 思文閣出版, 1990.

安國良一, 「京都天明大火研究序說」, 『日本史研究』 412, 1996.

安國良一, 「近世初期の撰錢令をめぐって」, 『越境する貨幣』, 靑木書店, 1999.

安良城盛昭, 『幕藩体制社會の成立と構造』, お茶の水書房, 1959.

安良城盛昭, 『太閤檢地と石高制』, 日本放送出版協會, 1969.

安丸良夫, 『日本の近代化と民衆思想』, 靑木書店, 1974.

岩橋勝, 「德川經濟の制度的組」, 『日本經濟史1 經濟社會の成立』, 岩波書店, 1988.

岩崎奈緒子, 「一八世紀後期における北邊認識の展開」, 『大地の肖像』, 京都大學學術出版會, 2008.

岩田浩太郎, 『近世都市騒擾の研究』, 吉川弘文館, 2004.

岩生成一, 『朱印船貿易史の研究』, 吉川弘文館, 1985.

若尾政希, 『安藤昌益からみえる日本近世』, 東京大學出版會, 2004.

岩下哲典, 『江戶の海外情報ネットワーク』, 吉川弘文館, 2006.

彦根市史近世史部會, 『久昌公御書寫－井伊直孝書下留』, 彦根市教育委員會, 2003.

女性史總合研究會 編, 『日本女性生活史3』, 東京大學出版會, 1990.

歷史學研究會 他 編, 『講座日本歷史』 5・6, 東京大學出版會, 1985.

歷史學研究會 他 編, 『日本史講座5』, 東京大學出版會, 2004.

鈴木康子, 『近世日藩貿易史の研究』, 思文閣出版, 2004.

永原慶二 他 編, 『講座前近代の天皇2』, 靑木書店, 1993.

永原慶二, 『戰國期の政治経濟構造』, 岩波書店, 1997.

宇佐美英機, 『近世京都の金銀出入と社會慣習』, 淸文堂出版, 2008.

熊倉功夫, 『後水尾院』, 朝日新聞社, 1982.

原田誠司, 「近世前期の村落と役家－備中國淺口郡乙嶋村の事例」, 『近世瀬戸內農村の研究』, 溪水社, 1988.

衣笠安喜, 『近世儒學思想史の研究』, 法政大學出版局, 1976.

李啓煌, 『文祿慶長の役と東アジア』, 臨川書店, 1997.

伊東貴之, 『思想としての中國近世』, 東京大學出版會, 2005.

伊藤仁齋, 伊藤東涯, 『日本思想大系36 語孟字義'功夫'の補注』, 岩波書店, 1971.

日光東照宮 編, 『德川家光公傳』, 日光東照宮, 1961.

日野龍夫, 「儒學思想論」, 『講座日本近世史9』, 有斐閣, 1981.

林基, 『百姓一揆の伝統』, 新評論, 1955.

林基, 『近世民衆史の史料學』, 靑木書店, 2001.

林仁, 『近世の地域と在村文化－技術と商品と風雅の交流』, 吉川弘文館, 2001.

笠谷和比古, 『近世武家社會の政治構造』, 吉川弘文館, 1993.

立花京子, 『信長政權と朝廷』, 岩田書院, 2000.

長谷川善計, 「同族團の初源的形態と二つの家系譜－有賀喜左衛門の同族團理論の再檢討」, 『神戶大學文學(部紀要』 9・10, 1981・1983.

柴田純, 「近世的思想の形成」, 『岩波講座 日本文學史7』, 岩波書店, 1996.

柴田純, 「近世のパスポート體制－紀州藩田邊領を中心に」, 『史窓』 第62號, 2004.

柴田純, 「行旅難澁者救濟システム－法的整備を中心にして」, 『史窓』 第58號, 2001.

柴田純, 『江戶武士の日常生活』, 講談社, 2000.

柴田純, 『思想史における近世』, 思文閣出版, 1991.

田尻祐一郎, 『叢書日本の思想家15 荻生徂徠』, 明德出版社, 2008.

田代和生, 『近世日朝通交貿易史の研究』, 創文社, 1981.

田代和生, 『書き替えられた國書』, 中央新書, 1983.

田中健夫 編, 『前近代の日本と東アジア』, 吉川弘文館, 1997.

田中圭一, 『百姓の江戶時代』, 筑摩書房, 2000.

田原嗣郎, 『德川思想史研究』, 未來社, 1967.

前田勉, 『近世日本の儒學と兵學』, ぺりかん社, 1996.

朝尾直弘, 『日本近世史の自立』, 校倉書房, 1988.

朝尾直弘, 『將軍權力の創出』, 岩波書店, 1994.

朝尾直弘教授退官記念會 編, 『日本社會の史的構造－近世・近代』, 思文閣出版, 1995.

朝尾直弘, 『朝尾直弘著作集』 1~8, 岩波書店, 2003~2004.

佐久間正, 『德川日本の思想形成と儒教』, ぺりかん社, 2007.

竹下喜久男, 『近世の學びと遊び』, 思文閣出版, 2004.

佐々木潤之介, 『幕藩制國家論』 上・下, 東京大學出版會, 1984.

酒井直樹, 『過去の聲』, 以文社, 2002.

中尾佐助, 『花と木の文化史』, 岩波新書, 1986.

中野等, 『豊臣政權の對外侵略と太閤檢地』, 校倉書房, 1996.

中野等, 『秀吉の軍令と大陸侵攻』, 吉川弘文館, 2006.

中野等, 『文祿慶長の役』, 吉川弘文館, 2008.

中野節子, 『考える女たち－假名草子から'女大學'』, 大空社, 1999.

中川すがね, 『大坂兩替商の金融と社會』, 清文堂出版, 2003.

中村榮孝, 『日鮮關係史の研究』 全3卷, 吉川弘文館, 1965~69.

中村質, 『近世對外交渉史論』, 吉川弘文館, 2000.

中村幸彦, 「文學は人情を道ふの說」, 『近世文藝思潮考』, 岩波書店, 1975.

池內敏, 『近世日本と朝鮮漂流民』, 臨川書店, 1998.

池內敏, 『大君外交と'武威'』, 名古屋大學出版會, 2006.

池上裕子, 『戰國時代社會構造の研究』, 校倉書房, 1999.

紙屋敦之, 『大君外交と東アジア』, 吉川弘文館, 1997.

池享, 『戰國・織豊期の武家と天皇』, 校倉書店, 2003.

津田秀夫, 『近世民衆教育運動の展開』, お茶の水書房, 1978.

倉地克直, 『性と身体の近世史』, 東京大學出版會, 1998.

倉地克直，『漂流記録と漂流体験』，思文閣出版，2005.

倉地克直，『江戶文化をよむ』，吉川弘文館，2006.

靑木美智夫 編，『文政·天保期の資料と研究』，ゆまに書店，2005.

靑柳周一，「十七·十八世紀における近江八景の展開」，靑柳周一·高野利彦·西田かほる 編，
　　　　『近世の宗敎と社會1 地域の廣がりと宗敎』，吉川弘文館，2008.

靑柳周一，『富嶽旅百景』，角川書店，2002.

塚本學，『生類をめぐる政治』，平凡社，1983.

塚本學，『德川綱吉』，吉川弘文館，1998.

塚田孝，『近世身分制と周緣社會』，東京大學出版會，1997.

塚田孝，『近世大阪と非人』，山川出版社，2001.

塚田孝·吉田伸之 編，『近世大阪の都市空間と社會構造』，山川出版社，2001.

湯澤典子，「中世後期在地領主層の一動向－甲賀郡山中氏について」，『歷史學研究』497，1988.

土田建次郞，『道學の形成』，創文社，2002.

平川新，『紛爭と世論』，東京大學出版會，1996.

平川新，「轉換する近世史のパラダイム」，『九州史學』123，1999.

平川新，「交差する地域社會と權力」，『歷史評論』635，2003.

豊見山和行，『流球王國の外交と王權』，吉川弘文館，2004.

鶴田啓，『對馬からみた日朝關係』，山川出版社，2006.

丸山眞男，『日本政治思想史研究』，東京大學出版會，1952.

海保嶺夫，『幕藩体制と北海道』，三一書房，1978.

脇田修，『近世封建制成立史論』，東京大學出版會，1977.

本多隆成，『初期德川氏の農村支配』，吉川弘文館，2006.

荒野泰典，『近世日本と東アジア』，東京大學出版會，1988.

荒野泰典 ほか 編，『アジアのなかの日本史』全6卷，東京大學出版會，1992~93.

荒野泰典，『江戶幕府と東アジア』，吉川弘文館，2003.

橫山學，『琉球國使節渡來の研究』，吉川弘文館，1987.

橫田冬彦，「知識と學問をになう人」，『身分的周緣と近世社會5 知識と學問をになう人』，吉川弘文
　　　　館，2007.

黑田俊雄，「中世的知識體系の形成」，相良亨 他 編，『講座日本思想2 知性』，東京大學出版會，
　　　　1983.

✍ 한국의 일본사 연구성과는 생략함.

연 표

1544	왜구 조선 침략, 통교 단절.
1547	6 〈고슈핫토〉 제정.
1549	사비에르 가고시마 도착.
1551	3 오다 노부히데 사망, 오다 노부나가 가독 상속. 10 사비에르 일본 출항. 포르투갈선 분고 내항.
1557	정사조약.
1559	2 오다 노부나가 교토 상경, 아시카가 요시테루 알현. 3 노부나가, 오와리 통일. 4 우에스기 겐신 교토 상경, 아시카가 요시테루를 알현. 3 황해도 임거정의 난. 이황과 기대승의 4단칠정론 논쟁.
1560	5 오케하자마의 싸움. 정철 성산별곡 지음.
1561	9 가와나카지마 전투. 이지함 토정비결 지음.
1563	9 종계변무 일단락.
1564	2 도쿠가와 이에야스 미카와 잇코잇키 진압.
1565	5 미요시 요시쓰구와 마쓰나가 히사히데, 아시카가 요시테루 살해. 11 미요시 삼인중, 마쓰나가 히사히데와 절교.
1567	2 이치조인 가쿠케이 환속, 아시카가 요시아키라고 함. 4 롯카쿠 요시하루, 〈롯카쿠시시키모쿠六角氏式目〉 제정. 8 오다 노부나가, 이나바산성 공략. 10 도다이지 대불전 연소. 10 노부나가, 가노 지역에 라쿠이치 · 라쿠자 령 반포. 6 선조 즉위.
1568	9 노부나가, 요시아키를 받들고 교토로 감. 12 이황 성학십도 지음. 네덜란드 독립전쟁(~1609).
1569	12 미요시 삼인중三人衆, 아시카가 요시아키 습격. 2 오다 노부나가, 요시아키 저택 니죠다이二條第 건설 착수.
1570	1 노부나가, 요시아키의 행동을 규제하는 문서 제출. 6 아네가와 전투. 11 나가시마 잇코잇키. 오다 노부오키를 죽임.
1571	9 노부나가, 히에이 산을 불태움. 에스파니아 마닐라 점령.
1572	12 미카타가하라 전투.
1573	4 노부나가, 니죠 성의 아시카가 요시아키를 포위, 조정의 간여로 화해. 7 노부나가, 마키시마 성에 농성중이던 요시아키를 항복시킴(무로마치 막부 멸망). 8 노부나가, 아사쿠라 요시카게와 아자이 나가마사를 멸망시킴.
1574	1 에치젠 잇코잇키 봉기. 3 노부나가, 쇼소인 란쟈타이를 자름. 9 노부나가, 이세 나가시마 잇코잇키 진압. 1 이황 도산서원 설립.
1575	5 나가시노 전투. 8 노부나가, 에치젠 잇코잇키 진압. 7 동서 붕당.

1576	2 노부나가, 아즈치 성으로 옮김. 7 모리 수군, 오다 수군을 이기고 이시야마 혼간지에 병량미 제공.
1577	2 노부나가, 기이의 사이카 잇키를 공격하여 3월 21일 진압. 6 노부나가, 아즈치 죠카마치를 라쿠이치로 함.
1578	10 아라키 무라시게, 노부나가에게 반역. 11 오다 수군 모리 수군을 격파.
1579	5 아즈치 종론.
1580	1 도요토미 히데요시, 하리마의 미키 성을 함락. 윤3 겐뇨, 노부나가와 화친하고 오사카 성 퇴거 서약. 8 노부나가, 야마토 여러 성을 파괴.
1581	2 노부나가의 기마 퍼레이드(우마조로에). 10 히데요시, 돗토리 성 공략. 네덜란드 스페인으로부터 독립선언(1588년 네덜란드 공화국 성립).
1582	1 덴쇼 견구遺歐 사절 파견. 3 다케다 가쓰요리 자살. 6 혼노지의 변. 6 야마자키 싸움. 6 기요스 회의. 예수회 선교사 마테오 릿치 마카오 상륙.
1583	4 시즈가타케 싸움. 이이 10만 양병설 건의. 누르하치 거병.
1584	4 고마키 · 나가쿠테 전투, 이에야스 승리. 8 히데요시, 오사카 성으로 옮김. 5 종계변무 진주사 파견. 덴쇼 견구사절단, 필립 2세 알현.
1585	4 히데요시, 사이카 잇키 진압. 7 히데요시 간파쿠가 됨. 8 히데요시, 조소카베 모토치카를 항복시킴. 8 삿사 나리마사, 히데요시에게 항복.
1586	5 히데요시, 누이를 이에야스에게 시집보냄. 10 이에야스, 오사카에서 히데요시와 회견. 12 히데요시 태정대신이 됨.
1587	5 시마즈 요시히사, 히데요시에게 항복. 6 히데요시, 선교사 국외 추방을 명함. 9 히고 구니슈, 잇키를 일으킴. 10 기타노 다도회. 2 녹도, 가리도, 흥양에 왜구 침입 9 일본 통신사 파견 요청. 압바스 1세 즉위.
1588	4 고요제이 천황, 주라쿠다이에 행차. 7 히데요시, 가타나가리 령과 해적 금지령 반포. 영국, 스페인 무적함대 격파.
1589	9 류큐 왕 쇼네이尙寧의 사절이 시마즈 요시히사와 함께 상경함. 10 정여립 모반사건.
1590	7 호조 우지나오 히데요시에게 항복. 7 이에야스를 간토로 옮김. 8 히데요시, 오슈 시오키를 행함. 3 일본에 황윤길 등 통신사 파견, 이 해에 동인이 남인 · 북인으로 붕당.
1591	윤1 발리냐노, 히데요시를 알현함. 2 센노 리큐 자살. 9 히데요시 필리핀에 조공 요구. 9 히데요시, 조선출병을 명함. 12월 도요토미 히데쓰구 간파쿠가 됨. 1 황윤길 등 통신사 귀국. 2 이순신 전라좌도수사 임명.

1592	3 임진왜란 발발. 4 의병 활동 개시.
	5 고니시 유키나가와 가토 기요마사, 한성 점령. 8 유키나가, 명나라 심유경과 휴전협정.
	7 이순신 한산도대첩에서 대승.
1593	3 일본군 한성에서 철수. 6 히데요시, 명 사신에게 7개 조항의 강화조건 제시. 8 도요토미 히데요리 탄생. 11 히데요시, 대만高山國에 조공 요구.
	2 행주대첩. 6 제2차 진주성전투. 8 명군 철수 시작. 8 이순십 삼도수군통제사 임명.
1594	2 히데요시, 요시노에서 꽃놀이. 3 후시미 성 축조 시작.
1595	7 히데요시, 도요토미 히데쓰구를 고야 산에서 자살하게 함.
	네덜란드선 자바에 도착.
1596	윤7 게이쵸 대지진. 9 오사카 성에서 히데요시, 명 사신과 회견. 조선 재침략 명령을 내림. 10 산 펠리페 호, 도사에 표착. 11 히데요시, 나가사키에서 기독교인 처형(26성인 순교).
1597	1 정유재란 발발.
	8 일본군 남원성 함락.
	3 원균 칠천량해전에서 대패, 이순신 삼도수군통제사 임명. 9 이순신, 일본 수군 격파(명량해전).
1598	3 히데요시, 다이고에서 꽃놀이를 함. 8 히데요시 사망. 9 일본군 철수 개시. 11 일본군이 조선에서 철수 완료.
	1 명군 울산성 공격(실패).
	11 이순신 노량해전 대승, 이순신 사망.
	프랑스 낭트 칙령.
1599	윤3 이시다 미쓰나리, 가토 기요마사 등의 습격을 피해 사와야마 성으로 퇴각.
	누르하치 만주문자 제정.
1600	3 이에야스, 데 리후데(De Liefde) 호로 표착한 윌리엄 아담스와 회견. 5 이에야스 아이즈 출진을 명령. 9 세키가하라 전투.
	9 명군 완전 철수.
	영국 동인도회사 설립.
1601	1 이에야스, 도카이도의 전마제 제정. 5 후시미에 긴자 설치. 10 주인선 제도 제정.
	마테오 릿치 북경에 천주교회당 설립.
1602	5 니죠 성 개축 착수. 6 후시미 성 개축 착수.
	네덜란드 동인도회사 설립.
1603	2 이에야스, 정이대장군에 임명되어 에도 막부를 엶.
	영국 스튜어트 왕조 시작(에리자베스 1세 사망).
1604	1 막부, 마쓰마에 씨에게 에조치 교역권을 줌. 5 이토왓푸 제도 제정.
	6 유정, 쓰시마 파견.
1605	4 도쿠가와 히데타다, 2대 장군에 취임. 이 해에 막부 게이쵸 구니에즈國繪圖를 징집.

『돈키호테』간행.

1606	3 에도 성 증축.
	11 쓰시마 번주, 도쿠가와 이에야스의 서계와 범릉적(犯陵敵) 송환.
1607	5 조선의 회답겸쇄환사 에도에 옴. 7 슨푸성 수리가 끝나 이에야스가 옮김.
	허균『홍길동전』지음.
1608	5 필리핀 총독 드 비베로(Rodrigo de VIVERO), 이에야스에게 편지를 보냄.
	2 광해군 즉위.
1609	2 막부, 시마즈 씨에게 류큐 출병을 명함. 7 네덜란드 인들에게 통상을 허가.
	9 5백 석 이상 큰 배를 몰수. 12 아리마 하루노부, 포르투갈선 격침.
	6 기유약조 체결.
1610	2 나고야 성 축성 시작.
	8 류큐 왕 쇼네이, 이에야스에 이어 히데타다 알현.
	8 허준『동의보감』지음.
1611	3 이에야스 니죠 성에서 도요토미 히데요리와 대면. 4 이에야스, 법령 3개조를 서국 다이묘들에게 제시하고 서약서를 내게 함.
1612	1 동국 다이묘, 법령 3개조 서약을 히데타다에게 냄. 3 막부, 기독교 금지. 오카모토 다이하치 사건을 처단함.
1613	6 공가제법도 제정. 9 하세쿠라 쓰네나가 등 견구사절단 출발.
	로마노프 왕조 성립
1614	7 막부, 호코지 대불 개안 공양을 연기시킴. 9 다카야마 우콘 등을 마닐라와 마카오로 추방. 10 오사카 겨울전투.
	프랑스 삼부회의 소집.
1615	4 오사카 여름전투. 윤6 일국일성령. 7 무가제법도 제정. 7 금중병공가제법도 제정.
1616	4 도쿠가와 이에야스 사망. 8 명나라 이외의 외국선 기항지를 나가사키와 히라도로 한정.
	후금 건국.
1617	2 이에야스, '도쇼다이곤겐'의 신호를 받음. 9 다이묘와 공가중에게 영지판물, 주인장 교부.
1618	8 기독교 포교 금지령.
	30년전쟁 시작.
1619	6 히로시마 번주 후쿠시마 마사노리 개역. 8 오사카마치부교 설치.
	2 명에 원군 1만 명 파견.
1620	1 오사카 성 대보수. 6 히데타다의 딸 마사코 입궁. 8 하세쿠라 쓰네나가 귀국.
	메이플라워 어 호 미국 도착.
1621	7 외국인에 의한 무기수출 및 해적행위 금지.
1622	8 겐나 대순교.
1623	7 도쿠가와 이에미쓰, 3대 장군이 됨. 11 영국인 히라도 상관을 폐쇄하고 일본에서 퇴거.

	3 인조반정.
1624	3 막부 에스파냐의 국교회복 요구를 거부하고 단교. 11 도쿠가와 마사코 중궁이 됨.
	1월 이괄의 난.
1625	11 간에이지 창건.
1626	9 고미즈노 천황, 니죠 성에 행차. 윤4 나가사키부교 미즈노 모리노부, 선교사 및 기독교인 처형.
	남한산성 축조, 수어청 설치.
1627	1 정묘호란 발발.
1628	4 에스파니아 함대, 주인선 습격. 5 막부, 포르투갈과 단교.
	영국 권리청원.
1629	7 시에紫衣 사건. 11 고미즈노 천황 양위.
1630	4 막부, 니치렌 종日蓮宗 불수불시파 처형.
1631	6 봉서선奉書船제도 시행.
	명 이자성의 난.
1632	1 도쿠가와 히데타다 사망. 5 히고 번주 가토 다다히로 개역. 10 슨푸 번주 도쿠가와 다다나가 개역.
1633	2 해외체류 5년 이상자 귀국 금지. 3 구로다 소동. 10 네덜란드 상관장 에도 방문.
1634	5 나가사키 데지마 축조공사 시작. 윤7 류큐 사은사, 이에미쓰 알현.
1635	3 야나가와 사건. 5 외국선 기항지를 나가사키와 히라도로 한정하고 일본인의 해외도항과 귀국을 금지. 6 무가제법도 개정.
1636	4 닛코 도쇼샤 조영 완성.
	12 병자호란, 후금 국호를 청으로 함.
1637	10 시마바라의 난 발발(~1638.2.28).
	데카르트 『방법서설』 간행.
1638	5 막부, 군선 이외의 5백 석 이상 배 건조 허가.
1639	7 포르투갈 선박 도항 금지.
1640	6 나가사키에 온 포르투갈 선박을 불태움.
1641	4 네덜란드 상관을 히라도에서 나가사키 데지마로 옮김.
1642	3 히젠 번에 나가사키 경비를 명함. 이 해에 전보다 흉작과 기근이 심해짐.
	영국 청교도혁명(~1649).
1643	3 경작지 영구매매 금지법.
1644	12 쇼호正保 구니에즈 및 향장郷帳 작성을 명함.
	청 중원 지배 시작(명 멸망).
1645	11 조정, 도쇼샤에 궁호를 내림.
1646	3 닛코 예폐사例幣使가 시작되고 이세 예폐사 재흥. 10 막부, 정성공의 원병 요청을 거부.
1648	6 막부, 오사카 상하선上荷船, 차선茶船을 처벌함.

웨스트팔리아 조약 체결(30년전쟁 종결).

1649	6 에도 대지진.
	5월 효종 즉위.
1651	4 도쿠가와 이에미쓰 사망.
	7 게이안 사건, 유이 쇼세쓰 자살.
1652	9 쇼오承應 사건 발각. 이 해에 류큐 경하사, 이에쓰나 알현.
1653	윤6 하카리자秤座 설치.
	8 네덜란드인 하멜 제주도 표착.
	10 상주민란.
1655	4 이토왓푸 제 폐지.
1656	10 제니자錢座를 아사쿠사에 설치.
1657	1 에도 대화재(메이레키 대화재). 2『대일본사』편찬 개시.
1658	9 에도에 죠비케시定火消 설치.
1659	6 인겐隱元 우지 오바쿠산黃檗山에 만푸쿠지萬福寺 건립. 7 도츄부교道中奉行 설치. 이 해에 주순수朱舜水 내일.
	5 현종 즉위.
1660	7 다테 소동.
1661	윤8 도쿠가와 쓰나시게는 고후, 쓰나요시는 다테바야시에 봉해짐.
1662	2 와카도시요리 제 설치. 5 가미가타 대지진. 이 해에 이토 진사이, 고의당古義堂을 엶.
1663	5 무가제법도 개정.
	6 청 책봉사 류큐에 옴.
	청 문자의 옥.
1664	4~8 관문인치寬文印知.
1665	7 막부, 다이묘 인질제 폐지. 10 니치렌 종 불수불시파 처벌.
1666	2 제국산천 법규. 3 사카이 다다키요, 다이로 취임.
1667	윤2 여러 지역에 순견사 파견.
1668	3 나가사키 무역 금제품목 제정. 4 여러 지역의 쓰도메津留, 되를 조사함.
1669	6 샤크샤인의 봉기.
1671	4 다케 소동 결착. 7 가와무라 즈이켄 동회 항로 조사를 지시 받음. 10 막부직할령 농촌에 슈몬아라타메 장부宗門人別改帳 작성 명함.
1672	3 나가사키 무역의 방식을 시법市法매매로 바꿈. 6 아리스가와노미야有栖川宮 가문 창설.
1673	6 분지分地제한령.
	삼번의 난(~1681).
1674	8 숙종 즉위.
1676	4 나가사키 대관 폐지.
1677	3 기나이 주변지역 막부 직할령 토지조사.
	12 경상도에 대동법 실시.

1678	2 초대 사카타 도쥬로坂田藤十郎, 가부키의 와고토和事 공연. 6 도후구몬인東福門院 도쿠가와 마사코 사망.
1679	10 에치고 소동.
1680	8 도쿠가와 쓰나요시, 장군 선지를 받음.
1681	6 다카다 번주 마쓰다이라 미쓰나가 개역.
	청 해금을 풂.
1682	5 충효 장려, 기독교 금지 등의 고사쓰가 내려짐.
1683	7 무가제법도 개정. 8 쓰시마 번과 조선 사이에 계해癸亥약조 체결.
	4 서인이 노론과 소론으로 붕당.
	청 타이완 영유.
1684	2 복기령服忌令. 8 와카도시요리 이나바 마사야스, 다이로 홋타 마사도시 살해.
	신성동맹 체결.
1685	8 사다메다카보에키시호定高貿易仕法를 다음 해 실시하기로 결정.
1686	4 전국에 뎃포 아라타메砲改.
1687	1.28 동물살생금지령. 11 다이죠사이大嘗祭 부흥.
	영국 뉴튼 만유인력법칙.
1688	1월 이하라 사이카구『일본영대장日本永代藏』간행. 11 야나기사와 요시야스 소바요 진이 됨.
	영국 명예혁명.
1689	3 마쓰오바쇼, '오쿠노호소미치奥の細道' 여행에 나섬. 4 나가사키에 도진 야시키唐人屋敷 축조. 11 시부가와 하루미 천문대 설치.
	네르친스크 조약 체결.
1690	6 고부신킨小普請金 제도 개시. 8 네덜란드 상관 의사 캠퍼Engelbert Kaempfer, 내일. 10 유아 유기 금지령.
1692	5 막부 에도의 신규 사원 건립 금지.
1693	12 아라이 하쿠세키, 고후 번주 도쿠가와 쓰나토요(이에노부)의 시강이 됨.
1694	12 에도 도쿠미도이야十組問屋 결성.
	갑술의 옥.
1695	2 간토 막부직할령의 토지조사 시작. 8 겐로쿠 화폐 개주 시작. 11 유기견을 무사시 나카노의 개집에 수용.
	황종희黃宗羲 사망.
1696	1 막부 다케시마 도항 금지.
1697	4 막부, 다이묘들에게 구니에즈와 향장 제출 지시. 7, 미야자키 야스사다『농업전서農業全書』간행.
1699	4 막부 역대 천황 능묘 조사 및 수리. 9 도다이지 대불전 재건을 위한 기부 모금 시작.
1700	8 닛코부교 설치.
1701	3 막부, 아코 번주 아사노 나가노리에게 할복을 명함. 이 해 오사카에 도자銅座 설치.

1702	11 사카이부교 부활. 12 아코 번의 로닌 오이시 요시오 등 기라 요시히사 살해.
1703	5 지카마쓰 몬자에몬 〈소네자키신추曾根崎心中〉 초연. 11 간토 대지진.
1704	2 야마토 강 교체 공사 시작. 12 도쿠가와 쓰나토요, 쓰나요시의 양자가 되어 이에노부로 개명함.
1705	1 조정 영지를 1만 석 늘림. 2 야마토 강변 신전 개발 시작. 이 해에 이세 오카게 마이리 대유행.
	영국 증기기관 제작.
1706	6 호지긴字銀 주조.
1707	10 막부, 번찰藩札 통용 금지시킴. 11 후지산 분화.
1708	윤1 후지산 분화 복구비로 국역금國役金 부과.
1709	1 도쿠가와 쓰나요시 사망. 동물살생금지령 폐지. 5 도쿠가와 이에노부 장군으로 임명. 11 아라이 하쿠세키가 시도티Giovanni Battista Sidotti 심문.
1710	4 아라이 하쿠세키가 기초한 무가제법도正德令 공포. 겐지킨乾字金, 에이지긴永字銀 등 주조.
1711	2 막부, 조선사절 대우를 개정.
1712	2 에도에 다이묘 히케시火消를 설치. 3 오사카 도자 폐지. 7 간조긴미야쿠勘定吟味役 부활.
	5월 백두산 정계비 설치.
1713	1 가이하라 에키켄『양생훈養生訓』. 4 도쿠가와 이에쓰구, 장군 취임. 6 각 지역에서 생산된 동을 오사카 동제련소로 회송 명령.
1714	2 막부, 운송품 절도 엄금. 3 오오쿠 로조 에시마 등 처벌. 5 쇼토쿠正德 금은 주조.
1715	1 무역제한령海舶互市新例
1716	4 막부, 가도 명칭을 정함. 5 아라이 하쿠세키 등 파면. 8 도쿠가와 요시무네, 장군 임명.
1717	2 오오카 다다스케 마치부교 취임. 6 조선사절의 대우를 원래대로 되돌림.
1719	1 막부, 마쓰마에 노리히로를 만 석 이상 격으로 하고 에조 도해 및 통상규칙 제정. 11 금전당사자해결령相まし令.
1720	5 다이묘 령 국역후신제國役普請制가 정해짐. 8 에도마치 소방소町火消 생김. 12 한역 양서 수입 완화.
	청 투르판 점령, 티벳 청령이 됨.
1721	6 각 지역 경지면적 조사를 명함. 8 메야스바코 설치. 12 토지저당流地 금지령.
1722	7 아게마이上米 제도. 10 에치고 저당지 소송質地騷動
1723	2 데와 무라야마 군에서 저당지 소동長瀞質地騷動. 3 전국 인구조사를 6년마다子年, 午年하기로 함. 6 다시다카足高 제도. 8 질지流地 금지령 철회.
	청 기독교 금지령.
1724	6 막부, 다이묘들과 가신들에게 검약령 내림.
	8 영조 즉위.
1725	7 막부, 무사시노 신전 개발 지시.

1726	6 오사카에 회덕당懷德堂 설립.
	『걸리버여행기』 간행.
1727	2 막부, 오사카 도지마 미회소堂島米會所 허가.
	청러간 캬흐타 조약 체결.
1728	4 도쿠가와 요시무네, 닛코 도쇼구 참배.
1729	3 다자이 다이『경제록經濟録』 저술. 12 아이타이스마시 령相對濟ましの令 폐지. 이 해 이시다 바이간 교토에서 심학 강의 시작.
1730	4 아게마이 제도 폐지.
1731	6 막부, 오사카의 호상에게 가이마이買米를 명함.
1732	서국 지방 메뚜기 피해蝗害를 입어 흉작과 대기근 발생.
1733	1 에도의 쌀 도이야 다카마 덴베가 우치고와시를 당함. 이 해 아와 번 아이藍 전매제 시작.
1734	8 각 다이칸쇼가 잇키 진압을 위해 근린 다이묘에게 출병 요청하는 것을 허가.
1735	2 아오키 곤요『번서고蕃薯考』.
1736	5 겐분元文 금은 주조 개시.
1738	11 일시 중단된 다이죠사이大嘗祭 부활.
1740	오사카에 제니자錢座 신설.
1742	4 구지카타오사다메가키公事方御定書 완성.
1743	2 효고, 니시노미야, 기이 서쪽의 정제유 에도 직송 금지(오사카 회송을 명함).
1745	11 도쿠가와 이에시게 장군에 임명.
1748	6 조선통신사, 도쿠가와 이에시게 알현. 12 류큐 경하사, 이에시게 알현.
1749	5 조멘 제定免制 전면 실시.
	균역법 시행.
1750	1 막부, 농민의 강소 및 도당을 엄금.
1752	8 막부, 동국 33개 국에 저울 사용을 다시 명하고, 서국의 저울과 혼용을 금함.
1753	6 나가사키 운송품 절도 엄금.
1754	윤2 야마와키 도요 등 시체를 해부. 10 호레키 력 채용.
1755	2월 안도 쇼에키『자연진영도自然眞營道』 완성. 3 사쓰마 번이 기소 강 개수공사治水 완성.
1756	2 막부, 매점매석 금지령.
	유럽 7년전쟁 발발(~1763).
1757	7 히라가 겐나이 등 에도 유시마에서 약품회 개최.
1758	7 다케우치 시키부, 막부에 체포됨寶暦事件.
1759	8 막부, 금·은·전 찰札 폐지.
1760	1 박부, 오사카 채종 도이야·목화綿實 도이야 가부株를 정함. 7 여러 다이묘에게만 석당 천표千俵의 가코이모미 지시. 9 도쿠가와 이에하루 장군에 임명.
1763	5 모토오리 노리나가, 가모노 마부치에 입문. 11 조선인삼 자 설치.
	파리조약 체결(7년전쟁 종결).
1764	윤12 전마소동.

영국 방적기 발명.

1766	6 오사카에 도자銅座를 설치하고 전국에서 생산된 동의 회송 지시.
1767	3 막부, 관팔주 면화매매 도이야 설치. 8 야마가타 다이니·후지이 우몬 처형, 다케노치 시키부 하치조 섬으로 유배明和事件.
1768	각지에서 우치코와시 빈발.
1769	1~2 막부 잇키 진압을 위해 인근 다이묘에게 출병을 지시.
1770	4 막부, 도당·강소·도망의 소송 제기자에 관한 고사쓰 내림.
	8 『동국문헌비고』 완성.
1771	3 스기타 겐파쿠 등 시체 해부를 견학. 이 해 이세 오카게마이리 대유행.
1772	9 난료니슈긴南二朱銀 주조.
1773	7 막부, 아키타 번에 동산 경영 유지대책으로 1만 량 빌려줌.
	보스턴 차사건.
1774	8 스기타 겐파쿠 등 『해체신서解體新書』 간행. 9 막부, 여러 다이묘에게 가코이모미 지시.
1775	3 나가쿠보 세키스이 『일본여지노정전도日本輿地路程全圖』 완성.
	미국 독립전쟁 시작(~83).
1776	11 히라가 겐나이, 정전기 발생장치 복원.
	3 정조 즉위. 6 규장각 설치.
	7 미국 독립선언.
1778	1 에도의 후다사시札差를 109집軒으로 한정. 6 러시아 선박, 에조치에 와서 마쓰마에 번에 통상 요구.
1779	8 마쓰마에 번, 러시아 통상요구 거부. 이 해 하나와 호키이치塙保己一 『군서유종群書類從』 편찬 개시.
1780	8 오사카에 데쓰자鐵座, 에도·교토·오사카에 놋쇠 자座를 두고 전매하도록 함.
1783	1 구도 헤이스케 『아카에조 풍설고赤蝦夷風說考』 간행. 7 아사마산 대분화.
1784	3 다누마 오키토모, 에도 성내에서 사노 마사코토에 참살. 이 해 전국 대기근.
1785	2 막부, 에조치 조사를 위해 관리 파견.
1786	8 다누마 오키쓰구 파면. 이 해 하야시 시헤이 『해국병담海國兵談』 탈고. 대기근.
1787	4 도쿠가와 이에나리 장군에 임명. 5 에도, 오사카를 비롯하여 각지에 우치코와시 발생. 6 마쓰다이라 사다노부, 로쥬 취임. 7 간세이 개혁 시작.
	5 프랑스 함대 라 페르주 일행 제주도를 측량하고 울릉도에 접근, 이후 서양선 출몰 빈발.
1788	1 교토 대화재. 3 마쓰다이라 사다노부, 장군보좌에 임명.
1789	1 향장鄕藏 설치령. 5 마쓰마에 번 구나시리·메나시의 난 진압. 9 기연령棄捐令. 9 여러 다이묘에게 가코이마이 령圍い米令.
	7 프랑스 대혁명.
1790	5 간세이 이학異學의 금.
1791	9 이국선 취급령. 12 에도에서 시치부 적금제七分積金制 실시.
1792	5 하야시 시헤이 처벌. 9 러시아 사절 락스만, 표류 일본인을 데리고 네무로 내항. 11 존호일건.

1794	10 막부, 검약령의 10년 연장 결정.
1797	10 난부·쓰가루 번에 에조치 방비 명령. 12 막부, 하야시가의 유시마 성당을 관학으로 삼음.
1799	11 나폴레옹 쿠데타로 집권.
1800	3 막부, 제사諸士의 쇼헤이자카가쿠몬쇼 입학 허가. 윤4 이노 다다타카, 에조치 측량을 위해 출발.
	6 순조 즉위.
1801	8 시즈키 다다오『쇄국론鎖國論』완성.
1802	2 에조부교蝦夷奉行 신설(5 하코다테부교箱館奉行로 개칭). 7 막부, 동東 에조치를 영원히 몰수함.
1803	7 미국 선박, 나가사키에 와서 통상 요구.
1804	9 러시아 사절 레자노프, 나가사키에 와서 통상 요구.
	5 프랑스 나폴레옹 황제 즉위.
1806	1 간토 군다이郡代 폐지. 9 러시아 군함, 사할린 마쓰마에 번 회소 습격.
1807	3 막부, 서西 에조치도 몰수. 6 동북의 여러 다이묘에게 에조치 출병 지시.
1808	8 패튼 호 사건.
1809	6 막부, 사할린을 북北 에조치로 개칭. 8 이노 다다타카, 막부의 명령으로 규슈 연안을 측량하기 위해 출발. 이 해 에도 이세 조에 쌀회소 설치 허가.
1810	2 막부, 아이즈·시라카와 양 번에 사가미·보소 연안 방비를 명함. 이 해 미토 번『대일본사』기전紀傳 조정에 헌상.
1811	5 역지빙례(마지막 통신사).
1812	12『간세이 중수제가보寬政重修諸家譜』완성.
1813	3 막부, 도쿠미도이야 나카마에 가부후다株札 교부.
1814	11 가모 임시제 재흥.
1815	4 스키타 겐파쿠『난학사시蘭學事始』완성.
	6 워털루 대전으로 나폴레옹 몰락.
1816	2 막부, 제국諸國 인구 조사.
	7 영국 군함 2척 충청도 마량진에 옴.
1818	2 막부, 가마쿠라에서 대포 발사 시험. 4 막부, 검약령을 내림. 영국인 우라가에 와서 무역 요구, 막부 이를 거부.
1819	1 막부, 우라가부교를 2명으로 증원.
1821	7 이노 다다타카,『대일본연해여지전도全圖』완성하여 막부에 헌상. 12 에조치, 마쓰마에 번에 돌려줌.
1822	8~10 서국에 콜레라 유행.
1824	이 해 시볼트 나루타키 숙鳴瀧塾을 엶.
1825	2 이국선격퇴령異國船打拂令
1827	5 라이산요『일본외사』를 마쓰다이라 사다노부에게 헌상. 12 사쓰마 번 즈쇼 히로사토 등용.
1828	12 막부, 시볼트를 나가사키 데지마에 유폐.

1829	3 에도 대화재.
1830	이 해 이세 오카게마이리 대유행. 사쓰마 번 설탕전매 강화.
	프랑스 7월혁명.
1833	이 해 오슈, 호쿠리쿠, 간토 기근.
1834	이 해 각지에 기근.
1835	9 덴포 통보 주조. 12 덴포 구니에즈 제작 시작.
1836	5 도쿠가와 나리아키라, 히타치 국 스케가와에 포대를 쌓음(12월 완성). 7 러시아 선박 출현.
1837	2 오시오 헤이하치로 난(3월 27일 진압). 6 모리슨 호 사건. 9 도쿠가와 이에요시, 장군에 임명.
1838	3 에도 성 니시노마루 소각. 8 도쿠가와 나리아키라 의견서戊戌封事를 적음.
1839	12 반샤蛮社의 옥.
	청 임칙서 아편 사용 금지.
1840	7 네덜란드 선박, 아편전쟁의 개시를 알려줌. 9 다카시마 슈한, 포술의 서양화에 관한 의견서 제출.
	아편전쟁.
1841	윤1 천황호 부활. 5 덴포 개혁 시작. 12 가부나카마 해산령.
1842	7 신수薪水급여령.
	7 남경조약.
1843	3 닌베쓰아라타메人別改 강화. 이 달 에도·오사카에 몰수령上知令(윤9 철회). 윤9 미즈노 다다쿠니 파면.
1844	5 에도 성 혼마루 불탐. 7 네덜란드 군함이 나가사키에 와서 개국을 권고하는 네덜란드 국왕의 편지를 증정함.
1845	7 영국 측량선, 나가사키에 옴. 7 막부, 해방 담당부서海防掛 설치.
1846	윤5 미국 동인도함대 사령관, 우라가 내항. 6 프랑스 인도중국 함대사령관 나가사키 내항. 8 고메이 천황, 막부에 해방 강화 요구.
1847	2 막부, 히코네·아이즈 번에 에도 만 방비 지시.
1848	마르크스 〈공산당선언〉 간행.
1849	윤4 영국군함 마리나 호, 우라가 내항.
	6 철종 즉위.
1850	4월 고메이 천황, 7사7社七寺에 외환 소멸기도 지시. 이 해 에가와 히데타쓰, 이즈 니라야마에 반사로反射爐 설치.
1851	3 가부나카마 재흥.
	태평천국의 난(~54).
1852	2 미토 번『대일본사』 기전을 조정·막부에 헌상. 이 해 네덜란드 상관장, 미국사절의 방일을 예고.
1853	6 페리, 우라가 내항. 7 막부, 여러 다이묘에게 의견을 구함. 7 푸차틴, 나가사키 내항.
	크림 전쟁(~56).

1854	1 페리 재방일. 3 미일화친조약.
1855	2 에조치 몰수령上知令. 7 나가사키 해군전습소 설치. 10 안세이 대지진.
1856	7 미국영사 해리스 방일. 이 해 요시다 쇼인이 쇼카손 숙松下村塾을 엶.
	애로 호 사건.
1857	12 막부, 해리스와 미일수호통상조약 교섭 시작.
	세포이의 난.
1858	4 이이 나오스케 다이로 취임. 6 미일수호통상조약. 이 해에 안세이 5개 국
	조약 조인.
	청 아이훈 조약, 천진조약.
1859	6 가나가와, 나가사키, 하코다테 개항. 10 하시모토 사나이, 요시다 쇼인 등을
	죽임.
	이탈리아 통일전쟁(~60).
	수에즈 운하 건설 개시.
1860	3 사쿠라다몬가이의 변. 10 가즈노미야和宮와 장군의 결혼 칙허.
	청 북경조약 체결.
	링컨 대통령 취임.
1861	2 러시아 군함 쓰시마 점령사건.
	미국 남북전쟁.
1862	8 나마무기 사건.
	비스마르크 집권.
1863	5 쵸슈 번, 시모노세키에서 외국 선박에 포격. 7 사쓰에이薩英 전쟁.
	12 고종 즉위, 대원군 정권 장악.
	미국 노예해방 선언.
1864	7 긴몬의 변. 7 제1차 쵸슈 전쟁 발발. 5 4국함대 시모노세키 포격사건.
1865	1 다카스키 신사쿠 등 시모노세키 점령. 5 제2차 쵸슈 전쟁 발발. 10 고메이
	천황, 통상조약 칙허.
1866	1 삿쵸 동맹. 6 제2차 쵸슈 전쟁 전투 개시. 12 요시노부, 장군에 임명.
	독일 · 오스트리아 전쟁
	7 제너럴 셔먼 호 사건, 9월 병인양요.
1867	5 도사 · 사쓰마, 토막의 밀약을 맺음. 10 대정봉환. 12 왕정복고 선언.
1868	3~4 도바鳥羽 · 후시미伏見 전쟁, 보신 전쟁戊辰戰爭 발발. 3 5개조서문. 4 에도江戸
	개성. 7 에도를 도쿄東京로 개칭.
1869	6 판적봉환. 8 에조치蝦夷地를 홋카이도北海道로 개칭.
1871	7 폐번치현廢藩置縣.

찾아보기

지은이 **이 계 황 李啓煌**

연세대학교 사학과 졸업
연세대학교 대학원 사학과 석사 졸업
교토 대학 박사과정 졸업
현재 인하대학교 문과대학 교수

일본 근세사

이계황 지음

초판 1쇄 발행 2015년 3월 1일

펴낸이 오일주
펴낸곳 도서출판 혜안

등록번호 제22-471호
등록일자 1993년 7월 30일

주소 ㉾ 121-836 서울시 마포구 서교동 326-26번지 102호
전화 3141-3711~2
팩스 3141-3710
이메일 hyeanpub@hanmail.net

ISBN 978-89-8494-525-8 93910

값 32,000 원